软弱互层超浅埋小净距大断面穿江隧道安全建造关键技术

宫志群 罗桂军 傅鹤林 主 编

中国建设科技出版社 有限责任公司
China Construction Science and Technology Press Co., Ltd.

北 京

图书在版编目（CIP）数据

软弱互层超浅埋小净距大断面穿江隧道安全建造关键技术/宫志群，罗桂军，傅鹤林主编；张想想，张基森，郭弘宇副主编. --北京：中国建设科技出版社有限责任公司，2025.7. -- ISBN 978-7-5160-4452-0

Ⅰ.U459.5

中国国家版本馆 CIP 数据核字第 20259722WT 号

软弱互层超浅埋小净距大断面穿江隧道安全建造关键技术
RUANRUO HUCENG CHAOQIANMAI XIAOJINGJU DADUANMIAN CHUANJIANG SUIDAO ANQUAN JIANZAO GUANJIAN JISHU
宫志群　罗桂军　傅鹤林　主　编

出版发行：	中国建设科技出版社有限责任公司
地　　址：	北京市西城区白纸坊东街 2 号院 6 号楼
邮　　编：	100054
经　　销：	全国各地新华书店
印　　刷：	北京联兴盛业印刷股份有限公司
开　　本：	787mm×1092mm　1/16
印　　张：	23.5
字　　数：	500 千字
版　　次：	2025 年 7 月第 1 版
印　　次：	2025 年 7 月第 1 次
定　　价：	85.00 元

本社网址：www.jskjcbs.com，微信公众号：zgjskjcbs
请选用正版图书，采购、销售盗版图书属违法行为
版权专有，盗版必究。本社法律顾问：北京天驰君泰律师事务所，张杰律师
举报信箱：zhangjie@tiantailaw.com　　举报电话：（010）63567684
本书如有印装质量问题，由我社事业发展中心负责调换，联系电话：（010）63567692

编 委 会

主　　编：宫志群　罗桂军　傅鹤林
副 主 编：张想想　张基森　郭弘宇
编　　委：彭可云　肖　彬　雷润杰　温树杰　豆士康
　　　　　郭　庶　刘珂玮　张　陈　赵一博
主编单位：中国建设基础设施有限公司
　　　　　中建五局土木工程有限公司
　　　　　中建东南基础设施投资有限公司
　　　　　中南大学
参编单位：江西理工大学
　　　　　上海市政工程设计研究总院（集团）有限公司

前　言

我国城市大多临近河流而建，随着经济快速发展及城镇化水平的不断提高，河流对城市交通的影响越来越大。隧道是城市道路网中不可或缺的重要组成部分，由于地形、地质等条件的限制，涌现出许多浅埋小净距隧道，同时随着城市交通量的增大，设计人员加大了隧道的跨度，形成了浅埋小净距大断面过江隧道。与跨越江河湖海的其他交通方式相比，过江隧道独具优势，因此近年来在国内外得到迅速发展。修建穿越城市河流的过江隧道受河道宽度、土地资源等限制，需要同时兼顾安全、经济、便捷等方面要求，因此过江隧道宜采用"浅埋＋小净距"的施工形式。

我国矿山法水下隧道虽然起步较晚，但发展较为迅速。二十一世纪以来，我国逐步修建了如武广铁路客运专线浏阳河隧道等一系列矿山法水下隧道，这一系列工程为我国其他的矿山法水下隧道提供了丰富的工程经验。但目前矿山法水下隧道面临的问题仍然很多，相对于山岭隧道，其围岩条件更为恶劣，对水害防治措施的要求更为严格，稍有不慎，极易引起突水管涌等隧道灾害，甚至会导致隧道坍塌。而相比于采用盾构法修建的水下隧道，其工艺更为复杂，对隧道埋深的把控更为严格。

在软弱地层中浅埋小净距大断面水下隧道部分施工段埋深过浅，意味着隧道覆岩薄，围岩的自稳能力差。同时又会导致地下水渗流通道过短，大大增加了水灾水害以及隧道坍塌的发生概率。因此选择合适的隧道开挖工法、超前支护、围岩加固技术以及防排水技术对于此类隧道施工安全具有重要研究意义。

本书依托江西省赣州市蓉江新区过江隧道，该隧道是江西省境内第一条用矿山法修建的过江隧道，隧道工程起点位于客家大道西延以南，终点位于黄金路以北，全长约2412m。主要包含过江隧道（2洞），东洞隧道设计长度1745m，暗埋段949.5m，其中暗埋段矿山法长度795.5m；西洞隧道设计长度1739m，暗埋段953m，其中暗埋段矿山法长度786m。

该过江隧道施工面临以下工程难题：①由于江水影响，隧道暗挖陆域段围岩工程性质差，地下水丰富且与江水联通；②隧道暗挖陆域段主要穿越中风化泥质粉砂岩，工程性质差，单轴饱和抗压强度约10MPa，局部强度达20~30MPa。而且暗挖陆域段岩石覆盖层较薄，围岩级别差（Ⅴ~Ⅵ级），属于软质岩，遇水易软化，失水后易干裂崩解，开挖暴露后风化速度快；③隧道全线均设计为小净距（局部超小净距，净距仅为4.1~8.0m），超小覆跨比，先、后行隧道施工相互影响极大；④隧道围岩自稳能力差，隧道设计线路上覆中风化岩体厚度不足一倍洞径，易发生塌顶及突水；⑤洞口段的砂岩、砾岩等软弱岩体互层，力学强度低、易软化破坏。

由于现阶段全国范围内无类似工程施工经验，加上小净距隧道开挖支护的相互影响作用剧烈，应力重分布更加复杂，因此有必要对过江隧道暗挖陆域段围岩预加固及安全施工步距开展研究。本书采用理论推导、现场试验和有限元数值模拟等手段对过江小净距隧道暗挖陆域段围岩注浆预加固及安全步距开展研究，进行预加固工程方案比选、工艺试验及不同工法条件下的安全施工步距研究，为今后类似工程建设提供参考。

本书结合复杂围岩地质条件，综合运用理论计算、现场监测、数值模拟等方法，对该隧道的围岩稳定性和开挖施工力学效应进行详细研究：验证不同开挖工法及超前支护下隧道围岩稳定性，并优化围岩注浆方案，提高其经济效益和实用性，为以后类似浅埋小净距的隧道工程设计和施工反馈有价值的信息，提供合适的参考建议。

编者
2025 年 1 月

目 录

1 工程概况 ·· 1
   1.1 概述 ·· 1
   1.2 工程地质及水文地质 ·· 1
   1.3 研究必要性 ·· 4

2 国内外研究现状 ·· 6
   2.1 隧道围岩注浆预加固方案优选理论研究 ······································ 6
   2.2 小净距隧道施工方法与安全步距研究 ·· 7
   2.3 铣挖法掘进工艺及适应性研究 ·· 9
   2.4 隧道开挖渗流影响研究 ··· 12
   2.5 隧道施工监测分析研究 ··· 16
   2.6 本章总结 ·· 17

3 水力作用下节理化泥质粉砂岩渗透特性及力学特性研究 ························ 18
   3.1 研究方案和试样的制备 ··· 18
   3.2 泥质粉砂岩物理性能的试验分析 ·· 21
   3.3 泥质粉砂岩的单轴压缩力学特性 ·· 27
   3.4 泥质粉砂岩的三轴压缩力学特性 ·· 35
   3.5 高水压下泥质粉砂岩的渗透特性 ·· 46
   3.6 高水压流固耦合下泥质粉砂岩的蠕变特性 ·································· 57
   3.7 本章总结 ·· 65

4 注浆范围的水下隧道最小覆盖层厚度确定 ·· 67
   4.1 现有水下隧道最小覆盖层厚度的确定方法 ·································· 67
   4.2 确定水下隧道最小覆盖层厚度的方法体系 ·································· 70
   4.3 考虑注浆范围的最小覆盖层厚度求解 ······································ 72
   4.4 本章总结 ·· 83

5 铣挖法施工隧道机械选型与配套优化 ·· 84
   5.1 工程概况 ·· 84
   5.2 铣挖法施工机械的配套原则 ·· 85
   5.3 施工机械设备的选型 ·· 85

5.4 悬臂式隧道掘进机与破碎锤在掘进中的配套 ·············· 87
　　5.5 悬臂式掘进机隧道铣挖施工顺序优化方法 ·············· 88
　　5.6 铣挖施工顺序方案优化方法及工程应用 ·············· 93
　　5.7 本章总结 ·············· 98

6 小净距过江隧道微扰动开挖支护技术及安全步距研究 ·············· 99
　　6.1 铣挖法隧道数值模拟计算假定 ·············· 99
　　6.2 模型尺寸计算 ·············· 99
　　6.3 微扰动开挖工法比选及安全步距研究 ·············· 101
　　6.4 本章总结 ·············· 117

7 软弱互层超浅埋小净距大断面穿江隧道开挖过程中加固范围研究 ·············· 118
　　7.1 基于流固耦合的隧道开挖扰动效应的数值模拟分析及加固范围确定 ·············· 118
　　7.2 隧道开挖稳定性分析 ·············· 123
　　7.3 分岔段及大跨断面受力安全性分析 ·············· 142
　　7.4 本章总结 ·············· 167

8 过江隧道洞内帷幕注浆技术及管棚快速施工技术 ·············· 168
　　8.1 中风化泥质粉砂岩层帷幕注浆施工技术研究 ·············· 168
　　8.2 管棚快速施工技术研究 ·············· 184
　　8.3 本章总结 ·············· 194

9 过江隧道暗挖陆域段围岩注浆预加固方案比选研究 ·············· 195
　　9.1 引言 ·············· 195
　　9.2 模糊层次综合评价法 ·············· 195
　　9.3 构建过江隧道暗挖陆域段围岩注浆预加固方案比选模型 ·············· 198
　　9.4 应用研究——过江隧道暗挖陆域段围岩注浆预加固方案比选 ·············· 204
　　9.5 本章总结 ·············· 212

10 过江隧道暗挖陆域段围岩高压旋喷注浆试验研究 ·············· 213
　　10.1 试验准备 ·············· 213
　　10.2 室内浆液性能试验 ·············· 217
　　10.3 现场工艺性试验及结果分析 ·············· 219
　　10.4 本章总结 ·············· 227

11 高压旋喷注浆预加固质量效果检测 ·············· 228
　　11.1 无损瑞雷波检测技术研究 ·············· 228
　　11.2 现场工艺试验研究 ·············· 230
　　11.3 蓉江四路过江隧道高压旋喷注浆预加固质量检测及结果分析 ·············· 232

12	**泥质粉砂岩过江隧道防排水关键技术研究及应用**	**245**
	12.1 水下隧道工程案例	245
	12.2 蓉江四路过江隧道防排水体系设计与施工技术	255
	12.3 蓉江四路过江隧道防排水工艺研究	269
	12.4 过江隧道防排水形式合理性研究	277
	12.5 GIS+BIM在防水工程质量管理中的应用技术	302
	12.6 本章总结	304
13	**软弱互层超浅埋小净距大断面穿江隧道监控量测分析**	**306**
	13.1 隧道施工监测目的	306
	13.2 自动化监测方法	307
	13.3 隧道监测实施	316
	13.4 基于BIM的过江隧道施工过程智能监控预警技术	321
	13.5 本章总结	327
14	**小净距隧道钻爆法与铣挖法施工比选研究**	**328**
	14.1 钻爆法数值模型建立	328
	14.2 钻爆法模拟结果分析	331
	14.3 铣挖法扰动监测分析	339
	14.4 铣挖法与钻爆法技术经济比较	349
	14.5 本章总结	352
15	**主要研究结论及创新点**	**353**
	15.1 主要研究结论	353
	15.2 创新点	354
16	**经济及社会效益证明**	**355**
	16.1 经济效益	355
	16.2 社会、环境效益	356
17	**研究成果及合同完成情况**	**357**
	17.1 完成专利、工法情况	357
	17.2 完成研究报告情况	358
	17.3 发表论文情况	358
参考文献		**360**

1 工程概况

1.1 概述

赣州蓉江四路过江隧道是江西省第一条矿山法施工过江隧道,隧道工程起点位于客家大道西延以南,终点位于黄金路以北,桩号范围 K0+705~K3+117,全长约 2412m。主要包含过江隧道(2洞),东洞隧道长 1745m,暗埋段 949.5m,其中暗埋段矿山法长度 795.5m(EK1+224.5~EK2+020);西洞隧道长 1739m,暗埋段 953m,其中暗埋段矿山法长度 786m(WK1+226~WK1+012)。工程整体走向及位置关系如图 1-1 所示。

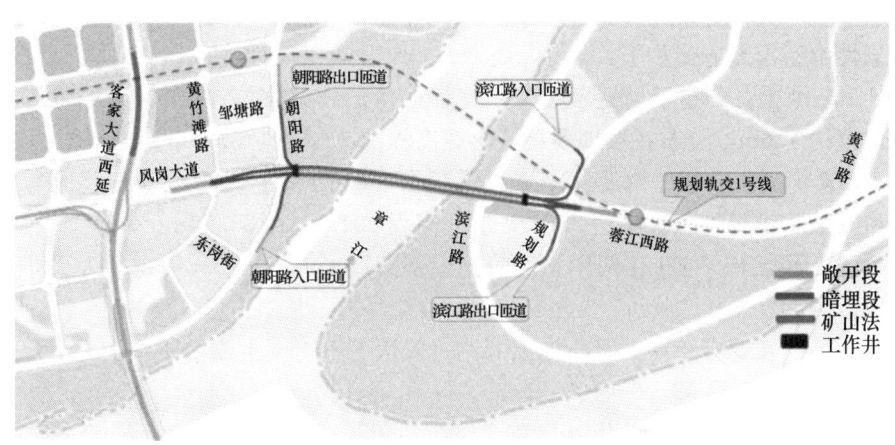

图 1-1 蓉江四路过江隧道位置关系图

工程主线设计车速为 50km/h,隧道暗挖段采用复合式衬砌,相邻两侧结构外边缘净距 4.0~20.0m,设计采用三车道,采用矿山法施工。单洞断面布置为:0.25m(路缘带)+3.5m×3(车道)+0.25m(路缘带)=11.0m。两侧设置检修道,检修道宽度 0.75m。

1.2 工程地质及水文地质

1.2.1 地形地貌

场地属对称的丘陵岗地和河谷堆积地貌,两岸地形基本对称。西北至东南方向,地貌依次为:

左岸基岩山坡，山顶高程为120～147m，山坡坡度10°～30°，山坡上裸露基岩岩性为泥质粉砂岩夹薄层粉砂质及细砂岩，易风化剥落，地表大部分被风化岩屑覆盖，植被发育较差；右岸基岩山坡，山顶高程为157～159m，山坡坡度20°～40°，山坡上裸露基岩岩性为泥质粉砂岩夹薄层粉砂质及细砂岩，易风化剥落，地表大部分为残坡积含砾粉质黏土，植被发育较好。洞口段的砂岩、砾岩等软弱岩体互层，易软化破坏。

左岸为Ⅰ级堆积阶地，阶地面较平坦开阔，宽度约1000m，阶面高程一般为105～108m。章江河床，河流由西往东方向流过工程区，河道较顺直，宽250～380m，河床高程一般为97.21～101.61m，河床中均为砂及砂砾卵石层覆盖。右岸为Ⅰ级堆积阶地，阶地面较平坦开阔，宽度约640m，阶面高程一般为106～109m。

1.2.2 地层岩性

过江隧道工程区勘探深度内，场地地层由人工填土（Q4ml）、第四系全新统冲积层（Q4al）、上更新统残坡积层（Q3edl）、下更新统冲积层（Q1al）及白垩系南雄组（K2n）基岩组成。按其岩性及其工程特性，自上而下依次划分为杂填土①-1、素填土①-2、粉质黏土②-1、粉砂③、细砂④、圆砾⑤、含砾粉质黏土⑥、中砂⑦、强风化泥质粉砂岩⑧-1、中风化泥质粉砂岩⑧-2、中风化粉砂岩⑨、中风细砂岩⑩，现将其沉积特征、岩性由新至老分述如下：

①-1、杂填土：分布于场地表层，一般厚约0.5m，局部为勘察后期堆填拆迁建筑垃圾，厚度达2.6m，分布在场地表层，层底高程105.36～118.88m。

①-2、素填土：一般厚0.8～1.7m，零星分布在两岸Ⅰ级阶地上的菜地与荒地表层，北岸江边防洪堤处填土厚达3.5m，层底高程101.04～125.92m。

②-1、粉质黏土：分布在两岸Ⅰ级阶地上部，层厚0.80～8.60m，层底高程98.75～106.25m。

③、粉砂：主要分布在Ⅰ级阶地上部，一般伏于人工填土或粉质黏土之下，一般厚0.4～6.8m，层底高程97.08～105.21m。

④、细砂：主要分布在两岸Ⅰ级阶地上部，伏于粉质黏土或粉砂之下，一般厚0.6～5.2m，层底高程96.60～102.50m。

⑤、圆砾：呈灰黄、褐灰等杂色，饱和，稍密至中密状，粒径2～5mm含量4.7%～11.4%，粒径5～20mm含量11.4%～36.0%，粒径20～60mm含量10.3%～51.9%，卵石含量0～22.9%，磨圆度较好，母岩为石英砂岩、砂岩，中粗砂充填，越往下卵砾石含量越高，连续分布在河床及阶地下部，一般厚0.5～5.9m，层底高程94.48～99.07m。

⑥、含砾粉质粘土：黄色，可塑状～硬塑状，轻微砂感，切面有光泽，干强度及韧性高，摇振反应无，属中等压缩性土。分布于一级阶地后缘山坡表层，主要为南岸隧道后环山道路部分，层厚0.50～8.10m，层底高程101.49～129.57m。

⑦、中砂：仅在钻孔编号DLK26有揭露，分布于南岸Ⅱ级阶地上部，出露于地表，层厚约5.0m，层底高程139.83m。

⑧-1、强风化泥质粉砂岩：除河床外场地内均有分布，岩石风化强烈，节理裂隙较发育，岩芯较破碎，呈碎块状及饼状，碎块用手可辨断，正常钻进速度较快，岩芯采取

率较低。岩石基本质量等级为Ⅴ级。揭露层顶面高程为94.48～139.83m，层底高程为92.69～139.33m，层厚为0.20～6.20m。

⑧-2、中风化泥质粉砂岩：全场地分布，紫红色，泥质结构，岩石风化中等，节理裂隙一般发育，见少许近垂直裂隙，少数Fe、Mn质渲染。锤击声哑、易击碎。岩芯采取率一般为80%～97%，非标准RQD值一般为70～84，岩芯较完整，多呈柱状，局部地段岩芯较破碎，呈碎块状。岩石饱和单轴抗压强度为2.40～16.70MPa，标准值6.90MPa，为软岩，岩石基本质量等级为Ⅳ级。揭露层顶面高程为53.88～117.52m，底面高程为54.88～139.33m，揭露层厚为0.40～26.60m。

⑨、中风化粉砂岩：岩石饱和单轴抗压强度为10.10～25.40MPa，标准值15.20MPa，为较软岩，岩石基本质量等级为Ⅳ级。揭露层顶面高程为60.01～96.18m，底面高程为54.88～95.18m，揭露层厚为0.30～6.50m。

⑩、中风化细砂岩：主要在河床钻孔中揭露，灰白色为主，细砂质结构，风化裂隙不发育，节理面可见风化特征，岩质较新鲜，岩芯采取率一般为80%～90%，非标准RQD值一般为60～75，岩芯以柱状为主，岩芯较完整，锤击声不清脆，不易击碎。局部地段岩芯较破碎，呈碎块状。岩石饱和单轴抗压强度为19.00～62.10MPa，标准值19.80MPa，为较软岩，岩石基本质量等级为Ⅲ级。揭露层顶面埋深64.09～91.71m，底面高程为63.29～90.31m。揭露层厚为0.40～2.90m。

1.2.3 覆岩情况

隧道北岸洞顶覆土约8m（6m粉砂、细砂+2m圆砾），洞口段砂岩、砾岩等软弱岩体互层，洞身为强-中风化泥质粉砂岩。

水下段隧道覆盖层厚度3.5～11.87m，其中砂卵石层厚度为1.5m，RK1+290～RK1+400段中风化岩层覆盖厚度为2～8m，RK1+400～RK1+700段为8～10.5m，RK1+700～RK1+784段为5.3～8m，RK1+784～RK1+880段覆岩厚度为0～5.3m。

隧道南岸洞顶覆土约5.5m（3.9m素填土+1.6m粉砂），RK1+880～RK2+020段洞顶覆岩无厚度。

1.2.4 水文地质条件

（1）地表水

场地内地表水为章江水，流向自西向东，勘察期间河面宽380m左右，水深1.4～6.3m，水位标高为102.40～104.40m。下游约3.5km处为创业大桥，约8.0km处为章江水闸。百年防洪水位为109.95m。

区间隧道穿越河流的桩号位置约为K1+365～K1+785，由西北往东南穿越河床。河床高程97.0～104.47m，表层分布1.2～5.1m圆砾层，下伏中风化基岩。

（2）地下水

根据区域水文地质条件及本次勘察，拟建场地地下水可分为松散岩类孔隙水、红色碎屑岩类裂隙溶隙水两种类型。地下水与河水相通，地下水位与河水位相同。

（3）地层渗透性

根据室内试验数据并结合相关经验，场地内各主要地层渗透性统计见表1-1。

表 1-1 岩石力学指标统计表

地层	渗透系数 K（cm/s）	渗透性
素填土①	6.0×10^{-3}	中等透水
粉质黏土②	3.6×10^{-5}	弱透水
卵石③	4.16×10^{-2}	中等透水
全风化泥质粉砂岩④	3.5×10^{-6}	微透水
强风化泥质粉砂岩⑤	1.5×10^{-7}	微透水
中风化泥质粉砂岩⑥	1.5×10^{-8}	微透水

1.2.5 不良地质现象

在隧道水下段 EK1+495～EK1+525 处，存在 F1 断层破碎带，产状为 N65.1°E/SE∠65°，宽约 0.3m。工程区大的不良物理地质现象不发育，仅局部地段存在小规模的岸坡崩塌现象，地质剖面如图 1-2 所示。

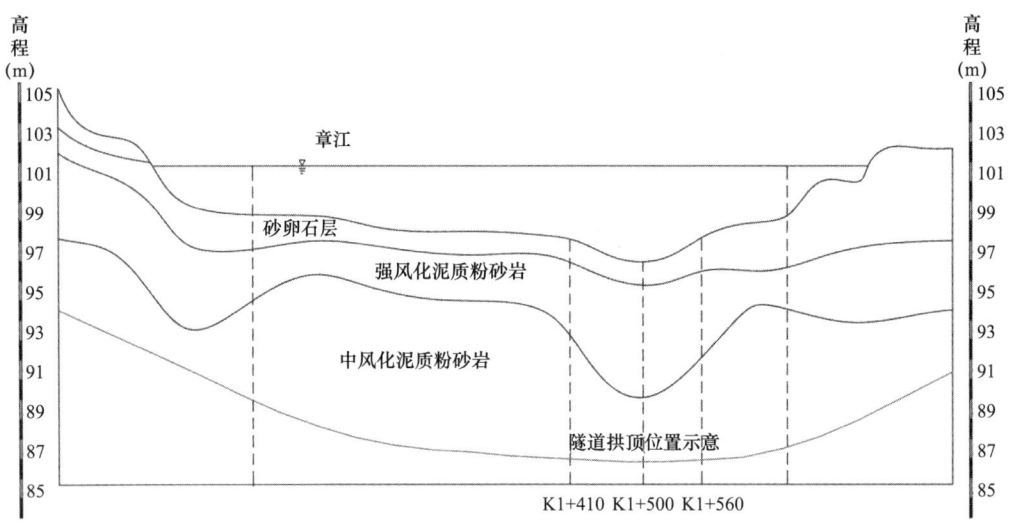

图 1-2 地质剖面示意图

1.2.6 工程地质条件评价

该隧道洞口段砂岩、砾岩等软弱岩体互层，力学强度低、易软化破坏。洞身主要穿过中风化泥质粉砂岩，该岩层强度低、遇水易分解软化，失水易干裂崩解，开挖暴露后风化速度快，具有风干易裂、再吸水便完全散裂的特征，且存在大量泥岩与砂岩的夹层，而隧道上部是透水性十分好的砂卵石层，隧道开挖风险极大。洞室穿越 F1 断层，围岩自稳能力差，易发生坍塌、突泥、涌水等安全事故。

1.3 研究必要性

该隧道为超浅埋、小净距、大跨度的水下隧道，技术难度大、安全风险高，隧道洞口段砂岩、砾岩等软弱岩体互层，力学强度低、易软化破坏，隧道下穿围岩以泥质粉砂岩为主，裂隙发育，围岩遇水软化，承载能力低、自稳性差，而隧道上覆砂卵石层，渗透性好，隧道开挖将面临着涌水、突水、大变形甚至坍塌的风险。若洞顶覆岩厚度较大，则会影响隧道线路经济性和合理性；若覆岩厚度较小，便难以满足隧道围岩稳定性和安全性要求。隧道设计线路净距较小，最小净距约4m，洞室穿越F1断层，围岩自稳能力差，易发生坍塌、突泥、涌水等安全事故，因此通过理论计算、现场试验及监测、数值模拟等方法厘清大断面小净距超浅埋水下隧道施工力学行为，厘定最佳覆岩厚度，为隧道安全快速施工提供参考建议是十分必要的。

2 国内外研究现状

2.1 隧道围岩注浆预加固方案优选理论研究

随着注浆理论及技术的发展，关于隧道注浆预加固技术的研究也越来越多。但大多学者的研究集中在基于方案比选理论的建筑地基注浆预加固方法选择上，关于隧道工程注浆预加固方案比选理论的研究较少。

胡勇、诸裕良等选取了经验、造价以及施工难度等评价指标，采用模糊评价法建立了斜坡岩土体处理方案的综合评价模型。李林芳采用"层次分析＋价值理论"的方式，建立了湿陷性黄土处理方案的影响因素层次图。邵国霞、曹政国以高铁近接工程项目为依托，基于三角模糊数-TOPSIS理论，建立了地基加固优选模型，并将其实践运用于曲阜至临沂线近接京沪高铁地基加固方案优选中。杨志华基于多属性决策（MADM）理论，建立了熵权法-TOPSIS的评价模型。张进、马斌等通过对地基处理技术进行分析，确立了安全、工程造价、施工难易程度以及环境影响4个方面评价指标，并采用层次分析法确定评价指标权重。张明、蒋瑞波等以厦门国际机场地基处理项目为依托，综合对比地基处理方案的技术性、经济性及适应性，确定了不同地质条件下的地基处理方案。王新民等、彭小云等结合了可拓学理论和层次分析理论，借此判断矩阵向量求解过程与矩阵一致性检验，从而避免了层次分析法中为检验矩阵一致性的大量计算工作。马海聘对某一工程实例的湿陷性黄土地基处理方案进行了优选处理，并验证了该优选方法的可行性。周建标针对深圳后海湾软土提出了多种地基处理方案，并采用层次分析理论对处理方案的优缺点、影响因素进行层次化分析。张小军以湖南娄新高速公路为依托工程，运用多目标决策模糊理论，建立了技术、处置效果以及经济评价体系，然后对三种岩溶处理方法进行了优选，得到了研究路段岩溶路基处理的最优方案。罗杰以杭州机场扩建工程飞行区地基工程为背景，建立了基于成本、工期、质量三指标的多目标施工方案综合优选模型，并运用该模型对地基处理方案进行了比选。罗怡基于模糊综合评判理论建立了高层建筑地基处理方案优选模型，并在多个工程实践中进行了研究论证。

闫志芳认为对湿陷性黄土地区建筑物地基处理方案优选是一个包含多目标的综合评价决策问题，采用神经网络工具和MATAB语言建立并改进传统BP网络模型，并运用该模型预测了两个拟加固湿陷性黄土地基处理方案。李岩磊、孙晓红、师秀钦以某大型火力发电厂地基工程为依托，采用模糊综合评价法对该地基工程的处理方案进行了优选，同时针对厂房回填土的沉陷问题提出了可靠的措施。李青、叶朝良等运用模糊层次分析法从技术适用性、沉降控制、造价以及地基承载力等方面对4种方案进行了评价优选，最终认为最优方案是高压旋喷桩地基处理方案。张建峰、薛韬等基于模糊层次分析理论，结合某变电站项目，选取了设计、施工工期等7个评价指标，对该地基处理方案进行了优化选型。陈宏权、黎明月等以直觉模糊理论为基础，从技术、经济、环境影响以及施工条件四个方面出发，建立了基于 Sugeno 积分算子的地基处理模型。黄瑞章利用层次分析理论，对道路软基处理方案的影响因素进行条理化、层次化分析，并建立两阶段三层次的评价结构，最后采用专家群决策选出最优方案。蒲传金、苏华友等在分析模糊层次分析法原理和步骤的基础上，建立三角模糊互补判断矩阵，进行软土地基处理方案优选。盛崇文采用以统计概率理论为基础的新途径，提出了多因素分析法的最优地基处理方案。张士励、张亦飞等为使软土地基处理方案优选更符合工程实际，基于模糊数学理论，建立了多目标多属性的软基处理方案评价模型。刘国基于聚类分析理论，分析了影响软土地基处理方案的评价指标，并采用模糊数学评价法对处理方案进行了选择。杨锐、阮广雄等结合广东科学城工程，研究了建筑垃圾材料成桩加固地基的优缺点，并运用模糊数学综合评价法对该工程加固方案进行了评价。袁晓峰、程剑星等为采用计算机程序评价工程方案，将模糊数学优选理论中的评价指标和选择方案的主观性转化为数学形式，进而实现评价过程的便利化。

从上述研究中，可以发现关于软土加固方案优选理论的研究大多集中在建筑物地基的加固工程中，而针对隧道围岩加固工程方案优选的研究较少。本研究以模糊层次分析理论为基础，建立过江隧道暗挖陆域段围岩注浆预加固方案比选模型，并将该模型运用于蓉江四路过江隧道暗挖段围岩注浆预加固工程的方案比选中。

2.2 小净距隧道施工方法与安全步距研究

2.2.1 小净距隧道施工方法与施工工序国内外现状研究

小净距隧道由于隧道两洞距离小，两洞施工相互影响极大。特别是后行洞施工对先行洞的已建衬砌、围岩应力应变的影响极大，严重危害先行洞的施工安全，所以探索安全、经济、合理的小净距隧道施工方法具有重要意义。

刘伟、靳晓光等、李建林等结合小净距隧道工程，数值模拟计算了 CD 法、双侧壁导坑法、台阶法等施工方法的力学行为，探求各种施工方法的优劣性。王茜结合大坪尾小净距隧道工程，采用 FLAC 软件对先、后行隧道不同开挖方法组合进行了数值计算。李玉楼、张林等对小净距隧道中的爆破控制、中夹岩柱变形等关键技术进行了总结。蒋坤等、孙闯等、唐维结合大断面小净距隧道工程，通过数值模拟分析了节理岩体中隧道的 3 种施工方法（CRD 法、CD 法和双侧壁导坑法）。彭琦研究并改进偏压隧道的围岩压力理论及方法，对偏压小净距隧道的三种施工方法数值模拟结果进行了对比分析。胡新朋、王登锋等对大跨、小净距隧道进行施工优化，减少了施工风险。唐明明、王芝银等结合长哨小净距隧道工程，模拟计算了不同开挖方法施工时隧道塑性区、围岩位移及变形等特征，优化了该小净距隧道开挖施工方法。刘明高结合公路隧道工程，对小净距隧道在不同开挖方法下的施工力学行为进行了数值模拟分析，给出了Ⅳ级围岩跳进下小净距隧道的优化施工方案。张富鹏、雷胜友等对超小净距中的反向扩挖法和中隔墙法进行数值模拟，结果表明反向扩挖法更优。郑广顺、崔帅帅等借助数值计算手段对比分析了小净距隧道采用台阶法和 CD 法施工的力学行为，结果表明 CD 法在控制沉降及变形方面要优于台阶法。李文华等、石宇结合长沙地铁 2 号线工程，对小净距隧道进行了施工技术研究，优化改进了原有的双侧壁导坑法施工技术。杜文涛结合七冲村一号隧道工程，对特大断面小净距隧道施工衬砌受力进行了数值分析，并验证了衬砌方案的可行性。蒋彪、肖岩等采用 FLAC3D 对双侧壁导坑法以及 CRD 法施工小净距隧道进行数值分析，结果表明，双侧壁导坑法开挖要优于 CRD 法。林从谋等、黄志波、郑强结合大帽山隧道扩建工程，对大断面小净距隧道不同开挖顺序、不同扩挖大小进行研究，结果表明，按 CD 法 ABCD 施工顺序循环进尺 1m 的开挖方式是大帽山隧道扩建工程施工的最优方案。葛玉芹结合六潜高速公路隧道工程，提出了Ⅴ级围岩、一定埋深条件下隧道的合理施工方法。郑光辉等对连拱隧道和小净距隧道的施工力学行为进行了数值计算，计算结果表明小净距隧道的施工工序以及挖方量是优于连拱隧道的。张来其、金立丰对Ⅳ级围岩下的小净距隧道进行数值计算，结果表明上下台阶法为该类隧道的合理施工方法。

S. KIM 和 KIM S H 等聚焦于平行垂直相交的小净距隧道在暗挖掘进施工过程中相邻隧道不同施工方法影响的规律研究，通过三维数值模拟分析和模型试验，分析了不同施工方法掘进过程中隧道衬砌结构应力应变状况，研究结果表明，隧道施工方法、中夹岩柱大小、衬砌结构等对小净距隧道双洞间影响较大。OSMAN A S、SOLIMAN E 等、SAITOH A 等、LO K. W. 等学者研究了小净距隧道施工方法对相邻洞室开挖影响的规律。S. LCHEN 等开展了三洞平行小净距隧道施工方法及中夹岩柱稳定性研究。

侯瑞彬、申玉生等采用有限元软件对Ⅴ级围岩条件下的浅埋偏压大跨小净距隧道不同施工方法进行了数值模拟计算，计算结果表明，CRD 法在隧道施工过程中对水平位移有较好的控制效果。王明均、崔文辉等对小净距隧道下穿地铁车站的影响开展研究，通过对比发现侧壁导坑法施工产生的沉降较小。李松涛、谭忠盛等对比分析得到相对 CD 法而言，双侧壁导坑法开挖隧道的拱顶沉降量较少，但初支所受应力却有所增加。李伟平、邓学斌等综合比较分析了三种开挖组合方法的施工力学行为，确定陡坡偏压小净距隧道的合理施工方法为单侧壁导坑法。于春红针对非对称大跨小净距隧道，基于数值模拟分析结果采用双侧壁导坑法施工。

2.2.2 小净距隧道开挖先、后行洞安全步距研究

小净距隧道由于隧道两洞间隔较小，后行洞施工会对先行洞的已建衬砌、围岩应力应变状态产生不利影响，严重危害先行洞的施工安全。因此，在进行小净距隧道施工中，进行双洞开挖影响分析，开展先、后行洞施工安全步距的研究十分有必要。

闫虎、侯月琴等以天马山隧道工程为依托，模拟计算了相同净距但不同先、后行洞步距非爆破开挖施工条件下中岩柱受力特征、初支、二衬等力学行为。阳琨、李伟等结合龙泉山隧道，对四洞并行小净距隧道群的开挖步距进行了研究。孙志岗通过三维数值模拟对小净距交叠隧道先行洞和后行洞的开挖步距（0.5m、1m、1.5m 和 2m）进行研究。周笔剑、王磊等结合宝鸡市西宝高速公路唐家源隧道改扩建工程，对黄土地质区域的小净距隧道施工方法及施工步距开展研究。张国华、陈礼彪等分析了围岩位移、压力、拱顶沉降以及锚杆应力监控数据，阐明了分导洞开挖围岩位移、变形以及应力的变化规律，相邻导洞施工时的相互影响。陈皓、鲁聪等结合某高速公路小净距隧道，采用

数值模拟手段探讨了小净距隧道加固处理前后的隧道开挖步距。晏启祥、何川等对软岩小净距隧道在不同施工顺序下达到稳定后围岩、衬砌的力学性能进行模拟计算，重点分析了不同施工顺序下洞周围岩、锚杆等受力特点及变形。刘宁、黄义雄等通过理论推导和数值计算等手段，分析了三孔隧道开挖的合理步距及布置方式。孔祥兴、夏才初等模拟计算了西安地铁区间隧道改扩建工程的地表沉降、围岩位移等施工力学行为，从而得到大断面先行洞采用 CRD 法开挖变形较小。赵阳、徐东强采用数值模拟计算了不同开挖步距下小净距隧道的施工力学行为。张明聚、赵明等对小净距平行盾构隧道施工中先、后行洞管片施工影响展开研究，通过现场监测围岩、管片的应力应变状态，分析得到了当后行洞掘进至监测断面附近，附加应力发生突变，水平直径处的环向应力比纵向应力大。

ADDENBROOKE T 运用二维数值模拟手段对两平行圆形小净距隧道的施工方法及安全步距进行了模拟计算。KIM S. H 采用相似模型试验对双洞超小净距隧道施工过程进行了施工力学特征分析。SOLIMANE 和 PERRI 借助相似模型试验、现场测试、数值模拟及理论分析等手段对小净距隧道先行、后行隧道施工安全步距进行了深入研究。HEFNG 通过二维数值模拟手段，综合考虑相邻隧道之间距离、相对位置、衬砌条件等影响，模拟分析了后行隧道开挖对先行隧道既有衬砌的影响。NG 等为研究小净距隧道施工过程中先行、后行隧道开挖步距对隧道稳定的影响，通过数值分析和模型试验，发现小净距隧道施工中随着开挖步距的增大，荷载更多地施加于先行隧道上。

刘艳青、钟世航等结合招宝山隧道工程，采用有限元数值模拟手段，对小净距并行隧道在不同施工方法及先行、后行隧道不同开挖步距下的地面沉降、围岩应力应变、拱顶位移等进行了模拟计算。胡元芳为获得城市小净距隧道最小净距的参考值，应用有限元数值计算方法，结合厦门仙岳山隧道，分析了小净距双线隧道施工力学行为。胡建明、张永兴以重庆市岚峰隧道为依托，运用有限元数值模拟手段分析得到小净距隧道在一先一后施工方法下，后行洞开挖会对已开挖的先行洞围岩及其衬砌产生较大作用。郭勇通过相似试验的手段，建立了小净距隧道施工步距分析实验。研究结果表明，控制施工影响因素对提高施工质量有明显帮助。郑海乐结合柳泉 3 号隧道工程，对浅埋湿陷性黄土小净距隧道的一系列难题进行了分析总结，为以后类似隧道修建提供借鉴。高杰结合某大跨小净距隧道，采用 FLAC3D 软件模拟计算了小净距隧道的施工顺序及步距变化。苏鹏针对超小净距重叠隧道结构形式，结合重庆地铁，开展了施工时序、施工方法及开挖步距研究。

综上所述，在进行小净距隧道施工时，特别是大断面、软弱围岩条件下，应进行施工方法及先、后行洞开挖安全步距研究，这对指导软弱围岩大断面小净距隧道安全施工具有重要意义。

2.3 铣挖法掘进工艺及适应性研究

悬臂式掘进机在隧道与地下工程中的施工工艺称为铣挖法，源于铣挖机采矿工艺，工艺的核心就是利用铣挖类设备进行隧道掌子面的切削、铲运与出碴一体化作业，与钻爆法相比较，铣挖法的围岩受力状态更为合理，扰动及变形较小，是一种能够实现精准控制的施工方法。铣挖工艺适用于围岩强度等级较低、对地表沉降及围岩变形有严格控制要求的工程，具有易与其他施工工法结合运用的特点。考虑隧道围岩强度和稳定性，铣挖法特别适用于不宜采用钻爆法的软弱围岩地段，如黄土地层、风化岩或者断层等软弱围岩。

悬臂式隧道掘进机是一种集自动行走、切削岩石、装运石碴等多种功能为一体的高效联合作业机械，与全断面隧道掘进机相比，悬臂式掘进机具有诸多优势：

（1）截割头有横向和竖向两种型号，可以根据不同的施工情况进行选择，断面适应性强，特别是对全断面掘进机无法完成的复杂断面，如城市地铁车站及折返线等有断面变化要求的工程；

（2）应用范围广，可灵活应用于地铁车站及隧道的掘进、轮廓修整、建筑物拆除以及铣刨沟槽等方面；

（3）操作灵活，行走能力强，不同于全断面掘进机基本只能前进的现状，若在掘进过程中遇到大块硬岩或溶洞，悬臂式掘进机可避免陷入进退两难境地；

（4）基础设施成本小，约只为全断面掘进机的15%左右，维护费用低，免拆卸，可重复利用。

但是受隧道工程地质条件、隧道断面设计以及相关配套技术相对滞后等因素影响，悬臂式掘进机在隧道领域的运用仍然受到不同程度的限制，对悬臂式掘进机铣挖法施工工艺进行全面优化改造和创新探索是一项亟待在实践中解决的问题。本研究主要针对悬臂式掘进机在隧道和地铁等岩土工程的应用，从掘进机围岩适应性、掘进步序路径对围岩的扰动响应、工法对围岩的扰动响应、经济掘进长度等角度进行分析，进而形成适应于大断面隧道施工的悬臂式掘进机铣挖工艺及适用于悬臂式掘进机铣挖法的配套辅助工艺体系。

2.3.1　国内铣挖法适应性研究现状

在国内，悬臂式掘进机长期应用于煤矿采掘，直到2002年才首次应用于隧道与地下工程，起步时间较晚。随着悬臂式掘进机的技术进步与配套技术开发，以及工程实例的不断积累，目前铣挖法在国内隧道与地铁建设领域已经取得很多成功经验。

方华、顾鑫杰以铣挖紫之隧道北端隧道施工实际为依托，从地表沉降、施工效率及工程经济等方面对采用铣挖法施工进行了分析，结果表明，采用铣挖法进行隧道施工，可有效降低对围岩的扰动，成隧质量佳，安全性高，在浅埋暗挖隧道条件下可代替爆破施工。

项志敏、袁仁爱等以采用铣挖法施工的浏阳河隧道为依托，在理论研究的基础上，借鉴悬臂式掘进机和装配式铣挖机在煤矿采掘行业中的研究成果，结合实际工程地质，进行现场工艺试验，对掘矿工艺进行优化，对EBZ160S型悬臂式掘进机进行了适应性研究，研究表明，铣挖法适用于岩石强度小于20MPa、裂隙发育、开挖节理、岩体完整性差的围岩，掘进机的铣挖工效与围岩硬度及工作面的自稳能力关系密切，具有明显的规律性。相同地质条件下，悬臂式铣挖机比装备式掘进机的效率更高，在现场施工中，悬臂式掘进机边角区效率较低，非边角区铣挖效率较高。

楼周峰、徐海文通过德清斌山段水下石方开挖工程，综合论证分析了这段水下隧道工程为何不采用钻爆法而选择铣挖法的理念，给出了铣挖船定位、铣挖区划分、水上掘进的配套工艺以及施工时常见问题的处理方法。

雷向峰通过对武广客运专线上5段不同地质条件的隧道进行现场实验，分别分析各段隧道铣挖法掘进的工作效率和成本投入，得出结论，铣挖法适用范围为节理或裂隙发育、岩体完整性差的Ⅳ、Ⅴ级硬度围岩。施工效率受操作人员熟练程度影响较大，若操作人员操作技能熟练，采用铣挖法的施工效率稍低于钻爆法。

董辉、侯俊敏等以浏阳河隧道掘进工程为例，通过数值模拟与实际数据监控测量，分析了三台阶钻爆法与机械铣挖法开挖水下隧道卸荷的瞬态特性及动力效应对河堤的影响。分析结果表明，机械铣挖法能更有效地控制在竖直方向上的位移变形，且不增加围岩应力，能有效提高在河堤下穿隧道及地质体不稳定河床地段隧道工程中掘进作业的安全性和可靠性，适用于浅埋水下隧道。

关则廉通过对广州地铁6号线站前铣挖隧道的工程实践进行研究，摸索出了EBZ-132型悬臂式掘进机在粉砂质泥岩条件下的掘进参数及掘进机机械配套模式。提出在软岩隧道施工中，悬臂式掘进机具有围岩扰动小、适应能力强、开挖质量高及安全等钻爆法不可比拟的优势。

漆泰岳通过对广州地铁6号线东湖车站存车线渡线段隧道的工程实践进行研究，提出影响统挖效率的地质因素主要为围岩单轴抗压强度（σ_c）和围岩裂隙间距（S），当$\sigma_c<20MPa$且$100mm<S<300mm$时为适用，当$20MPa<\sigma_c<40MPa$且$300mm<S<500mm$时较为适用，当$\sigma_c>40MPa$且$S>500mm$时为不适用。适合使用悬臂式掘进机的隧道宽度应大于3m。开挖时的围岩振动只扩散到周围2~3m，不会扩散到地表。地下水对悬臂式掘进机的掘进效率影响较小。

谢达文以重庆新红岩隧道施工实际为依托提出，若隧道的埋深在15~20m之间，隧道可以采用悬臂式掘进机与钻爆联合施工的方式开挖；若埋深小于15m，为减小振动，建议采用铣挖法施工。

李红卫、陈发达结合贵阳轨道1号线隧道下穿南明河段施工实际进行数值模拟，从施工加速度、振动、围岩应力及位移等方面进行研究，认为钻爆法施工会破坏或损伤围岩稳定性，降低围岩强度，不可控因素较大，应选用悬臂式掘进机进行隧道施工，同时发现悬臂式掘进机在开挖隧道的工程中，变形集中在隧道的拱顶与仰拱部位。

毛佳兴对哈牡客运专线5标段12座小隧道的铣挖法施工实际进行研究，得出结论，认为采用铣挖法是一种较为经济的施工方法，铣挖法适应性强，可在黄土、冻土地层中掘进隧道，围岩的强度越低、破碎程度越高，则掘进效率越高。配备横向、纵向两套铣挖头，可以适应不同裂隙方向，提高掘进效率。作业时粉尘问题严重，车载喷雾设备降尘效果不佳。

2.3.2 国外铣挖法适应性研究现状

国外将铣挖法应用于隧道与地下工程建设领域的时间较早，欧美先进国家对铣挖法隧道掘进从机械开挖、围岩稳定、工法对比等方面进行了工艺分析与总结，得到大量在铣挖法的围岩适应性和掘进工艺适应性等方面的成果。

BREITRICK M E对不同类型机械掘进机的性能进行了比较，认为悬臂式掘进机铣挖隧道比全断面掘进机初始投资成本低，能够灵活挖掘隧道断面以及各种巷道，但悬臂式掘进机对围岩适用性不强，只能铣挖软弱围岩，难以截割中低等硬度的岩石。

OCAK I 以某地铁隧道项目为工艺试验研究对象，对铣挖法掘进隧道作业进行了围岩强度适应性的比较，得到铣挖法开挖不同抗压强度围岩时的开挖速度回归曲线。BILGIN 等通过对铣挖法典型案例中的施工工艺进行研究试验后发现，隧道的围岩强度、铣挖机功率以及截割刀具的强度与耐磨性是限制铣挖法应用的相关性条件，给出了铣挖法最佳经济性围岩强度适用范围为单轴抗压强度在 40~120MPa 左右。当围岩单轴抗压强度超过 120MPa 时，现有掘进机的功率、截割刀具性能以及经济性铣挖法将不再具有优势。

THURO K 等结合运用功率为 132kW 的 Atlas CopcoEickhoff ET 120 型铣挖机在 Zeulenroda swage 隧道中掘进的实际施工情况，综合分析后，得出铣挖效率与围岩抗压强度的关系。

综上所述，国内外对悬臂式掘进机铣挖隧道时围岩受铣挖步序路径扰动的分析极少，模拟铣挖作业时也多是采用常规模拟方式，与掘进机铣挖作业实际不符。适用于悬臂式掘进机铣挖法的设备配套以及辅助工艺体系方面仍有较大的改善空间。因此研究铣挖法隧道机械选型及配套优化对于指导实际工程有重要意义。

2.4 隧道开挖渗流影响研究

2.4.1 隧道开挖面探孔涌水量分析研究现状

隧道在修建过程中穿越含水岩层时，由于隧道高程低于地下水位，在掌子面以及未及时封闭的部位往往会出现大量涌水。在最初由于水头高度最高，所以初期涌水量最大，之后随着工程区水流的不断涌出，水头高度下降，涌水量也随之减小，直到水位降到地下高程位置，涌水才基本停止，但是还会伴随着小部分区域的渗水。罗昭辉针对不同的地层岩性、裂隙类型和施工工法，根据涌水量大小对隧道涌水的类型进行了分类。目前而言，隧道涌突水的预测方法一般可分为理论计算方法、数值模拟法和非确定方法。

（1）理论计算法

隧道涌水问题一直以来都受到国内外学者的广泛关注。学者蒂姆提出了 Thiem 得到隧道涌水的模型。古德曼、卡尔斯吕、埃尔塔尼等提出了关于预测涌水量的公式，他们认为涌水量的大小主要与围岩渗透系数、水头高度以及隧道开挖半径有关。古德曼较早基于一些简化假设，给出了古德曼公式。美国 HEUER R E 认为古德曼公式计算涌水量结果偏大，并给出了带修正系数的古德曼公式计算值，但同时也指出隧道实际涌水量受到多种因素的影响。LEI S 在二维的水力模型下，推导出了流函数，给出了水头高度与涌水量的解析式。TANI M E 用更加精确的方法求解得到了圆形隧道的自流场分布，并通过适当的形式拓展到非圆形隧道以及三维空间。

KATIBEH H 提出了一种定量和定性相结合的 SGR 法（Soil Groundwater Risk），考虑到节理发育、节理孔径、岩溶作用、破碎带、片理、水头高度、土壤渗透性和年降雨量分别对隧道涌水量大小的影响,计算得到总的 SGR 值,然后对应不同的 SGR 值,得到隧道涌水的六个安全等级:无风险、低风险、中风险、中高风险、高风险和十分危险。

丁亮斌推出井下探孔出水量和相应已知水位高度之间的解析公式,认为探孔出水量与探孔的直径、深度以及水头的高度有关,和探孔水平的倾角没有关系。但是由于该公式只考虑水在管内流动,没有考虑到实际探孔内水会与外界发生交换,所以精确度大打折扣。

PERAZZELLI P 等提出了圆柱楔形体假设,给出了计算隧道开挖面附近的孔隙水压力带参数的近似表达式,认为掌子面稳定性主要受渗流力大小影响。

MAHDI R M 提出了一种新的预测岩石隧道地下水涌水计算的 GSR 法(Groundwater Seepage Rate),和 SGR 法相同的是都考虑到了围岩的节理特征,包括节理组的走向、数量、间距和孔径,但 GSR 法主要将隧道半径和地质水文环境作为主要计算参数。研究结果表明,GSR 方法能较好地估计裂隙系统发育的弹性岩体的涌水量。

(2) 数值模拟方法

数值模拟方法,就是结合有限元或者有限容积,将实际的无限问题转化为有限个离散的单元,根据边界条件利用计算机对庞大的方程组进行求解计算。数值模拟方法包括有限单元法和有限差分法等。

近年来,数值模拟方法得到了快速的发展,目前应用较广的工具有 Midas GTSNX、FLAC3D、COMSOL、ABAQUS、ANSYS 等。ODA M 提出了一种不连续力学模型,将岩体的每一段裂纹用一组平行的弹簧假设,将岩体等效为具有相同柔度和渗透率张量的各向异性的弹性多孔介质,然后由边界条件求解得到应力与渗流耦合作用下的应力场和渗流场。黄涛、杨立中提出了渗流与应力耦合环境下以及渗流场、应力场与温度场耦合环境下,裂隙围岩特长大埋深隧道涌水量预测计算的确定性数学模型,并用隧道实例进行计算验证。王媛等对应力场、渗流场之间的耦合作用做了较为细致的研究工作。NOORISHAD J 等以有限元法耦合了渗流与应力,并用于模拟非连续节理岩体,取得了不错的结果。杨会军等依托新七道梁隧道工程,利用岩体非连续介质渗流研究成果,对该隧道工程最大涌水区段进行了数值模拟,得到的结果与实测数据对比后发现,数值计算结果很可靠。陈崇希等借助数值模拟软件,模拟了井、管道以及周围地下水之间的作用,通过耦合达西流与非达西流的方法,建立了岩溶管道、裂隙与孔隙三重介质地下水流模型。这一模型发展了渗流-管流耦合模型理论,提高了模拟岩溶含水层渗流的仿真性,其结果具有一定可靠性,但对于一些复杂情况,仍然存在较大的误差。贺瑶瑶等借助数值模拟软件,通过四个不同因素和四个不同维度的正交试验,以 Darcy-Stokes 耦合方程为基础,结合流体力学与渗流力学相关理论,得到了裂隙孔隙数学模型,并根据该模型对理论公式进行了修正,大大提高了地下水流模拟分析的精度。

常勇利用 MODFLOW-CFP,用等效多孔介质模拟岩溶含水层的裂隙系统,用离散相连的管道模拟系统,考虑两个系统的耦合作用,提出了新的水箱—CFP 模型,该模型能够分析补水条件下的岩溶泉流动过程。之后给出了忽略管道储水量变化的简化平行串联水箱管道模型。经分析,两个模型在分析岩溶含水层的衰减曲线结果基本一致。

GEORGE M 等利用 FRACK 生成基岩的随机断裂连续统一体,将离散裂隙网络映射到具有非均匀性的有限差分网格中，然后利用综合水文模型 ParFlow 得到实际气象资料限制下的各向异性渗透率场，发现了隧道渗流的时间和大小依赖于气候、生态、地质和环境水文地质变量，以及降水量与渗流量之间存在明显的非线性关系。

杨波等依托杭州紫之隧道，利用 ABAQUS 有限元软件进行数值模拟，主要研究了渗透系数的取值对于隧道涌水量以及降深的影响。研究结果表明围岩入渗系数、渗透系数、隧道的洞距大小对隧道的涌水量都会有影响。

曹潇元等利用多相流数值模拟软件 TOUGH2-MP/EOS3，结合地表流域划分方法和 GRACE 重力卫星等方法，建立了区域地下水饱和-非饱和流模型，并完成了模型识别和参数率定，论证了模型的合理性和可靠性。研究结果为面积广、实测数据资料较少的干旱地区提供了一套有效的数值模拟方法，为预选区选址的安全性评价提供了重要依据。

（3）非确定性方法

非确定性方法是近年来被广泛应用在各个领域的一种计算方法，是通过机器自主学习，由机器在指定的可能性集合里自主选择执行某一个操作步骤完成计算，结果具有一定的随机性。

WANG Y 等根据娘子关隧道涌水量，建立了 GM（1.1）发展模型，将其从十个维度进行计算，和实际情况对比后误差分析，得到七维数据序列和八维数据序列可以有效反映未来涌水情况。并给出了娘子关隧道涌水量降低的上下限取值范围。刘建等利用 BP 神经网络对铜锣山隧道涌水进行了动态预测。DARIVIANAKIS N 等建立了人工神经网络系统，系统通过快速自主学习，能对岩溶涌水量进行有效预测。KONG-A-SIOUL 等利用人工神经网络对法国南部某地区的地下水位进行了预测。

GOYAL MK 等使用支持向量机（SVR）预测了希腊克里特岛的两个岩溶的涌水量，将其细分为四种模型分别对比其结果的好坏。

LI S 等建立了高斯迭代模型，从一系列的数据组中得到一个函数，用来预测隧道涌水量。并且模型在统计分析的基础上，建立了相应的隧道涌水量评价指标体系和标准，与实际案例相对比发现该评价结果与现场实测结果基本吻合。此外还发现，探地雷达预测精度要高于支持向量机（SVR）。

LI Z，XU X 等建立了状态空间涌水量预测模型，考虑不同涌水量、降水量、相对湿度、水温和电导率对它的影响。结果表明，采用任意变量组合的状态空间模型的建模性能优于经典的线性回归模型、反向传播人工神经网络模型和最小二乘支持向量机模型。并得到了状态空间模型是预测岩溶地区泉流量的有效工具。

近年来随着机器学习的发展，以机器学习为基础的预测模型也得到了迅速发展，但超前地质预报技术仍然在隧道施工中发挥着重要的作用。曾晓青为了识别开挖面前方的地质状况，针对掌子面水平钻的方式常常对盾构机产生影响，而改用径向钻。袁真秀等针对圆梁山隧道 PDK354+256 段处的岩溶地质情况，在高压富水区采用了相应的施工方案，方案主要应用了超前地质预报技术，取得了不错的效果。

2.4.2 隧道开挖面渗流场分布研究现状

以上是近些年国内外对于隧道开挖面涌水的预测方法。另外，对于隧道开挖面渗流场问题的研究也一直是国内外学者关注的焦点。

VERMEER P A 等建立了三维有限元模型，分析了软土隧道掌子面在失效时压力的大小。LEE I M 等研究发现，在水下隧道采用钢管多级注浆加固，虽然对于干燥条件下隧道开挖面保持稳定性所需的支护压力影响不大，但对于渗流力有较大的降低。通过耦合分析，得出了考虑渗流各向异性的作用对于开挖面渗流场的影响。徐则民等提出了深埋岩溶隧道涌水水头压力的近似计算公式，主要针对充水水源为地下暗河、板状裂隙网络和管状充水通道 3 种条件。王芃依托石太客运专线南梁隧道实际工程，建立了预测隧道涌水量的二维数值模型，得到了南梁隧道 9 段区段正常涌水量和最大涌水量值，之后考虑工程措施对于隧道涌水量及隧道周围水位的影响，将工程措施分阶段建立在数值模型中，进行了工程措施的量化评估。

王旭东等提出了一种新的分析地下水流动的方法，即在柱坐标系下，提出了降深试探函数，推导了层状非均质各向异性越流承压含水层中地下水非稳定流的有限层方程，建立了有限层分析方法。之后用经典算例计算解和有限层解进行验证，证明了该方法的正确性和有效性。

何红忠根据海底隧道特点，利用流体力学的相关理论，推导了隧道在开挖后围岩、衬砌内、注浆圈的渗流场分布公式，并将该公式计算结果与数值解相对比验证。在此基础上考虑了隧道在"全封堵"和"全限量排导"两种工况下的衬砌水压力与围岩、注浆圈的渗透系数、注浆圈厚度和隧道控制排水量大小的关系。之后分析了隧道涌水量与注浆圈渗透系数、注浆圈厚度、围岩渗透系数、隧道覆土厚度的关系。将以上研究成果应用于青岛胶州湾海底隧道，给同类工程提供一定的参考。

SHIN Y J 等根据隧道周围的水力梯度分布，估算了渗透力的大小，利用这些结果，推导了考虑稳态渗流作用下地基反力曲线的理论解。

ZING G S 等探究了探孔的数量、位置以及长度对于隧道开挖面附近渗流场分布的影响，得到最有效的降低孔隙压力水头的数量和位置。

应宏伟等采用镜像法，将半无限的实际渗流场转化为无限的虚拟渗流场，推导了水下大埋深隧道孔隙水压力以及隧道涌水量的解析解。该解的优点是将注浆圈以及衬砌的作用考虑在内。

张思旸将模型试验法与数值模拟方法相结合，研究了二郎山隧道在穿越断层破碎带时涌水的渗流场分布。通过模型试验得到了三种不同材料下模拟的隧道涌水规律，之后利用限元软件计算结果进行对比分析。

丁洪玉依托厦门海底隧道，利用 Midas GTS 软件模拟了隧道在相同埋深下穿越不同围岩时，渗流场的分布特征。之后利用常用的计算隧道涌水量公式对 9 个代表性区域进行了计算。

蒋凌云利用数值模拟软件，通过设置不同的水压力工况，得到了位移与结构类型之间的关系。彭哲依托黔张常铁路的高山、桑植和高村隧道，利用灰色关联分析法量化分析了影响岩溶隧道涌水量的因素，利用小波神经网络与 GA-SVM（遗传算法-支持向量机)模型,得到了隧道涌水的周期,并对误差进行了分析。

罗鹏为了研究裂隙性隧道涌水预测,建立了单裂隙、交叉裂隙物理模型,得到了裂隙内水流运动规律与裂隙交叉处局部水头损失的表达式,考虑裂隙网络流阻,建立了稀疏裂隙岩体隧道非达西流涌水预测模型。之后进行了相关模型试验,对上述物理模型进行研究与验证。

Yi C 等建立了竖向渗漏量与水位降深成正比的弹性承压含水层径向流偏微分方程。将该微分方程积分得到两个稳态解,一个是无限含水层中井的情况,另一个是沿与井同心的外边界保持水头恒定的情况,并在第二种情况下,对于以稳定速率向井中排放的水流,得到了以均匀水头分布为初始状态的非稳态解。

综上所述,国内外学者在隧道渗流数值模拟研究中,对帷幕注浆的施工模拟大多基于平面模型进行分析,因此建立适用于软弱互层超浅埋小净距隧道的三维渗流有限元模型,从而分析隧道渗流特征对于指导工程具有实际参考意义。

2.5 隧道施工监测分析研究

随着国内外科学技术的进步和对施工监测要求的不断提高,施工监测技术也在不断地发展。当前隧道施工测量的方法主要是大地测量和物理测量,大地测量工具包括全站仪和激光扫描仪,主要工程测量类型有周边位移情况、观察洞内外的条件、地表和拱顶下沉情况。物理测量的基本方法有光纤传感器法,通常量测的主要项目有围岩压力、内部位移、支撑钢的内力还有锚杆轴力等。

在监测隧道施工的过程中,通常选择挂钢尺抄平以及钢尺式收敛计等基本的方法,该方法不需要大量的成本,操作方便,可以在恶劣环境中进行施工。然而上述接触法通常不能完成三维观测,需要掌握隧道内部点的三维情况时,使用这种传统方法就达不到要求。现在国内外隧道施工监测一般选择非接触法,非接触测量法是在测量件的表面和测量器具的传感器之间进行间接接触的测量方法。

赵文轲等基于老营庄湿陷性黄土山岭隧道开挖后极不稳定、初期支护变形量较大、采用传统的监控量测方法耗时费力、量测及施工交叉进行存在较大干扰等特点,在老营庄隧道施工中,采用全站仪及反光膜片进行一种非接触光学测量隧道拱顶沉降及周边收敛的方法。

徐桂林等结合岩溶地区的特点,以罗仙关 2 号隧道采用全站仪非接触量测的方法为例,在不接触被测点的情况下,获取测点的全部信息及动态变化,该方法具有测量精度高、速度快、数据自动记录的特点,可为隧道的施工提供及时准确的数据支持和相关分析。

王利晨在张坪隧道的监控量测中,应用非接触量测的方法。为比较其先进性,同时还选择了自由设站量测以及一般的测量方法进行对比,量测数据显示,三种方法变化规律基本一致。但在不良地质段或恶劣的施工环境下,非接触量测方法更适用,仪器设站比较灵活方便,有效提高了监测的效率。

从具体效果可以看出,非接触式量测比较准确,达到一定的可靠水平,测量工作非常高效。同时在一些运营地铁中,还引用了自动监控系统平台。

随着人们对监测系统领域的不断钻研和探讨，国内外不断出现测量机器人、GPS、无人飞机、工程监测云平台等。机器人全站仪作为最近一段时期研究的可以高效工作、实现自动测量、新型的放样仪器，棱镜实现自动对齐。这种全站仪由硬件和软件共同组成，软件功能通过 CAD 或 Revit 等相关格式图形软件能够确定一定的数据和主要放样点坐标。新型监测技术相比传统的监测技术，虽然取得了很大进步，但对实际施工环境的适应能力还比较弱。在复杂的不良地质地段隧道内，因施工过程中存在一定的危险，且工作时间较为紧迫，通常还是不能选择上述新的监测技术。

综上所述，非接触式测量以及自动监控系统已经广泛应用在隧道工程中，且具有较强的工程适应性，因此拟采用非接触式测量与自动监控平台相结合的测量方式作为赣州蓉江隧道项目的监控措施。

2.6　本章总结

目前针对山岭隧道的各种复杂工况，如大断面、小净距、浅埋等以及铣挖法施工已有丰富研究成果，而鲜有研究考虑软弱围岩中的超浅埋大断面小净距铣挖法水下隧道施工力学行为。本研究以赣州市蓉江四路过江隧道为依托，通过对围岩的物理力学试验、注浆试验、数值模拟、理论计算、现场监测等手段，厘清软弱互层超浅埋大断面小净距铣挖法水下隧道施工力学行为，指导现场施工，形成一套适用于类似工程的试验、注浆、开挖、监测方法。

3 水力作用下节理化泥质粉砂岩渗透特性及力学特性研究

3.1 研究方案和试样的制备

3.1.1 研究方案

为了使工程能够安全地进行，研究各岩层的物理力学特性就极为重要。物理指标中的含水率可以间接地反映岩石中空隙的多少、岩石的致密程度等特性。岩石的毛体积密度是一个间接反映岩石致密程度、孔隙发育程度的参数，也是评价工程岩体稳定性及确定围岩压力等必需的计算指标。岩石的吸水率和饱和吸水率能有效地反映岩石微裂隙的发育程度，可用来判断岩石的抗冻和抗风化等性能。为了控制开挖过程中地下水对岩层、岩体的影响，就必须了解岩石的膨胀特性，测试岩石的膨胀率。岩石的渗透性是指在水压力作用下水（液体）在岩石的孔隙和裂原内透过的能力，它反映了岩石微裂缝的发育情况和连通情况。抗压强度试验是测定规则形状岩石试件单轴抗压强度的方法，其结果可以对岩性和岩石的强度分级进行描述。岩石单轴压缩变形试验用于测定岩石试件在单轴压缩应力条件下的轴向及径向应变值，据此算出岩石的弹性模量和泊松比，长时间处于渗流状态的岩石所受到的破坏通常是因为蠕变而引发的时效性破坏。蠕变能够使岩体的孔隙度出现改变，进而使渗透特性发生巨大转变，而渗透特性的改变会使渗流场发生改变，导致岩体蠕变性质发生改变。因此对岩石进行一系列的物理力学性能测试极为重要，能为后期的数值计算和数值模拟提供重要数据。普通试验分为3种岩石，其中每种岩石在3个不同的地点取样，每个试验3组样，最终结果取试验结果的算术平均值。表3-1展示了岩石物理指标的试验内容，表3-2展示了力学性能的指标测试方案，表3-3为常规三轴压缩试验测试所需控制的条件以及测试指标，表3-4为不同含水状态下三轴压缩蠕变试验方案，表3-5为流固耦合试验的方案。

表3-1 岩石物理性能指标试验内容

岩样及每组试件数	含水率试验	密度试验	毛体积密度试验	渗透性试验	吸水性试验	膨胀性试验
中风化泥质粉砂岩						
中风化粉砂岩						
中风化细砂岩						
每组试件个数	5个	3个	4个	3个	3个	3个
组数	3组	3组	3组	3组	3组	3组

3 水力作用下节理化泥质粉砂岩渗透特性及力学特性研究

表 3-2 岩石力学性能指标测试内容

岩样及每组试件数	含水状态	单轴抗压试验	单轴压缩变形试验
中风化泥质粉砂岩	干燥		
	自然		
	饱和		
中风化粉砂岩	干燥		
	自然		
	饱和		
中风化细砂岩	干燥		
	自然		
	饱和		
每组试件个数		6个	6个
组数		3组	3组

表 3-3 常规三轴压缩试验测试控制条件及测试指标

岩石种类	围压/MPa	黏聚力	摩擦系数
中风化泥质粉砂岩	2		
	6		
	10		
每组试件个数	6个		
组数	3组		

表 3-4 泥质粉砂岩的三轴压缩蠕变试验

含水状态	围压/MPa	一级加载	二级加载	三级加载	四级加载	五级加载
干燥	2					
	6					
	10					
自然	2					
	6					
	10					
饱和	2					
	6					
	10					

表 3-5 流固耦合下岩石的蠕变

岩石种类	围压/MPa	渗透压/MPa
中风化泥质粉砂岩	10	2
	10	4
	10	6

19

3.1.2 试样的制备

测试的岩样必须是规定的尺寸,因此需要对岩石进行加工,处理成需要的形状大小,第一步是钻芯取样,如图 3-1 所示,现场钻芯取出的岩样可以不改变岩石的应力方向,对岩体干扰较小。现场取出的试样必须马上截取成合适的长度,然后用保鲜袋进行包装、密封,做好标记,如图 3-2 所示。图 3-3 为切割前的试样,试样要包装密封,防止水分流失。若包装密封不及时,岩石在失水干燥过程中,裂隙将会迅速发展,导致岩样断裂。本次共钻孔 30 个,每个孔洞 9m,分成上中下各 3m 对岩样进行标记,取出长度大于 15cm 的岩芯 356 个,然后按照规范要求对岩芯进行加工,切割成高度 100mm 的圆柱试样,如图 3-4 所示。上下两个端面的平面度公差小于 0.05mm,端面对轴线垂直度不超过 0.25%,由于该红砂岩遇水膨胀,且裂隙较多,导致切割打磨过程中一些岩芯出现开裂、边角脱落现象,如图 3-5 所示。图 3-6 为切割打磨完成,再次密封好的试样。因为钻芯取样的试样侧面有螺纹,并且直径偏大,无法放入三轴腔室,因此又从施工现场取大石块运回实验室进行钻取、切割、打磨,制成标准圆柱试样,如图 3-7～图 3-8 所示。

图 3-1 现场钻芯取样

图 3-2 岩样的包装和密封

图 3-3 切割前的试样

图 3-4 切割试样

图 3-5 对试样进行打磨　　　　　图 3-6 加工完成的试样

图 3-7 钻芯机　　　　　　　　　图 3-8 钻芯结束的废石块

3.2 泥质粉砂岩物理性能的试验分析

3.2.1 密度试验

岩石的密度（颗粒密度）是选择建筑材料、研究岩石风化、评价地基基础工程岩体稳定性及确定围岩压力等必需的计算指标。将筛分后的岩粉烘干冷却后进行比重试验。分别对上中下 3m 的岩石进行密度试验，每 3m 进行 6 组试验，每组进行两个试样，同组的两个试验结果之差小于 $0.02g/cm^3$ 才为有效试验。

1）实验步骤

（1）实验前应将岩块研磨成粉，如图 3-9 所示。接着筛分出能过 0.315mm 筛孔的岩粉，如图 3-10 所示。将制备好的岩粉放在容器中，置于温度为 105～110℃ 的烘箱中烘至恒量，如图 3-11 所示。烘干时间一般为 6～12h，然后再置于干燥器中冷却至室温

(20℃±2℃）备用。

（2）用四分法取两份岩粉，每份试样从中称取 15g（m_1），精确至 0.001g（本试验称量精度皆同），用漏斗灌入洗净烘干的密度瓶中，并注入试液至瓶的一半处，摇动密度瓶使岩粉分散。

（3）使用洁净水作试液时，可采用沸煮法排出气体，如图 3-12 所示，沸煮时间自悬液沸腾时算起不得少于 1h。

（4）将经过排出气体的密度瓶取出擦干，冷却至室温，再向密度瓶中注入排出气体同温条件的试液，至接近满瓶，然后置于恒温水槽（20℃±2℃）内。待密度瓶内温度稳定，上部悬液澄清后，塞好瓶塞，使多余试液溢出。从恒温水槽内取出密度瓶，擦干瓶外水分，立即称其质量（m_3）。

（5）倾出悬液，洗净密度瓶，注入经排出气体并与试验同温度的试液至密度瓶，再置于恒温水槽内。待瓶内试液的温度稳定后，塞好瓶塞，将溢出瓶外试液擦干，立即称其质量（m_2）。

2）结果整理

计算岩石密度值（精确至 0.01 g/cm³），表达式为

$$\rho_t = \frac{m_1}{m_1 + m_2 - m_3} \times \rho_{\omega t} \tag{3-1}$$

式中　ρ_t——岩石的密度（g/cm³）；

　　　m_1——岩粉的质量（g）；

　　　m_2——密度瓶与试液的合质量（g）；

　　　m_3——密度瓶、试液与岩粉的总质量（g）；

　　　$\rho_{\omega t}$——与试验同温度试液的密度（g/cm³），洁净水的密度由附录查得，试验测得岩石的比重范围为 2.72～2.75g/cm³。

图 3-9　将岩块研磨成粉

图 3-10　将岩粉进行筛分

3 水力作用下节理化泥质粉砂岩渗透特性及力学特性研究

图 3-11 烘干岩粉

图 3-12 排出岩粉中的空气

3.2.2 体积密度测试

试验步骤如下：

(1) 测天然密度时，应取有代表性的岩石制备试件并称量。测干密度时，将试件放入烘箱，在 105~110℃下烘至恒量，烘干时间一般为 12~24h。取出试件置于干燥器内冷却至室温后，称干试件质量。

(2) 将干试件浸入水中进行饱和，饱和方法可依岩石性质选用真空抽气法。试件的饱和过程和称量，应符合遇水不崩解、不溶解、不干缩膨胀。

(3) 取出饱和浸水试件，用湿纱布擦去试件表面水分，立即称其质量。

(4) 本试验称量精确至 0.01g。

测试结果见表 3-6。

表 3-6 干燥饱和试件的基本物理参数

干燥试件	直径/mm	高度/mm	体积/cm³	质量/g	密度/g·cm⁻³	波速/m·s⁻¹
1	49.14	101.47	192.4411	476.51	2.476134	2663
2	49.1	101.06	191.3516	473.56	2.474816	2652
3	49.06	101.22	191.3424	475.32	2.484133	2636
4	48.92	100.88	189.6129	482.47	2.5445	2648
5	49.08	102.17	193.2958	478.68	2.476412	2682
6	49.02	98.37	185.6518	458.58	2.470108	2516
平均值	49.05333	100.8617	190.6159	474.1867	2.487684	2633
饱和试件	直径/mm	高度/mm	体积/cm³	质量/g	密度/g·cm⁻³	波速/m·s⁻¹
1	49.08	99.61	188.4525	481.57	2.555392	2431
2	49.07	100.86	190.7396	487.48	2.555735	2411
3	49.1	102.67	194.4001	495.37	2.548199	2392

续表

饱和试件	直径/mm	高度/mm	体积/cm³	质量/g	密度/g·cm⁻³	波速/m·s⁻¹
4	49.06	99.45	187.9965	478.45	2.544994	2681
5	49.1	97.46	184.5352	470.21	2.548077	2700
6	48.9	100.78	189.2701	487.66	2.57653	2577
平均值	49.05167	100.1383	189.2323	483.4567	2.554821	2532

3.2.3 吸水试验

岩石的吸水性用吸水率和饱和吸水率表示。岩石的吸水率和饱和吸水率能有效地反映岩石微裂隙的发育程度，可用来判断岩石的抗冻和抗风化等性能见表 3-7。吸水性试验分上中下 3m 进行每部位两组试验，一组 5 个试样；饱和吸水率测试也分为上中下 3m 进行，每部位两组试验，一组 5 个试样。试验测得饱和吸水率范围为 4.85%～13.8%，自然吸水率为 2.7%～5.02%。

1) 试验步骤

(1) 将试件放入温度为 105～110℃ 的烘箱内烘至恒量，烘干时间一般为 12～24h，取出置于干燥器内冷却至室温（20℃±2℃），称其质量，精确至 0.01g（后同）。

(2) 将称量后的试件置于盛水容器内，先注水至试件高度的 1/4 处，如图 3-13 所示，以后每隔 2h 分别注水至试件高度的 1/2 和 3/4 处，6h 后将水加至高出试件顶面 20mm，以利试件内空气逸出。试件全部被水淹没后再自由吸水 48h。

(3) 取出浸水试件，用湿纱布擦去试件表面水分，立即称其质量。

(4) 试件强制饱和，用真空法饱和试件：将称量后的试件放入水槽，注水至试件高度的一半，抽真空 15min 后静置 2h，如图 3-14 所示。再加水使试件浸没，并保持水的深度不变。抽真空后静置 2h 取出试件，用湿纱布擦去表面水分，立即称其质量。

图 3-13 岩石吸水性试验

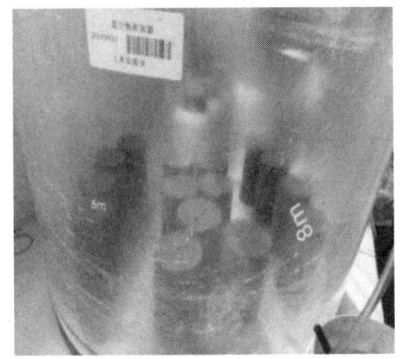

图 3-14 将要饱和的试样

2) 结果整理

用下列式子分别计算吸水率、饱和吸水率，试验结果精确至 0.01%。

$$w_a = \frac{m_1 - m}{m} \times 100 \tag{3-2}$$

$$w_{sa}=\frac{m_2-m}{m}\times 100 \tag{3-3}$$

式中　w_a——岩石吸水率（%）；
　　　w_{sa}——岩石饱和吸水率（%）；
　　　m——烘至恒量时的试件质量（g）；
　　　m_1——吸水至恒量时的试件质量（g）；
　　　m_2——试件经强制饱和后的质量（g）。

表 3-7　岩石吸水性试验成果表

岩性	项目	孔隙率/%	自然吸水率/%	饱和吸水率/%
中风化泥质粉砂岩	最大值	8.67	5.37	5.58
	最小值	6.98	2.36	4.36
	平均值	7.75	3.56	5.23
	标准差	4.19	1.56	2.65
中风化粉砂岩	最大值	9.48	4.65	5.46
	最小值	6.36	3.29	3.45
	平均值	8.45	3.87	4.56
	标准差	5.23	1.79	3.5
中风化细砂岩	最大值	10.56	5.63	4.89
	最小值	6.55	2.75	2.94
	平均值	7.84	3.68	3.4
	标准差	6.87	3.67	2.65

3.2.4　膨胀性试验

对具有黏土矿物的岩层，必须了解岩石的膨胀特性，以便控制开挖过程中地下水对岩层、岩体的影响。本次试验主要测岩石的轴向自由膨胀率，如图 3-15 所示，分成上中下 3 部分，每部分 3 组试验，每组进行 3 个平行试验。

自由膨胀率试验应按下列步骤进行：

（1）将试件放入自由膨胀率试验仪内，在试件上下分别放置透水板，顶部放置一块金属板。

（2）在试件上部和四侧对称的中心部位分别安装千分表。四侧千分表与试件接触处，宜放置一块薄铜片。

（3）记录千分表读数，每隔 10min 记录 1 次，直至 3 次读数不变。

（4）缓慢地向盛水容器内注入洁净水，直至淹没上部透水板。

（5）在第 1h 内，每隔 10min 测读变形 1 次，以后每隔 1h 测读变形 1 次，直至 3 次读数差不大于 0.001mm 为止。浸水后试验时间不得小于 48h。

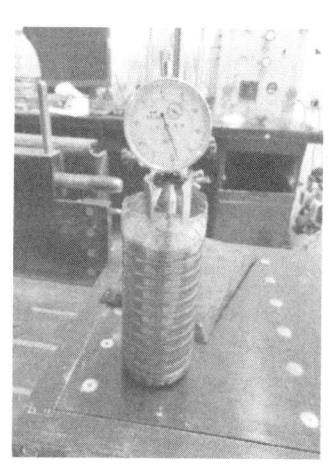

图 3-15　自制简易自由膨胀仪

(6) 试验过程中，应保持水位不变，水温变化不得大于2℃。

(7) 试验过程中及试验结束后，应详细描述试件的崩解、掉块、表面泥化或软化等现象。

按下列公式计算岩石自由膨胀率，即

$$V_H = \frac{\Delta H}{H} \times 100 \tag{3-4}$$

式中　V_H——岩石轴向自由膨胀率（%）；

　　　ΔH——试件轴向变形值（mm）；

　　　H——试件高度（mm）。

试验测得岩石膨胀率为1%～3%，见表3-8。

表3-8　各种岩石膨胀性试验成果表

岩性	项目	膨胀率/%
中风化泥质粉砂岩	最大值	3.45
	最小值	2.43
	平均值	2.97
	标准差	1.40
中风化粉砂岩	最大值	3.12
	最小值	2.84
	平均值	3.05
	标准差	0.05
中风化细砂岩	最大值	2.45
	最小值	1.65
	平均值	2.11
	标准差	1.18

3.2.5　耐崩解性试验

耐崩解性试验的目的是确定岩石试样在一定条件下的崩解量、崩解指数、崩解时间和崩解状况。崩解指数主要用于岩石分类。此次试验分为上中下3m各部分进行，每部分4组试验，每组试样3个。图3-16为将要烘干的试样。

1) 试验步骤

(1) 将试样装入耐崩解试验仪的圆柱形筛筒内，在105～110℃的温度下烘干至恒量后，在干燥器内冷却至室温称量。

(2) 将装有试样的圆柱形筛筒放在水槽内，向水槽内注入洁净水，使水位在转动轴下约20mm。圆柱形筛

图3-16　筛筒

筒以 20r/min 的转速转动 10min 后，将圆柱形筛筒和残留试样在 105～110℃的温度下烘干至恒量后，在干燥器内冷却至室温称量。

（3）重复步骤（2）的程序，求得第二次循环后的圆柱形筛筒和残留试件质量。根据需要可进行 5 次甚至更多次循环试验。

（4）试验过程中，水温应保持在 20±2℃范围内。

（5）试验结束后，应对残留试样、水的颜色和水中沉积物进行描述。根据需要，可对水中的沉积物进行颗粒分析、界限含水量测定和黏土矿物分析。

（6）称量精确至 0.1g。

2) 结果整理

（1）按下式计算岩石耐崩解性指数，即

$$I_{d2}=\frac{m_{r2}-m_0}{m_s-m_0}\times100 \tag{3-5}$$

式中　I_{d2}——岩石（二次循环）耐崩解性指数（％）；

m_0——圆柱筛筒烘干质量（g）；

m_s——圆柱筛筒质量与原试样烘干质量的和（g）；

m_{r2}——圆柱筛筒质量与第二次循环后残留试样烘干质量的和（g）。

（2）每组试验 3 个试样平行试验，试验结果应为 3 个试样测得结果的平均值，并同时测出每个试样的试验结果，试验结果精确至 0.1％。岩样耐崩解性试验结果见表 3-9。

表 3-9　岩样耐崩解性试验成果表

岩性	循环次数	崩解残留物质量/g	试样损失质量/g	沉淀物质量/g	溶解物质量/g	耐崩解指数/g
中风化泥质粉砂岩	0	497.61				
	1	430.54	67.07	45.10	21.97	0.87
	2	221.28	209.26	165.20	44.06	0.44
中风化粉砂岩	0	503.41				
	1	446.34	57.07	43.40	13.67	0.89
	2	270.42	175.92	121.8	54.12	0.54
中风化细砂岩	0	513.42				
	1	451.31	62.11	43.52	18.59	0.84
	2	256.37	194.94	148.68	46.26	0.48

3.3　泥质粉砂岩的单轴压缩力学特性

3.3.1　引言

岩石是一种年代久远、广泛分布于地表的建筑材料，可以作为各种建筑物的天然地基，也可以作为地下隧洞的天然防护结构。这些隧洞与建筑物是否安全可靠、经济稳定,很大程度上取决于岩石的工程性质。如岩石的物理性质、水理性质及在外荷载作用下表现出的强度和变形等力学性质,这些重要性质的获得离不开岩石力学试验。通常,在室内进行的岩石力学试验是研究岩石力学性质的主要手段,通过分析试验结果可以得到岩石一些重要的物理力学性质,将对岩石有更深刻的认识。

3.3.2 水对泥质粉砂岩强度弱化的分析

3.3.2.1 研究目的

抗压强度试验是测定规则形状岩石试件单轴抗压强度的方法,主要用于岩石的强度分级和岩性描述。在某些情况下,试件含水状态可根据需要选择天然状态、烘干状态。泥质粉砂岩由于含泥量较大,对水敏感,含水量的不同和泡水时间的不同会导致泥质粉砂岩的组织结构发生变化,进而发生强度弱化。因此探究不同泡水时间下泥质粉砂岩的强度很有必要。

3.3.2.2 试验步骤

(1) 用游标卡尺量取试件尺寸(精确至 0.1mm),对立方体试件在顶面和底面上各量取其边长,以各个面上相互平行的两个边长的算术平均值计算其承压面积。对于圆柱体试件在顶面和底面分别测量两个相互正交的直径,并以其各自的算术平均值分别计算底面和顶面的面积,取其顶面和底面面积的算术平均值作为计算抗压强度所用的截面积。

(2) 试件的含水状态可根据需要选择烘干状态、泡水 4h、泡水 8h、泡水 12h、泡水 16h、泡水 20h 和饱和状态(使用真空饱和仪饱和 24 小时视为饱和状态)。

(3) 按岩石强度性质,选定合适的压力机。将试件置于压力机的承压板中央,对正上、下承压板,不得偏心。

(4) 以 0.5~1.0MPa/s 的速率进行加荷直至破坏,记录破坏荷载及加载过程中出现的现象。抗压试件试验的最大荷载记录以 N 为单位,精度 1%。

3.3.2.3 结果整理

(1) 岩石的抗压强度和软化系数分别按下列式子计算,即

$$R = \frac{P}{A} \tag{3-6}$$

式中 R——岩石的抗压强度(MPa);
　　P——试件破坏时的荷载(N);
　　A——试件的截面积(mm^2)。

$$K_P = \frac{R_w}{R_d} \tag{3-7}$$

式中 K_P——软化系数;
　　R_w——岩石饱和状态下的单轴抗压强度(MPa);
　　R_d——岩石烘干状态下的单轴抗压强度(MPa)。

(2) 单轴抗压强度试验结果应同时列出每个试件的试验值及同组岩石单轴抗压强度的平均值。有显著层理的岩石,分别报告垂直与平行层理方向试件强度的平均值,计算

值精确至 0.1MPa。

软化系数计算值精确至 0.01,3 个试件平行测定,取算术平均值。3 个值中最大与最小之差不应超过平均值的 20%,否则应另取第 4 个试件,并在 4 个试件中取最接近的 3 个值的平均值作为试验结果。

3.3.2.4 主要结论

实验结果表明,干燥状态红砂岩强度最高,但是经过泡水后,试样强度不断下降,并随着泡水时间的增加而不断降低,说明水对红砂岩的影响极大,如图 3-17～图 3-20 所示。图 3-21 为泥质粉砂岩随泡水时间的强度弱化曲线。由图可以看出,泥质粉砂岩的强度弱化曲线是一条双曲线,随着泡水时间的增加,强度不断降低,泡水时间不断增加,强度降低的趋势也逐渐变缓。

图 3-17　万能试验机

图 3-18　安装试样

图 3-19　破坏后的试样

图 3-20　一组破坏后的试样

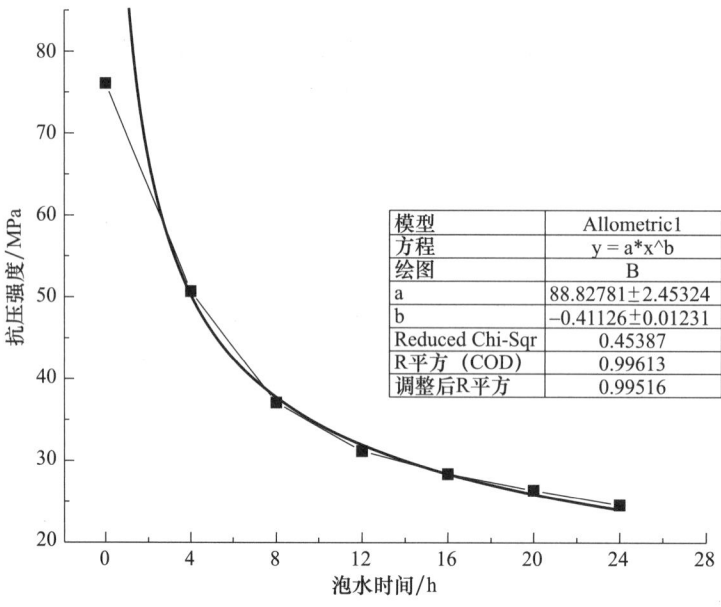

图 3-21 泥质粉砂岩不同泡水时间的强度弱化曲线

3.3.3 泥质粉砂岩单轴压缩强度与变形分析

3.3.3.1 目的和适用范围

岩石单轴压缩变形试验用于测定岩石试件在单轴压缩应力条件下的轴向及径向应变值,据此算出岩石的弹性模量和泊松比。

弹性模量是轴向应力与轴向应变之比,泊松比是在弹性模量相对应条件下的径向应变与轴向应变之比。

本试验采用电阻应变仪法,适用于能制成规则试件的各类岩石。

3.3.3.2 试验仪器介绍

本试验采用的压力机为 RMT-150C 岩石力学试验系统,如图 3-22 所示。它是 RMT 系列试验机中的最新产品,是一种数字控制的电液伺服试验机,是专为岩石和混凝土类材料的力学性能试验而设计的。它具有操作方便、控制性能好、自动化程度高等许多优点。设计中参考了国外试验机的最新发展动向,充分考虑了工程应用部门和科研部门的不同要求,采用了多种先进技术和独特的设计方法,使 RMT-150C 岩石力学试验系统具有齐全的试验功能和优良的性能。与同类试验机相比,这套系统适用范围广,是理想的新一代岩石力学试验设备。

该试验系统在设计中充分考虑了不同使用部门的各种要求,采用了独特的设计方法,可以进行多

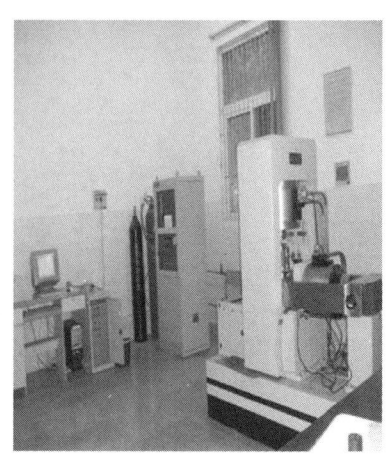

图 3-22 RMT-150C 岩石力学试验系统

种岩石力学试验,最大限度地利用了伺服系统的能力,基本能够满足工程应用和基础理论研究方面的需要。它具有操作简单、易于掌握的特点,同时还预留了控制及数据采集通道,以便将来进一步扩充试验功能。后期的蠕变试验也采用该仪器进行。

3.3.3.3 试验步骤

其中 3 个试件测定单轴抗压强度,试验步骤同单轴抗压试验的步骤。

(1) 贴电阻应变片:试件以相对面为一组,分别贴纵向和横向应变片(如只求弹性模量而不求泊松比,则仅需贴纵向的一对即可),数量均不应少于两片,且贴片位置应尽量避开裂隙或斑晶。贴片前先将试件的贴片部位用 0 号砂纸斜向擦毛,用丙酮擦洗,均匀地涂一层防潮胶液,厚度不应大于 0.1mm,面积约为 20mm×30mm,再使应变片牢固地贴在试件上。

(2) 焊接导线:将各应变片的线头分别焊接导线,并用白胶布贴在导线上,标明编号。焊接时注意,宜用液态松香和金属屏蔽线,以免产生磁场互相干扰。电阻应变仪应与压力试验机靠近些,减少导线长度,导线焊好后要固定,以免拉脱。系统绝缘电阻值应大于 200MΩ。

(3) 按所用电阻应变仪的使用说明书进行操作,接电源并检查电压,调整灵敏系数。将试件测量导线接好,放在压力试验机球座上。接温度补偿电阻应变片,贴温度补偿电阻应变片的试件应是试验试件的同组试件,并放在试验试件的附近。粘贴温度补偿应变片的操作程序要求尽量与工作应变片相同。

(4) 将试件反复预压 2 次或 3 次,加荷压力约为岩石极限强度的 15%。

(5) 按规定的加载方式和载荷分级,加荷速度应为 0.5~1.0MPa/s,逐级测读载荷与应变值,直至试件破坏。读数不应少于 10 组测值。

(6) 记录加载过程及破坏时出现的现象,对破坏后的试件进行描述。图 3-23、图 3-24 为破坏后的岩样。

图 3-23 破坏后的试样一

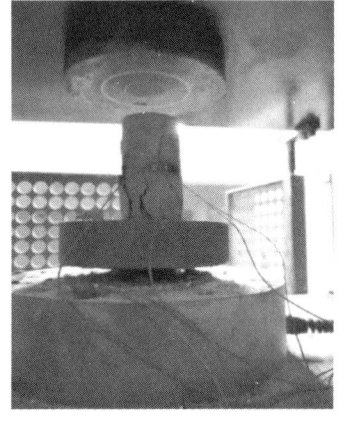

图 3-24 破坏后的试样二

3.3.3.4 结果整理

(1) 计算各级应力,计算式为

$$\sigma=\frac{P}{A} \tag{3-8}$$

式中 σ——应力（MPa）；

P——与所测各组应变值相应的荷载（N）；

A——试件的截面积（mm²）。

（2）绘制应力与纵向应变及横向应变关系曲线，在应力与纵向应变关系曲线上找出加载最大值的 0.8 倍和 0.2 倍的点，并作割线，以该割线的斜率表示该试件的弹性模量，按下式计算，试验结果精确至 100MPa。

$$E = \frac{\sigma_{0.8} - \sigma_{0.2}}{\varepsilon_{10.8} - \varepsilon_{10.2}} \tag{3-9}$$

式中 E——弹性模量（MPa）；

$\sigma_{0.8}$、$\sigma_{0.2}$——加载最大值的 0.8 倍和 0.2 倍时的试件应力（MPa）；

$\varepsilon_{10.8}$、$\varepsilon_{10.2}$——应力为 $\sigma_{0.8}$、$\sigma_{0.2}$ 时的纵向应变值。

（3）以同一应力下的纵向、横向应变，按下式计算弹性泊松比 μ，试验结果精确至 0.01。

$$\mu = \frac{\varepsilon_{H0.8} - \varepsilon_{H0.2}}{\varepsilon_{10.8} - \varepsilon_{10.2}} \tag{3-10}$$

式中 μ——弹性泊松比；

$\varepsilon_{H0.8} - \varepsilon_{H0.2}$——应力为 $\sigma_{0.8}$、$\sigma_{0.2}$ 时的横向应变值。

（4）分别按下列式子计算割线模量和相应的泊松比，即

$$E_{50} = \frac{\sigma_{50}}{\varepsilon_{L50}} \tag{3-11}$$

$$\mu_{50} = \frac{\varepsilon_{H50}}{\varepsilon_{L50}} \tag{3-12}$$

式中 E_{50}——岩石的变形模量，即割线模量（MPa）；

μ_{50}——岩石泊松比；

σ_{50}——加载最大值的 0.5 倍时的试件应力（MPa）；

ε_{H50}——应力为 σ_{50} 时的横向应变值；

ε_{L50}——应力为 σ_{50} 时的纵向应变值。

（5）每组试验 3 个试件平行试验，试验结果应为 3 个试件测得结果的平均值，并同时列出每个试件的试验结果，见表 3-10。图 3-25、图 3-26 为其中一组试样的应力-应变曲线。

表 3-10 轴压缩试验成果表

岩性	含水状态	抗压强度/MPa	压缩模量/MPa	弹性模量/GPa	泊松比/%
中风化泥质粉砂岩	干燥	76	2456	1.46	0.23
	自然	53	1867	1.53	0.35
	饱和	25	1524	1.86	0.46
中风化细砂岩	干燥	80	2578	2.78	0.26
	自然	46	1756	2.56	0.32
	饱和	31	1465	2.97	0.45

续表

岩性	含水状态	抗压强度/MPa	压缩模量/MPa	弹性模量/GPa	泊松比/%
中风化粉砂岩	干燥	82	2146	3.65	0.31
	自然	53	1652	3.26	0.36
	饱和	34	1501	4.21	0.46

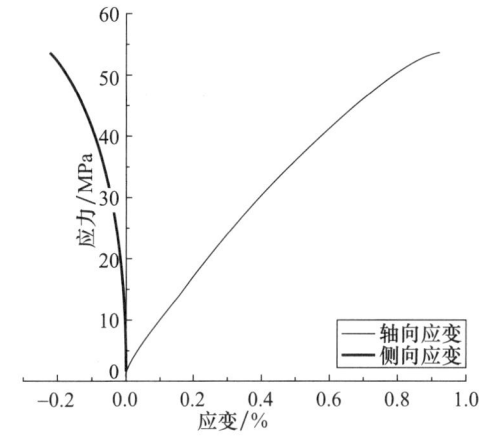

图 3-25 干燥状态下的应力-应变曲线

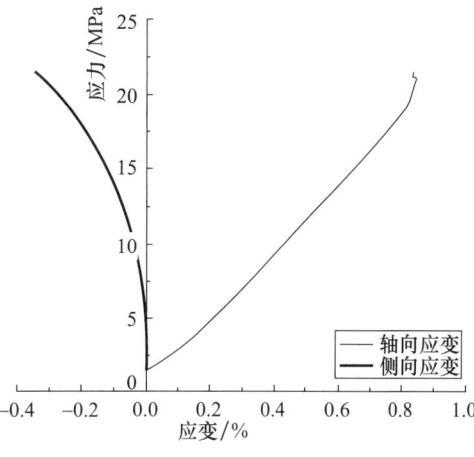

图 3-26 饱和状态下的应力-应变曲线

3.3.3.5 结果分析

根据变形特征可将应力-应变曲线分为四个阶段：

（1）裂纹空隙压密阶段：此阶段红砂岩所受应力较小，应力-应变曲线呈现凹型。在轴向压力作用下岩石微裂隙逐渐被压密闭合，表现为岩石的体积随外部压力的增大而减小。

（2）弹性阶段：此阶段岩石内部微裂隙已闭合，应力-应变曲线呈线性关系。

（3）微裂纹稳定发展阶段：在此阶段随着应力的增加岩石内部已经出现新的裂纹，岩石体积由压缩转为膨胀。虽然该阶段应力-应变曲线的斜率基本保持不变，但岩石所受荷载已经达到岩石的屈服强度，开始发生塑性变形。

（4）微裂纹非稳定发展阶段：当岩石所受荷载继续增加并超过屈服强度时，岩石内部微裂纹不断发育扩展贯通并形成宏观裂纹，体积迅速膨胀直至岩石破坏。

本次试验采用应力控制方式，当加载应力达到试件峰值应力时，试件存储的应变能在瞬间释放，岩石发生脆性破坏，故峰后阶段不明显。试件破坏表现为一条主破裂面周围分布着不同方向的次生裂纹。

3.3.4 泥质粉砂岩单轴压缩蠕变分析

3.3.4.1 试验方法

通常蠕变实验按照加载方法可分为两种，即分别加载法和分级加载法。分别加载法是选取一组规格相同的岩石试件在相同的实验设备和实验条件下，对每个试件施加不同大小的恒定荷载。该加载方式下，蠕变实验结果不受加载状态和时间的影响，并且不需要假定岩石蠕变符合 Boltzman 叠加原理，但每个试件的不均匀性会导致实验结果离散性较大。分级加载法是在同一个岩石试件上逐级施加不同大小的荷载，在试件经历给定的时间后或变形趋于稳定时再施加下一级荷载。该方法在各级荷载作用下的变形互相叠加，蠕变实验数据不能直接应用，需要通过"坐标平移法"或者"陈氏加载法"对蠕变数据处理后方可应用。该加载方式的实验结果离散性相对较小，并且所需试件数量少、试验周期短。分级加载法是目前岩土工作者广泛使用的一种蠕变实验方法。

3.3.4.2 方案及成果展示

本研究采用分级加载法进行加载，首先需要确定每级荷载的大小和分级的数量。已有研究结果表明：分级加载应力大小可以由单轴抗压强度乘以相应的系数得到，首级和末级加载应力一般确定在单轴压缩峰值强度的 40%～90%，而分级的数量一般为 5～8 级。试验中，加载速率保持为 0.2kN/s。当加载应力达到各级设定值后，保持加载应力不变。前期研究结果表明：每级荷载持续时间超过 2.5h 且轴向变形增量小于 0.001mm/h 时，蠕变变形基本趋于稳定。因此，本次试验每级加载历时控制在 2.5h 左右，之后便施加下一级载荷，直至试验蠕变破坏。

本次试验将对干燥状态和饱和状态的红砂岩进行单轴蠕变试验，试验结果曲线如图 3-27、图 3-28 所示。

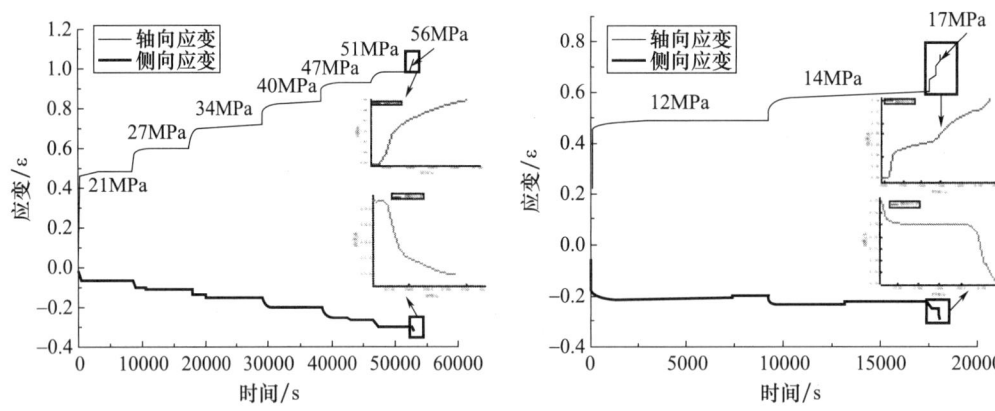

图 3-27 干燥状态下的蠕变曲线　　　　图 3-28 饱和状态下的蠕变曲线

3.3.4.3 试验结果分析

对比轴向与横向等速蠕变阶段的应变速率可以发现：试件在体积变形状态下，横向应变速率明显小于轴向应变速率；试件在体积不变状态下，横向应变速率不断接近轴向应变速率，甚至大于轴向应变速率；试件在扩容状态下，横向应变速率大幅度增大，其数值也远大于轴向应变速率。以上试件在不同加载应力条件下，等速蠕变阶段应变速率的变化特征表明：试件在体积变形状态下，等速蠕变阶段几乎不发生蠕变，蠕变量很小。同时，轴向蠕变量明显大于横向蠕变量，试件主要以轴向蠕变为主。

红砂岩干燥状态下的长期强度约为 51MPa，饱和状态下长期强度为 14MPa。当加载应力小于岩石长期强度时，试件处于体积变形状态下；当加载应力近似等于长期强度时，试件处于体积不变状态下；当加载应力大于长期强度时，试件处于扩容状态。在同一级加载过程中，轴向瞬时弹性应变最大，黏弹性应变最小，黏塑性应变大于瞬时塑性应变。轴向瞬时弹性应变、瞬时塑性应变与黏塑性应变数值随加载应力的增大而增大。试件经第一级加载压密后，黏弹性应变随加载应力的增大而增大，对横向应变来说，横向瞬时弹性应变、瞬时塑性应变、黏弹性应变与黏塑性应变随加载应力的增大而增大。当加载应力小于长期强度时，其数值小于轴向相应的应变值；当加载应力大于长期强度时，横向黏塑性应变明显大于轴向黏塑性应变。在体积变形状态下，试件在等速蠕变阶段的应变速率接近于零，此时横向蠕变量明显小于轴向蠕变量。在体积不变状态下，试件在等速蠕变阶段的应变速率大于零，横向应变速率不断接近轴向应变速率，甚至大于轴向应变速率。在扩容状态下，等速蠕变阶段的横向应变速率大于轴向应变速率。试件在蠕变过程中，等速蠕变阶段的应变速率与加载应力成幂函数关系，而试件进入等速蠕变阶段所对应的起始时刻与加载应力成线性关系，并且横向进入等速蠕变阶段所对应的起始时刻早于轴向进入等速蠕变阶段所对应的起始时刻。

3.4 泥质粉砂岩的三轴压缩力学特性

3.4.1 引言

岩石是一种年代久远、广泛分布于地表的建筑材料，可以作为各种建筑物的天然地基，也可以作为地下隧洞的天然防护结构。这些隧洞与建筑物是否安全可靠、经济稳定，很大程度上取决于岩石的工程性质。如岩石的物理性质、水理性质及在外荷载作用下表现出的强度和变形等力学性质，这些重要性质的获得离不开岩石力学试验。通常，在室内进行的岩石力学试验是研究岩石力学性质的主要手段，通过分析试验结果可以得到岩石一些重要的物理力学性质，将对岩石有更深刻的认识。

进行岩石三轴压缩试验的主要目的是测量岩石在不同恒定围压条件、轴向应力作用下的轴向应变和侧向应变。根据试验结果，可以绘制出应力-应变曲线，利用曲线来确定岩石的变形特性参数，如弹性模量和泊松比等。自然界的绝大多数岩石处在三向压缩应力状态，岩石三轴试验可以根据三向应力的状态分为真三轴试验和常规三轴试验。真三轴试验系统的仪器结构复杂，操作烦琐，而且试验的成功率低，困难程度比常规三轴试验大得多。所以通常情况下，使用常规三轴试验系统就能满足研究岩石的强度和变形特征要求，只有在特殊研究项目中才进行真三轴试验。目前，现有的试验设备能进行扰动试验的主要分为五大类：霍普金森压杆（SHPB）试验系统、液压加载试验系统、弹射试验系统、地质模型箱试验系统及落锤试验系统。这些试验系统可以提供多种不同的应变速率，但对于扰动载荷的大小、频率、波形的控制存在明显不足。

岩石蠕变性是岩石的重要力学特性之一，很多的岩石工程问题都与岩石蠕变性有密切关系。陈宗基教授曾指出，一个工程的破坏往往是有时间过程的。换句话说，是由岩石的流变性控制的。甚至有的研究者指出，不考虑岩石的流变性，某些岩石力学的基本课题就不可能解决。岩石的蠕变研究对于合理评价岩体的长期稳定性，即岩石力学行为的时间依存性是必不可少的。岩石蠕变性研究可追溯到本世纪三十年代。随着岩石力学理论与实践的不断发展，岩石蠕变研究引起越来越广泛的重视。现在关于岩石蠕变的研究工作从现象到机制，从理论到应用都有了全面进展。三轴蠕变试验是施加荷载后保持恒定不变，测量竖向变形随时间的变化规律，通常采用三轴试验系统对岩样进行三轴蠕变试验。

3.4.2 泥质粉砂岩三轴强度变形分析

3.4.2.1 试验设备

试验采用 TFD-2000/D 型动态扰动电液伺服岩石三轴试验系统，该系统功能强大、设备先进、运行稳定。利用该系统可以进行岩石常规三轴试验、岩石流变试验、岩石扰动试验、岩石渗流试验及相应的耦合试验。图 3-29 是 TFD-2000/D 型动态扰动电液伺服岩石三轴试验系统。

试验系统主要分为四个部分：轴向加载系统、围压加载系统、扰动控制系统、计算机采集控制系统（包括两个岩石变形引申计）。四个系统由计算机上的 Test 软件控制，该软件由 C++ 语言编制，具有友好的人机对话窗口和操作界面以及全面的参数设置。

轴向加载系统由加载框架、轴压加载装置、试验力传感器、伺服油源、伺服阀等组成，施加最大 2000kN 的试验力，加载行程可达 100mm，试验力加载速度范围为 0.01～20kN/s，可以保证试验过程中能稳定地施加轴向荷载。

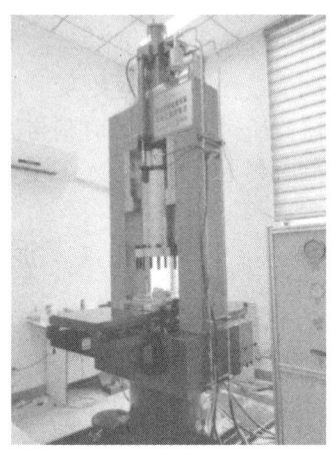

图 3-29 TFD-2000/D 型动态扰动电液伺服岩石三轴试验系统

围压加载系统由三轴压力室、围压加载装置、压力传感器等组成，可以对试样施加最大围压 100MPa，围压加载速度范围为 0.001～1MPa/s。

扰动控制系统由扰动油缸、位移传感器、胡克压力室、扰动力传感器、动态电阻应变仪等组成，可以产生最大试验力 300kN、最高扰动频率 70Hz、多种波形（余弦波、三角波、方波等波形）的扰动载荷。计算机采集控制系统采用德国 DOLI 公司生产的全数字伺服测控器 EDC220 和 EDC580。可以在 Test 软件中选择三个不同的控制方式，分别为变形控制、位移控制以及负荷控制，试验者可以根据试验方案选取合适的控制方式，两个岩石变形引申计的测量精度为 ±0.5%，测量分辨率为 0.00001mm。

此外，各系统的正常运行还需要外置设备支持，部分外置设备如图 3-30 所示，油源为轴压加载提供动力；电控柜显示各系统的运行状态，当出现加载行程超过活塞行程时，警报灯闪烁；气驱泵为加载围压提供动力；加载柜则用于进行一些特殊操作，如锁定轴压、卸围压，进行渗流试验等。

3.4.2.2 试验步骤

（1）套橡皮膜。将橡皮膜剪至 150～160mm 左右，将岩石侧面涂一层硅脂或者油，然后将岩石试样装入橡皮膜内，并将 4 个 O 形圈箍在橡皮膜外侧。

（2）安装 LVDT。用柔性笔在试样上做个记号，来确定测径器安放的位置（通常情

3　水力作用下节理化泥质粉砂岩渗透特性及力学特性研究

 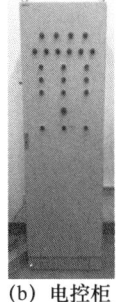  

(a) 油源　　(b) 电控柜　　(c) 气驱泵　　(d) 加载柜

图 3-30　外置设备

况下在试样中部），使用黏合剂连接衬垫。使用黏合剂，但不用环氧树脂或任何环氧类黏合剂，因为会填充插针的孔，并且在试验完成之后很难清除。安装测径器到试样上之后，用手稍微握一段时间，确保固定，再静置一段时间待黏合牢固。

（3）安装试样帽。将一块透水石和试样帽放入试样顶部，并将另外两个 O 形圈箍到顶帽上使其密封。

（4）开机，打开设备和电脑电源。

（5）控制器充/排水或储油。操作方法按照第一部分，控制器中最终液体体积为控制器体积的一半左右。在控制器充液体时先排除管路中气泡，然后再开始填充液体。

（6）升高顶部横梁。旋转横梁控制开关的电源键让其弹起，按下提升键，观察底座是否随压力室一起提升（如果随压力室一起提升需要提升 10mm 后停止提升，用橡胶锤敲击底座边缘让其与压力室脱离，然后再提升横梁），当横梁顶部离侧柱顶部 30mm 左右时停止提升，按下横梁控制开关的电源键。

（7）抬升压力室。将千斤顶对称放置于底座与压力室之间，同时抬升千斤顶，直至内部空间足于安装试样。

（8）排气。将反压控制器管路接到孔压传感器端口排除底座内部空气，然后接回发芽接口排除管路及顶帽内气泡（如果不施加反压则不需要排气）。

（9）安装试样。将另一块透水石放置于试样底部并将试样安装到底座上，再将两个 O 形圈箍到底座上以保证密封。

（10）降低压力室。缓慢降低千斤顶让压力室自由下落，然后移开千斤顶，旋转横梁控制开关电源键让其弹起，按下降低键直至压力室与底座贴合，降低压力室时注意观察底座上定位销钉是否与压力室对准。如果压力室下降时发现顶部活塞相对压力室移动而底座与压力室间缝隙不变时，松开降低键，按下横梁控制开关电源键，采用手持键盘让底座上升使两者贴合紧密。

（11）密封压力室。用夹具夹住压力室与底座，并拧紧夹具螺栓。轴向力清零。

（12）调接触。采用手持键盘抬升底座，当荷载达到 1kN 左右时按 STOP 键停止。

（13）压力室充油。拧开压力室顶部排气口堵头，将排气管与排气口连接，排气管另一头放入盛油容器中，将连接油泵的管路连接到压力室充油端口，打开进口段阀门，开启油泵开始往压力室充油，当排气管路中有连续不间断油流出时关闭充油端阀门和油泵，松开排气口管路并拧紧堵头。

(14) 拧紧横梁固定螺丝。采用扭矩扳手将横梁 4 列共 16 颗螺丝拧紧，每列的拧紧顺序为第一颗、第三颗、第二颗和第四颗（由上至下排序为一到四）。

(15) 安装隔热罩。先安装顶部两块隔热罩，将其中一块隔热罩移至压力室，连接压力室与隔热罩之间的线路，然后再将隔热罩安装到位，紧接着按同样的方法安装另一块隔热罩，连接隔热罩与压力室间线路时注意接头颜色对应安装，安装隔热罩时需要注意轴向力和位移传感器线路从隔热罩预留切口引出，最后安装底部两块隔热罩。

(16) 在试验过程中，首先用热吹风机对热伸缩胶套进行均匀加热，使其收缩后将岩石试样包裹紧密，以防止试验过程中液压油浸入试样从而影响岩石力学参数的测定。然后将岩样放进三轴压力缸内，安装位移引伸计。待试验机全部安装完毕后往压力缸内注油，同时将轴向压力以及围压加至静水压力状态。试验采用位移控制，加载速率为 0.005mm/s。

3.4.2.3 试验结果分析

考虑到隧道所处位置地应力较小，所以三轴压缩试验施加的围压分别为 2MPa、6MPa 以及 10MPa，进行不同含水状态、不同围压下的三轴压缩试验。由于试件的离散性，所以在每组中选择效果较好的一个试件的试验数据进行分析，通过试验数据，得到如图 3-31 所示三轴压缩条件下泥质粉砂岩全应力-应变曲线。

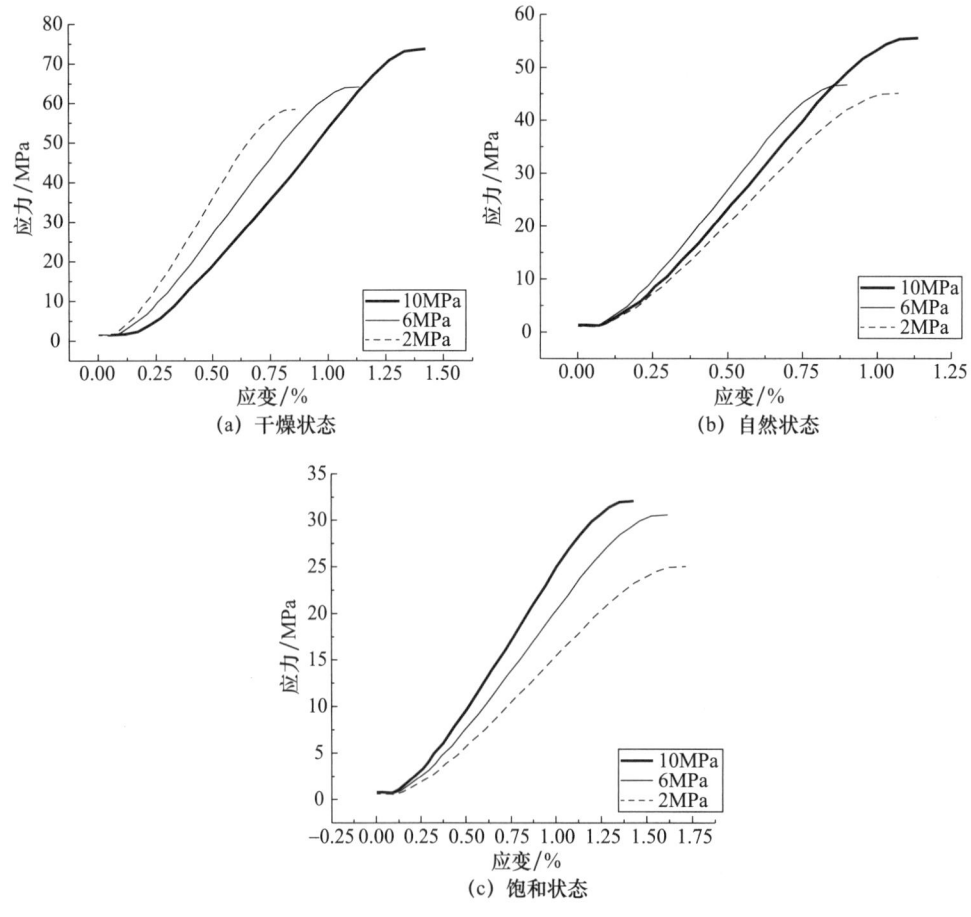

图 3-31 不同含水状态下岩样应力-应变曲线图

1) 三轴压缩下泥质粉砂岩强度与变形特征

岩石常规三轴压缩试验的应力-应变曲线存在裂隙压密阶段、弹性阶段及裂纹稳定扩展阶段。由图 3-31 可以看出，岩样应力从开始接触压缩时的 0.5MPa 开始增长，试样内部裂隙由于受到轴向加载作用开始压缩，弹性模量开始先减小，而后逐渐增大并趋近一常数。在这个阶段，应力增长速率先减小后增大。当内部裂隙闭合完全后，岩样开始向弹性压密段过渡。在弹性压密阶段，弹性模量基本保持不变，岩样内部骨架开始均匀受力压缩。这个阶段的应力增长速率与设置试验机的加载速率有关。随着轴向应力不断增大，试样进入塑性段。在塑性段，弹性模量呈现缓慢减小趋势，这是由于内部开始产生微小裂纹，裂纹不断扩张。当弹性模量趋于 0 时，试样到达峰值强度，试样内部裂隙扩展到试样表面。在峰后段，试样承载能力不断减小。可以注意到，当围压分别在 6MPa、8MPa 下，试样的应力-应变曲线具有较为明显的阶梯跌落趋势。另外单轴压缩试验的试样在峰后出现的软化时间较短，而且试样发生瞬间失稳现象。综合上述两点，选用的红砂岩试样发生了脆性破坏，为脆性岩石。

岩石三轴压缩全过程应力-应变曲线可以获得岩石的基本力学参数，如变形模量、弹性模量、泊松比、内摩擦角和黏聚力等。参数的计算公式如下：

(1) 变形模量

$$E_d = \frac{\sigma}{\varepsilon} \tag{3-13}$$

式中 E_d——岩石变形模量；

σ——总应力；

ε——总应变。

变形模量多采用应力为强度 50% 处的应力与应变的比值，即 E_{50}。

(2) 平均弹性模量和平均泊松比

$$E = \frac{\sigma_b - \sigma_a}{\varepsilon_{1b} - \varepsilon_{1a}} \tag{3-14}$$

式中，E 为岩石的弹性模量，σ_b、σ_a 分别为轴向应力应变关系曲线上直线段的起点和终点处所对应力的应力值，ε_{1b}、ε_{1a} 分别为应力在 σ_b、σ_a 处所对应的轴向应变值。

(3) 黏聚力和内摩擦角

根据 Mohr-Coulomb 强度准则分析岩石的破坏强度。以岩石轴向应力 σ_1 为纵坐标，围压 σ_3 为横坐标，建立直角坐标系，对试验结果进行线性拟合，得到最大主力和最小主应力的关系式，岩石的黏聚力和内摩擦角表达式为

$$c = b\frac{1-\sin\phi}{2\cos\phi} \tag{3-15}$$

$$\phi = \sin^{-1}\frac{m-1}{m+1} \tag{3-16}$$

式中 m——直线的斜率；

b——在纵轴上的截距。

根据上述公式和曲线计算得到三轴压缩条件下泥质粉砂岩的各力学参数见表 3-11。

表 3-11 试样的三轴试验峰值应力

含水状态	干燥状态			自然状态			饱和状态		
围压/MPa	2	6	10	2	6	10	2	6	10
峰值强度平均值/MPa	60	65	71	45	48	56	25	30	32
黏聚力/kPa	546			435			365		
内摩擦角/°	35.4			31.6			27.5		

2) 三轴压缩下泥质粉砂岩破坏形态分析

红砂岩常规三轴压缩试验的结果如图 3-32 所示。由图 3-32（a）可以看出，在围压为 0MPa 时，试件的端面出现横向裂纹，试件轴向面出现明显的上下贯通的纵向裂纹，此外还出现一个 Y 形裂纹和其他的小裂纹，整个试样总体破坏情况较为严重。图 3-32（b）和图 3-32（c）分别反映了围压条件在 6MPa、8MPa 时岩石试样的破坏情况，由图上可以看出在有围压条件下，由于试样侧面受到围压约束影响，尽管轴向变形增大，试样破坏情况较小，侧面裂纹有向 Y 形裂纹扩展的趋势。

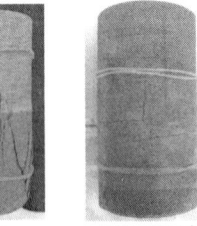

(a) 围压条件为2MPa　　(b) 围压条件为6MPa　　(c) 围压条件为10MPa

图 3-32 红砂岩常规三轴压缩试样破坏图

3.4.2.4 主要结论

由试验曲线可知：

（1）泥岩的峰值强度整体较粉砂质泥岩低。

（2）围压越大时峰值强度出现的时间越晚。

（3）压缩曲线划分为 5 个阶段：微裂隙的压密闭合阶段、弹性变形稳定发展阶段、塑性变形裂纹扩张阶段、强度急剧降低应变软化阶段和残余强度阶段。

（4）空隙压密的阶段，岩石内部的微裂隙受到外部荷载的作用被压紧闭合，表现为随着荷载的增加应变增量有减小的趋势，弹性变形阶段应变和荷载呈线性关系，塑性变形阶段岩石内部已经开始出现新的微裂缝并不断扩宽，应变软化阶段岩石内部裂隙加剧扩张，已经表现出宏观的裂隙张开、剪切破坏等形态。

（5）随着含水量的增加，岩样的强度不断降低，并且弹性模量也在变大，因为岩样饱和后，结构更松散，更容易产生变形。

3.4.3 泥质粉砂岩三轴蠕变分析

地下工程会受到开挖、放炮、重型机械施工等扰动，会对工程围岩产生一定的损伤。围岩在受到上述动载荷扰动后可能不会马上发生破坏，但这些损伤会随着时间效应逐步积累。当前，对岩石受到动态载荷扰动作用下的蠕变力学特性的研究还较少。岩石蠕变试验一般有两种加载方式，分别是单级加载和分级增量加载。单级加载试验即恒定荷载蠕变试验，是指在若干个岩石试样上分别进行多个不同应力级别的蠕变试验，每个试样只加载一个应力级别；分级增量加载蠕变试验指的是在单个岩石试样上按顺序进行不同应力级别加载的蠕变试验。单级加载试验结果可靠，不受加载状态影响；分级增量试验的试验离散性较小，但上一级荷载对下一级变形有影响。两种蠕变加载方式各有优点，为更好地研究岩石蠕变扰动特性，本研究采用单级蠕变加载方式。

3.4.3.1 岩石蠕变理论简介

岩石蠕变是指在恒定荷载作用下，岩石应变随时间推移而逐渐增长的现象。岩石蠕变一般经历三个阶段，分别为初始蠕变阶段（减速蠕变阶段）、等速（稳定）蠕变阶段和加速蠕变阶段。图 3-33 为一典型的岩石蠕变曲线，由图上可以看出，岩石蠕变在等速蠕变阶段经历的时间最长，在加速蠕变阶段曲线经历的时间较短。试样在被加载的瞬间，岩石会产生一个瞬时变形。当岩石蠕变进入减速蠕变阶段时，随着时间的增长，岩石应变显著增加，但是蠕变速率逐渐减小。当应变速率减小至一较稳定数值时，岩石蠕变进入等速蠕变阶段，这时应变速率将保持在一个很小的值内小范围浮动，此时，岩石应变

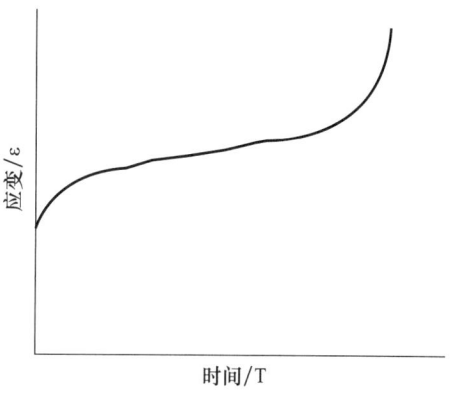

图 3-33 岩石蠕变曲线

增长很小，蠕变曲线接近平行于时间轴。当时间继续增加，若出现应变快速增长的现象，则表明此时的岩石蠕变进入加速蠕变阶段，如果外力继续保持不变，岩石变形将继续增大，最终将破坏。

要研究岩石蠕变的基本规律，可以通过试验法与模型法来进行。试验法主要是对岩石材料进行蠕变试验，利用曲线拟合求得蠕变公式，如幂函数型、对数型和指数型，表达式分别为：

幂函数型

$$\varepsilon(t) = At^n \tag{3-17}$$

式中，A，n 是两个试验常数，根据应力水平、材料性质和温度条件取值。

对数型

$$\varepsilon(t) = \varepsilon_0 + B\lg t + Ct \tag{3-18}$$

式中，ε_0 表示瞬时应变，B，C 为两个常数。

指数型：

$$\varepsilon(t) = A\{1 - \exp[f(t)]\} \tag{3-19}$$

式中，A 为试验常数，$f(t)$ 是时间 t 的函数。

由于试验法获得的结果具有局限性，所以模型法更具有通用性。岩石具有弹性、塑性、黏性的力学性质，因此可以分别由弹性元件、塑性元件和黏性元件来描述。其中，弹性元件模拟的是弹性体，满足胡克定律，因此弹性元件又称为胡克体，本构方程为式，由于弹性体没有弹性后效，故弹性元件没有蠕变性质。塑性元件表征的是理想塑性

体,本构方程表示为式,由式中可以看出,当应力超过屈服强度时,塑性元件具有蠕变性质。黏性元件无弹性后效,但有永久变形,只要受到极小的应力就可以发生流动,因此具有蠕变性质,本构方程为

$$\sigma = E \cdot \varepsilon \quad (3-20)$$

$$\sigma = \eta \frac{d\varepsilon}{dt} = \eta \dot{\varepsilon} \quad (3-21)$$

式中 η——牛顿黏性系数。

岩石性质复杂多变,往往包含多种性质,而三个基本元件如果单独使用就只能表征岩石其中一种性质。为了更好地描述岩石的蠕变特性,需要对三种基本元件进行合理组合。

3.4.3.2 泥质粉砂岩三轴蠕变试验方案

为了分析荷载对蠕变岩石力学特性的影响,完成岩石常规三轴压缩试验后,进行三轴压缩下的蠕变加载试验。蠕变曲线在蠕变开始后就较快趋于平稳。

试验具体操作步骤可参考前述泥质粉砂岩三轴试验,轴向加载系统的控制方式采用变形控制(为减小误差,加载速率与常规三轴压缩试验的速率保持一致),控制试样的轴向负荷加载至设定的应力水平。当试样的轴向负荷到达指定的应力水平后,保持轴向负荷不变,此时试样开始进入蠕变状态。当保持一级荷载 24 小时后进行下一级加载。以此循环直至试样破坏。加载的蠕变应力水平为岩石常规三轴抗压强度的 50% 和 80%,每个试样只进行一个应力水平。试验的围压条件分别为 2MPa、6MPa、10MPa,每个试样只控制一个围压条件。

3.4.3.3 不同含水状态下泥质粉砂岩三轴压缩蠕变试验结果分析

根据三轴试验测试的结果,依旧按照分级加载的方式开展蠕变试验,首级应力水平为峰值应力的 40%,每级增加 10%,直至试样破坏,每级蠕变时间为 24h。得到图 3-34 的干燥试样的蠕变曲线,表 3-12 为干燥试样的分级加载下的瞬时应变量。图 3-35 为自然状态下试样的蠕变曲线,表 3-13 为自然状态试样的分级加载下的瞬时应变量。图 3-36 为饱和状态下的试样蠕变曲线,表 3-14 为饱和状态各级加载下的瞬时应变量。

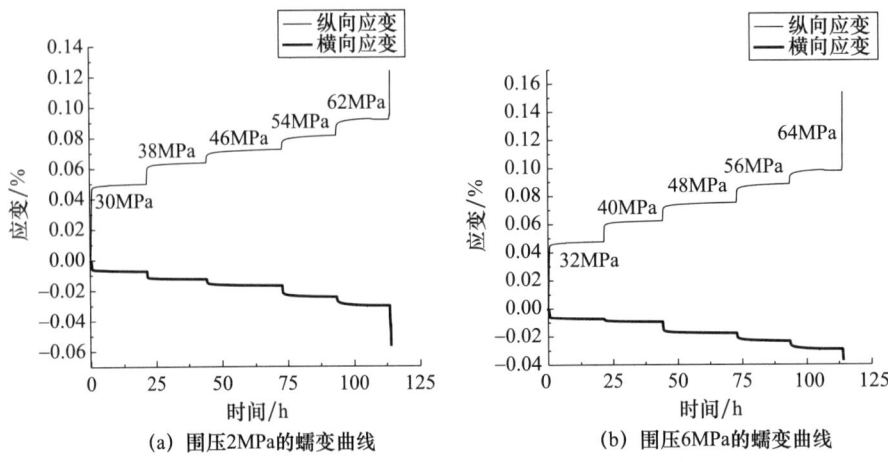

(a) 围压2MPa的蠕变曲线　　(b) 围压6MPa的蠕变曲线

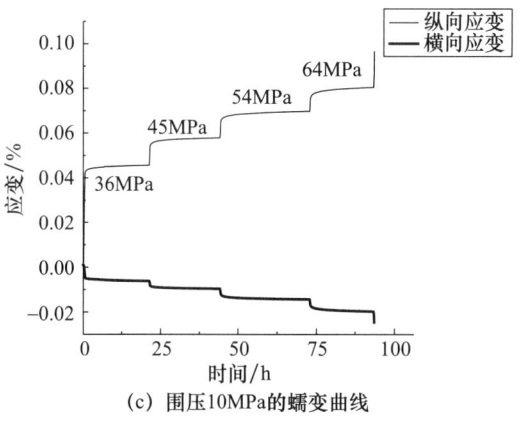

(c) 围压10MPa的蠕变曲线

图 3-34 干燥状态的三轴蠕变曲线

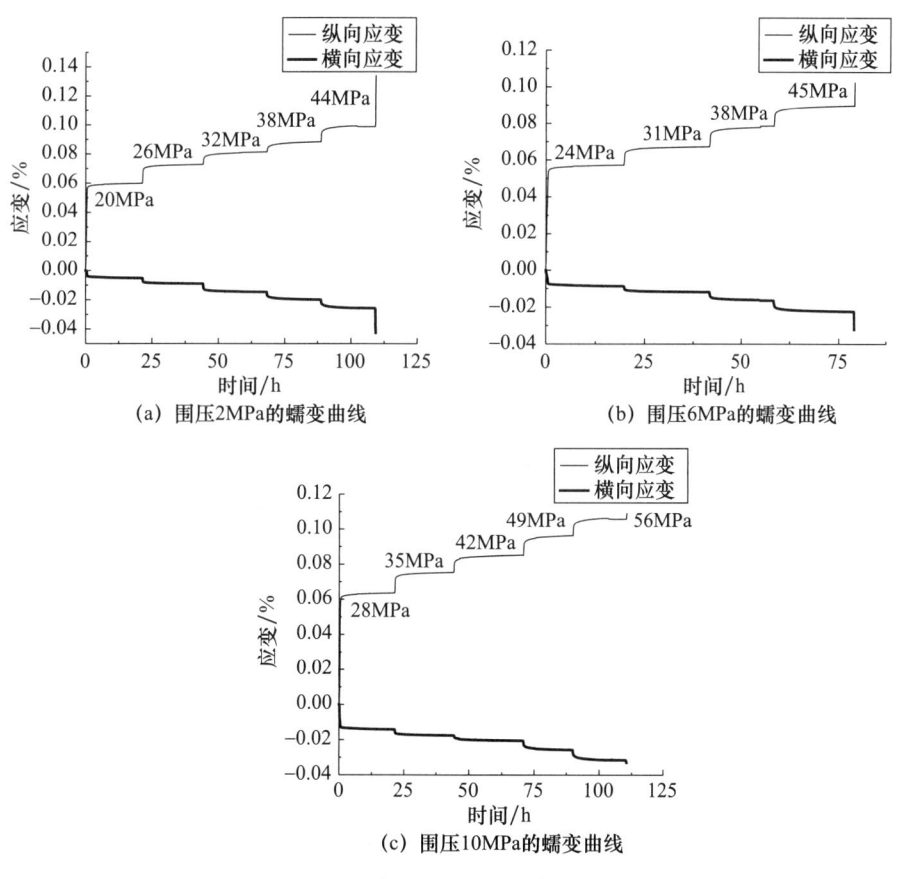

图 3-35 自然状态的三轴蠕变曲线

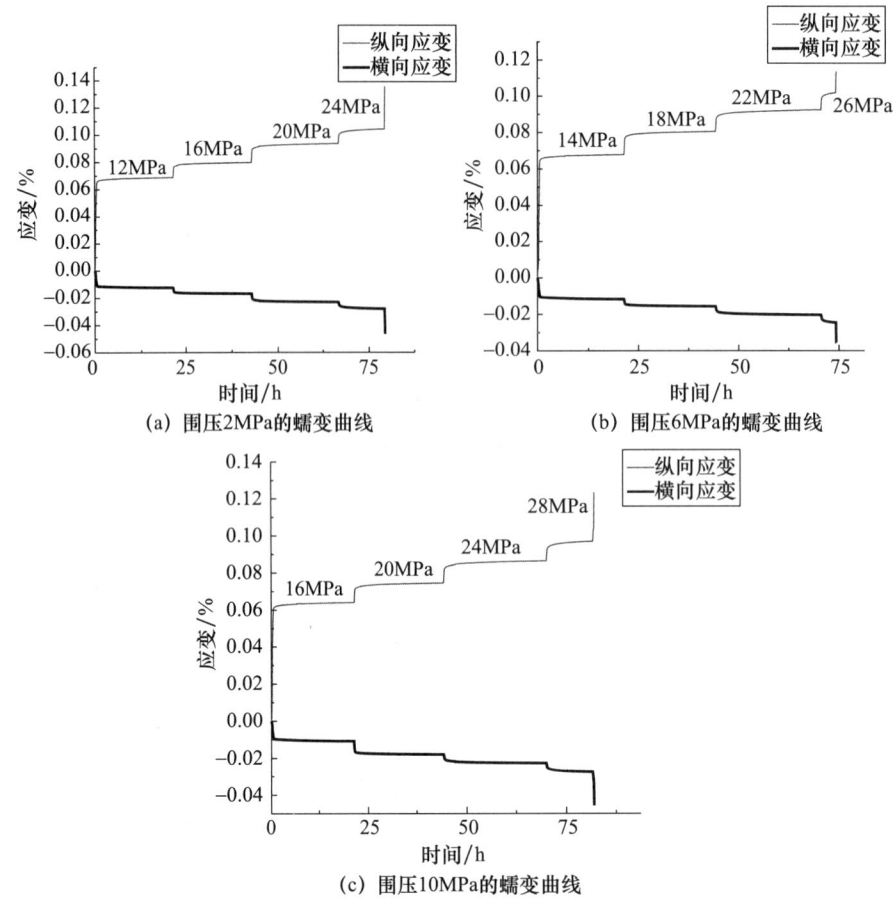

图 3-36 饱和状态的三轴蠕变曲线

表 3-12 干燥试样的分级加载对应的瞬时应变量

	轴向应力/MPa	30	38	46	54	62
围压 2MPa	纵向瞬时应变/%	0.498	0.637	0.724	0.814	0.917
	横向瞬时应变/%	−0.073	−0.125	−0.169	−0.244	−0.302
	轴向应力/MPa	32	40	48	56	64
围压 6MPa	纵向瞬时应变/%	0.476	0.624	0.753	0.883	0.917
	横向瞬时应变/%	0.074	0.095	0.177	0.234	0.292
	轴向应力/MPa	36	45	54	64	—
围压 10MPa	纵向瞬时应变/%	0.456	0.579	0.698	0.804	—
	横向瞬时应变/%	0.062	0.096	0.143	0.197	—

表 3-13 自然状态试样的分级加载下的瞬时应变量

	轴向应力/MPa	20	26	32	38	44
围压 2MPa	纵向瞬时应变/%	0.598	0.728	0.814	0.884	0.987
	横向瞬时应变/%	−0.052	−0.9	−0.147	−0.199	−0.257

续表

	轴向应力/MPa	24	31	38	45	—
围压 6MPa	纵向瞬时应变/%	0.653	0.673	0.786	0.899	—
	横向瞬时应变/%	−0.11	−0.118	−0.164	−0.224	—
	轴向应力/MPa	28	35	42	49	56
围压 10MPa	纵向瞬时应变/%	0.636	0.754	0.852	0.963	1.06
	横向瞬时应变/%	−0.141	−0.175	−0.205	−0.257	−0.313

表 3-14 饱和状态试样的分级加载下的瞬时应变量

	轴向应力/MPa	12	16	20	24
围压 2MPa	纵向瞬时应变/%	0.687	0.797	0.935	1.04
	横向瞬时应变/%	−0.124	−0.168	−0.23	−0.279
	轴向应力/MPa	14	18	22	26
围压 6MPa	纵向瞬时应变/%	0.678	0.805	0.924	1.014
	横向瞬时应变/%	−0.116	−0.156	−0.203	−0.243
	轴向应力/MPa	16	20	24	28
围压 10MPa	纵向瞬时应变/%	0.64	0.746	0.864	0.968
	横向瞬时应变/%	−0.107	−0.1798	−0.226	−0.275

根据图 3-34、图 3-35 和图 3-36 可发现，相近荷载水平下不同含水状态的蠕变随着围压的降低，衰减蠕变阶段的蠕变曲线曲率半径越大，而衰减蠕变段的曲率半径直接影响到试样达到稳态蠕变阶段的时间，曲率半径越大则表示进入稳定阶段所需的时间就越长。

在第一级轴向荷载加载的瞬间，围压 2MPa 的泥质砂岩岩样的瞬时应变值为 0.687%，围压 6MPa 的泥质砂岩岩样的瞬时应变值为 0.678%，围压 10MPa 的泥质砂岩岩样的瞬时应变值为 0.64%。在最后一级轴向加载时，围压 2MPa 的泥质砂岩岩样最终应变值为 1.04%，围压 6MPa 的泥质砂岩岩样的瞬时应变值为 1.014%，围压 10MPa 的泥质砂岩岩样的瞬时应变值为 0.968%。

由此可看出，当试件都饱和后，岩石的瞬时应变和最终破坏时的应变随岩石围压的减小而增大，导致这现象的原因首先是水使岩石内的矿物质溶解一部分从而导致岩石内孔隙变大，其次是围压增加导致颗粒间的孔隙变小。

对比图 3-35（a）和图 3-36（a）可见，当试件的围压都是 2MPa 时，自然状态的泥质粉砂岩蠕变破坏强度为 44MPa 左右，饱和的泥质粉砂岩蠕变破坏强度为 24MPa 左右。这表明在相同围压条件下，岩石含水量越高，蠕变破坏强度越低。因为水有润滑作用，颗粒间的流动性变强，黏滞系数减小，强度降低。

3.4.4 三轴压缩力学特性总结

本部分简要介绍 TFD-2000/D 型动态扰动电液伺服岩石三轴试验系统的组成情况，利用该系统进行了红砂岩常规三轴压缩试验，并进行相应的数据分析。得出的主要结论如下：

（1）TFD-2000/D 型动态扰动电液伺服岩石三轴试验系统主要由轴向加载系统、围压加载系统、扰动控制系统、计算机采集控制系统四部分组成。利用该系可以产生最大试验力 300kN、最高扰动频率 70Hz、多种波形（余弦波、三角波、方波等波形）的扰动载荷。

（2）在泥质砂岩三轴蠕变试验中，采用分级增量加载的方法对泥质砂岩加载，每一个工况保持一定的围压，在轴向荷载加载的瞬间，岩样就产生了瞬时变形，当荷载施加到某一定值，蠕变产生了。当加载的轴向应力较小时，蠕变变形速率逐渐减小，直至不再增加，进入了稳定蠕变阶段，岩样的蠕变曲线显示出岩样的粘弹性。当加载的轴向应力超过岩样的长期强度，蠕变变形速率先减小，处于蠕变变形速率衰减阶段，然后速率降到零，处于稳定蠕变阶段，最后又剧增，进入加速蠕变破坏阶段。这就反映出蠕变的三个阶段：蠕变变形速率衰减阶段、稳定蠕变阶段以及加速蠕变破坏阶段。

（3）进行围压对蠕变量影响的分析。在含水量相同时，通过不同围压下两个工况的泥质砂岩三轴蠕变试验曲线对比发现，不同围压下泥质砂岩的蠕变量不同，围压越大，蠕变量越小，说明围压对蠕变量具有约束作用。

（4）进行三轴蠕变试验后泥质砂岩岩样的破坏形态分析。通过试验后的观察以及试验曲线得知，泥质砂岩破坏是由侧向拉张力和剪切力共同作用造成的。在轴向荷载加载的情况下，压缩试样，使试样产生轴向位移和侧向位移，但是围压会约束试样的侧向位移，所以当围压较小时，拉伸劈裂破坏是岩样的主要破坏形式，而围压较大时，岩样的主要破坏形式为剪切破坏。

（5）通过对围压相同而含水状态不同的泥质砂岩蠕变试验曲线对比，发现水的作用对岩石蠕变变形及长期强度的影响。当围压相同时，岩样的瞬时应变和最终破坏时的应变随岩石内含水量的增加而增大，原因有两点，一是水使岩石内孔隙变大；二是岩石颗粒之间由于水的润滑作用而变得牢固。而相同围压条件下，岩石含水量越高，长期强度也就越低。因为水的作用使得颗粒间的流动性变强，长期强度降低。

3.5 高水压下泥质粉砂岩的渗透特性

3.5.1 引言

在人类工程活动或其他外力引起的地应力重分布过程中，岩石力学性质与流体渗流特性具有相互联系、相互制约的关系。早期的研究重点多在于采用直接或间接试验的方法研究单裂隙渗流与应力之间的关系，随着研究的不断深入，工程界和学术界普遍认为，岩石在渗压作用下的渗流问题不能简单地运用多孔介质拟合的方法进行模拟，而应该综合考虑渗透压力作用下岩石破坏过程中孔隙裂隙的萌生、扩展、贯通、渗流和应力之间的关系。渗透率则是研究岩石渗流的最基本和最重要的参数之一。基于此,对红砂岩展开恒定围压不同渗压下岩石承载过程的渗透试验,研究岩石破坏过程中的渗透率变化规律。

3.5.2 高水压下泥质粉砂岩的渗透试验

3.5.2.1 试样准备

为研究不同渗压下岩石承载过程渗透率变化特性,选取9个岩样,分成3组(A、B、C组,每组三个岩样),见表3-15,分别展开恒定围压10MPa不同渗压(渗压为2MPa、4MPa、6MPa)条件下,岩石承载过程的渗透试验,获得各渗压条件下岩石承载过程中的渗透率变化规律。为降低各岩石之间的离散性,采用声波检测仪器对各试样进行轴向声波测试,筛选纵波波速相近的岩样进行重新编号,此部分试样即为本研究试验所用试样。声波检测的基本原理与地震勘探的原理十分类似,是以研究弹性波在岩土介质中的传播特征为基础。声波在不同类型的介质中具有不同的传播特征。当岩土介质的成分、结构和密度等因素发生变化时,声波的传播速度、能量衰减及频谱成分等都将发生相应的变化,在弹性性质不同的介质分界面上还会发生波的反射和折射。因此,用声波仪器探测声波在岩土介质中的传播速度、振幅及频谱特征等,便可推断被测岩土介质的结构和致密完整程度。RSM-SY(5)型分体式智能声波检测仪如图3-37所示,制备完成的岩石试样如图3-38所示,各岩石试样规格见表3-15。

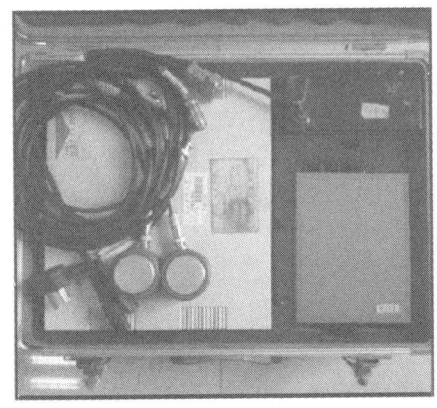

图3-37 RSM-SY(5)型分体式智能声波检测仪

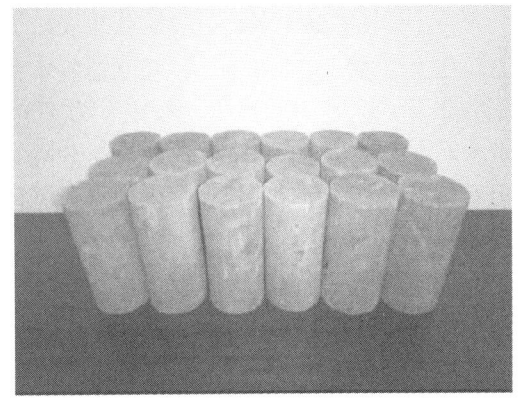

图3-38 岩石试样

表3-15 各岩石试样规格

组别	式样编号	直径/mm	高度/mm	纵波波速/m·s^{-1}
A组 (P_W=2MPa)	R-1	48.92	100.68	2888
	R-2	48.95	100.50	2893
	R-3	48.78	100.92	2788

续表

组别	式样编号	直径/mm	高度/mm	纵波波速/m·s^{-1}
B组 ($P_W=4$MPa)	R-4	48.74	100.70	2888
	R-5	48.64	100.50	2901
	R-6	48.70	100.50	2915
C组 ($P_W=6$MPa)	R-7	48.40	100.50	2908
	R-8	48.64	100.38	2850
	R-9	48.70	100.22	2990

3.5.2.2 试验设备

本试验采用 GDS-VIS 三轴流变仪对红砂岩展开渗透压力作用下的三轴压缩试验，如图 3-39（a）所示。与普通的常规压力机加载系统相比，该加载系统采用虚拟无限刚度加载架，具有无限刚度的轴向加载特性，试验过程轴压、围压和渗压的加载分别由三套独立的配套系统进行加载。轴向加载系统由配套的计算机系统精确控制，根据应力与应变的关系，系统均能够提供精确的数值，试验系统先进，测量数据精确度高，最大轴向加载载荷为 400kN，压板最大有效位移行程为 100mm，压力室示意图如图 3-39（b）所示。

渗压控制系统为 ADVDPC 高级型压力/体积控制器（反压控制器），如图 3-39（c）所示。该控制器是一个由微处理器控制的螺旋泵，用于精确测量液体压力和液体体积变化，可独立作为一个压力源对岩样施加渗透压力，能够取代室内常规压力源，如水银柱、水泵、空压机等，并实时显示体积和压力值，具有较高级别的精度、分辨率和控制能力，压力腔内可充水和油。该控制器基本参数如下：压力范围为 0~32MPa，压力分辨率为 0.1kPa，压力腔容积（额定）为 200mL，水体积分辨率为 1mm³（0.001mL），测量误差不大于 0.1%，控制器质量为 20kg。仪器可独立使用或受计算机控制。加载过程中岩石轴向位移和径向位移均由固定在试样中部的 LVDT 局部位移传感器分别测量，试验全程精度达到了 0.05%。

3.5.2.3 试验步骤

本次试验以水为渗透介质，渗透水由试样底部渗入，经过试样后由试样上部与大气相通的出水口流出。具体试验过程如下：

（1）试验为饱水条件下的渗流试验，首先将制备好的岩样进行饱水，使用真空泵对天然岩样进行 4h 的抽真空后，加入蒸馏水进行 8h 的湿抽，并浸泡 4h，保证岩样孔隙内充满水。

（2）浸泡完成后，通过手动调节按钮控制提升机，抬升三轴仪的压力室，使压力室空间足够容纳岩石试样，然后将反压控制器管路接到孔压传感器端口，并排出底座内部空气。

（3）将饱和试样装入高性能橡胶套内（橡胶套长度为 150~160mm，具体长度可根据各个试样的实际长度进行微调），然后在岩样中间部位安装 LVDT 局部应变传感器，如图 3-40 所示，静置一段时间，待应变传感器与试样表面黏合牢固后放入三轴仪的压力室内。

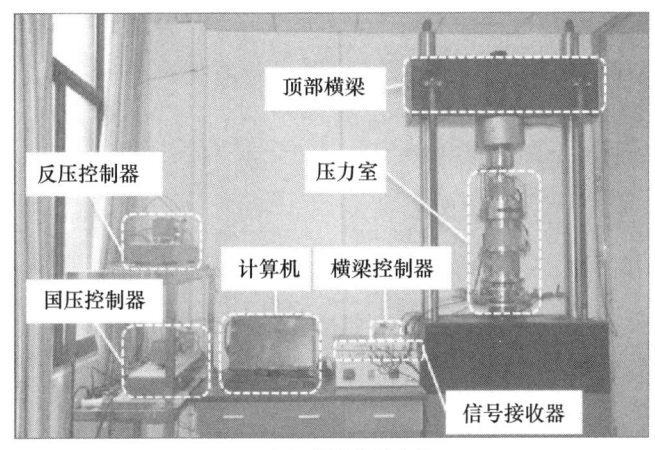

(a) 仪器外观全貌

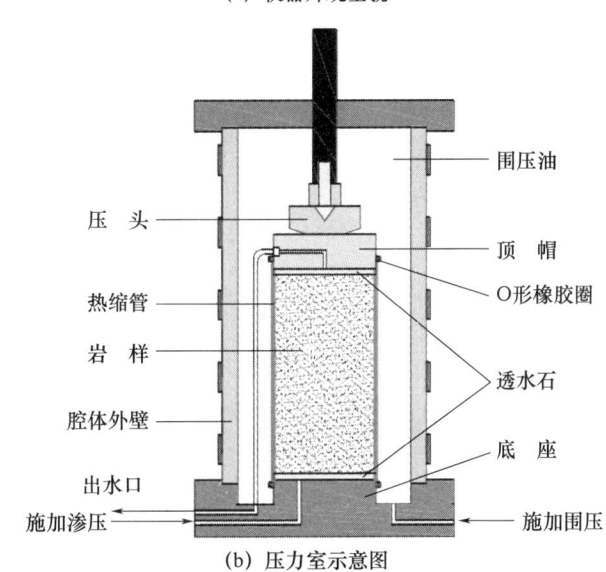

(b) 压力室示意图

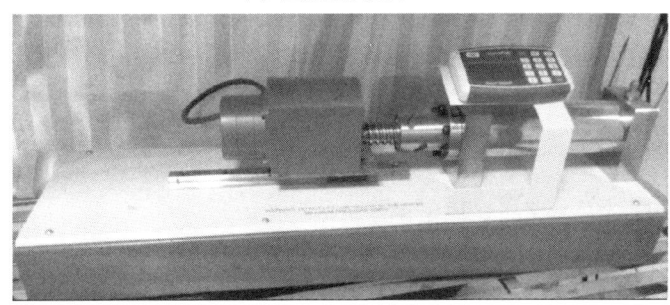

(c) DVDPC高级型压力/体积控制器

图 3-39　GDS-VIS三轴流变仪

（4）确保应变传感器与底座接头正确连接并接触良好后，用O形橡胶圈将试样与上下压头箍紧，下放加载横梁并封闭压力室。

（5）对试样进行预加载，使轴向加载系统上压头与试样端面充分接触，再依次施加围压和渗压（渗压在围压施加完成并稳定后，方可施加）。

图 3-40 试样安装

(6) 打开试样顶端出水口阀门,使出水端与大气相通。

(7) 渗压施加至预定值后,维持渗压恒定一段时间,待反压控制器中水流量稳定变化,并形成稳定渗压差和稳定渗流后,以 0.1kN/s 的速率加载偏应力直至试样破坏。在此过程中,应力-应变曲线由计算机系统自动采集并记录,渗透过程中的渗入水量随时间的变化数据由反压控制器自动采集。

(8) 试样压缩破坏后卸载试样,保存试验数据,一个试验流程完成。

3.5.2.4 试验原理

为便于分析和测试,做如下假定:

(1) 渗透水为不可压缩流体;

(2) 岩石试样可视为初始孔隙和微裂纹分布较均匀的孔隙介质;

(3) 恒压稳定渗流视为连续渗流;

(4) 岩石渗透符合达西定律。

考虑本次试验所用红砂岩结构致密、初始孔隙率较低,在稳定渗流阶段,出水端稳定水流量较小,难以直接测量。基于 Darcy 定律,采用进水流量稳态法,根据稳定渗流阶段某时间段内渗入岩样水体积变化量,计算渗透率。有

$$k=\frac{\mu LV}{A P_{w}\Delta t} \tag{3-22}$$

$$\mu=1\times10^{-3}\mathrm{Pa\cdot s}\ (T=20℃)$$

式中 k——Δt 时间内岩样的平均渗透率(m^2);

μ——水的动力黏滞系数;

V——Δt 时间内渗入岩样的水的体积(m^3);

L——岩样高度(m);

Δt——记录时间间隔(s);

A——岩样的横截面面积(m^2);

P_w——渗透压差(Pa)。

渗透率测试原理如图 3-41 所示,渗透介质(渗透水)的流经路线为:渗透压力由反压控制器连接的管线从试样底部施加,然后渗透介质(渗透水)在渗透压力的作用下

沿试样轴向方向开始渗透，最后从试样上部与大气相通的出水管渗出。整个渗透过程中，随着偏应力增加，渗入水量相应变化数据由反压控制器自动采集并记录，试验结束后根据上式即可算出岩石承载过程中的渗透率。

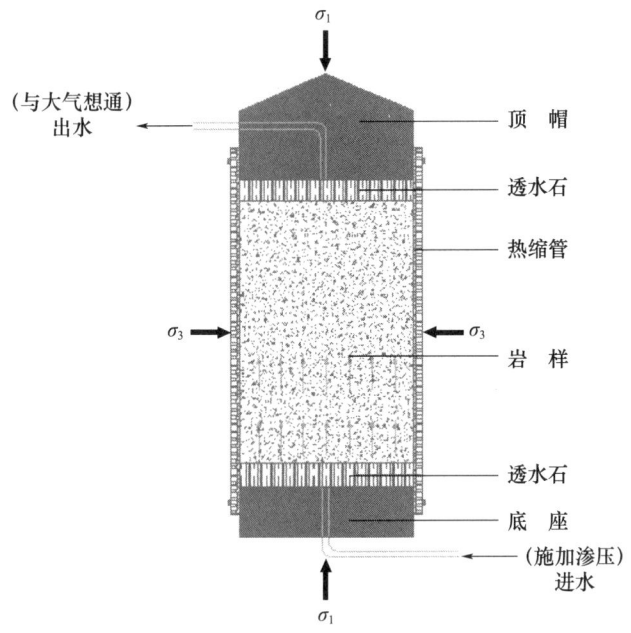

图 3-41　渗透率测试原理图

3.5.3　应力-应变过程岩石渗透率变化规律

根据试验数据，计算得到岩样应力-应变过程的渗透率，并绘制各渗压下应力-应变和渗透率-应变的变化关系曲线，所得围压为10MPa下不同渗透压下应力、渗透率与轴向应变的关系曲线数据，如图3-42。

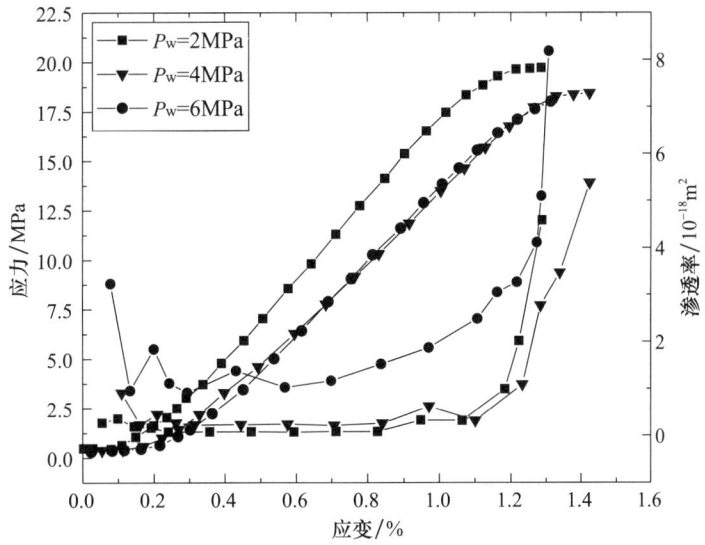

图 3-42　围压为10MPa下不同渗透压下应力、渗透率与轴向应变的关系曲线

从图可以看出，在初始压密阶段，试样内部孔隙、裂纹压密闭合，渗透率下降。岩样的初始渗透率和压密段的渗透率平均值都呈下降趋势，表明随着渗透压的增大，岩石内部的原生孔隙、微裂隙张开越发明显，该阶段围压是影响岩样渗透率的主要因素。随着轴向应力的增大，岩样进入弹性阶段，渗透率下降但并不明显；进入裂纹稳定扩展阶段，岩样内部微裂纹没有发育贯通，渗透通道没有形成，渗透率保持在较低的水平，围压对渗透率的增加仍起抑制作用。当轴向应力达到损伤强度后，裂纹进入非稳定扩展阶段，在该阶段岩石内部逐渐形成以宏观贯通裂纹为主的优势渗流通道，渗透率急剧增大2~3个数量级并达到峰值渗透率，此时非稳定阶段渗透率的增大与围压关系不明显。

其中几个明显的阶段变化特征如下：

（1）孔隙裂隙压密阶段，岩石孔隙不断被压缩密实，渗流通道被阻隔，渗透率呈现随着偏应力的增加逐渐减小的趋势。

（2）弹性变形阶段，岩石内部孔喉压密，岩石颗粒开始产生变形，未产生明显的渗流裂隙，因此渗透率基本处于较低水平，且变化幅度较小。

（3）屈服变形阶段，轴向应变快速增加，岩石内部裂隙开始扩展并贯通，渗透率明显增大。

根据试验后的试样破裂形态，随渗透压力的增加，岩石主要破坏机制由压剪机制逐渐向张拉和压剪共同作用机制过渡，与剪切裂隙相比，渗透率的变化对张拉裂隙更为敏感。据此可解释为：当渗透压力较低时，岩石以剪切破坏为主，在剪切破裂面没有形成之前，渗透率变化较小；当达到某一应力且剪切面形成时，渗透率则突然增加，表现出"突变"的特性。

以上渗透率的演化规律与岩石宏观裂隙的贯通和再次闭合密切相关。屈服应力阶段，岩石内部孔隙裂隙发展并贯通，渗透率开始增加。达到并超过峰值应力后，岩石裂隙迅速发展和贯通，出现大量宏观裂隙，这为水的渗流提供了良好的渗流通道，因此渗透率急剧增加，直至达到最大值。进入残余承载阶段后，在围压和轴压的共同作用下，已经形成的破裂裂隙被压密，部分渗流通道被阻隔，直至试验终止。因此，此阶段内岩石渗透率降低，最终趋于稳定。

3.5.4 应力-应变特性分析

岩石在三轴压缩变形破坏过程中，随着应力的增加，岩样内部裂隙先后经历裂隙压密、线弹性变形、裂纹启裂及稳定发展、损伤及裂纹非稳定发展、岩石破坏及峰后变形等阶段。E. D. Eberhardt 研究表明，岩石三轴压缩应力-应变渐进破坏全过程中，峰前各阶段分别对应的应力特征值为闭合应力 σ_{cc}、启裂应力 σ_{ci}、扩容应力 σ_{cd} 和峰值应力 σ_c、如图 3-43 所示。根据岩石破坏全过程中孔隙裂隙的演化特性，可将岩石破裂过程分为 4 个阶段：裂纹闭合压密阶段（OA）、线弹性阶段（AB）、裂纹稳定扩展阶段（BC）、裂纹非稳定扩展阶段（CD）。点 A、B、C、D 分别对应于闭合应力 σ_{cc}、启裂应力 σ_{ci}、扩容应力 σ_{cd} 和峰值应力 σ_c。

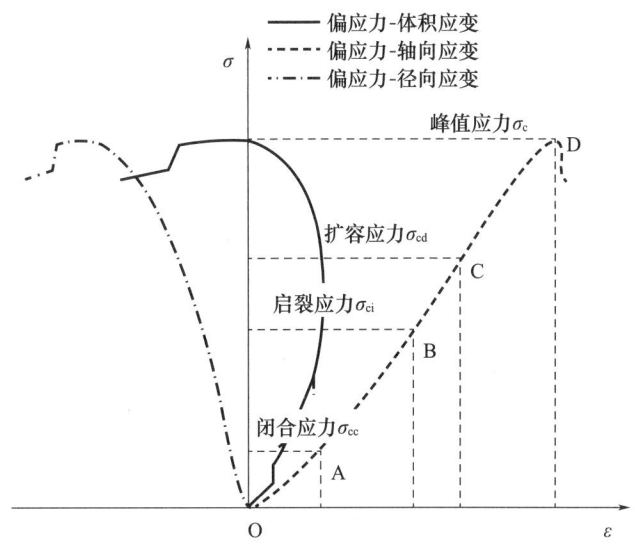

图 3-43 三轴压缩过程岩石渐进破坏示意图

C. D. MARTIN 提出的裂纹体积应变 ε_{cv} 的概念,为确定启裂应力和扩容应力提供了有效方法。通过观察岩石体积应变-偏应力曲线和裂纹体积应变-偏应力曲线,可以较好地确定启裂应力和扩容应力,其中,岩石体积应变和裂纹体积应变计算式为

$$\varepsilon_v = \varepsilon_1 + 2\varepsilon_3 \quad (3\text{-}23)$$

$$\varepsilon_{cv} = \varepsilon_v - \frac{(1-2\mu)(\sigma_1-\sigma_3)}{E} \quad (3\text{-}24)$$

式中 ε_1——轴向应变;

ε_3——径向应变;

ε_v——岩石体积应变;

ε_{cv}——岩石裂纹体积应变;

E——弹性模量;

μ——弹性泊松比。

选取各组中具有代表性的试样数据参考图 3-43 进行试验数据处理和分析。启裂应力为裂纹体积应变-偏应力曲线的峰值点对应的应力,扩容应力为岩石体积应变-偏应力曲线的峰值点对应的应力,各渗透压下的应力特征值见表 3-16。

表 3-16 各渗压下的应力特征值

P_w/MPa	σ_{cc}/MPa	σ_{ci}/MPa	σ_{cd}/MPa	σ_c/MPa	$\frac{\sigma_{cc}}{\sigma_c}$/%	$\frac{\sigma_{ci}}{\sigma_c}$/%	$\frac{\sigma_{cd}}{\sigma_c}$/%
2	3.56	13.31	15.56	19.32	18.42	68.89	80.54
4	2.59	11.7	14.68	18.23	14.23	64.23	80.55
6	2.34	10.82	14.53	17.52	13.36	61.8	82.92

裂纹闭合应力 σ_{cc} 表示岩石内部孔隙裂隙被完全压缩密实时对应的应力门槛值,在初始变形阶段孔隙逐渐压密,往往采用基于轴向应变差的方法来确定岩石裂纹闭合应力更为合理。

结合三轴压缩过程岩石渐进破坏示意图和各渗压下的应力特征值表，在应力-应变曲线确定轴向应变差图中，轴向应变差的求法如下：建立以 O 点为原点坐标轴，绘制应力-应变曲线，在该曲线上找到相应的扩容应力点，标记为 D 点，连接 OD，此线段即为扩容应力 σ_{cd} 以及扩容应力对应的轴向应变 ε_{cd} 确定轴向应变的参考线，应力-应变曲线上各应力值对应的应变与参考线对应的应变之差称为轴向应变差，记作 $\Delta\varepsilon_1$，计算公式为

$$\Delta\varepsilon_1 = \varepsilon_1 - \frac{\sigma_1 - \sigma_3}{\sigma_{cd}}\varepsilon_{cd} \tag{3-25}$$

式中 $\Delta\varepsilon_1$——轴向应变差；

ε_{cd}——扩容应力对应的轴向应变。

由式（3-25）计算并得到不同偏应力下的轴向应变差，绘制轴向应变差与偏应力的关系曲线图。曲线的峰值点对应的偏应力即为闭合应力 σ_{cc}，通过计算得到各渗压下岩石的应力特征值，见各渗压下的应力特征值表。

3.5.5 渗透率与应力特征关联性分析

3.5.5.1 各应力特征值对应的渗透率变化关系

为分析岩石承载过程中各应力特征值及其对应的渗透率与轴向应变的关系，图 3-44 给出了各渗压下，岩石变形破坏过程中峰值应力前的偏应力-轴向应变和渗透率-轴向应变变化关系曲线。

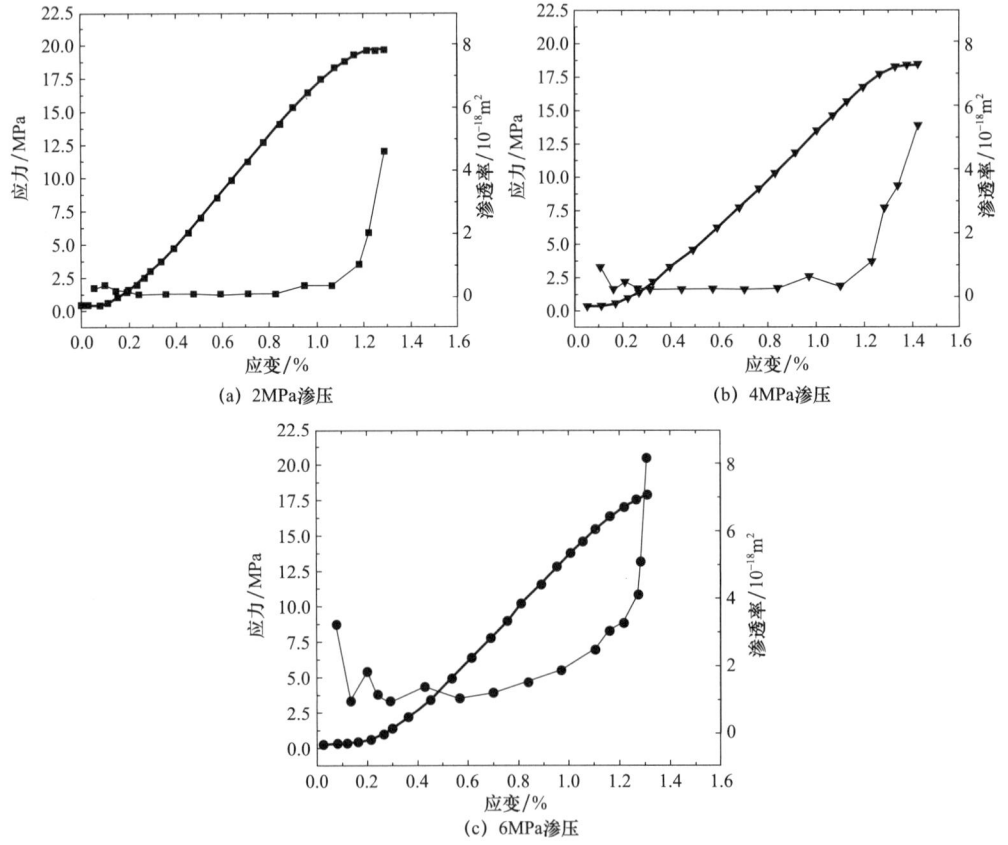

图 3-44 各渗压下岩石峰值应力前应力特征值及其渗透率

分析图 3-44 可知，承载过程中，与闭合应力和启裂应力相对应的渗透率较低，与扩容应力和峰值应力相对应的渗透率则较高；当岩石所受应力大于扩容应力时，渗透率急剧增加。根据扩容应力的计算过程，扩容应力点对应的破裂过程即为裂纹体应变开始增加的起始点，此时岩样内部孔隙裂隙急剧增加，裂纹体积扩展，因此渗透率显著增加。各渗压下，扩容应力对应的渗透率依次为：$0.84\times10^{-18}\,\mathrm{m^2}$、$1.46\times10^{-18}\,\mathrm{m^2}$、$4.47\times10^{-18}\,\mathrm{m^2}$、$5.75\times10^{-18}\,\mathrm{m^2}$，峰值应力对应的渗透率依次为：$2.50\times10^{-18}\,\mathrm{m^2}$、$8.62\times10^{-18}\,\mathrm{m^2}$、$11.52\times10^{-18}\,\mathrm{m^2}$、$32.64\times10^{-18}\,\mathrm{m^2}$，表明：随渗压增大，扩容应力和峰值应力对应的渗透率也逐渐增加。

3.5.5.2 应力特征值及其渗透率的理论计算

由于岩石致密，初始孔隙率低，应力加载初期，渗透率随偏应力增加而逐渐减小，在闭合应力值处渗透率已达最小值，因此以闭合应力对应的应变为起始点，渗透率-轴向应变的关系式为

$$k=\eta\,(\varepsilon-\varepsilon_{\mathrm{kmin}})^{\alpha}\exp\left[-\left(\frac{\varepsilon-\varepsilon_{\mathrm{kmin}}}{\varepsilon_0}\right)^{\beta}\right]+k_0,\quad \varepsilon\geqslant\varepsilon_{\mathrm{kmin}} \tag{3-26}$$

式中 k——渗透率（$10^{-18}\,\mathrm{m^2}$）；

$\varepsilon_{\mathrm{kmin}}$——渗透率最小时对应的轴向应变；

η——与渗压有关的岩石渗透因子；

k_0——岩石基本渗透率，根据试验结果，取值为 $0.1\times10^{-18}\,\mathrm{m^2}$；

ε_0——渗透率对应的平均应变测度；

α——反映渗透率与平均孔隙关系的系数；

β——渗透率指数因子；

$\varepsilon-\varepsilon_{\mathrm{kmin}}$——岩石空隙变化对渗透率的影响。

岩石渗透率与应力之间的关系可用以下公式表示，即

$$\frac{dk}{d\sigma}=\frac{dk}{d\varepsilon}\frac{d\varepsilon}{d\sigma}=\left(\frac{dk}{d\varepsilon}\right)\bigg/\left(\frac{d\sigma}{d\varepsilon}\right) \tag{3-27}$$

若将岩石压缩至不稳定破坏阶段过程中的本构关系近似用线性关系表示为 $\sigma=E\varepsilon$，联立可得到岩石渗透率与应力之间的关系式，为

$$k=\frac{\eta\,(\sigma-\sigma_{\mathrm{kmin}})^{\alpha}}{E^{\alpha}}+k_0,\quad \sigma_{\mathrm{kmin}}\leqslant\sigma\leqslant\sigma_{\mathrm{c}} \tag{3-28}$$

式中 σ_{kmin}——渗透率最小时对应的偏应力，此处取值为闭合应力 σ_{cc}；

E——砂岩弹性模量（MPa）。

根据试验结果，拟合得到不同渗压下渗透率与偏应力的函数关系，如图 3-45 所示，并建立数学关系；得到不同渗压下岩石渗透因子 n 值，然后拟合 n 与渗压的关系，如图 3-46 所示，得到下列关系式，即

$$k=\frac{\eta\,(\sigma-\sigma_{\mathrm{cc}})^{4.14}}{E^{4.14}}+0.1,\quad \sigma_{\mathrm{cc}}\leqslant\sigma\leqslant\sigma_{\mathrm{c}} \tag{3-29}$$

$$\eta=0.24\times10^8\cdot e^{0.416p_{\mathrm{w}}}$$

联立上述式子得到改进的渗透率与偏应力的数学关系式

$$k=\frac{0.24\times10^8\cdot e^{0.416p_{\mathrm{w}}}(\sigma-\sigma_{\mathrm{cc}})^{4.14}}{E^{4.14}}+0.1,\quad \sigma_{\mathrm{cc}}\leqslant\sigma\leqslant\sigma_{\mathrm{c}} \tag{3-30}$$

根据各应力特征值与渗压之间的数学关系，代入上得到各渗式压下红砂岩启裂应力、扩容应力和峰值应力及其渗透率的关联性方程如下：

（1）启裂应力及其渗透率为

$$\left.\begin{array}{l} k_{\sigma_{ci}} = \dfrac{0.24 \times 10^8 \cdot e^{0.416 p_w} \left[\sigma_{ci} - (16.444 - 1.236 p_w)\right]^{4.14}}{E^{4.14}} + 0.1 \\ \sigma_{ci} = 57.581 - 2.112 p_w \end{array}\right\} \quad (3\text{-}31)$$

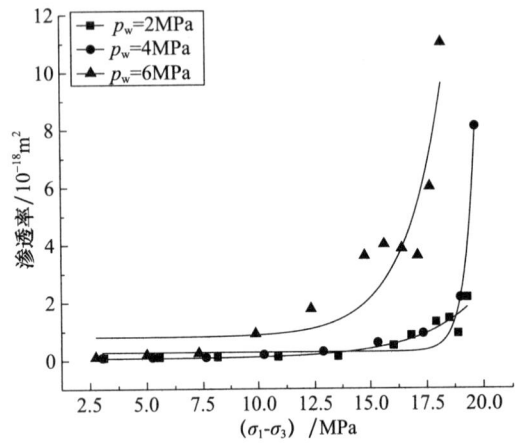

图 3-45　各渗压下渗透压与偏应力的关系

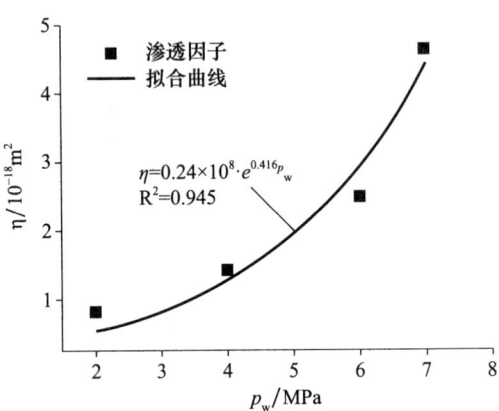

图 3-46　渗透因子与渗透压的关系

计算得

$$k_{\sigma_{ci}} = \dfrac{0.24 \times 10^8 \cdot e^{0.416 p_w} (41.137 - 0.874 p_w)^{4.14}}{E^{4.14}} + 0.1 \quad (3\text{-}32)$$

（2）扩容应力及其渗透率为

$$\left.\begin{array}{l} k_{\sigma_{cd}} = \dfrac{0.24 \times 10^8 \cdot e^{0.416 p_w} \left[\sigma_{cd} - (16.444 - 1.236 p_w)\right]^{4.14}}{E^{4.14}} + 0.1 \\ \sigma_{cd} = 60.382 + 1.285 p_w - 0.227 p_w^2 \end{array}\right\} \quad (3\text{-}33)$$

计算得

$$k_{\sigma_{cd}} = \dfrac{0.24 \times 10^8 \cdot e^{0.416 p_w} (43.938 + 2.521 p_w - 0.227 p_w^2)^{4.14}}{E^{4.14}} + 0.1 \quad (3\text{-}34)$$

（3）峰值应力及其渗透率为

$$\left.\begin{array}{l} k_{\sigma_c} = \dfrac{0.24 \times 10^8 \cdot e^{0.416 p_w} \left[\sigma_c - (16.444 - 1.236 p_w)\right]^{4.14}}{E^{4.14}} + 0.1 \\ \sigma_c = 72.485 + 3.421 p_w - 0.58 p_w^2 \end{array}\right\} \quad (3\text{-}35)$$

计算得

$$k_{\sigma_c} = \dfrac{0.24 \times 10^8 \cdot e^{0.416 p_w} (56.014 + 4.657 p_w - 0.580 p_w^2)^{4.14}}{E^{4.14}} + 0.1 \quad (3\text{-}36)$$

根据建立的上述关联性方程，能够计算得到各渗透压力下岩石应力特征值及对应的渗透率的理论值 σ'_{ci}、k'_{ci}、σ'_{cd}、k'_{ci}、σ'_c 和 k'_c。研究结果为确定不同渗压下岩石应力特征值和渗透率提供参考。同时，通过对岩石展开渗透压力作用下三轴压缩试验，能够计算得到岩石的应力特征值，可辅助分析渗流过程中围岩的稳定性状况。

3.5.6 渗透特性总结

（1）渗透压力作用下，岩石三轴压缩过程可分为几个明显的特征阶段，即：孔隙裂隙压密阶段、弹性变形阶段、屈服阶段、破坏及残余变形阶段。其中，由渗透率-轴向应变曲线可以明显看出，屈服阶段岩石渗透率开始增加，超过峰值应力后，岩石进入破坏阶段，渗透率急剧增大，并达到最大值，随后渗透率迅速"跌落"，岩石进入残余承载阶段，渗透率下降并趋于稳定。整个过程中，渗透率-轴向应变的曲线变化与应力-应变曲线变化趋势有较好的一致性，且渗压越大，两者一致性表现越明显，但渗透率峰值明显滞后于应力峰值。

（2）当渗透压力较低时，岩石以剪切破坏为主，在剪切破裂面没有形成之前，渗透率变化较小，当达到某一应力且剪切面形成时，渗透率则会突然增加。

（3）对比分析不同渗压下岩石峰值应力前的承载阶段渗透率变化规律，压密阶段，随偏应力增加渗透率逐渐降低。在弹性变形阶段，当渗透压力较低（2MPa 和 4MPa）时，渗透率变化较小；当渗透压力较高（6MPa）时，渗透率缓慢增加。屈服阶段，各渗压下渗透率均有明显增加。由于渗透压力的不同导致破坏方式有所差异，随渗透压力增加，渗透率变化曲线的增加方式由"突变"式逐渐向"渐变"式转化，前者有明显的"突跳"点存在。

（4）随渗压增加，岩石闭合应力 σ_{cc}、启裂应力 σ_{ci}、扩容应力 σ_{cd} 和峰值应力 σ_c，均有不同程度的减小。其中，渗压对闭合应力和启裂应力的弱化效果基本一致；扩容应力与峰值应力相比，峰值应力所受减弱效果更明显，致使扩容应力百分比随渗压增加而增大，扩容应力向峰值应力靠近。

（5）分析不同渗压下渗透率与应力特征值的关联性，建立并改进各渗压下渗透率与偏应力之间的数学关系，同时根据拟合得到的各应力特征值与渗压的关联性方程，并由此关系式计算得到各渗压下应力特征值的理论值，及其相应渗透率的理论值。研究结果为工程实践中岩体稳定性监测及其渗透率分析提供参考。

3.6 高水压流固耦合下泥质粉砂岩的蠕变特性

3.6.1 流固耦合的机理

在经典的渗流力学理论中，认为具有液体流动的多孔介质岩土体是完全刚性的，同时假设随着孔隙水压力变化此类介质不会随之发生弹塑性变形，我们将此时所假设遇到的渗流问题称为非耦合渗流。但在地层中，随着地下水的流动，岩土体会受到地下水的渗流作用，此渗流作用在地层中形成的渗流场会对围岩应力场产生影响。而围岩应力场在受到影响发生改变的同时也会使围岩的位移、弹塑性发生变化，进一步促使地层孔隙、节理裂隙等发生改变，而此改变是围岩渗透性能产生变化的根源，流场与应力场之间的这种相互作用被称之为流固耦合作用。

江底隧道在掘进施工过程中，一方面由于地下水的作用，降低了围岩物理力学参数；另一方面隧道开挖使得围岩应力场和地下水渗流场重分布，围岩应力场的改变将导致围岩体应变的发生，从而引起孔隙水压力的变化，反过来孔隙水压力的变化也会导致应力场的变化，渗流场和应力场耦合作用的结果会加剧地层变形。渗流场与应力场耦合作用的关键是围岩渗透系数。当围岩条件较差时，渗流场与应力场的耦合作用会更强，地下水对隧道上覆地层变形中的贡献更大，此时若不考虑渗流场与应力场的耦合作用会给计算结果带来较大的误差。

在考虑地层中围岩流固耦合效应的时候，不仅仅只对单一因素进行分析，而是要将两者看作是互为因果的关系，需要考虑两者之间的相互作用，同时进行充分考虑和分析。围岩中渗流场与应力场之间的相互关系促使流固耦合理论的产生，使得人类对岩土体的认知更进一步，为更好地运用流固耦合理论服务于工程，下面分别对流固耦合基本理论及其工程应用两方面进行研讨。

1）渗流场对应力场的作用

在含水地层中，地下水对围岩影响显著，隧道围岩中渗流场变化、地下水作用（包括化学潜蚀作用、物理弱化作用和力学作用）会引起应力场发生变化，导致岩体发生渗透变形。这种变形过程具有一定的时效性，表现在：①地下水对岩体裂隙结构面的物理化学作用，可逐渐地减弱裂隙岩体的物理力学性质；②地下水通过力学作用，对裂隙岩体中的结构面产生扩展作用。

（1）化学潜蚀作用

地下水的化学潜蚀作用对应力场的影响主要表现在岩体结构面的扩展。研究表明，岩体中渗流场变化引起裂隙结构面扩展的化学侵蚀作用，原因在于地下水中含有对岩体产生化学侵蚀作用的成分。如地下水对裂隙结构面软弱充填物中的石英颗粒具有溶蚀作用，对铁质具有氧化作用；对碳酸盐岩质的岩体，地下水具有典型的化学侵蚀作用。

地下水对碳酸盐岩质岩体的化学侵蚀作用的程度取决于地下水与碳酸盐岩质岩体的接触表面积。而接触表面积的增大可通过两种方式获得：一种方式是地下水渗流速度的提高，加速了地下水的运动，使裂隙结构面网络中充填物的冲刷能力得以增强，同时与碳酸盐岩质岩体接触反应的地下水浓度得以稀释。不仅增大了地下水与碳酸盐岩质裂隙岩体的接触表面积，而且提高了地下水与碳酸盐的反应速度，从而增强地下水对碳酸盐岩质裂隙岩体的化学侵蚀作用程度。另一种方式是增大裂隙结构面的粗糙度。借此扩大地下水域碳酸盐岩质岩体的接触表面积，增强地下水渗流过程对碳酸盐质岩体的化学侵蚀作用程度。从以上两种方式可以看出，前者的地下水渗流速度改变依赖于地下水渗流场，同时在增强地下水对碳酸盐岩质岩体化学侵蚀作用程度中占据着重要地位，从而碳酸盐岩质裂隙岩体中地下水渗流场的改变对地下水的化学侵蚀作用有重要的意义，构成了裂隙岩体中应力场发生改变的物理基础。

（2）物理弱化效应

岩体中地下水的物理弱化效应表现在裂隙结构面的扩展过程中。试验研究表明，岩体中渗流场变化引起裂隙结构面扩展的物理弱化效应，表现在地下水物理作用致使裂隙结构面及充填物随含水量增加，其物理性状不断改变，发生由固态向塑态直至向液态转化的弱化效应，导致其力学性能蜕变，影响裂隙岩体的力学作用过程，进而改变应力场环境。

由此可知，地下水物理弱化效应对裂隙岩体应力场环境的影响作用通过两种方式进行：

① 通过裂隙结构面及充填物含水量的正向变化，引起裂隙结构面扩展以致改变岩体的应力场环境。

② 通过裂隙、构面及充填物含水量的正向变化，改变其物理性状，发生由固态向塑态直至向液态转化的弱化效应，以致裂隙结构面的力学性能蜕变，改变岩体的应力场环境。

这两种影响作用方式都是通过改变裂隙结构面及充填物的含水量进行。

（3）水的力学作用

地下水渗透力作为机械力，对岩体应力场环境的影响作用通过裂隙结构面的扩展过程得以实现，其形式表现为静水压力和动水压力两种。

静水压力是地下水在裂隙结构面上所作用的法向应力。它是一种表面力，是空间位置和时间的标量函数。静水压力作为内水压力，力学作用表现为两类：①使裂隙结构面发生拉张型扩展作用，增大裂隙结构面的隙宽（张开度）；②使裂隙结构面发生剪切型延展作用，增大裂隙结构面的延伸长度。

动水压力是指在地下水水头差的作用下，地下水为克服其沿裂隙结构面运动时的阻力而产生的对结构面壁及充填物质的作用力。它是一种体积力，作用方向和地下水流动方向一致，是空间位置和时间的矢量函数。动水压力对岩体应力场环境的影响通过致使岩体中裂隙结构面扩展的作用得以体现，表现在三个方面：①在动水压力作用下，裂隙结构面及充填物在渗透方向上发生变形和位移，尤其易于发生剪切变形和位移；②沿裂隙结构面发生的变形和位移，致使裂隙结构面再扩展，并不断增加其空隙度、透水性和渗透速度；③当渗透速度增加到某些细小颗粒的潜蚀临界速度时，那些在渗透水流作用下已达到流动极限的细小颗粒，便开始以管涌方式被携带出去。其中，裂隙结构面及充填物在动水压力作用下发生的渗透方向变形和位移是裂隙结构面扩展作用的基础。

2）应力场对渗流场的作用

前面提到过，围岩初始应力场受到扰动发生改变后可以通过改变岩体的孔隙率、围岩结构面张开度等来使围岩的初始渗透性发生变化，进而影响围岩的初始渗流场。下文将分别从应力场变化对岩体的体积应变和孔隙率的影响、对岩体渗透系数的影响及对地下水给水度的影响三个方面来进一步分析围岩应力场对渗流场的影响。

3.6.2 岩石流固耦合力学模型

岩石加载过程中内部细观结构改变，引起岩石宏观力学特性及渗透率改变，同时这种力学特性变化又会反作用岩石孔隙压力和应力状态分布，进一步影响岩石渗透率发展，基于这种相互作用耦合现象，建立岩石渗流应力耦合流变力学模型。

3.6.2.1 基本假设

在建立岩石渗流应力耦合流变模型时，对岩石变形破坏过程中应力场与渗流场作如下假设：

（1）岩石骨架变形看作小变形。

(2) 岩石看作各向同性连续性多孔介质，内部固体颗粒不解压缩，岩石背部孔隙结构可压缩。

(3) 岩石渗流为单相渗流，渗流服从 Darcy 定律，岩石中流体不可压缩。

3.6.2.2 单相渗流场与应力场耦合控制方程

液体流动方程由法国工程师 H·Darcy 总结出的 Darcy 定律确定，其本质为液体渗流能量转换定律或能量守恒定律，对各向同性渗流介质形式如下，即

$$V = -\frac{K}{u_f}(\Delta P - \rho_f g) \tag{3-37}$$

式中 V——渗流速度；

P——孔隙水压；

u_f——黏度；

K——渗透系数张量；

g——重力加速度，方向向下；

ρ_f——液体密度。

其中，上式所给 Darcy 定律定义液体渗流速度为液体相对于固体速度，即液体相对于岩石骨架颗粒的平均实际流速 V_r 为

$$V_r = \frac{V}{\phi} = V_f^* - V_s^* \tag{3-38}$$

式中 V_f^*——液体实际平均流速；

V_s^*——岩石内部固体颗粒的运动速度。

岩石内部渗流速度为

$$V_p = \phi V_r \tag{3-39}$$

式中 V_p——岩石内部渗流速度；

ϕ——岩石孔隙度。

由质量守恒定律，可分别得到岩石内部液体和岩石骨架颗粒速度的连续性方程。流体的单相渗流连续性微分方程为

$$\frac{\partial(\rho_f \phi)}{\partial t} + \nabla \cdot (\rho_f \phi V_f^*) = \rho_f q \tag{3-40}$$

式中 V_f^*——流体实际流速向量；

ϕ——岩石孔隙度；

ρ_f——流体密度（kg/m³）；

q——单元体内的源（汇）强度；

∇——哈密顿算子。

代入得

$$\frac{\partial(\rho_f \phi)}{\partial t} + \nabla \cdot (\rho_f \phi V_r) + \nabla \cdot (\rho_f \phi V_s^*) = \rho_f q \tag{3-41}$$

展开为

$$\frac{\partial(\rho_f \phi)}{\partial t} + \nabla \cdot (\rho_f \phi V_r) + \rho_f \phi \nabla \cdot V_s^* + V_s^* \cdot \nabla \rho_f = \rho_f q \tag{3-42}$$

由于岩石内部骨架颗粒渗流通道堵塞，不考虑 $V_s^* \cdot \nabla \rho_f$ 的影响，上式可变为

$$\rho_\mathrm{f} \frac{\partial \phi}{\partial t} + \phi \frac{\partial \rho_\mathrm{f}}{\partial t} + \nabla \cdot (\rho_\mathrm{f} \phi V_\mathrm{r}) + \rho_\mathrm{f} \phi \nabla \cdot V_\mathrm{s}^* = \rho_\mathrm{f} q \tag{3-43}$$

岩石内部骨架颗粒连续性方程为

$$\frac{\partial [\rho_\mathrm{f}(1-\phi)]}{\partial t} + \nabla \cdot [\rho_\mathrm{s}(1-\phi)V_\mathrm{s}^*] = 0 \tag{3-44}$$

式中 ρ_s——岩石内部骨架颗粒的密度；

V_s^*——岩石内部骨架颗粒的速度向量。

一般认为 ρ_s 为常数，则式变为

$$\frac{\partial (1-\phi)}{\partial t} + \nabla \cdot [(1-\phi)V_\mathrm{s}^*] = 0 \tag{3-45}$$

将式（3-45）展开得

$$\frac{\partial (1-\phi)}{\partial t} + \nabla \cdot V_\mathrm{s}^* (1-\phi) + V_\mathrm{s}^* \nabla \cdot (1-\phi) = 0 \tag{3-46}$$

不考虑 $V_\mathrm{s}^* \nabla \cdot (1-\phi)$，得

$$\frac{\partial \phi}{\partial t} = V_\mathrm{s}^* \cdot \nabla(1-\phi) \tag{3-47}$$

只考虑岩石体积变化忽略受力时引起的形状变化，应力张量 σ_{ij} 可表示为应力偏张量与球应力张量和的形式，即

$$\sigma_{ij} = S_{ij} + \delta_{ij}\sigma_\mathrm{m} \tag{3-48}$$

式中 S_{ij}——应力偏张量；

σ_m——球应力张量；

δ_{ij}——Kronecker 符号。

岩石骨架颗粒应变张量 ε_{ij} 可表示为应变偏张量 e_{ij} 与球应变张量 ε_m 的和，即

$$\varepsilon_{ij} = e_{ij} + \delta_{ij}\varepsilon_\mathrm{m} \tag{3-49}$$

式中 e_{ij}——应变偏张量；

ε_m——球应变张量，$\varepsilon_\mathrm{m} = \frac{1}{3}\varepsilon_{ii}$。

$V_\mathrm{s}^* \nabla$ 可由岩体内部骨架颗粒的体积应变表示为

$$V_\mathrm{s}^* \cdot \nabla = \frac{\partial (\nabla \cdot U_\mathrm{s})}{\partial t} = \frac{\partial (\delta_{ij}\varepsilon_{ij})}{\partial t} = \frac{\partial (\varepsilon_\mathrm{m})}{\partial t} \tag{3-50}$$

式中 U_s——岩体骨架位移向量。

由于 $\varepsilon_\mathrm{m} = \frac{1}{3}\varepsilon_{ii}$，代入式（3-51）得

$$V_\mathrm{s}^* \cdot \nabla = \frac{1}{3}\frac{\partial \varepsilon_{ii}}{\partial t} \tag{3-51}$$

代入得

$$\frac{\partial \phi}{\partial t} = (1-\phi)\frac{1}{3}\frac{\partial \varepsilon_{ii}}{\partial t}$$

$$\rho_\mathrm{f}(1-\phi)\frac{1}{3}\frac{\partial \varepsilon_{ii}}{\partial t} + \phi\frac{\partial \rho_\mathrm{f}}{\partial t} + \nabla \cdot (\rho_\mathrm{f} \phi V_\mathrm{r}) + \frac{1}{3}\rho_\mathrm{f}\frac{\partial \varepsilon_{ii}}{\partial t} = \rho_\mathrm{f} q \tag{3-52}$$

化简为

$$\frac{\rho_f}{3}\frac{\partial \varepsilon_{ii}}{\partial t}+\phi\frac{\partial \rho_f}{\partial t}+\nabla \cdot (\rho_f \phi V_r)=\rho_f q \tag{3-53}$$

代入上式得

$$\frac{\rho_f}{3}\frac{\partial \varepsilon_{ii}}{\partial t}+\phi\frac{\partial \rho_f}{\partial t}+\nabla \cdot \left[\rho_f\left(-\frac{K}{u_f}(\Delta P-\rho_f g)\right)\right]=\rho_f q \tag{3-54}$$

式（3-54）反映了岩石应力场与渗流场耦合力学方程。

3.6.3 泥质粉砂岩流固耦合试验

3.6.3.1 试验设备

本试验采用 GDS-VIS 三轴流变仪对红砂岩展开三轴压缩试验。与普通的常规压力机加载系统相比，该加载系统采用虚拟无限刚度加载架，具有无限刚度的轴向加载特性，试验过程轴压、围压和渗压分别由三套独立的配套系统进行加载。轴向加载系统由配套的计算机系统精确控制，根据应力与应变的关系，系统均能够提供精确的数值，试验系统先进，测量数据精确度高，最大轴向加载载荷为 400kN，压板最大有效位移行程为 100mm。

3.6.3.2 试验步骤

室内三轴蠕变试验主要有两种：分级加载和分别加载。分级加载是对同一个岩样施加不同的应力，当达到预定时间、产生预定变形或达到稳定后，开始施加下一级的应力水平。分别加载是在同一条件下，取同一批岩样，以不同的应力水平为区别，同时进行试验，最终试验结果为一簇不同应力水平下的蠕变全过程曲线。为了得到在渗透压作用的同时，不同应力水平下的蠕变曲线，本研究进行分级加载试验。控制方式采用应力控制，到达目标应力后维持 24h，进行蠕变试验。

3.6.4 流固耦合下泥质粉砂岩蠕变分析

采用轴压水压联合作用岩石流变试验系统对泥岩试样进行了分级加载蠕变试验，由于岩样的离散性，每组进行三个试样，从中选取一个试样的蠕变曲线，用 origin（函数绘图软件）对数据进行分析，得到了不同水压下泥质粉砂岩试验蠕变全过程曲线，如图 3-49 所示。

由图 3-49 可知，不同水压泥质粉砂岩试样分级加载蠕变曲线均呈阶梯状上升，所有试样均在第三级加载即发生蠕变破坏。分析曲线可知，随着加载水平的提高，泥质粉砂岩试样蠕变变形量总体呈增加的趋势，试样在加载瞬间均产生瞬时应变，蠕变曲线发生突变。在低轴压水平下，岩石以瞬时变形为主，蠕变变形量较小，瞬时应变占轴向总应变的 80% 以上。试样在破裂应力水平之前呈现出蠕变速率随时间减少的衰减蠕变阶段和蠕变速率近似不变的稳态蠕变阶段，最后一级加载应力下试样发生加速蠕变。呈现出完整的蠕变三阶段过程。低轴压加载条件下岩石稳态蠕变阶段应变速率近乎为 0，而在较高轴压加载条件下蠕变速率趋于某一不为 0 的定值。最后一级加载条件下出现加速蠕变阶段，蠕变历时较短。

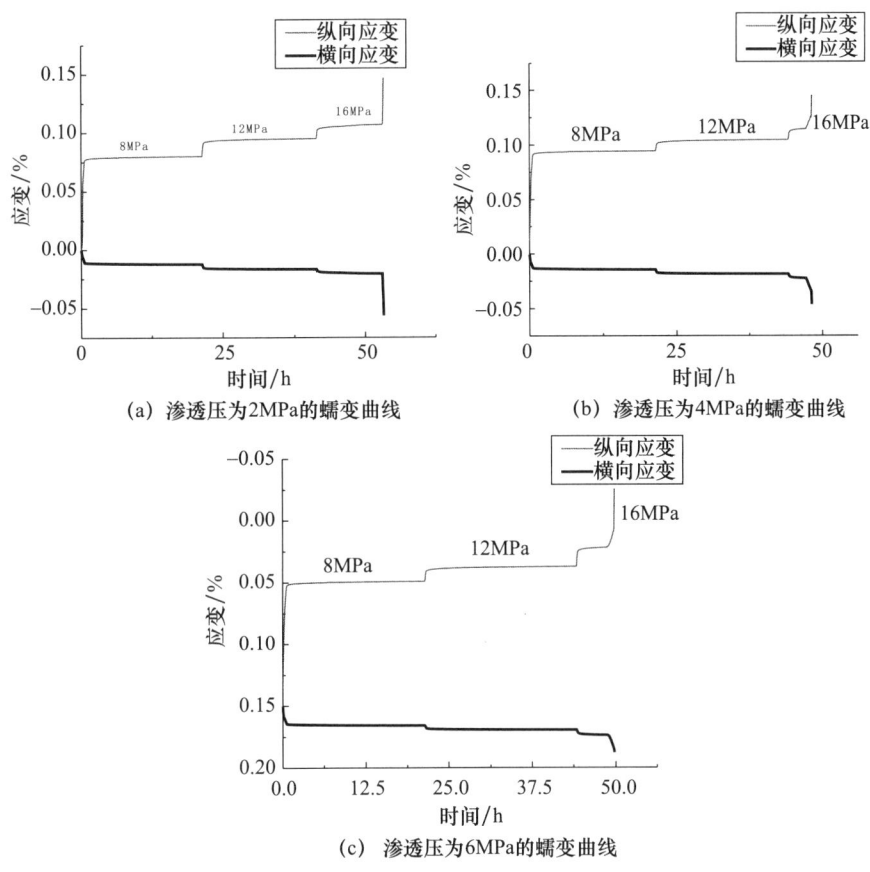

图 3-49　流固耦合下泥质粉砂岩的蠕变曲线

岩石蠕变主要是岩石内部微观结构在外部条件作用下随时间不断变化、调整，微裂纹、孔隙等损伤不断累积、发展和扩散的过程。随着轴压的增大，岩样内部损伤程度逐渐增高，作用时间越长，损伤累积越多，导致微裂隙不断扩展最终形成宏观裂纹，试样发生蠕变破坏。在水压作用下，当岩样所受轴压较低时，岩石内部孔隙大多处于相互隔绝状态或是通过极微小的裂隙连结，瞬时加载时，岩石内部水来不及扩散而产生抵抗作用。同时在水压力作用下，水渗入岩石的孔隙之中产生孔隙水压力使得有效应力下降，导致固体颗粒间所承受的压力减小，水压力越大，有效应力越小，岩石瞬时变形越小。随着分级加载过程中轴压的增大，岩石裂纹不断扩展，原生孔隙间不断连通，连结孔隙的裂纹在应力作用下也不断增大，孔隙水压便会逐步沿着新产生的裂纹慢慢扩散，其影响的范围逐渐扩大，此时对岩石强度特性的弱化作用也更加强烈。随着水压的增大，孔隙水在渗透过程中所产生的动水压力对微裂纹起到的扩展劈裂作用越强，导致其力学性质下降，宏观上表现为瞬时应变随水压的增大而增大。高应力作用下水压的增加对岩石蠕变的影响更显著。水压越大则孔隙水压力越大，较大的孔隙水压力会使得岩石内部原生裂隙和孔隙的开度增加，孔隙水对岩石微裂纹的扩展劈裂作用更强，岩石内部结构弱化，损伤效应进一步加大，岩石蠕变程度增加。当作用于岩样的轴向荷载提高时，岩石内部损伤加大，微裂隙或孔隙的密度增加、开度增大，这又为孔隙水的渗透提供了更多的通道，孔隙水在渗透过程中所产生的动水压力作用增强，对岩样蠕变变形影响加大，因此水压对岩石蠕变的影响随着轴压的增加而增大。上述研究表明高地应力、高水压环境下工程岩体蠕变变形较大，软岩工程长期稳定性问题突出。

3.6.5 流固耦合下泥质粉砂岩蠕变破坏形态分析

渗透蠕变试验完成后，将变形破坏后的岩石试样从压力室中取出并拆卸LVDT传感器对各渗压下岩石破裂面形态进行拍照、统计、对比和分析，得到各渗压下岩石典型宏观破裂面形态统计表，见表3-17。

表3-17 各渗压下岩石典型宏观破裂面形态统计

渗压/MPa	破坏试样	破坏形态	宏观破裂面	破裂描述
2				破裂面形态为倾斜破裂面，一条主控裂断裂面穿试样两端面，将试样分割成上下两个三角锥体
				破裂面形态为倾斜破裂面，主控破裂面一端与岩石上端面出露，另一端在试样下部端面附近的侧面出露，破坏后试样被分割成两个三角锥体
4				岩石破裂面形态呈"Y"形，其中主控破裂面贯通试样两端面，破坏后试样被分割成三部分
				破裂面形态呈"Y"形，两条主控破裂面在试样中部汇合，破坏后试样被分割成三部分

续表

渗压/MPa	破坏试样	破坏形态	宏观破裂面	破裂描述
6				多条破裂面沿试样轴向分布，破坏后岩石破碎程度较高
				岩石破碎程度较高，主控破裂面沿试样轴向分布，其中，在试样下端面有多条破裂面显现，破坏后试样被分割成多块

单轴压缩时，由于红砂岩抗拉强度降低，岩样内部产生沿轴向贯通的裂纹破坏。渗透压下，三轴压缩破坏形式多是与轴向平行的剪切劈裂破坏，而常规三轴压缩破坏形式多是剪切滑移破坏。由表3-17可知，渗透压越大，岩石的破碎程度越高，高水压下，水把岩石中的裂隙扩大贯通，并逐渐发展成裂缝，这也是导致岩石强度降低的主要原因。

3.6.6 蠕变特性总结

分析了江底隧道工程中流固耦合的基本理论及方程，并分析了流固耦合作用下围岩应力场和耦合状态下渗流场的数学模型，基于液体渗流一维连续性方程与有效应力原理，建立渗流场与应力场耦合力学模型，阐述砂岩不同围压和渗透压条件下岩石渗透力学破坏特性。然后采用GDS-VIS三轴流变仪对红砂岩进行了流固耦合试验研究，对不同渗透压和围压下泥质粉砂岩流固耦合试验所取得原始试验数据进行整理、分析。通过分析不同围压和渗透压条件下砂岩应力-应变-渗透率曲线可知：

（1）随着加载水平的提高，泥质粉砂岩试样蠕变变形量总体呈增加的趋势，试样在加载瞬间均产生瞬时应变，蠕变曲线发生突变。

（2）在低轴压水平下，岩石以瞬时变形为主，蠕变变形量较小。

（3）随着轴压的增大，岩样内部损伤程度逐渐增高，作用时间越长，损伤累积越多，导致微裂隙不断扩展最终形成宏观裂纹，试样发生蠕变破坏。

（4）高围压作用下水压的增加对岩石蠕变的影响更显著，并且岩石的破碎程度更高。

3.7 本章总结

结合室内试验，对蓉江新区过江隧道的岩石进行分析，得出研究结论如下：

(1) 泥质粉砂岩的比重在 2.73g/cm³ 左右，自然状态下密度约为 2.48g/cm³，饱和密度约为 2.55g/cm³，饱和吸水率约为 5.23%，膨胀性和崩解性都较强。

(2) 中风化泥质粉砂岩、中风化细砂岩和中风化粉砂岩对水的敏感性很强，单轴压缩下，干燥状态的岩样强度能达到 70~80MPa，饱和状态下却只有 25~35MPa。泥质粉砂岩的强度弱化曲线是一条双曲线，随着泡水时间的增加，强度不断降低，当泡水时间不断增加时，强度降低的趋势逐渐变缓。岩体软化系数主要集中于 0.35~0.45 之间，其软化实质是水作用下可溶性物质溶解于水中，岩体内部结构发生调整，导致力学性质降低。

(3) 中风化泥质粉砂岩的蠕变效应明显，单轴压缩和三轴压缩蠕变试验显示，泥质粉砂岩的初始蠕变量约 0.5%~0.6%，随着轴向应力的逐级增加，蠕变变形增加较少，泥质粉砂岩的最终蠕变量约 1%。

(4) 通过对围压相同而含水状态不同的泥质砂岩蠕变试验进行对比，发现水的作用对岩石蠕变变形及长期强度的影响。当围压相同时，岩样的瞬时应变和最终破坏时的应变随岩石内含水量的增加而增大，原因在于：一、水使岩石内孔隙变大；二、岩石颗粒之间由于水的润滑作用而变得牢固。而相同围压条件下，岩石含水量越高，长期强度就越低，因为水的作用使得颗粒间的流动性变强，长期强度降低。

(5) 岩石的渗透率在一定围压条件下，随着轴向应力的增加不断增大，因为岩石中的孔隙在应力的增加和水压的双重作用下不断扩大、贯通。当达到起裂应力时，渗透率陡增。通过流固耦合下的蠕变试验可以发现，在轴向、侧向应力和渗透水压作用下，岩石变得更软，更容易产生变形，并且在长时间作用后，强度也会随之降低。

4 注浆范围的水下隧道最小覆盖层厚度确定

隧道最小覆盖层厚度是水下隧道建设经济与安全的决定性因素之一。本章从现有水下隧道最小覆盖层厚度的确定方法出发,总结出水下覆盖层厚度的主要判别因素是隧道稳定性以及渗流量,但对于超浅埋隧道而言,隧道埋深越大隧道开挖越安全,因此可主要从渗流量来考虑,而对隧道渗流量影响较大的主要有开挖工法、注浆等措施。由于隧道开挖工法已确定,因此本章将展开注浆对最小覆盖层厚度的影响研究,对不同注浆范围以及不同覆盖层厚度的隧道开挖进行模拟分析,得到在不同注浆范围下的覆盖层厚度与渗流场的变化关系,从而得到不同注浆范围的最小覆盖层厚度,验证注浆对最小覆盖层厚度的影响,并确定隧道最小覆盖层厚度。

4.1 现有水下隧道最小覆盖层厚度的确定方法

4.1.1 日本海底隧道经验公式

日本海底隧道最小覆盖层厚度的确定方法主要有两种,即盾构法及矿山法。

采用盾构法施工时,主要通过隧道上部土体和隧道自重与所受浮力大小关系来确定覆盖层厚度。

盾构隧道的上浮控制可用式(4-1)表达为

$$\gamma_G (Q+G+G'+P) \geqslant \gamma_F \lambda F \tag{4-1}$$

式中 G——管片长度为1m时的自重(N);

G'——隧道内部静荷载(N);

P——隧道侧壁与地层间摩阻力(N);

Q——隧道上部静荷载(N);

γ_G——荷载分项系数,本文取值为0.9;

γ_F——抗浮安全系数;

λ——浮力折减系数,本文取值为1;

F——长度为1m的管片所受浮力(N)。

采用矿山法施工时,主要根据渗流量大小确定,当直径远小于开挖深度时,可假定开挖隧道为无限长圆柱形通道,渗流量方程式可由达西定律推出,有

$$Q = 2\pi k \frac{H+h}{ln(2h/r)} \tag{4-2}$$

当 $dQ/dh=0$ 时,Q取得最小值,即渗流量最小,此时

$$h = \frac{r}{2e\left(\dfrac{H}{h}+1\right)}$$

式中 Q——每延米隧道渗流量（m³/d）；

k——渗透系数（m/sec）；

L——隧道长度（m）；

H——水深（m）；

h——岩层覆盖厚度（m）；

r——隧道有效开挖半径（m）；

e——自然常数（取 2.71828）。

4.1.2 挪威经验法

挪威经验法是由挪威工程师对当地海底隧道建设进行总结得到的经验方法，该方法结合已建海底隧道经验，充分考虑断层及软弱带对施工的影响，根据海底隧道最小岩石覆盖层厚度经验图来选择最小覆盖层厚度，如图 4-1 所示。

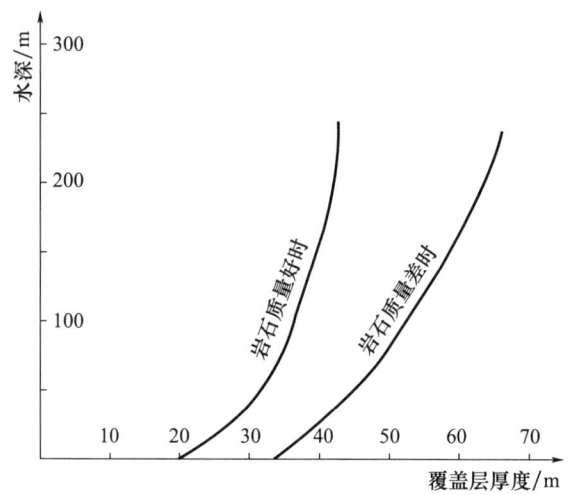

图 4-1 挪威海底隧道最小覆盖层厚度与海水水深之间的经验曲线

图 4-1 纵轴表示水深，横轴表示覆盖层厚度，按岩石的完整程度分别给出了质量好以及质量差的岩石经验曲线，采用内插法计算隧道最小岩石覆盖层厚度。

4.1.3 国内顶水采煤经验方法

顶水采煤经验公式主要从安全因素以及经济因素两方面来考虑预留煤柱高度，既防止水淹矿井，又避免浪费。水下隧道最小覆盖层厚度的确定方法与顶水采煤方法大致相同，如图 4-2 所示。

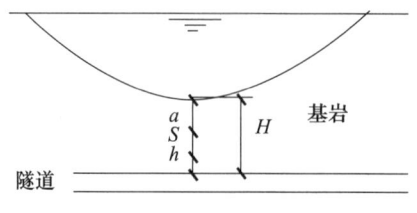

图 4-2 水下隧道上覆基岩组成示意图

开采上限高度计算经验公式为

$$H = a + s + h \tag{4-3}$$

式中　H——开采上限高度；

　　　a——表面裂隙深度，基岩经验值取 $10\sim15\mathrm{m}$；

　　　h——爆破引起的扰动高度（导水裂隙带高度），一般取 $2\mathrm{m}$；

　　　s——水力与岩层影响深度，根据多年开采经验，经验公式为

$$s = 1.5 \frac{\sqrt{h_1 + h_2}}{f} + c \tag{4-4}$$

式中　h_1——水头高度（m）；

　　　h_2——坑道宽度（m）；

　　　c——岩层强风化带厚度，一般取值 $5\mathrm{m}$；

　　　f——岩石硬度系数。

顶层采煤经验公式考虑了覆土层和爆破扰动的影响，因此可将其运用到水下矿山法隧道。

4.1.4　隔水岩柱经验法

隔水岩柱经验法是根据相关经验及大量水下隧道工程实践总结得到的，部分经验公式如下：

（1）覆盖岩层厚度系数法

隔水岩柱经验公式为

$$h_\mathrm{r} \geq n\sqrt{h_\mathrm{f}} + qh_\mathrm{f} \tag{4-5}$$

式中　h_r——隔水岩柱高（m）；

　　　n——基岩以上覆盖层厚度系数，$n=15\sim20$；

　　　h_f——隧道开挖高度，$h_\mathrm{f}=2.6\mathrm{m}$。

　　　q——水深系数，$q=0.8\sim1.2$。

（2）岩石硬度系数法

隔水岩柱经验公式为

$$h_\mathrm{r} \geq \frac{1}{f}\left[\frac{B}{2} + H\tan^2\left(45° - \frac{\theta}{2}\right)\right] + h_\mathrm{p} \tag{4-6}$$

式中　h_r——最小隔水岩柱高（m）；

　　　f——岩石硬度系数即普氏强度；

　　　B——隧道开挖宽度（m）；

　　　H——隧道开挖高度（m）；

　　　θ——岩石内摩擦角；

　　　h_p——保护层厚度（m），根据具体条件确定，一般大于 $10\mathrm{m}$。

4.2 确定水下隧道最小覆盖层厚度的方法体系

4.2.1 现有方法对比

(1) 日本海底隧道经验公式

日本海底隧道经验公式以岩土层透水性均匀为前提,但在实际中,这种理想条件几乎不存在,而且该方法没有考虑到注浆加固等对渗流有影响的人为处理措施,因此与真实状况有一定误差。

(2) 挪威海底隧道建设经验方法

挪威当地断层、破碎带发育较多,且挪威的海底隧道开挖面积较小,一般介于 40～70m^2,因此设计偏于保守。我国水下隧道的开挖面积一般在 80～180m^2,因此该方法不适合直接运用到国内水下隧道开挖。

(3) 顶水采煤经验法

顶水采煤经验法是基于开采煤矿时为防突水涌水,主要根据围岩破裂带高度、保护层厚度以及表面裂隙深度来确定安全开采上限的方法。但对于一般水下隧道而言,其保护层厚度和表面裂隙带深度难以确定。且在借鉴该方法时,并未考虑到隧道建设的超前支护等措施,因此采用此方法进行计算会有一定误差。

(4) 隔水岩柱经验法

隔水岩柱法以隔水层厚度作为辨别标准,具有风化带及裂隙发育的地层不能视为隔水层,该方法未考虑加固措施,因而计算得到的最小覆盖层厚度较为保守。

现有方法对比见表 4-1。

表 4-1 工程类比法对比

	围岩条件	隧道几何因素	水深	地层不均衡	爆破扰动	涌水量	预加固措施	备注
日本海底隧道经验公式		√	√			√		依据涌水量最小值确定
挪威海底隧道建设经验方法	√		√	√				一般情况下偏于保守
顶水采煤经验方法	√	√	√	√	√			基于防止施工突水确定,适用于软弱岩层
隔水岩柱经验法	√	√	√					

从上述方法的特点可看出目前现有的各类方法都有一定的局限性,对于地质条件复杂的国内水下隧道,采用单一的某种方法显然不太合理,因此本章将从现有方法的判别条件出发,分析得到超浅埋水下隧道覆盖层厚度最为合适的判别方法,然后逐个分析该判别条件的影响因素,并针对影响较大的因素展开研究。

4.2.2 水下隧道覆盖层厚度的判别条件

从前述章节对现有方法的分析中可发现,目前对隧道覆盖层厚度取值通常以渗流量或者开挖稳定性作为判断标准，例如日本海底隧道经验法以涌水量最小的覆盖层厚度作为最小覆盖层厚度，挪威海底隧道建设经验方法考虑了渗流以及开挖稳定性的影响。

对于一般浅埋隧道，隧道开挖的风险与覆盖层厚度呈反相关，覆盖层厚度越小，隧道开挖风险越大。在 Broms 的浅埋隧道研究中发现，隧道开挖稳定系数与埋深呈现正相关，如图4-3所示。即在浅埋的条件下，随着隧道覆盖层厚度的增大，隧道开挖稳定系数逐渐增大，这表明在一定覆盖层厚度下，覆盖层厚度越大，隧道越稳定。

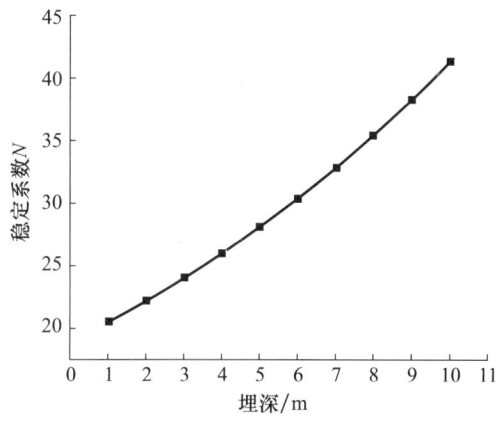

图 4-3　隧道覆盖层厚度-稳定系数关系曲线

水是大部分隧道建设过程中不得不面对的一个重要因素，许多的隧道灾害都和水密不可分，例如隧道渗水、涌水、冻融破坏、水侵蚀等一些由水直接或间接导致的隧道灾害。在隧道领域中，一直都有"十隧九漏"的说法，可见水对隧道的影响十分大。

隧道覆盖层厚度与水的渗流运动关系密切，若覆盖层厚度过小，则会导致渗流通道变短，涌水突水发生的概率大大增加，特别是水下隧道，发生涌水突水的危害难以估量，极大地增加了隧道坍塌的风险。对于地层透水性强的浅埋隧道，隧道覆盖层厚度直接影响着水压力大小，若是覆盖层厚度增大，其水压力势必随之增大，这对隧道衬砌的要求将会更高。

水体渗流运动对隧道建设的影响主要体现在渗流量上，渗流量越大，则意味着突水涌水的风险越大，隧道建设的风险也越大。因此将渗流量作为隧道埋深的判断标准是可行的，这与日本最小渗流法的思想不谋而合。查阅相关资料可发现，对于浅埋隧道，渗流量与覆盖层厚度一般呈先减小后增大的变化趋势，故在覆盖层厚度求解过程中只需找到渗流量最小的覆盖层厚度即可得到最小覆盖层厚度。

虽然日本最小渗流法以渗流量为标准，但其并未考虑建设过程中的各种影响因素，仅以原始地层作为计算模型，显然不符合隧道建设事实。事实上，隧道建设过程中很多措施，例如爆破、注浆加固等均会改变原始地层，从而改变渗流量与覆盖层厚度的变化趋势。

4.2.3　隧道渗流量的主要影响因素

(1) 地下水位

对于浅埋隧道来说，特别是对于围岩破碎、渗透性高的浅埋隧道，地下水位直接决定了隧道衬砌周围的水压力大小，在其他条件不变的情况下，水压力越大，渗流量便越大。但对于水下隧道来说，地下水位一般为河水高度，通常情况变化不大，而且从设计角度考虑，一般考虑隧道最不利情况，选取历史最高水位作为计算水头高度。因此，在覆盖层厚度计算时，不需要考虑地下水位的变化，直接采用最高水位计算。

（2）围岩条件

隧道渗流量与围岩条件密切相关，水位等其他条件不变时，围岩越完整，地层的渗透系数越低，隧道渗流量越小，反之则越大。自然状态下的围岩一般处于稳定状态，很少发生改变，但在隧道建设过程中的各种措施均会对围岩有一定的影响，而这些影响往往不可忽视，如隧道开挖、爆破、注浆等，因此综合考虑自然围岩条件与隧道建设过程中的处理措施有助于得到更为准确的计算结果。

（3）隧道施工方法

隧道施工方法对围岩的影响十分大，特别是爆破，往往会扩大岩层原有裂隙或产生新的裂隙，而裂隙的发展又会增大涌水突水甚至坍塌的风险。因此在选取合理覆盖层厚度时，隧道施工方法也是必须考虑的因素之一。

（4）隧道止水加固技术

止水加固措施是隧道开挖过程中必要的一个环节，处理方式众多，例如止水帷幕法、新管幕法、冻结法和注浆法，分别适用于不同环境。研究表明这些加固处理措施效果十分明显，能提高围岩强度，减少地层渗透性能，例如在陈城的砂卵石地层注浆加固试验中，注入普通水泥后，渗透系数减小到原来的百分之一，在注入高分子材料后，其效果甚至能达到万分之一。由此可见在计算水下隧道覆盖层厚度时，隧道止水加固处理措施是不可忽视的，充分考虑此类措施，有助于提升覆盖层厚度计算的准确度。

综合来看，影响隧道渗流量的因素均与围岩性质有关，例如隧道施工方法以及止水加固技术等均可以改变围岩性质来影响隧道渗流量。因此可针对具体隧道施工措施进行渗流量计算得到最小渗流量，从而得到最小覆盖层厚度。

4.2.4 水下隧道覆盖层分析方法

本研究在围岩条件、隧道几何因素、水深、施工工法已确定的基础上，对比考虑注浆加固措施对隧道渗流量的影响，从而确定隧道最小覆盖层厚度。步骤如下：

（1）根据工程地质条件，通过工程类比计算出覆盖层厚度范围。

（2）根据第一步计算出的覆盖层厚度范围，以两米为间距划分不同覆盖层厚度，再利用数值模拟软件计算不同覆盖层厚度、不同注浆范围的渗流情况。

（3）根据第二步计算出的结果，统计出不同注浆范围下渗流与覆盖层厚度的关系曲线，得到不同注浆范围下的最小覆盖层厚度。

4.3 考虑注浆范围的最小覆盖层厚度求解

根据前述水下隧道合理覆盖层确定的方法体系，在进行数值分析之前，应先通过工程类比得出大概的覆盖层厚度范围。

4.3.1 隧道覆盖层厚度的范围

根据蓉江新区过江隧道水文地质条件，选取最不利断面情况——河道最深、埋深最浅的位置，河底标高96m，历史最高洪水位111.48m，隧道等效半径为6m。将上述数据代入4.1章节公式（4-1）至公式（4-6）可得相应理论解，见表4-2。

表4-2 最小覆盖层厚度理论解

	最小覆盖层厚度/m
日本最小涌水量法	12.4
挪威最小涌水量法	20
国内顶水采煤经验法	12.8
隔水岩柱经验法	22

上述方法考虑因素相差较大，厚度范围在12.4～22m，但由于均未考虑围岩的超前注浆加固等措施，因此该厚度范围偏大，在后续数值模拟过程中，可降低厚度范围最低值。结合国内已经完成的水下矿山法隧道，与江西赣州蓉江新区过江隧道工程类似的有长沙浏阳河隧道以及长沙营盘路隧道，其覆盖层厚度分别为14m、10.5m。因此，结合理论计算和工程实际案例，提出水下隧道覆盖层厚度范围值为8～20m。为找寻覆盖层厚度与渗流量以及围岩变形量的关系，在模拟过程中，覆盖层厚度将从6m开始考虑，即模拟覆盖层厚度范围值为6～20m。

4.3.2 计算方案

隧道开挖后，开挖面将暴露在空气中，其表面的孔隙水压降为0，从而使隧道开挖面与周围岩土体产生水头差，形成新的渗流通道，即流体向隧道方向渗流运动。为对比注浆对隧道渗流量的影响，得到蓉江新区过江隧道超前注浆措施、覆盖层厚度与渗流量的关系，需对不同覆盖层厚度情况下的不同注浆措施进行模拟。本研究将分别模拟4种不同地层（不做注浆加固、3种不同范围水玻璃-水泥双浆液注浆）以及8个不同覆盖层厚度共计32种不同工况（见表4-3）的隧道断面，得到开挖后不同超前注浆范围、不同覆盖层厚度与渗流量的关系曲线图。

表4-3 工况分类

工况编号	覆盖层厚度/m	注浆范围/m	工况编号	覆盖层厚度/m	注浆范围/m
工况1	6	0	工况2	6	2
	8			8	
	10			10	
	12			12	
	14			14	
	16			16	
	18			18	
	20			20	

续表

工况编号	覆盖层厚度/m	注浆范围/m	工况编号	覆盖层厚度/m	注浆范围/m
工况3	6	4	工况4	6	6
	8			8	
	10			10	
	12			12	
	14			14	
	16			16	
	18			18	
	20			20	

(1) 模型的基本假设

① 假设围岩是质地均一、性质相同、任意方向的等效连续渗透模型;

② 围岩采用摩尔-库伦（Mohr-Coulomb）本构模型，衬砌支护结构采用线弹性材料;

③ 考虑自重在垂直方向产生的初始地应力场，不考虑构造应力场;

④ 隧道注浆加固措施通过改变加固范围内的围岩参数来模拟实现;

⑤ 不同加固措施仅考虑理想状态下的不同注浆范围，即加固后的围岩地质均一、性质相同，仅有注浆后的围岩参数不同。

(2) 计算模型范围及边界条件

考虑隧道最不利情况，根据蓉江新区过江隧道水文地质条件，即里程为K1+500处，该里程处河底标高96m，考虑历史最高洪水位111.48m，根据该隧道建设单位提供的资料，将在K1+410至K1+560段进行超前帷幕注浆。

模型采用二维模型，计算模型的竖直方向为Y轴，平行于隧道横断面方向为X轴。隧道模型两侧预留约3倍洞跨，左右边界距隧道两侧水平距离各26.9m，模型尺寸为60m×50m，隧道初期支护厚度为0.3m，二次衬砌厚度0.7m。

模型上边界为渗透边界，左右两侧边界均施加法向约束，开挖临空面设置零水头渗流边界。由前文水文条件可知，取水压力最大的最不利情况，即河水最深为14m。高出地面的水头高度转换为水压加在地表，通过软件耦合计算叠加到渗流场。计算隧道初始应力场时，只考虑自重产生的初始地应力场。

模拟过程分为四步：第一步，模拟原始地层，在自重、边界约束、初始水头边界条件下得到初始地应力场以及初始渗流场；第二步，模拟注浆过程，将注浆部分地层参数进行修改；第三步，模拟隧道开挖，隧道开挖围岩应力释放分为两个阶段（开挖阶段40%、施加衬砌70%）；第四步，开挖后渗流计算，将隧道开挖面压力水头边界设置为0，以模拟隧道开挖后的渗流界面。

工程位于河道下方，岩土体均为饱和状态，因此模拟过程中岩土体的各项参数均采用天然状态下的数据。根据勘探资料以及现场试验得到各地层参数，见表4-4。

表 4-4 地层参数表

	厚度/m	弹性模量/MPa	泊松比/%	黏聚力/kPa	摩擦角/°	密度/kN·m⁻³	渗透系数/cm·s⁻¹	孔隙比/%
砂卵石	2.5	25	0.35	0	38	19.0	$3.0 \times e^{-3}$	0.4
强风化泥质粉砂岩	5	300	0.30	15.0	28	25	$1.0 \times e^{-5}$	0.20
中风化泥质粉砂岩	—	1300	0.29	30.2	28	27	$1.36 \times e^{-6}$	0.15

中风化泥质粉砂岩注浆层参数根据破碎围岩注浆试验结果取值，强风化泥质粉砂岩注浆层参数按比例提升，具体见表4-5。

表 4-5 注浆层参数

	弹性模量/MPa	泊松比/%	黏聚力/kPa	摩擦角/°	密度/KN·m⁻³	渗透系数 cm·s⁻¹	孔隙比/%
强风化泥质粉砂岩注浆层	415	0.24	28.0	28	28	$1.0 \times e^{-6}$	0.10
中风化泥质粉砂岩注浆层	1800	0.24	55.6	28	28	$1.39 \times e^{-7}$	0.10

隧道开挖后，立即喷射C30混凝土，喷射厚度为30cm，在完成仰拱施工后施作二次衬砌，二次衬砌采用C40钢筋混凝土，衬砌厚度为70cm。具体参数如表4-6。

表 4-6 支护的物理力学参数

	密度/kg·m⁻³	弹性模量/MPa	泊松比/%	厚度/m
初支	2400	3×10^4	0.3	0.3
二衬	2500	3.25×10^4	0.3	0.7

4.3.3 无注浆措施渗流场结果分析

4.3.3.1 孔隙水压分析

模拟开挖时，设置水头高度不变，整个模型都处于静水压力下，本章节展示无注浆措施时在不同覆盖层厚度的渗流场云图，并以此作为分析对象，详细如图4-4所示。

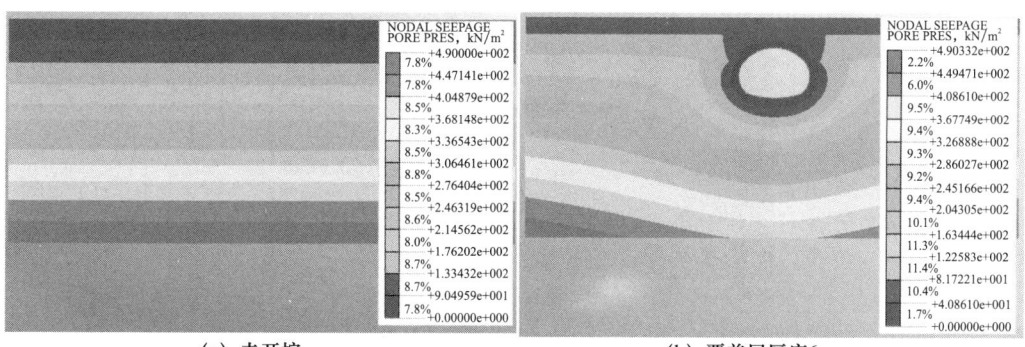

(a) 未开挖　　　　　　　　　　(b) 覆盖层厚度6m

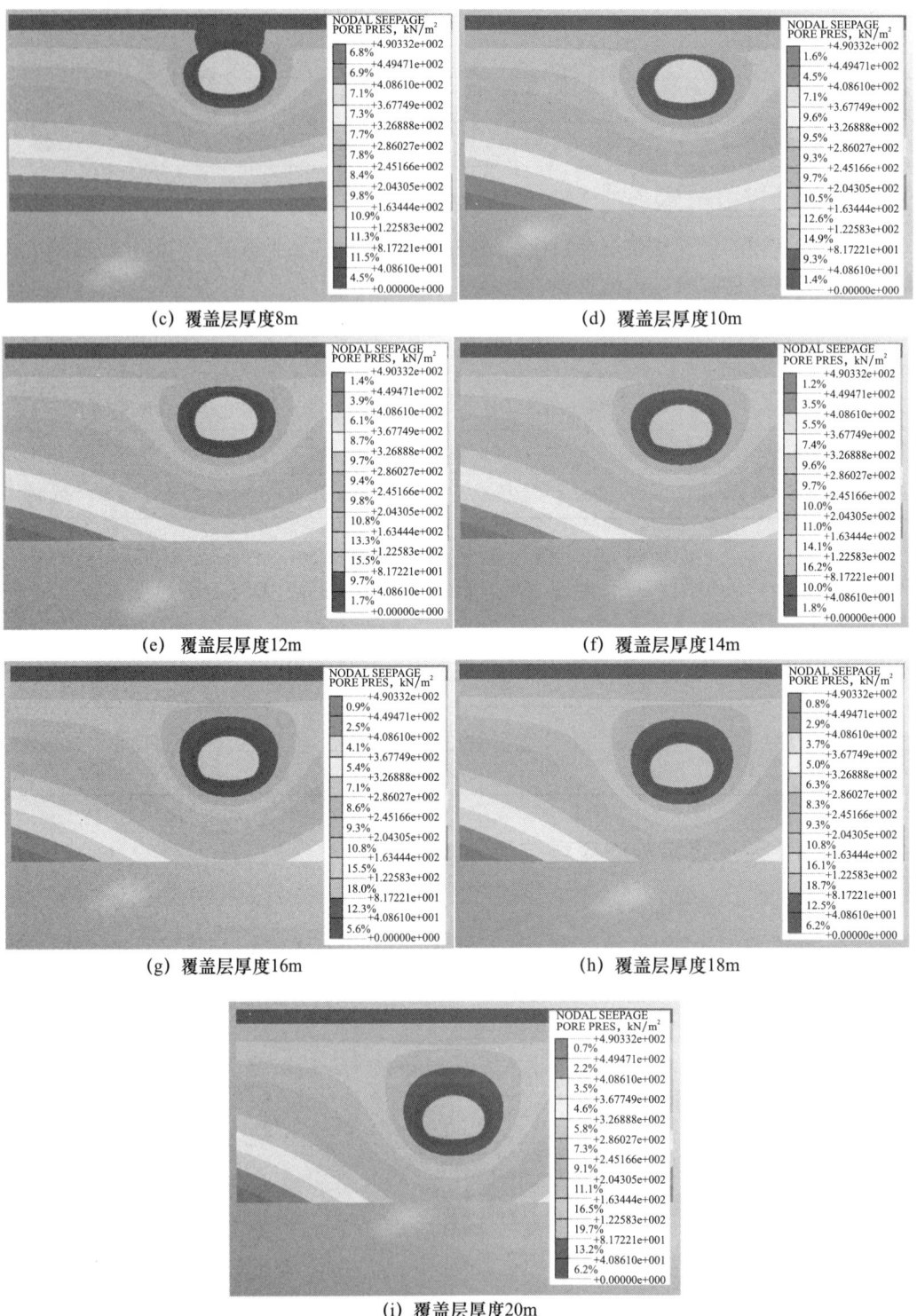

图 4-4 无注浆措施不同覆盖层厚度围岩孔隙水压（kPa）

从图 4-4 可观察到：

（1）隧道开挖前，孔隙水压呈层状分布，从上至下逐渐增大，其中地表孔隙水压为 0，模型底部孔隙水压为 490kPa，符合模型尺寸以及初始水头设置。

（2）开挖后，隧道开挖面孔隙水压立即变为 0，围岩孔隙水压呈左右对称分布，隧道周围的孔隙水压围绕着隧道呈漏斗状分布，而稍远离隧道的围岩孔隙水压呈曲线层状分布。

（3）覆盖层厚度较小时，隧道周围出现水压急剧变化的情况，这是由于隧道上部地层划分为好几部分，且每部分渗透系数相差较大，因此会出现急剧变化的情况。

（4）随着覆盖层厚度的增加，隧道周围的孔隙水压变化逐渐趋于稳定，隧道周围的孔隙水压以隧道为中心向周围扩散，而且孔隙水压等值线逐渐变为圆形。

4.3.3.2 渗流速度分析（图 4-5）

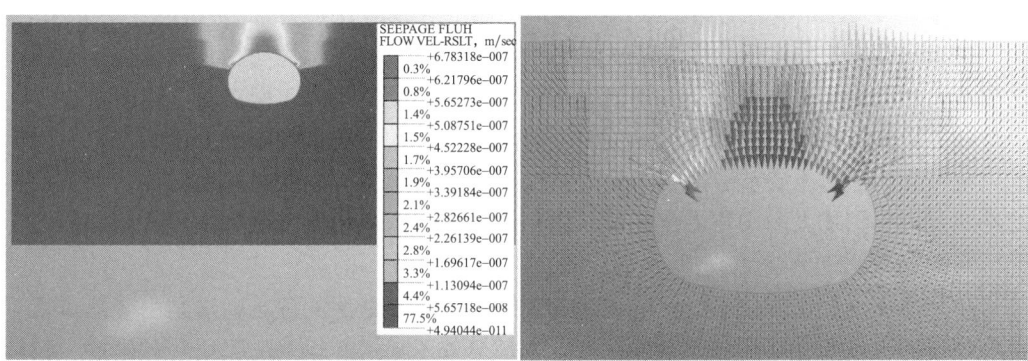

(a) 覆盖层厚度6m　　　　　　　　(b) 覆盖层厚度6m时渗流矢量图

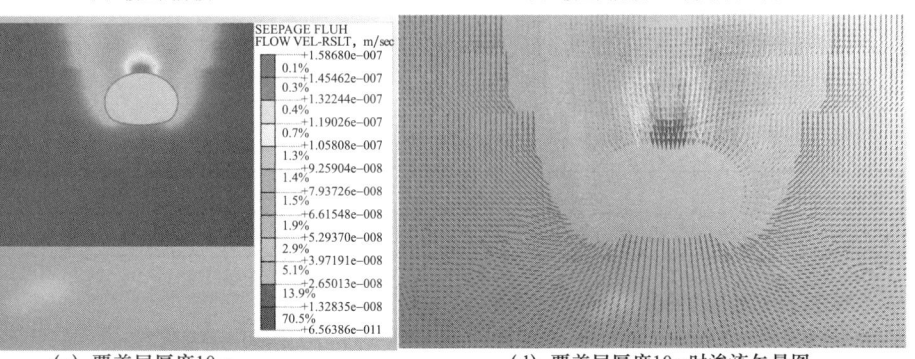

(c) 覆盖层厚度10m　　　　　　　　(d) 覆盖层厚度10m时渗流矢量图

(e) 覆盖层厚度14m　　　　　　　　(f) 覆盖层厚度14m时渗流矢量图

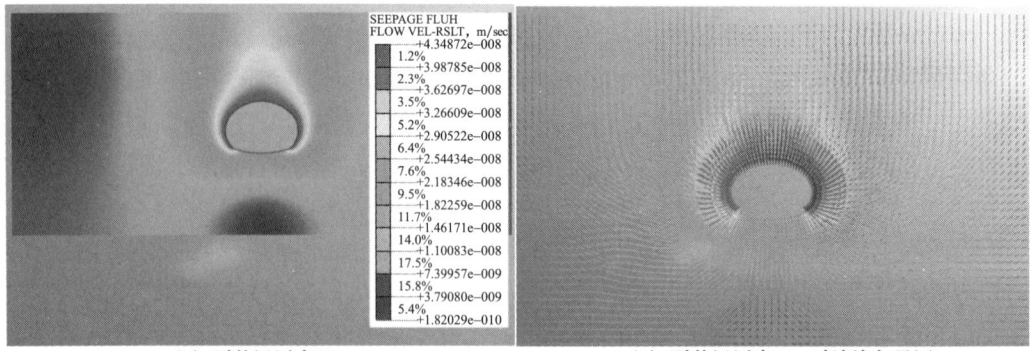

(g) 覆盖层厚度18m　　　　　　　　(h) 覆盖层厚度18m时渗流矢量图

图 4-5　无注浆措施渗流速度

图 4-5 为无注浆措施时各覆盖层厚度下渗流速度云图和矢量图,从图中可发现:

(1) 隧道开挖后,隧道周围岩土体产生向隧道方向的渗流运动,其中拱顶位置渗流速度最大,而仰拱部位则最小,渗流速度从拱顶往两侧拱腰再向仰拱底部逐渐减小。

(2) 从整体上来看,覆盖层厚度较小时,渗流运动主要影响隧道上部范围,对周围的影响较小,流体主要从隧道拱顶位置渗流进入隧道。随着覆盖层厚度增加,渗流产生的影响范围逐渐增大,主要渗流部位从拱顶逐渐扩散到拱腰以及拱脚位置,但对隧道上部的影响逐渐减小。

(3) 当覆盖层厚度较小时,隧道渗流矢量图会出现断层的现象,这是由于隧道上半部分处于透水性非常好的砂卵石层,而下半部分处于渗透性较差的泥质粉砂岩中,渗流速度相差极大,故会出现此现象。

(4) 随着覆盖层厚度的增加,渗流速度最大值逐渐减小,最终趋于稳定,具体数据见表 4-7 以及图 4-6。

表 4-7　无加固措施情况下最大渗流速度　　　　　　　　单位: m/s

覆盖层厚度/m	6	8	10	12	14	16	18	20
最大渗流速度/$\times 10^{-8}$ m·s^{-1}	67.8	60.1	15.9	7.8	5.8	4.8	4.4	4.3

将上表数据用图表示:

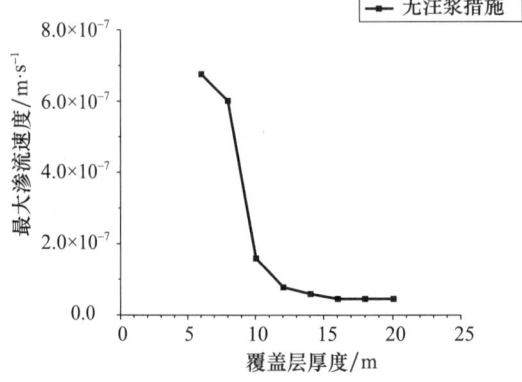

图 4-6　覆盖层厚度-最大渗流速度关系曲线

从表 4-7 和图 4-6 可发现，随着覆盖层厚度增加，隧道拱顶最大渗流速度逐渐减小并趋于稳定，当覆盖层厚度大于 18m 时，最大渗流速度的变化值小于 3%。模拟过程中，不同覆盖层厚度的渗流状态并非相同，故也需对隧道整体的渗流量进行对比分析，通过 Midas GTS NX 渗流流量查询，即可得到隧道整体的渗流量，具体见表 4-8。

表 4-8　无加固措施情况下每延米隧道渗流量　　　　　　　　　　单位：m^3/s

覆盖层厚度/m	6	8	10	12	14	16	18	20
渗流量/×$10^{-5}m^3 \cdot s^{-1}$	10.54	6.94	2.65	1.98	1.76	1.77	1.80	1.86

将上表数据用图表示：

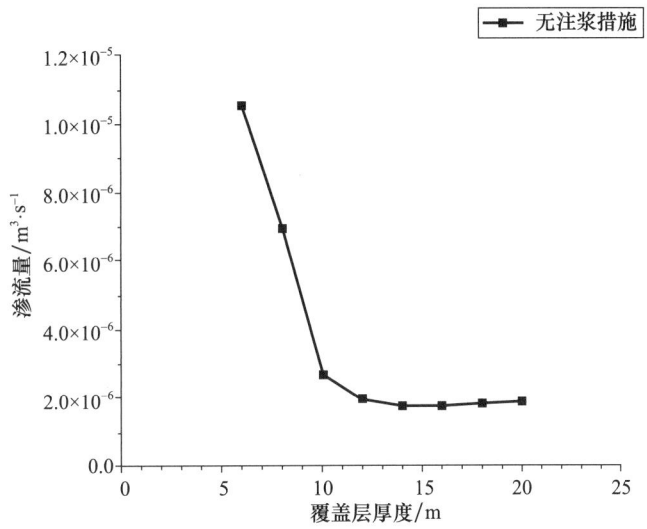

图 4-7　无注浆措施覆盖层厚度-每延米渗流量关系曲线

结合表 4-8 以及图 4-7 可发现：

（1）覆盖层厚度小于 10m 时，渗流量较大，这是由于表层地层为砂卵石，在未做处理时，其渗透系数较大。随着覆盖层厚度的增大，渗流量急剧减小，当覆盖层厚度大于 12m 时，渗流量趋于稳定，变化值小于 10%。

（2）渗流量-覆盖层厚度曲线图呈现先减小后增大的趋势，并在 14m 附近取得最小值。因此可确定在无注浆措施时，最小覆盖层厚度为 14m。

4.3.3.3　无注浆措施最小覆盖层厚度结果分析

根据前述对无注浆措施情况下不同覆盖层厚度的渗流量分析结果，得到在此情况下的最小覆盖层厚度为 14m。而现有水下隧道最小覆盖层确定方法中的日本最小渗流法与本研究思想相似，在无注浆情况时，可视为日本最小渗流法的数值解。

本研究已计算出日本最小渗流法的理论解为 12.4m，该计算结果小于数值模拟结果。数值解偏大的主要原因有以下几点：

（1）隧道断面并非圆形，采用日本最小渗流法计算时将隧道横跨等效为圆半径，从而有一定的误差。

（2）理论解并未考虑流固耦合，而在数值模拟计算中，考虑了应力场与渗流场的耦合作用，因而理论解相对数值解较小。这也可以反映出考虑流固耦合后，隧道的渗流量会增大。

数值解与理论解相差 1.6m，约 11.4%，可认定为在允许范围，因此采用有限元软件对渗流量的分析结果可视为正确的。

4.3.4 不同注浆范围的隧道渗流量对比分析

4.3.4.1 不同注浆范围的渗流量统计

表 4-9 和图 4-8 为不同注浆范围的渗流量与覆盖层厚度关系图表，由于注浆后的渗流量减少了一个量级，在图 4-8 中难以观察，故将注浆后的渗流量与覆盖层厚度变化曲线单独展示，详细如图 4-9 所示。

表 4-9 每延米渗流量统计表

覆盖层厚度/m	无注浆措施 /×10^{-5}m·s^{-1}	注浆 2m /×10^{-6}m·s^{-1}	注浆 4m /×10^{-6}m·s^{-1}	注浆 6m /×10^{-6}m·s^{-1}
6	10.54	6.59	5.72	4.56
8	6.94	5.32	4.76	4.16
10	15.9	4.96	4.52	4.07
12	2.65	4.98	4.54	4.08
14	1.98	5.03	4.58	4.12
16	1.76	5.09	4.63	4.17
18	1.77	5.16	4.70	4.23
20	1.80	5.25	4.78	4.30

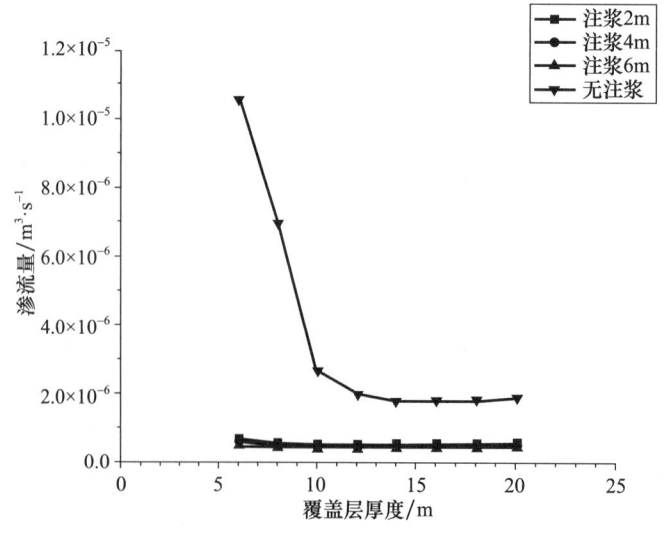

图 4-8 渗流量-覆盖层厚度关系曲线

续表

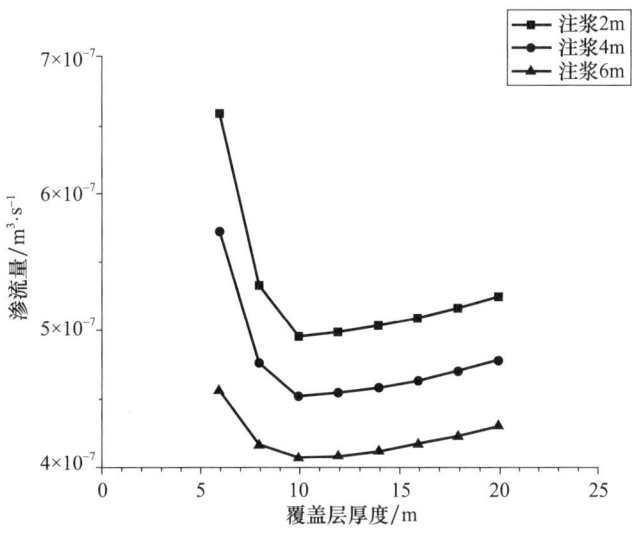

图 4-9 不同注浆范围渗流量-覆盖层厚度关系曲线

从表 4-9、图 4-8 以及图 4-9 中可发现：

(1) 采取注浆措施后的渗流量大大减小，渗流量仅为无注浆措施时的 1/5～1/10。特别是在覆盖层厚度较小时，注浆效果最为明显。

(2) 注浆范围对渗流量有一定的影响，在覆盖层厚度保持不变时，渗流量与注浆范围成反比，注浆范围越大，渗流量越小，以覆盖层厚度为 10m 为例，注浆 2～6m 的渗流量依次为 4.96×10^{-5} m³/s、4.52×10^{-5} m³/s、4.07×10^{-5} m³/s。但变化幅度不大，从注浆范围 2m 扩大到 6m，渗流量的下降幅度仅为 18.5%，相对于未注浆的情况下降幅度可忽略不计。

(3) 采取注浆措施后，渗流量均在覆盖层厚度 10m 附近取得最小值。从渗流量-覆盖层厚度的变化曲线上可观察到，曲线的极值点随注浆范围的扩大而缓慢减小。为准确对比注浆范围对渗流量的影响，对不同注浆范围渗流量-覆盖层厚度关系曲线做函数拟合，以得到准确的最小渗流量的覆盖层厚度。

4.3.4.2 不同注浆范围的渗流量-覆盖层厚度函数拟合

本研究采用 origin 对数据进行处理以及曲线拟合，拟合曲线采用 5 阶多项式，具体拟合函数见表 4-10，拟合曲线如图 4-10 所示。

表 4-10 拟合函数

	$y=A+B_1x+B_2x^2+B_3x^3+B_4x^4+B_5x^5$					
	A	B_1	B_2	B_3	B_4	B_5
注浆 2m	2.79492E-6	−7.6394E-7	9.95459E-8	−6.3772E-9	2.0158E-10	−2.514E-12
注浆 4m	2.41242E-6	−6.806E-7	9.29702E-8	−6.2592E-9	2.0821E-10	−2.734E-12
注浆 6m	1.21175E-6	−2.7891E-7	3.80175E-8	−2.5602E-9	8.5582E-11	−1.131E-12

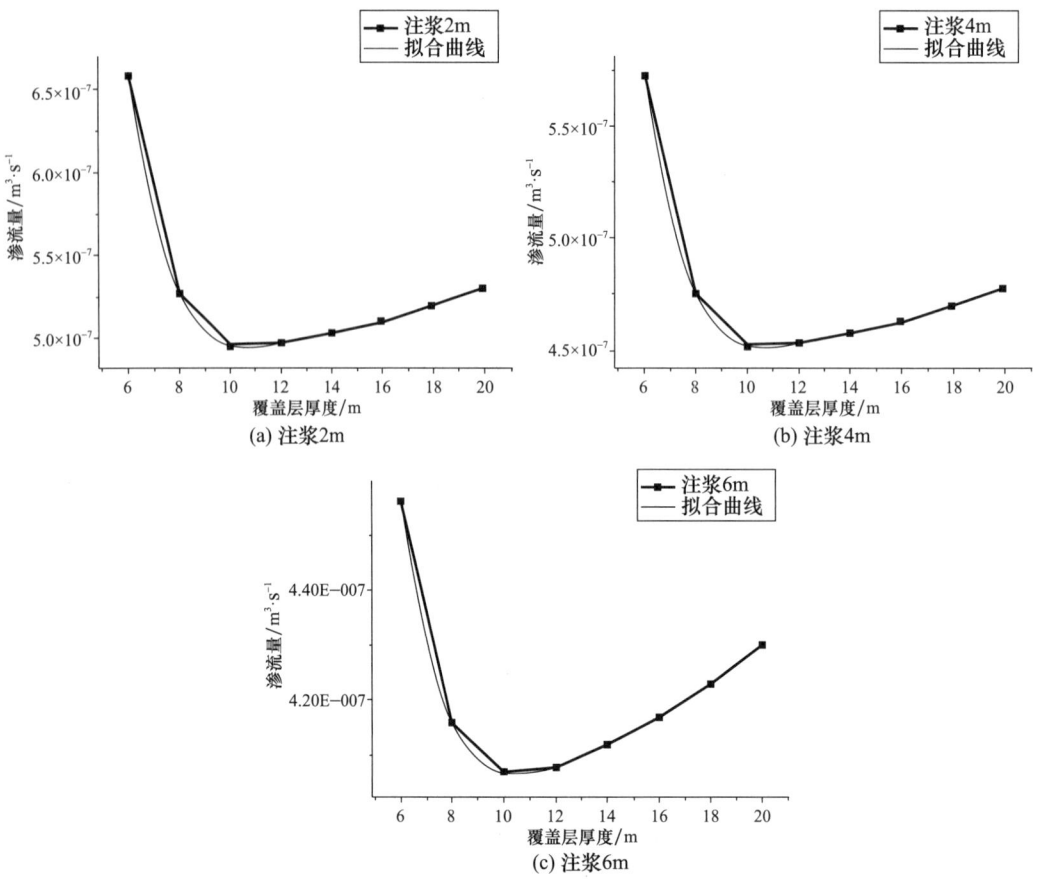

图 4-10 不同注浆范围渗流量-覆盖层厚度拟合曲线

拟合函数一般以拟合度指标系数 R 作为参照，一般情况下其值在 0.95 以上则为基本拟合，其拟合度指标系数 R 的值越靠近 1 说明拟合效果越好。根据 origin 拟合统计表显示，三条拟合曲线的拟合度指标系数 R 分别为：0.99982、0.9995、0.99989，均极为接近 1，故该拟合曲线的拟合效果非常好，可表明将该拟合函数作为渗流量与覆盖层厚度的关系函数。

4.3.4.3 最小覆盖层厚度求解

求解最小覆盖层厚度即为求解拟合函数的极值点，极值点的横坐标表示渗流量最小时的覆盖层厚度。但高阶多项式的计算较为复杂，故采用多项式计算器 Symbolab 对拟合函数进行计算，具体计算结果见表 4-11。

表 4-11 拟合函数求解结果

	注浆 2m	注浆 4m	注浆 6m
覆盖层厚度 9~12m 内的极值点横坐标	10.62	10.34	10.12

从表 4-11 中可发现：

（1）注浆范围为 2m、4m、6m 的拟合曲线在覆盖层厚度为 9~12m 的区域内求得的极值点横坐标依次为 10.62m、10.34m、10.12m。即注浆范围为 2m、4m、6m 的最小覆盖层厚度分别为 10.62m、10.34m、10.12m。

(2) 注浆范围越大，最小覆盖层厚度便越小，但其值变化较小，注浆范围从 2m 至 6m 的范围内，变化仅为 0.5m，相对而言影响较小。

(3) 综合来看，可认为注浆对最小覆盖层厚度的取值影响很大，但不同注浆范围的影响较小。为保证隧道开挖安全，隧道最小覆盖层厚度拟取值为 11m。

4.4 本章总结

本章收集大量国内外文献资料，从现有方法入手，考虑影响覆盖层厚度的各种因素，提出覆盖层厚度的确定方法体系。并利用 Midas GTS NX 有限元计算软件，通过控制注浆范围对不同覆盖层厚度与隧道渗流量的变化关系进行研究，主要内容包括：

(1) 总结并分别介绍了国内外现有的水下隧道覆盖层厚度确定方法（日本最小涌水量法、顶水采煤法、挪威经验法、隔水岩柱经验法），并分别讨论了这些方法所考虑的因素以及其适用范围。

(2) 通过有限元软件 Midas GTS NX 共模拟 4 种不同地层以及 8 个不同覆盖层厚度共计 32 种不同工况，厘定各工况的渗流量-覆盖层厚度曲线，曲线图呈现先减小后增大的趋势，无注浆措施时，渗流量在厚度 14m 附近取得最小值，即最小覆盖层厚度为 14m。日本最小渗流法的理论解为 12.4m，数值解与理论解相差 1.6m，约 11.4%，可认定为在允许范围，因此采用有限元软件对渗流量的分析结果可视为正确的。

(3) 注浆范围为 2m、4m、6m 的拟合曲线在覆盖层厚度为 9～12m 的区域内求得的极值点横坐标依次为 10.62m、10.34m、10.12m。即注浆范围为 2m、4m、6m 的最小覆盖层厚度分别为 10.62m、10.34m、10.12m。

(4) 注浆对隧道的渗流量影响很大，注浆前后的渗流量相差 5～10 倍，且注浆后最小覆盖层厚度降低至 10～11m。注浆范围越大，最小覆盖层厚度便越小，且其变化值较小，注浆在 2～6m 的范围内，变化仅为 0.5m，相对而言影响较小。综合来看，在注浆范围为 2m 至 6m 内，隧道最小覆盖层可确定为 10.12m。

5 铣挖法施工隧道机械选型与配套优化

蓉江隧道围岩条件较差,且部分工段围岩厚度仅 4m,因此为减少围岩扰动、保证施工安全,采用铣挖法进行隧道开挖。铣挖法是以悬臂式隧道掘进机为核心,配合其他机械进行隧道开挖的施工方法,它具有扰动微、振动低、控制施工精确(超欠挖极少)、安全性好、灵活方便等特点,非常适用于对围岩变形、地表沉降和振动等有严格控制要求以及不能实施爆破施工的工程。

铣挖法于 2002 年被引入中国,其在国内工程的应用还比较少,主要在兰渝铁路两水隧道、武广高铁浏阳河隧道、江西板背隧道、杭州地铁一号线和重庆市轨道交通三号线等工程中得到过应用。但是,随着特殊岩土和不良地质条件隧道工程、特殊工程条件及施工环境要求的增多,铣挖法将在隧道下穿公路、村庄、建筑物、管线、采空区、既有隧道等无法实施爆破的或对围岩变形、地表沉降、扰动要求严格的工程中得到越来越广的应用。

实际施工中,在不同的围岩条件下(强度与完整性、隧道断面大小等),悬臂式隧道掘进机只有与破碎锤及其他施工机械配合才能实现整体高效率掘进,而这方面的研究和工程经验较少。本章结合蓉江过江隧道铣挖工程实践,阐述铣挖法隧道机械设备的优化配套原则与优化方案,分析不同工作面围岩条件下的掘进效率。

5.1 工程概况

蓉江新区过江隧道全长约 2412m,暗埋段 1391.73m,其中暗埋段矿山法长度 786m。工程主线设计车速为 50km/h,隧道暗挖段采用复合式衬砌,相邻两侧结构外边缘净距约 4.0～20.0m,设计三车道,采用矿山法施工。单洞断面布置为:0.25m(路缘带)+3.5m×3(车道)+0.25m(路缘带)=11.0m。两侧设置检修道,检修道宽度 0.75m。出口方向与进口方向的硬夹层如图 5-1 所示。

图 5-1 出口方向与进口方向的硬夹层

5.2 铣挖法施工机械的配套原则

施工机械设备的配置原则是先进、高效、配套合理和能力富余,能满足工程安全、经济和均衡生产的要求,保证各施工环节相互协调,充分发挥机械设备的最佳效能。

(1) 高效率。指各机械组合配套后所形成的组合具有高综合性能。隧道施工机械设备的选型配套,应从机械配套后的整体能力入手,实现各单机的机械性能与整体生产能力相匹配,达到既经济又合理的最佳组合。

(2) 高可靠性。要求各机械在施工过程中能稳定地保持其良好的技术性能,可靠地在规定时间和作业条件下完成工期所要求的额定功率。

(3) 高安全性。机械本身能够安全运转且能保障运转时周围工作人员的安全。

(4) 高耐久性。配套机组中的机械应具有较好的耐用性。

(5) 合适的经济性。应优先选用经济合理的设备,配套的设备应与隧道本身的投资能力相适应。

(6) 良好的适应性。能适应不同地质条件下的施工方法,能满足辅助工法的施工需要。

5.3 施工机械设备的选型

采用以悬臂式隧道掘进机为核心的"铣挖法"施工,其原理是由悬臂式隧道掘进机、破碎锤等机械开挖代替爆破开挖施工。对于围岩强度较高、完整性较好的地段先用破碎锤将掌子面开挖成抛物面状,直至破碎锤钎杆滑移无法吃力为止,再用悬臂式隧道掘进机进行整平和修边。对于围岩强度较低或岩层破碎区段,则可采用悬臂式隧道掘进机直接进行铣挖掘进。

5.3.1 悬臂式隧道掘进机选型

根据以往类似项目,参照此前国内 6 条矿山法水下隧道,见表 5-1,其中采用的机械悬臂式隧道掘进机让小组成员受到了启发,悬臂式隧道掘进机的开挖原理是利用铣挖头的镐状截齿通过截割头的旋转以及悬臂的各方向摆动,将机械提供的截割力传导到岩体的表面,来实现对岩层的截割剥离,形成碎碴土。

表 5-1 类似工程情况表

序号	隧道名称	采用工法	地质情况
1	武广高铁浏阳河隧道	采用铣挖法施工,以三台阶法、三台阶临时仰拱法为主。	隧道埋深大多在 30~50m,其中下穿浏阳河地段埋深 19.1~23.8m。洞身主要穿越砂质泥岩,泥质砂岩,岩层为软岩。围岩以Ⅳ级为主(60%左右),其他为Ⅴ级和Ⅵ级。
2	长沙湘江大道浏阳河隧道	采用机械开挖加弱爆破法开挖,主要施工工艺为三台阶临时仰拱法和 CD 法。	隧道最小埋深为 14m。洞身主要穿越强风化砾岩,岩层为极软岩。围岩等级为Ⅴ级。

续表

序号	隧道名称	采用工法	地质情况
3	厦门东通道翔安隧道	采用钻爆法施工,主要施工工艺为CRD法和双侧壁导坑法。	浅滩段处于全风化地段,洞身主要穿越透水砂层,海域段覆盖层厚度为30m以上,围岩等级包括Ⅱ级、Ⅲ级、Ⅳ级和Ⅴ级。
4	长沙营盘路湘江隧道	采用机械开挖加弱爆破法开挖,主要施工工艺为三台阶临时仰拱法和CRD法。	覆盖层厚度为14m以上,围岩等级包括Ⅳ级和Ⅴ级,以Ⅴ级为主(70%左右)。
5	青岛胶州湾海底隧道	采用钻爆法施工。	海域段最小覆盖层厚度为25m,围岩中Ⅱ级和Ⅲ级约占50%,Ⅳ级约占43%,Ⅴ级约占7%。
6	厦门第二通道海沧隧道	采用钻爆法施工,主要施工工艺为CRD法和台阶法	海域段覆盖层厚度为40m以上,围岩等级包括Ⅱ级、Ⅲ级、Ⅳ级和Ⅴ级,以Ⅱ级和Ⅲ级为主

镐状截齿对岩石的影响范围仅在截齿的切削范围,对于薄覆岩隧道有很强的适应性。因此,决定采用铣挖设备作为隧道的开挖设备。

通过分析"装配式悬臂式隧道掘进机"和"悬臂掘进机"两种铣挖设备的适用性,决定选取最终开挖机械设备。方案的对比分析,见表5-2。

表5-2 机械选型方案对比

序号	比选方案	方案描述	方案评价	结论
方案1	装配式铣挖机	铣挖头为横置铣挖头,采用三一360挖掘机装配ER3000型铣挖头,在隧道掌子面进行铣挖作业。	使用灵活,适应各种使用要求,铣挖头适配性好,可以更换。截割工作区域大,截割能力较弱,重量不足,只能用于强度在40MPa以下的围岩,工作时容易产生机身晃动。无有效降尘措施。	不采用
方案2	悬臂掘进机	采用EBZ260型悬臂式掘进机,属于纵向铣挖设备。在洞外配备1140V高压电力驱动箱,通过电缆供电进行铣挖作业。	截割能力强,可截割强度在80MPa以下的围岩,钻头故障率低。出渣可形成流水作业,悬臂配备降尘喷头,截割工作范围较小,需要额外配备动力设备(1140V高压电力驱动)。	采用
对比结论	项目围岩存在部分硬岩,装配式铣挖机不能全部适应断面开挖,且粉尘问题也是装配式铣挖机的劣势,小组决定选取截割能力更强、有降尘能力的悬臂式掘进机作为铣挖施工的机械设备			

5.3.2 供风设备

在隧道进、出口处分别设一座空压机站,供应各施工面所需的高压用风。在施工前期,高压电源未接通时均采用内燃空压机供风。为确保长大隧道施工风压、风量的需要,需适时并在适当位置安装高压储风罐。隧道开挖面工作风压不小于0.5MPa。高压风管采用Φ200mm的无缝钢管,设在边墙底脚处,管子下面采用托架将其托起,托架固定在底脚的边墙上。随着隧道的延伸,高压风管分段接至工作面附近,在管端安装闸阀以便接至用风机具,闸阀至用风机具之间用高压皮管连接。

5.4 悬臂式隧道掘进机与破碎锤在掘进中的配套

在保证掌子面层状岩体稳定性的前提下,为提高施工效率,施工中对悬臂式隧道掘进机与破碎锤的配合进行了探索。

5.4.1 硬夹层的分布及其铣挖方法

隧道拱顶的硬夹层应首先考虑其稳定性,开挖过程中需对其层状岩体的完整性尽量加以保留与保护。拱顶以下且较薄的硬夹层,通过悬臂式隧道掘进机开设中槽来破坏硬夹层的层状结构,加快破碎锤破岩的速度。拱顶以下且较厚的硬夹层,采用悬臂式隧道掘进机先将硬夹层下面较软的岩层铣除,使硬夹层失去局部支撑,加快整体开挖速度。

5.4.2 不同工作面的机械配套及掘进效果

(1) 进口端工作面的机械配套及掘进效果

图5-2为进口端工作面的机械工作时间统计,可以看出在施工的三个时间段中,由于施工人员施工水平的提高以及机械配套的逐步合理,机械工作时间得到了很快提高。悬臂式隧道掘进机在三个工作段中作业时间的增长,很好地保证了隧道施工的顺利进行。

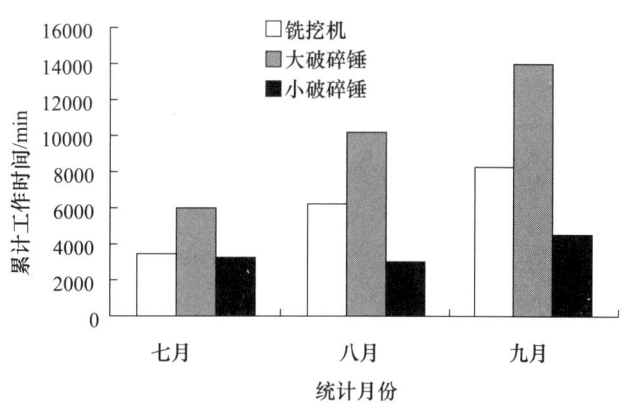

图5-2 进口端工作面的机械工作时间对比

(2) 出口端工作面的机械配套及掘进效果

相对于其他两个工作面的统计数据,出口端工作面完整统计了悬臂式隧道掘进机、破碎锤及出渣车的作业数据,可以用出渣车的工作时间作为一次工作循环的量化标准。由图5-3可知,三个时间段内悬臂式隧道掘进机、破碎锤以及出渣车的工作时间表现出良好的比例关系以及良好的机械配套及分工,很好地保证了工作面的施工效率。

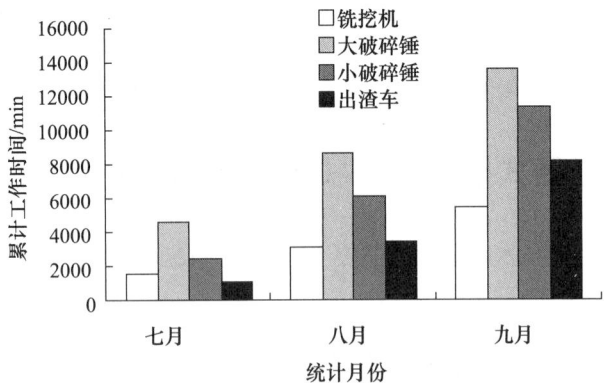

图 5-3 出口端工作面的机械工作时间对比

进出口处均采用 EBZ260 型悬臂式掘进机,属于纵向铣挖设备。在洞外配备 1140V 高压电力驱动箱,通过电缆供电进行铣挖作业。图 5-4 所示为进口和出口施工进度统计图。

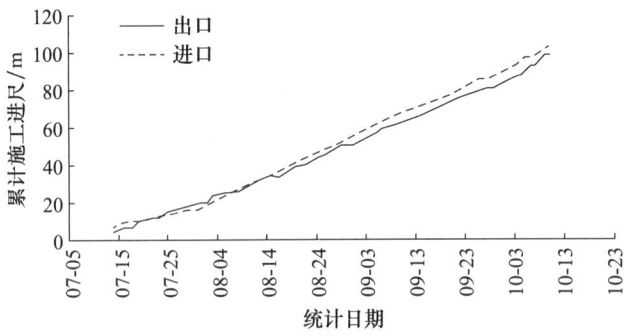

图 5-4 进口和出口施工进度统计

(1) 虽然铣挖法适用于硬土或软岩隧道掘进,但蓉江隧道铣挖施工表明,铣挖法也可用于岩体完整性好、含硬夹层的隧道施工,说明以悬臂式隧道掘进机为核心并配合破碎锤的多工作面施工工法具有较强的适应性。

(2) 提出了铣挖法施工机械配套的原则。在蓉江隧道施工中,采用悬臂式隧道掘进机配合大、小破碎锤,在工作面有无硬夹层及硬夹层厚度与层位不同的情况下,给出了各自的作业次序与工作安排,发挥了悬臂式隧道掘进机与破碎锤各自的优势,达到了高效作业的目的。日均进尺从初期的 0.5m/d 到后期 1.5m/d。

(3) 铣挖法没有爆破扰动,对围岩及周围环境影响很小,属微扰动施工技术。在软岩土质、浅埋及下穿道路、房屋和水体等变形要求高的隧道,以及城市隧道施工中得到广泛应用。

5.5 悬臂式掘进机隧道铣挖施工顺序优化方法

机械式掘进隧道施工方法主要包括 TBM(Tunnel boring machine)、盾构和悬臂式掘进机铣挖等施工方法,它们在隧道开挖施工中均已得到广泛应用。前两种方法由于是全断面开挖施工,不存在施工顺序问题,而悬臂式掘进机铣挖顺序不仅影响其开挖效率和经济性，还会影响隧道围岩稳定性。因此，探讨悬臂式掘进机隧道合理铣挖施工顺序具有重要的理论与工程实际意义，这正是本节研究的出发点。

悬臂式掘进机隧道铣挖施工顺序优化研究尚处于起步阶段，目前研究悬臂式掘进机隧道铣挖合理施工顺序主要有两种思路和方法：其一，结合悬臂式掘进机设备及其工作条件，以取得较好的隧道铣挖效率和经济性，确定悬臂式掘进机隧道铣挖施工顺序，如张梦奇通过铣挖人工岩体的模拟试验研究，获得了纵轴式悬臂式掘进机稳定工作状态与铣挖刀盘移动方向的关系，以及铣挖刀盘移动方向与铣挖效率和经济性的关系，该研究思路仅反映了机械设备及其工作状态对隧道铣挖顺序的影响。其二，考虑铣挖施工对隧道围岩稳定性的影响，来探讨悬臂式掘进机铣挖合理顺序，如王渭明等采用数值模拟分析方法，结合隧道工程地质条件并考虑隧道稳定性，获得了悬臂式掘进机隧道施工的合理铣挖顺序，该研究思路仅反映了工程地质条件及隧道稳定性对铣挖顺序的影响。故目前相关研究方法和结论均存在一定的缺陷和局限性，合理铣挖施工顺序的确定不仅要考虑设备条件，还须考虑工程地质条件及隧道稳定性对确定隧道铣挖顺序的影响，因此，有必要全面考虑上述各方面因素对悬臂式掘进机隧道铣挖顺序的影响。对悬臂式掘进机隧道合理铣挖施工顺序确定方法进行研究，这正是本节研究的核心内容。

本节将在现有相关研究基础上，综合考虑悬臂式掘进机铣挖设备及其工作条件，以及工程地质条件与隧道稳定性对悬臂式掘进机铣挖顺序的影响，采用数值模拟和灰色关联分析方法对悬臂式掘进机隧道合理铣挖顺序确定方法进行深入研究，以期完善悬臂式掘进机隧道铣挖施工关键技术。

5.5.1 隧道铣挖施工方案

虽然单纯采用悬臂式掘进机的隧道铣挖施工方法开挖隧道能最大限度地减小超欠挖量和开挖对隧道围岩的扰动，以利于隧道稳定，但在施工时，由于刀盘磨损大和能耗高致使施工成本显著提高，因此，所谓悬臂式掘进机隧道铣挖施工在实际隧道开挖施工中采用的是组合施工方案，即两台阶开挖施工方案，上台阶采用CD法开挖，下台阶整体开挖，均采用悬臂式掘进机进行隧道铣挖，如图5-5所示。

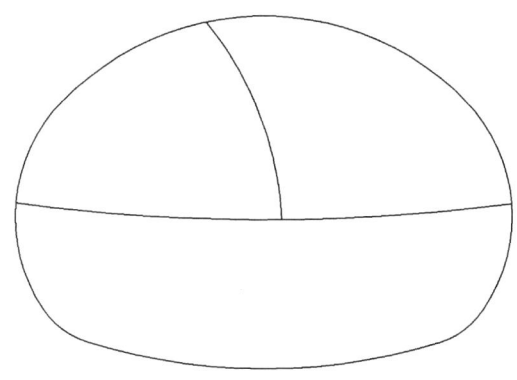

图5-5 隧道开挖方案

由于现有悬臂式掘进机设备条件的限制，在不移机的条件下，悬臂式掘进机铣挖的最大范围约为$6×6m^2$（不同机型稍有不同），而双车道隧道断面一般为宽11.7m和高

9.5m，因此，为了尽量减少悬臂式掘进机移动频率，充分利用悬臂式掘进机有效铣挖范围以提高悬臂式掘进机铣挖效率，上台阶铣挖一般分为左右两次开挖。

悬臂式掘进机通过装有刀盘的悬臂在掘进掌子面上的移动和悬臂伸缩实现对隧道的铣挖。现有悬臂式掘进机悬臂的有效伸缩量一般为0.6m，因此，每次铣挖进尺为0.6m。悬臂式掘进机刀盘的面积大约为$1m^2$，可将隧道上台阶右侧部分的铣挖视为若干$1m^2$大小刀盘的铣挖来实现，则刀盘在隧道掌子面上的移动方式和方向就决定了悬臂式掘进机隧道铣挖施工顺序。

由于悬臂式掘进机刀盘在隧道掌子面的移动方向会严重影响悬臂式掘进机的工作条件与状态以及铣挖效率与经济性，为使悬臂式掘进机获得较好的工作条件与状态，在实际隧道铣挖施工中，一般须遵循自下向上铣挖的顺序原则，如图5-6（a）所示。这样不仅可使悬臂式掘进机具有较好的稳定性，而且有利于铣挖排渣，取得较好的铣挖效率。如果自上向下铣挖，如图5-6（b）所示，不仅会造成掘进机机身不稳定，而且上部碎渣

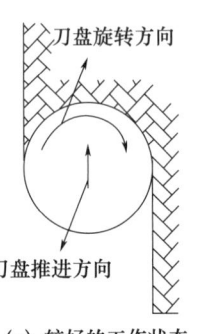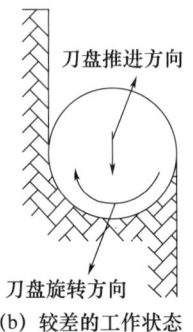

(a) 较好的工作状态　　(b) 较差的工作状态

图5-6　铣挖方式

侵压刀盘会使刀盘易于破坏，铣挖效率大幅降低。因此，悬臂式掘进机刀盘在掌子面上的移动方向即铣挖方向只可能是从下向上、从左到右和从右到左三种，而任何非连续铣挖都是不可取的，这显然是确定悬臂式掘进机隧道铣挖施工顺序必须优先考虑的条件。

基于上述研究，如图5-7所示，悬臂式掘进机隧道铣挖施工顺序存在2种工况下相同的7种可能铣挖施工顺序方案。图中箭头表示刀盘在掌子面上的移动方向，带圈的数字表示铣挖顺序步骤。由于2种工况下各7种可能施工方案对隧道围岩稳定性的影响是不同的，它们的铣挖效率与经济性也是不同的。因此，有必要从围岩稳定性和铣挖效率及其经济性角度进行综合考虑，优选出合理的铣挖顺序方案。下面将介绍其具体分析过程与方法。

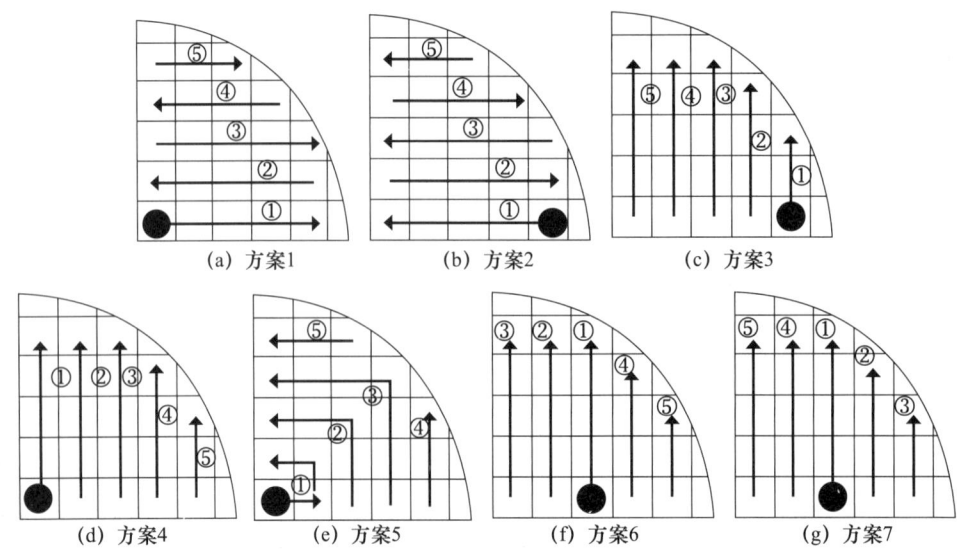

图5-7　可能铣挖顺序方案

5.5.2 铣挖顺序优化模型

由研究可知,在前述 2 种工况下,悬臂式掘进机隧道铣挖施工均包括相同的 7 种可能铣挖顺序方案。为了从中优选出 2 种工况下合理铣挖顺序方案,必须首先解决悬臂式掘进机隧道铣挖顺序优化分析模型问题,为此,本节从影响合理铣挖施工顺序方案确定的主要影响因素分析入手,建立隧道铣挖施工顺序方案优化模型。

隧道铣挖顺序方案确定受工程地质条件、隧道断面几何形状与尺寸及隧道埋深与稳定性、隧道开挖效率和经济效益的综合影响,因此,隧道铣挖施工顺序方案合理确定理应考虑上述全部因素进行综合评判。由于本节旨在探讨基于悬臂式掘进机的铣挖施工顺序合理方案即悬臂式掘进机刀盘铣挖在隧道掌子面上的移动顺序方案,而隧道工程地质条件、埋深及断面几何形状与尺寸并非主要和直接的影响因素,其主要和直接的影响因素仅为不同铣挖顺序对隧道稳定性、铣挖效率和铣挖经济效益的影响,并且铣挖效率与经济效益主要与机械设备的工作条件与状态直接相关。所以,下面将从隧道稳定性和机械设备两方面考虑,探讨悬臂式掘进机隧道铣挖施工顺序优化分析模型。

考虑不同铣挖顺序影响的隧道稳定性,可采用数值分析方法进行模拟分析,获得隧道围岩应力、位移、安全度和塑性区分布,因此,隧道稳定性可采用围岩塑性区面积、拱脚剪切安全度、拱顶剪切安全度、拱顶拉应力、拱顶竖向位移和拱脚水平位移等参数综合反映。机械设备方面的影响可采用机械掘进效率及经济效益综合反映,而机械掘进效率可采用悬臂式掘进机刀盘瞬时切割速率 ICR(Instantaneous cutting rate),即单位时间内(不包括支护施作、机械维修等处于非切割模式的时间)切割岩体体积来度量,经济效益主要可采用悬臂式掘进机铣挖刀盘切割岩体的比能耗来度量,由此获得完成隧道铣挖施工所需时间及能耗。显然,优选出的合理铣挖顺序方案要求铣挖施工完成所需时间越短越好,能耗越低越好。据此,本节建立出悬臂式掘进机隧道铣挖施工顺序优化分析模型,如图 5-8 所示,其中,$z_i(k)$ 表示第 i($i=1, 2, \cdots, 7$)铣挖顺序方案对应的第 k($k=1, 2, \cdots, 8$)影响因素参数取值,例如,$z_1(2)$ 表示方案一下拱顶竖向位移,$z_2(7)$ 表示方案 2 下完成隧道掘进的时间,以此类推。

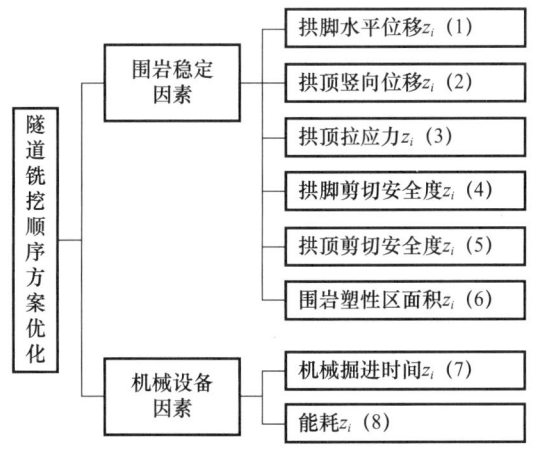

图 5-8 隧道铣挖施工顺序优化模型

为了利用上述模型对悬臂式掘进机铣挖隧道施工顺序方案进行优化分析，必须首先确定出各影响因素的取值，为此，下面将从围岩稳定性和机械设备两方面探讨各影响因素 $z_i(k)$ 的取值方法。

5.5.2.1 隧道围岩稳定性影响参数的确定方法

涉及隧道围岩稳定性的影响参数包括 $z_i(1)$，$z_i(2)$，…，$z_i(6)$ 共 6 个参数，可采用三维数值分析方法，针对不同铣挖顺序方案进行模拟分析获得这些参数，其几何分析模型可依据公路隧道代表性的埋深和隧道设计断面的几何形状与尺寸进行确定，而原始应力场可按重力场进行确定。

虽然隧道围岩应力、位移和塑性区分布可由数值模拟直接得到，但单元安全度需经处理后才可得到，因此，有必要对其计算方法做进一步介绍。

基于 Drucker-Prager 屈服条件的岩体单元安全度 F_s 表示为

$$F_s = \frac{k - \alpha I_1}{J_2^{1/2}} \tag{5-1}$$

式中 I_1——单元应力的第一不变量；

J_2——单元应力偏量的第二不变量；

α 和 k——材料参数，它们的表示为

$$I_1 = \sigma_1 + \sigma_2 + \sigma_3 \tag{5-2}$$

$$J_2 = \frac{1}{6}\left[(\sigma_1 - \sigma_2)^2 + (\sigma_2 - \sigma_3)^2 + (\sigma_3 - \sigma_1)^2\right] \tag{5-3}$$

$$\alpha = \frac{2\sin\phi}{\sqrt{3}(3-\sin\phi)} \tag{5-4}$$

$$k = \frac{6c\cos\phi}{\sqrt{3}(3-\sin\phi)} \tag{5-5}$$

式中 σ_1、σ_2 和 σ_3——单元第一、第二和第三主应力；

c 和 ϕ——黏聚力和内摩擦角。

依据数值分析结果，依据式（5-1）可得岩体中某点（对应于某单元）安全度。

5.5.2.2 机械设备影响参数的确定方法

机械设备影响参数主要包括在不同铣挖顺序方案下完成隧道铣挖的时间和能耗。前者可采用铣挖岩体体积除以铣挖掘进速率 ICR 进行计算，后者可采用铣挖岩体体积与铣挖的比能耗 SE（即切割单位体积岩体所消耗的能量，单位为 kWh/m^3）的乘积进行计算，因此，机械设备影响参数确定的关键在于确定悬臂式掘进机 ICR 和铣挖比能耗 SE。

从理论上讲，铣挖掘进速率和比能耗不仅与隧道围岩工程地质条件（如围岩的强度、刚度和耐磨性等）直接相关，还与铣挖刀盘在隧道施工掌子面上的移动方向（即铣挖顺序）相关，由于本节探讨铣挖掘进速率和铣挖比能耗的目的仅仅是为了确定隧道铣挖施工顺序，鉴于铣挖施工顺序优化问题可视为相同工程地质条件（如围岩种类等）在同一隧道施工掌子面上的铣挖施工顺序优化问题，所以，本节在探讨铣挖掘进速率和比能耗时可只关注它们与悬臂式掘进机刀盘移动方向的关系。为了获得悬臂式掘进机铣挖掘进速率 ICR 和比能耗 SE，就人工岩体进行了铣挖切割试验，如图 5-9 所示，该试验

模拟了悬臂式掘进机刀盘在铣挖隧道掌子面 4 种移动方向，即从左至右（②、⑤和⑦）、从右至左（③）、从上至下（⑥）和从下至上（④）和两种铣挖方式，并且通过测试获得了相应条件或工况的铣挖掘进速率和比能耗，见表 5-3。由此可以看出，在刀盘移动方向相同的条件下，铣挖方式（包括逆铣和顺铣）对掘进速率和比能耗影响甚微，这从⑤和⑦的比较可以看出，而它们受刀盘移动方向的影响很显著，故在进行铣挖隧道施工顺序优化时可仅关注刀盘移动方向的影响。所以，在本节优化分析时可根据

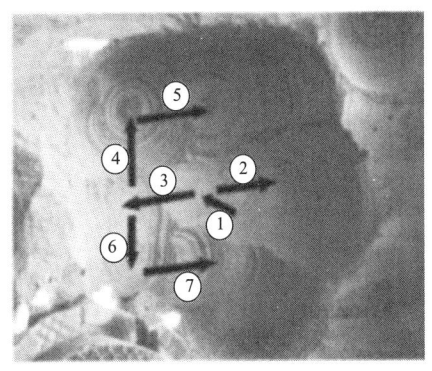

图 5-9 人工岩体截割试验

表 5-3 数据进行简单处理（即取表 5-3 中刀盘相同移动方向条件下的平均值作为该移动方向的评价数据），获得用于铣挖顺序方案优化分析的关于铣挖掘进速率和比能耗的数据，见表 5-4。

表 5-3 人工岩体铣挖试验数据

刀盘移动方向	铣挖方式	SE/(kWh·m^{-3})	ICR/(m^3·h^{-1})
②（从左至右）	—	24.28	1.64
③（从右至左）	—	数据丢失	数据丢失
④（从下至上）	逆铣	11.12	11.69
⑤（从左至右）	逆铣	20.07	2.06
⑥（从上至下）	顺铣	22.62	3.52
⑦（从左至右）	顺铣	20.54	1.97

表 5-4 铣挖顺序优化拟用数据

刀盘移动方向	SE/(kWh·m^{-3})	ICR/(m^3·h^{-1})
从左至右或从右至左	21.63	1.89
从上至下	22.62	3.52
从下至上	11.12	11.69

试验时采用的人工岩体与掘进机功率与工程实际是存在差别的，故实际中的相关数据与上述试验数据理应存在差距，因此，将上述数据直接用于铣挖施工顺序方案优化应存在误差。由于本节研究目的在于评价同一隧道施工掌子面的铣挖施工顺序，直接采用上述相应数据进行铣挖施工顺序优化引起的误差应该是可接受的，这就是本节直接采用上述数据进行隧道铣挖顺序优化的原因。

5.6 铣挖施工顺序方案优化方法及工程应用

前述已建立出基于悬臂式掘进机隧道铣挖施工顺序优化分析模型，该模型包含关于围岩稳定性和机械设备两大方面的 8 个影响因素，为了利用该模型确定悬臂式掘进机隧

道铣挖施工合理顺序方案,必须引入优化分析方法。鉴于该优化问题属于多因素综合影响问题,本节拟采用可考虑多因素影响的灰色关联分析方法确定悬臂式掘进机隧道铣挖合理施工顺序方案,其内容和方法如下所述。由前述可知,悬臂式掘进机隧道铣挖施工顺序存在 2 种工况下相同的各 7 种可能的铣挖顺序方案。为了优化确定出 2 种工况下的合理铣挖施工顺序方案,本节采用灰色关联分析方法进行分析。为此,分别将 2 种工况下的 7 种可能方案视为灰色系统的被评价对象,每个被评价对象(即某工况下的 7 种可能铣挖顺序方案)Z_i($i=1,2,\cdots,7$)均包含 8 个评价指标,则该工况下第 i 个被评价方案中 8 个评价指标组成的向量的表述为

$$Z_i = [Z_i(1), Z_i(2), \cdots, Z_i(8)] \tag{5-6}$$

由此可建立出铣挖施工顺序方案的原始评价矩阵 Z,表示方式为

$$Z = \begin{bmatrix} Z_1 \\ Z_2 \\ \cdots \\ Z_7 \end{bmatrix} = \begin{bmatrix} Z_1(1) & Z_1(2) & \cdots & Z_1(8) \\ Z_2(1) & Z_2(2) & \cdots & Z_2(8) \\ \cdots & \cdots & \cdots & \cdots \\ Z_7(1) & Z_7(2) & \cdots & Z_7(8) \end{bmatrix} \tag{5-7}$$

实际上,原始评价矩阵中各行元素组成的向量描述的是对应被评价对象即可能方案的实际状态,其决定被评价方案的优劣,为比较各被评价方案状态的优劣,须首先确定一个参考向量,表示为

$$Z_0 = [Z_0(1), Z_0(2), \cdots, Z_0(8)] \tag{5-8}$$

由于每个被评价方案包含 8 个评价指标,而这 8 个评价指标的特性是不同的,它们存在两种类型:一类为评价指标越大,则该方案越优,在本节模型中,这类指标包括 $Z_i(4)$ 和 $Z_i(5)$;另一类为评价指标越小,则该方案越优,在本节模型中,这类指标包括 $Z_i(1)$、$Z_i(2)$、$Z_i(3)$、$Z_i(6)$、$Z_i(7)$ 和 $Z_i(8)$。这两类指标对应的"理想最优方案"的状态参考向量 Z_0 的评价指标确定方法是不同的,对于越大越优型评价指标,参考向量对应的评价指标为

$$Z_0(k) = max[Z_i(k), i=1, 2, \cdots, 7] \tag{5-9}$$

其中,$k=4,5$。而对于越小越优型评价指标,参考向量对应的评价指标见式(5-10)。

$$Z_0(k) = min[Z_i(k), i=1, 2, \cdots, 7] \tag{5-10}$$

其中,$k=1,2,3,6,7,8$。因此,利用上述方法可确定出灰色关联分析的参考向量 Z_0,由式(5-7)~式(5-10)即可确定出灰色关联度分析的增广评价矩阵,为

$$Z' = \begin{bmatrix} Z_0 \\ Z_1 \\ \cdots \\ Z_7 \end{bmatrix} = \begin{bmatrix} Z_0(1) & Z_0(2) & \cdots & Z_0(8) \\ Z_1(1) & Z_1(2) & \cdots & Z_1(8) \\ \cdots & \cdots & \cdots & \cdots \\ Z_7(1) & Z_7(2) & \cdots & Z_7(8) \end{bmatrix} \tag{5-11}$$

由于上述增广评价矩阵即式(5-11)所包含的各元素分别为各方案评价指标,而这些评价指标的物理意义是不同的,为了进行灰色关联度分析,必须对这些评价指标进行归一化处理,其处理方法为

$$P_i(k) = \begin{cases} \dfrac{Z_i(k) - \min Z(k)}{\max Z(k) - \min Z(k)} & \text{越大越优型指标} \\ \dfrac{\max Z(k) - Z_i(k)}{\max Z(k) - \min Z(k)} & \text{越小越优型指标} \end{cases} \quad (5\text{-}12)$$

其中，$P_i(k)$ 为对 $Z_i(k)$ 进行归一化处理后的相应评价指标取值；$\max Z(k)$ 表示第 k 指标在所有被评价对象中相应评价指标的最大值；$\min Z(k)$ 表示第 k 指标在所有被评价对象中相应评价指标的最小值。利用式（5-12）将式（5-11）中 $Z_i(k)$ 用相应 $P_i(k)$ 进行替换可得到将增广评价矩阵 Z' 进行归一化处理后的等效增广评价矩阵 Z''，表示为

$$Z'' = \begin{bmatrix} P_0(1) & P_0(2) & \cdots & P_0(8) \\ P_1(1) & P_1(2) & \cdots & P_1(8) \\ \cdots & \cdots & \cdots & \cdots \\ P_7(1) & P_7(2) & \cdots & P_7(8) \end{bmatrix} \quad (5\text{-}13)$$

为了利用上述等效增广评价矩阵即式（5-13）优选出最优方案，就必须首先计算出被评价对象 Z_i 相对于"最理想优化方案" Z_0 的关联度，而该关联度的计算关键又在于计算出被评价对象的各评价指标的关联系数。下面将介绍各评价指标关联系数的计算方法。$Z_i(k)$ 对 $Z_0(k)$ 的关联系数 $\xi_i(k)$ 可采用下述方法进行计算，表示为

$$\xi_i(k) = \frac{\Delta_{min} + \beta \Delta_{max}}{\Delta_i(k) + \beta \Delta_{max}} \quad (5\text{-}14)$$

其中，β 为分辨系数，一般取 $0 \sim 1$；Δ_{min} 和 Δ_{max} 均为环境参数；Δ_i 为差异信息系数。它们可分别见式（5-15）～式（5-17）。

$$\Delta_{min} = \min_{i \in 1 \sim 7} \{ \min_{k \in 1 \sim 8} \{ |P_0(k) - P_i(k)| \} \} \quad (5\text{-}15)$$

$$\Delta_{max} = \max_{i \in 1 \sim 7} \{ \max_{k \in 1 \sim 8} \{ |P_0(k) - P_i(k)| \} \} \quad (5\text{-}16)$$

$$\Delta_i = |P_0(k) - P_i(k)| \quad (5\text{-}17)$$

其中分辨系数 β 可按如下方法确定。记 Δ_ζ 为所有可能方案与"理性最优方案"的评价指标差值的绝对值均值，即

$$\Delta_\zeta = \frac{1}{56} \sum_{i=1}^{7} \sum_{k=1}^{8} |P_0(k) - P_i(k)| \quad (5\text{-}18)$$

并记 $\Theta_\zeta = \Delta_\zeta / \Delta_{max}$，则 β 取值为

当 $0 \leq \Theta_\zeta \leq \dfrac{1}{3}$ 时，$\qquad\qquad \Theta_\zeta \leq \beta' \leq 1.5\Theta_\zeta \quad (5\text{-}19)$

当 $\Theta_\zeta \geq \dfrac{1}{3}$ 时，$\qquad\qquad 1.5\Theta_\zeta \leq \beta' \leq 2\Theta_\zeta \quad (5\text{-}20)$

故关联系数可改写为

$$\xi'_i(k) = \frac{\Delta_{min} + \beta' \Delta_{max}}{\Delta_i(k) + \beta' \Delta_{max}} \quad (5\text{-}21)$$

被评价方案的关联度可采用被评价方案的各评价指标关联系数的平均值表示，可表示为

$$\gamma_i = \frac{1}{8} \sum_{k=1}^{8} \xi'_i(k) \quad (5\text{-}22)$$

于是，根据所有被评价方案关联度的比较分析可确定出最优方案。

前述已建立出悬臂式掘进机隧道铣挖施工顺序优化分析模型及优化分析方法，为论证模型与方法的合理性，并获得合理的隧道铣挖施工顺序方案，本节将考虑隧道铣挖工程的代表性特点，就悬臂式掘进机隧道铣挖合理施工顺序方案进行分析研究。

考虑公路隧道工程的特点，选取具有代表性的数值通过几何模型进行研究分析。隧道模型两侧预留约 3 倍洞跨，左右边界距隧道两侧水平距离各 26.9m，模型尺寸为 60m×50m，隧道初期支护厚度为 0.3m，二次衬砌厚度 0.7m。下边界取距隧道地板距离为 33m，地表到洞顶距离 40m，隧道的纵向长度取 10m。隧道原始地应力按重力场考虑。

由于悬臂式掘进机隧道铣挖施工方法一般适用于较软岩的隧道施工，隧道围岩按软岩考虑，可参考《公路隧道设计规范》确定出围岩物理力学参数，见表 5-5。

表 5-5 岩体物理力学参数

围岩类别	密度/kN·m^{-3}	弹模/GPa	黏聚力/MPa	摩擦角/°	泊松比
软岩	25.0	1.50	0.30	24	0.36

采用 ANSYS18.0 非线性有限元数值分析商业软件模拟悬臂式掘进机隧道铣挖施工过程，单次铣挖进尺按 0.6m 考虑，鉴于悬臂式掘进机刀盘面积约为 1m^2，将单次铣挖面积也视为 1m×1m 进行铣挖模拟，据此获得数值分析网格分析模型，如图 5-10 所示，共划分为 39390 个单元和 43722 个单元节点，按此进行数值分析可获得分别在前述 2 种工况下各 7 种可能铣挖施工顺序方案对应的关于隧道稳定性影响方面的评价指标，见表 5-6。

利用前述关于机械设备影响评价指标的确定方法，并结合 2 种工况下各可能 7 种方案的铣挖施工顺

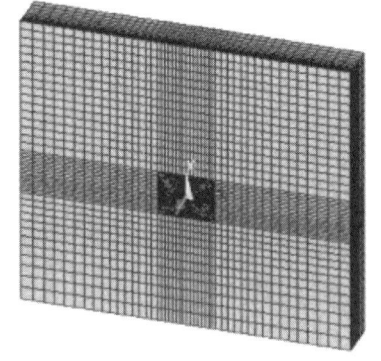

图 5-10 有限元分析网格模型

序过程，按前述方法可获得关于机械设备影响方面的 7 种铣挖施工顺序方案评价指标，见表 5-7。

前述已获得采用灰色关联分析方法进行悬臂式掘进机隧道铣挖施工顺序方案优化的原始数据，据此可开始悬臂式掘进机隧道铣挖施工顺序方案优化，其具体分析步骤如下：

(1) 按式 (5-19) 或式 (5-20) 选取分辨系数，工况 1 和工况 2 分别取 $\beta'=0.9$ 和 $\beta'=0.8$。

(2) 按式 (5-21) 可得被评价方案各评价指标的关联系数 $\xi_i(k)$，如表 5-8 所示。

(3) 按式 (5-22) 计算出各被评价方案的关联度，如表 5-6 所示。

(4) 比较各被评价方案的关联度大小，可获得最优评价方案（关联度最大的被评价方案即为最优方案）。

至此，已采用灰色关联分析方法获得了悬臂式掘进机隧道最优铣挖顺序方案，即在 2 种工况下的最优铣挖顺序方案均为方案 3，结果见表 5-8。

5 铣挖法施工隧道机械选型与配套优化

表 5-6 工况 1 和工况 2 数值分析结果

工况	方案	$Z_i(1)$ /mm	$Z_i(2)$ /mm	$Z_i(3)$ /MPa	$Z_i(4)$	$Z_i(5)$	$Z_i(6)$ /m²
工况 1	1	0.46	0.91	0.33	1.33	1.45	0.32
	2	0.44	0.91	0.32	1.37	1.45	0.32
	3	0.33	0.84	0.35	1.27	1.68	0.37
	4	0.45	0.87	0.14	1.06	1.83	0.97
	5	0.45	0.91	0.30	1.27	1.46	0.32
	6	0.44	0.84	0.35	1.06	1.69	0.57
	7	0.44	0.85	0.26	1.06	1.72	0.78
工况 2	1	0.46	1.03	0.26	1.32	1.41	0.32
	2	0.45	1.02	0.26	1.38	1.38	0.32
	3	0.32	0.99	0.28	1.28	1.6	0.35
	4	0.45	1.06	0.25	1.06	1.43	0.81
	5	0.47	1.02	0.26	1.28	1.41	0.32
	6	0.45	1.00	0.27	1.05	1.60	0.57
	7	0.45	0.99	0.28	1.07	1.60	0.29

表 5-7 机械设备影响参数分析结果

方案	$Z_i(7)$ /h	$Z_i(8)$ /kW·h	方案	$Z_i(7)$ /h	$Z_i(8)$ /kW·h
1	6.98	285.5	5	4.05	216.2
2	6.98	285.5	6	1.13	146.8
3	1.13	146.8	7	1.13	146.8
4	1.13	146.8			

表 5-8 铣挖顺序方案优化分析结果

工况	被评价方案 i	被评价指标的关联系数 $\xi_i'(k)$ ($k=1, 2, \cdots, 8$)								关联度 γ_i	最优方案
		1	2	3	4	5	6	7	8		
工况 1	1	0.48	0.48	0.50	0.88	0.48	1.00	0.48	0.48	0.59	方案 3
	2	0.52	0.48	0.51	1.00	0.48	1.00	0.48	0.48	0.62	
	3	1.00	1.00	0.48	0.74	0.70	0.92	1.00	1.00	0.85	
	4	0.50	0.68	1.00	0.48	1.00	0.48	1.00	1.00	0.77	
	5	0.50	0.48	0.54	0.74	0.48	1.00	0.65	0.64	0.63	
	6	0.52	1.00	0.48	0.48	0.71	0.70	0.70	0.70	0.74	
	7	0.52	0.86	0.61	0.48	0.76	0.56	1.00	1.00	0.72	
工况 2	1	0.46	0.58	0.71	0.82	0.48	0.93	0.45	0.45	0.61	方案 3
	2	0.48	0.65	0.71	1.00	0.45	0.93	0.45	0.45	0.64	
	3	1.00	1.00	0.45	0.73	1.00	0.87	1.00	1.00	0.88	
	4	0.48	0.45	1.00	0.45	0.51	0.45	1.00	1.00	0.67	
	5	0.45	0.65	0.71	0.73	0.93	0.62	0.62	0.62	0.65	
	6	0.48	0.85	0.55	0.45	1.00	0.60	1.00	1.00	0.74	
	7	0.48	1.00	0.45	0.46	1.00	1.00	1.00	1.00	0.80	

5.7 本章总结

本章结合悬臂式掘进机隧道铣挖施工条件与特点，全面考虑隧道稳定性与机械设备工作条件对隧道铣挖施工顺序的影响，对悬臂式掘进机隧道铣挖施工顺序方案进行了优化研究，获得如下结论：

（1）依据蓉江隧道开挖工法及机械掘进设备的工作条件，确定出了可能的两种悬臂式掘进机隧道铣挖施工顺序方案，并优选配套机械。

（2）通过灰色关联分析方法建立隧道铣挖施工顺序优化分析模型，优选出 6 种围岩稳定性影响指标、2 种机械效率影响指标作为模型评价因素。围岩稳定性影响指标为围岩塑性区面积、拱脚剪切安全度、拱顶剪切安全度、拱顶拉应力、拱顶竖向位移和拱脚水平位移；机械效率影响指标为机械掘进时间、能耗。

（3）围岩稳定性影响指标通过数值模拟获取，机械效率影响指标通过铣挖试验获取，从而确定最佳铣挖顺序。不仅反映了铣挖施工顺序对隧道围岩稳定性和机械设备条件的影响，还反映了对隧道施工效率与经济性的影响，较现有同类方法具有明显的优越性。

6 小净距过江隧道微扰动开挖支护技术及安全步距研究

针对过江小净距隧道暗挖陆域段工程，由于隧道围岩工程性质较差，且隧道两洞之间的距离小，在进行隧道施工前必须开展隧道开挖方法及安全步距研究，由于前述章节已验证钻爆法开挖不满足规范安全要求，为降低围岩扰动，拟采用铣挖法开挖隧道。本章结合蓉江四路过江隧道暗挖陆域段工程，运用FLAC3D数值模拟软件，针对三台阶法、CD法和CRD法3种施工方法，开展蓉江四路过江隧道暗挖陆域段开挖方法及安全步距研究。

本章三维数值模拟计算采用有限差分软件FLAC3D，该软件通过编程调用材料本构进行岩土体等单元结构模拟，并进行受力、变形分析，主要适用于隧道、基坑、边坡等工程三维数值受力及变形模拟计算。FLAC3D软件是基于拉格朗日显式算法，能准确模拟材料单元及结构的破坏过程。

6.1 铣挖法隧道数值模拟计算假定

由于工程实践的复杂性和地层性质的不均匀性，在进行模型建立和数值计算时，不可能将工程的实际情况完全包括在模型中，为了使计算能顺利进行，在满足工程需要的前提下，做如下假定：

（1）岩土层呈均质层状分布；
（2）围岩为各向同性、连续的弹塑性材料；
（3）不考虑地下水对围岩、支护结构的弱化作用；
（4）在模拟岩土体材料时，只考虑它们的自重应力，忽略构造应力。

6.2 模型尺寸计算

根据圣维南原理，为了减小模型边界对模型计算误差的影响，模型左右两侧取隧道直径的7倍长度，上覆土层按照最不利情况取值，隧道上方的覆土厚度为9.0m，考虑了土体的分层效应，本章建立的数值模型范围为：横向距离为160m，纵向距离为47m，沿隧道掘进方向为100m，建立的三维模型如图6-1所示。

蓉江四路过江小净距隧道工程起点位于客家大道西延以南，终点位于黄金路以北，桩号范围RK0+705～RK3+117，全长约2412m，主要包含过江隧道2洞、出入口匝道2对，以及接线地面道路。东洞隧道长1764m（桩号范围EK0+705～EK2+469），暗埋段1400m，其中暗埋段矿山法长度795.5m；西洞隧道长1755.73m（桩号范围WK0+705～WK2+460.728)，暗埋段1391.73m，其中暗埋段矿山法长度786m。过江隧道

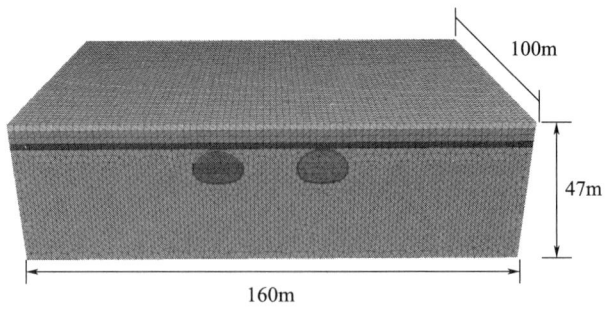

图 6-1 三维数值模型图

采用矿山法施工,隧道横截面如图 6-2 所示。陆域段隧洞最小距离仅为 8.0m,隧道所处位置围岩自稳能力差,上覆中风化岩体厚度不足一倍洞径,且陆域施工段隧道位于朝阳路附近,对施工引起的沉降要求极高。软弱围岩超小净距隧道开挖,对周边环境的影响较大,采取相应的加固措施以及确定合理的开挖工法和隧道步距对于施工过程中的控制十分关键。前几章中,已经针对注浆预加固措施进行了相应的研究,确定了最合理的注浆预加固方案和注浆浆液配比,本章将针对不同的开挖工法,确定隧道间最小的步距,为施工提供相应的指导。

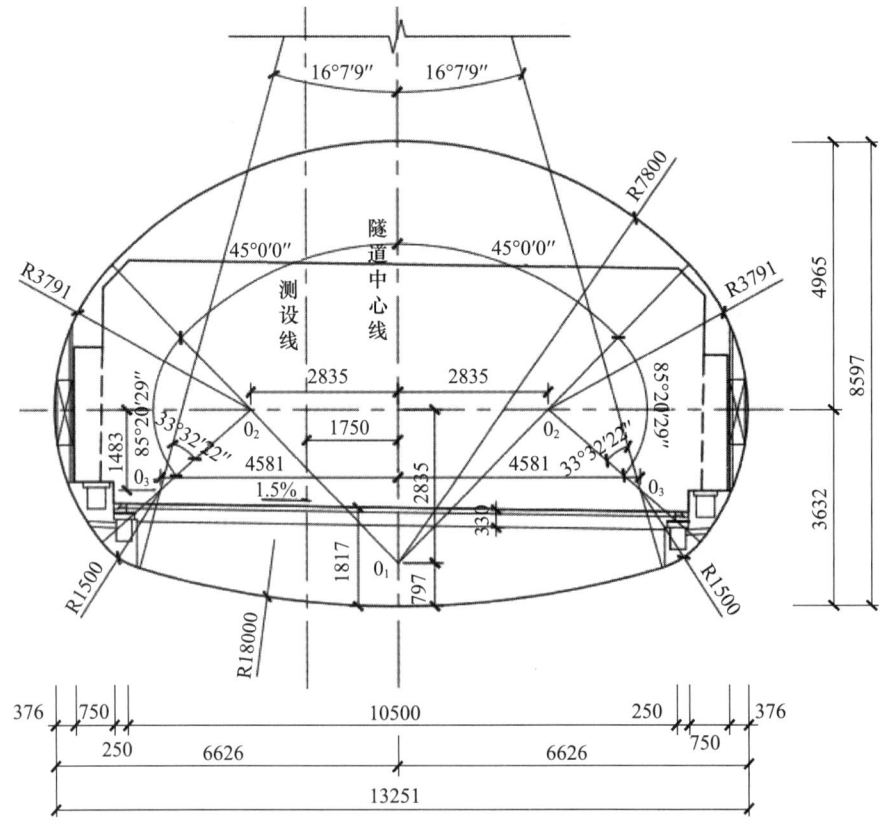

图 6-2 隧道横截面图

6.3 微扰动开挖工法比选及安全步距研究

根据现场勘探结果显示，陆域段隧道所处围岩等级为 V 级，隧道宽度为 13.25m，高度为 8.59m，且两洞之间的最小距离仅为 8.0m，属于超小净距大断面隧道。针对软岩超小净距大断面隧道开挖，常采用的施工方法有三台阶法、CD 法和 CRD 法。本研究以这三种方法为例，分析不同开挖方法的隧道间最小步距。三种开挖方法的开挖步距及隧道步距如图 6-3 所示。

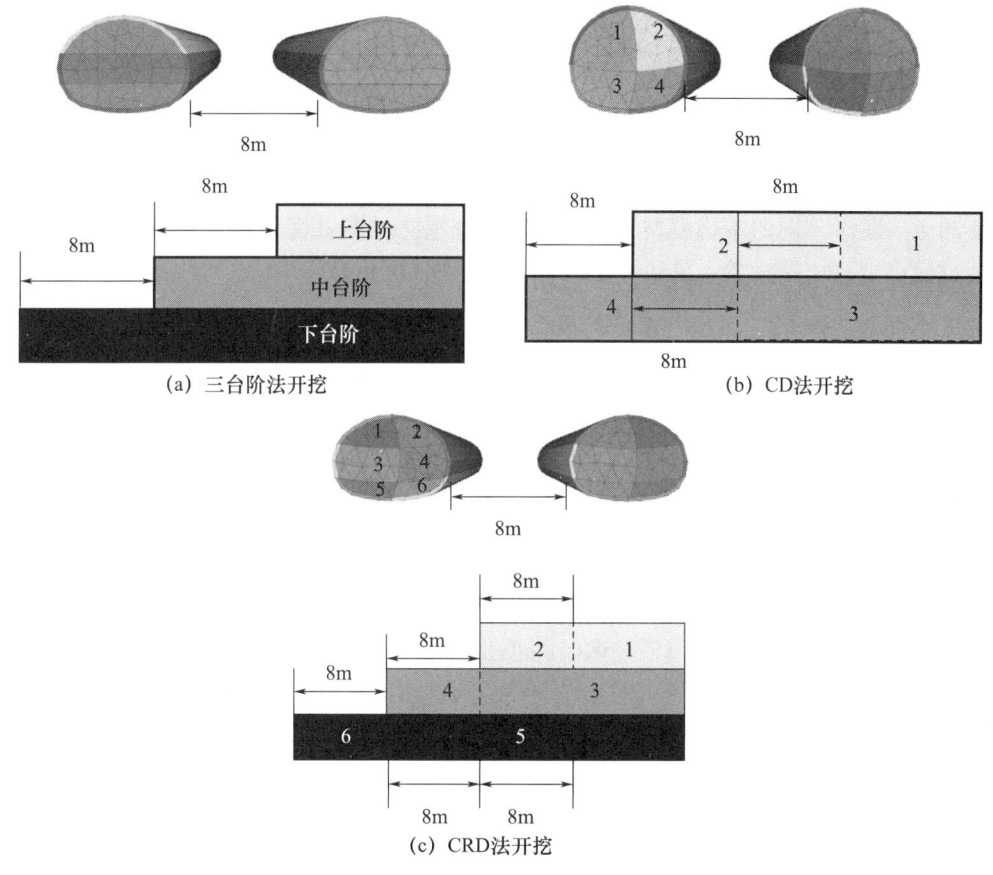

图 6-3 不同开挖工法开挖步距模型图

图 6-3 展示了不同开挖工法的开挖步距情况，假定各个部分的施工开挖步距为 8m，本研究不分析最优的施工开挖步距，只研究最优的先、后行隧道施工步距，分别假定小净距隧道先、后行洞掌子面之间的距离分别为 10m、20m、30m、40m。通过分析地表沉降以及隧道变形大小等因素确定最小的先、后行隧道施工步距。

6.3.1 模型建立

（1）计算模型

为了研究先、后行隧道不同施工步距下的地表变形及隧道变形情况，本研究采用有限差分软件对不同模型进行分析,通过外部建模软件 Rhino6.0 构建不同开挖工法、不同施工步距条件下的数值计算模型,然后导入有限差分软件 FLAC3D 进行计算,构建的数值计算模型如图 6-4 所示。

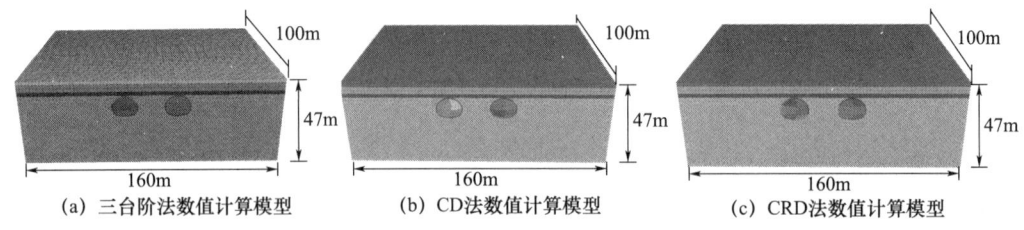

图 6-4 数值计算模型图

(2) 材料属性及边界条件

隧道上方的土层主要以砂层等软弱土层为主,一般采用 Mohr-Coulomb 本构模型描述,而隧道所处地层为硬风化岩,一般采用 D-P 本构模型进行描述,在模拟过程中分别对不同土层赋予不同的本构模型及参数,由于铣挖法对围岩扰动程度较低,因此可直接根据试验确定岩土层参数,见表 6-1,并且不考虑强度折减。

表 6-1 岩土层力学物理参数表

材料	密度/kg·m^{-3}	弹性模量/MPa	泊松比/%	黏聚力/kPa	摩擦角/°
杂填土	1760	30.9	0.32	32.5	10.5
细砂	1820	45.8	0.28	12.1	10.1
圆砾	1860	32.5	0.3	19.1	14.1
中风化泥质粉砂岩	1920	1100	0.31	1040	43.3

隧道采用超前小导管注浆支护,采用单层 ϕ42mm×4mm 的超前小导管,L=4.5m,环向间距 0.4m,外插角 5°~15°,纵向间距 4m,一环总计 46 根。为了模拟超前支护,在构建数值计算模型时,构建了对应的导管,通过计算导管范围确定了导管的加固范围,将加固范围内的土体强度提高,实现超前支护措施的施作。在数值模拟中采用 beam 单元模拟超前小导管,提高超前支护范围内岩土体材料强度参数,实现超前小导管注浆支护,超前支护措施的布置如图 6-5 所示。

初期支护采用锚杆+喷射混凝土支护,喷射混凝土厚度为 30cm,锚杆采用 6.0m 长的中空锚杆,布置范围为拱顶 120°范围,纵向间距 1m,环间距 0.6m,一环共 26 根。同样的在建模中构建了对应的锚杆位置,在数值模拟中采用 cable 单元模拟锚杆,初期支护及锚杆布置见图 6-6 所示。

图 6-5 超前小导管支护图

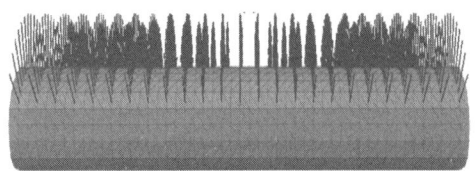

图 6-6 锚杆支护图

超前加固区域通过提高加固区域范围内的土体强度力学性质实现，根据现有研究表明，超前加固区域的强度力学性质一般提高1.2倍，注浆区域内的岩土体强度参数可以对应的提高为1.5倍。根据对注浆方案的研究，

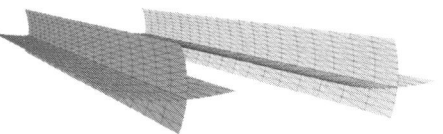

图6-7 临时支护图

蓉江四路过江隧道暗挖陆域段围岩注浆预加固工程采用高压旋喷满堂加固方式，即从隧道洞顶至地表全部注浆预加固，模型计算中假定加固区域为隧道顶部上方范围。模拟CD法以及CRD法中的临时仰拱支护时，采用FLAC3D中自带的shell单元模拟，临时支护如图6-7所示。

模型中采用支护措施的物理力学性质见表6-2。

表6-2 支护参数

材料	弹性模量/MPa	泊松比
超前小导管	180000	0.22
锚杆	220000	0.22
超前加固区域	1320	0.28
初期支护	2300	0.23
Shell	130000	0.25
注浆预加固区域	1980	0.26

数值计算模型中边界条件：上表面为自由表面，反映了上表面为地表的特性，模型左右及前后面为约束其法向位移，反映了模型开挖及变形对模型外的部分没有影响，模型底部为固定约束。

6.3.2 模拟计算

1) 施工方法模拟

(1) 三台阶法模拟计算

数值模拟中，模拟三台阶开挖按照以下步骤进行：

① 赋予对应位置处超前支护材料属性，逐步开挖上台阶，每次开挖深度2m，并赋予相应位置初期支护材料属性，同时激活对应位置的锚杆，并赋予锚杆强度，进行计算；

② 上台阶开挖8m后，同时开挖中台阶，在上台阶开挖10m后，开始开挖左侧隧洞，此时先、后行隧道间的步距为10m，右侧隧洞中上台阶和中台阶开挖进度一致，开挖后同时赋予对应位置的初期支护属性；

③ 上台阶开挖16m、中台阶开挖8m后，开始开挖下台阶，此时上中下台阶的开挖进度一致，每次开挖2m；中台阶开挖18m后，开始开挖左侧隧道的中台阶，先行隧道下台阶开挖18m后，开始开挖后行洞的下台阶；两洞上中下台阶保持一致速度开挖，循环开挖5步后完成开挖工作；分析此时的地表沉降以及初期支护变形等因素分布情况；改变先行和后行隧道开挖步距为20m、30m、40m，对比分析控制因素，确定合理的隧道开挖步距。

(2) CD 法模拟计算

模拟 CD 法开挖时按照以下步骤进行模拟：

① 为了控制其他因素一致，模拟 CD 法开挖时，循环开挖步距与三台阶开挖步距一致，每次循环开挖深度为 2m，开挖前赋予对应范围内超前支护的力学强度参数，开挖后赋予对应范围初期支护以及临时支撑的力学强度属性。

② 开挖先行隧道的左上侧部分，向前开挖 8m 后，开始开挖左下侧部分，左上侧部分开挖 16m，左下侧部分开挖 8m 时，开始开挖右上侧部分，右上侧部分开挖 8m 后，开始开挖右下侧部分。

③ 先行隧道左上侧部分开挖 18m 后开始开挖后行隧道的左上侧部分，后行隧道的其余部分开挖步序与先行隧道的开挖步距保持在 10m。

④ 两洞各部分保持一致速度开挖，循环开挖 5 步后完成开挖工作，分析各步的地表沉降以及初期支护变形等因素分布情况。然后改变先行和后行隧道开挖步距为 20m、30m、40m，对比分析控制因素，确定合理的隧道开挖步距。

(3) CRD 法模拟计算

模拟 CRD 法开挖时按照以下步骤进行模拟：

① 为了控制其他因素一致，模拟 CRD 法开挖时，循环开挖步距与三台阶开挖步距一致，每次循环开挖深度为 2m，开挖前赋予对应范围内超前支护的力学强度参数，开挖后赋予对应范围初期支护以及临时支撑的力学强度属性。

② 开挖先行隧道的左上侧部分，向前开挖 24m 后，开始开挖左中部分，左中部分开挖 16m 后，开始开挖左下侧部分，待左下部分开挖 8m 时，开始开挖右上侧部分，右上侧部分开挖 16m，开始开挖右中部分，右中部分开挖 8m 后，开始开挖右下部分。

③ 先行隧道左上侧部分开挖 26m 后开始开挖后行隧道的左上侧部分，后行隧道的其余部分开挖步序与先行隧道的开挖步距保持在 10m。

④ 最后两洞各部分保持一致速度开挖，循环开挖 5 步后完成开挖工作，分析各步的地表沉降以及初期支护变形等因素分布情况。然后改变先行和后行隧道开挖步距为 20m、30m、40m，对比分析控制因素，确定合理的先、后行隧道开挖步距。

(4) 控制标准

根据《公路隧道施工技术规范》(JTG/T 3660—2020) 中规定，初期支护的极限相对位移必须满足表 6-3 规定。

表 6-3 跨度 7m＜B≤12m 隧道初期支护极限相对位移

围岩级别	隧道埋深 h/m		
	h≤50	50＜h≤300	300＜h≤500
拱脚水平相对净空变化/%			
Ⅱ	—	0.01～0.03	0.01～0.08
Ⅲ	0.03～0.10	0.08～0.40	0.30～0.60
Ⅳ	0.10～0.30	0.20～0.80	0.70～1.20
Ⅴ	0.20～0.50	0.40～2.00	1.80～3.00

续表

围岩级别	隧道埋深 h/m		
	h≤50	50＜h≤300	300＜h≤500
	拱顶相对下沉/％		
Ⅱ	—	0.03～0.06	0.05～0.12
Ⅲ	0.03～0.06	0.04～0.15	0.12～0.30
Ⅳ	0.06～0.10	0.08～0.40	0.30～0.80
Ⅴ	0.08～0.16	0.14～1.10	0.80～1.40

由于暗挖段下穿临江大道，对沉降要求极高，且所穿越地层中管线错综复杂，因此对现场施工引发的地表沉降大小控制极为苛刻，多方协调探讨决定在规范的基础上再次提高控制标准，施工时引发的地表沉降最大值不能超过 10mm。根据表 6-3 中的规定，初期支护最大变形不能超过 0.08％～0.16％h。蓉江四路过江隧道高度 h＝8.6m，按照规范中的控制变形，初期支护的拱顶变形不能超过 14mm。后期确定合理的先、后行隧道施工步距时，以地表沉降及初期支护拱顶变形为控制值，求解最小的先、后行隧道施工步距。

2）三台阶法

模拟计算三台阶法施工蓉江四路过江暗挖陆域段，先行隧道与后行隧道开挖步距为 10m，如图 6-8 所示。

从图 6-8 可以看到，隧道采用三台阶法开挖后，其变形表现为拱顶位置下沉，拱底位置产生一定的隆起，且随着开挖的进行，拱顶下沉值及隆起值不断增加，地表沉降大小及沉降范围也随之增加。

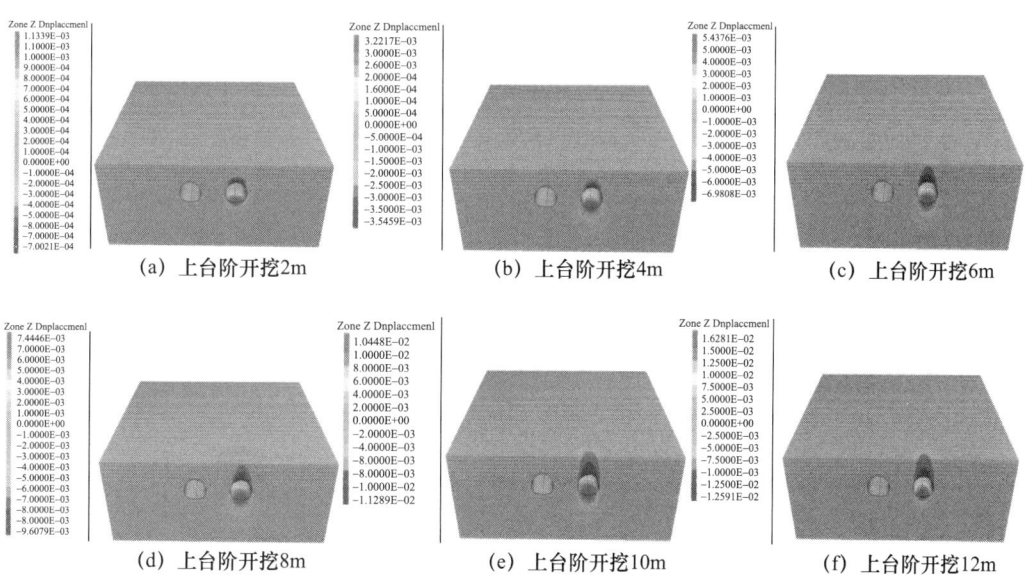

(a) 上台阶开挖2m　　(b) 上台阶开挖4m　　(c) 上台阶开挖6m

(d) 上台阶开挖8m　　(e) 上台阶开挖10m　　(f) 上台阶开挖12m

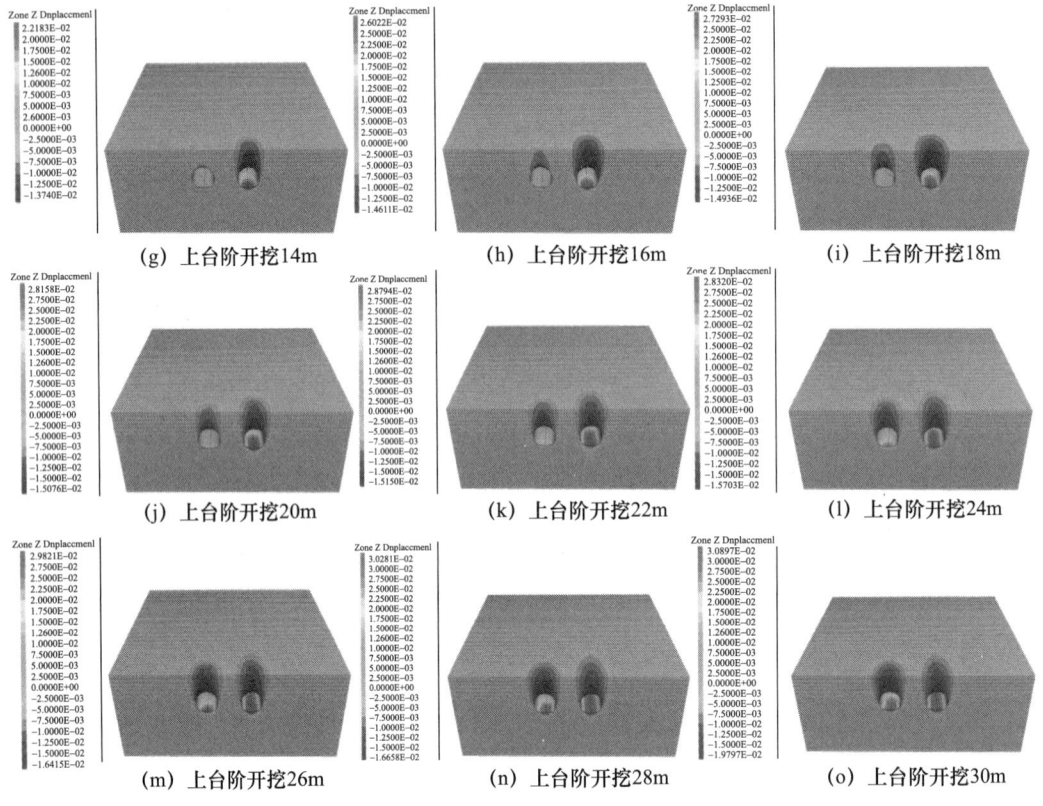

图 6-8 三台阶循环开挖模拟计算

为了方便对比地表沉降数据和初期支护拱顶下沉数据,基于 FISH 语言,编制了对应截面的监测语句,提取了的地表沉降和初期支护拱顶最大下沉随三台阶开挖进尺的数据,见表 6-4。

表 6-4 三台阶法开挖地表最大沉降与拱顶最大位移值

上台阶开挖进尺/m	地表最大沉降/mm	拱顶最大位移/mm
2	0.3	0.8
4	1.8	3.5
6	3.9	4.7
8	5.9	9.6
10	7.4	11.3
12	8.8	12.6
14	9.0	13.7
16	9.2	14.6
18	9.4	15.0
20	9.6	15.1
22	9.8	15.2
24	9.9	15.7

续表

上台阶开挖进尺/m	地表最大沉降/mm	拱顶最大位移/mm
26	10.0	16.4
28	10.1	16.7
30	10.2	16.8
32	10.3	16.9
34	10.4	17.0
36	10.5	17.1
38	10.6	17.2
40	10.7	17.3
42	10.8	17.4
44	10.9	17.5
46	11.0	17.6
48	11.1	17.7
50	11.2	17.8
52	11.3	17.9
54	11.4	18.0
56	11.5	18.1
58	11.6	18.2
60	11.7	18.3
62	11.8	18.4
64	11.9	18.5

为观察地表沉降和拱顶位移随上台阶开挖进度的变化趋势，将地表沉降和拱顶位移数据绘制成折线图，如图6-9所示。

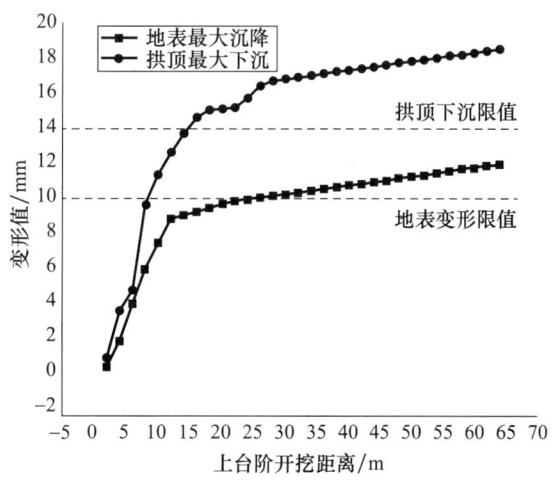

图6-9 三台阶法开挖先、后行隧道步距10m时变形曲线

从图 6-9 中可以看到：

（1）上台阶开挖后，拱顶下沉值及地表沉降值持续增加，开挖一段距离后，拱顶下沉值及地表沉降值变化幅度逐渐减缓，最后趋于平缓；

（2）采用三台阶开挖时，初期支护最大变形位置始终位于拱顶，因为在数值模拟中，开挖以及支护施作是同步进行的，尤其是上台阶开挖后，初期支护成拱，支护直接承担开挖后的荷载，从而导致了拱顶位置的变形达到最大；

（3）当先行隧道与后行隧道的开挖步距为 10m 时，地表沉降值最大为 14.3mm，最大拱顶下降值为 18.5mm，此时的变形幅度超过了规范中的限值，不能满足施工条件，说明采用三台阶开挖时，先、后行隧道的开挖步距等于 10m 时不能满足施工要求，需要提高隧道开挖步距。

改变先行隧道与后行隧道施工步距，分别改为 20m、30m、40m，得到隧道开挖引起的变形情况，如图 6-10 所示。

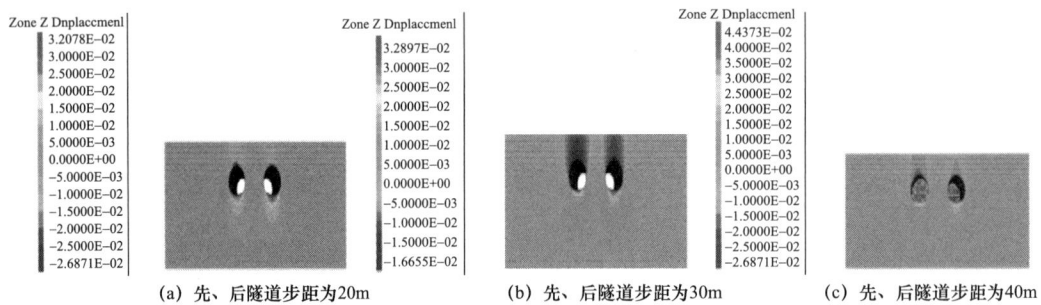

图 6-10 先行隧道与后行隧道不同开挖步距时变形情况

在计算过程中提取了地表最大沉降值及拱顶的最大下沉值，并绘制四种工况下最大地表沉降值与初期支护拱顶最大下沉数据随开挖进度的变化，如图 6-11 所示。

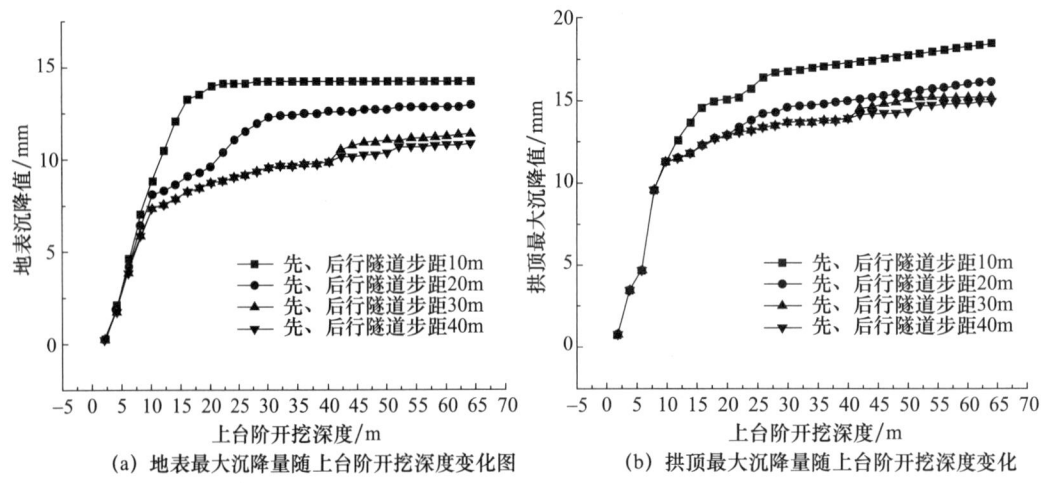

图 6-11 不同隧道步距地表及拱顶变形情况

从图 6-11 中可以看到：

① 改变先、后行隧道的开挖步距，隧道开挖变形情况保持不变，最大变形位置仍

为初期支护拱顶位置,采用三台阶开挖工法开挖时,初期支护的最大变形位置位于拱顶;

② 当先、后行隧道开挖步距为 20m、30m、40m 时,拱顶最大下沉变形分别为 16.1mm、15.2mm、13.7mm,地表最大沉降量分别为 13.2mm、12.6mm、11.7mm,可以看到随着先、后行隧道间的距离增加,拱顶下沉变形值及地表最大变形值不断减小,先、后行隧道开挖步距大于 40m 时仍不能满足施工要求,若现场施工中采用三台阶法开挖,仍需要提高先、后行隧道的开挖步距。

3) CD 法

模拟计算 CD 法开挖蓉江四路过江隧道暗挖陆域段,先行隧道与后行隧道的开挖步距为 10m,如图 6-12 所示。

图 6-12 为 CD 法开挖时的变形情况,此时先行隧道与后行隧道的距离为 10m,从图中可以看到,采用 CD 法开挖时,其变形情况与采用三台阶法开挖时的变形情况有一定的差异,初期支护最大变形位置首先位于先开挖部分的拱部,随后位于后开挖部分的拱部,导致这一规律产生的原因主要是 CD 法开挖后,初期支护未成拱,其受力主要以垂直于部分衬砌的方向为主,从而此部分的变形值达到最大,而后期初期支护成拱后,由于松动土压力的作用,后半部分初期支护所受的土压力荷载更大,从而引起了更大的变形。

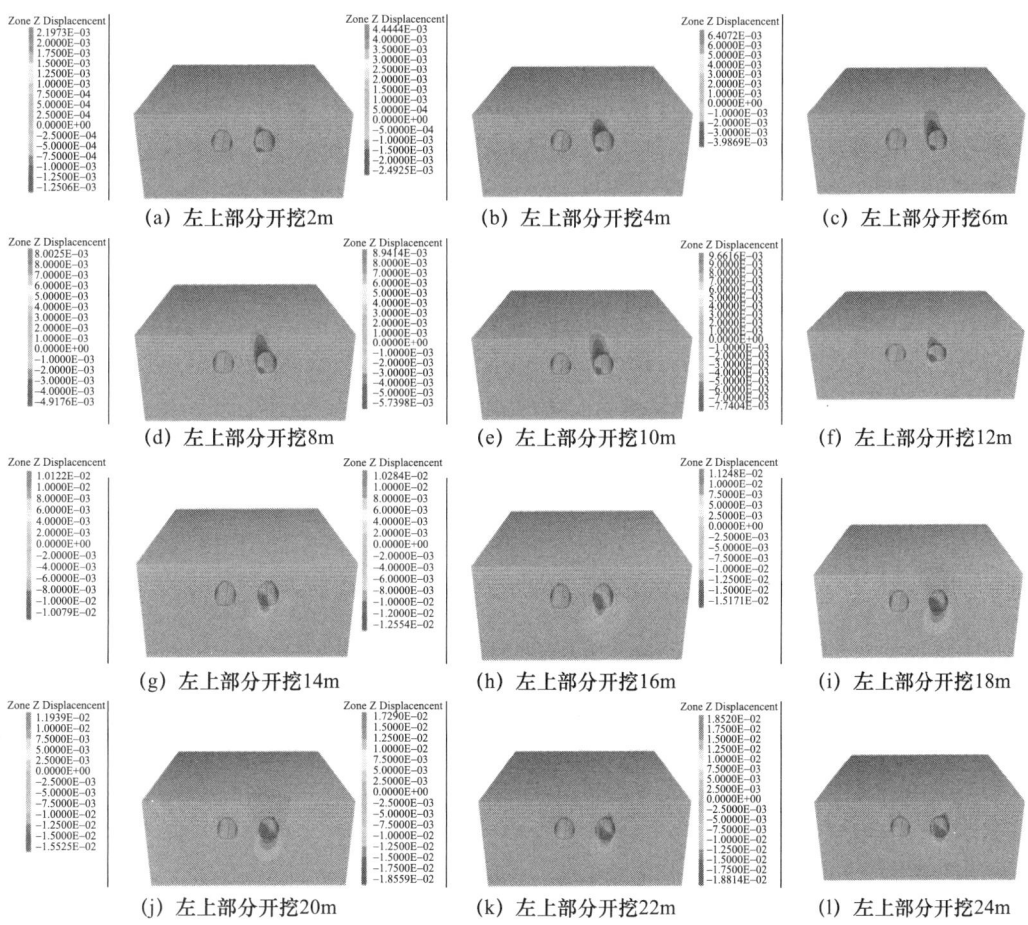

(a) 左上部分开挖2m   (b) 左上部分开挖4m   (c) 左上部分开挖6m

(d) 左上部分开挖8m   (e) 左上部分开挖10m   (f) 左上部分开挖12m

(g) 左上部分开挖14m   (h) 左上部分开挖16m   (i) 左上部分开挖18m

(j) 左上部分开挖20m   (k) 左上部分开挖22m   (l) 左上部分开挖24m

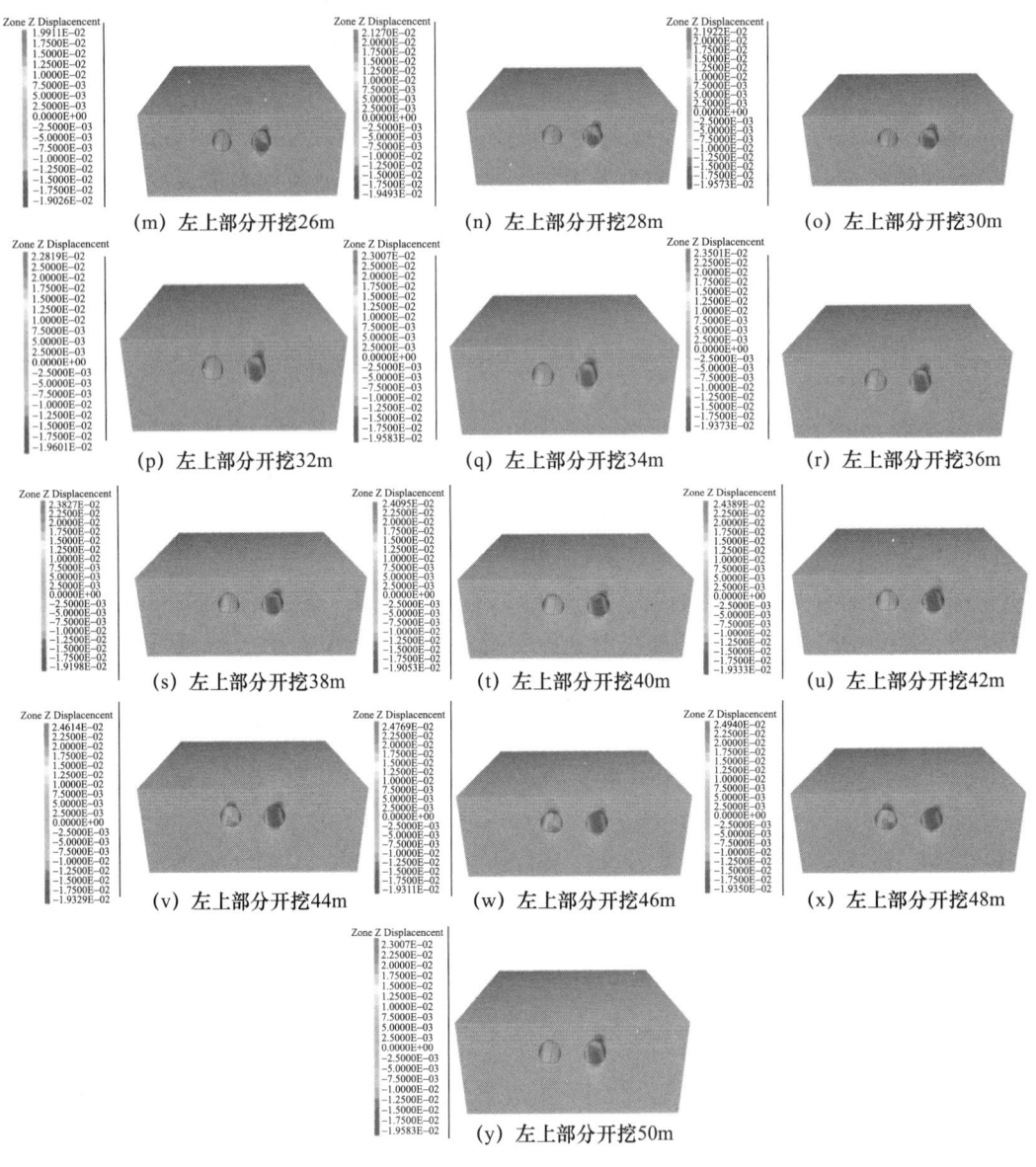

图 6-12 CD 法循环开挖

为了方便对比地表沉降数据和初期支护拱顶下沉数据，基于 FISH 语言，编制了对应的监测语句，提取了最大地表沉降和初期支护拱顶最大下沉随 CD 法开挖进尺的数据，见表 6-5。

表 6-5 CD 法开挖地表最大沉降与拱顶最大位移值

CD 法开挖深度/m	地表最大沉降/mm	拱顶最大位移/mm
2	0.3	0.7
4	1.9	3.0
6	4.0	4.0

续表

CD法开挖深度/m	地表最大沉降/mm	拱顶最大位移/mm
8	6.1	8.1
10	7.6	9.6
12	8.1	10.7
14	8.5	11.6
16	8.8	12.4
18	9.1	12.7
20	9.3	12.8
22	9.5	12.9
24	9.7	13.3
26	9.9	13.9
28	10.1	14.2
30	10.3	14.3
32	10.5	14.3
34	10.7	14.4
36	10.9	14.5
38	11.0	14.6
40	11.1	14.7
42	11.2	14.8
44	11.3	14.9
46	11.4	14.9
48	11.5	15.0
50	11.6	15.1
52	11.7	15.2
54	11.8	15.3
56	11.9	15.4
58	12.0	15.4
60	12.1	15.5
62	12.2	15.6
64	12.3	15.7

为观察地表沉降和拱顶位移随CD法左上部分开挖进度的变化趋势，将地表沉降和拱顶位移数据绘制成折线图，如图6-13所示。

从图6-13中可以看到，采用CD法开挖，先行隧道和后行隧道距离为10m时，拱顶最大下沉量为15.7mm，地表最大变形量为12.3mm，可以看到采用CD法开挖时，变形控制比三台阶开挖法控制更好，当先、后行隧道开挖步距为10m时，仍不能满足施工要求。

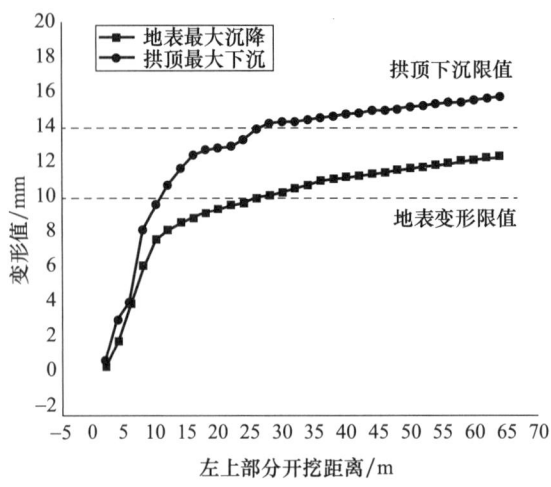

图 6-13 CD 法开挖先行隧道与后行隧道步距 10m 时变形曲线

同样地,在上述模型的基础上,将先、后行隧道的开挖步距提高至 20m、30m、40m,得到不同的隧道距离时 CD 法开挖拱顶最大下沉变形值及地表最大变形值的对比情况,如图 6-14 所示。

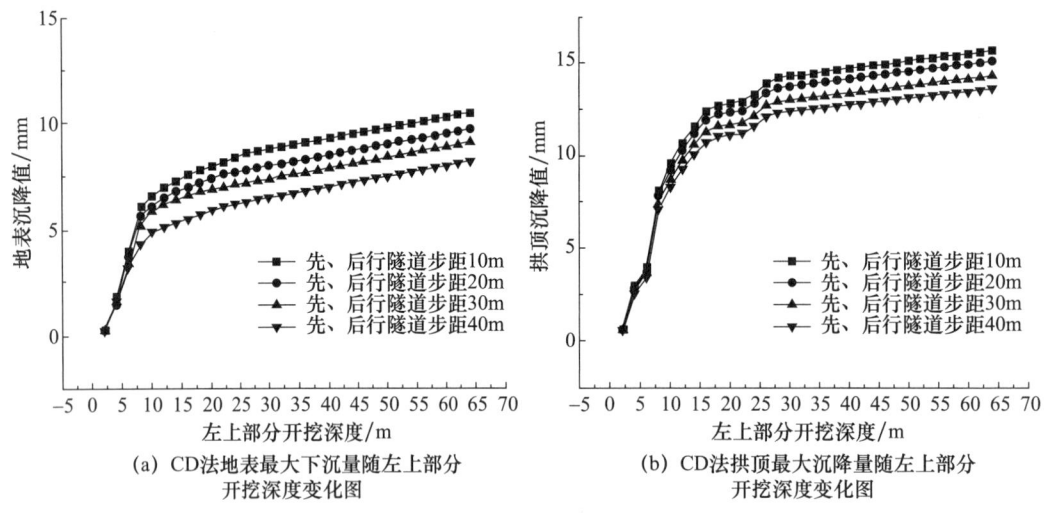

图 6-14 不同隧道步距地表及拱顶变形情况

从图 6-14 中可以看到,随着先行隧道和后行隧道距离的增加,拱顶最大下沉量及地表最大变值逐渐减小,当先、后行隧道的开挖步距为 20m、30m、40m 时,拱顶最大下沉量依次为 15.1mm、14.3mm、13.6mm,地表最大沉降量依次为 11.4mm、10.4mm、9.7mm,可见当先、后行隧道步距为 40m 时能满足施工的要求。说明了现场若采用 CD 法施工,先行隧道与后行隧道的距离至少要大于 3 倍洞径才能满足施工要求。同时也证明,CD 法相比三台阶开挖法,对隧道变形及地表沉降变形控制效果更好。

4)CRD 法

模拟计算 CRD 法开挖蓉江四路过江隧道暗挖陆域段,先行隧道与后行隧道的开挖步距为10m，如图6-15所示。

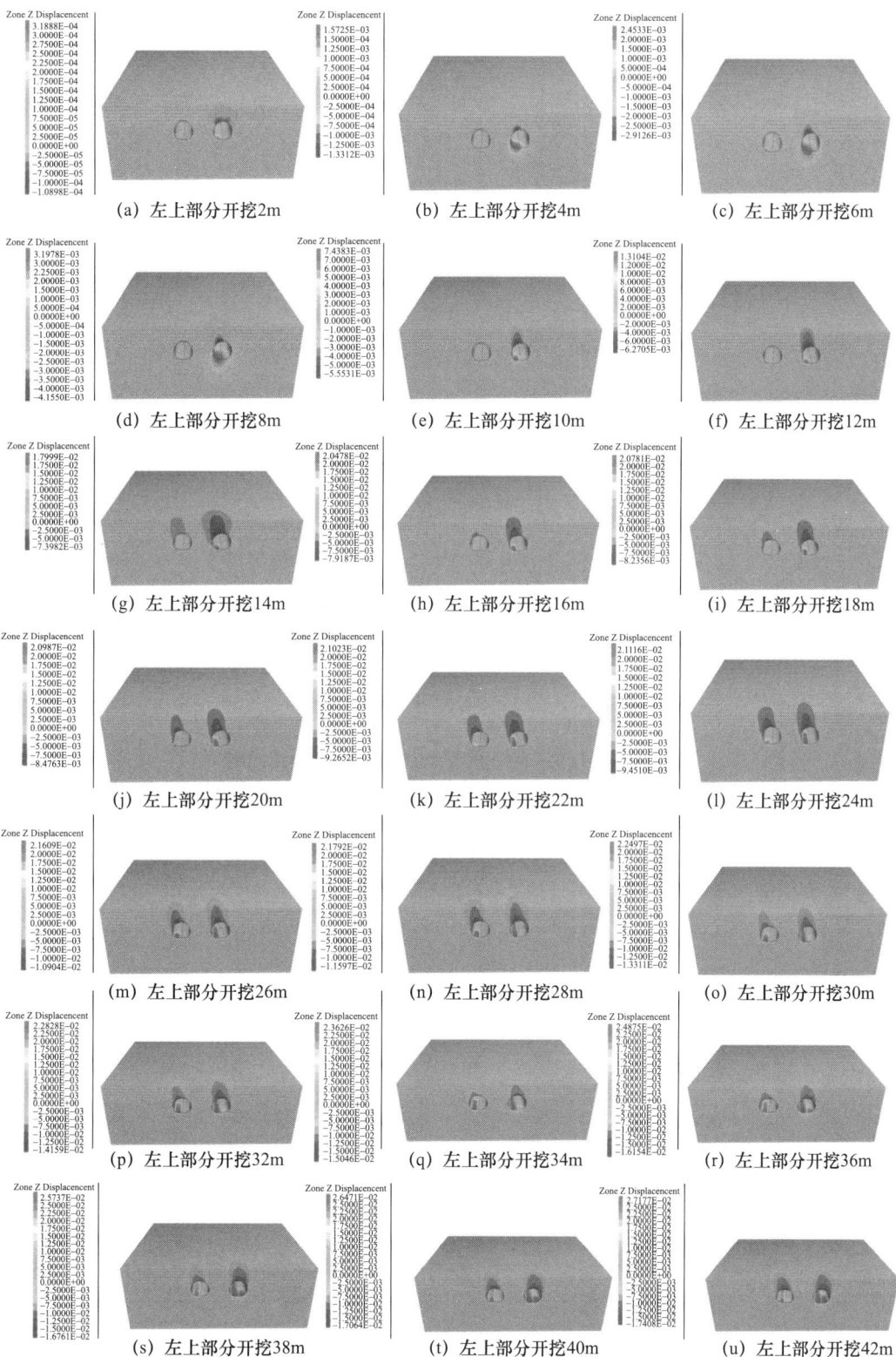

(a) 左上部分开挖2m　　(b) 左上部分开挖4m　　(c) 左上部分开挖6m
(d) 左上部分开挖8m　　(e) 左上部分开挖10m　　(f) 左上部分开挖12m
(g) 左上部分开挖14m　　(h) 左上部分开挖16m　　(i) 左上部分开挖18m
(j) 左上部分开挖20m　　(k) 左上部分开挖22m　　(l) 左上部分开挖24m
(m) 左上部分开挖26m　　(n) 左上部分开挖28m　　(o) 左上部分开挖30m
(p) 左上部分开挖32m　　(q) 左上部分开挖34m　　(r) 左上部分开挖36m
(s) 左上部分开挖38m　　(t) 左上部分开挖40m　　(u) 左上部分开挖42m

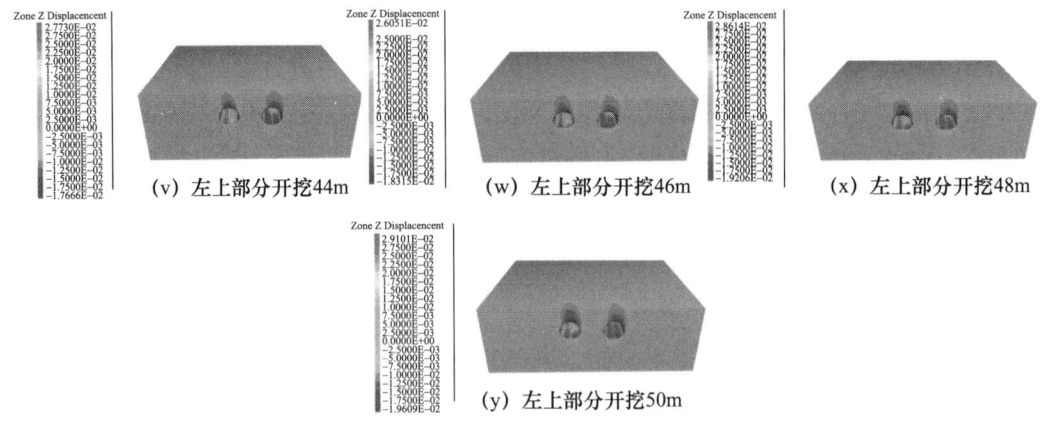

图 6-15 CRD 法循环开挖

从图 6-15 看出,采用 CRD 法开挖时的变形情况,此时先行隧道与后行隧道的开挖步距为 10m。采用 CRD 法开挖时,初期支护以及地表沉降趋势与 CD 法的变形趋势基本一致,首先出现在先开挖部分,随后转移至后开挖部分。同样地,造成这一变形趋势的主要原因是初期支护成拱时机。三台阶法开挖后,初期支护能立即成拱,从而拱顶位置产生最大的变形,而 CD 法及 CRD 法的成拱时机滞后开挖进度,从而导致了初期支护最大变形位置出现了偏差。

为了方便对比地表沉降数据和初期支护拱顶下沉数据,基于 FISH 语言,编制了对应的监测语句,提取了最大地表沉降和初期支护拱顶最大下沉随 CRD 法开挖进尺的数据,见表 6-6。

表 6-6 CRD 法开挖地表最大沉降与拱顶最大位移值

CRD 法开挖进尺/m	地表最大沉降/mm	拱顶最大位移/mm
2	0.3	0.6
4	1.6	2.8
6	3.4	3.7
8	5.2	7.6
10	6.5	9.0
12	7.0	10.0
14	7.3	10.9
16	7.6	11.6
18	7.8	11.9
20	8.0	12.0
22	8.2	12.1
24	8.4	12.5
26	8.6	13.0
28	8.7	13.3
30	8.8	13.3

续表

CRD法开挖进尺/m	地表最大沉降/mm	拱顶最大位移/mm
32	8.9	13.4
34	9.0	13.5
36	9.1	13.6
38	9.2	13.7
40	9.3	13.7
42	9.4	13.8
44	9.5	13.9
46	9.6	14.0
48	9.7	14.1
50	9.8	14.1
52	9.9	14.2
54	10.0	14.3
56	10.1	14.4
58	10.2	14.5
60	10.3	14.5
62	10.4	14.6
64	10.5	14.7

为观察地表沉降和拱顶位移随CRD法左上部分开挖进度的变化趋势,将地表沉降和拱顶位移数据绘制成折线图,如图6-16所示。

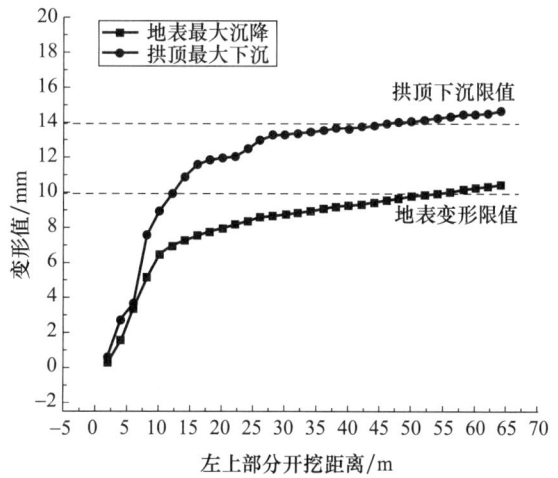

图 6-16 CRD法先行隧道与后行隧道步距10m时变形曲线

由图6-16可以看出,此时拱顶的最大变形量为14.7mm,地表最大变形量为10.5mm,与施工要求控制值差距最小,由于CRD每次开挖的土体最少,所造成的影响最小,所以拱顶变形及地表变形最小。

在上述模型基础上,改变先行隧道与后行隧道的开挖步距为 20m、30m、40m,不同步距下的拱顶下沉量与地表最大沉降值变化如图 6-17 所示。

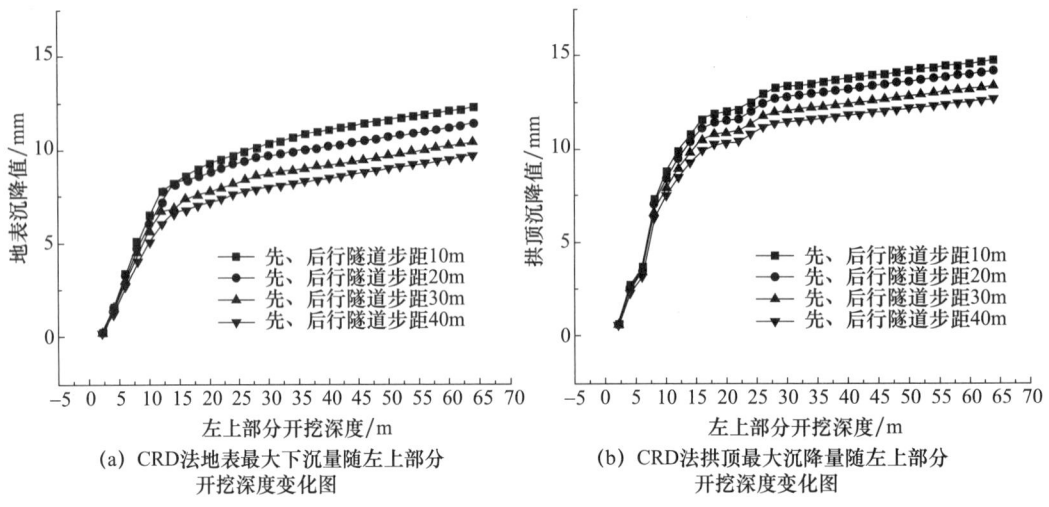

(a) CRD 法地表最大下沉量随左上部分开挖深度变化图

(b) CRD 法拱顶最大沉降量随左上部分开挖深度变化图

图 6-17 先、后行隧道不同开挖步距下地表及拱顶变形情况

从图 6-17 中可以看到,随着先、后行隧道开挖步距的增加,拱顶最大下沉量及地表最大变值逐渐减小,当先、后行隧道的开挖步距为 20m、30m、40m 时,拱顶最大下沉量依次为 14.1mm、13.5mm、12.7mm,地表最大沉降量依次为 9.7mm、9.1mm、8.2mm。可见当先、后行隧道开挖步距大于 30m 时,能满足施工的要求。说明了现场施工若采用 CRD 法施工,先行隧道与后行隧道的距离至少要大于 2 倍洞径才能满足施工要求。对隧道变形及地表沉降变形控制效果由好到差排序为:CRD 工法＞CD 工法＞三台阶工法。

6.3.3 模拟结果分析

通过对蓉江四路过江隧道暗挖陆域段采用三台阶法、CD 法和 CRD 法在先、后隧道不同开挖步距下的施工力学行为进行研究,借助三维数值模拟手段,分析施工过程的地表沉降和拱顶位移,得出如下结论:

(1) 采用三台阶法开挖时,隧道变形及地表沉降不能满足施工要求,当先、后行隧道步距为 40m,拱顶最大下沉变形值为 13.7mm,地表最大沉降值为 11.7mm,不能满足施工规范要求,初期支护最大值位于隧道拱顶位置;

(2) 采用 CD 法开挖时,当先、后行隧道步距大于 40m,可以满足施工条件要求,采用 CRD 法开挖时,当先、后行隧道步距大于 30m,可以满足施工规范要求;

(3) 对于初期支护变形及地表变形的控制,CRD 工法＞CD 工法＞三台阶工法;

(4) 从各工序转换及施工功效看,采用 CD 法开挖步距更为合理,效率更高。因此,工程中推荐采用 CD 法开挖,先、后行隧道步距控制为 40m。

6.4 本章总结

本章结合蓉江四路过江隧道暗挖陆域段工程,对不同施工方法以及先、后行隧道不同开挖步距下的施工力学行为展开了研究。通过运用 FLAC3D 软件,对三台阶法、CD 法以及 CRD 法和先行、后行隧道不同开挖步距(10m、20m、30m、40m)下的地表沉降和拱顶位移进行了模拟计算,研究结果表明:采用 CD 法开挖时,先、后行隧道的安全开挖步距为 40m;采用 CRD 法施工时,先、后行隧道的安全开挖步距为 30m;CRD 法对控制地表沉降和拱顶下沉效果最好。从各工序转换及施工功效看,采用 CD 法开挖步距更为合理,效率更高。因此,工程中推荐采用 CD 法开挖,先、后行隧道开挖步距控制为 40m。

7 软弱互层超浅埋小净距大断面穿江隧道开挖过程中加固范围研究

本章首先从应力场、位移场以及塑性区的分布规律分析流固耦合对数值模拟结果的影响；然后对不同注浆范围情况下的隧道开挖工序进行模拟，得到不同注浆范围的渗流场、位移场与注浆范围的关系，从而对隧道开挖安全性进行分析，并得到经济合理的注浆范围。

7.1 基于流固耦合的隧道开挖扰动效应的数值模拟分析及加固范围确定

7.1.1 流固耦合原理及基本方程

在现实情况中，岩土体等大多为可变形体，在原应力场或渗流场发生变化后，其原本的渗流以及应力状态将随之发生改变，例如隧道开挖、水平面升高等，在此过程中将会出现如图 7-1 所示的影响。

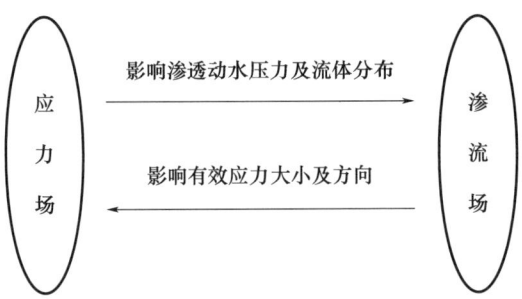

图 7-1 渗流场与应力场相互作用图

应力场与渗流场相互作用，因此对富水地层进行分析时，有必要考虑其影响，即应力场与渗流场的相互耦合作用。

7.1.1.1 渗流场对应力场的影响

在多孔岩土介质中，渗流所产生的作用力可分为渗透静水压力和渗透动水压力两种。当渗流场发生改变时，其产生的作用力也会随之改变，从而使得多孔岩土介质应力场的分布发生改变。

(1) 渗透静水压力

由渗流的基本理论可计算出作用于某表面上的渗透水压力，有

$$p = \gamma_w (H - z) \tag{7-1}$$

式中 p——渗透静水压力；

γ_w——水的密度；

H——位置水头；

z——实际高程。

在水下隧道开挖过程中，位置水头为河面高度，一般情况下不会发生变化，故渗透静水压力可视为不变。

（2）渗透动水压力

隧道开挖后，掌子面以及衬砌周围将会暴露在空气中，其表面孔隙水压变为0，从而导致岩土介质中产生水头差。当多孔岩土介质中存在水头差时，势必会引起地下水的渗流运动，而渗流运动又会产生渗透动水压力，即体积力。

由Darcy定理可知，地下水渗流运动所产生的体积力与水力梯度成正比，即

$$f = \gamma_w \frac{\partial H}{\partial x} = \gamma_w J \tag{7-2}$$

式中 f——渗流产生体积力的大小；

γ_w——水的容重；

J——水力梯度。

对于三维空间渗流问题，可将式（7-2）写作

$$\begin{Bmatrix} f_x \\ f_y \\ f_z \end{Bmatrix} = \begin{Bmatrix} -\gamma_w \frac{\partial H}{\partial x} \\ -\gamma_w \frac{\partial H}{\partial y} \\ -\gamma_w \frac{\partial H}{\partial z} \end{Bmatrix} = \begin{Bmatrix} \gamma_w J_x \\ \gamma_w J_y \\ \gamma_w J_z \end{Bmatrix} \tag{7-3}$$

式中 f_x、f_y、f_z——渗透体积力f在x、y、z方向的分力；

J_x、J_y、J_z——单元在x、y、z方向的水力坡降。

7.1.1.2 应力场对渗流场的影响

影响多孔岩土介质渗透性能的因素主要有两个方面，一方面是流体的性质，但在自然环境中，水的密度、黏度等性质变化不大，对渗流的影响可以忽略不计；另一方面是土体骨架的性质，包含孔隙率、比表面、颗粒的形状和大小等，通过渗透率体现，其中孔隙率对渗透率的影响是最为明显的，一般来说土体的孔隙率越大，其渗透系数也越大。而岩土介质应力状态的改变就体现在其孔隙率的变化上，因此多孔岩土介质应力状态的改变必然引起渗透率的改变，从而使渗流场发生改变，即多孔岩土介质应力场的改变引起渗流场的改变。

大量的试验研究表明，多孔介质的渗透率k_0或渗透系数k可以表示为孔隙率n的函数。Garman根据模型研究得到如下关系式

$$k_2 = k_1 \frac{[n_2/n_1]^3 [1-n_1]^2}{(1-n_2)^2} \tag{7-4}$$

式中 k_1、k_2——多孔岩土介质变化前后的渗透系数；

n_1、n_2——多孔岩土介质变化前后的孔隙率。

在计算过程中，一般假定岩土介质固体部分不可压缩，水体密度保持不变，因此可

认为体积应变 ε_v 仅与孔隙体积有关，故发生体积应变后单元的孔隙率 n 为

$$n = 1 - \frac{1-n_0}{1+\varepsilon_v} \tag{7-5}$$

式中　n_0——初始孔隙率。

在计算时，根据应力场和位移场的计算结果，按上式计算新的孔隙率和孔隙比，以此对渗透系数进行调整，重新计算渗流场。

7.1.1.3　渗流场和应力场的耦合方程

（1）土体微分三维平衡方程为

$$[\partial]^T \{\sigma\} = \{f'\} \tag{7-6}$$

式中

$$[\partial]^T = \begin{bmatrix} \frac{\partial}{\partial x} & 0 & 0 & 0 & \frac{\partial}{\partial z} & \frac{\partial}{\partial y} \\ 0 & \frac{\partial}{\partial y} & 0 & \frac{\partial}{\partial z} & 0 & \frac{\partial}{\partial x} \\ 0 & 0 & \frac{\partial}{\partial z} & \frac{\partial}{\partial y} & \frac{\partial}{\partial x} & 0 \end{bmatrix}$$

σ——总应力，$\{\sigma\}^T = [\{\sigma_x\} \quad \{\sigma_y\} \quad \{\sigma_z\} \quad \tau_{yz} \quad \tau_{zx} \quad \tau_{xy}]$；

f'——体积力，$\{f'\}^T = [f'_x \quad f'_y \quad f'_z]$。

本研究中隧道开挖只考虑重力的影响因素，故 $f_x=0$、$f_y=0$、$f_z=-\gamma$，其中 γ 为土体重度。

根据有效应力原理，总应力为有效应力 σ' 与孔隙静水压力 p 以及渗流动水压力 f 之和，则 $\{\sigma\} = \{\sigma'\} + \{M\}p + \{f\}$，其中 $\{M\} = [1\ 1\ 1\ 0\ 0\ 0]^T$，故平衡微分方程可写为

$$\{\partial\}^T(\{\sigma'\} + \{M\}p + \{f\}) = \{f'\} \tag{7-7}$$

（2）本构方程为

$$\{\sigma'\} = [D]\{\varepsilon\} \tag{7-8}$$

式中　$[D]$——线弹性矩阵或弹塑性矩阵；

ε——应变。

本研究只考虑线弹性变形，即服从广义 Hooke 定律，将式（7-8）中的应力用应变表示，可写为

$$\begin{aligned}\sigma'_x &= 2G\left(\frac{\nu}{1-2\nu}\varepsilon_v + \varepsilon_x\right) \\ \sigma'_y &= 2G\left(\frac{\nu}{1-2\nu}\varepsilon_v + \varepsilon_y\right) \\ \sigma'_z &= 2G\left(\frac{\nu}{1-2\nu}\varepsilon_v + \varepsilon_z\right)\end{aligned} \tag{7-9}$$

式中　ε_v——体积应变：

$$\varepsilon_v = \{M\}^T\{\varepsilon\} \tag{7-10}$$

　　　G——剪切模量；

　　　ν——泊松比。

几何方程为

$$\{\varepsilon\} = -[\partial]\{\omega\} \tag{7-11}$$

式中 ω——位移分量，$\{\omega\}^T = [\omega_x \quad \omega_y \quad \omega_z]$。

将式（7-11）代入式（7-8），即能得到以孔隙水压和位移表示的平衡微分方程

$$-[\partial]^T[D][\partial]\{\omega\} + [\partial]^T(\{M\}p + \{f\}) = \{f'\} \tag{7-12}$$

和三维固结连续性方程

$$\frac{\partial \varepsilon_v}{\partial t} = -\frac{K}{\gamma_w}\nabla^2 p \tag{7-13}$$

式中 K——渗透系数；

∇^2——拉普拉斯算子，$\nabla^2 = \dfrac{\partial^2}{\partial x^2} + \dfrac{\partial^2}{\partial y^2} + \dfrac{\partial^2}{\partial z^2}$。

将体积应变用位移表示，即

$$\varepsilon_v = \{M\}^T\{\varepsilon\} = -\{M\}^T[\partial]\{\omega\} \tag{7-14}$$

再将式（7-14）代入三维固结连续方程可得

$$-\frac{\partial}{\partial t}\{M\}^T[\partial]\{\omega\} + \frac{K}{\gamma_w}\nabla^2 p = 0 \tag{7-15}$$

式（7-12）及式（7-15）即为渗流场和应力场的耦合方程，在 Biot 固结理论基础上，考虑渗流体积力的影响，由 4 个偏微分方程组成，包含 4 个未知变量，在一定的初始条件和边界条件下可以解出。

7.1.1.4 一般求解条件

1）边界条件

（1）第一类边界条件

所研究的渗流区域边界上的水头、应力或位移随时间变化的规律是已知的，即水头边界条件（Dirichlet 条件）。用函数表示即为

$$H(x,y,z) = H_1(x,y,z)\Big|_{(x,y,z)\in\Gamma_1} \tag{7-16}$$

式中 $H_1(x,y,z)$——水头函数；

x,y,z——边界沿着 x,y,z 方向的渗流点；

Γ_1——渗流边界。

（2）第二类边界条件

所研究的渗流区域边界水头未知，但区域内流入或流出的渗流量已知，即流量边界条件（Neumann 条件）。用函数表示即为

$$k\frac{\partial H}{\partial n} = q(x,y,z)\Big|_{(x,y,z)\in\Gamma_2} \tag{7-17}$$

式中 Γ_2——流量和流向的边界；

n——Γ_2 的法向量。

2）初始条件

初始条件式说明初始时的渗流状态，对于非稳定渗流场，初始条件必不可少，但对于稳定渗流场，则无需设置初始条件。本研究水头高度保持不变，为稳定渗流，无需设置初始条件。

7.1.2 流固耦合有限元方程及求解方法

由于土体在固结过程中会发生应力重分布,因此主应力一直处于变化之中,想要求得准确理论解析会相当复杂困难,因此一般采用有限元法或有限差分法进行求解,近似代替解析解。

本研究采用有限元软件 Midas GTS NX(Geotechnical Tunnel analysis)对隧道开挖断面进行计算求解。

7.1.2.1 Midas 流体基本方程

Midas GTS NX 中所采用的流动法则为达西定律,其流动基本方程可表示为

$$\frac{\partial^2 H}{\partial x^2}+\frac{\partial^2 H}{\partial y^2}+\frac{\partial^2 H}{\partial z^2}+\frac{\partial \varepsilon_v}{\partial t}=\frac{\partial \Theta}{\partial t} \tag{7-18}$$

式中 H——水头高度;

ε_v——多孔岩土介质应变;

Θ——体积含水率。

式(7-18)即为流体在多孔介质中的流动基本方程,相对于渗流连续方程式(7-9),其考虑了多孔岩土介质的孔隙变化,即 $\frac{\partial \varepsilon_v}{\partial t}$;相对于三维固结连续方程式(7-13),其考虑了体积含水率的变化情况,即 $\frac{\partial \Theta}{\partial t}$,对于稳定流而言,其体积含水率保持不变,即 $\frac{\partial \Theta}{\partial t}=0$。

7.1.2.2 Midas 流体有限元方程

Midas GTS 中采用加重残差的伽辽金(Galerkin)法表现有限元方程,即

$$\int_V ([B]^T[C][B])dV\{H\}+\int_V (\lambda\{N\}^T\{N\})dV\{H\}t = q\int_A (\{N\}^T)dA \tag{7-19}$$

式中 $[B]$——动水坡度矩阵;

$[C]$——单元渗透系数矩阵;

$\{H\}$——节点水头向量;

$\{N\}$——形函数向量;

q——单元边的单位重量;

λ——非稳定流的阻流项,$\lambda=m_w\gamma_w$;

$\{H\}t$——随时间变化水头高度,$\{H\}t=\frac{\partial H}{\partial t}$。

式(7-19)可写为

$$[K]\{H\}+[M]\{H\}t=\{Q\} \tag{7-20}$$

式中 $[K]$——单元特性矩阵;

$[M]$——质量矩阵;

$\{Q\}$——流量向量。

式(7-19)以及式(7-20)即为非稳定流的有限元方程,而稳定流的水头高度不随时间变化,故 $[M]\{H\}t=0$,式(7-20)可写为

$$[K]\{H\}=\{Q\} \tag{7-21}$$

7.1.2.3 有效应力原理

由太沙基（Terzaghi）原理可知，总应力（σ）可分为有效应力（σ'）和孔隙水压（μ_w）。由于水不能受剪切应力，故有效剪切应力（τ'）与总的剪切应力（τ）相等。即总应力的表达式为

$$\begin{cases} \sigma = \sigma' + \mu_w \\ \tau = \tau' \end{cases} \tag{7-22}$$

式（7-22）在三维空间表示为

$$\begin{cases} \sigma_{xx} = \sigma'_{xx} + \mu_w \\ \sigma_{yy} = \sigma'_{yy} + \mu_w \\ \sigma_{zz} = \sigma'_{zz} + \mu_w \\ \tau_{xy} = \tau'_{xy} \\ \tau_{yz} = \tau'_{yz} \\ \tau_{xz} = \tau'_{xz} \end{cases} \tag{7-23}$$

7.1.2.4 耦合有限元方程

由胡克定律可知：

$$\begin{Bmatrix} \varepsilon^e_x \\ \varepsilon^e_y \\ \varepsilon^e_z \\ \gamma^e_x \\ \gamma^e_y \\ \gamma^e_z \end{Bmatrix} = \frac{1}{E} \begin{pmatrix} 1 & -\nu & -\nu & 0 & 0 & 0 \\ -\nu & 1 & -\nu & 0 & 0 & 0 \\ -\nu & -\nu & 1 & 0 & 0 & 0 \\ 0 & 0 & 0 & 2+2\nu & 0 & 0 \\ 0 & 0 & 0 & 0 & 2+2\nu & 0 \\ 0 & 0 & 0 & 0 & 0 & 2+2\nu \end{pmatrix} \cdot \begin{Bmatrix} \sigma'_x \\ \sigma'_y \\ \sigma'_z \\ \tau'_{xy} \\ \tau'_{yz} \\ \tau'_{zx} \end{Bmatrix} \tag{7-24}$$

式中 E——弹性模量；
ν——泊松比。

将式（7-23）代入式（7-24）可得

$$\begin{Bmatrix} \varepsilon^e_x \\ \varepsilon^e_y \\ \varepsilon^e_z \\ \gamma^e_x \\ \gamma^e_y \\ \gamma^e_z \end{Bmatrix} = \frac{1}{E} \begin{pmatrix} 1 & -\nu & -\nu & 0 & 0 & 0 \\ -\nu & 1 & -\nu & 0 & 0 & 0 \\ -\nu & -\nu & 1 & 0 & 0 & 0 \\ 0 & 0 & 0 & 2+2\nu & 0 & 0 \\ 0 & 0 & 0 & 0 & 2+2\nu & 0 \\ 0 & 0 & 0 & 0 & 0 & 2+2\nu \end{pmatrix} \cdot \begin{Bmatrix} \sigma_x - \mu_w \\ \sigma_y - \mu_w \\ \sigma_y - \mu_w \\ \tau_{xy} \\ \tau_{yz} \\ \tau_{zx} \end{Bmatrix} \tag{7-25}$$

7.2 隧道开挖稳定性分析

开挖不仅要考虑渗流场的影响，也需要对应力场、位移场、塑性变形等要素进行综合分析。本节将建立不同注浆范围的三维模型对隧道开挖过程进行研究，以得到最

为经济安全的超前帷幕注浆范围。

7.2.1 施工工法介绍

该隧道下穿强风化以及中风化泥质粉砂岩,上部为透水性能好的砂卵石层,而泥质粉砂岩遇水极易液化,承载能力大幅降低,为减少隧道开挖扰动,隧道开挖过程中不做爆破,全部采用机械开挖。

根据建设单位提供的资料,该隧道暗挖段采用STR260隧道掘进机进行开挖,该型号铣挖机全长约16m,主体行走部分长约10m,宽3.2m,高4.5m,重100t,行走坡度不得超过16°。CRD法、双侧壁导坑法以及预留核心土法均不满足机械操作要求,而台阶法和CD法施工风险较大,现有工法都不太适用于该机械。图7-2和图7-3为STR260隧道掘进机整体图及尺寸图。

图7-2 STR260隧道掘进机

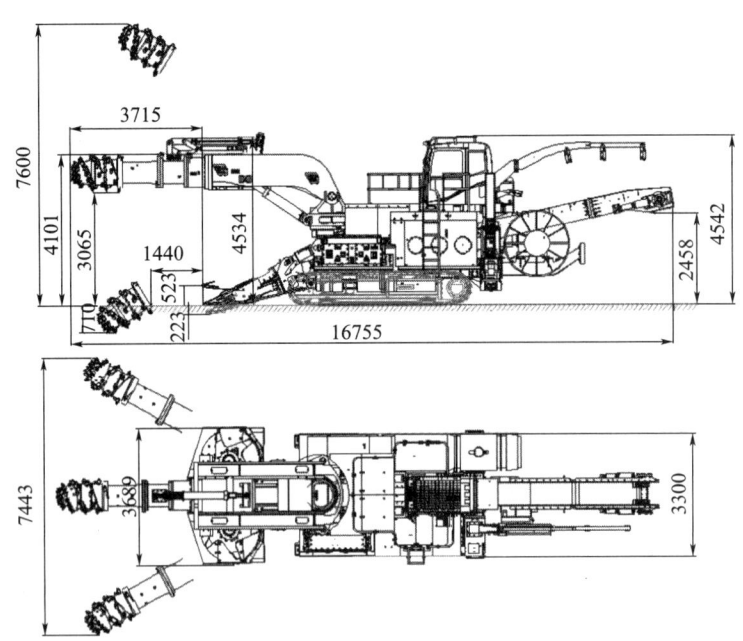

图7-3 STR260隧道掘进机尺寸

针对STR260隧道掘进机的特点,结合预留核心土台阶法,在CD法的基础上改进施工工艺,提出一种能快速封闭成环、降低开挖扰动、确保施工安全并适用于STR260隧道掘进机开挖的施工工法。

施工工法示意图如图7-4、图7-5所示。

7 软弱互层超浅埋小净距大断面穿江隧道开挖过程中加固范围研究

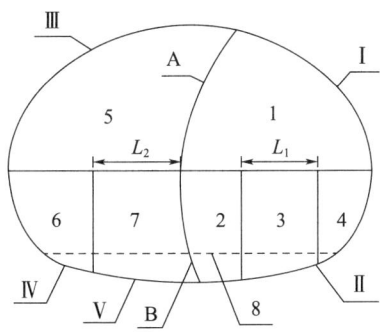

图 7-4 施工工法横断面图

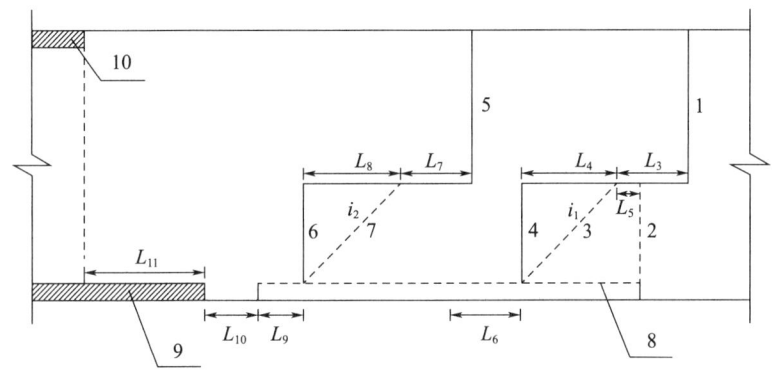

图 7-5 施工工法纵断面图

图 7-5 各标号具体含义如下：1 为上导坑右侧壁 1 部岩体；2 为下导坑右侧壁 2 部岩体；3 为下导坑右侧壁 3 部岩体；4 为下导坑右侧壁 4 部岩体；5 为上导坑左侧壁 5 部岩体；6 为下导坑左侧壁 6 部岩体；7 为下导坑左侧壁 7 部岩体；8 为回填碎石；9 为仰拱；10、二次衬砌。Ⅰ为第一初期支护；Ⅱ为第二初期支护；Ⅲ为第三初期支护；Ⅳ为第四初期支护；Ⅴ为第五初期支护。

结合图 7-4、图 7-5 对该工法进行介绍：

（1）施工顺序

① 上导坑右侧壁 1 部岩体开挖前，施作该部分超前支护；

② 上导坑右侧壁 1 部岩体开挖，施作该部右侧初期支护Ⅰ以及左侧中墙临时支护A，并对下导坑右侧壁 2 部岩体、3 部岩体以及 4 部岩体施作超前支护；

③ 下导坑右侧壁 2 部岩体以及 4 部岩体开挖，施作该部左侧中墙临时支护 B 以及初期支护Ⅱ；

④ 下导坑右侧壁 3 部岩体开挖；

⑤ 施作上导坑左侧壁 5 部岩体超前支护；

⑥ 上导坑左侧壁 5 部岩体开挖，施作该部左侧初期支护Ⅲ，并对下导坑左侧壁 6 部岩体以及 7 部岩体施作超前支护；

⑦ 下导坑左侧壁 6 部岩体开挖，施作该部左侧初期支护Ⅳ；

⑧ 下导坑左侧壁 7 部岩体开挖，施作该部下侧初期支护Ⅴ；

⑨ 拆除临时钢架以及临时支撑，浇筑仰拱和二次衬砌。

(2) 工法要点

① 上导坑右侧壁 1 部岩体开挖面距下导坑右侧壁 2 部岩体开挖面的距离 L_3 以及上导坑左侧壁 5 部岩体开挖面距下导坑左侧壁 7 部岩体开挖面最顶端的距离 L_7 大于 10m；

② 2 部岩体、4 部岩体以及 6 部岩体采用小型挖掘机进行开挖，开挖完成后，立即完成初期支护，以减少围岩暴露时间；

③ 隧道开挖一榀为一个进尺，上台阶同时开挖；

④ 两侧导坑安全距离 L_6 为 3～5m，仰拱施工落后于 6 部岩体开挖面的距离 L_{10} 为 5～7m，二衬浇筑施工落后于仰拱 L_{11} 为 8～12m。

(3) 工法特点

① 将下台阶分为多个部分，以此缩小每次开挖方量，从而缩短每次开挖时间，相比下台阶全部开挖可节省约 1/2～2/3 的时间。中间部分的岩体则充当核心土，能减少仰拱部分的隆起位移。

② 右导坑下台阶分为三个部分，先开挖 2 部岩体和 4 部岩体。左导坑下台阶分为两个部分而非三个部分，是由于右侧导坑先行开挖，左侧导坑开挖时，其右侧临时支撑已经完成，无需再进行支护，因此将其划分为两个部分，先开挖 6 部岩土体。

7.2.2 数值模拟方案

基于流固耦合分别建立注浆范围为 0m、2m、4m、6m 的三维模型，并考虑施工工序的影响，对模拟得到的应力场、渗流场、位移场、塑性区分布和围岩支护结构的受力特性进行研究。

7.2.2.1 计算模型的基本假定

计算采用三维模型，隧道开挖跨度为 15.3m，开挖高度为 10.6m，埋深为 11m。隧道两侧尺寸均大于洞泾的三倍，模型 Z 轴为垂直方向，Y 轴为隧道开挖方向，X 轴为隧道横断面，整体模型长 105m，宽 60m，高 45m。

隧道模型以及周围围岩的参数与前述章节所取参数相同。原始地层、注浆层、隧道开挖部分为 3D 实体单元，隧道注浆层通过更改单元参数来实现，而隧道开挖则通过钝化开挖部分的实体单元来实现，3D 实体单元均采用各向同性的 Mohr—Coulomb 理想弹塑性本构。隧道初支、二衬以及临时支撑采用 2D 板单元，其中初支以及二次衬砌为相同单元，通过激活单元以及更改单元参数来实现初支以及二次衬砌的模拟，2D 板单元采用各向同性的弹性本构。

7.2.2.2 施工工序模拟简化

隧道施工工序按照 7.2.1 隧道施工工法优化方案来模拟，但该工序十分复杂，计算量巨大，为减少隧道模型计算量，有必要对施工工法进行简化，具体简化内容如下：

(1) 隧道开挖每 5m 设置为一个施工步，在隧道施工模拟。

(2) 隧道开挖两个施工步，进行一次流固耦合计算。

(3) 隧道初始水头边界设置为 0m，在地层表面施加河水压力，水压按历史最高水位计算。

简化后的隧道施工模拟过程主要有以下步骤：

第一步，计算围岩初始应力场和渗流场，并清零位移；

第二步，更改隧道注浆层的参数，模拟超前注浆加固；

第三步，钝化开挖岩土体；

第四步，激活隧道开挖后的水头边界，对开挖后的模型进行渗流计算；

第五步，渗流场与应力场进行耦合，得到流固耦合后的应力场；

第六步，重复第二步，直到隧道开挖完成。

图 7-6 为隧道施工工序简化模拟图。

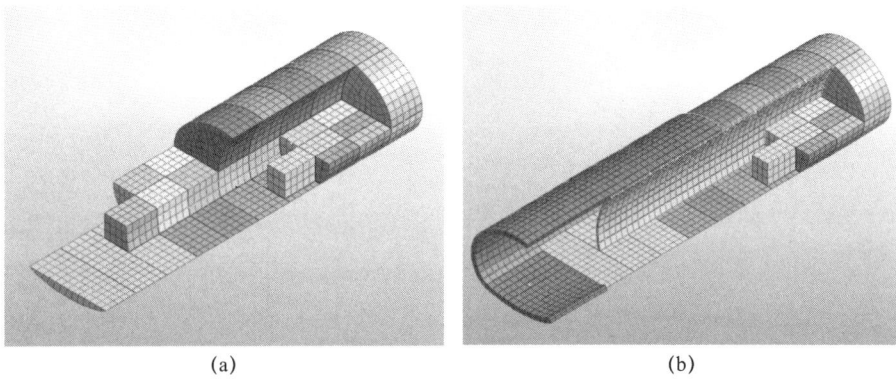

图 7-6　隧道施工工序模拟

注：图（a）隐藏了衬砌、仰拱和临时支撑，图（b）隐藏了右侧的衬砌。

7.2.3　流固耦合考虑与否结果对比分析

本研究首先对基于流固耦合的隧道工况模拟进行分析，以对比考虑流固耦合与否对隧道分析的影响。以注浆 6m 作为分析对象。

7.2.3.1　应力场分析

隧道开挖后，地层原始的平衡状态将会被打破，从而产生应力重新分布。前文的分析中，已经对隧道开挖后的应力场与覆盖层厚度变化规律做出总结，但并未考虑施工工法的影响，因此本章节对隧道开挖过程前后的隧道衬砌以及围岩应力场变化进行研究，同时对比考虑渗流与否对应力场的影响。由于篇幅有限，仅展示出部分应力场云图。如图 7-7 和图 7-8 所示。

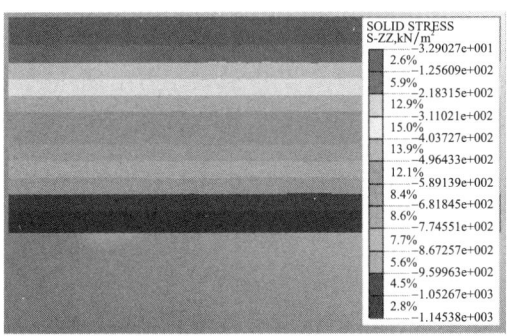
(a) 开挖前（未考虑流固耦合）

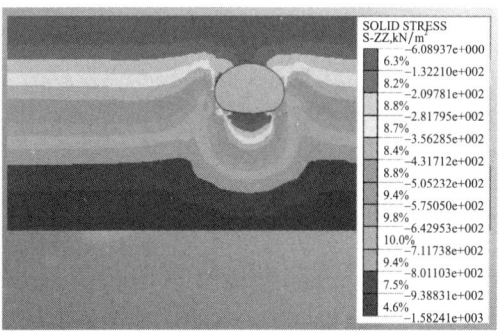
(b) 开挖后（未考虑流固耦合）

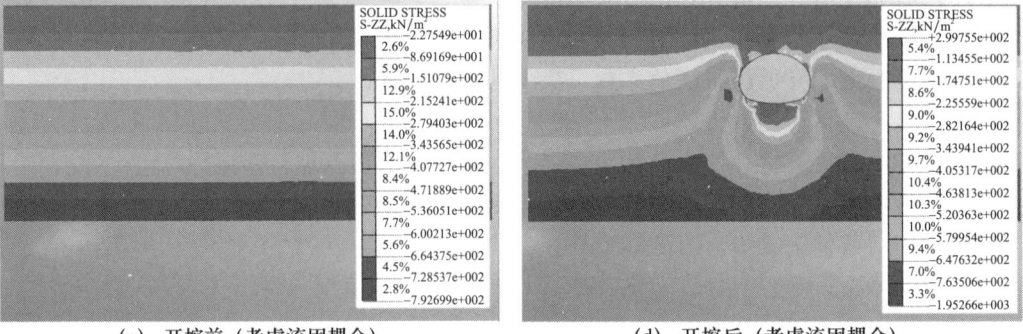

图 7-7 竖向有效应力云图（2D）

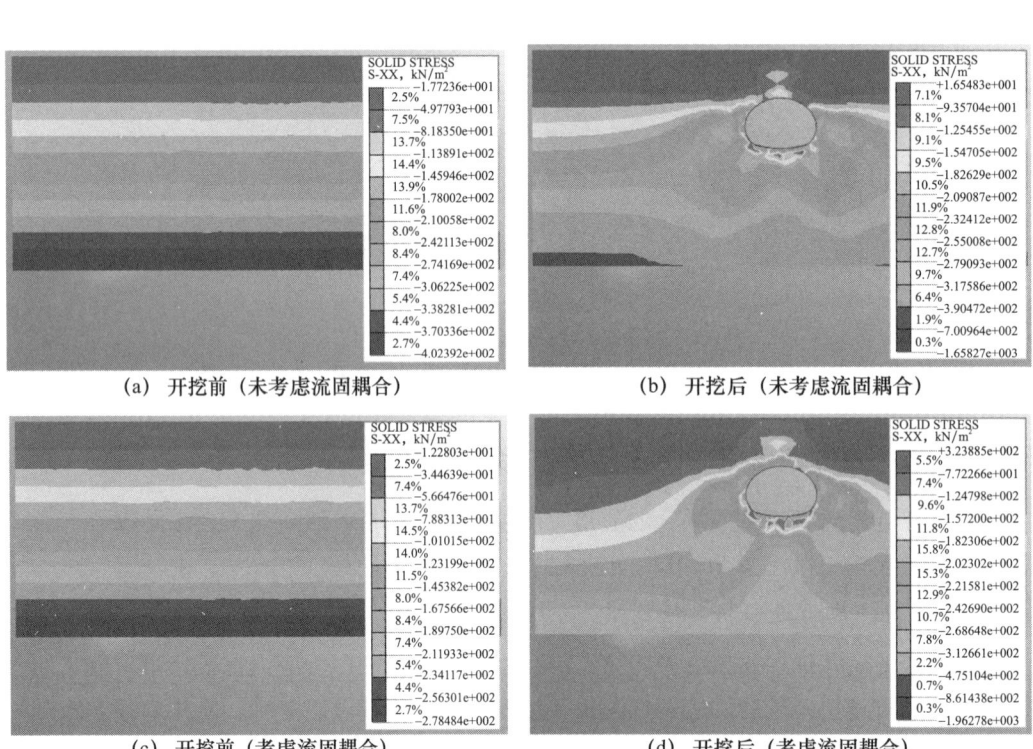

图 7-8 横向有效应力云图（2D）

从图 7-7、图 7-8 可知：

（1）从整体上来看，隧道完全开挖后，应力场整体大致呈左右对称分布，隧道拱顶以及仰拱位置出现卸荷区，拱腰以及拱脚位置出现应力集中，其中最大应力出现在拱脚处，而仰拱卸荷区出现拉应力，这是由于 Madis 的底层算法导致，说明该处出现较大隆起变形。

（2）考虑流固耦合的影响后，可明显发现隧道开挖的影响范围有所扩大，且隧道以及围岩的最大应力有所增大，其中竖向应力场的最大应力由 1.58MPa 增长为 1.95MPa，增幅约为 23.4%；横向应力场的最大应力由 1.66MPa 增大为 1.96MPa，增幅约为 18.1%。在隧道开挖后，岩土体中的流体会将隧道开挖所引起的卸荷效应进行扩散，故会增大隧道开挖的影响范围，同时由于流体会朝隧道方向流动，又会引起隧道产生更大的应力集中。

7.2.3.2 位移场分析

由于重力和开挖扰动效应，隧道开挖后会产生围岩变形，而判断矿山法隧道开挖时安全与否的一个重要因素就是位移变化。因此本小节通过统计隧道开挖过程中的位移变化值，对隧道开挖过程前后以及开挖过程中的整体位移变形进行综合分析。

1）竖向位移分析（如图7-9、图7-10所示）

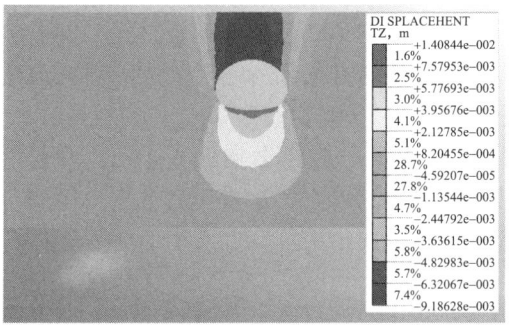

(a) 竖向位移（未考虑流固耦合）

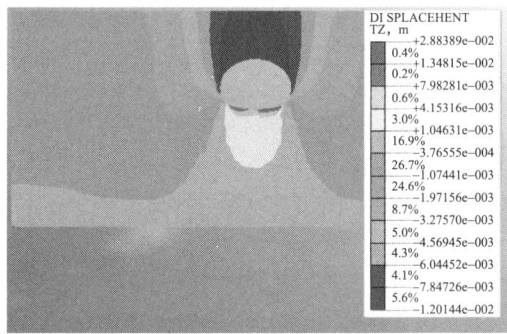

(c) 竖向位移（考虑流固耦合）

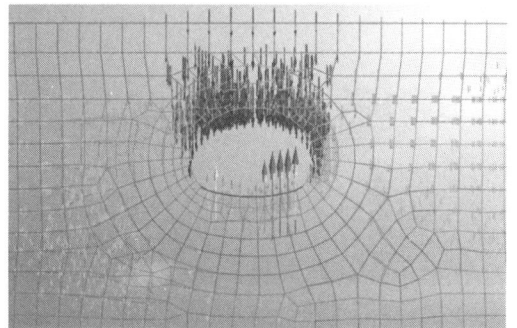

(b) 竖向位移矢量图（未考虑流固耦合）

(d) 竖向位移矢量图（考虑流固耦合）

图7-9 竖向位移云图（2D）

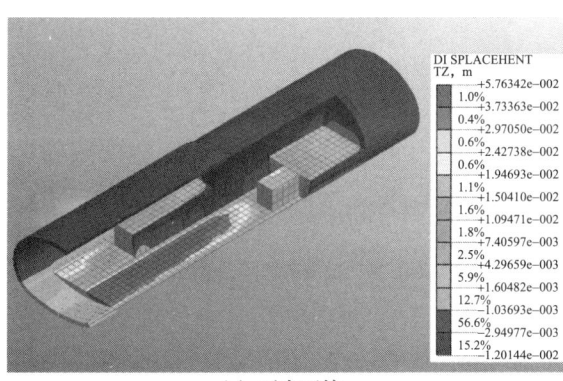

(a) 正在开挖

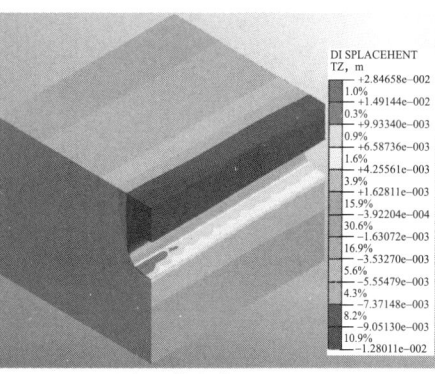

(b) 开挖完成

图7-10 竖向位移云图（考虑流固耦合）

注：图7-10（a）隐藏了右侧衬砌以及中隔墙。

从图 7-9、图 7-10 可知：

（1）从整体上看，隧道开挖完成后的竖向位移变化呈大致左右对称分布，竖向位移最大的位置为拱顶和仰拱部分。

（2）考虑流固耦合后，隧道竖向位移均有所增大，其中隧道拱顶沉降由 9.2mm 增大到 12.8mm，增大约 39.1%；而仰拱部分出现隆起位移量由 14.1mm 增大到 28.8mm，增大了约 104.3%。从位移矢量图可发现，未考虑流固耦合时，拱顶沉降主要集中在顶端，而考虑流固耦合后，主要沉降范围从拱顶向两侧拱腰扩散。

（3）从位移矢量图观察到，隧道以及围岩变形并非完全对称，右侧仰拱隆起变形量明显大于左侧，而仰拱中间部位变形量最少。这是由于隧道右侧导坑先行开挖，仰拱部位暴露时间较左侧更长，因此变形更大，这也证明了隧道开挖面暴露时间越长对隧道越不利。而仰拱中间部分由于有中隔墙支撑作用，因而变形量较少。

（4）从 3D 图中可观察到，隧道开挖对围岩的影响从开挖部分向四周扩散，并非仅影响两侧。开挖完成后，沿着隧道开挖方向的变形量逐渐增大，这说明后方岩土体的开挖对已开挖部分有很大的影响，因此开挖后应尽快完成支护措施，以减少后方岩土体开挖产生的扰动效应所带来的影响。

2）横向位移分析（如图 7-11、图 7-12 所示）

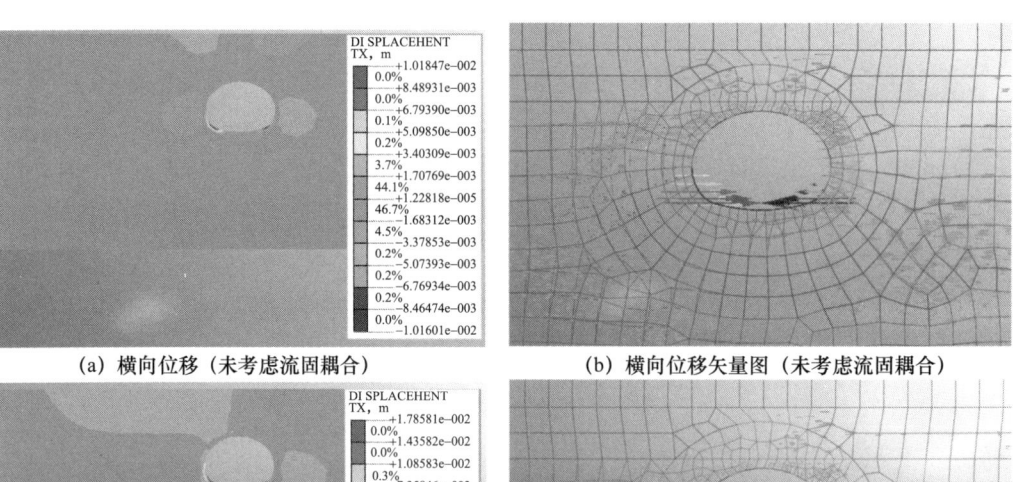

(a) 横向位移（未考虑流固耦合）　　　　(b) 横向位移矢量图（未考虑流固耦合）

(c) 横向位移（考虑流固耦合）　　　　(d) 横向位移矢量图（考虑流固耦合）

图 7-11　横向位移云图（2D）

从图 7-11、图 7-12 可发现：

（1）从横向位移矢量图可观察到，隧道开挖完成后，隧道横向位移最大的位置为拱脚处，并向拱腰处逐渐扩散减小。

（2）与竖向位移一样，考虑流固耦合的影响后，隧道横向变形有所增大。但与之不一样的是,考虑流固耦合之后,拱腰处的影响范围有所减小,而拱脚处的影响范围有所增大。其中右侧拱脚处横向位移由 10.2mm 增大为 24.1mm,左侧拱脚则由 10.2mm 增大为 17.8mm。

(3)未考虑流固耦合时,开挖后的横向位移云图呈左右对称分布,隧道左右两侧的横向位移最大分别为 10.18mm、10.16mm;而考虑流固耦合后,左右两侧横向位移分别为 17.8mm、24.1mm,两侧位移相差 6.3mm。

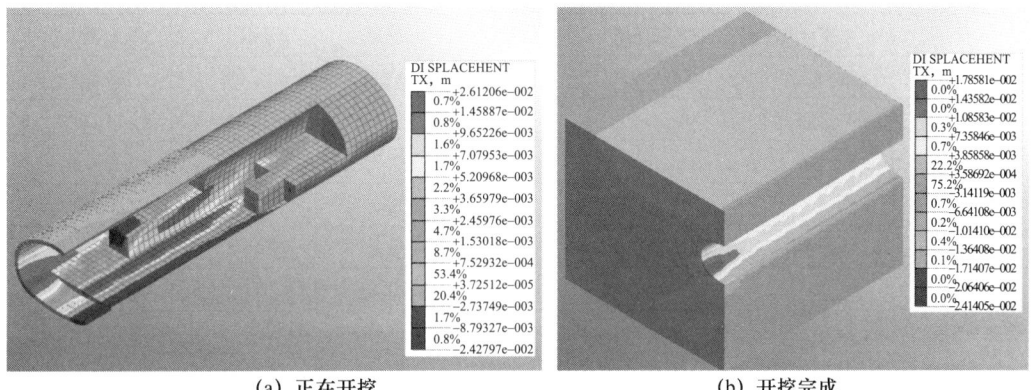

(a) 正在开挖　　　　　　　　　　(b) 开挖完成

图 7-12　横向位移云图(考虑流固耦合)

注:图 7-12(a)隐藏了右侧衬砌以及中隔墙。

综合竖向以及横向位移分析,变形最为明显的为拱顶、仰拱和拱脚处。为研究隧道开挖过程中,隧道以及围岩变形情况,分别选取隧道拱顶、仰拱底部、两侧拱脚以及两侧拱腰共计 6 个关键点,关键点分布如图 7-13 所示。

根据图 7-13 所示关键点,分别统计出考虑流固耦合与否的竖向位移以及横向位移随开挖进度的变化,由于模拟过程每开挖两步做一次流固耦合计算,因此每间隔一步进行统计,具体数据见表 7-1~表 7-4。

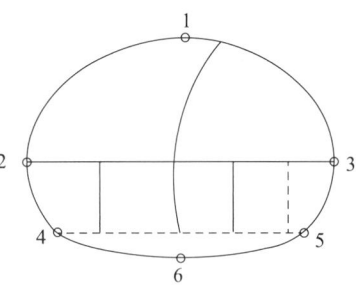

图 7-13　关键点分布示意图

表 7-1　考虑流固耦合的关键点竖向位移　　　　　　　　单位:mm

开挖步	关键点 1	关键点 2	关键点 3	关键点 4	关键点 5	关键点 6
0	0.00	0.00	0.00	0.00	0.00	0.00
2	−2.6	−0.7	−2.9	−0.3	1.7	1.1
4	−3.9	−1.3	−4.6	−0.6	10.7	1.8
6	−7.3	−6.1	−6.6	2.5	20.0	3.1
8	−9.7	−8.9	−8.3	10.1	23.2	5.2
10	−11.9	−11.1	−9.6	15.7	25.6	8.2
12	−12.5	−11.3	−10.0	16.0	25.7	8.5
14	−12.7	−11.5	−10.1	16.2	25.7	8.6

续表

开挖步	关键点1	关键点2	关键点3	关键点4	关键点5	关键点6
16	−12.7	−11.5	−10.1	16.2	25.7	8.6
18	−12.7	−11.5	−10.1	16.2	25.7	8.6
20	−12.7	−11.6	−10.1	16.2	25.7	8.6

表7-2 未考虑流固耦合的关键点竖向位移　　　　单位：mm

开挖步	关键点1	关键点2	关键点3	关键点4	关键点5	关键点6
0	0.00	0.00	0.00	0.00	0.00	0.00
2	−1.5	−0.1	−1.5	0.1	2.1	1.1
4	−1.9	−0.1	−2.1	0.2	5.1	1.2
6	−4.7	−3.3	−2.8	3.0	7.8	3.4
8	−6.6	−5.2	−3.6	8.2	10.0	5.5
10	−8.5	−6.3	−4.4	10.9	11.2	6.5
12	−9.0	−6.4	−4.5	11.3	11.3	6.5
14	−9.1	−6.5	−4.5	11.0	11.3	6.5
16	−9.1	−6.5	−4.5	11.0	11.3	6.5
18	−9.1	−6.5	−4.5	11.0	11.3	6.5
20	−9.1	−6.5	−4.5	11.0	11.3	6.5

将表7-2数据用曲线图表示，如图7-14、图7-15所示。

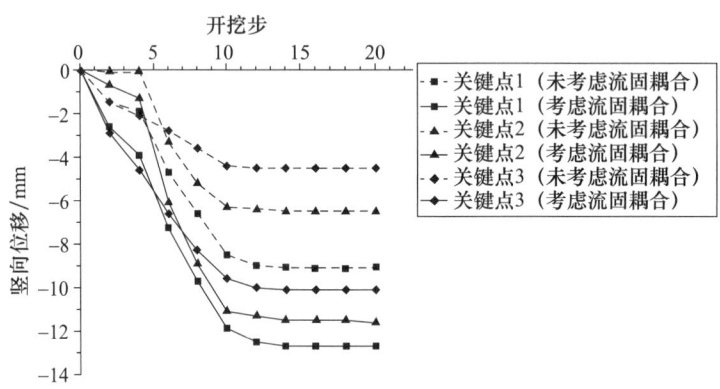

图7-14 关键点1-3的竖向位移

从表7-1、表7-2、图7-14以及图7-15可发现：

（1）随着隧道开挖，各个关键点的竖向位移均呈先增大后不变的变化趋势。其中竖向位移较大的部位为关键点1、关键点4以及关键点5，即仰拱以及拱脚位置。

（2）流固耦合对隧道竖向位移变形的影响很大，未考虑流固耦合时，隧道左右两侧竖向变形量相差不大，基本呈对称分布；而考虑流固耦合的影响后，隧道各个关键点的变形均有所增大，关键点1至关键点6的竖向变形量依次增大了39.6%、78.5%、124.4%、47.3%、127.4%、32.3%。可发现对关键点3以及关键点5的影响最为明

7 软弱互层超浅埋小净距大断面穿江隧道开挖过程中加固范围研究

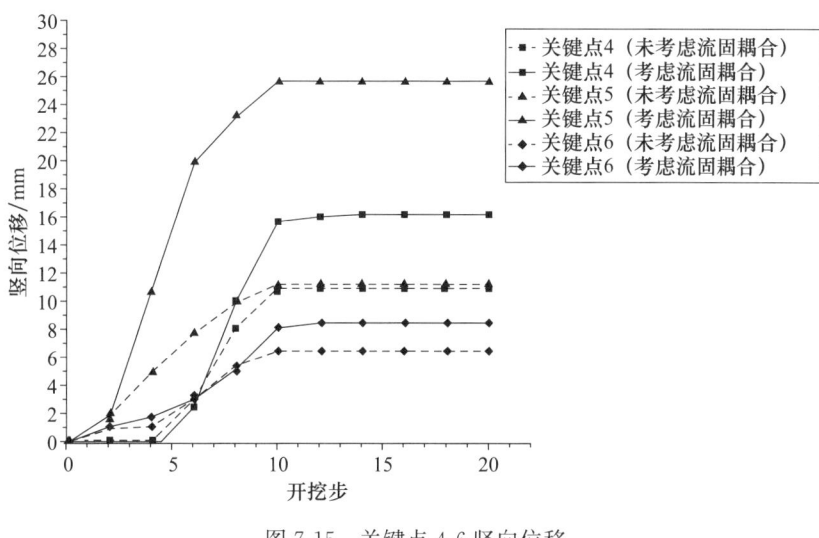

图 7-15 关键点 4-6 竖向位移

显，即对右侧拱腰以及拱脚处的影响最大。这是由于隧道开挖后右侧导坑仰拱部位暴露时间相较于左侧导坑更长，因而渗流对其影响更大。具体数据见表 7-3、表 7-4、图 7-16 以及图 7-17。

表 7-3 考虑流固耦合的关键点横向位移　　　　　　　　　　　单位：mm

开挖步	点 1	点 2	点 3	点 4	点 5	点 6
0	0	0	0	0	0	0
2	0.2	0	−0.3	0.1	−0.3	0.4
4	0.4	0.3	−2.8	2	−14.9	4.8
6	0.2	1.8	−4.2	11.3	−19.1	6.5
8	0.1	4.8	−4.6	17.4	−21.8	6.6
10	−0.1	5.8	−4.6	17.8	−21.9	6.7
12	−0.3	6.1	−4.6	17.9	−21.9	6.8
14	−0.3	6.1	−4.6	17.9	−21.9	6.8
16	−0.3	6.1	−4.7	17.9	−21.9	6.8
18	−0.3	6.1	−4.7	17.9	−21.9	6.8
20	−0.3	6.1	−4.7	17.9	−21.9	6.8

表 7-4 未考虑流固耦合的关键点横向位移　　　　　　　　　　单位：mm

开挖步	点 1	点 2	点 3	点 4	点 5	点 6
0	0	0	0	0	0	0
2	0	−0.4	0.8	−0.4	−0.1	0.3
4	0.2	−0.5	−0.5	−0.5	−2.1	−0.3
6	0.4	−0.6	−1.5	−0.2	−3.8	−0.2
8	0.3	1.6	−1.6	3.1	−5.4	−0.4

续表

开挖步	点1	点2	点3	点4	点5	点6
10	0	2.0	−1.6	9.9	−6.3	0
12	−0.1	2.2	−1.6	9.9	−8.0	0.1
14	−0.1	2.2	−1.6	10.0	−8.0	0.1
16	−0.1	2.2	−1.6	10.0	−8.0	0.1
18	−0.1	2.2	−1.6	10.0	−8.0	0.1
20	−0.1	2.2	−1.6	10.0	−8.0	0.1

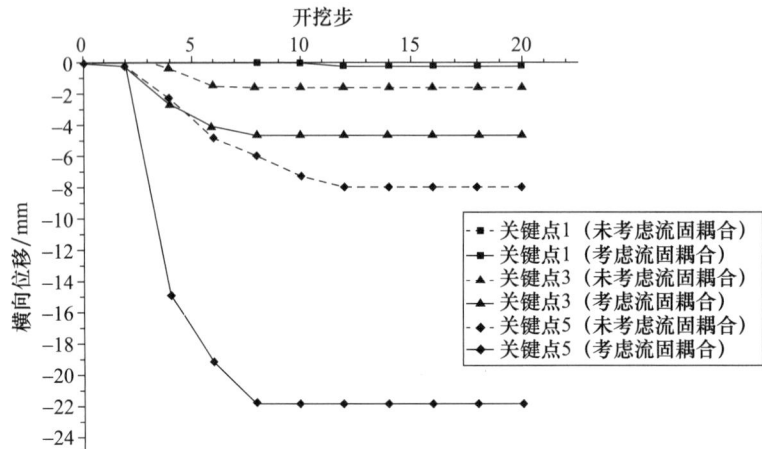

图 7-16 关键点 1、3、5 横向位移

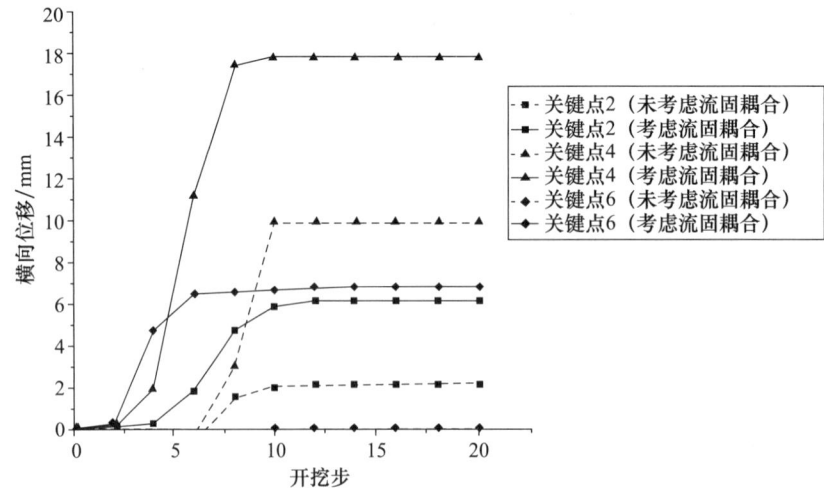

图 7-17 关键点 2、4、6 横向位移

从表 7-3、表 7-4、图 7-16 以及图 7-17 可发现：

（1）横向位移的变化与竖向位移大致相同，除关键点 1 以及关键点 6，其他各点都呈先增大后保持稳定。其中变化较大的部位为关键点 5 以及关键点 6，即两侧拱脚位置。

(2) 考虑流固耦合后，除关键点 1 以外，其他各点均有所增大，其中关键点 4 以及关键点 5 的横向位移分别增大 79%、173.8%，这说明流体渗流对仰拱部位的影响很大。

综合竖向位移和横向位移来看，流体的渗流运动加剧了围岩的变形，总体来看，对隧道拱脚位置影响最大，特别是右侧导坑。分析其原因主要有：①仰拱位置的初支落后于侧面支护，因此流体的渗流运动对其影响最大。②右侧导坑先行左侧导坑开挖，而仰拱浇筑需待左侧导坑开挖后再进行，故流体对右侧的影响更大。

7.2.3.3 塑性区分析

塑性区云图如图 7-18、图 7-19 所示。

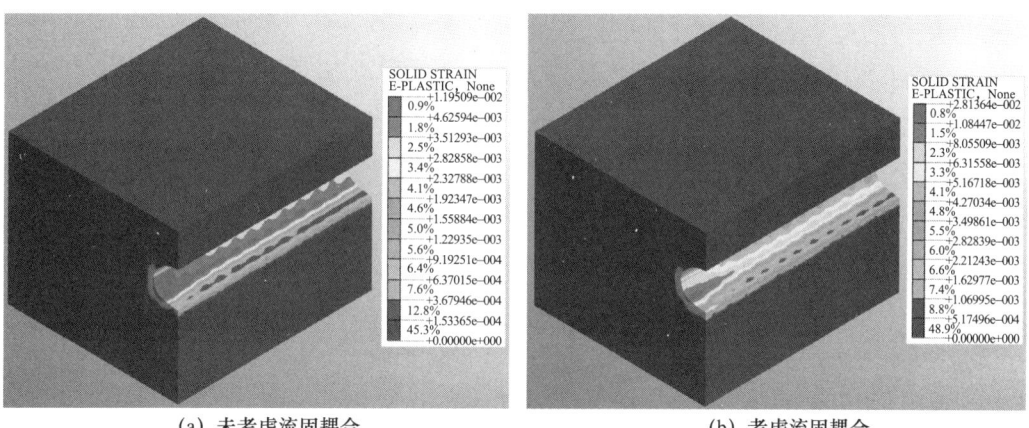

(a) 未考虑流固耦合　　　　　　　　　(b) 考虑流固耦合

图 7-18　塑性区分布图（3D）

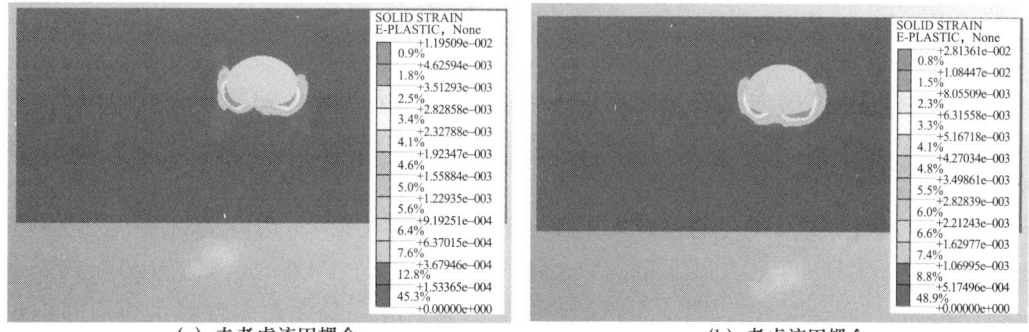

(a) 未考虑流固耦合　　　　　　　　　(b) 考虑流固耦合

图 7-19　塑性区分布图（2D）

从图 7-18 和图 7-19 可发现：

(1) 从整体上来看，塑性区主要分布在仰拱、拱脚以及拱腰部位，其中以拱脚处的塑性变形最大。

(2) 考虑流固耦合与否对隧道塑性区分布有一定的影响，未考虑流固耦合时，塑性变形区在隧道两侧大范围出现，且最远处已经穿越了注浆加固区；考虑流固耦合后，塑性区主要集中在隧道衬砌2m范围内。可见考虑流固耦合后，塑性区的范围有所减小。

7.2.4 不同注浆范围对比分析

7.2.4.1 渗流场对比分析

首先是孔隙水压对比分析，如图7-20所示。

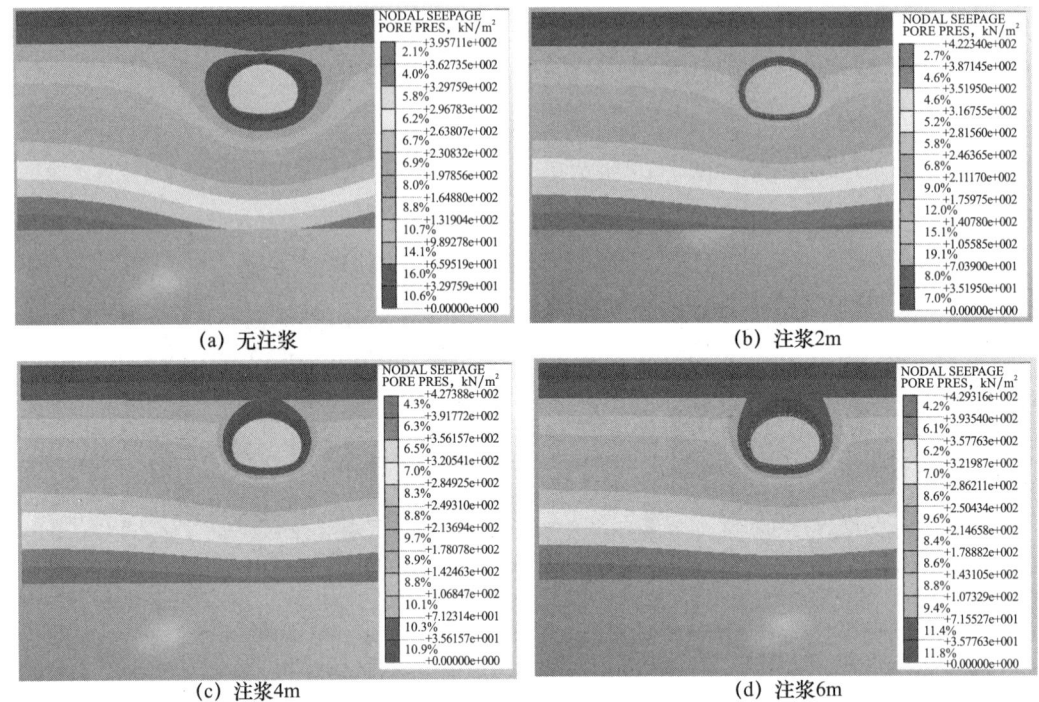

图7-20 不同注浆范围孔隙水压图

从图7-20可发现：

（1）注浆对隧道渗流场的影响很大。在未采取注浆措施时，隧道开挖对岩土体内孔隙水压分布的影响范围十分大；而进行注浆后，可明显观察到，注浆范围外的孔隙水压变化很小。

（2）不同注浆范围对围岩孔隙水压影响不一，例如注浆2m时隧道周围的孔隙水压等值线还有一定弯曲，但当注浆范围增大到6m时，注浆范围外的孔隙水压分布几乎与未开挖时的分布一样。这说明注浆范围越大，隧道开挖对注浆范围外岩土体内的影响越小。

其次是渗流速度对比分析，如图7-21所示。

从图7-21可发现：

（1）采取注浆措施时，隧道开挖后，拱顶部位的渗流速度最大，流体主要从拱顶渗流至隧道内部；而采取注浆措施后，渗流速度最大的部位变为拱脚处，且最大渗流速度仅为1/10左右。

（2）不同注浆范围，对隧道渗流速度有一定的影响，注浆范围越大，渗流速度相对更小，但变化幅度很小。

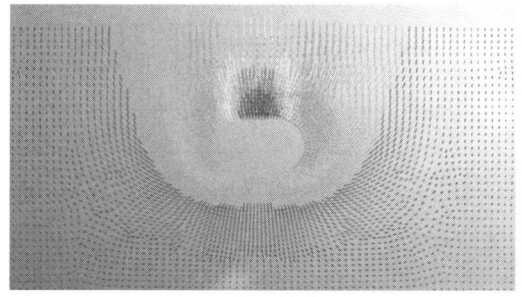
(a) 无注浆

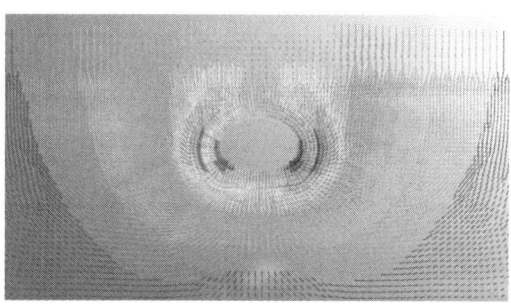
(b) 注浆2m

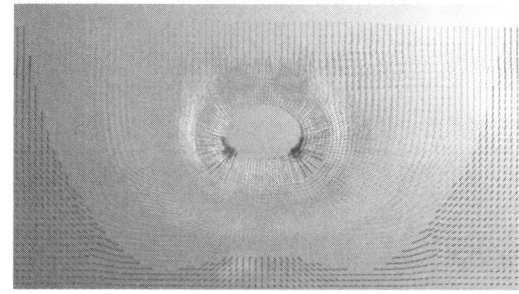
(c) 注浆4m

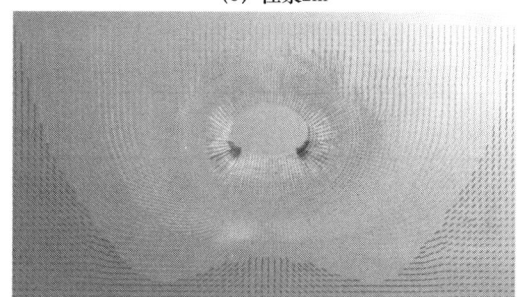
(d) 注浆6m

图 7-21 不同注浆范围渗流速度矢量图

最后是渗流量对比分析。

渗流量通过 Midas 软件统计，统计数据见表 7-5。

表 7-5 每延米渗流量统计

注浆范围/m	0	2	4	6
渗流量/$m^3 \cdot s^{-1}$	6.9×10^{-5}	4.24×10^{-6}	2.73×10^{-6}	2.09×10^{-6}

从表 7-5 可知，注浆后的渗流量大幅减小，仅为未注浆的 1/10 不到，但不同范围的注浆对渗流量的影响很小，变化幅度仅为 20% 左右。

将表 7-5 数据与采用二维模型计算数据进行对比分析发现，采用三维模型计算所得数据相较于二维模型较小，但相差不超过 20%。

7.2.4.2 位移场对比分析

对于矿山法隧道而言，隧道变形量是隧道开挖过程安全与否的判断标准，因此可根据隧道变形量对不同注浆范围的注浆效果进行对比分析。不同注浆范围的关键点位移见表 7-6 至表 7-11。

1) 竖向位移对比分析（见表 7-6～表 7-8）

表 7-6 注浆 0m 的关键点竖向位移 单位：mm

开挖步	关键点 1	关键点 2	关键点 3	关键点 4	关键点 5	关键点 6
0	0.0	0.0	0.0	0.0	0.0	0.0
2	−9.8	−2.6	−11.0	1.2	6.4	4.2
4	−14.7	−4.9	−17.4	2.3	40.4	6.8

续表

开挖步	关键点1	关键点2	关键点3	关键点4	关键点5	关键点6
6	−27.6	−23.1	−24.9	9.5	75.6	11.7
8	−36.7	−33.6	−31.4	38.2	87.7	19.7
10	−45.0	−42.0	−36.3	59.3	96.8	31.0
12	−47.3	−42.7	−37.8	60.5	97.1	32.1
14	−48.0	−43.5	−38.2	61.2	97.1	32.5
16	−48.0	−43.5	−38.2	61.2	97.1	32.5
18	−48.0	−43.5	−38.2	61.2	97.1	32.5
20	−48.0	−43.8	−38.2	61.2	97.1	32.5

表 7-7　注浆 2m 的关键点竖向位移　　　　　　　　　　　单位：mm

开挖步	关键点1	关键点2	关键点3	关键点4	关键点5	关键点6
0	0	0	0	0	0	0
2	−5.2	−1.4	−5.8	0.6	3.4	2.2
4	−7.8	−2.6	−9.2	0.7	21.4	3.6
6	−14.6	−13.2	−13.2	5.0	40	6.2
8	−19.4	−17.8	−16.6	20.2	46.4	10.4
10	−23.8	−22.2	−19.2	31.4	51.2	16.4
12	−25.0	−22.6	−20.0	32.0	51.4	17.0
14	−25.4	−23.0	−20.2	32.4	51.4	17.2
16	−25.4	−23.0	−20.2	32.4	51.4	17.2
18	−25.4	−23.0	−20.2	32.4	51.4	17.2
20	−25.4	−23.2	−20.2	32.4	51.4	17.2

表 7-8　注浆 4m 的关键点竖向位移　　　　　　　　　　　单位：mm

开挖步	关键点1	关键点2	关键点3	关键点4	关键点5	关键点6
0	0.0	0.0	0.0	0.0	0.0	0.0
2	−3.6	−1.0	−4.1	−0.1	2.4	1.5
4	−5.5	−1.8	−6.4	0.5	15.0	2.5
6	−10.2	−8.5	−9.2	3.5	28.0	4.3
8	−13.6	−12.5	−11.6	14.1	32.5	7.3
10	−16.7	−15.5	−13.4	22.0	35.8	11.5
12	−17.5	−15.8	−14.0	22.4	36.0	11.9
14	−17.8	−16.1	−14.1	22.7	36.0	12.0
16	−17.8	−16.1	−14.1	22.7	36.0	12.0
18	−17.8	−16.1	−14.1	22.7	36.0	12.0
20	−17.8	−16.1	−14.1	22.7	36.0	12.0

考虑流固耦合后竖向变形较大的部位为关键点 1、关键点 4 以及关键点 5，即拱脚

和拱顶处。因此主要针对该部位进行数据处理分析，结合表 7-1 注浆 6m 时隧道竖向变形数据，可得到图 7-22 和图 7-23。

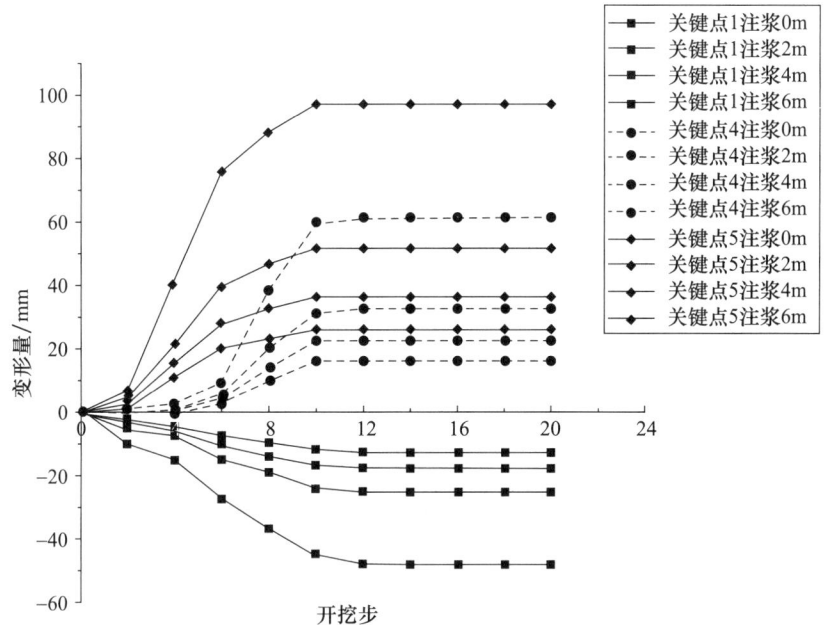

图 7-22　不同注浆范围关键点变形量-开挖步曲线图

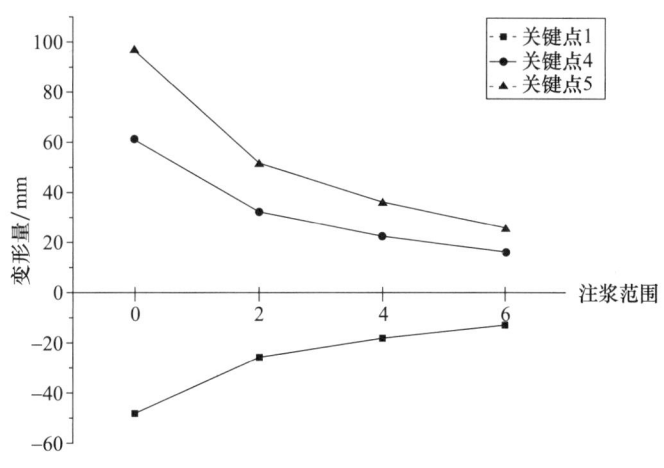

图 7-23　关键点最终变形量-不同注浆范围曲线图

从表 7-6 至表 7-8 以及图 7-22 和图 7-23 可知：

（1）注浆对隧道变形控制极为有效，未注浆时，隧道竖向变形量最大值达到 97.1mm，采取注浆 2m 加固措施后该部位的变形即减少 45.7mm，减少了近 50%，而注浆 6m 后该部位的变形降低为 25.7mm，减小 73.5%。

（2）注浆范围越大，围岩越稳定，隧道变形越小，但其效果逐渐减小，注浆范围从 0m 至 6m 的变形量依次减少 47.1%、39.0%、28.6%。

2) 横向位移对比分析（见表 7-9～表 7-11）

表 7-9 注浆 0m 的关键点横向位移　　　　　　　　　单位：mm

开挖步	点 1	点 2	点 3	点 4	点 5	点 6
0	0	0	0	0.0	0.0	0.0
2	0.2	.0	−1.5	0.4	−1.2	1.9
4	0.4	1.5	−14	8.0	−59.5	4.2
6	0.4	9	−21	45.1	−76.2	5.4
8	0.2	24	−23	69.4	−87.0	8.0
10	0.2	29	−23	71.0	−87.4	8.8
12	0.2	30.5	−23	71.4	−87.4	8.8
14	0.2	30.5	−23	71.4	−87.4	8.8
16	0.2	30.5	−23.5	71.4	−87.4	8.8
18	0.2	30.5	−23.5	71.4	−87.4	8.8
20	0.2	30.5	−23.5	71.4	−87.4	8.8

表 7-10 注浆 2m 的关键点横向位移　　　　　　　　　单位：mm

开挖步	点 1	点 2	点 3	点 4	点 5	点 6
0	0	0	0	0	0	0.0
2	0.3	0	−0.6	0.2	−0.6	1.6
4	0.5	0.6	−5.6	4	−29.8	3.5
6	0.1	3.6	−8.4	22.6	−38.2	4.5
8	0.1	9.6	−9.2	34.8	−43.6	6.7
10	0.1	11.6	−9.2	35.6	−43.8	7.3
12	0.1	13.2	−9.2	35.8	−43.8	7.3
14	0.1	13.2	−9.2	35.8	−43.8	7.3
16	0.1	13.2	−9.4	35.8	−43.8	7.3
18	0.1	13.2	−9.4	35.8	−43.8	7.3
20	0.1	13.2	−9.4	35.8	−43.8	7.3

表 7-11 注浆 4m 的关键点横向位移　　　　　　　　　单位：mm

开挖步	点 1	点 2	点 3	点 4	点 5	点 6
0	0.0	0.0	0.0	0.0	0.0	0.0
2	0.3	0.0	−0.4	0.2	−0.5	0.4
4	0.6	0.4	−3.8	3.0	−22.4	5.0
6	0.3	2.4	−5.7	17.0	−28.7	6.8
8	0.2	6.5	−6.2	26.1	−32.7	6.9
10	0.0	7.8	−6.2	26.7	−32.9	7.0
12	0.0	8.2	−6.2	26.9	−32.9	7.1

续表

开挖步	点1	点2	点3	点4	点5	点6
14	0.0	8.2	−6.2	26.9	−32.9	7.1
16	0.0	8.2	−6.3	26.9	−32.9	7.1
18	0.0	8.2	−6.3	26.9	−32.9	7.1
20	0.0	8.2	−6.3	26.9	−32.9	7.1

隧道横向位移较大的部位主要有拱腰以及拱脚处，因此主要考虑该部位开挖时的变形，综合上表 7-9 至表 7-11 并结合表 7-3 可得到关键点 2、关键点 3、关键点 4 以及关键点 5 的横向位移变化曲线图，具体如图 7-24、图 7-25 所示。

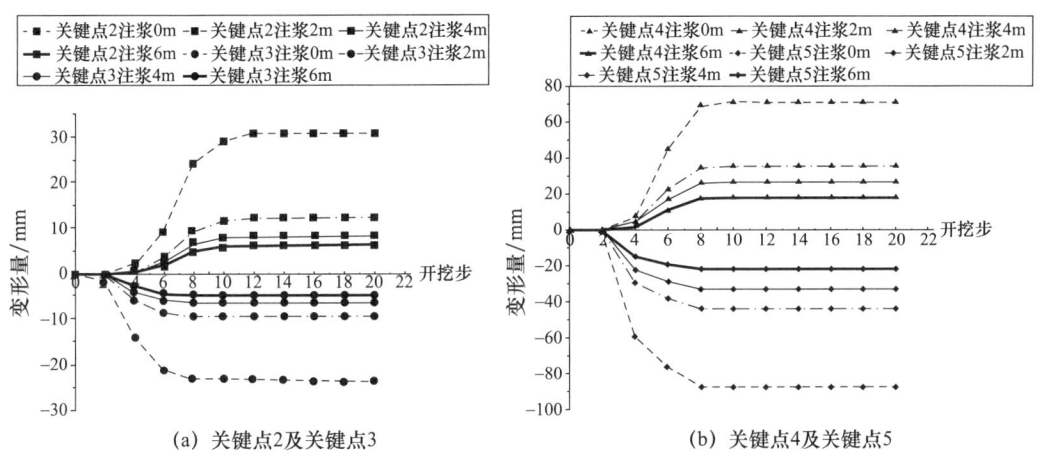

(a) 关键点2及关键点3　　(b) 关键点4及关键点5

图 7-24　不同注浆范围关键点变形量-开挖步曲线图

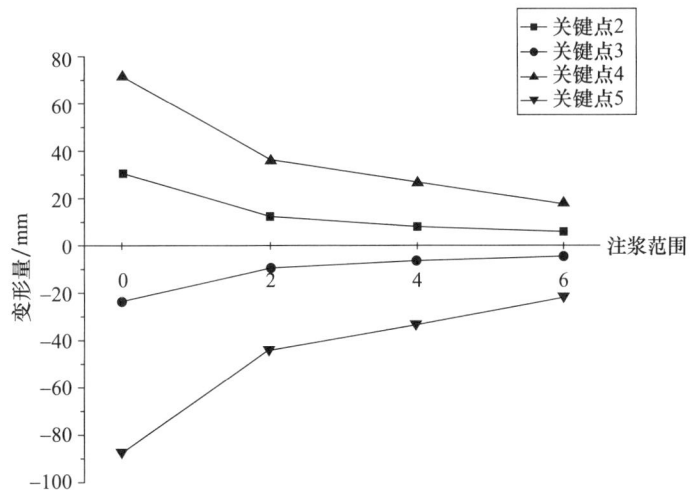

图 7-25　关键点最终变形量-不同注浆范围曲线图

从表 7-9～表 7-11 以及图 7-24、图 7-25 可知，横向变形与竖向变形类似，注浆前后隧道变形量差别很大，注浆前，隧道横向变形量最大值为 −87.4mm，注浆范围从 0m

至 6m 的变形量依次减少。

综合竖向变形以及横向变形来看，见表 7-12，注浆加固对隧道变形控制有很大的帮助，注浆后隧道变形可缩减 40% 以上，最高可达 70% 以上。

表 7-12 不同注浆范围最大变形量

注浆范围/m	0	2	4	6
竖向最大变形量/mm	97.1	51.4	36.0	25.7
横向最大变形量/mm	87.4	43.8	32.9	21.9

从隧道开挖安全的角度考虑，隧道各部位的变形量不得超过极限位移的 1/3，根据设计资料可知，该隧道预留变形量为 10cm，即极限位移为 10cm，从变形量统计数据可知，注浆范围为 6m 时，隧道开挖后的最大变形量为 25.7mm，小于 33mm（极限位移的 1/3），而注浆范围为 4m 时，最大变形量达到 36.0mm，稍大于 33mm。从隧道变形量与注浆范围的变化关系上来看，注浆范围为 5m 时，即可将最大变形量控制在 30mm 左右。因此，综合考虑经济与安全两方面，拟采取注浆范围为 5m 的超前帷幕注浆方案。

7.3 分岔段及大跨断面受力安全性分析

蓉江隧道为大断面隧道，且主线与匝道分、汇流处截面为非对称截面，其受力不均匀容易出现原有设计强度及安全系数不满足要求等情况，因此有必要分析分岔段结构、大跨结构受力安全性。

7.3.1 分岔段截面荷载计算

分岔段横截面计算简图如图 7-26 所示，按埋深（h=8.56m）计算围岩压力。对于地下水位以下围岩，采用浮容重计算围岩压力，水平侧压力系数取 0.5。

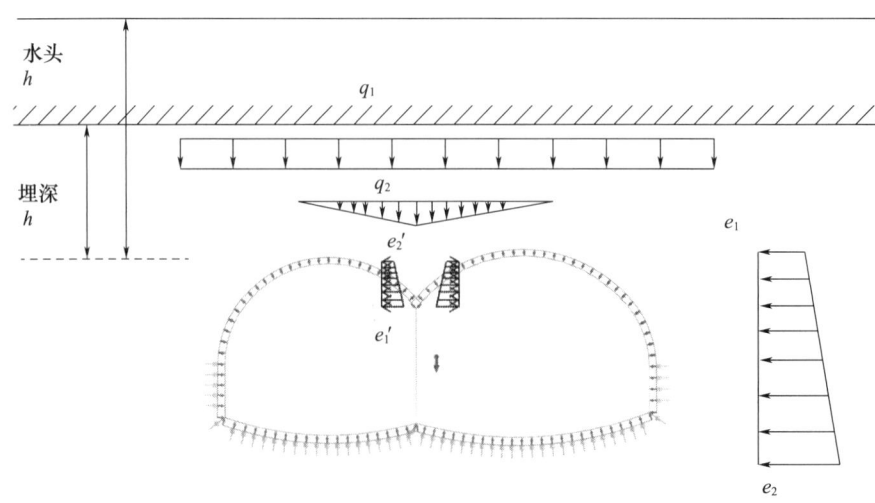

图 7-26 荷载计算简图

$q_1 = -\gamma h_1 = -10 \times 8.56 = -85.6 \text{ (kN/m}^2\text{)}$

$e_1 = -\mu \gamma h_1 = -42.8 \text{ (kN/m}^2\text{)}$

$e_2 = -\mu \gamma h_2 = -88.05 \text{ (kN/m}^2\text{)}$

$q_2 = -\gamma (h' - h_1) = -10 \times 2 = -20 \text{ (kN/m}^2\text{)}$

$e'_1 = -\mu \gamma h_1 = -42.8 \text{ (kN/m}^2\text{)}$

$e'_2 = -\mu \gamma h' = -52.8 \text{ (kN/m}^2\text{)}$

按水头 ($h = 12$m) 计算径向水压力。

拱顶处径向水压力 $e_{w1} = -\gamma h_1 = -10 \times 12 = -120 \text{ (kN/m}^2\text{)}$

仰拱最低点处径向水压 $e_{w2} = -\gamma h_2 = -10 \times (12 + 9.05) = -210.5 \text{ (kN/m}^2\text{)}$

平面应变问题，因此加载到模型的线荷载（单位 kN/m）数值上等于相应的面荷载（单位 kN/m²）数值。

7.3.2 分岔段截面数值模拟及内力校核

采用 Midas GTS 根据图 7-26 所示截面及荷载建立二维数值模型，计算所得内力图如图 7-27～图 7-29 所示。

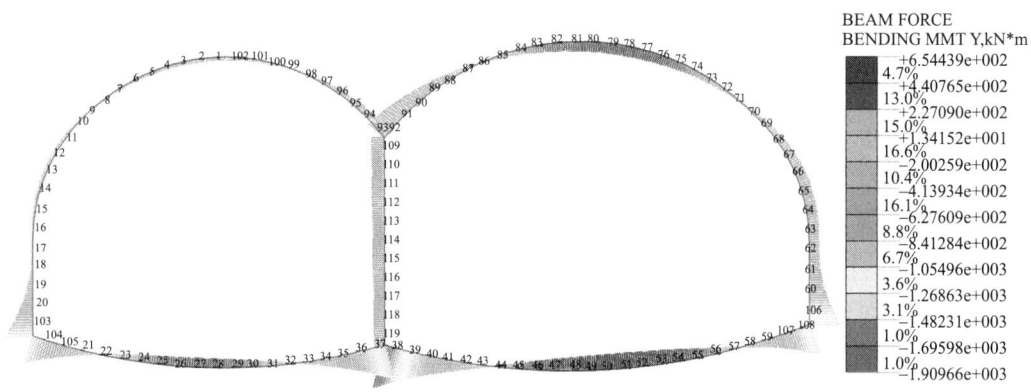

图 7-27 分岔段截面弯矩图

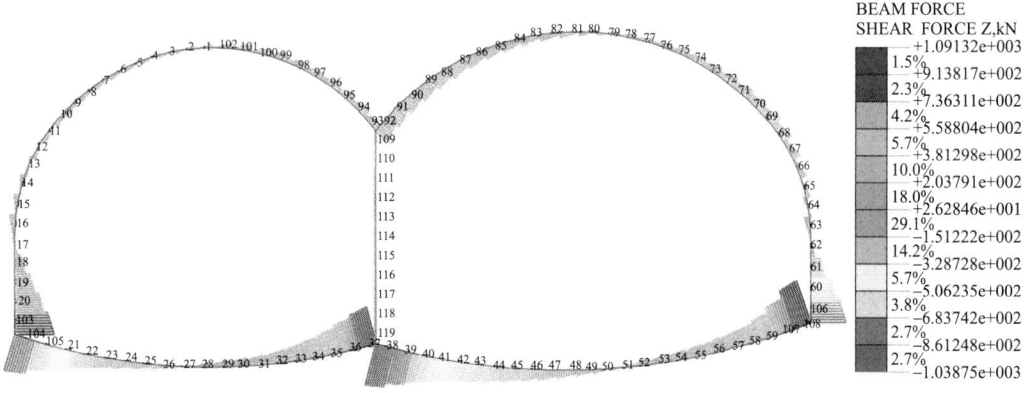

图 7-28 分岔段截面剪力图

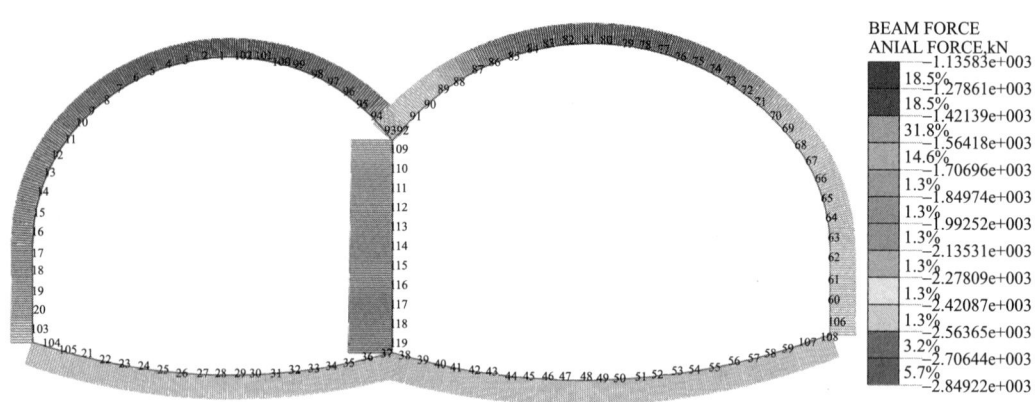

图 7-29 分岔段截面轴力图

混凝土强度等级 C45，$E_c=33.5\mathrm{GPa}$，$R_a=33.0\mathrm{MPa}$，$R_w=41.2\mathrm{MPa}$。主筋采用 HRB400 级钢筋，直径 d=28mm，根数为 13.33 根/延米，纵向间距为 75mm，钢筋抗拉压计算强度 $R_g=360\mathrm{MPa}$。截面计算宽度为 1000mm，厚度为 700mm。中隔墙计算厚度为 1400mm，钢筋保护层厚度：$a_s=40\mathrm{mm}$，$a_{s'}=50\mathrm{mm}$。

根据上述材料参数计算结构安全系数以及验算裂缝宽度，计算结果见表 7-13～表 7-15。

表 7-13 分岔段截面钢筋混凝土受弯构件安全系数

单元号	弯矩 M /kN·m^{-1}	剪力 Q /kN	截面高度 h/m	受压区高度 x/m	安全系数 K	安全系数评价	截面强度评价	截面评价
1	118.53	−75.04	0.70	0.350	64.49	安全	满足	满足
2	126.73	−58.72	0.70	0.350	60.32	安全	满足	满足
3	127.23	−42.97	0.70	0.350	60.08	安全	满足	满足
4	120.35	−28.35	0.70	0.350	63.51	安全	满足	满足
5	106.66	−15.34	0.70	0.350	71.67	安全	满足	满足
6	86.96	−4.35	0.70	0.350	87.91	安全	满足	满足
7	62.21	4.34	0.70	0.350	122.87	安全	满足	满足
8	33.51	10.58	0.70	0.350	228.10	安全	满足	满足
9	2.00	14.35	0.70	0.350	3831.25	安全	满足	满足
10	−31.21	15.78	0.70	0.350	244.90	安全	满足	满足
11	−65.06	−3.56	0.70	0.350	117.49	安全	满足	满足
12	−95.23	−32.85	0.70	0.350	80.27	安全	满足	满足
13	−110.09	−64.16	0.70	0.350	69.43	安全	满足	满足
14	−108.77	−96.23	0.70	0.350	70.28	安全	满足	满足
15	−91.08	−127.69	0.70	0.350	83.93	安全	满足	满足
16	−57.50	−157.26	0.70	0.350	132.95	安全	满足	满足
17	−9.19	−61.46	0.70	0.350	831.91	安全	满足	满足
18	−10.10	154.98	0.70	0.350	756.91	安全	满足	满足

続表

单元号	弯矩 M /kN·m^{-1}	剪力 Q /kN	截面高度 h/m	受压区 高度 x/m	安全系数 K	安全系数 评价	截面强度 评价	截面 评价
19	−119.13	374.55	0.70	0.350	64.17	安全	满足	满足
20	−337.82	596.21	0.70	0.350	22.63	安全	满足	满足
21	−347.50	−534.87	0.70	0.350	22.00	安全	满足	满足
22	−95.60	−393.87	0.70	0.350	79.96	安全	满足	满足
23	83.01	−288.66	0.70	0.350	92.09	安全	满足	满足
24	206.93	−217.13	0.70	0.350	36.94	安全	满足	满足
25	293.68	−163.32	0.70	0.350	26.03	安全	满足	满足
26	352.47	−109.70	0.70	0.350	21.69	安全	满足	满足
27	383.39	−56.27	0.70	0.350	19.94	安全	满足	满足
28	386.55	−2.01	0.70	0.350	19.77	安全	满足	满足
29	363.62	48.88	0.70	0.350	21.02	安全	满足	满足
30	315.33	99.68	0.70	0.350	24.24	安全	满足	满足
31	241.75	150.37	0.70	0.350	31.62	安全	满足	满足
32	142.92	208.40	0.70	0.350	53.49	安全	满足	满足
33	15.17	292.17	0.70	0.350	503.97	安全	满足	满足
34	−154.32	402.16	0.70	0.350	49.53	安全	满足	满足
35	−378.60	535.51	0.70	0.350	20.19	安全	满足	满足
36	−669.32	684.91	0.70	0.350	11.42	安全	满足	满足
37	−1034.47	837.26	1.40	0.700	28.25	安全	满足	满足
38	−1909.66	−1038.75	1.40	0.700	15.30	安全	满足	满足
39	−1427.93	−873.03	1.40	0.700	20.47	安全	满足	满足
40	−1026.33	−724.01	0.70	0.350	7.45	安全	满足	满足
41	−698.79	−594.38	0.70	0.350	10.94	安全	满足	满足
42	−433.92	−504.89	0.70	0.350	17.62	安全	满足	满足
43	−212.32	−453.03	0.70	0.350	36.00	安全	满足	满足
44	−15.80	−401.00	0.70	0.350	483.82	安全	满足	满足
45	155.57	−348.82	0.70	0.350	49.14	安全	满足	满足
46	301.71	−296.50	0.70	0.350	25.34	安全	满足	满足
47	422.55	−244.06	0.70	0.350	18.09	安全	满足	满足
48	518.02	−191.51	0.70	0.350	14.76	安全	满足	满足
49	588.08	−138.86	0.70	0.350	13.00	安全	满足	满足
50	632.67	−86.60	0.70	0.350	12.08	安全	满足	满足
51	651.89	−32.52	0.70	0.350	11.73	安全	满足	满足
52	644.33	21.65	0.70	0.350	11.86	安全	满足	满足
53	609.94	75.93	0.70	0.350	12.53	安全	满足	满足

续表

单元号	弯矩 M /kN·m⁻¹	剪力 Q /kN	截面高度 h/m	受压区高度 x/m	安全系数 K	安全系数评价	截面强度评价	截面评价
54	548.67	130.32	0.70	0.350	13.93	安全	满足	满足
55	460.46	184.82	0.70	0.350	16.60	安全	满足	满足
56	345.25	239.42	0.70	0.350	22.14	安全	满足	满足
57	203.00	294.13	0.70	0.350	37.65	安全	满足	满足
58	33.66	368.21	0.70	0.350	227.10	安全	满足	满足
59	−172.37	511.29	0.70	0.350	44.35	安全	满足	满足
60	−927.74	−647.97	0.70	0.350	8.24	安全	满足	满足
61	−618.06	−389.58	0.70	0.350	12.37	安全	满足	满足
62	−446.78	−112.39	0.70	0.350	17.11	安全	满足	满足
63	−424.06	6.12	0.70	0.350	18.03	安全	满足	满足
64	−462.10	−46.99	0.70	0.350	16.54	安全	满足	满足
65	−471.56	−101.74	0.70	0.350	16.21	安全	满足	满足
66	−451.71	−156.60	0.70	0.350	16.92	安全	满足	满足
67	−402.67	−210.00	0.70	0.350	18.98	安全	满足	满足
68	−325.38	−260.34	0.70	0.350	23.49	安全	满足	满足
69	−221.62	−273.85	0.70	0.350	34.49	安全	满足	满足
70	−116.06	−260.68	0.70	0.350	65.86	安全	满足	满足
71	−16.88	−245.58	0.70	0.350	452.97	安全	满足	满足
72	74.94	−228.41	0.70	0.350	102.00	安全	满足	满足
73	158.32	−209.07	0.70	0.350	48.28	安全	满足	满足
74	232.17	−187.59	0.70	0.350	32.92	安全	满足	满足
75	295.40	−164.04	0.70	0.350	25.88	安全	满足	满足
76	347.00	−138.59	0.70	0.350	22.03	安全	满足	满足
77	386.01	−111.48	0.70	0.350	19.80	安全	满足	满足
78	411.65	−83.02	0.70	0.350	18.57	安全	满足	满足
79	423.26	−53.58	0.70	0.350	18.06	安全	满足	满足
80	420.40	−23.59	0.70	0.350	18.18	安全	满足	满足
81	402.81	5.82	0.70	0.350	18.98	安全	满足	满足
82	367.79	37.22	0.70	0.350	20.78	安全	满足	满足
83	316.30	69.23	0.70	0.350	24.17	安全	满足	满足
84	248.13	101.09	0.70	0.350	30.81	安全	满足	满足
85	163.46	131.97	0.70	0.350	46.76	安全	满足	满足
86	62.89	161.12	0.70	0.350	121.55	安全	满足	满足
87	−52.59	187.78	0.70	0.350	145.35	安全	满足	满足
88	−181.62	211.26	0.70	0.350	42.09	安全	满足	满足

续表

单元号	弯矩 M /kN·m^{-1}	剪力 Q /kN	截面高度 h/m	受压区高度 x/m	安全系数 K	安全系数评价	截面强度评价	截面评价
89	−322.48	230.99	0.70	0.350	23.70	安全	满足	满足
90	−473.19	246.45	0.70	0.350	16.15	安全	满足	满足
91	−631.52	257.30	0.70	0.350	12.10	安全	满足	满足
92	−795.06	263.28	1.40	0.700	36.76	安全	满足	满足
93	−395.87	−201.00	1.40	0.700	73.83	安全	满足	满足
94	−326.31	−199.61	0.70	0.350	23.43	安全	满足	满足
95	−256.48	−198.90	0.70	0.350	29.80	安全	满足	满足
96	−187.41	−193.43	0.70	0.350	40.79	安全	满足	满足
97	−121.46	−1.84E+02	0.70	0.350	62.93	安全	满足	满足
98	−60.73	−1.70E+02	0.70	0.350	125.86	安全	满足	满足
99	−7.00	−1.54E+02	0.70	0.350	1092.64	安全	满足	满足
100	38.40	−1.35E+02	0.70	0.350	199.06	安全	满足	满足
101	74.59	−1.16E+02	0.70	0.350	102.48	安全	满足	满足
102	101.24	−9.62E+01	0.70	0.350	75.50	安全	满足	满足
103	−667.219	822.3266	1.40	0.700	43.80	安全	满足	满足
104	−1184.54	−915.845	1.40	0.700	24.67	安全	满足	满足
105	−709.083	−708.071	1.40	0.700	41.22	安全	满足	满足
106	−1390.9	−889.61	1.40	0.700	21.01	安全	满足	满足
107	−449.259	722.9699	1.40	0.700	65.06	安全	满足	满足
108	−848.202	999.9626	1.40	0.700	34.46	安全	满足	满足
109	−566.937	−23.8899	1.40	0.700	51.55	安全	满足	满足
110	−554.987	−23.8633	1.40	0.700	52.66	安全	满足	满足
111	−543.052	−23.8366	1.40	0.700	53.82	安全	满足	满足
112	−531.129	−23.81	1.40	0.700	55.03	安全	满足	满足
113	−519.22	−23.7833	1.40	0.700	56.29	安全	满足	满足
114	−507.324	−23.7567	1.40	0.700	57.61	安全	满足	满足
115	−495.441	−23.73	1.40	0.700	58.99	安全	满足	满足
116	−483.572	−23.7034	1.40	0.700	60.44	安全	满足	满足
117	−471.716	−23.6767	1.40	0.700	61.96	安全	满足	满足
118	−459.874	−23.6501	1.40	0.700	63.55	安全	满足	满足
119	−448.045	−23.6234	1.40	0.700	65.23	安全	满足	满足

表 7-14　分岔段截面钢筋混凝土偏压构件安全系数

单元号	轴力 N /kN	弯矩 M /kN·m^{-1}	截面高度 h/m	偏心距增大系数 η	截面偏心距 e_0/m	Ag 重心至 N 的距离 e/m	Ag' 重心至 N 的距离 e'/m	混凝土受压区高度 x/m	大/小偏压判定	安全系数	安全评价
1	-1135.83	118.53	0.70	1.00	0.104	0.390	0.182	0.635	小偏压	17.27	安全
2	-1136.49	126.73	0.70	1.00	0.112	0.398	0.174	0.624	小偏压	16.95	安全
3	-1141.41	127.23	0.70	1.00	0.111	0.397	0.175	0.624	小偏压	16.88	安全
4	-1150.34	120.35	0.70	1.00	0.105	0.391	0.181	0.635	小偏压	17.04	安全
5	-1162.94	106.66	0.70	1.00	0.092	0.378	0.194	0.656	小偏压	17.43	安全
6	-1178.72	86.96	0.70	1.00	0.074	0.360	0.212	0.686	小偏压	18.05	安全
7	-1197.12	62.21	0.70	1.00	0.052	0.338	0.234	0.723	小偏压	18.92	安全
8	-1217.50	33.51	0.70	1.00	0.028	0.314	0.258	0.765	小偏压	20.06	安全
9	-1239.24	2.00	0.70	1.00	0.002	0.288	0.284	0.810	小偏压	21.48	安全
10	-1261.68	-31.21	0.70	1.00	0.025	0.311	0.261	0.770	小偏压	19.53	安全
11	-1284.30	-65.06	0.70	1.00	0.051	0.337	0.235	0.725	小偏压	17.71	安全
12	-1306.99	-95.23	0.70	1.00	0.073	0.359	0.213	0.688	小偏压	16.32	安全
13	-1325.21	-110.09	0.70	1.00	0.083	0.369	0.203	0.670	小偏压	15.65	安全
14	-1338.39	-108.77	0.70	1.00	0.081	0.367	0.205	0.673	小偏压	15.58	安全
15	-1346.27	-91.08	0.70	1.00	0.068	0.354	0.218	0.696	小偏压	16.08	安全
16	-1348.91	-57.50	0.70	1.00	0.043	0.329	0.243	0.739	小偏压	17.27	安全
17	-1356.37	-9.19	0.70	1.00	0.007	0.293	0.279	0.801	小偏压	19.28	安全
18	-1365.03	-10.10	0.70	1.00	0.007	0.293	0.279	0.800	小偏压	19.12	安全
19	-1373.69	-119.13	0.70	1.00	0.087	0.373	0.199	0.664	小偏压	14.95	安全
20	-1382.35	-337.82	0.70	1.00	0.244	0.530	0.042	0.426	小偏压	10.44	安全
21	-1459.18	-347.50	0.70	1.00	0.238	0.524	0.048	0.435	小偏压	10.01	安全
22	-1459.78	-95.60	0.70	1.00	0.065	0.351	0.221	0.700	小偏压	14.92	安全
23	-1462.65	83.01	0.70	1.00	0.057	0.343	0.229	0.715	小偏压	15.27	安全
24	-1466.64	206.93	0.70	1.00	0.141	0.427	0.145	0.577	小偏压	12.22	安全
25	-1470.85	293.68	0.70	1.00	0.200	0.486	0.086	0.488	小偏压	10.72	安全
26	-1474.95	352.47	0.70	1.00	0.239	0.525	0.047	0.433	小偏压	9.89	安全
27	-1478.90	383.39	0.70	1.00	0.259	0.545	0.027	0.407	小偏压	9.50	安全
28	-1482.66	386.55	0.70	1.00	0.261	0.547	0.025	0.405	小偏压	9.45	安全
29	-1486.02	363.62	0.70	1.00	0.245	0.531	0.041	0.426	小偏压	9.71	安全
30	-1489.62	315.33	0.70	1.00	0.212	0.498	0.074	0.471	小偏压	10.33	安全
31	-1494.34	241.75	0.70	1.00	0.162	0.448	0.124	0.545	小偏压	11.44	安全
32	-1500.30	142.92	0.70	1.00	0.095	0.381	0.191	0.650	小偏压	13.39	安全
33	-1508.01	15.17	0.70	1.00	0.010	0.296	0.276	0.795	小偏压	17.15	安全
34	-1518.26	-154.32	0.70	1.00	0.102	0.388	0.184	0.640	小偏压	13.01	安全

续表

单元号	轴力 N /kN	弯矩 M /kN·m⁻¹	截面高度 h/m	偏心距增大系数 η	截面偏心距 e_0/m	Ag 重心至 N 的距离 e/m	Ag' 重心至 N 的距离 e'/m	混凝土受压区高度 x/m	大/小偏压判定	安全系数	安全评价
35	−1531.81	−378.60	0.70	1.00	0.247	0.533	0.039	0.423	小偏压	9.37	安全
36	−1549.27	−669.32	0.70	1.00	0.432	0.718	0.146	0.232	大偏压	5.52	安全
37	−1570.92	−1034.47	1.40	1.00	0.659	1.295	0.023	0.495	大偏压	11.62	安全
38	−1649.00	−1909.66	1.40	1.00	1.158	1.794	0.522	0.185	大偏压	4.14	安全
39	−1630.62	−1427.93	1.40	1.00	0.876	1.512	0.240	0.309	大偏压	6.98	安全
40	−1615.83	−1026.33	0.70	1.00	0.635	0.921	0.349	0.131	大偏压	2.98	安全
41	−1602.50	−698.79	0.70	1.00	0.436	0.722	0.150	0.229	大偏压	5.26	安全
42	−1591.70	−433.92	0.70	1.00	0.273	0.559	0.013	0.390	小偏压	8.61	安全
43	−1582.43	−212.32	0.70	1.00	0.134	0.420	0.152	0.588	小偏压	11.52	安全
44	−1574.17	−15.80	0.70	1.00	0.010	0.296	0.276	0.795	小偏压	16.43	安全
45	−1566.94	155.57	0.70	1.00	0.099	0.385	0.187	0.644	小偏压	12.68	安全
46	−1560.73	301.71	0.70	1.00	0.193	0.479	0.093	0.498	小偏压	10.23	安全
47	−1555.56	422.55	0.70	1.00	0.272	0.558	0.014	0.391	小偏压	8.83	安全
48	−1551.28	518.02	0.70	1.00	0.334	0.620	0.048	0.319	大偏压	7.59	安全
49	−1548.17	588.08	0.70	1.00	0.380	0.666	0.094	0.274	大偏压	6.54	安全
50	−1544.93	632.67	0.70	1.00	0.410	0.696	0.124	0.249	大偏压	5.95	安全
51	−1541.59	651.89	0.70	1.00	0.423	0.709	0.137	0.238	大偏压	5.71	安全
52	−1538.18	644.33	0.70	1.00	0.419	0.705	0.133	0.242	大偏压	5.79	安全
53	−1534.74	609.94	0.70	1.00	0.397	0.683	0.111	0.259	大偏压	6.23	安全
54	−1531.28	548.67	0.70	1.00	0.358	0.644	0.072	0.294	大偏压	7.10	安全
55	−1527.84	460.46	0.70	1.00	0.301	0.587	0.015	0.355	小偏压	8.53	安全
56	−1524.47	345.25	0.70	1.00	0.226	0.512	0.060	0.450	小偏压	9.80	安全
57	−1521.22	203.00	0.70	1.00	0.133	0.419	0.153	0.589	小偏压	12.00	安全
58	−1518.39	33.66	0.70	1.00	0.022	0.308	0.264	0.774	小偏压	16.36	安全
59	−1517.23	−172.37	0.70	1.00	0.114	0.400	0.172	0.620	小偏压	12.63	安全
60	−1624.56	−927.74	0.70	1.00	0.571	0.857	0.285	0.154	大偏压	3.49	安全
61	−1615.11	−618.06	0.70	1.00	0.383	0.669	0.097	0.272	大偏压	6.21	安全
62	−1605.65	−446.78	0.70	1.00	0.278	0.564	0.008	0.383	小偏压	8.45	安全
63	−1597.17	−424.06	0.70	1.00	0.266	0.552	0.020	0.399	小偏压	8.69	安全
64	−1592.51	−462.10	0.70	1.00	0.290	0.576	0.004	0.368	小偏压	8.34	安全
65	−1579.72	−471.56	0.70	1.00	0.299	0.585	0.013	0.359	小偏压	8.29	安全
66	−1558.69	−451.71	0.70	1.00	0.290	0.576	0.004	0.369	小偏压	8.53	安全
67	−1529.66	−402.67	0.70	1.00	0.263	0.549	0.023	0.402	小偏压	9.11	安全
68	−1493.21	−325.38	0.70	1.00	0.218	0.504	0.068	0.462	小偏压	10.18	安全

续表

单元号	轴力 N /kN	弯矩 M /kN·m^{-1}	截面高度 h/m	偏心距增大系数 η	截面偏心距 e_0/m	Ag 重心至 N 的距离 e/m	Ag' 重心至 N 的距离 e'/m	混凝土受压区高度 x/m	大/小偏压判定	安全系数	安全评价
69	−1456.73	−221.62	0.70	1.00	0.152	0.438	0.134	0.559	小偏压	12.00	安全
70	−1425.32	−116.06	0.70	1.00	0.081	0.367	0.205	0.673	小偏压	14.62	安全
71	−1394.84	−16.88	0.70	1.00	0.012	0.298	0.274	0.792	小偏压	18.41	安全
72	−1365.75	74.94	0.70	1.00	0.055	0.341	0.231	0.718	小偏压	16.45	安全
73	−1338.50	158.32	0.70	1.00	0.118	0.404	0.168	0.613	小偏压	14.15	安全
74	−1313.57	232.17	0.70	1.00	0.177	0.463	0.109	0.522	小偏压	12.60	安全
75	−1291.43	295.40	0.70	1.00	0.229	0.515	0.057	0.447	小偏压	11.52	安全
76	−1272.52	347.00	0.70	1.00	0.273	0.559	0.013	0.390	小偏压	10.77	安全
77	−1257.25	386.01	0.70	1.00	0.307	0.593	0.021	0.349	大偏压	10.23	安全
78	−1245.97	411.65	0.70	1.00	0.330	0.616	0.044	0.323	大偏压	9.56	安全
79	−1238.97	423.26	0.70	1.00	0.342	0.628	0.056	0.311	大偏压	9.27	安全
80	−1236.45	420.40	0.70	1.00	0.340	0.626	0.054	0.313	大偏压	9.34	安全
81	−1238.53	402.81	0.70	1.00	0.325	0.611	0.039	0.328	大偏压	9.79	安全
82	−1245.85	367.79	0.70	1.00	0.295	0.581	0.009	0.362	小偏压	10.57	安全
83	−1258.46	316.30	0.70	1.00	0.251	0.537	0.035	0.417	小偏压	11.32	安全
84	−1276.41	248.13	0.70	1.00	0.194	0.480	0.092	0.496	小偏压	12.49	安全
85	−1299.60	163.46	0.70	1.00	0.126	0.412	0.160	0.601	小偏压	14.31	安全
86	−1327.81	62.89	0.70	1.00	0.047	0.333	0.239	0.731	小偏压	17.30	安全
87	−1360.68	−52.59	0.70	1.00	0.039	0.325	0.247	0.746	小偏压	17.33	安全
88	−1397.72	−181.62	0.70	1.00	0.130	0.416	0.156	0.594	小偏压	13.17	安全
89	−1438.32	−322.48	0.70	1.00	0.224	0.510	0.062	0.454	小偏压	10.43	安全
90	−1481.79	−473.19	0.70	1.00	0.319	0.605	0.033	0.335	大偏压	8.34	安全
91	−1527.36	−631.52	0.70	1.00	0.413	0.699	0.127	0.246	大偏压	5.94	安全
92	−1574.23	−795.06	1.40	1.00	0.505	1.141	0.131	0.687	大偏压	16.09	安全
93	−1376.08	−395.87	1.40	1.00	0.288	0.924	0.348	1.024	小偏压	23.67	安全
94	−1334.23	−326.31	0.70	1.00	0.245	0.531	0.041	0.426	小偏压	10.82	安全
95	−1299.31	−256.48	0.70	1.00	0.197	0.483	0.089	0.492	小偏压	12.19	安全
96	−1265.66	−187.41	0.70	1.00	0.148	0.434	0.138	0.566	小偏压	13.94	安全
97	−1234.33	−121.46	0.70	1.00	0.098	0.384	0.188	0.645	小偏压	16.14	安全
98	−1206.29	−60.73	0.70	1.00	0.050	0.336	0.236	0.726	小偏压	18.87	安全
99	−1182.31	−7.00	0.70	1.00	0.006	0.292	0.280	0.802	小偏压	22.18	安全
100	−1163.00	38.40	0.70	1.00	0.033	0.319	0.253	0.755	小偏压	20.64	安全
101	−1148.73	74.59	0.70	1.00	0.065	0.351	0.221	0.701	小偏压	18.99	安全
102	−1139.64	101.24	0.70	1.00	0.089	0.375	0.197	0.661	小偏压	17.92	安全

续表

单元号	轴力 N /kN	弯矩 M /kN·m^{-1}	截面高度 h/m	偏心距增大系数 η	截面偏心距 e_0/m	Ag 重心至 N 的距离 e/m	Ag' 重心至 N 的距离 e'/m	混凝土受压区高度 x/m	大/小偏压判定	安全系数	安全评价
103	-1391.02	-667.22	1.40	1.00	0.480	1.116	0.156	0.723	大偏压	19.17	安全
104	-1463.97	-1184.54	1.40	1.00	0.809	1.445	0.173	0.355	大偏压	8.95	安全
105	-1459.10	-709.08	1.40	1.00	0.486	1.122	0.150	0.714	大偏压	18.05	安全
106	-1644.63	-1390.90	1.40	1.00	0.846	1.482	0.210	0.329	大偏压	7.37	安全
107	-1520.07	-449.26	1.40	1.00	0.296	0.932	0.340	1.010	小偏压	21.25	安全
108	-1525.35	-848.20	1.40	1.00	0.556	1.192	0.080	0.618	大偏压	14.94	安全
109	-2656.54	-566.94	1.40	1.00	0.213	0.849	0.423	1.150	小偏压	13.33	安全
110	-2674.06	-554.99	1.40	1.00	0.208	0.844	0.428	1.160	小偏压	13.34	安全
111	-2691.57	-543.05	1.40	1.00	0.202	0.838	0.434	1.171	小偏压	13.34	安全
112	-2709.09	-531.13	1.40	1.00	0.196	0.832	0.440	1.180	小偏压	13.35	安全
113	-2726.61	-519.22	1.40	1.00	0.190	0.826	0.446	1.190	小偏压	13.35	安全
114	-2744.12	-507.32	1.40	1.00	0.185	0.821	0.451	1.200	小偏压	13.36	安全
115	-2761.64	-495.44	1.40	1.00	0.179	0.815	0.457	1.210	小偏压	13.36	安全
116	-2779.15	-483.57	1.40	1.00	0.174	0.810	0.462	1.219	小偏压	13.36	安全
117	-2796.67	-471.72	1.40	1.00	0.169	0.805	0.467	1.228	小偏压	13.37	安全
118	-2814.19	-459.87	1.40	1.00	0.163	0.799	0.473	1.238	小偏压	13.37	安全
119	-2831.70	-448.05	1.40	1.00	0.158	0.794	0.478	1.247	小偏压	13.38	安全

表 7-15 分岔段截面最大裂缝宽度检算

单元号	内力值输入列		截面高度 h/m	Ag 合力点至受压区合力点的距离 z/m	受拉筋 Ag 应力 σ_s/MPa	最大裂缝宽度 ω_{max}/mm	裂缝安全性评价
	轴力 Ns /kN	弯矩 Ms /kN·m^{-1}					
1	-1135.83	118.5296	0.7	0.361076	15.19657	$e_0 \leqslant 0.55h_0$，可不验算	安全
2	-1136.49	126.7334	0.7	0.36698	15.10975	$e_0 \leqslant 0.55h_0$，可不验算	安全
3	-1141.41	127.2342	0.7	0.366947	15.17538	$e_0 \leqslant 0.55h_0$，可不验算	安全
4	-1150.34	120.3506	0.7	0.361301	15.38489	$e_0 \leqslant 0.55h_0$，可不验算	安全
5	-1162.94	106.6589	0.7	0.349942	16.05862	$e_0 \leqslant 0.55h_0$，可不验算	安全
6	-1178.72	86.95603	0.7	0.332398	17.89353	$e_0 \leqslant 0.55h_0$，可不验算	安全
7	-1197.12	62.21196	0.7	0.307845	22.1643	$e_0 \leqslant 0.55h_0$，可不验算	安全
8	-1217.5	33.51222	0.7	0.275121	31.26918	$e_0 \leqslant 0.55h_0$，可不验算	安全
9	-1239.24	1.995172	0.7	0.232728	50.33271	$e_0 \leqslant 0.55h_0$，可不验算	安全
10	-1261.68	-31.2126	0.7	0.27098	33.85733	$e_0 \leqslant 0.55h_0$，可不验算	安全
11	-1284.3	-65.0594	0.7	0.306241	24.1335	$e_0 \leqslant 0.55h_0$，可不验算	安全
12	-1306.99	-95.2255	0.7	0.331445	19.96947	$e_0 \leqslant 0.55h_0$，可不验算	安全

续表

单元号	内力值输入列		截面高度 h/m	Ag合力点至受压区合力点的距离 z/m	受拉筋Ag应力 σ_s/MPa	最大裂缝宽度 ω_{max}/mm	裂缝安全性评价
	轴力 N_s /kN	弯矩 M_s /kN·m^{-1}					
13	−1325.21	−110.09	0.7	0.341765	19.00807	$e_0 \leqslant 0.55h_0$，可不验算	安全
14	−1338.39	−108.772	0.7	0.339996	19.38412	$e_0 \leqslant 0.55h_0$，可不验算	安全
15	−1346.27	−91.0752	0.7	0.32589	21.40915	$e_0 \leqslant 0.55h_0$，可不验算	安全
16	−1348.91	−57.4954	0.7	0.296053	27.95097	$e_0 \leqslant 0.55h_0$，可不验算	安全
17	−1356.37	−9.18853	0.7	0.241916	49.82584	$e_0 \leqslant 0.55h_0$，可不验算	安全
18	−1365.03	−10.0989	0.7	0.242999	49.55483	$e_0 \leqslant 0.55h_0$，可不验算	安全
19	−1373.69	−119.128	0.7	0.345276	19.35713	$e_0 \leqslant 0.55h_0$，可不验算	安全
20	−1382.35	−337.823	0.7	0.443578	32.95777	$e_0 \leqslant 0.55h_0$，可不验算	安全
21	−1459.18	−347.499	0.7	0.440951	33.54162	$e_0 \leqslant 0.55h_0$，可不验算	安全
22	−1459.78	−95.599	0.7	0.323524	23.63942	$e_0 \leqslant 0.55h_0$，可不验算	安全
23	−1462.65	83.00602	0.7	0.313569	25.72479	$e_0 \leqslant 0.55h_0$，可不验算	安全
24	−1466.64	206.9297	0.7	0.388707	20.38686	$e_0 \leqslant 0.55h_0$，可不验算	安全
25	−1470.85	293.6778	0.7	0.422438	26.82073	$e_0 \leqslant 0.55h_0$，可不验算	安全
26	−1474.95	352.4653	0.7	0.441302	34.06842	$e_0 \leqslant 0.55h_0$，可不验算	安全
27	−1478.9	383.3927	0.7	0.449478	38.38816	$e_0 \leqslant 0.55h_0$，可不验算	安全
28	−1482.66	386.551	0.7	0.450036	38.80485	$e_0 \leqslant 0.55h_0$，可不验算	安全
29	−1486.02	363.615	0.7	0.443705	35.49287	$e_0 \leqslant 0.55h_0$，可不验算	安全
30	−1489.62	315.3346	0.7	0.428685	29.21227	$e_0 \leqslant 0.55h_0$，可不验算	安全
31	−1494.34	241.7522	0.7	0.401721	22.4516	$e_0 \leqslant 0.55h_0$，可不验算	安全
32	−1500.3	142.9164	0.7	0.353159	20.47735	$e_0 \leqslant 0.55h_0$，可不验算	安全
33	−1508.01	15.16748	0.7	0.247554	52.09485	$e_0 \leqslant 0.55h_0$，可不验算	安全
34	−1518.26	−154.317	0.7	0.358764	20.40488	$e_0 \leqslant 0.55h_0$，可不验算	安全
35	−1531.81	−378.601	0.7	0.444718	37.11421	$e_0 \leqslant 0.55h_0$，可不验算	安全
36	−1549.27	−669.32	0.7	0.493441	85.90748	0.048118	安全
37	−1570.92	−1034.47	1.4	0.991559	58.4756	$e_0 \leqslant 0.55h_0$，可不验算	安全
38	−1649	−1909.66	1.4	1.073416	134.879	0.113425	安全
39	−1630.62	−1427.93	1.4	1.037101	90.91184	0.076451	安全
40	−1615.83	−1026.33	0.7	0.516939	153.94	0.086225	安全
41	−1602.5	−698.787	0.7	0.494109	90.07055	0.05045	安全
42	−1591.7	−433.921	0.7	0.45439	44.48024	$e_0 \leqslant 0.55h_0$，可不验算	安全
43	−1582.43	−212.324	0.7	0.383981	21.58444	$e_0 \leqslant 0.55h_0$，可不验算	安全
44	−1574.17	−15.7992	0.7	0.247517	54.40185	$e_0 \leqslant 0.55h_0$，可不验算	安全
45	−1566.94	155.5713	0.7	0.356722	21.16249	$e_0 \leqslant 0.55h_0$，可不验算	安全
46	−1560.73	301.7105	0.7	0.418947	27.39885	$e_0 \leqslant 0.55h_0$，可不验算	安全

续表

单元号	内力值输入列		截面高度 h/m	Ag 合力点至受压区合力点的距离 z/m	受拉筋 Ag 应力 σ_s/MPa	最大裂缝宽度 ω_{max}/mm	裂缝安全性评价
	轴力 Ns /kN	弯矩 Ms /kN·m^{-1}					
47	−1555.56	422.5488	0.7	0.454043	43.24052	$e_0 \leqslant 0.55h_0$，可不验算	安全
48	−1551.28	518.0247	0.7	0.472993	58.71403	$e_0 \leqslant 0.55h_0$，可不验算	安全
49	−1548.17	588.081	0.7	0.483691	71.0362	0.039789	安全
50	−1544.93	632.6692	0.7	0.489502	79.21519	0.04437	安全
51	−1541.59	651.8926	0.7	0.491885	82.85158	0.046407	安全
52	−1538.18	644.3335	0.7	0.491189	81.53327	0.045668	安全
53	−1534.74	609.943	0.7	0.487225	75.29535	0.042174	安全
54	−1531.28	548.669	0.7	0.478955	64.40699	0.036076	安全
55	−1527.84	460.4573	0.7	0.463842	49.57538	$e_0 \leqslant 0.55h_0$，可不验算	安全
56	−1524.47	345.2533	0.7	0.435774	32.69035	$e_0 \leqslant 0.55h_0$，可不验算	安全
57	−1521.22	203.0037	0.7	0.383472	20.71362	$e_0 \leqslant 0.55h_0$，可不验算	安全
58	−1518.39	33.65861	0.7	0.267075	42.47893	$e_0 \leqslant 0.55h_0$，可不验算	安全
59	−1517.23	−172.373	0.7	0.368659	20.16371	$e_0 \leqslant 0.55h_0$，可不验算	安全
60	−1624.56	−927.735	0.7	0.511294	133.8513	0.074973	安全
61	−1615.11	−618.06	0.7	0.484276	74.92513	0.041967	安全
62	−1605.65	−446.781	0.7	0.456358	46.25087	$e_0 \leqslant 0.55h_0$，可不验算	安全
63	−1597.17	−424.06	0.7	0.451824	42.93081	$e_0 \leqslant 0.55h_0$，可不验算	安全
64	−1592.51	−462.102	0.7	0.460327	48.82646	$e_0 \leqslant 0.55h_0$，可不验算	安全
65	−1579.72	−471.559	0.7	0.462961	50.52939	$e_0 \leqslant 0.55h_0$，可不验算	安全
66	−1558.69	−451.713	0.7	0.460208	47.69881	$e_0 \leqslant 0.55h_0$，可不验算	安全
67	−1529.66	−402.668	0.7	0.450984	40.6029	$e_0 \leqslant 0.55h_0$，可不验算	安全
68	−1493.21	−325.378	0.7	0.431742	30.40715	$e_0 \leqslant 0.55h_0$，可不验算	安全
69	−1456.73	−221.616	0.7	0.395852	21.03629	$e_0 \leqslant 0.55h_0$，可不验算	安全
70	−1425.32	−116.063	0.7	0.340153	20.62503	$e_0 \leqslant 0.55h_0$，可不验算	安全
71	−1394.84	−16.8753	0.7	0.25098	46.42305	$e_0 \leqslant 0.55h_0$，可不验算	安全
72	−1365.75	74.9423	0.7	0.311346	24.49725	$e_0 \leqslant 0.55h_0$，可不验算	安全
73	−1338.5	158.3219	0.7	0.372318	17.81204	$e_0 \leqslant 0.55h_0$，可不验算	安全
74	−1313.57	232.1692	0.7	0.410198	21.15942	$e_0 \leqslant 0.55h_0$，可不验算	安全
75	−1291.43	295.4033	0.7	0.436807	28.07204	$e_0 \leqslant 0.55h_0$，可不验算	安全
76	−1272.52	346.9967	0.7	0.454415	35.57418	$e_0 \leqslant 0.55h_0$，可不验算	安全
77	−1257.25	386.0146	0.7	0.46554	41.94786	$e_0 \leqslant 0.55h_0$，可不验算	安全
78	−1245.97	411.6517	0.7	0.472066	46.40855	$e_0 \leqslant 0.55h_0$，可不验算	安全
79	−1238.97	423.2644	0.7	0.47495	48.52307	$e_0 \leqslant 0.55h_0$，可不验算	安全
80	−1236.45	420.3984	0.7	0.474543	48.08014	$e_0 \leqslant 0.55h_0$，可不验算	安全

续表

单元号	内力值输入列 轴力 Ns /kN	内力值输入列 弯矩 Ms /kN·m^{-1}	截面高度 h/m	Ag 合力点至受压区合力点的距离 z/m	受拉筋 Ag 应力 σ_s/MPa	最大裂缝宽度 ω_{max}/mm	裂缝安全性评价
81	−1238.53	402.8083	0.7	0.470689	45.05485	$e_0 \leqslant 0.55h_0$,可不验算	安全
82	−1245.85	367.7851	0.7	0.461932	39.19271	$e_0 \leqslant 0.55h_0$,可不验算	安全
83	−1258.46	316.2981	0.7	0.4464	31.23353	$e_0 \leqslant 0.55h_0$,可不验算	安全
84	−1276.41	248.1278	0.7	0.419551	22.55213	$e_0 \leqslant 0.55h_0$,可不验算	安全
85	−1299.6	163.4603	0.7	0.377963	17.43391	$e_0 \leqslant 0.55h_0$,可不验算	安全
86	−1327.81	62.89	0.7	0.302138	25.93454	$e_0 \leqslant 0.55h_0$,可不验算	安全
87	−1360.68	−52.591	0.7	0.29078	29.71902	$e_0 \leqslant 0.55h_0$,可不验算	安全
88	−1397.72	−181.617	0.7	0.380984	18.88781	$e_0 \leqslant 0.55h_0$,可不验算	安全
89	−1438.32	−322.482	0.7	0.434727	30.42546	$e_0 \leqslant 0.55h_0$,可不验算	安全
90	−1481.79	−473.193	0.7	0.469073	52.44425	$e_0 \leqslant 0.55h_0$,可不验算	安全
91	−1527.36	−631.518	0.7	0.490222	79.42803	0.044489	安全
92	−1574.23	−795.057	1.4	0.942537	40.39364	$e_0 \leqslant 0.55h_0$,可不验算	安全
93	−1376.08	−395.868	1.4	0.836568	20.17764	$e_0 \leqslant 0.55h_0$,可不验算	安全
94	−1334.23	−326.313	0.7	0.443655	31.84516	$e_0 \leqslant 0.55h_0$,可不验算	安全
95	−1299.31	−256.478	0.7	0.421206	23.37199	$e_0 \leqslant 0.55h_0$,可不验算	安全
96	−1265.66	−187.413	0.7	0.393282	18.00456	$e_0 \leqslant 0.55h_0$,可不验算	安全
97	−1234.33	−121.462	0.7	0.355951	16.70492	$e_0 \leqslant 0.55h_0$,可不验算	安全
98	−1206.29	−60.7327	0.7	0.305858	22.74848	$e_0 \leqslant 0.55h_0$,可不验算	安全
99	−1182.31	−6.99593	0.7	0.240418	44.14757	$e_0 \leqslant 0.55h_0$,可不验算	安全
100	−1163	38.40069	0.7	0.283023	27.49973	$e_0 \leqslant 0.55h_0$,可不验算	安全
101	−1148.73	74.59366	0.7	0.322912	18.69162	$e_0 \leqslant 0.55h_0$,可不验算	安全
102	−1139.64	101.2406	0.7	0.347271	15.91293	$e_0 \leqslant 0.55h_0$,可不验算	安全
103	−1391.02	−667.219	1.4	0.932422	33.30465	$e_0 \leqslant 0.55h_0$,可不验算	安全
104	−1463.97	−1184.54	1.4	1.025299	73.03295	0.061416	安全
105	−1459.1	−709.083	1.4	0.935001	35.54786	$e_0 \leqslant 0.55h_0$,可不验算	安全
106	−1644.63	−1390.9	1.4	1.031983	87.32126	0.073432	安全
107	−1520.07	−449.259	1.4	0.841331	22.63941	$e_0 \leqslant 0.55h_0$,可不验算	安全
108	−1525.35	−848.202	1.4	0.960949	44.69646	$e_0 \leqslant 0.55h_0$,可不验算	安全
109	−2656.54	−566.937	1.4	0.785903	35.4148	$e_0 \leqslant 0.55h_0$,可不验算	安全
110	−2674.06	−554.987	1.4	0.781405	35.57624	$e_0 \leqslant 0.55h_0$,可不验算	安全
111	−2691.57	−543.052	1.4	0.776892	35.77397	$e_0 \leqslant 0.55h_0$,可不验算	安全
112	−2709.09	−531.129	1.4	0.77236	36.00892	$e_0 \leqslant 0.55h_0$,可不验算	安全
113	−2726.61	−519.22	1.4	0.767812	36.28167	$e_0 \leqslant 0.55h_0$,可不验算	安全
114	−2744.12	−507.324	1.4	0.763248	36.59281	$e_0 \leqslant 0.55h_0$,可不验算	安全

续表

单元号	内力值输入列 轴力 Ns /kN	内力值输入列 弯矩 Ms /kN·m^{-1}	截面高度 h/m	Ag 合力点至受压区合力点的距离 z/m	受拉筋 Ag 应力 σ_s/MPa	最大裂缝宽度 ω_{max}/mm	裂缝安全性评价
115	−2761.64	−495.441	1.4	0.758667	36.94337	$e_0 \leqslant 0.55h_0$，可不验算	安全
116	−2779.15	−483.572	1.4	0.754071	37.33381	$e_0 \leqslant 0.55h_0$，可不验算	安全
117	−2796.67	−471.716	1.4	0.749458	37.76522	$e_0 \leqslant 0.55h_0$，可不验算	安全
118	−2814.19	−459.874	1.4	0.74483	38.23826	$e_0 \leqslant 0.55h_0$，可不验算	安全
119	−2831.7	−448.045	1.4	0.740188	38.7536	$e_0 \leqslant 0.55h_0$，可不验算	安全

分岔段衬砌采用 700mm 厚度钢筋混凝土衬砌，主筋采用 HRB400 级钢筋，直径 d＝28mm，根数为 13.33 根/延米，纵向间距为 75mm，满足规范要求。

7.3.3 大跨截面荷载计算

大跨段横截面计算简图如图 7-30 所示，按埋深（h＝6.639m）计算围岩压力。对于地下水位以下围岩，采用浮容重计算围岩压力，水平侧压力系数取 0.5。

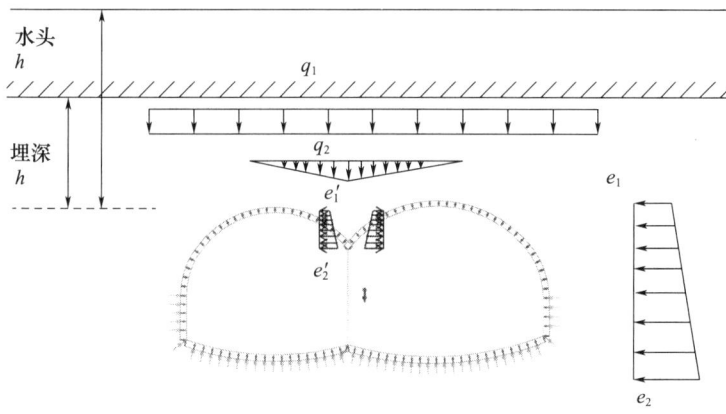

图 7-30 荷载计算简图

$q_1 = -\gamma h_1 = -10 \times 6.639 = -66.39$（kN/m²）

$e_1 = -\mu\gamma h_1 = -33.195$（kN/m²）

$e_2 = -\mu\gamma h_2 = -98.945$（kN/m²）

按水头（h＝9.96m）计算径向水压力。

拱顶处径向水压力 $e_{w1} = -\gamma h_1 = -10 \times 9.96 = -99.6$（kN/m²）

仰拱最低点处径向水压 $e_{w2} = -\gamma h_2 = -10 \times (9.96+13.15) = -231.1$（kN/m²）

平面应变问题，因此加载到模型的线荷载（单位 kN/m）数值上等于相应的面荷载（单位 kN/m²）数值。

7.3.4 大跨截面数值模拟及内力校核

采用 Midas GTS 根据图 7-30 所示截面及荷载建立二维数值模型，计算所得内力图如图 7-31～图 7-33 所示。

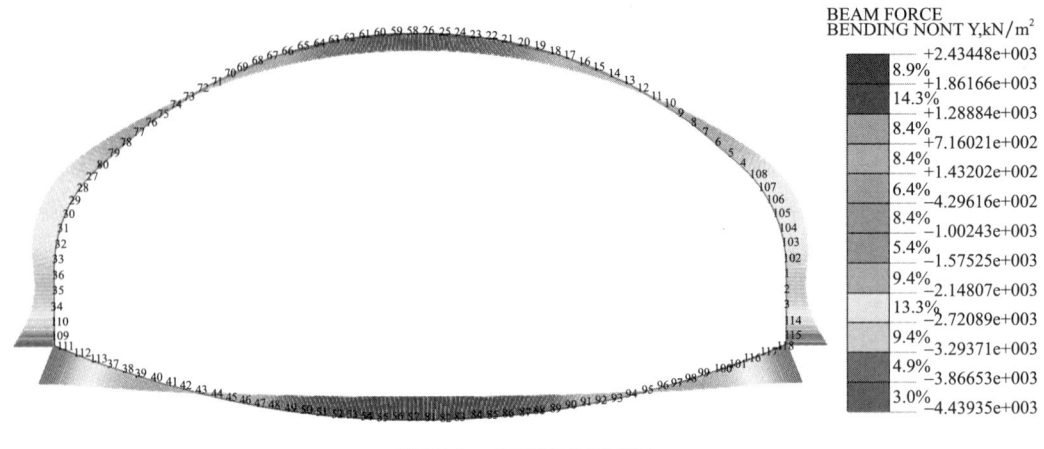

图 7-31　大跨截面弯矩图

图 7-32　大跨截面剪力图

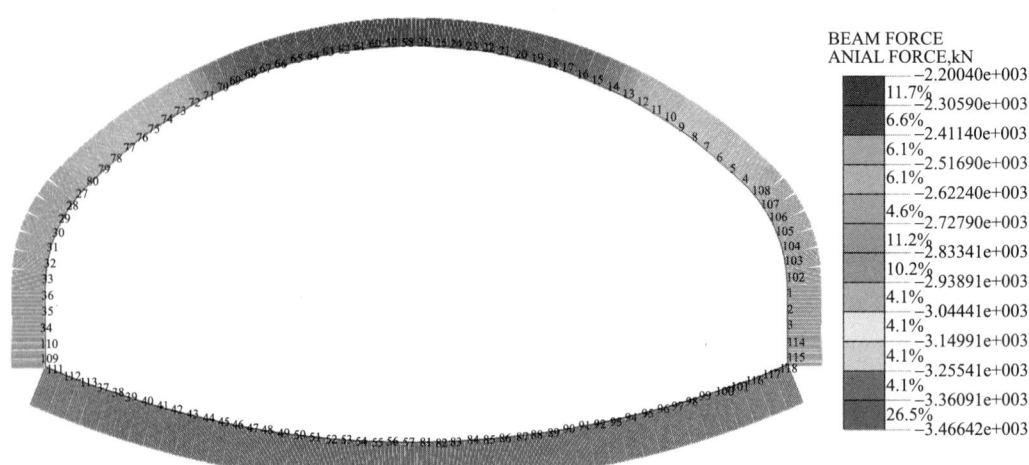

图 7-33　大跨截面轴力图

混凝土强度等级 C45，$E_c=33.5\text{GPa}$，$R_a=33.0\text{MPa}$，$R_w=41.2\text{MPa}$。主筋采用 HRB400 级钢筋，直径 d＝32mm，根数为 13.33 根/延米，纵向间距为 75mm，钢筋抗拉压计算强度 Rg＝360MPa。截面计算宽度为 1000mm，厚度为 1100mm。钢筋保护层厚度：$a_s=40\text{mm}$，$a_{s'}=50\text{mm}$。

根据上述材料参数计算结构安全系数以及验算裂缝宽度，计算结果见表 7-16～表 7-18。

表 7-16 大跨截面钢筋混凝土受弯构件安全系数

单元号	弯矩 M /kN·m^{-1}	剪力 Q /kN	截面高度 h/m	受压区高度 x/m	安全系数 K	安全系数评价	截面强度评价	截面评价
1	−2024.01	264.79	1.10	0.550	9.46	安全	满足	满足
2	−2217.02	−451.96	1.10	0.550	8.63	安全	满足	满足
3	−2749.13	−1125.50	1.10	0.550	6.96	安全	满足	满足
4	−2236.15	−727.61	1.10	0.550	8.56	安全	满足	满足
5	−1898.84	−697.66	1.10	0.550	10.08	安全	满足	满足
6	−1576.25	−668.14	1.10	0.550	12.14	安全	满足	满足
7	−1268.19	−638.97	1.10	0.550	15.09	安全	满足	满足
8	−974.53	−610.03	1.10	0.550	19.64	安全	满足	满足
9	−695.19	−581.23	1.10	0.550	27.53	安全	满足	满足
10	−430.11	−552.50	1.10	0.550	44.50	安全	满足	满足
11	−179.29	−523.76	1.10	0.550	106.76	安全	满足	满足
12	57.23	−494.94	1.10	0.550	334.42	安全	满足	满足
13	279.39	−465.99	1.10	0.550	68.51	安全	满足	满足
14	487.10	−436.85	1.10	0.550	39.29	安全	满足	满足
15	680.23	−407.50	1.10	0.550	28.14	安全	满足	满足
16	858.67	−377.91	1.10	0.550	22.29	安全	满足	满足
17	1022.26	−348.05	1.10	0.550	18.72	安全	满足	满足
18	1170.87	−317.93	1.10	0.550	16.35	安全	满足	满足
19	1304.33	−287.54	1.10	0.550	14.67	安全	满足	满足
20	1422.51	−256.90	1.10	0.550	13.45	安全	满足	满足
21	1525.25	−226.02	1.10	0.550	12.55	安全	满足	满足
22	1612.43	−194.92	1.10	0.550	11.87	安全	满足	满足
23	1683.93	−163.65	1.10	0.550	11.37	安全	满足	满足
24	1739.65	−132.24	1.10	0.550	11.00	安全	满足	满足
25	1779.51	−100.72	1.10	0.550	10.76	安全	满足	满足
26	1803.45	−69.15	1.10	0.550	10.61	安全	满足	满足
27	−2236.16	529.05	1.10	0.550	8.56	安全	满足	满足
28	−2518.56	333.29	1.10	0.550	7.60	安全	满足	满足
29	−2706.88	131.66	1.10	0.550	7.07	安全	满足	满足
30	−2798.41	−72.89	1.10	0.550	6.84	安全	满足	满足

续表

单元号	弯矩 M /kN·m^{-1}	剪力 Q /kN	截面高度 h/m	受压区高度 x/m	安全系数 K	安全系数评价	截面强度评价	截面评价
31	−2791.84	−277.35	1.10	0.550	6.86	安全	满足	满足
32	−2687.31	−478.74	1.10	0.550	7.12	安全	满足	满足
33	−2486.37	−674.18	1.10	0.550	7.70	安全	满足	满足
34	−2216.99	982.47	1.10	0.550	8.63	安全	满足	满足
35	−2023.99	313.08	1.10	0.550	9.46	安全	满足	满足
36	−2191.91	−399.53	1.10	0.550	8.73	安全	满足	满足
37	−2561.40	−978.26	1.10	0.550	7.47	安全	满足	满足
38	−2100.04	−934.50	1.10	0.550	9.11	安全	满足	满足
39	−1660.51	−890.47	1.10	0.550	11.53	安全	满足	满足
40	−1242.93	−846.19	1.10	0.550	15.40	安全	满足	满足
41	−847.42	−801.69	1.10	0.550	22.59	安全	满足	满足
42	−474.09	−756.99	1.10	0.550	40.37	安全	满足	满足
43	−123.02	−712.12	1.10	0.550	155.58	安全	满足	满足
44	205.69	−667.08	1.10	0.550	93.05	安全	满足	满足
45	511.98	−621.91	1.10	0.550	37.38	安全	满足	满足
46	795.78	−576.61	1.10	0.550	24.05	安全	满足	满足
47	1057.03	−531.20	1.10	0.550	18.11	安全	满足	满足
48	1295.69	−485.70	1.10	0.550	14.77	安全	满足	满足
49	1511.70	−440.11	1.10	0.550	12.66	安全	满足	满足
50	1705.04	−394.46	1.10	0.550	11.23	安全	满足	满足
51	1875.67	−348.74	1.10	0.550	10.20	安全	满足	满足
52	2023.56	−302.97	1.10	0.550	9.46	安全	满足	满足
53	2148.70	−257.16	1.10	0.550	8.91	安全	满足	满足
54	2251.06	−211.31	1.10	0.550	8.50	安全	满足	满足
55	2330.63	−165.43	1.10	0.550	8.21	安全	满足	满足
56	2387.39	−119.53	1.10	0.550	8.02	安全	满足	满足
57	2421.35	−73.62	1.10	0.550	7.90	安全	满足	满足
58	1811.44	−37.57	1.10	0.550	10.57	安全	满足	满足
59	1803.45	−6.03	1.10	0.550	10.61	安全	满足	满足
60	1779.51	25.43	1.10	0.550	10.76	安全	满足	满足
61	1739.65	56.75	1.10	0.550	11.00	安全	满足	满足
62	1683.93	87.90	1.10	0.550	11.37	安全	满足	满足
63	1612.42	118.83	1.10	0.550	11.87	安全	满足	满足
64	1525.24	149.50	1.10	0.550	12.55	安全	满足	满足
65	1422.50	179.90	1.10	0.550	13.46	安全	满足	满足

续表

单元号	弯矩 M /kN·m^{-1}	剪力 Q /kN	截面高度 h/m	受压区高度 x/m	安全系数 K	安全系数评价	截面强度评价	截面评价
66	1304.32	209.99	1.10	0.550	14.67	安全	满足	满足
67	1170.85	239.76	1.10	0.550	16.35	安全	满足	满足
68	1022.25	269.20	1.10	0.550	18.72	安全	满足	满足
69	858.65	298.31	1.10	0.550	22.29	安全	满足	满足
70	680.21	327.10	1.10	0.550	28.14	安全	满足	满足
71	487.08	355.59	1.10	0.550	39.30	安全	满足	满足
72	279.37	383.81	1.10	0.550	68.51	安全	满足	满足
73	57.21	411.81	1.10	0.550	334.53	安全	满足	满足
74	−179.31	439.62	1.10	0.550	106.74	安全	满足	满足
75	−430.12	467.31	1.10	0.550	44.50	安全	满足	满足
76	−695.20	494.95	1.10	0.550	27.53	安全	满足	满足
77	−974.55	522.62	1.10	0.550	19.64	安全	满足	满足
78	−1268.21	550.40	1.10	0.550	15.09	安全	满足	满足
79	−1576.26	578.38	1.10	0.550	12.14	安全	满足	满足
80	−1898.85	606.67	1.10	0.550	10.08	安全	满足	满足
81	2432.49	−28.75	1.10	0.550	7.87	安全	满足	满足
82	2421.34	17.17	1.10	0.550	7.90	安全	满足	满足
83	2387.38	63.10	1.10	0.550	8.02	安全	满足	满足
84	2330.61	109.01	1.10	0.550	8.21	安全	满足	满足
85	2251.04	154.90	1.10	0.550	8.50	安全	满足	满足
86	2148.67	200.77	1.10	0.550	8.91	安全	满足	满足
87	2023.54	246.62	1.10	0.550	9.46	安全	满足	满足
88	1875.64	292.42	1.10	0.550	10.20	安全	满足	满足
89	1705.01	338.18	1.10	0.550	11.23	安全	满足	满足
90	1511.67	383.88	1.10	0.550	12.66	安全	满足	满足
91	1295.65	429.51	1.10	0.550	14.77	安全	满足	满足
92	1057.00	475.06	1.10	0.550	18.11	安全	满足	满足
93	795.74	520.53	1.10	0.550	24.05	安全	满足	满足
94	511.95	565.88	1.10	0.550	37.39	安全	满足	满足
95	205.66	611.12	1.10	0.550	93.07	安全	满足	满足
96	−123.05	656.22	1.10	0.550	155.54	安全	满足	满足
97	−474.12	7.01E+02	1.10	0.550	40.37	安全	满足	满足
98	−847.45	7.46E+02	1.10	0.550	22.59	安全	满足	满足
99	−1242.95	7.90E+02	1.10	0.550	15.40	安全	满足	满足
100	−1660.53	8.35E+02	1.10	0.550	11.53	安全	满足	满足

续表

单元号	弯矩 M /kN·m^{-1}	剪力 Q /kN	截面高度 h/m	受压区高度 x/m	安全系数 K	安全系数评价	截面强度评价	截面评价
101	−2100.06	8.79E+02	1.10	0.550	9.11	安全	满足	满足
102	−2191.93	5.49E+02	1.10	0.550	8.73	安全	满足	满足
103	−2486.39	355.8356	1.10	0.550	7.70	安全	满足	满足
104	−2687.32	156.538	1.10	0.550	7.12	安全	满足	满足
105	−2791.85	−46.1445	1.10	0.550	6.86	安全	满足	满足
106	−2798.42	−249.297	1.10	0.550	6.84	安全	满足	满足
107	−2706.88	−449.941	1.10	0.550	7.07	安全	满足	满足
108	−2518.55	−645.122	1.10	0.550	7.60	安全	满足	满足
109	−3481.96	2072.37	2.20	1.100	20.76	安全	满足	满足
110	−2749.10	1572.444	2.20	1.100	26.29	安全	满足	满足
111	−4439.32	−1458.54	2.20	1.100	16.28	安全	满足	满足
112	−3682.43	−1170.32	2.20	1.100	19.63	安全	满足	满足
113	−3080.16	−1014.73	2.20	1.100	23.46	安全	满足	满足
114	−3481.99	−1702.68	2.20	1.100	20.76	安全	满足	满足
115	−4439.35	−2205.86	2.20	1.100	16.28	安全	满足	满足
116	−2561.42	920.5713	2.20	1.100	28.22	安全	满足	满足
117	−3080.18	1076.547	2.20	1.100	23.46	安全	满足	满足
118	−3682.45	1365.192	2.20	1.100	19.63	安全	满足	满足

表 7-17 大跨截面钢筋混凝土偏压构件安全系数

单元号	轴力 N /kN	弯矩 M /kN·m^{-1}	截面高度 h/m	偏心距增大系数 η	截面偏心距 e_0/m	Ag 重心至 N 的距离 e/m	Ag' 重心至 N 的距离 e'/m	混凝土受压区高度 x/m	大/小偏压判定	安全系数	安全评价
1	−2801.11	−2024.01	1.10	1.00	0.723	1.207	0.239	0.309	大偏压	4.08	安全
2	−2813.73	−2217.02	1.10	1.00	0.788	1.272	0.304	0.271	大偏压	3.56	安全
3	−2826.36	−2749.13	1.10	1.00	0.973	1.457	0.489	0.195	大偏压	2.54	安全
4	−2689.36	−2236.15	1.10	1.00	0.831	1.315	0.347	0.249	大偏压	3.42	安全
5	−2653.09	−1898.84	1.10	1.00	0.716	1.200	0.232	0.314	大偏压	4.36	安全
6	−2617.67	−1576.25	1.10	1.00	0.602	1.086	0.118	0.401	大偏压	5.65	安全
7	−2583.16	−1268.19	1.10	1.00	0.491	0.975	0.007	0.513	大偏压	7.33	安全
8	−2549.61	−974.53	1.10	1.00	0.382	0.866	0.102	0.648	小偏压	8.83	安全
9	−2517.10	−695.19	1.10	1.00	0.276	0.760	0.208	0.801	小偏压	10.19	安全
10	−2485.68	−430.11	1.10	1.00	0.173	0.657	0.311	0.964	小偏压	11.94	安全
11	−2455.45	−179.29	1.10	1.00	0.073	0.557	0.411	1.133	小偏压	14.26	安全
12	−2426.49	57.23	1.10	1.00	0.024	0.508	0.460	1.219	小偏压	15.84	安全
13	−2398.87	279.39	1.10	1.00	0.116	0.600	0.368	1.058	小偏压	13.54	安全

续表

单元号	轴力 N /kN	弯矩 M /kN·m^{-1}	截面高度 h/m	偏心距增大系数 η	截面偏心距 e_0/m	Ag 重心至 N 的距离 e/m	Ag' 重心至 N 的距离 e'/m	混凝土受压区高度 x/m	大/小偏压判定	安全系数	安全评价
14	−2372.70	487.10	1.10	1.00	0.205	0.689	0.279	0.912	小偏压	11.93	安全
15	−2348.07	680.23	1.10	1.00	0.290	0.774	0.194	0.780	小偏压	10.74	安全
16	−2325.05	858.67	1.10	1.00	0.369	0.853	0.115	0.666	小偏压	9.83	安全
17	−2303.75	1022.26	1.10	1.00	0.444	0.928	0.040	0.569	大偏压	9.11	安全
18	−2284.24	1170.87	1.10	1.00	0.513	0.997	0.029	0.489	大偏压	7.90	安全
19	−2266.60	1304.33	1.10	1.00	0.575	1.059	0.091	0.425	大偏压	6.92	安全
20	−2250.91	1422.51	1.10	1.00	0.632	1.116	0.148	0.375	大偏压	6.15	安全
21	−2237.24	1525.25	1.10	1.00	0.682	1.166	0.198	0.337	大偏压	5.56	安全
22	−2225.65	1612.43	1.10	1.00	0.724	1.208	0.240	0.308	大偏压	5.11	安全
23	−2216.18	1683.93	1.10	1.00	0.760	1.244	0.276	0.287	大偏压	4.77	安全
24	−2208.90	1739.65	1.10	1.00	0.788	1.272	0.304	0.271	大偏压	4.53	安全
25	−2203.82	1779.51	1.10	1.00	0.807	1.291	0.261	0.261	大偏压	4.37	安全
26	−2200.98	1803.45	1.10	1.00	0.819	1.303	0.335	0.255	大偏压	4.28	安全
27	−2735.36	−2236.16	1.10	1.00	0.818	1.302	0.334	0.256	大偏压	3.45	安全
28	−2803.75	−2518.56	1.10	1.00	0.898	1.382	0.414	0.221	大偏压	2.91	安全
29	−2850.01	−2706.88	1.10	1.00	0.950	1.434	0.466	0.202	大偏压	2.62	安全
30	−2873.39	−2798.41	1.10	1.00	0.974	1.458	0.490	0.194	大偏压	2.50	安全
31	−2873.58	−2791.84	1.10	1.00	0.972	1.456	0.488	0.195	大偏压	2.50	安全
32	−2850.70	−2687.31	1.10	1.00	0.943	1.427	0.459	0.205	大偏压	2.65	安全
33	−2805.28	−2486.37	1.10	1.00	0.886	1.370	0.402	0.225	大偏压	2.97	安全
34	−2813.72	−2216.99	1.10	1.00	0.788	1.272	0.304	0.271	大偏压	3.56	安全
35	−2801.10	−2023.99	1.10	1.00	0.723	1.207	0.239	0.309	大偏压	4.08	安全
36	−2788.47	−2191.91	1.10	1.00	0.786	1.270	0.302	0.272	大偏压	3.60	安全
37	−3399.07	−2561.40	1.10	1.00	0.754	1.238	0.270	0.290	大偏压	3.15	安全
38	−3403.73	−2100.04	1.10	1.00	0.617	1.101	0.133	0.388	大偏压	4.21	安全
39	−3408.40	−1660.51	1.10	1.00	0.487	0.971	0.003	0.517	大偏压	5.60	安全
40	−3413.05	−1242.93	1.10	1.00	0.364	0.848	0.120	0.673	小偏压	6.74	安全
41	−3417.66	−847.42	1.10	1.00	0.248	0.732	0.236	0.844	小偏压	7.80	安全
42	−3422.19	−474.09	1.10	1.00	0.139	0.623	0.345	1.021	小偏压	9.16	安全
43	−3426.62	−123.02	1.10	1.00	0.036	0.520	0.448	1.197	小偏压	10.95	安全
44	−3430.91	205.69	1.10	1.00	0.060	0.544	0.424	1.155	小偏压	10.45	安全
45	−3435.06	511.98	1.10	1.00	0.149	0.633	0.335	1.004	小偏压	8.97	安全
46	−3439.02	795.78	1.10	1.00	0.231	0.715	0.253	0.870	小偏压	7.93	安全
47	−3442.79	1057.03	1.10	1.00	0.307	0.791	0.177	0.754	小偏压	7.16	安全
48	−3446.33	1295.69	1.10	1.00	0.376	0.860	0.108	0.657	小偏压	6.58	安全

续表

单元号	轴力 N /kN	弯矩 M /kN·m⁻¹	截面高度 h/m	偏心距增大系数 η	截面偏心距 e_0/m	Ag重心至N的距离 e/m	Ag'重心至N的距离 e'/m	混凝土受压区高度 x/m	大/小偏压判定	安全系数	安全评价
49	−3449.64	1511.70	1.10	1.00	0.438	0.922	0.046	0.575	小偏压	6.13	安全
50	−3452.68	1705.04	1.10	1.00	0.494	0.978	0.010	0.510	大偏压	5.45	安全
51	−3455.46	1875.67	1.10	1.00	0.543	1.027	0.059	0.457	大偏压	4.88	安全
52	−3457.94	2023.56	1.10	1.00	0.585	1.069	0.101	0.416	大偏压	4.44	安全
53	−3460.13	2148.70	1.10	1.00	0.621	1.105	0.137	0.385	大偏压	4.10	安全
54	−3462.00	2251.06	1.10	1.00	0.650	1.134	0.166	0.361	大偏压	3.85	安全
55	−3463.55	2330.63	1.10	1.00	0.673	1.157	0.189	0.344	大偏压	3.66	安全
56	−3464.78	2387.39	1.10	1.00	0.689	1.173	0.205	0.332	大偏压	3.54	安全
57	−3465.68	2421.35	1.10	1.00	0.699	1.183	0.215	0.325	大偏压	3.46	安全
58	−2200.40	1811.44	1.10	1.00	0.823	1.307	0.339	0.253	大偏压	4.25	安全
59	−2202.06	1803.45	1.10	1.00	0.819	1.303	0.335	0.255	大偏压	4.28	安全
60	−2205.98	1779.51	1.10	1.00	0.807	1.291	0.323	0.261	大偏压	4.37	安全
61	−2212.13	1739.65	1.10	1.00	0.786	1.270	0.302	0.272	大偏压	4.54	安全
62	−2220.48	1683.93	1.10	1.00	0.758	1.242	0.274	0.288	大偏压	4.78	安全
63	−2231.00	1612.42	1.10	1.00	0.723	1.207	0.239	0.309	大偏压	5.12	安全
64	−2243.65	1525.24	1.10	1.00	0.680	1.164	0.196	0.339	大偏压	5.57	安全
65	−2258.37	1422.50	1.10	1.00	0.630	1.114	0.146	0.377	大偏压	6.16	安全
66	−2275.10	1304.32	1.10	1.00	0.573	1.057	0.089	0.427	大偏压	6.93	安全
67	−2293.76	1170.85	1.10	1.00	0.510	0.994	0.026	0.491	大偏压	7.90	安全
68	−2314.29	1022.25	1.10	1.00	0.442	0.926	0.042	0.571	小偏压	9.10	安全
69	−2336.60	858.65	1.10	1.00	0.367	0.851	0.117	0.668	小偏压	9.80	安全
70	−2360.61	680.21	1.10	1.00	0.288	0.772	0.196	0.782	小偏压	10.70	安全
71	−2386.24	487.08	1.10	1.00	0.204	0.688	0.280	0.913	小偏压	11.88	安全
72	−2413.39	279.37	1.10	1.00	0.116	0.600	0.368	1.060	小偏压	13.48	安全
73	−2441.97	57.21	1.10	1.00	0.023	0.507	0.461	1.219	小偏压	15.74	安全
74	−2471.90	−179.31	1.10	1.00	0.073	0.557	0.411	1.134	小偏压	14.18	安全
75	−2503.10	−430.12	1.10	1.00	0.172	0.656	0.312	0.966	小偏压	11.88	安全
76	−2535.47	−695.20	1.10	1.00	0.274	0.758	0.210	0.804	小偏压	10.15	安全
77	−2568.96	−974.55	1.10	1.00	0.379	0.863	0.105	0.652	小偏压	8.79	安全
78	−2603.47	−1268.21	1.10	1.00	0.487	0.971	0.003	0.517	大偏压	7.33	安全
79	−2638.96	−1576.26	1.10	1.00	0.597	1.081	0.113	0.405	大偏压	5.67	安全
80	−2675.36	−1898.85	1.10	1.00	0.710	1.194	0.226	0.318	大偏压	4.38	安全
81	−3466.23	2432.49	1.10	1.00	0.702	1.186	0.218	0.323	大偏压	3.44	安全
82	−3466.42	2421.34	1.10	1.00	0.699	1.183	0.215	0.325	大偏压	3.46	安全
83	−3466.27	2387.38	1.10	1.00	0.689	1.173	0.205	0.332	大偏压	3.54	安全

续表

单元号	轴力 N /kN	弯矩 M /kN·m^{-1}	截面高度 h/m	偏心距增大系数 η	截面偏心距 e_0/m	Ag 重心至 N 的距离 e/m	Ag' 重心至 N 的距离 e'/m	混凝土受压区高度 x/m	大/小偏压判定	安全系数	安全评价
84	−3465.79	2330.61	1.10	1.00	0.672	1.156	0.188	0.344	大偏压	3.66	安全
85	−3464.98	2251.04	1.10	1.00	0.650	1.134	0.166	0.361	大偏压	3.85	安全
86	−3463.86	2148.67	1.10	1.00	0.620	1.104	0.136	0.385	大偏压	4.10	安全
87	−3462.42	2023.54	1.10	1.00	0.584	1.068	0.100	0.417	大偏压	4.44	安全
88	−3460.68	1875.64	1.10	1.00	0.542	1.026	0.058	0.458	大偏压	4.88	安全
89	−3458.65	1705.01	1.10	1.00	0.493	0.977	0.009	0.511	大偏压	5.45	安全
90	−3456.35	1511.67	1.10	1.00	0.437	0.921	0.047	0.577	小偏压	6.13	安全
91	−3453.79	1295.65	1.10	1.00	0.375	0.859	0.109	0.658	小偏压	6.57	安全
92	−3450.98	1057.00	1.10	1.00	0.306	0.790	0.178	0.755	小偏压	7.15	安全
93	−3447.96	795.74	1.10	1.00	0.231	0.715	0.253	0.871	小偏压	7.91	安全
94	−3444.73	511.95	1.10	1.00	0.149	0.633	0.335	1.004	小偏压	8.95	安全
95	−3441.32	205.66	1.10	1.00	0.060	0.544	0.424	1.156	小偏压	10.42	安全
96	−3437.76	−123.05	1.10	1.00	0.036	0.520	0.448	1.198	小偏压	10.92	安全
97	−3434.06	−474.12	1.10	1.00	0.138	0.622	0.346	1.022	小偏压	9.13	安全
98	−3430.26	−847.45	1.10	1.00	0.247	0.731	0.237	0.845	小偏压	7.78	安全
99	−3426.38	−1242.95	1.10	1.00	0.363	0.847	0.121	0.675	小偏压	6.72	安全
100	−3422.45	−1660.53	1.10	1.00	0.485	0.969	0.001	0.519	大偏压	5.60	安全
101	−3418.50	−2100.06	1.10	1.00	0.614	1.098	0.130	0.390	大偏压	4.21	安全
102	−2815.10	−2191.93	1.10	1.00	0.779	1.263	0.295	0.276	大偏压	3.62	安全
103	−2863.13	−2486.39	1.10	1.00	0.868	1.352	0.384	0.233	大偏压	3.00	安全
104	−2886.38	−2687.32	1.10	1.00	0.931	1.415	0.447	0.209	大偏压	2.67	安全
105	−2886.57	−2791.85	1.10	1.00	0.967	1.451	0.483	0.198	大偏压	2.51	安全
106	−2863.49	−2798.42	1.10	1.00	0.977	1.461	0.493	0.193	大偏压	2.49	安全
107	−2817.35	−2706.88	1.10	1.00	0.961	1.445	0.477	0.199	大偏压	2.60	安全
108	−2748.81	−2518.55	1.10	1.00	0.916	1.400	0.432	0.214	大偏压	2.87	安全
109	−2848.73	−3481.96	2.20	1.00	1.222	2.256	0.188	0.547	大偏压	7.08	安全
110	−2826.35	−2749.10	2.20	1.00	0.973	2.007	0.061	0.797	大偏压	10.41	安全
111	−3374.00	−4439.32	2.20	1.00	1.316	2.350	0.282	0.476	大偏压	5.21	安全
112	−3379.91	−3682.43	2.20	1.00	1.090	2.124	0.056	0.668	大偏压	7.30	安全
113	−3388.82	−3080.16	2.20	1.00	0.909	1.943	0.125	0.876	大偏压	9.54	安全
114	−2848.74	−3481.99	2.20	1.00	1.222	2.256	0.188	0.547	大偏压	7.08	安全
115	−2871.12	−4439.35	2.20	1.00	1.546	2.580	0.512	0.349	大偏压	4.48	安全
116	−3415.14	−2561.42	2.20	1.00	0.750	1.784	0.284	1.095	大偏压	11.83	安全
117	−3407.20	−3080.18	2.20	1.00	0.904	1.938	0.130	0.882	大偏压	9.56	安全
118	−3402.20	−3682.45	2.20	1.00	1.082	2.116	0.048	0.676	大偏压	7.33	安全

表 7-18 大跨截面最大裂缝宽度验算

单元号	内力值输入列 轴力 Ns /kN	内力值输入列 弯矩 Ms /kN·m^{-1}	截面高度 h/m	Ag 合力点至受压区合力点的距离 z/m	受拉筋 Ag 应力 σ_s/MPa	最大裂缝宽度 ω_{max}/mm	裂缝安全性评价
1	−2801.11	−2024.01	1.1	0.808456	128.6668	0.085618	安全
2	−2813.73	−2217.02	1.1	0.817579	145.8555	0.097056	安全
3	−2826.36	−2749.13	1.1	0.83706	195.1518	0.129859	安全
4	−2689.36	−2236.15	1.1	0.822919	150.1523	0.099915	安全
5	−2653.09	−1898.84	1.1	0.80741	120.2418	0.080012	安全
6	−2617.67	−1576.25	1.1	0.787131	92.75954	0.061725	安全
7	−2583.16	−1268.19	1.1	0.760013	68.14148	$e_0 \leqslant 0.55h_0$，可不验算	安全
8	−2549.61	−974.534	1.1	0.722782	47.19951	$e_0 \leqslant 0.55h_0$，可不验算	安全
9	−2517.1	−695.187	1.1	0.672462	32.05404	$e_0 \leqslant 0.55h_0$，可不验算	安全
10	−2485.68	−430.105	1.1	0.607113	25.35083	$e_0 \leqslant 0.55h_0$，可不验算	安全
11	−2455.45	−179.287	1.1	0.51257	32.57842	$e_0 \leqslant 0.55h_0$，可不验算	安全
12	−2426.49	57.23367	1.1	0.447958	47.50674	$e_0 \leqslant 0.55h_0$，可不验算	安全
13	−2398.87	279.3919	1.1	0.558568	26.09808	$e_0 \leqslant 0.55h_0$，可不验算	安全
14	−2372.7	487.0957	1.1	0.630292	25.13752	$e_0 \leqslant 0.55h_0$，可不验算	安全
15	−2348.07	680.2313	1.1	0.679367	31.20478	$e_0 \leqslant 0.55h_0$，可不验算	安全
16	−2325.05	858.668	1.1	0.717389	41.09134	$e_0 \leqslant 0.55h_0$，可不验算	安全
17	−2303.75	1022.264	1.1	0.745449	52.54867	$e_0 \leqslant 0.55h_0$，可不验算	安全
18	−2284.24	1170.87	1.1	0.766009	64.13646	$e_0 \leqslant 0.55h_0$，可不验算	安全
19	−2266.6	1304.334	1.1	0.781392	75.23768	0.050065	安全
20	−2250.91	1422.509	1.1	0.793058	85.49039	0.056888	安全
21	−2237.24	1525.253	1.1	0.801963	94.66597	0.062993	安全
22	−2225.65	1612.434	1.1	0.808742	102.6123	0.068281	安全
23	−2216.18	1683.934	1.1	0.813833	109.2247	0.072681	安全
24	−2208.9	1739.654	1.1	0.817533	114.4297	0.076145	安全
25	−2203.82	1779.514	1.1	0.820042	118.1772	0.078638	安全
26	−2200.98	1803.453	1.1	0.82149	120.4336	0.08014	安全
27	−2735.36	−2236.16	1.1	0.821263	149.1998	0.099282	安全
28	−2803.75	−2518.56	1.1	0.83015	173.9428	0.115746	安全
29	−2850.01	−2706.88	1.1	0.835048	190.6107	0.126838	安全
30	−2873.39	−2798.41	1.1	0.837166	198.7342	0.132243	安全
31	−2873.58	−2791.84	1.1	0.836964	198.1071	0.131826	安全
32	−2850.7	−2687.31	1.1	0.834404	188.748	0.125598	安全
33	−2805.28	−2486.37	1.1	0.828932	170.9009	0.113722	安全
34	−2813.72	−2216.99	1.1	0.817578	145.853	0.097054	安全

续表

单元号	内力值输入列		截面高度 h/m	Ag 合力点至受压区合力点的距离 z/m	受拉筋 Ag 应力 σ_s/MPa	最大裂缝宽度 ω_{max}/mm	裂缝安全性评价
	轴力 Ns /kN	弯矩 Ms /kN·m^{-1}					
35	−2801.1	−2023.99	1.1	0.808455	128.6652	0.085617	安全
36	−2788.47	−2191.91	1.1	0.817338	144.0713	0.095869	安全
37	−3399.07	−2561.4	1.1	0.812961	165.5952	0.110191	安全
38	−3403.73	−2100.04	1.1	0.790138	124.9033	0.083114	安全
39	−3408.4	−1660.51	1.1	0.758929	88.91639	$e_0 \leqslant 0.55h_0$，可不验算	安全
40	−3413.05	−1242.93	1.1	0.715173	59.20421	$e_0 \leqslant 0.55h_0$，可不验算	安全
41	−3417.66	−847.42	1.1	0.656943	40.02482	$e_0 \leqslant 0.55h_0$，可不验算	安全
42	−3422.19	−474.086	1.1	0.578849	35.4506	$e_0 \leqslant 0.55h_0$，可不验算	安全
43	−3426.62	−123.021	1.1	0.46549	59.96313	$e_0 \leqslant 0.55h_0$，可不验算	安全
44	−3430.91	205.6922	1.1	0.496913	49.63513	$e_0 \leqslant 0.55h_0$，可不验算	安全
45	−3435.06	511.9808	1.1	0.587881	35.1568	$e_0 \leqslant 0.55h_0$，可不验算	安全
46	−3439.02	795.7794	1.1	0.647091	38.54955	$e_0 \leqslant 0.55h_0$，可不验算	安全
47	−3442.79	1057.031	1.1	0.687772	48.39005	$e_0 \leqslant 0.55h_0$，可不验算	安全
48	−3446.33	1295.687	1.1	0.720195	62.38608	$e_0 \leqslant 0.55h_0$，可不验算	安全
49	−3449.64	1511.702	1.1	0.743598	77.29476	$e_0 \leqslant 0.55h_0$，可不验算	安全
50	−3452.68	1705.04	1.1	0.760836	91.8535	$e_0 \leqslant 0.55h_0$，可不验算	安全
51	−3455.46	1875.67	1.1	0.773757	105.414	$e_0 \leqslant 0.55h_0$，可不验算	安全
52	−3457.94	2023.564	1.1	0.783534	117.5949	0.078251	安全
53	−3460.13	2148.699	1.1	0.79093	128.1573	0.085279	安全
54	−3462	2251.059	1.1	0.796459	136.9471	0.091128	安全
55	−3463.55	2330.627	1.1	0.800463	143.8618	0.095729	安全
56	−3464.78	2387.394	1.1	0.803172	148.8336	0.099038	安全
57	−3465.68	2421.351	1.1	0.804734	151.8201	0.101025	安全
58	−2200.4	1811.436	1.1	0.821948	121.1801	0.080636	安全
59	−2202.06	1803.451	1.1	0.821442	120.4112	0.080125	安全
60	−2205.98	1779.509	1.1	0.819944	118.1327	0.078609	安全
61	−2212.13	1739.648	1.1	0.817384	114.3645	0.076101	安全
62	−2220.48	1683.926	1.1	0.81363	109.1404	0.072625	安全
63	−2231	1612.424	1.1	0.80848	102.5115	0.068214	安全
64	−2243.65	1525.242	1.1	0.801635	94.55184	0.062917	安全
65	−2258.37	1422.497	1.1	0.792658	85.36736	0.056806	安全
66	−2275.1	1304.32	1.1	0.780909	75.11168	0.049981	安全
67	−2293.76	1170.854	1.1	0.765435	64.01588	$e_0 \leqslant 0.55h_0$，可不验算	安全
68	−2314.29	1022.247	1.1	0.744772	52.4451	$e_0 \leqslant 0.55h_0$，可不验算	安全

续表

单元号	内力值输入列 轴力 Ns /kN	内力值输入列 弯矩 Ms /kN·m^{-1}	截面高度 h/m	Ag 合力点至受压区合力点的距离 z/m	受拉筋 Ag 应力 σ_s/MPa	最大裂缝宽度 ω_{max}/mm	裂缝安全性评价
69	−2336.6	858.6504	1.1	0.716603	41.02204	$e_0 \leqslant 0.55h_0$，可不验算	安全
70	−2360.61	680.2129	1.1	0.678593	31.21684	$e_0 \leqslant 0.55h_0$，可不验算	安全
71	−2386.24	487.0769	1.1	0.629499	25.22856	$e_0 \leqslant 0.55h_0$，可不验算	安全
72	−2413.39	279.3729	1.1	0.557886	26.31212	$e_0 \leqslant 0.55h_0$，可不验算	安全
73	−2441.97	57.21471	1.1	0.447727	47.88144	$e_0 \leqslant 0.55h_0$，可不验算	安全
74	−2471.9	−179.306	1.1	0.512014	32.89365	$e_0 \leqslant 0.55h_0$，可不验算	安全
75	−2503.1	−430.123	1.1	0.606196	25.51458	$e_0 \leqslant 0.55h_0$，可不验算	安全
76	−2535.47	−695.204	1.1	0.671415	32.0888	$e_0 \leqslant 0.55h_0$，可不验算	安全
77	−2568.96	−974.55	1.1	0.721603	47.07277	$e_0 \leqslant 0.55h_0$，可不验算	安全
78	−2603.47	−1268.21	1.1	0.758912	67.90601	$e_0 \leqslant 0.55h_0$，可不验算	安全
79	−2638.96	−1576.26	1.1	0.786119	92.4312	0.061506	安全
80	−2675.36	−1898.85	1.1	0.806488	119.8326	0.07974	安全
81	−3466.23	2432.494	1.1	0.80523	152.7978	0.101676	安全
82	−3466.42	2421.344	1.1	0.80471	151.8061	0.101016	安全
83	−3466.27	2387.382	1.1	0.803123	148.806	0.099019	安全
84	−3465.79	2330.61	1.1	0.800387	143.8212	0.095702	安全
85	−3464.98	2251.037	1.1	0.796356	136.895	0.091094	安全
86	−3463.86	2148.674	1.1	0.790797	128.0952	0.085238	安全
87	−3462.42	2023.535	1.1	0.783368	117.5252	0.078204	安全
88	−3460.68	1875.639	1.1	0.773554	105.3403	$e_0 \leqslant 0.55h_0$，可不验算	安全
89	−3458.65	1705.007	1.1	0.760591	91.78024	$e_0 \leqslant 0.55h_0$，可不验算	安全
90	−3456.35	1511.668	1.1	0.743307	77.22866	$e_0 \leqslant 0.55h_0$，可不验算	安全
91	−3453.79	1295.651	1.1	0.719852	62.33666	$e_0 \leqslant 0.55h_0$，可不验算	安全
92	−3450.98	1056.996	1.1	0.687424	48.38847	$e_0 \leqslant 0.55h_0$，可不验算	安全
93	−3447.96	795.7442	1.1	0.646717	38.59134	$e_0 \leqslant 0.55h_0$，可不验算	安全
94	−3444.73	511.9462	1.1	0.58752	35.26842	$e_0 \leqslant 0.55h_0$，可不验算	安全
95	−3441.32	205.6587	1.1	0.496677	49.85327	$e_0 \leqslant 0.55h_0$，可不验算	安全
96	−3437.76	−123.053	1.1	0.465342	60.21425	$e_0 \leqslant 0.55h_0$，可不验算	安全
97	−3434.06	−474.116	1.1	0.578436	35.59859	$e_0 \leqslant 0.55h_0$，可不验算	安全
98	−3430.26	−847.447	1.1	0.656421	40.07164	$e_0 \leqslant 0.55h_0$，可不验算	安全
99	−3426.38	−1242.95	1.1	0.714558	59.13062	$e_0 \leqslant 0.55h_0$，可不验算	安全
100	−3422.45	−1660.53	1.1	0.75835	88.75556	$e_0 \leqslant 0.55h_0$，可不验算	安全
101	−3418.5	−2100.06	1.1	0.789608	124.6698	0.082959	安全
102	−2815.1	−2191.93	1.1	0.816368	143.5428	0.095517	安全

续表

单元号	内力值输入列		截面高度 h/m	Ag合力点至受压区合力点的距离 z/m	受拉筋Ag应力 σ_s/MPa	最大裂缝宽度 ω_{max}/mm	裂缝安全性评价
	轴力 Ns /kN	弯矩 Ms /kN·m^{-1}					
103	−2863.13	−2486.39	1.1	0.827049	169.6496	0.112889	安全
104	−2886.38	−2687.32	1.1	0.833327	187.9419	0.125062	安全
105	−2886.57	−2791.85	1.1	0.836586	197.8079	0.131627	安全
106	−2863.49	−2798.42	1.1	0.837453	198.9648	0.132397	安全
107	−2817.35	−2706.88	1.1	0.836027	191.3586	0.127335	安全
108	−2748.81	−2518.55	1.1	0.831918	175.1591	0.116556	安全
109	−2848.73	−3481.96	2.2	1.627506	102.6614	0.10594	安全
110	−2826.35	−2749.1	2.2	1.56697	73.9775	$e_0 \leqslant 0.55h_0$，可不验算	安全
111	−3374	−4439.32	2.2	1.645366	134.7313	0.139035	安全
112	−3379.91	−3682.43	2.2	1.597963	103.6875	$e_0 \leqslant 0.55h_0$，可不验算	安全
113	−3388.82	−3080.16	2.2	1.547653	80.73151	$e_0 \leqslant 0.55h_0$，可不验算	安全
114	−2848.74	−3481.99	2.2	1.627507	102.6625	0.105942	安全
115	−2871.12	−4439.35	2.2	1.681412	143.159	0.147731	安全
116	−3415.14	−2561.42	2.2	1.490172	62.81658	$e_0 \leqslant 0.55h_0$，可不验算	安全
117	−3407.2	−3080.18	2.2	1.54609	80.5661	$e_0 \leqslant 0.55h_0$，可不验算	安全
118	−3402.2	−3682.45	2.2	1.596217	103.4147	$e_0 \leqslant 0.55h_0$，可不验算	安全

大跨截面衬砌采用1100mm厚度钢筋混凝土衬砌，主筋采用HRB400级钢筋，直径d＝32mm，根数为13.33根/延米，纵向间距为75mm，满足规范要求。

7.4 本章总结

本章考虑流固耦合以及不同注浆范围的影响，利用Midas GTS NX模拟隧道在该最小覆盖层厚度情况下的整个开挖过程，得到不同注浆范围渗流场、应力场、位移场的分布规律以及特性。结果表明，考虑流固耦合后的应力场、位移场相较于未考虑时更大，特别是拱脚位置，考虑流固耦合后的变形几乎是未考虑时的两倍，而塑性区则与之相反，注浆后的塑性区反而降低。注浆对隧道开挖的影响十分大，注浆后的位移场变化很明显，相对于未注浆情况，隧道竖向以及横向的变形量减少了50%以上。从隧道开挖安全的角度考虑，注浆范围为5m时，即可将最大变形量控制在30mm左右。综合考虑经济与安全两方面，拟采取注浆范围为5m的超前帷幕注浆方案。同时，分析了分岔段和大跨截面的受力安全性，当采用原有设计方案时，其受力安全性满足规范要求。

8 过江隧道洞内帷幕注浆技术及管棚快速施工技术

8.1 中风化泥质粉砂岩层帷幕注浆施工技术研究

8.1.1 垂直注浆和水平帷幕注浆相结合技术研究

过江隧道工程区勘探深度内，场地地层由人工填土（Q_{ml}^4）、第四系全新统冲积层（Q_{al}^4）、上更新统残坡积层（Q_{edl}^3）、下更新统冲积层（Q_{al}^1）及白垩系南雄组（K_n^2）基岩组成。按其岩性及其工程特性，自上而下依次划分为杂填土①-1、素填土①-2、粉质黏土②-1、粉砂③、细砂④、圆砾⑤、含砾粉质黏土⑥、中砂⑦、强风化泥质粉砂岩⑧-1、中风化泥质粉砂岩⑧-2、中风化粉砂岩⑨、中风细砂岩⑩。蓉江隧道为浅埋隧道，穿越地质条件复杂，以中风化泥质粉砂岩层为主，在中风化泥质粉砂岩层上有粉砂层和卵石层，中风化泥质粉砂岩层裂隙发育，中风化泥质粉砂岩中裂隙与粉砂层、卵石层连通，形成过水通道。中风化泥质粉砂岩遇水易坍塌，在连通的情况下，水流对中风化泥质粉砂岩的冲刷，使裂隙增大，外加裂隙水的补给非常充分，施工风险和施工难度极大。在此种条件下，必须采用注浆方式对地层进行加固改良。

注浆方案的选择主要依据蓉江隧道的地质条件、施工环境、设计要求、施工方法和机械设备等，选择合理、快速、经济、有效的注浆方式。在洞口段，考虑到洞口段埋深较浅，且地层较为软弱，钻孔难度不大，我们优化原设计施工方案，在隧道进洞前，先在洞口陆域段地表采用垂直注浆方式对左右线隧道进行止水及加固，注浆结束后，在洞口水平进行注浆效果检查，然后在洞口施作左右线超前大管棚预支护，进而转入隧道的开挖和水平帷幕注浆。这样，注浆施工与工作井下挖同时进行，不占用隧道施工工期，实现垂直注浆与水平注浆相结合，洞内洞外平行作业。

在洞口段主要采用地表垂直注浆、长管棚注浆等注浆方式；洞身段主要采用水平帷幕注浆、小导管注浆等注浆方式；在局部稳定性差或水量大的地段采用局部注浆和补充注浆；在开挖后初支变形大或出水量超标的地段采用径向注浆。根据类似工程经验，注浆方案的选择见表8-1，注浆施工参数及工艺见表8-2。

表8-1 注浆方案的选择

序号	注浆方案	适用条件	适用地段
1	地表垂直注浆	中风化泥质粉砂岩地层，埋深浅、具备地表施工条件	洞口陆域段
2	长管棚注浆	中风化泥质粉砂岩地层，土体稳定性较差	洞口陆域段
3	水平帷幕注浆	中风化泥质粉砂岩地层，不具备地表施工条件	洞身

续表

序号	注浆方案	适用条件	适用地段
4	短管棚注浆	周边土体自稳能力差	洞身
5	小导管注浆	土体稳定性差或水量大	全段
6	局部和补充注浆	局部稳定性差或水量大	全段
7	径向注浆	初期支护后变形大或出水量不满足设计要求	全段

表8-2 注浆施工参数及工艺

注浆方案	加固长度/m	加固范围/m	注浆压力/MPa	扩散半径/m	施工工艺
地表垂直注浆	30	3～5	2～5	1.5～2	分段注浆
水平帷幕注浆	30	3～5	2～5	1.5～2	分段注浆
长管棚注浆	40	0.5～1.5	2～3	0.5～1	全孔一次性
短管棚注浆	18	1～3	1～3	0.5～1	全孔一次性
小导管注浆	4	0.5～1.5	1～2	0.5～1	全孔一次性
局部和补充注浆	10～20	3～5	2～5	1～2	全孔一次性
径向注浆	3～5		1～2	0.5～1	分段或全孔一次性

垂直注浆主要采取了前进式分段注浆、钻杆后退式注浆和高压旋喷注浆三种注浆工艺；水平注浆主要采取了前进式分段注浆、钻杆后退式注浆和全孔一次性注浆三种注浆工艺。

前进式分段注浆主要用于开挖轮廓线以外地层软弱破碎、水量较大、成孔困难的注浆孔。该方法逐段钻孔，一旦涌水量超过标准，立即停止钻孔，进行注浆。使用该方法，实现逐段堵水和加固，阻挡开挖轮廓线外的河水涌入开挖面，控制浆液扩散范围，形成截水帷幕，如图8-1所示。

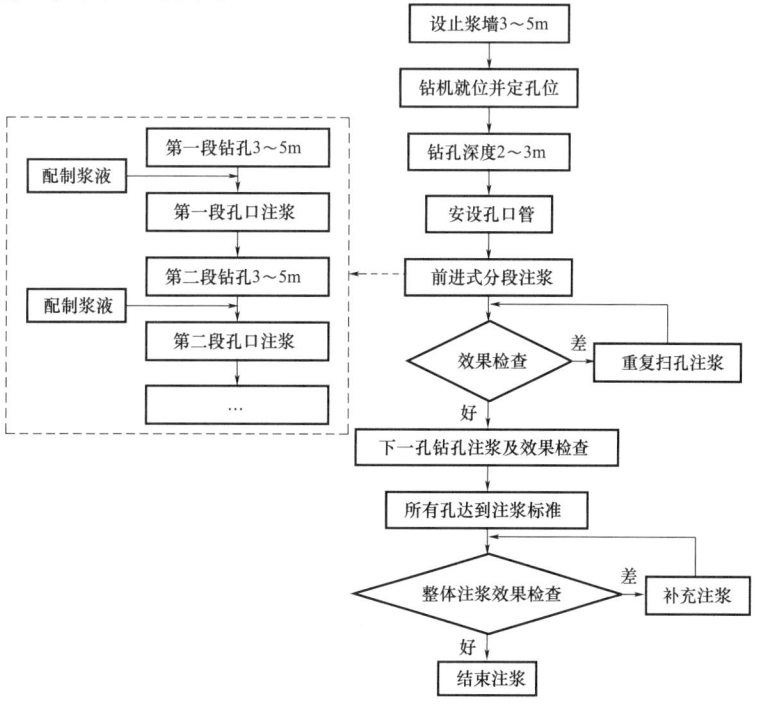

图8-1 前进式分段注浆工艺图

钻杆后退式注浆主要用于开挖轮廓线内地层软弱破碎、稳定性差、成孔困难的注浆孔。该方法在钻孔结束后不退钻杆，在孔口与钻杆连接注浆管路，浆液从钻杆中进入，经过钻头注入地层，从孔底开始注浆。使用该方法减少了重复钻孔工作量，实现了钻注一体化，注浆效率和注浆质量大大提高，如图8-2所示。

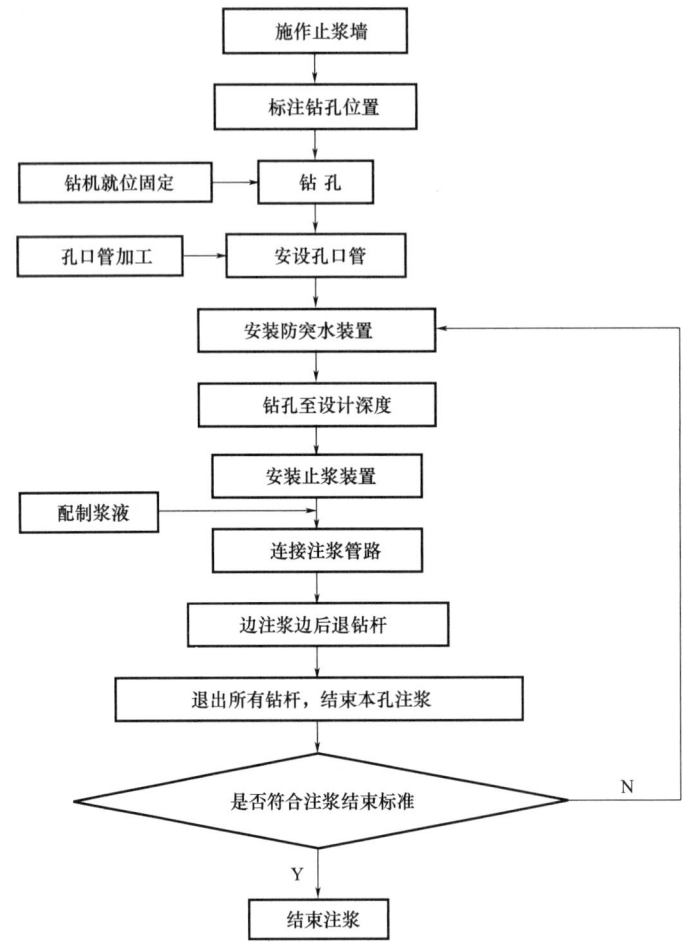

图 8-2 钻杆后退式注浆工艺图

高压旋喷注浆主要用于旋喷注浆法以高压喷射流直接破坏并加固土体，固结体的质量明显提高。它既可用于工程新建之前，也可用于工程修建之中，特别是用于工程落成之后，显示出不损坏建筑物的上部结构和不影响运营使用的长处。如图8-3所示。

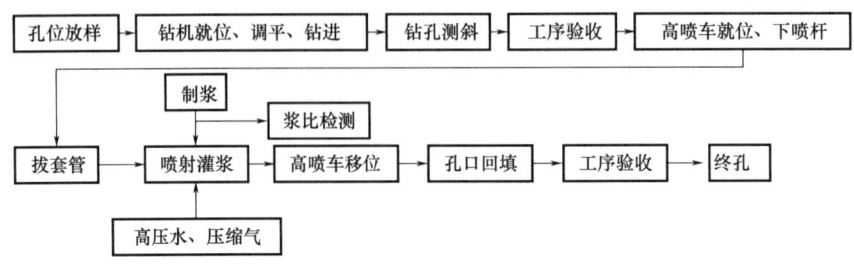

图 8-3 高压旋喷注浆工艺图

全孔一次性注浆主要用于孔深浅、成孔条件较好的注浆孔，如图 8-4 所示。

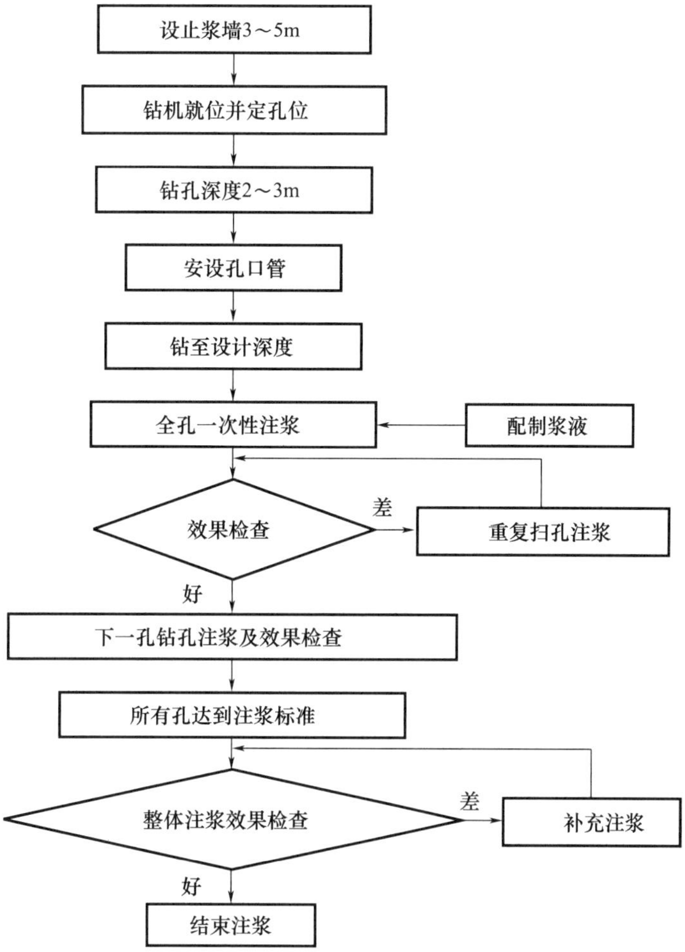

```
┌─────────────────┐
│ 设止浆墙3～5m    │
└────────┬────────┘
         ↓
┌─────────────────┐
│ 钻机就位并定孔位 │
└────────┬────────┘
         ↓
┌─────────────────┐
│ 钻孔深度2～3m    │
└────────┬────────┘
         ↓
┌─────────────────┐
│ 安设孔口管       │
└────────┬────────┘
         ↓
┌─────────────────┐
│ 钻至设计深度     │
└────────┬────────┘
         ↓
┌─────────────────┐      ┌──────────┐
│ 全孔一次性注浆   │←─────│ 配制浆液 │
└────────┬────────┘      └──────────┘
         ↓
    ╱效果检查╲    差    ┌──────────────┐
    ╲        ╱────────→│ 重复扫孔注浆 │
         ↓好           └──────────────┘
┌────────────────────────┐
│ 下一孔钻孔注浆及效果检查 │
└────────────┬───────────┘
             ↓
┌────────────────────────┐
│ 所有孔达到注浆标准       │
└────────────┬───────────┘
             ↓
     ╱整体注浆效果检查╲  差   ┌──────────┐
     ╲                ╱─────→│ 补充注浆 │
             ↓好             └──────────┘
       ┌──────────┐
       │ 结束注浆 │
       └──────────┘
```

图 8-4　全孔一次性注浆工艺流程图

这几种注浆方式的优缺点见表 8-3。

表 8-3　几种注浆方式的优缺点比较表

序号	注浆方式	适用条件	优点	缺点
1	全孔一次性注浆	地层具有较好的成孔条件，深度较浅	工艺简单，操作方便，施工效率高	地层软弱破碎、塌孔后，浆液扩散困难，难以保证注浆效果
2	前进式分段注浆	地层软弱破碎，水量较大，成孔困难	适用性强，易保证注浆效果	重复扫孔次数多，工艺复杂，工作量大，工效低
3	钻杆后退式注浆	地层软弱破碎，稳定性差，成孔困难	工效高，重复扫孔工作量小，能实现定位、控域注浆	易卡钻杆，工艺比较复杂，对孔口密封要求较高
4	高压旋喷注浆	地层软弱破碎，水量较小，成孔较好	料源广阔，价格低廉，浆液集中流失较少，能实现定位、控域注浆	工艺比较复杂，对钻孔工艺要求较高

垂直注浆与水平注浆的优缺点见表8-4。

表8-4 垂直注浆与水平注浆优缺点对比表

序号	注浆方式	适用条件	优点	缺点
1	垂直注浆	地表无建筑物,埋深浅,具备地表垂直钻孔条件	作业空间大,能上更多的机械设备,工效高,洞内外干扰性少	钻孔、注浆工艺复杂,不易操作,对环境污染大,易塌孔,受天气影响大
2	水平注浆	具备一定的机械施工空间即可	工艺简单,操作方便,适用性强,对环境污染小	与其他工序相互干扰,作业空间小,工效低

8.1.2 注浆参数的优化研究

8.1.2.1 注浆材料的研究

1) 室内几种注浆材料试验

(1) 普通水泥单液浆

普通水泥中按比例加入一定量的水及相应的外加剂经搅拌而成的浆液称为普通水泥单液浆,其主要特点是结石体具有较高的抗压、抗剪强度,能有效地提高地层的承载能力,且其抗渗性能好、材料来源丰富、价格低廉,注浆工艺相对简单。但由于其颗粒粒径大,在致密的黏土和砂层及微小裂隙条件下渗透困难,而且其凝胶时间不易调节,注浆过程中浆液易流失,因此其应用受到一定的限制。单液水泥浆的配比和结石体的主要性能见表8-5。

表8-5 单液水泥浆的配比和结石体的主要性能

水灰比	黏度/s	密度/g·cm^{-3}	凝胶时间/min		结石率/%	抗压强度/MPa			
			初凝	终凝		3天	7天	14天	28天
0.5:1	139	1.86	7-41	12-36	99	4.14	6.46	15.3	22.0
0.75:1	33	1.62	10-47	20-33	97	2.43	2.60	5.54	11.27
1:1	18	1.49	15-56	25-27	85	2.00	2.40	2.42	8.90
1.5:1	17	1.37	16-52	35-47	67	2.04	2.33	1.78	2.22
2:1	16	1.30	17-07	48-15	56	1.66	2.56	2.10	2.80

注:1. 试验采用42.5R普通硅酸盐水泥;2. 测定数据均为平均值。

通过试验观察分析,普通水泥单液浆具有以下特点:①颗粒粒径大,可渗透注入0.5mm的裂隙和平均粒径1mm以上的砂子;②凝胶时间长,具有较长的可注期,但凝胶时间不易调节,初凝时间长;③胶结体具有较高的抗压强度,但结实体收缩率较高。

(2) 超细水泥单液浆

超细水泥是指水泥中的最大颗粒不超过20μm,经过特殊磨细加工的水泥,能渗入细砂层和岩石的细小裂隙中。超细水泥浆液性能稳定,其析水性、流动性都比普通水泥有显著改善,浆液结石体具有较高的强度和耐久性。表8-6是不同配比的超细水泥浆的基本性能。

8 过江隧道洞内帷幕注浆技术及管棚快速施工技术

表8-6 不同配比的超细水泥浆的基本性能

水灰比	结石率/%	凝胶时间/min		抗分散性/%	抗压强度/MPa			
		初凝	终凝		1d	3d	7d	28d
0.6:1	100	2~10	4~05	94	4.4	20.5	24.2	29.2
0.8:1	92	4~20	6~50	90	—	1.3	7.0	17.1
1:1	85	5~30	7~30	60	—	—	3.4	5.6

注：抗分散性是指将一定质量的浆液倒入流速为0.1m/s的水中，注浆材料的留存率，下同。

通过试验观察分析，超细水泥单液浆具有以下特点：①初凝和终凝时间比普通水泥有所缩短；②固结体抗压强度较高，具有早强、高强的特点；③抗分散性较好；④颗粒粒径小；⑤水灰比较大时，结石体略有收缩。

(3) 普通水泥-水玻璃双液浆

普通水泥-水玻璃双液浆具有材料来源广、价格适宜、凝胶时间可控等优点，但由于其胶结体后期强度低，耐久性差，受水长期浸泡容易分解，不适合长期堵水和加固围岩。不同配比的浆液特性见表8-7。

表8-7 不同配比的浆液特性

水灰比	水泥浆与水玻璃体积比	水玻璃浓度/°Be	凝胶时间/s	抗压强度/MPa			
				1d	3d	7d	28d
0.6:1	1:0.3	30	11.0	5.8	6.7	7.4	10.2
	1:0.5		13.3	5.5	6.5	7.3	9.7
	1:0.7		16.6	5.3	6.5	7.0	9.3
	1:1		20.5	4.9	6.4	6.9	9.0
0.8:1	1:0.3	30	14.4	5.3	6.2	8.4	9.6
	1:0.5		19.1	5.0	6.1	8.3	9.1
	1:0.7		23.0	4.8	5.9	8.1	8.5
	1:1		26.8	4.2	5.7	7.9	8.0
1:1	1:0.3	30	15.9	4.5	4.7	5.8	7.8
	1:0.5		20.4	3.7	3.9	4.4	6.9
	1:0.7		24.4	3.1	3.6	3.9	6.7
	1:1		31.5	2.8	3.3	3.6	6.1
1.5:1	1:0.3	30	25.5	2.4	3.4	3.9	5.8
	1:0.5		32.7	2.1	2.9	3.5	4.5
	1:0.7		38.0	1.8	2.5	3.3	4.4
	1:1		48.4	1.6	2.4	3.1	4.2

水泥与水玻璃进行化学反应，有一个强度比较高的配比，在此配比下反应充分，结实体强度较高。试验结果如图8-5所示，其曲线代表了水玻璃波美度在30~45°Be，在不同水灰比下的综合曲线趋势。试验条件：水泥为32.5R普通硅酸盐水泥，测试温度为23~23.5℃。

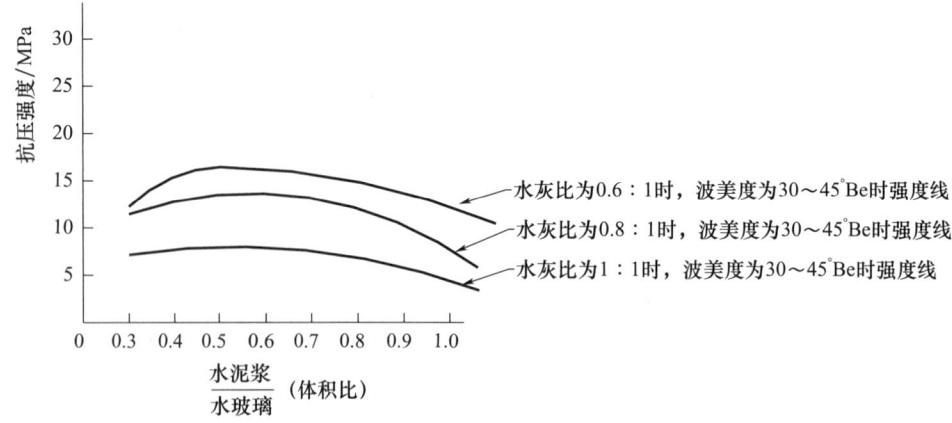

图 8-5 水泥浆与水玻璃浆体积比对浆液 28d 强度影响

从图 8-5 中可以看出，在相同的水灰比条件下，当水泥-水玻璃的体积比为 0.3～0.8 时，结石体强度较高，此外，在水泥-水玻璃配比一定的条件下，水灰比减小，结石体强度提高。

通过试验观察分析，普通水泥-水玻璃双液浆具有以下特点：①凝胶时间短且容易控制，具有早强的特点；②浆液配制容易，可注性较好；③胶结体后期强度低，耐久性差，受水长期浸泡容易分解；④胶结体收缩率大。

（4）HSC 特种水泥单液浆

HSC 特种水泥主要由特制硫铝酸盐熟料、石膏、硅粉、减水絮凝剂等组成。HSC 浆具有良好的抗分散性和早强、高强的性能，并且具有微膨胀性，胶结后能有效封堵出水通路，堵水效果较好。表 8-8 列出了不同配比下的浆液特性。

表 8-8 不同配比浆液性能

水灰比	结石率/%	凝胶时间/min		抗分散性/%	抗压强度/MPa			
		初凝	终凝		1d	3d	7d	28d
0.8:1	100	0-55	1-13	98	13.5	17.6	20.4	26.1
1:1	100	1-00	1-20	96	8.0	14.0	18.0	20.0
1.2:1	100	1-30	2-00	90	6.5	9.5	9.6	16.0
1.5:1	98	2-00	2-30	85	3.0	6.0	6.8	10.0

注：HSC 即分散型硫铝酸盐超细水泥。

通过试验观察分析，HSC（分散型硫铝酸盐超细水泥）具有以下特点：①抗分散性好；②抗压强度高，具有早强、高强的特点；③结石率高，并具有微膨胀性。④水灰比大时，抗分散性能有所下降；⑤凝胶时间太短时，可注性和可操作性变差。

2）现场几种主要注浆材料的性能

现场选择普通水泥单液浆、超细水泥单液浆、HSC 单液浆进行室内试验，测试一定配比浆液结石体的抗压强度、抗折强度、收缩率以及浆液的初凝和终凝时间等物理力学性能指标，见表 8-9。

表 8-9　注浆材料性能试验结果表

材料名称		普通水泥单液浆		超细水泥单液浆		HSC 单液浆
原材料名称		P·O42.5R 普硅水泥		MC-20 超细水泥		HSC 材料
浆液配比（水灰比）		0.6:1	0.8:1	0.6:1	0.8:1	1:1
凝结时间	初凝	16h	24h	1h20min	2h	30min
	终凝	21h	48h	9h	12h	90min
抗压强度 /MPa	8h	—	—	—	—	10.1
	1d	—	—	4.4	—	12.3
	3d	7.1	1.5	8.9	1.3	12.8
	7d	11.0	3.9	20.5	7.0	16.8
	28d	20.5	10.0	24.2	17.1	19.9
	90d	23.0	17.8	29.2	23.6	20.7
抗折强度 /MPa	8h	—	—	—	—	1.8
	1d	—	—	1.4	—	2.0
	3d	2.3	0.8	2.8	0.7	1.0
	7d	3.3	1.8	3.6	2.4	1.3
	28d	5.0	3.0	5.6	4.1	1.3
	90d	5.7	4.4	5.1	4.9	1.1
试件收缩率/%		—	−3.34	−6.3	−1.79	−6.7	2.2

注：1. 初凝时间以浆液不流动为止，终凝以浆液有强度、固化，可以脱模为止。
　　2. 试件胀缩率正值指试件膨胀，负值指试件收缩。

3) 注浆材料的选择和确定

通过室内试验结果分析，并结合以往现场应用情况，我们对这四种注浆材料做出以下初步结论。

普通水泥可注性好，注浆时能够得到较大的注浆量和注浆加固范围。结石体强度高，能有效地提高地层的承载能力。但普通水泥单液浆抗分散性能差，易被地下水稀释，影响其强度和堵水性能，且由于其收缩率较大，因而不宜在水压高、流速大、对堵水要求很高的条件下采用。由于普通水泥颗粒粒径大，在致密的黏土和砂层中及微小裂隙条件下渗透困难，仅能渗透注入 0.5mm 的裂隙和平均粒径 1mm 以上的砂子。普通水泥的优势在于料源广、价格低、结石体强度高。普通水泥适用于水量小、水压低、裂隙宽或砂层颗粒直径大等地质条件，常用于节理、裂隙发育地层及中粗砂、砂砾石地层的注浆。

超细水泥固结体抗压、抗剪强度较高，具有早强、高强的特点，能得到好的注浆加固效果。超细水泥颗粒粒径小，可灌性强，渗透注浆时能注入宽度大于 0.05mm 的裂缝和平均粒径 0.1~0.2mm 的细砂层中，能得到较好的堵水和加固效果。但超细水泥单液浆终凝时间仍较长，受地下水稀释影响，对其凝胶性能会产生影响，因而在水压高、流速大条件下会有一定的浆液损失。另外，当水灰比较大时，浆液略有收缩。在价格上超细水泥要高于普通水泥。超细水泥适宜于各种地层的注浆加固，特别是岩石的细小裂隙或致密的细砂层、黏土层等地层。

HSC即分散型硫铝酸盐超细水泥，除了具有超细水泥的一般特性外，其抗分散性更好，能有效地控制注浆区域，适宜在高水压、大流速的条件下注浆施工。HSC浆具有早强、高强、高抗渗、流动度大的特点，能有效提高地层的承载能力，其浆液结石体具有微膨胀性，胶结后，能有效地封堵住各种出水通道，注浆后堵水效果显著。但考虑到水灰比大时，其抗分散性能有所下降。而凝胶时间太短时，可注性和可操作性又会变差，所以施工时水灰比通常取1:1。另外，HSC价格较高。HSC适宜于各种地层的注浆加固，特别是致密的粉细砂层、黏土层等地层。

普通水泥-水玻璃双液浆可注性较好，可渗透注入裂隙为0.2mm以上的岩体或平均粒径为0.5mm以上的砂层，其凝胶时间短且容易控制，具有早强的特点，普通水泥-水玻璃双液浆配制容易，使用方便，价格中等。但其胶结体后期强度低，受水长期浸泡容易分解，且胶结体耐久性差，收缩率大，对长期堵水和加固围岩不利。普通水泥-水玻璃双液浆适用于临时堵水、加固围岩和控制注浆加固范围以及止浆墙渗漏时的快速封堵。

注浆材料主要应根据浆液的可行性、可注性、环保、经济性及工艺实施难易度综合分析来选取。

根据室内试验初步结论，综合以上五个特性进行比较分析，并结合相关地质条件，建议蓉江隧道中风化泥质粉砂岩帷幕注浆与管棚注浆以普通水泥、普通水泥-水玻璃为主要注浆材料，超细水泥为辅助注浆材料。各种注浆材料的具体配合比应在后面的现场施工中不断优化和完善，并最终确定下来。

8.1.2.2 注浆加固圈厚度的研究与确定

注浆加固范围确定时，主要应考虑将地层承载能力和堵水率提高到何种程度，此外要考虑工程成本和工期要求，其值主要通过计算并结合有关经验确定。以往多数隧道注浆设计时，在一般富水的节理、裂隙地层，注浆加固范围为隧道直径的2～3倍，进行全断面注浆时，在高压富水区，注浆加固范围按开挖直径3～4倍确定，日本青函隧道注浆时考虑到海底涌水的危险及地层的不良原因，注浆加固范围设计为开挖直径的5倍。随着注浆材料的不断开发及性能不断提高，注浆技术不断进步，超前预注浆和径向注浆的注浆加固范围都有缩小的趋势，考虑到高压富水隧道施工的难度和危险程度，超前预注浆和径向注浆的加固范围选择计算式为

超前预注浆加固范围： $B=(2\sim3)D$ (8-1)

超前注浆加固圈厚度为： $B_1=(B-D)/2$ (8-2)

径向注浆加固圈厚度为： $B_2=(0.5\sim1.0)D$ (8-3)

式中 D——隧道开挖直径（m）。

根据注浆加固圈计算公式，结合蓉江隧道工程特点（隧道开挖直径11m左右）以及地质情况，蓉江隧道设计注浆加固圈厚度应为5.5m。

8.1.2.3 浆液扩散半径、布孔参数及注浆段长

(1) 注浆孔终孔间距

根据注浆加固交圈理论，注浆后应能形成严密的注浆帷幕。在注浆终孔断面上，根据注浆扩散半径进行注浆设计时，不应有注浆盲区存在。因此，在进行注浆设计时，多

排孔的情况下，一般进行梅花形布孔，以获得较佳的注浆加固体厚度，减少注浆盲区，注浆孔布置如图8-6所示，注浆孔终孔行距 a 和排距 b 应满足下式要求，即

$$a \leqslant \sqrt{3}R \quad (8-4)$$
$$b \leqslant 3R/2 \quad (8-5)$$

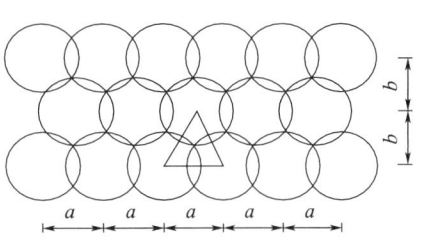

图 8-6 注浆孔布置示意图

式中 a——注浆孔终孔间距（m）；
b——注浆孔终孔排距（m）；
R——浆液扩散半径（m）。

(2) 注浆段长度

注浆段长度一般应综合考虑地质条件，钻机的工作效率、注浆加固圈厚度、余留止浆墙厚度、注浆效果等，根据工程类比，经过分析蓉江隧道的地质条件、注浆方案及钻孔、注浆机械设备配置，在进行超前预注浆施工时，注浆段长度 L 选择为：L=30m。

(3) 浆液扩散半径及布孔方法

根据室内试验及现场试验，蓉江隧道超前预注浆和径向注浆浆液扩散半径为 2m，垂直注浆采用梅花桩布置间距为 2.5m，水平帷幕注浆终孔间距为 2~3m。

8.1.2.4 注浆压力

(1) 渗透注浆压力

渗透注浆主要是在压力作用下，使浆液克服一定的阻力（对于裂隙主要为裂隙阻力和渗透压力，对于砂砾石层主要为空隙阻力和空隙水压力），排出裂隙或空隙中的水和空气，并进行扩散和固结。这种注浆方式一般适用于水压力比较小（一般不大于 0.2MPa）且节理、裂隙（或溶隙）比较发育的岩层或比较均匀的中、粗砂、砂砾石地层等，渗透注浆可采用帷幕注浆和径向注浆等方式，一般采用全孔一次性注浆，其注浆压力可根据经验选定，其值为

$$P_{注} = P_{水} + (1.0 \sim 2.0) \text{ MPa} \quad (8-6)$$

式中 $P_{注}$——注浆压力；
$P_{水}$——水压力。

(2) 裂隙水注浆压力

裂隙水的注浆压力主要要克服水压力、裂隙阻力及浆液的黏滞力，通过顶水注浆，将水推向远方，依据式（8-6）中的计算结果，并结合类似工程的经验，其值为

$$P_{注} = P_{水} + P_{阻} + (1.0 \sim 2.0) \text{ MPa} \quad (8-7)$$

式中 $P_{注}$——注浆压力；
$P_{水}$——水压力；
$P_{阻}$——管道阻力。

(3) 挤密、劈裂注浆压力

挤密、劈裂注浆一般适用于高压、富水、致密的黏性土和粉细砂层及岩石裂隙（溶裂），其注浆压力需要破坏土（或砂）的结构，并克服水压力、裂缝阻力及浆液的黏滞力，其注浆压力主要为

$$P_{注}=P_{水}+P_{阻}+(2.0\sim3.0)\text{MPa} \tag{8-8}$$

式中 $P_{注}$——注浆压力；

$P_{水}$——水压力；

$P_{阻}$——地层阻力。

(4) 蓉江隧道注浆压力的选择

蓉江隧道注浆压力的选择：垂直注浆、水平帷幕注浆为 2～5MPa；局部和补注浆注浆压力为 1～3MPa；大管棚注浆压力 1～3MPa。

8.1.2.5 注浆量及注浆速度

(1) 渗透注浆的注浆量及注浆速度

渗透注浆主要与地层的空隙率有关，其单孔单段注浆量为

$$Q=\pi R^2 Ln\alpha(1+\beta) \tag{8-9}$$

式中 Q——单孔单段注浆量（m³）；

R——浆液扩散半径（m）；

L——浆液填充的注浆段长（m）；

n——地层裂隙度或空隙率；

α——浆液填充率，一般取 0.6～0.8；

β——浆液损失率，一般取 0.1～0.2。

渗透注浆为了达到理想的注浆效果，应进行低压慢注，注浆速度应控制在 10～30L/min。

(2) 挤密、劈裂注浆的注浆量

挤密、劈裂注浆主要包括挤密注浆量和劈裂注浆量，在劈裂注浆过程中，如将宽度、高度、长度相近的浆脉称为同一类浆脉，则单孔单段的注浆量计算公式为

$$Q=(1+\beta)[\pi r_1^2 L\alpha+N_1B_1H_1L_1+N_2B_2H_2L_2+\cdots] \tag{8-10}$$

式中 Q——单孔单段注浆量（m³）；

r_1——挤密半径（m）；

L——注浆段长度（m）；

α——浆液填充率，与挤密区形状有关，一般取 0.9～1.1；

N_1，N_2——一级浆脉、二级浆脉的条数；

B_1，B_2——一级、二级浆脉的平均宽度；

H_1，H_2——一级高度、二级浆脉的平均高度；

L_1，L_2——一级高度、二级浆脉的平均长度；

β——浆液损失率，一般取 0.1～0.2。

挤密、劈裂注浆的注浆速度，前期注浆速度应控制在 30～80L/min，后期注浆速度应控制在 10～20L/min，注浆结束时，注浆速度应为零。

8.1.2.6 混凝土止浆墙厚度及施工工艺

1) 混凝土止浆墙厚度计算

为了提高注浆压力，保证浆液在地层中有效地扩散，并防止从工作面漏浆，必须在掌子面施作一定厚度混凝土止浆墙，并将孔口管固定在止浆墙上。蓉江隧道主要采用了

平面式混凝土止浆墙，止浆墙材料为 C20 混凝土，其结构形式如图 8-7 所示。

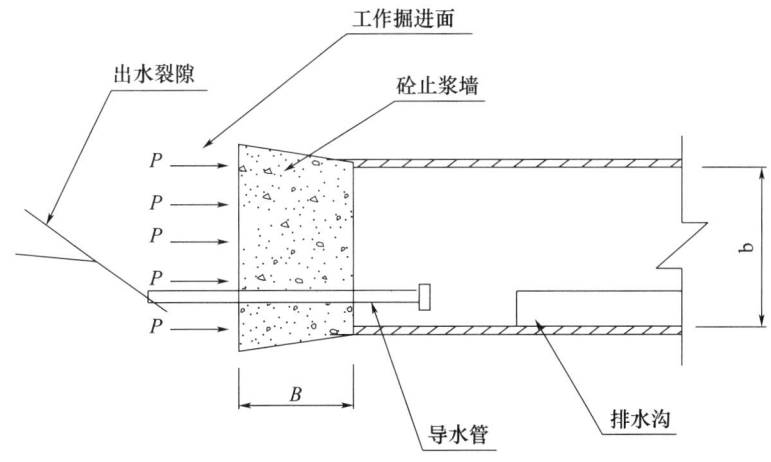

图 8-7　平面式止浆墙结构形式

在止浆墙的施作中其厚度的选择是非常重要的，厚度过小，则无法抵抗注浆压力，而且很不安全。厚度过大则造成成本增加，并增加了无效率钻孔的长度，由于止浆墙面积较大，可采用平板理论进行计算，有

$$B = \alpha \sqrt{\frac{P \cdot W}{2H \cdot [\sigma]}} \tag{8-11}$$

$$P = P_1 A$$

式中　α——安全系数，一般取 1～1.5，大断面隧道的止浆墙厚度计算时安全系数相应取大值；

B——混凝土止浆墙厚度（m）；

P——作用在墙上的均布载荷（N）；

P_1——注浆终压（MPa）；

A——混凝土止浆墙的面积（m^2）；

W——隧道宽度（m）；

H——隧道高度（m）；

$[\sigma]$——混凝土允许抗压强度（MPa）。

C20 模筑混凝土的设计轴心抗压强度为 $f_c = 9.6 \text{MPa}$，取其为允许抗压强度，即 $[\sigma] = 9.6 \text{MPa}$，蓉江隧道断面直径约为 12m，计算得出，止浆墙的厚度为 1.5m。

2）止浆墙的施工工艺

(1) 根据现场情况，准确确定止浆墙施作位置及结构形式。

(2) 根据止浆墙施作形式要求，开挖出需要的断面形式，如隧道断面较大，为了止浆墙的稳定，应将止浆墙位置的断面扩大 20～50cm，便于止浆墙嵌入断面内部，如有必要，可在围岩上安装少量的径向锚杆，锚杆长度不宜大于 1.5m。

(3) 进行止浆墙基础开挖，如掌子面水量和水压较大，可采用砂袋将掌子面设置一道挡水墙，并采用一根或多根排水管将水引出，排水管上应安装有高压闸阀，可随时将水管堵住，对于沉积在止浆基础的积水，可用水泵抽出，清理止浆墙位置内的一切杂物。

(4) 根据止浆墙设计厚度进行立模，模板要牢固，不变形。

(5) 采用人工或机械灌注C20混凝土，边灌注，边振捣，混凝土一定要振捣密实，确保混凝土施工质量。排水管处和隧道拱顶的混凝土一定要加强振捣，防止渗漏水，为了防止止浆墙周边漏水，可在周边，尤其是拱部预埋注浆管，在正式注浆开始之前，进行注浆充填空隙。

(6) 为了使混凝土早强、高强并防止开裂，可加入适量的外加剂。

(7) 待混凝土强度达到设计强度的75%以后方可开始钻孔注浆施工。

8.1.2.7 注浆效果检验和评价标准研究

注浆效果的检验和评定主要是评价地层加固和堵水情况，为隧道开挖和支护方法的选取提供依据。注浆效果的检验和评价方法主要采取分析法、钻检查孔法、取样测试法。分析法主要分析注浆过程的压力和进浆速度、反算地层孔隙率、计算地层堵水率等。钻检查孔法主要通过测定检查孔的取芯率、涌水量，并进行压水试验、渗透系数测定等。取样检查法主要在开挖后测试固结体的力学指标。

1) 分析法

(1) 注浆P-V-t和P-Q-t曲线分析

在注浆施工过程中，通过对注浆记录的有关数据进行整理，分析每个孔段的注浆压力、注浆速度和注浆量，以及串浆情况，找出可能出现的薄弱部位。根据注浆过程注浆压力、注浆速度、注浆量的变化，绘制注浆施工过程中的P-V-t和P-Q-t曲线，可判断注浆效果。

中风化泥质粉砂岩地层主要以挤密和劈裂注浆为主，随着注浆时间增长，注浆压力反复变化，注浆速度和注浆量也反复变化，主要由于地层被反复挤密和劈开，并对裂缝进行填充。地层被劈裂以前，浆液流动受到的阻力较大，注浆压力较大，注浆量较小，注浆速度也较小，当地层被劈开后，浆液流动阻力突然变小，注浆压力迅速下降，但注浆量和注浆速度随之上升，当注浆压力达到注浆终压时，注浆速度应达到或接近于零。有时，由于地层不均匀的原因，注浆压力、注浆量和进浆速度也会上下波动，但波动次数很少。

(2) 地层孔隙率变化

主要在开始注浆前通过试验测试地层的空隙率n_1，注浆后，测试出地层的孔隙率n_2，然后对比n_1和n_2，从而分析注浆前后地层空隙率的变化。注浆前后地层孔隙率的变化率为

$$\psi = \frac{n_1 - n_2}{n_1} \times 100\% \tag{8-12}$$

式中 ψ——地层孔隙率变化率；

n_1——地层注浆前的孔隙率；

n_2——地层注浆后的孔隙率。

(3) 注浆施工前后涌水量对比分析

分析注浆前后隧道每米平均涌水量变化情况，计算地层的堵水率，经注浆后，注浆段涌水量明显减小时，说明注浆堵水效果很明显，堵水率比较高。计算公式为

$$\eta = \frac{Q_1 - Q_2}{Q_1} \times 100\% \tag{8-13}$$

式中　η——堵水率；
　　　Q_1——隧道注浆前的涌水量；
　　　Q_2——隧道注浆后的涌水量。

根据国内外隧道及地下工程的施工经验，隧道经过帷幕注浆后，地层的堵水率应达到85%以上。

2) 钻检查孔法

根据注浆状况，注浆后在掌子面上钻设检查孔进行注浆效果检查，检查孔数量应为注浆孔数量的5%~10%，对注浆效果进行直接检查，对于可能存在薄弱环节的注浆部位，可重点进行检查。检查孔位置主要根据注浆加固范围和注浆过程分析确定。一般情况下，隧道开挖面内和开挖轮廓线外均应检查，对隧道开挖轮廓线外注浆效果进行检查时，检查孔终孔位置一般应位于注浆加固圈一半厚度处，检查孔深度应比注浆加固段长度短1~2m。

(1) 取芯检查

通过地质钻机，在掌子面上钻取岩芯，通过取芯率和岩芯中浆液的充填和胶结情况来判断注浆加固效果，为了使胶结体达到一定强度后进行取芯，取芯检查应在注浆结束24小时之后进行。根据国内有关地质钻探部门的经验，土层取芯率可达100%，岩石风化残积土、强风化半岩半土取芯率可达80%~90%，破碎岩及软质岩取芯率可达65%，完整岩石取芯率可达80%以上。因此，可以认为当取芯率小于65%时，地层注浆效果较差；当取芯率大于80%时，注浆效果较好。

(2) 检查孔涌水量测定

在掌子面钻直径Φ100mm左右的检查孔，长度为L，测定钻孔单位时间、单位长度的涌水量，即

$$q = \frac{Q}{L \times t} \tag{8-14}$$

式中　Q——钻孔总涌水量；
　　　L——钻孔总长；
　　　t——测试时间。

检查孔的涌水量小于0.2L/min·m时，可以认为注浆效果较好。但当注浆地层为高压、富水粉细砂时，一般要求检查孔无水、无砂、无塌孔。

3) 压水试验法

(1) 压水试验方法

压水试验是将检查孔钻到一定深度后，对地层进行压水，测试地层的单位吸水量，此外可估算地层的渗透系数，压水方法如图8-8所示。具体过程为"试验段清水钻进—冲孔—下卡栓塞—管路试验—正式压水（压力P、时间t及流量Q）—情况分析—松塞

提管"。压水试验成果主要用单位吸水量表示。

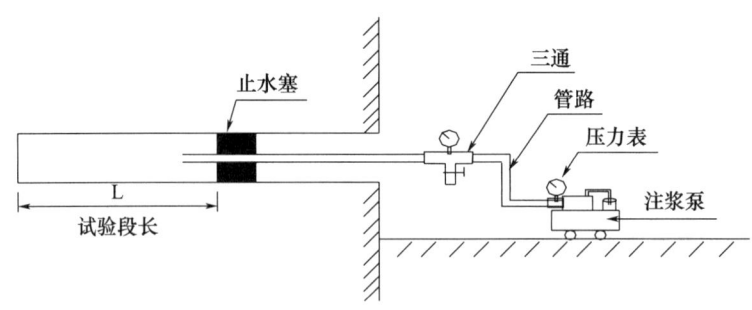

图 8-8　压水试验示意图

(2) 单位吸水量 ω 计算

单位吸水量是指该试验每分钟的压水量与段长和压力乘积之比,其计算公式为

$$\omega=\frac{Q}{L\cdot P} \tag{8-15}$$

式中　ω——单位吸水量（L/min·m²）;

　　　Q——钻孔压水的稳定流量（L/min）;压力流量稳定标准是:在稳定的压力下,每 3～5min 测读一次压入流量。连续四次读数中最大值与最小值之差小于最终值的 10%,或最大值与最小值之差小于 1L/min 时,本阶段试验即可结束,取最终值作为计算值;

　　　L——试段长度（m）;

　　　P——该试段压水时所加的总压力,如果注浆压力超过 1MPa,一般应大于 1MPa,计算时,应换算成水头高度 100m。

根据水电部门的经验,大坝防渗墙的透水率应小于 1Lu,换算成单位吸水量为 0.01L/min·m²。

(3) 根据单位吸水量 ω 近似求出渗透系数 k

① 试验段远离含水层

根据《工程地质手册》（常士骠主编）,当试验段底部距离隔水层的厚度大于试验段长度时,可近似计算岩（土）层渗透系数 k,公式为

$$k=0.527\lg\frac{0.66L}{r} \tag{8-16}$$

式中　ω——单位吸水量（L/min·m²）;

　　　k——地层渗透系数（m/s）;

　　　L——试验段长度（m）;

　　　r——钻孔半径（或虑水管半径）（m）。

② 试验段接近含水层

根据《工程地质手册》（常士骠主编）,当试验段底部距下伏隔水层顶板的距离小于试验段长度时,可近似计算 k,公式为

$$k=0.527\lg\frac{1.32L}{r} \tag{8-17}$$

根据有关资料和经验，一般情况下，注浆后当地层的渗透系数小于 1×10^{-4} cm/s 时，地层的透水性将变差，稳定性将提高。大坝防渗墙的渗透系数一般为 10^{-6} 数量级，因此可以认为，地层注浆后，当地层的渗透系数 $k=1\times10^{-4}\sim1\times10^{-6}$ cm/s 时，注浆效果较好，达到了堵水的目的，注浆加固圈具有较好的抗渗作用。

（4）单位吸水量与岩石裂隙性的关系

根据《工程地质手册》（常士骠主编），单位吸水量 ω 与岩石裂隙系数的关系见表 8-10。

表 8-10　单位吸水量与岩石裂隙系数的关系

单位吸水量/(L/min·m·m)	裂隙系数	岩体评价
<0.001	<0.2	最完整
0.001～0.01（不含）	0.2～0.4（不含）	完整
0.01～0.1（不含）	0.4～0.6（不含）	节理较发育
0.1～0.5（不含）	0.6～0.8（不含）	节理裂隙发育
≥0.5（不含）	≥0.8（不含）	破碎岩体

根据有关资料和经验，一般情况下，注浆后当地层的单位吸水量小于 0.01 时，地层的裂隙系数或空隙率将会大大减小，完整性将提高。因此可以认为，注浆后，当地层的单位吸水量 $\omega\leqslant0.01$ L/min·m·m 时，可以认为注浆效果很好，达到了堵水和加固的目的。

4）取样检查法

（1）开挖面观察

主要根据开挖面稳定性、浆脉数量、土体含水量、涌水量、围岩稳定性和变形情况等来判断注浆效果，如胶结体比较连续和均匀，浆脉数量较多，开挖面基本无水或涌水量很小，土体具有自稳能力，可从整体上判断注浆加固效果较好。

（2）胶结体物理、力学指标测试

胶结体的物理、力学指标测试主要通过钻孔取样和开挖取样，在试验室内制成标准试件，测试被注体的密度、含水量、抗压、抗折、抗拉强度，内聚力和内摩擦角、弹性模量、泊松比等物理、力学指标，根据测试结果判断地层的加固情况。

5）综合评价标准

通过对地层特性和注浆效果检验方法的分析，制订了注浆效果综合评价标准，见表 8-11。

表 8-11　注浆效果综合评价标准

项目	单位涌水量/(L/min·m·m)	探孔涌水量/(L/m·min)	胶结体强度/MPa	堵水率/%	取芯率/%	综合评价	级别
评价指标	$\omega\geqslant0.10$	$q\geqslant10.0$	$P<10$	$\eta<60$	$\xi<65$	较差	Ⅰ
	$0.05\leqslant\omega<0.1$	$1.0\leqslant q<10.0$	$10\leqslant P<20$	$60\leqslant\eta<80$	$65\leqslant\xi<80$	一般	Ⅱ
	$0.01\leqslant\omega<0.05$	$0.2\leqslant q<1.0$	$20\leqslant P<30$	$80\leqslant\eta<90$	$80\leqslant\xi<90$	较好	Ⅲ
	$\omega<0.01$	$q<0.2$	$P\geqslant30$	$\eta\geqslant90$	$\xi\geqslant90$	很好	Ⅳ

如果注浆后，表 8-11 中 5 个条件同时具备 4 个，则可评定为相应等级，如表 8-11

中4个条件不同时具备,则应根据实际情况评定注浆效果,并研究确定是否采用局部、补充注浆等措施。

8.2 管棚快速施工技术研究

8.2.1 蓉江隧道管棚设计参数及设计施工思路

本标段暗挖隧道穿越地层主要为中风化泥质砂岩,洞口段施工时采取超前长管棚注浆超前加固支护,施工参数见表8-12。

表8-12 超前支护参数表

部位	直径	厚度/mm	环向间距/cm	根/循环	范围	备注
洞口段	$\phi 108$	6	40	38	140°	洞口段采用长管棚一次性施工40m,管棚与隧道轴线的外插角为1°~3°
洞口段	$\phi 89$	5	40	36	140°	暗挖隧道全隧施作,18m/根/循环,纵向搭接长度不小于6m,外插角≥12°
洞身	$\phi 42 \times 4$	—	40	46	140°	采用双层超前小导管,L=4.5m,环纵间距0.4×3m,第一层外插角5°~15°,第二层外插角40°~45°,梅花形布置

本标段暗挖隧道设计为Ⅴ级围岩,暗挖段先行隧道右线采用CD法施工。开挖方式为利用铣挖机进行切槽环向开挖,并及时进行钢支撑支护并封闭成环。出碴车辆采用5~8m³的自卸汽车装卸至井底碴仓。三台阶长度分别控制在5m、10m、15m以内。

暗挖后行左线滞后右线40m后采用CD法分部多导坑施工,开挖方法同三台阶施工,各部施工长度相临掌子面控制在10~15m。CD法施工上部两个导坑采用0.2m³挖掘机施工,下部两个导坑采用0.8m³挖掘机作业。

8.2.2 蓉江隧道管棚施工特点

蓉江隧道主要穿越中风化泥质粉砂岩地层,裂隙发育,且是水下浅埋隧道,设计采取"以堵为主、限量排放"的原则,对蓉江隧道的钻孔、注浆材料、设备、工艺都提出了很高的要求,蓉江隧道注浆堵水具有下述特点:

(1)管棚数量多:整个隧道设计均需施作管棚,洞口第一循环设管棚38根,洞身每个循环设管棚36根,管棚数量极大。

(2)管棚施作要求高:隧道下穿蓉江,且隧道埋深较浅,属典型的浅埋暗挖隧道,隧道开挖安全风险很大,开挖后初支变形很难控制,故超前大管棚必须严格按照设计要求施工,起到相应的支护作用,管棚一旦失效,则会带来严重后果。

(3)地质条件复杂:本标段隧道洞口管棚施工将遇到卵石层,钻孔易卡钻、塌孔,管棚也不好下。在洞身地层主要为中风化泥质粉砂岩,局部地段节理及裂隙发育,且岩石为泥质砂岩,胶结成分为泥质,黏性大,遇水易崩解软化,软化岩石完整性指数

Kv=0.32，完整性为破碎，岩石 RQD=53～75，弹性波波速为 1600～2500m/s，岩石风化剧烈且风化不均匀，局部夹中风化泥质砂岩透镜体夹层，钻孔时易塌孔、裹钻。

8.2.3 管棚快速施工机械设备配套研究

8.2.3.1 钻孔设备

钻孔设备应该适用性强、技术先进、操作方便、性能稳定，经过调研和价格比选，蓉江隧道管棚施工主要选用了两种钻孔设备相互配套使用。全液压多功能钻机适用于土层、黏土层、沙石层、岩石层和含水层等各类不同地质进行锚杆、锚索、地质钻探、注浆加固、地下微型桩等深孔进行回转冲击或常规回转钻进，搭配喷浆设备后，可实现旋喷支护施工，也可以进行隧道超前管棚支护施工，该钻机技术先进、钻孔能力大、扭矩大、钻孔范围广，能快速准确定位，移动方便。

两台大小钻机相互配套使用，即大钻机在左，从中间向左侧施工，施作位置较高的管棚（19♯～6♯管棚）。小钻机在右，从右侧向中间施工，施作位置较低的管棚（38♯～34♯管棚），小钻机施作一定高度后，高度不够时，两台钻机相互调换位置，小钻机调至左侧，施作左侧大钻机剩余位置较低的管棚（1♯～5♯管棚），而大钻机调至右侧施作小钻机剩余的位置较高的管棚（20♯～33♯管棚）。这样两台钻机平行作业、互不影响、大小结合、高低互补，实现快速施工的目的。钻机工作区间分配如图 8-9 所示。

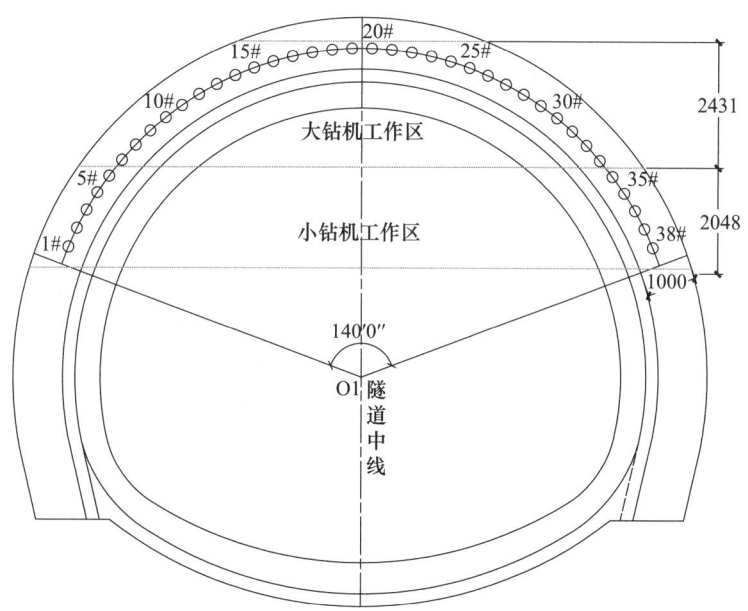

图 8-9 管棚施工钻机工作区间分配图

8.2.3.2 注浆设备

根据现场不同的注浆参数要求，选择了两种类型的注浆泵，即两台 KBY-50/70 注浆机和一台 KBY-80/70 注浆机三台混合使用，形成注浆设备的系列化。注浆泵主要技术参数见表 8-13。

表 8-13 注浆泵主要技术参数表

注浆机型号	KBY-80/70	KBY-50/70
流量/L·min^{-1}	0～80	0～50
额定工作压力/MPa	0.1～7	0.1～7
额定功率/kW	15	11
总重量/t	0.3	0.3
外形尺寸/mm	1982×1056×900	1300×720×700

8.2.3.3 制浆设备

制浆系统分两层布置，上面一层为 3 台制浆机，使用两台，备用一台；下面一层为一台储浆桶，进行二次搅拌。制浆机选用转速高的 YLS-1 型搅拌机，储浆桶选用大容量的 YLS-2 型搅拌机，其性能指标见表 8-14。

表 8-14 搅拌机主要技术参数表

搅拌机型号	YLS-1 型	YLS-2 型
搅拌机容积/L	300	1000
叶片转速/r·min^{-1}	100	65
电机功率/kW	2.2	3
体积/mm	ϕ700，h=800	ϕ1200，h=900
重量/kg	100	200

管棚快速施工机械设备布置图如图 8-10 所示。

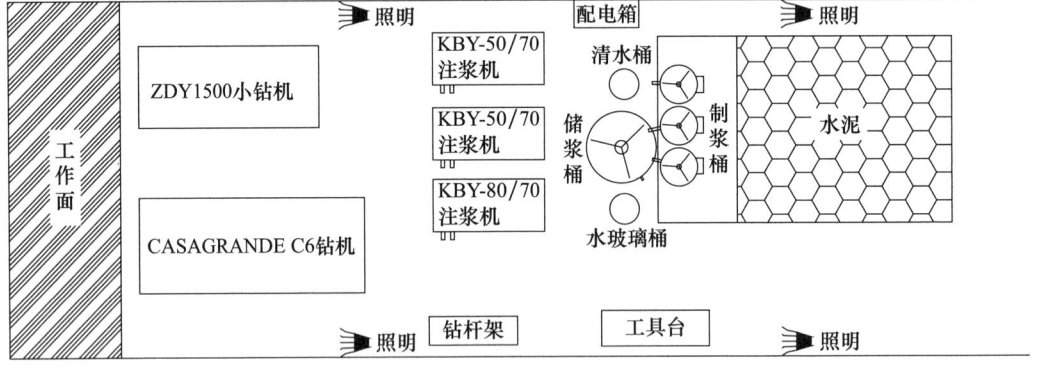

图 8-10 管棚快速施工机械设备布置图

8.2.4 管棚快速施工工艺研究

8.2.4.1 管棚施工工艺介绍

1）洞口 ϕ108 长管棚施工工艺及施工方法

（1）施工工艺

超前长管棚施工工艺如图 8-11 所示。

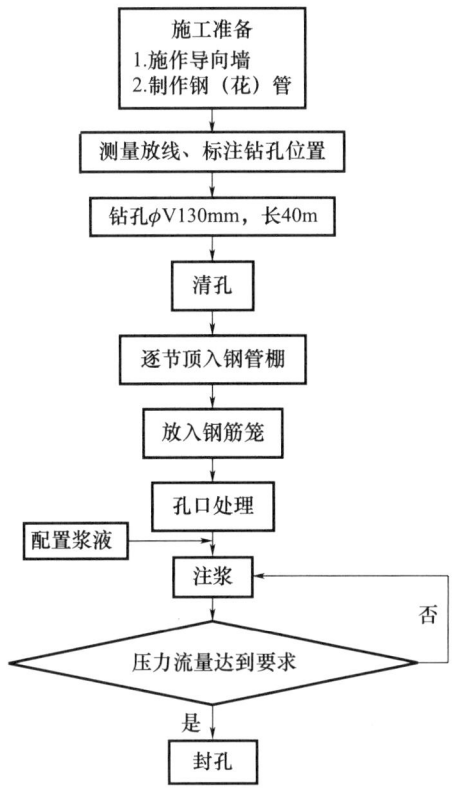

图 8-11 洞口超前长管棚施工工艺图

（2）施工方法

混凝土导向墙：导向墙模型采用钢拱架支撑、拼装式钢模，先施作 C20 混凝土导向墙，截面尺寸 1m×1m。根据洞口稳定情况可将导向墙加长到 3m，墙内设 2 榀 I18 工字钢架，并设 $\phi140\times5$mm 的导向钢管，导向管设 1°～3°仰角，单根长 1m，与钢架焊接牢固。

管棚制作：管棚采用热轧无缝钢管，外径 $\phi108$mm，壁厚 6mm，钢管材质经试验合格后进行加工。钢花管自行加工，严格按设计孔径、孔间距、布置形式和位置进行加工。入土端制作成楔形。同一横断面内接头数量不超过 50%，编号为单号的第一节管采用 3m 钢管，编号为双号的第一节钢管采用 6m 钢管。第二节以后均采用 6m 钢管。管与管之间采用丝扣连接，并采用外径 $\phi114$mm、壁厚 5mm 的接头管节进行连接。

钻孔、下管：钻孔采用管棚钻机 CASAGRANDE C6 和 MK-5 配合使用，跳孔间隔进行。首先施作钢花管并注浆，然后打设无孔钢管，检查钢花管的注浆质量。为提高管棚的抗弯能力，在钢管及钢花管内设置钢筋笼，主筋直径 $\phi18$mm，固定环采用短管节，节长 5cm，将其与主筋焊接。

注浆：管棚与孔口管之间的空隙采用麻丝或棉纱填塞，管口用水泥-水玻璃胶泥封闭。封孔后进行注浆施工。注浆浆液采用纯水泥浆或水泥-水玻璃双液浆，水灰比 1:1，注浆压力 1～3MPa，注浆采用 KBY 系列注浆机。注浆方式采用全孔一次性注浆，注浆结束后用 M5 水泥砂浆填充钢管，以增强管棚强度。

长管棚布置图如图 8-12、图 8-13 所示。

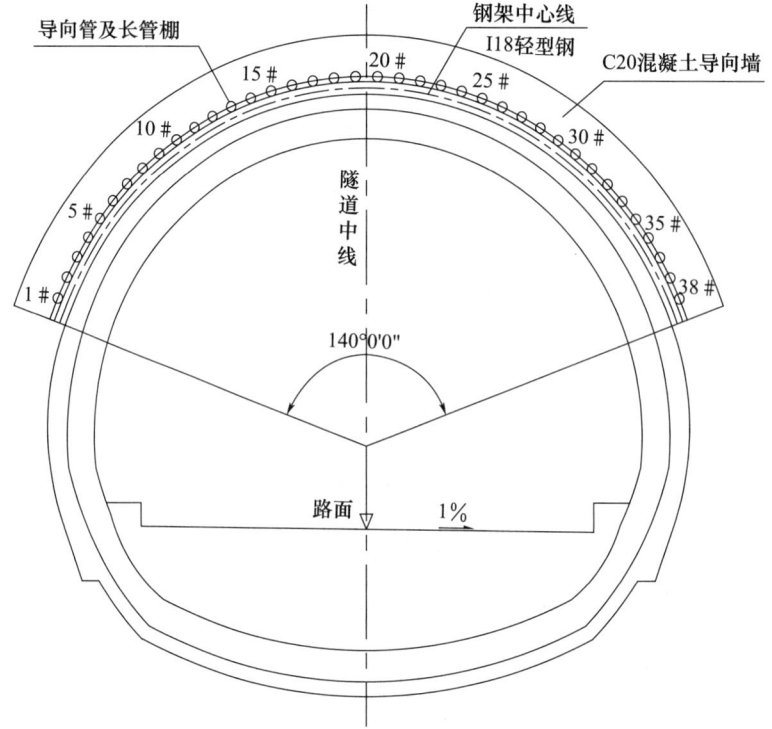

图 8-12 洞口长管棚正面布置图

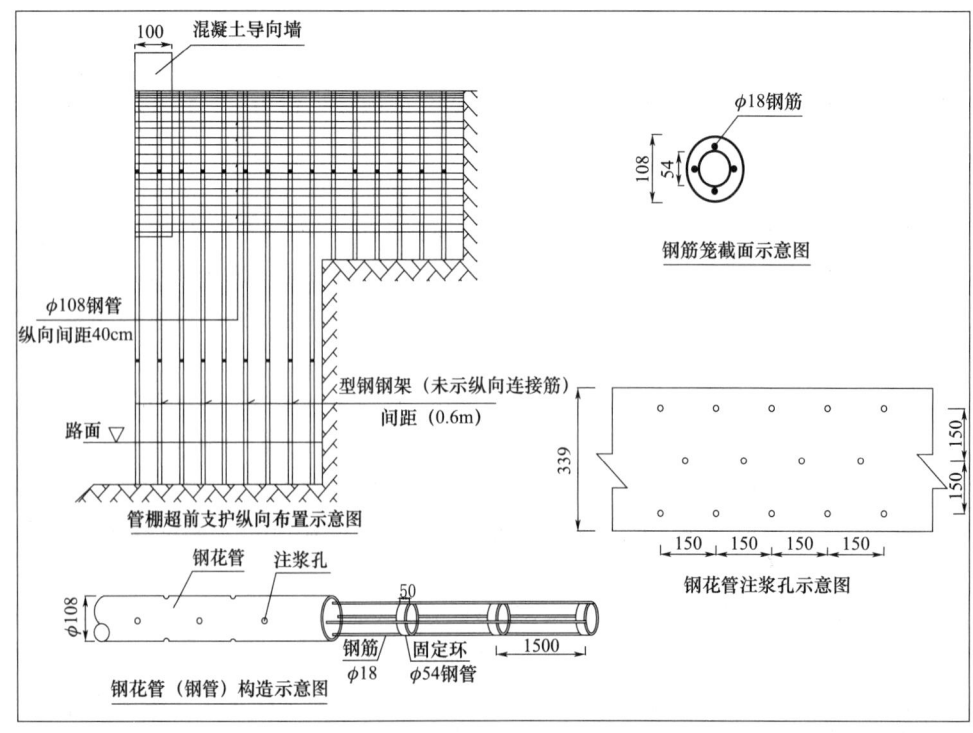

图 8-13 长管棚剖面示意图

2) 洞口 φ89 长管棚施工工艺及施工方法

（1）施工工艺

洞身长管棚施工工艺流程如图 8-14 所示。

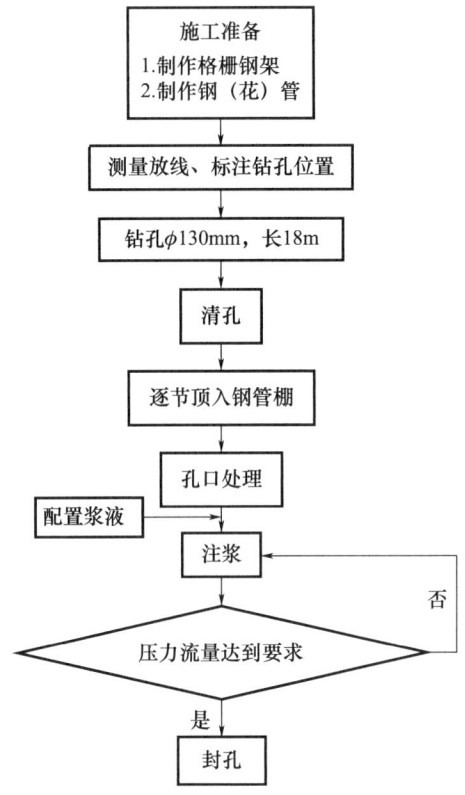

图 8-14　洞身超前长管棚施工工艺框图

（2）施工方法

管棚制作方法与洞口长管棚施工方法相同。不同之处是洞身长管棚施作时将工作面相应的型钢拱架安装改为格栅拱架，不设导向墙、导向管，管棚施工时钢管由格栅拱架中间穿过，管棚尾端与钢架焊接牢固。钻孔、下管、注浆及管内填充施工方法与洞口管棚施工方法相同。注浆过程中孔口止浆及工作面漏浆处理采用喷混凝土封堵方式进行，较小缝隙、空隙漏浆时采用麻丝或棉纱并浸泡快凝浆液进行填塞。封堵后继续注浆，注浆参数与洞口管棚参数相同，压力控制在 1～3MPa。所用钢管材质做到符合相关标准要求，并经检验合格后进场加工。

8.2.4.2　管棚快速钻孔工艺研究

在施工过程中先后采用了空气潜孔钻、后冲击水钻、三翼复合式水钻三种钻孔工艺。

空气潜孔钻是以压缩空气为动力的一种风动冲击钻孔方式。它利用冲击器（也称潜孔锤）所产生的冲击功和冲击频率直接传给钻头，然后再通过钻机和钻杆的回转驱动，形成对岩石的脉动破碎能力，同时利用冲击器排出的压缩空气，对钻头进行冷却并将破碎后的岩石颗粒排出孔外，从而实现孔底冲击回转钻进的目的。它适合于地质较硬的硬岩，破桩、破除混凝土止浆墙等适合此种钻孔工艺。空气潜孔钻所需钻具如图 8-15 所示。

图 8-15　空气潜孔锤和冲击钎头

 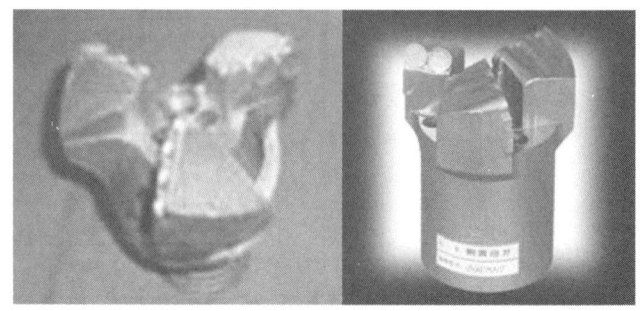

图 8-16　后冲击水钻钻头　　　　图 8-17　三翼复合式水钻钻头

后冲击水钻是利用钻机上的高性能旋转动力头为动力，通过钻杆将动力头产生的冲击功和冲击频率传给全断面复合钻头，然后再通过钻机和钻杆的回转驱动，形成对岩石的脉动破碎能力，同时利用高压压进去的冲洗水对钻头进行冷却并将破碎后的岩石颗粒排出孔外，它适合于地质较硬的硬岩和地质较细的软岩，在这里主要应用于潜孔的施作。后冲击水钻钻头如图 8-16 所示。

三翼复合式水钻是在钻杆前端安装复合式三翼钻头，利用钻机给进力推动钻杆和钻头钻进，然后再通过钻机和钻杆的回转驱动，形成对岩石的切削破坏，同时利用高压压进去的冲洗水对钻头进行冷却和将破碎后的岩石颗粒排出孔外，它适合于地质较软的软岩，特别是解决圆砾层中钻孔问题的好方法。三翼复合式水钻钻头如图 8-17 所示。

分析这三种钻孔工艺的优缺点，在中风化泥质粉砂岩层中钻孔工艺以空气潜孔钻和三翼复合式水钻为宜，三种钻孔工艺的适用条件及优缺点见表 8-15。

表 8-15　三种钻孔工艺的优缺点比较表

序号	钻孔工艺	适用条件	优点	缺点
1	空气潜孔钻	地质较硬的硬岩或破除混凝土止浆墙	工艺简单，操作方便，施工效率高	在软岩中钻进较慢，对地层扰动较大，塌孔时，不易排渣，钻进困难
2	后冲击水钻	地质较硬的硬岩和地质较细的软岩	适用性强，操作简单，对地层扰动少	后冲击噪声较大，对环境噪声污染较大，钻进速度一般，遇到圆砾石则较难钻进
3	三翼复合式水钻	地质较软的软岩	钻进速度快，对地层扰动少	钻头磨损较快，消耗大，且仅适合软岩，遇到硬岩则钻不进，局限性大

8.2.4.3 管棚施作空间优化研究

隧道内管棚施工的方法,在传统上一般采用了隧道顶部扩挖,扩挖长度8~9m,然后采用与洞口管棚一致的施工方法,其机构图如图8-18所示。该种施工方法回填工程量巨大,在前段管棚支护下,扩挖不易完成(否则管棚高度距拱顶太高,效果又不好),且安全性较低。

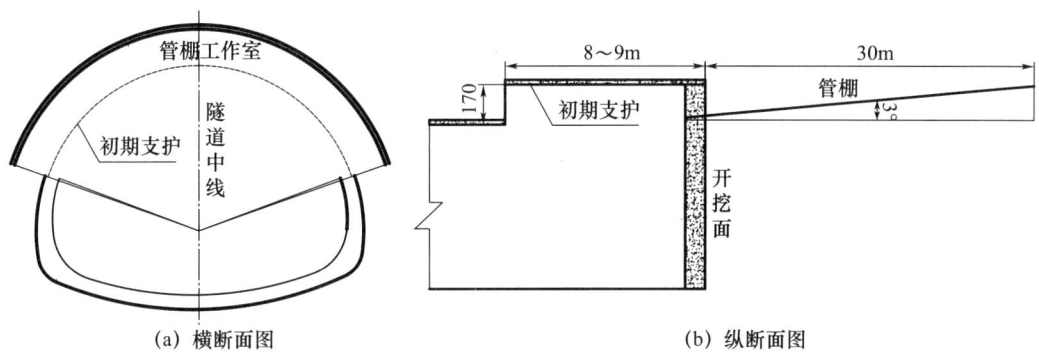

图 8-18 施作管棚工作室的管棚施工示意图

针对C6钻机的特性,现场采用了超前短导棚的施工方法,如图8-19所示,不扩挖管棚洞室,每循环施工长度18m,搭接6m,每循环36根管棚可在3~5天内施工完成。

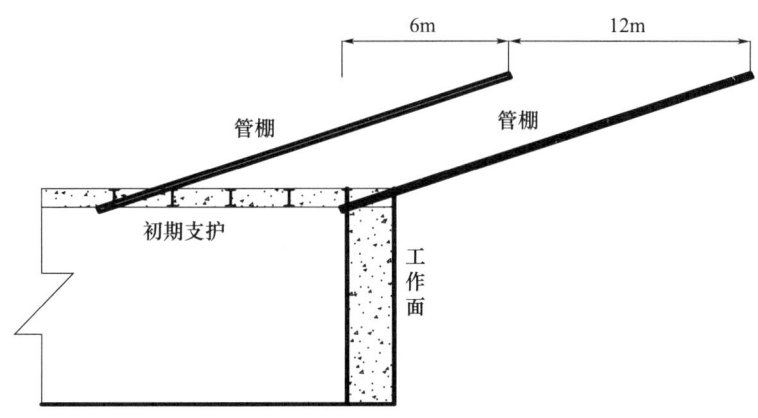

图 8-19 不扩挖洞室短管棚施工示意图

验证表明,和超前长管棚相比,超前短管棚工艺简单,施工速度快,安全性好,成本低,效果好。对两种管棚施作方法的安全性、经济性、施工方便性进行比较,结果见表8-16。

表 8-16 两种管棚施工方法比较表

比较项目	施工方法	
	施作管棚工作室	超前短管棚
安全性	开挖断面尺寸扩大,施工风险增高	开挖断面尺寸不变,施工风险降低
经济性	注浆量增大,开挖土方、回填混凝土、钢拱架量增大	注浆量小,开挖土方、回填混凝土、钢拱架量不变

续表

比较项目	施工方法	
	施作管棚工作室	超前短管棚
方便性	需要频繁进行断面转化，施工不方便	断面尺寸不变，施工方便
施工工效	施工速度快	施工速度慢

8.2.5 管棚快速施工组织管理技术研究

蓉江隧道管棚施工充分利用"设计、科研、施工、制造"四位一体的独特优势，形成严密的组织管理体系。通过科研攻关先导，精心组织，科学施工，突破了超浅埋水底隧道管棚施工中的各种难题，体现了"科学管理、优势互补、团结协作、高度统一"的原则，达到了资源的合理配置、技术与管理的协调统一，保证了蓉江隧道施工的安全、质量和进度。

8.2.5.1 组织机构

为了确保管棚施工的安全、高效、快速进行，成立了专门的钻孔、注浆分队，负责管棚钻孔及注浆作业，并对钻孔、注浆人员进行了严格的技术培训，施工中各司其职，认真负责，相互协作，实现了标准化作业和科学高效管理。

注浆人员一定要操作熟练、经验丰富，并具有一定的钻孔注浆专业知识，各工序要严格分工，做到定员定岗，职责分明，责任到人。钻孔注浆专业化作业分队设负责人一名，生产负责人一名，技术负责人一名，下设技术组、钻孔组、注浆组、物资组，各组职能如下：

钻孔注浆管理层：全面负责整个钻孔注浆施工安排、协调、安全、质量和进度控制，异常情况处理。

技术组：负责管棚布置设计及地质资料分析，确定管棚施工方案、参数、工艺及作业标准，注浆材料试验、检验，现场施工技术交底，现场注浆跟班指导，异常情况处理，注浆施工中的技术工作及钻孔、注浆资料的收集、分析、整理，管棚注浆效果检验和评定。

钻孔组：负责按技术交底进行钻孔及钻孔质量控制，现场钻孔设备的操作、维修、养护、管理，并做好各项钻孔的施工原始记录。

注浆组：负责按技术交底进行注浆及注浆质量控制，现场注浆材料倒运、浆液配置、管路连接，注浆设备操作、维修、养护、管理，做好注浆的原始施工记录。

物资组：负责钻孔、注浆设备配件购置，注浆材料的供应，注浆材料质量的控制。

8.2.5.2 劳动力组织

注浆施工期间，管理和技术及机修人员进行24小时现场值班，保证施工人员的组织和注浆材料的供应，注浆方案的优化、参数及工艺调整，机具设备快速检修，并对施工过程中出现的技术问题及异常情况及时决策、快速处理，保证钻孔注浆施工的正常进行。每台钻机和每台注浆泵劳动力组织见表8-17。在施工中应各司其职，认真负责，相互协作，互相监督。

8 过江隧道洞内帷幕注浆技术及管棚快速施工技术

表 8-17 劳动力组织表

序号	工种	人数/每班	职责	备注
1	工班长	1	负责钻孔注浆劳动及组织施工管理	
2	技术员	1	负责技术方案落实及异常情况处理，记录钻孔和注浆参数，监控注浆过程，分析注浆效果	
3	司钻工	3	负责钻孔作业及钻孔设备维修	每台钻机及注浆泵
4	司泵及机修	1	负责开关注浆泵、压力调节及注浆机械维修	
5	制浆	3	负责浆液配制及搅拌	
6	管路连接	1	负责止浆系统的安设及管路连接	
7	材料倒运	2	负责注浆材料向搅拌机的倒运	
	合计	12		

8.2.5.3 施工准备工作

管棚施工前，需要在人员、机械、物资方面进行充分的准备，以保障管棚作业的顺利施工。施工准备主要包括以下内容：

（1）钻孔注浆作业人员培训：钻孔注浆作业开始前，由技术组编写注浆培训材料，组织作业人员进行学习培训，培训的内容包括管棚施工的一般知识、作业特点、作业要求、安全注意事项、质量控制标准和特殊情况下的应急措施。经过培训，让每个作业人员能够充分认识到钻孔、注浆的重要性，掌握操作规程和安全防护要求，从而提高作业队伍素质，为钻孔注浆作业打下良好的基础。

（2）钻孔、注浆机械设备配套：钻孔、注浆施工前，根据注浆方案和作业要求，配备钻孔和注浆所需的机械设备，并在施工前运转调试，确保机械设备无故障，管路配套齐全。

（3）物资材料准备：根据预计的注浆量，配备足够的注浆材料，确保注浆作业顺利进行。同时做好钻机、注浆机等配件储备，确保机械设备能够及时修理。

8.2.5.4 管棚施工管理

（1）在掌子面上确定孔位：根据注浆施工方案在工作面上用红油漆标出钻孔孔位。

（2）钻孔及安设孔口管：在钻孔位置按照注浆孔设计的深度与角度进行钻设，达到要求后安设孔口管，并固定牢固。

（3）配制浆液：按照浆液配比要求配制浆液。

（4）注浆作业：注浆机械就位，连接管路按注浆要求进行注浆作业，并做好注浆记录。

（5）注浆结束标准：以定压和定量为主，注浆压力达到设计终压，并且注浆速度小于 5L/min 超过 20min 时，即可结束本孔注浆。当注浆过程中长时间压力不上升，并且达到设计注浆量时，缩短浆液的凝胶时间，并采取间歇注浆技术，控制注浆量。当设计孔全部达到结束标准并且注浆效果检查合格时，即可结束本循环注浆。

（6）注浆效果检查：采用分析法、水平钻探和物探等综合方法检查注浆效果。

8.2.6 快速施工技术要点

（1）钻孔、注浆机械合理配置。为了保证管棚钻孔注浆施工快速进行，配备了国际先进的多功能全液压履带式钻机，加快了工作面钻孔。配备了多台 KBY 系列的注浆机，满足注浆作业的需要。现场选择普通水泥单液浆、超细水泥单液浆、HSC 单液浆进行室内试验，测试一定配比浆液结石体的抗压强度、抗折强度、收缩率以及浆液的初凝和终凝时间等物理力学性能指标。

（2）钻孔、注浆平行作业。跳开钻孔，一个孔钻孔完毕后，跳开 2~3m，施作其他管棚，对刚钻完的孔进行下管棚注浆，尽量减少窜浆的发生，加快施工进度。

（3）管棚施工方案、参数、工艺不断优化。施工过程中对管棚施工方案、参数、施工工艺进行仔细研究，不断优化，使其具有较强的可操作性和可靠性，选择合理的钻孔工艺，加快钻孔速度，保证注浆质量。

（4）为了加快管棚施工速度，保证注浆质量，在钻孔过程实施单双号管棚间隔施工。每台钻机先施作单号管棚，所有单号管棚施作完成并注浆结束后，再施作双号管棚，双号管棚施作速度明显加快，同时双号管棚对单号管棚注浆效果进行检查。

（5）技术人员现场值班，及时解决问题。技术人员进行跟班指导，并现场研究、解决问题，加快钻孔、注浆速度。机械修理技术人员对机械进行维修管理，保证机械的正常运行，避免因机械问题而影响施工。

（6）保证钻孔、注浆物资的供应。指定专人对注浆材料、钻孔、注浆设备配件等物资的供应进行管理，加强对洞内运输线的养护，保证钻孔、注浆过程中材料和配件运输畅通，杜绝因材料和配件供应中断而出现停工待料现象。

8.3 本章总结

本章对比帷幕注浆各注浆方式，结合蓉江隧道地质条件，优选出适用于各施工段的注浆方式。通过室内试验优选最佳注浆材料和浆液配比，采用理论计算厘定注浆参数，并制定注浆效果综合评价标准，设计洞口段超前管棚施工参数及机械配套，并总结快速施工要点，具体结论如下：

（1）考虑到洞口段埋深较浅，且地层较为软弱，先在洞口陆域段地表采用垂直注浆方式对左右线隧道进行止水及加固，注浆结束后，在洞口水平进行注浆效果检查，然后在洞口施作左右线超前大管棚预支护，进而转入隧道的开挖和水平帷幕注浆。实现垂直注浆与水平注浆相结合，洞内洞外平行作业。

（2）针对蓉江隧道不同工段地质特点，优选最近注浆工艺，垂直注浆主要采取了前进式分段注浆、钻杆后退式注浆和高压旋喷注浆三种注浆工艺；水平注浆主要采取了前进式分段注浆、钻杆后退式注浆和全孔一次性注浆三种注浆工艺。

（3）结合分析法、钻孔检查法、压水试验法等，制定注浆效果综合评价标准，以单位涌水量、探孔涌水量、胶结体强度、堵水率、取芯率为指标，共分为 4 个等级，可据此研究确定是否采用局部、补充注浆等措施。

（4）洞口段采用超前管棚注浆进行超前加固，并确定管棚施工参数及配套机械设备。钻孔设备采用两台大小钻机，注浆设备采用两台 KBY-50/70 注浆机和一台 KBY-80/70 注浆机，三台混合使用，制浆设备选用转速高的 YLS-1 型搅拌机，储浆桶选用大容量 YLS-2 型搅拌机。

9 过江隧道暗挖陆域段围岩注浆预加固方案比选研究

9.1 引言

过江隧道暗挖陆域段，因其处于临江的特殊地理位置，需要重点考虑其注浆预加固。为了处理隧道中的地下水，目前一般的处理原则是防排堵相结合，其中堵是重要一环，可以有效减小隧道围岩的渗透系数，减小隧道内的涌水量。目前的围岩预加固方法众多，常见的有高压旋喷注浆预加固和袖阀管注浆预加固等，如何考虑不同影响因素，选择合理的围岩注浆预加固方案非常关键。本章将从理论分析角度出发，结合层次分析法和模糊数学评价法的优点，形成模糊层次分析理论，并采用该理论构建过江隧道暗挖陆域段围岩注浆预加固方案比选模型，然后运用该模型实例研究江西赣州蓉江四路过江隧道暗挖陆域段围岩注浆预加固方案比选。

9.2 模糊层次综合评价法

9.2.1 模糊数学综合评价法概念及原理方法

(1) 模糊数学综合评价法概念

模糊数学综合评价法是基于模糊数学理论和最大隶属度原则，通过对影响研究对象的各个因素进行综合考虑，建立模糊判断矩阵，进而对研究对象做出综合评价。

(2) 模糊数学综合评价法原理及方法

模糊数学综合评价法的核心是模糊线性变换原理和最大隶属度原则。

该评价方法的要素集包括：指标集 $U=\{u_1, u_2, \cdots, u_i\}$，评语集 $V=\{v_1, v_2, \cdots, v_i\}$ 以及对评语集各影响因素的标准分值 f_i ($i=1, 2, \cdots, n$) 的评价。模糊数学综合方法的步骤如下：

① 建立评价对象指标集

假设被评价对象为一级指标，与被评价对象相关的指标有 l 个，记作

$$U=\{u_1, u_2, \cdots, u_k, \cdots, u_l\} \tag{9-1}$$

式中，元素 u_k ($k=1, 2, \cdots, l$) 是评价对象的二级指标。

当被评价对象较复杂或影响指标较多时，可建立三级评价指标集，记作

$$U_k=\{u_{k1}, u_{k2}, \cdots, u_{ki}, \cdots, u_{kn}\} \tag{9-2}$$

式中，元素 u_{ki} ($i=1, 2, \cdots, m$) 是评价对象的三级指标。

② 建立评价指标权重集

在模糊数学综合评价中，指标权重的确定十分重要。本章采用模糊层次分析法确定指标权重，计算结果客观、合理，将在后文中加以介绍。

反映二级指标重要程度的权重集为

$$A = \{A_1, A_2, \cdots, A_k, \cdots, A_i\} \tag{9-3}$$

式中，A_k（$k=1, 2, \cdots, i$）表示指标集 U_k 在 U 中的权重，并做归一化处理，即 $\sum_{k=1}^{i} A_k = 1$。

$$A = \left(\frac{A_1}{\sum_{k=1}^{i} A_k}, \frac{A_2}{\sum_{k=1}^{i} A_k}, \cdots, \frac{A_i}{\sum_{k=1}^{i} A_k} \right) \tag{9-4}$$

反映三级评价指标重要程度的权重集为

$$A_k = (a_{k1}, a_{k2}, \cdots, a_{ki}, \cdots, a_{km}) \tag{9-5}$$

式中，a_{ki}（$i=1, 2, \cdots, m$）表示 u_{ki} 在 U_k 中的权重，并作归一化处理，即 $\sum_{l=1}^{m} a_{ki} = 1$。

③ 建立评语集

评语集包含各种可能的评价结果

$$V = (V_1, V_2, \cdots, V_j, \cdots, V_n) \tag{9-6}$$

式中，元素 V_j（$j=1, 2, \cdots, n$）表示由高到低的各级评语。

④ 建立单指标评价矩阵

对指标集 U_k 中的某一单指标 u_{ki} 做单指标评价，从指标 u_{ki} 确定该评价对象对评语集中 V_j 的隶属度 r_{ij}，从而得到指标 u_{ki} 的单指标评价集，即

$$r_i = (r_{i1}, r_{i2}, \cdots, r_{in}) \tag{9-7}$$

把指标集中的 m 个单指标评价集作为行，即可得到一个总的评价矩阵，即

$$R_k = \begin{bmatrix} r_{11} & r_{12} & \cdots & r_{1n} \\ r_{21} & r_{22} & \cdots & r_{2n} \\ \vdots & \vdots & \ddots & \vdots \\ r_{m1} & r_{m2} & \cdots & r_{mn} \end{bmatrix} \tag{9-8}$$

⑤ 模糊综合评价

与已知权重矩阵 A_k 和单指标评价矩阵 R_k 一样，采用合成算法进行指标评价，得到三级评价指标 u_{ki} 对于的隶属度，即

$$B_k = A_k R_k = (b_{k1}, b_{k2}, \cdots, b_{kn}) \tag{9-9}$$

用 R 来表示从 U 到 V 的模糊矩阵，因为 u_{ki} 的评价结果为 B_k，它是 U 中 U_k 的评价，因此得到二级评价指标 U_k 对于评语集 V 的隶属度矩阵，即

$$R = \begin{bmatrix} B_1 \\ B_2 \\ \vdots \\ B_l \end{bmatrix} = \begin{bmatrix} b_{11} & b_{12} & \cdots & b_{1n} \\ b_{21} & b_{22} & \cdots & b_{2n} \\ \vdots & \vdots & \ddots & \vdots \\ b_{l1} & b_{l2} & \cdots & b_{ln} \end{bmatrix} \tag{9-10}$$

再对 R 进行模糊矩阵合成运算，可得到 U 的综合评价结果，即

$$B = AR = (b_1, b_2, \cdots, b_n) \tag{9-11}$$

综上所述，(U, V, R) 构成了一个模糊数学综合评价的理论模型，这其中的基本原理就是模糊数学变换和最大隶属度原则。

9.2.2 基于模糊一致矩阵的模糊层次分析法

1）模糊层次分析法（FAHP法）与层次分析法（AHP法）的比较

（1）从 AHP 法到 FAHP 法的发展过程

AHP 法在对研究对象进行评价的过程中，对指标因素的相对重要性赋值是精确数，而实际生产中，评价者对指标的重要性无法精确赋值，而用"大概""似乎"等这样的模糊量词来描述显然更为合理。因此，许多学者将模糊数学理论导入 AHP 中，提出了模糊层次分析法（简称 FAHP）。

（2）AHP 法和 FAHP 法的优劣分析

① 在 FAHP 法中，检验模糊判断矩阵是否具有一致性更容易；

② 在 FAHP 法中，若其模糊判断矩阵不具有一致性，调整矩阵元素使其具有一致性更快捷。

2）FAHP 法计算评价对象指标权重方法

（1）模糊一致矩阵的定义

定义 1 设矩阵 $R = (r_{ij})_{n \times n}$，若满足

$$0 \leqslant r_{ij} \leqslant 1 \quad (i=1, 2, \cdots, n; j=1, 2, \cdots, n)$$

则称矩阵 R 是模糊矩阵。

定义 2 设模糊矩阵 $R = (r_{ij})_{n \times n}$，若满足 $\forall i, j, k$ 有

$$r_{ij} = r_{ik} - r_{jk} + 0.5 \tag{9-12}$$

则称模糊矩阵 R 是模糊一致矩阵。

（2）模糊一致矩阵的性质

① $\forall i \ (i=1, 2, \cdots, n)$，则

$$r_{ij} = 0.5$$

② $\forall i, j \ (i, j=1, 2, \cdots, n)$，则

$$r_{ij} + r_{ji} = 1$$

③ $\forall i, j, k \ (i, j, k=1, 2, \cdots, n)$，则

$$r_{ij} = r_{ik} - r_{jk} + 0.5$$

3）模糊一致判断矩阵的建立

模糊一致判断矩阵 R 表示两层元素的相对重要性比较，若假定上一层次的元素 U_k 同下一层次中元素 $u_{k1}, u_{k2}, \cdots, u_{kn}$ 有联系，则模糊一致判断矩阵可表示为

$$U_k = \begin{bmatrix} r_{11} & r_{12} & \cdots & r_{1n} \\ r_{21} & r_{22} & \cdots & r_{2n} \\ \vdots & \vdots & \ddots & \vdots \\ r_{n1} & r_{n2} & \cdots & r_{nn} \end{bmatrix}$$

矩阵元素 r_{ij} 有如下实际意义：r_{ij} 表示元素 u_{ki} 和元素 u_{kj} 相对于元素 U_k 进行比较时，元素 u_{ki} 和元素 u_{kj} 具有模糊关系，即"……比……重要得多"的隶属度。文中为了使两指标的相对重要度得到定量的描述，可采用表 9-1 所示的标度。

表 9-1　0.1～0.9 数量标度表

标度	定义	说明
0.1～0.4	反比较	若元素 a_i 与元素 a_j 相比较得到判断 r_{ij}，则元素 a_j 与 a_i 相比较得到的判断为 $r_{ji}=1-r_{ij}$
0.5	同等重要	两元素相比较，同等重要
0.6	稍微重要	两元素相比较，一元素比另一元素稍微重要
0.7	明显重要	两元素相比较，一元素比另一元素明显重要
0.8	重要得多	两元素相比较，一元素比另一元素重要得多
0.9	极端重要	两元素相比较，一元素比另一元素极端重要

通过比较得到模糊判断矩阵，即

$$R=\begin{bmatrix} r_{11} & r_{12} & \cdots & r_{1n} \\ r_{21} & r_{22} & \cdots & r_{2n} \\ \vdots & \vdots & \ddots & \vdots \\ r_{n1} & r_{n2} & \cdots & r_{nn} \end{bmatrix}$$

但是，在实际工程方案评价的过程中，由于工程实践的复杂性以及认知主观性，建立的模糊判断矩阵通常不具有一致性，这就需要对其元素进行调整，实际操作如下：

① 在调整过程中，确定一行元素，该行元素的评价判断最有把握；

② 用第①步确定元素减去第二行与其相对应的元素，若得到的 n 个差数为常数，则不需要调整第二行元素。否则，调整第二行元素，直至其符合要求为止。

③ 用第①步确定的元素减去第三行与其相对应的元素，若得到的 n 个差数为常数，则不需要调整第三行元素。否则，调整第三行元素，直至其符合要求。

上面的②、③步骤持续进行下去，直至矩阵所有元素满足要求为止。

4) 由上述经过调整的模糊一致判断矩阵 R 计算 u_{k1}，u_{k2}，$\cdots$，u_{kn} 的权重值 a_{k1}，a_{k2}，$\cdots$，a_{kn}。

设元素 u_{k1}，u_{k2}，$\cdots$，u_{kn} 进行元素之间的重要性比较得到的模糊一致判断矩阵 $R=(r_{ij})_{n \times n}$，元素 u_{k1}，u_{k2}，$\cdots$，u_{kn} 权重值分别为 a_{k1}，a_{k2}，$\cdots$，a_{kn}，可由下列公式计算得

$$a_{ki}=\frac{\sum_{j=1}^{n}r_{ij}+\frac{n}{2}-1}{n(n-1)} \tag{9-13}$$

式中，i，$j=1$，2，$\cdots$，n，n 为模糊一致判断矩阵阶数，a_{ki} 为元素 u_{ki} 的权重值。

9.3　构建过江隧道暗挖陆域段围岩注浆预加固方案比选模型

9.3.1　建立过江隧道暗挖陆域段围岩注浆预加固方案比选模型

在过江隧道工程中，隧道暗挖陆域段围岩注浆预加固工程是过江隧道工程前期施工的重点项目，它对隧道施工过程中的防拱顶坍塌、加固围岩、防水止水等起到重要控制作用。但目前国内外对过江隧道围岩加固工程的研究大多集中在过江隧道开挖后过程的

9 过江隧道暗挖陆域段围岩注浆预加固方案比选研究

围岩加固工程中，而对隧道开挖前围岩的注浆预加固的研究较少。大多数过江隧道围岩注浆预加固工程方案的比选一般采用工程类比法，而工程类比法选用的围岩注浆预加固工程方案虽然具有一定科学合理性，但其在实际工程运用中略显粗糙。本研究采用FAHP模糊层次综合评价法来对过江隧道暗挖陆域段围岩注浆预加固方案进行比选研究，具体技术路线如图9-1所示，希望为今后的类似工程修建提供可以借鉴的经验。

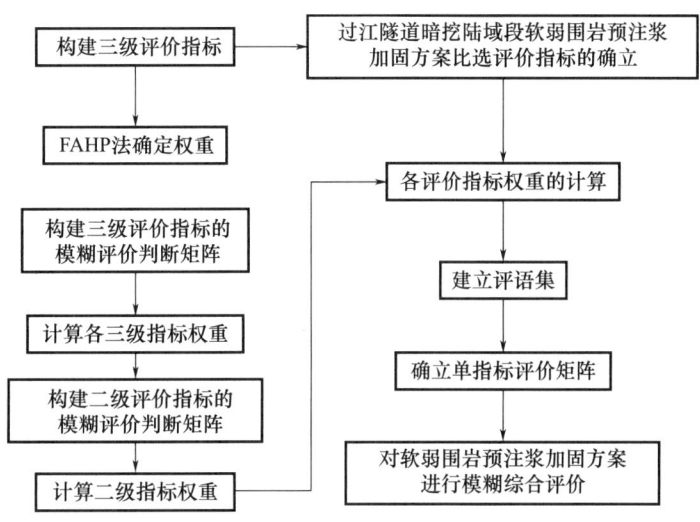

图 9-1　过江隧道暗挖陆域段围岩注浆预加固方案评价技术路线图

9.3.2　过江隧道暗挖陆域段围岩注浆预加固方案比选指标体系建立

（1）评价指标的确立原则

评价指标体系的建立是科学合理比选过江隧道暗挖陆域段围岩注浆预加固方案的基础，如果评价指标建立得不够合理，就会造成后续的评价结果失真。本研究在选取评价指标，构建过江隧道暗挖陆域段围岩注浆预加固方案比选综合评价指标体系时，遵循了以下原则：

① 科学性原则

评价指标应具有科学的理论依据及逻辑，能够准确反映过江隧道暗挖陆域段围岩注浆预加固方案的某一方面特征。

② 完全性原则

在确定评价指标时应综合考虑评价对象的影响因素，使选取的指标能够全面地反映过江隧道暗挖陆域段围岩注浆预加固方案的效果或特征。

③ 层次性原则

在对过江隧道暗挖陆域段进行指标确定时，选取的指标应能完整反映研究目标的特征，并将指标条理化、层次化，这样就可以对过江隧道暗挖陆域段围岩注浆预加固方案比选评价进行由局部到整体的逐步深入研究。

④ 独立性原则

位于评价指标体系上的各层次指标应相互独立，这样才能反映过江隧道暗挖陆域段围岩注浆预加固方案不同方面的特征。

⑤ 可操作性原则

选取的指标评价结果应可以通过对工程实测资料的分析、专家评议等方法得到。

(2) 构建过江隧道暗挖陆域段围岩注浆预加固方案比选评价指标体系

通过对过去工程资料的分析、理论计算以及参考建设单位意见后,过江隧道暗挖陆域段围岩注浆预加固方案比选影响因素主要包括 6 个二级指标和 20 个三级指标,分别为施工技术可行性、经济合理性、环境影响、工程地质条件、施工条件、软土性质和软土空间分布二级指标,以及其所属的 20 个三级指标,具体二级指标与三级指标的对应关系见表 9-2。

表 9-2 过江隧道暗挖陆域段围岩注浆预加固方案评价指标体系

目标层	二级指标	三级指标
过江隧道暗挖陆域段围岩注浆预加固方案比选评价	技术可行性	理论计算及设计方法
		质量检测水平
	经济合理性	工程造价
		工程工期
		材料供应
	环境影响	振动或噪声污染
		对空气、水的影响
		对周围建筑物的影响
	工程地质条件	地下水位高度
		软土底板埋深
		软土土性组合
		软土厚度
		硬壳层厚度
过江隧道暗挖陆域段围岩预注浆加固方案比选评价	施工条件	施工难易程度
		机械设备
		施工人员专业素质
	软土性质	天然含水率
		天然孔隙比
		土层压缩系数
		天然地基承载力

9.3.3 进行模糊层次综合评价

(1) 采用专家评价法构建指标隶属度矩阵

根据过江隧道暗挖陆域段围岩注浆预加固方案比选评价指标,可以从岩土体处理、隧道等领域邀请若干专家,组成专家评审组,对过江隧道暗挖陆域段围岩注浆预加固方案比选指标进行评价。向专家发放评价表(表中包括工程概况、评价指标及评价标准等材料),让专家组分别对 20 个三级评价指标进行评价,根据加固方案完成评价指标的能力进行评价,并给出相应的定性标准,见表 9-3。采用专家评价法,不仅能够尽可能地减少人为主观因素的影响,还能够使评价结果显得更为专业科学。

表 9-3 定性指标评价表

评价指标	评价标准			
	优秀	良好	可以选用	不可选用
理论计算及设计方法 U_{11}	加固方案的理论基础非常成熟且设计方法科学合理	加固方案的理论基础成熟且设计方法基本科学	加固方案的理论基础没有错误且设计方法可以选用	加固方案的理论尚不成熟且设计方法有缺陷
质量检测水平 U_{12}	加固后围岩的质量参数非常符合设计要求	加固后围岩的质量参数符合要求	加固后围岩的质量参数勉强符合设计要求	加固后围岩的质量参数与设计要求有差距
工程造价 U_{21}	加固方案工程造价便宜	加固方案工程造价较为便宜	加固方案工程造价较为昂贵	加固方案工程造价昂贵
工程工期 U_{22}	围岩加固工程工期短,远少于设计加固时间	围岩加固工程工期较短,少于设计加固时间	围岩加固工程工期满足设计施工要求时间	围岩加固工程工期较长,超过设计加固时间
材料供应 U_{23}	加固围岩所需原材料来源广泛且运输便捷	加固围岩所需原材料来源较多且运输方便	加固围岩所需原材料来源较少	加固围岩所需原材料来源少且运输困难
振动或噪声污染 U_{31}	加固围岩过程中几乎没有振动或噪声产生	加固围岩过程中产生较少振动或噪声	加固围岩过程中有振动或噪声产生	加固围岩过程中振动或噪声污染严重
对空气、水的影响 U_{32}	加固围岩过程中对水及空气几乎不产生污染	加固围岩过程中对水及空气产生污染较少	加固围岩过程中会对水及空气产生污染	加固围岩过程中对水及空气产生大量污染
对周围建筑物的影响 U_{33}	加固围岩过程中不会引起周围建筑物沉降且不会破坏建筑物	加固围岩过程中基本不会引起周围建筑物沉降且不会破坏建筑物	加固围岩过程中引起周围建筑物沉降小或破坏建筑物程度小	加固围岩过程中引起周围建筑物沉降大或破坏建筑物程度较大
地下水位高度 U_{41}	地下水位高度对该加固围岩工程几乎没有影响	地下水位高度对该加固围岩工程基本没有影响	地下水位高度对该加固围岩工程有一定影响	地下水位高度对该加固围岩工程施工有很大影响
软土底板埋深 U_{42}	软土底板埋深大小对加固围岩工程施工及加固效果没有影响	软土底板埋深大小对加固围岩工程施工及加固效果基本没有影响	软土底板埋深大小对加固围岩工程施工及加固效果有一定影响	软土底板埋深大小对加固围岩工程施工及加固效果有较大影响
软土土性组合 U_{43}	待加固软土类型对加固工程施工及后期加固效果不会产生消极影响	待加固软土类型对加固工程施工及后期加固效果基本没有消极影响	待加固软土类型对加固工程施工及后期加固效果有一定消极影响	待加固软土类型对加固工程施工及后期加固效果产生的消极影响较大
软土厚度 U_{44}	待加固软土层厚度不会影响加固工程的施工及后期加固效果	待加固软土层厚度基本不影响加固工程的施工及后期加固效果	待加固软土层厚度会对加固工程的施工及后期加固效果有影响	待加固软土层厚度对加固工程的施工及后期加固效果影响较大

续表

评价指标	评价标准			
	优秀	良好	可以选用	不可选用
硬壳层厚度 U_{45}	硬壳层厚度不会影响加固工程的施工及后期加固效果	硬壳层厚度基本不影响加固工程的施工及后期加固效果	硬壳层厚度对加固工程的施工及后期加固效果影响较小	硬壳层厚度对加固工程的施工及后期加固效果影响较大
施工难易程度 U_{51}	该加固工程施工简单,难度低	该加固工程施工较简单,难度较低	该加固工程施工步骤较多,难度较高	该加固工程施工步骤繁琐且施工难度高
机械设备 U_{52}	该加固工程施工所用机械设备少	该加固工程施工所用机械设备较少	该加固工程施工需要一定数量的机械设备	该加固工程施工所用机械设备较多
施工人员专业素质 U_{53}	该加固工程对施工人员专业素质要求低	该加固工程对施工人员专业素质要求较低	该加固工程对施工人员专业素质有要求	该加固工程对施工人员专业素质要求高
天然含水率 U_{61}	土体的含水率高低对该加固工程方案及后期加固效果几乎没有影响	土体的含水率高低对该加固工程方案及后期加固效果基本没有影响	土体的含水率高低对该加固工程方案及后期加固效果产生一定影响	土体的含水率高低对该加固工程方案及后期加固效果影响较大
天然孔隙比 U_{62}	土体孔隙比大小对该加固工程方案及后期加固效果几乎没有影响	土体孔隙比大小对该加固工程方案及后期加固效果基本没有影响	土体孔隙比大小对该加固工程方案及后期加固效果产生一定影响	土体孔隙比大小对该加固工程方案及后期加固效果影响较大
土层压缩系数 U_{63}	土层压缩系数大小对该加固工程方案及后期加固效果几乎没有影响	土层压缩系数大小对该加固工程方案及后期加固效果基本没有影响	土层压缩系数大小对该加固工程方案及后期加固效果产生一定影响	土层压缩系数大小对该加固工程方案及后期加固效果影响较大
天然地基承载力 U_{64}	土体的天然地基承载力大小对该加固工程方案及后期加固效果几乎没有影响	土体的天然地基承载力大小对该加固工程方案及后期加固效果基本没有影响	土体的天然地基承载力大小对该加固工程方案及后期加固效果产生一定影响	土体的天然地基承载力大小对该加固工程方案及后期加固效果影响较大

(2) 应用FAHP法求各评价指标的权重

① 构建模糊一致判断矩阵

基于模糊层次分析理论及前文所述的表9-1,根据专家组对各项评价指标相应的评价结果,建立单指标评价矩阵,并根据模糊一致判断矩阵的性质进行调整,进而得到模糊一致判断矩阵U_1,即

$$U_1 = \begin{bmatrix} a_{11} & a_{12} \\ a_{21} & a_{22} \end{bmatrix}$$

同理,可以得到其他三级指标的模糊一致判断矩阵,即

$$U_2 = \begin{bmatrix} b_{11} & b_{12} & b_{13} \\ b_{21} & b_{22} & b_{23} \\ b_{31} & b_{32} & b_{33} \end{bmatrix} \quad U_3 = \begin{bmatrix} c_{11} & c_{12} & c_{13} \\ c_{21} & c_{22} & c_{23} \\ c_{31} & c_{32} & c_{33} \end{bmatrix}$$

$$U_4 = \begin{bmatrix} d_{11} & d_{12} & d_{13} & d_{14} & d_{15} \\ d_{21} & d_{22} & d_{23} & d_{24} & d_{25} \\ d_{31} & d_{32} & d_{33} & d_{34} & d_{35} \\ d_{41} & d_{42} & d_{43} & d_{44} & d_{45} \\ d_{51} & d_{52} & d_{53} & d_{54} & d_{55} \end{bmatrix} \quad U_5 = \begin{bmatrix} e_{11} & e_{12} & e_{13} \\ e_{21} & e_{22} & e_{23} \\ e_{31} & e_{32} & e_{33} \end{bmatrix}$$

$$U_6 = \begin{bmatrix} f_{11} & f_{12} & f_{13} & f_{14} \\ f_{21} & f_{22} & f_{33} & f_{44} \\ f_{31} & f_{32} & f_{33} & f_{34} \\ f_{41} & f_{42} & f_{43} & f_{44} \end{bmatrix}$$

② 计算各评价指标权重

各级评价指标权重由式（9-13）计算。将计算结果作归一化处理，即可得到各三级指标的权重集，为

$$A_1 = (r_{11}, r_{12})$$
$$A_2 = (r_{21}, r_{22}, r_{23})$$
$$A_3 = (r_{31}, r_{32}, r_{33})$$
$$A_4 = (r_{41}, r_{42}, r_{43}, r_{44}, r_{45})$$
$$A_5 = (r_{51}, r_{52}, r_{53})$$
$$A_6 = (r_{61}, r_{62}, r_{63}, r_{64})$$

同理，可构建各二级评价指标的模糊一致判断矩阵，即

$$U = \begin{bmatrix} h_{11} & h_{12} & h_{13} & h_{14} & h_{15} & h_{16} \\ h_{21} & h_{22} & h_{23} & h_{24} & h_{25} & h_{26} \\ h_{31} & h_{32} & h_{33} & h_{34} & h_{35} & h_{36} \\ h_{41} & h_{42} & h_{43} & h_{44} & h_{45} & h_{46} \\ h_{51} & h_{52} & h_{53} & h_{54} & h_{55} & h_{56} \\ h_{61} & h_{62} & h_{63} & h_{64} & h_{65} & h_{66} \end{bmatrix}$$

计算权重并作归一化处理可得到二级评价指标的权重集，即

$$A = (r_1, r_2, r_3, r_4, r_5, r_6)$$

（3）建立单指标评价矩阵

根据上文中专家组对各三级评价指标的评价记票，可得到三级评价指标隶属度矩阵，即

$$R_1 = \begin{bmatrix} r_{11} & r_{12} & r_{13} & r_{14} \\ r_{21} & r_{22} & r_{23} & r_{24} \end{bmatrix} \quad R_2 = \begin{bmatrix} r_{11} & r_{12} & r_{13} & r_{14} \\ r_{21} & r_{22} & r_{23} & r_{24} \\ r_{31} & r_{32} & r_{33} & r_{34} \end{bmatrix}$$

$$R_3 = \begin{bmatrix} r_{11} & r_{12} & r_{13} & r_{14} \\ r_{21} & r_{22} & r_{23} & r_{34} \\ r_{31} & r_{32} & r_{33} & r_{34} \end{bmatrix} \quad R_5 = \begin{bmatrix} r_{11} & r_{12} & r_{13} & r_{14} \\ r_{21} & r_{22} & r_{23} & r_{34} \\ r_{31} & r_{32} & r_{33} & r_{34} \end{bmatrix}$$

$$R_4 = \begin{bmatrix} r_{11} & r_{12} & r_{13} & r_{14} \\ r_{21} & r_{22} & r_{23} & r_{24} \\ r_{31} & r_{32} & r_{33} & r_{34} \\ r_{41} & r_{42} & r_{43} & r_{44} \\ r_{51} & r_{52} & r_{53} & r_{54} \end{bmatrix} \quad R_6 = \begin{bmatrix} r_{11} & r_{12} & r_{13} & r_{14} \\ r_{21} & r_{22} & r_{23} & r_{24} \\ r_{31} & r_{32} & r_{33} & r_{34} \\ r_{41} & r_{42} & r_{43} & r_{44} \end{bmatrix}$$

（4）对过江隧道暗挖陆域段围岩注浆预加固工程方案进行模糊综合评价
计算 U_1 的评价结果 B_1 并作归一化处理，得

$$B_1 = A_1 R_1$$

同理得到：B_2、B_3、B_4、B_5、B_6。
然后根据计算结果，得到

$$R = \begin{bmatrix} B_1 \\ B_2 \\ B_3 \\ B_4 \\ B_5 \\ B_6 \end{bmatrix}$$

最后，综合评价结果，得到

$$B = AR = (r_1, r_2, r_3, r_4, r_5, r_6) \begin{bmatrix} B_1 \\ B_2 \\ B_3 \\ B_4 \\ B_5 \\ B_6 \end{bmatrix}$$

根据最大隶属度原则，取计算结果 B 中的最大值为最终评价结果。

9.4 应用研究——过江隧道暗挖陆域段围岩注浆预加固方案比选

9.4.1 工程概况

（1）工程地质概况

场地属对称的丘陵岗地和河谷堆积地貌，两岸地形基本对称，且隧道位于三江口地带，周围无建筑物，施工现场为空地。西北至东南方向地貌依次为左岸基岩山坡、左岸Ⅰ级堆积阶地、章江河床、右岸Ⅰ级堆积阶地、右岸基岩山坡，工程区的不良地质现象不发育，仅局部地段存在小规模的岸坡崩塌现象。

场地地层依次为填土、砂砾、泥质粉砂岩以及细砂岩，全线围岩等级为Ⅴ级和Ⅵ级。

（2）水文地质概况

① 地表水：场地内地表水为章江水，由西向东流向，勘察期间河面宽度 380m 左

右，水深 1.4～6.3m，水位标高 102.40～104.40m。下游约 3.5km 为创业大桥，约 8.0km 为章江水闸。百年防洪水位为 109.95m。区间隧道由西北往东南穿越河床，河床高 97.0～104.47m，表层分布 1.2～5.1m 厚圆砾层，下伏中风化基岩。

② 地下水：根据勘察结果，施工场地地下水有孔隙水及裂隙溶隙水两种，并且与章江水联通，两者水位相同。

③ 地层渗透性：根据室内试验数据并结合相关经验，场地内各主要地层渗透性统计见表 9-4。

表 9-4 围岩各主要地层渗透性统计表

地层	渗透系数 $K/cm \cdot s^{-1}$	渗透性
素填土	6.0×10^{-3}	中等透水
粉质黏土	3.6×10^{-5}	弱透水
卵石	4.16×10^{-2}	中等透水
全风化泥质粉砂岩	3.5×10^{-6}	微透水
强风化泥质粉砂岩	1.5×10^{-7}	微透水
中风化泥质粉砂岩	1.5×10^{-8}	微透水

9.4.2 制定过江隧道暗挖陆域段围岩注浆预加固方案

由蓉江四路过江隧道水文地质条件及隧道设计文件可知：

(1) 隧道顶部覆土主要是素土、粉砂和砂卵石层，自稳能力差。

(2) 隧道洞顶土体地下水位与江面水位贯通，单纯降水无法满足要求，虽然部分洞顶土体为中风化泥岩，但中风化泥岩覆盖层薄，地下水浸泡基本软化，自稳能力差。

(3) 隧道进洞位置无中风化岩层覆盖层或覆盖层很薄，如不采取加固措施，洞门边仰坡极易失稳，套拱和大管棚将无法施工。

因此，该过江隧道暗挖陆域段施工难度较大，洞口开挖深度大，洞口施工周期长，洞顶覆岩薄，围岩性质较软，地质条件差，易发生坍塌、突泥、涌水等安全事故，所以在进洞及开挖隧道暗挖陆域段前，应进行开挖前的围岩加固及防水止水处理。根据第二章隧道围岩加固理论及技术的介绍，适用于地下水丰富且软土条件下的围岩加固方式有三种，分别是地表高压旋喷注浆技术、地表袖阀管注浆技术以及洞内超前深孔注浆技术。

根据隧道围岩的工程水文地质条件、隧道设计文件，以及当地工程经验，拟采用的围岩注浆预加固方案有两种。

(1) 方案一：地表高压旋喷注浆预加固处理。地表高压旋喷注浆具有加固土体的质量高、可靠性好、增强土体强度、止水防渗、降低土体含水量等多种作用。

对隧道暗挖段洞顶覆岩厚度小于 8m 段进行加固，加固深度不小于 8m，加固至中风化岩层，拱顶覆盖层厚度小于 8m 段加固至地表，加固范围为开挖边线外扩 8m，采用高压旋喷桩满堂加固形式，桩长 2～14m。加固范围为东线 EK1+224.5～EK1+390，长度 165.5m，EK1+709～EK2+020，长度 311m；西线 WK1+226～WK1+385，长度 159m，WK1+701～WK2+012，长度 311m。

(2) 方案二：地表袖阀管注浆预加固处理。袖阀管注浆技术的注浆管由于具有阻塞器，可在注浆加固区域进行反复、跳段及连续注浆，从而提高注浆质量。

对隧道暗挖段洞顶覆岩厚度小于 8m 段进行加固，加固深度不小于 8m，加固至中风化岩层，拱顶覆盖层厚度小于 8m 段加固至地表，加固范围为开挖边线外扩 8m。加固范围为东线 EK1+224.5～EK1+390，长度 165.5m，EK1+709～EK2+020，长度 311m；西线 WK1+226～WK1+385，长度 159m，WK1+701～WK2+012，长度 311m。

9.4.3 进行过江隧道暗挖陆域段围岩注浆预加固方案比选评价

1) 构建蓉江四路过江隧道暗挖陆域段围岩注浆预加固方案评价指标体系

由上文中可知，关于过江隧道暗挖陆域段围岩注浆预加固方案评价指标体系有 6 个二级评价指标和 20 个三级评价指标。但是根据蓉江四路过江隧道的实际情况，其围岩加固区域方圆 500m 内没有构筑物，因此排除了"对周围建筑物的影响"这个三级评价指标。而且在蓉江四路过江隧道围岩注浆预加固方案中，以及第二章对高压旋喷桩和袖阀管注浆方法的介绍中，两者均适用于软弱围岩，如粉土、黏土。因此排除了"工程地质条件"和"软土性质"两个二级评价指标及其所属的三级评价指标。蓉江四路过江隧道暗挖陆域段围岩注浆预加固方案评价体系由技术可行性、经济合理性、环境影响和施工条件 4 个二级评价指标及其所属的 10 个三级评价指标组成，具体如图 9-2 所示。

2) 蓉江四路过江隧道暗挖陆域段围岩注浆预加固工程方案专家评价

从岩土体处理、隧道等领域邀请若干专家，组成 10 人的专家评审组，对蓉江四路过江隧道暗挖陆域段注浆预加固方案评价指标进行评价。专家组依据表 9-5 分别对 4 个二级评价指标及其所属的 10 个三级评价指标进行评价，根据加固方案完成评价指标的能力进行评价，并给出相应的定性标准。每位专家对指标的评价结果记为 1 票，最后每个指标的总票数可汇集成表 9-6 和表 9-7。

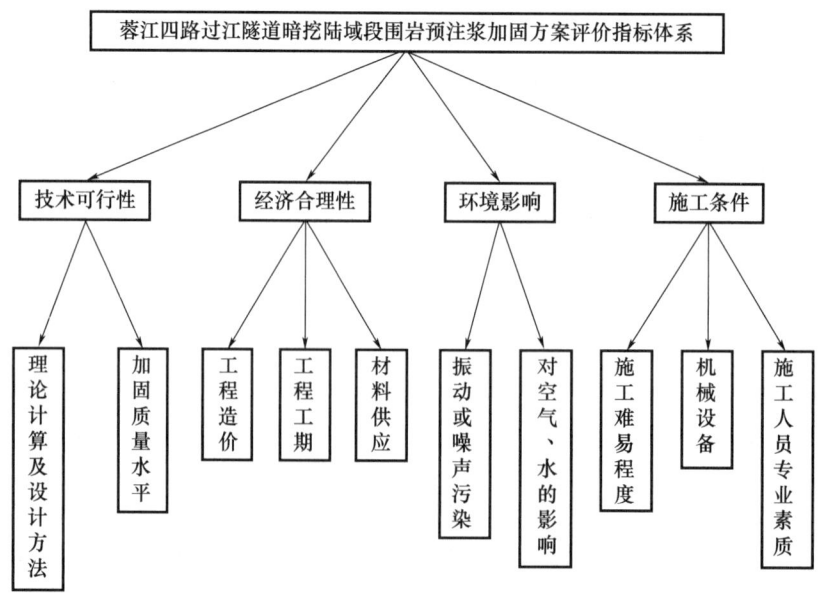

图 9-2 蓉江四路过江隧道暗挖陆域段围岩注浆预加固方案评价体系

9 过江隧道暗挖陆域段围岩注浆预加固方案比选研究

表 9-5 蓉江四路过江隧道暗挖陆域段围岩注浆预加固方案定性指标评价标准

评价指标	评价标准			
	优秀	良好	可以选用	不可选用
理论计算及设计方法 U_{11}	加固方案的理论基础非常成熟且设计方法科学合理	加固方案的理论基础成熟且设计方法基本科学	加固方案的理论基础没有错误且设计方法可以选用	加固方案的理论尚不成熟且设计方法有缺陷
加固质量水平 U_{12}	加固后围岩的质量参数非常符合设计要求	加固后围岩的质量参数符合要求	加固后围岩的质量参数勉强符合设计要求	加固后围岩的质量参数与设计要求有差距
工程工期 U_{22}	围岩加固工程工期短，远少于设计加固时间	围岩加固工程工期较短，少于设计加固时间	围岩加固工程工期满足设计施工要求时间	围岩加固工程工期较长，超过设计加固时间
材料供应 U_{23}	加固围岩所需原材料来源广泛且运输便捷	加固围岩所需原材料来源较多且运输方便	加固围岩所需原材料来源较少	加固围岩所需原材料来源少且运输困难
振动或噪声污染 U_{31}	加固围岩过程中几乎没有振动或噪声产生	加固围岩过程中产生较少振动或噪声	加固围岩过程中有振动或噪声产生	加固围岩过程中振动或噪声污染严重
对空气、水的影响 U_{32}	加固围岩过程中对水及空气几乎不产生污染	加固围岩过程中对水及空气产生污染较少	加固围岩过程中对水及空气产生污染	加固围岩过程中对水及空气产生大量污染
施工难易程度 U_{41}	该加固工程施工简单，难度低	该加固工程施工较简单，难度较低	该加固工程施工步骤较多，难度较高	该加固工程施工步骤繁琐且施工难度高
机械设备 U_{42}	该加固工程施工所用机械设备少	该加固工程施工所用机械设备较少	该加固工程施工需要一定数量的机械设备	该加固工程施工所用机械设备较多
施工人员专业素质 U_{43}	该加固工程对施工人员专业素质要求低	该加固工程对施工人员专业素质要求较低	该加固工程对施工人员专业素质有一定要求	该加固工程对施工人员专业素质要求高

表 9-6 蓉江四路过江隧道暗挖陆域段围岩注浆预加固方案 1 专家评价结果

评价指标		统计			
		优秀	良好	可以选用	不可选用
技术可行性 U_1	理论计算及设计方法 U_{11}	3	4	2	1
	加固质量水平 U_{12}	2	5	2	1
经济合理性 U_2	工程造价 U_{21}	3	3	2	2
	工程工期 U_{22}	2	3	4	1
	材料供应 U_{23}	2	4	3	1
环境影响 U_3	振动或噪声污染 U_{31}	1	2	4	3
	对空气、水的影响 U_{32}	2	3	3	2
施工条件 U_4	施工难易程度 U_{41}	2	3	4	1
	机械设备 U_{42}	2	2	4	2
	施工人员专业素质 U_{43}	3	4	2	1

表 9-7 蓉江四路过江隧道暗挖陆域段围岩注浆预加固方案 2 专家评价结果

评价指标		统计			
		优秀	良好	可以选用	不可选用
技术可行性 U_1	理论计算及设计方法 U_{11}	3	4	3	0
	加固质量水平 U_{12}	2	4	3	1
经济合理性 U_2	工程造价 U_{21}	2	2	3	3
	工程工期 U_{22}	2	2	4	2
	材料供应 U_{23}	2	4	3	1
环境影响 U_3	振动或噪声污染 U_{31}	2	4	3	1
	对空气、水的影响 U_{32}	2	3	3	2
施工条件 U_4	施工难易程度 U_{41}	2	2	4	2
	机械设备 U_{42}	1	2	5	2
	施工人员专业素质 U_{43}	1	3	4	2

根据方案 1 的专家评价结果，专家对"工程工期 U_{22}"进行等级评价，有 2 位专家认为方案 1 完成这项指标的能力为优秀，则其优秀的隶属度为 0.1。根据此方法可以得到其他指标的隶属度矩阵，见表 9-8 和表 9-9。

3）应用 FAHP 法计算各指标的权重

（1）应用 FAHP 法计算方案一各指标的权重

① 构建方案 1 模糊一致判断矩阵

根据 10 位专家对各项指标的相应评价结果，建立单指标评价矩阵，并根据模糊一致判断矩阵的性质进行调整，得到 U_1 模糊一致判断矩阵，即

$$U_1 = \begin{bmatrix} 0.5 & 0.61 \\ 0.39 & 0.5 \end{bmatrix}$$

同理，可得到其他三级评价指标的模糊一致判断矩阵，即

$$U_2 = \begin{bmatrix} 0.5 & 0.47 & 0.83 \\ 0.53 & 0.5 & 0.86 \\ 0.17 & 0.14 & 0.5 \end{bmatrix} \quad U_3 = \begin{bmatrix} 0.5 & 0.71 \\ 0.29 & 0.5 \end{bmatrix}$$

$$U_4 = \begin{bmatrix} 0.5 & 0.41 & 0.36 \\ 0.59 & 0.5 & 0.45 \\ 0.64 & 0.55 & 0.5 \end{bmatrix}$$

② 计算各指标权重

各级评价指标权重由式（9-13）计算，将计算结果作归一化处理，即可得到各三级指标的权重集，为

$$A_1 = (0.555, 0.445)$$
$$A_2 = (0.3716, 0.3983, 0.2301)$$
$$A_3 = (0.605, 0.395)$$
$$A_4 = (0.295, 0.34, 0.365)$$

构建各二级评价指标的模糊一致矩阵，为

9 过江隧道暗挖陆域段围岩注浆预加固方案比选研究

$$U = \begin{bmatrix} 0.5 & 0.61 & 0.81 & 0.91 \\ 0.39 & 0.5 & 0.7 & 0.8 \\ 0.19 & 0.3 & 0.5 & 0.6 \\ 0.09 & 0.2 & 0.4 & 0.5 \end{bmatrix}$$

计算权重并作归一化处理可得到二级评价指标的权重集，有

$$A = (0.3192, 0.2825, 0.2158, 0.1825)$$

表 9-8 方案 1 各级指标权重及各三级指标的隶属度

二级指标（权重 A_k）	三级指标（权重 A_{ki}）	各指标隶属度			
		优秀	良好	可以选用	不可选用
技术可行性 U_1 (0.3192)	理论计算及设计方法 U_{11} (0.555)	0.3	0.4	0.2	0.1
	加固质量水平 U_{12} (0.445)	0.2	0.5	0.2	0.1
经济合理性 U_2 (0.2825)	工程造价 U_{21} (0.3716)	0.3	0.3	0.2	0.2
	工程工期 U_{22} (0.3983)	0.2	0.3	0.4	0.1
	材料供应 U_{23} (0.2301)	0.2	0.4	0.3	0.1
环境影响 U_3 (0.2158)	振动或噪声污染 U_{31} (0.605)	0.1	0.2	0.4	0.3
	对空气、水的影响 U_{32} (0.395)	0.2	0.3	0.3	0.2
施工条件 U_4 (0.1825)	施工难易程度 U_{41} (0.295)	0.2	0.3	0.4	0.1
	机械设备 U_{42} (0.34)	0.2	0.2	0.4	0.2
	施工人员专业素质 U_{43} (0.365)	0.3	0.4	0.2	0.1

(2) 应用 FAHP 法计算方案 2 各指标的权重

① 构建方案 2 模糊一致判断矩阵

与构建方案 1 模糊一致判断矩阵的过程一样，同理可得

$$U'_1 = \begin{bmatrix} 0.5 & 0.41 \\ 0.59 & 0.5 \end{bmatrix} \quad U'_2 = \begin{bmatrix} 0.5 & 0.32 & 0.62 \\ 0.68 & 0.5 & 0.8 \\ 0.38 & 0.2 & 0.5 \end{bmatrix}$$

$$U'_3 = \begin{bmatrix} 0.5 & 0.67 \\ 0.33 & 0.5 \end{bmatrix} \quad U'_4 = \begin{bmatrix} 0.5 & 0.71 & 0.38 \\ 0.29 & 0.5 & 0.17 \\ 0.62 & 0.83 & 0.5 \end{bmatrix}$$

② 计算各指标权重

各级评价指标权重由式（9-13）计算，将计算结果作归一化处理，即可得到各三级指标的权重集，为

$$A'_1 = (0.455, 0.545)$$
$$A'_2 = (0.3233, 0.4133, 0.2634)$$
$$A'_3 = (0.585, 0.415)$$
$$A'_4 = (0.3483, 0.2433, 0.4084)$$

构建各二级评价指标的模糊一致矩阵，为

$$U' = \begin{bmatrix} 0.5 & 0.37 & 0.55 & 0.32 \\ 0.63 & 0.5 & 0.68 & 0.45 \\ 0.45 & 0.32 & 0.5 & 0.27 \\ 0.68 & 0.55 & 0.73 & 0.5 \end{bmatrix}$$

计算权重并作归一化处理，可得到二级评价指标的权重集，即

$$A' = (0.2283, 0.2717, 0.2116, 0.2884)$$

表 9-9 方案 2 各级指标权重及各三级指标的隶属度

二级指标（权重 A_k）	三级指标（权重 A_{ki}）	各指标隶属度			
		优秀	良好	可以选用	不可选用
技术可行性 U_1 (0.2283)	理论计算及设计方法 U_{11} (0.455)	0.3	0.4	0.3	0
	加固质量水平 U_{12} (0.545)	0.2	0.4	0.3	0.1
经济合理性 U_2 (0.2717)	工程造价 U_{21} (0.3233)	0.2	0.2	0.3	0.3
	工程工期 U_{22} (0.4133)	0.2	0.2	0.4	0.2
	材料供应 U_{23} (0.2634)	0.2	0.4	0.3	0.1
环境影响 U_3 (0.2116)	振动或噪声污染 U_{31} (0.585)	0.2	0.4	0.3	0.1
	对空气、水的影响 U_{32} (0.415)	0.2	0.3	0.3	0.2
施工条件 U_4 (0.2884)	施工难易程度 U_{41} (0.3483)	0.2	0.2	0.4	0.2
	机械设备 U_{42} (0.2433)	0.1	0.2	0.5	0.2
	施工人员专业素质 U_{43} (0.4084)	0.1	0.3	0.4	0.2

4) 建立单指标评价矩阵

① 建立方案一单指标评价矩阵

根据表 9-8，可得到方案一的三级评价指标隶属度矩阵：

$$R_1 = \begin{bmatrix} 0.3 & 0.4 & 0.2 & 0.1 \\ 0.2 & 0.5 & 0.2 & 0.1 \end{bmatrix} \quad R_3 = \begin{bmatrix} 0.1 & 0.2 & 0.4 & 0.3 \\ 0.2 & 0.3 & 0.3 & 0.2 \end{bmatrix}$$

$$R_2 = \begin{bmatrix} 0.3 & 0.3 & 0.2 & 0.2 \\ 0.2 & 0.3 & 0.4 & 0.1 \\ 0.2 & 0.4 & 0.3 & 0.1 \end{bmatrix} \quad R_4 = \begin{bmatrix} 0.2 & 0.3 & 0.4 & 0.1 \\ 0.2 & 0.4 & 0.2 & 0.2 \\ 0.3 & 0.4 & 0.2 & 0.1 \end{bmatrix}$$

② 建立方案二单指标评价矩阵

根据表 9-9，可得到方案二的三级评价指标隶属度矩阵：

$$R'_1 = \begin{bmatrix} 0.3 & 0.4 & 0.3 & 0 \\ 0.2 & 0.4 & 0.3 & 0.1 \end{bmatrix} \quad R'_3 = \begin{bmatrix} 0.1 & 0.2 & 0.4 & 0.3 \\ 0.2 & 0.3 & 0.3 & 0.2 \end{bmatrix}$$

$$R'_2 = \begin{bmatrix} 0.3 & 0.3 & 0.2 & 0.2 \\ 0.2 & 0.3 & 0.4 & 0.1 \\ 0.2 & 0.4 & 0.3 & 0.1 \end{bmatrix} \quad R'_4 = \begin{bmatrix} 0.2 & 0.2 & 0.4 & 0.2 \\ 0.1 & 0.2 & 0.5 & 0.2 \\ 0.1 & 0.3 & 0.4 & 0.2 \end{bmatrix}$$

5) 对过江隧道暗挖陆域段围岩注浆预加固方案进行模糊综合评价

① 对方案 1 注浆预加固方案进行模糊综合评价

计算 U_1 评价结果 B_1 并作归一化处理，得

9 过江隧道暗挖陆域段围岩注浆预加固方案比选研究

$$B_1 = A_1 R_1 = (0.555, 0.445) \begin{bmatrix} 0.3 & 0.4 & 0.2 & 0.1 \\ 0.2 & 0.5 & 0.2 & 0.1 \end{bmatrix}$$

$$= (0.2555, 0.4445, 0.2000, 0.1000)$$

同理，可计算 B_2，B_3，B_4，有

$$B_2 = A_2 R_2 = (0.3716, 0.3983, 02301) \begin{bmatrix} 0.3 & 0.3 & 0.2 & 0.2 \\ 0.2 & 0.3 & 0.4 & 0.1 \\ 0.2 & 0.4 & 0.3 & 0.1 \end{bmatrix}$$

$$= (0.2372, 0.3231, 0.3026, 0.1371)$$

$$B_3 = A_3 R_3 = (0.605, 0.395) \begin{bmatrix} 0.1 & 0.2 & 0.4 & 0.3 \\ 0.2 & 0.3 & 0.3 & 0.3 \end{bmatrix}$$

$$= (0.1395, 0.2466, 0.3139, 0.3000)$$

$$B_4 = A_4 R_4 = (0.295, 0.34, 0.365) \begin{bmatrix} 0.2 & 0.3 & 0.4 & 0.1 \\ 0.2 & 0.2 & 0.4 & 0.2 \\ 0.3 & 0.4 & 0.2 & 0.1 \end{bmatrix}$$

$$= (0.2365, 0.3025, 0.3270, 0.1340)$$

$$R = \begin{bmatrix} B_1 \\ B_2 \\ B_3 \\ B_4 \end{bmatrix} = \begin{bmatrix} 0.2555 & 0.4445 & 0.2000 & 0.1000 \\ 0.2372 & 0.3231 & 0.3026 & 0.1371 \\ 0.1395 & 0.2466 & 0.3139 & 0.3000 \\ 0.2365 & 0.3025 & 0.3270 & 0.1340 \end{bmatrix}$$

根据上面的计算结果，可得

$$B = AR = (0.3192, 0.2825, 0.2158, 0.1825) \begin{bmatrix} 0.2555 & 0.4445 & 0.2000 & 0.1000 \\ 0.2372 & 0.3231 & 0.3026 & 0.1371 \\ 0.1395 & 0.2466 & 0.3139 & 0.3000 \\ 0.2365 & 0.3025 & 0.3270 & 0.1340 \end{bmatrix}$$

$$= (0.2218, 0.4583, 0.2153, 0.1046)$$

综上所述，根据最大隶属度原则，蓉江四路过江隧道暗挖陆域段围岩注浆预加固方案1的评价结果为0.4583。

② 对方案2注浆预加固方案进行模糊综合评价

计算 U_1 评价结果 B'_1 并作归一化处理得：

$$B'_1 = A'_1 R'_1 = (0.455, 0.545) \begin{bmatrix} 0.3 & 0.4 & 0.3 & 0 \\ 0.2 & 0.4 & 0.3 & 0.1 \end{bmatrix}$$

$$= (0.2455, 0.4000, 0.3000, 0.0545)$$

同理，可计算 B'_2，B'_3，B'_4，有

$$B'_2 = A'_2 R'_2 = (0.3233, 0.4133, 0.2634) \begin{bmatrix} 0.2 & 0.2 & 0.3 & 0.3 \\ 0.2 & 0.2 & 0.4 & 0.2 \\ 0.2 & 0.4 & 0.3 & 0.1 \end{bmatrix}$$

$$= (0.2000, 0.2527, 0.3413, 0.2060)$$

$$B'_3 = A'_3 R'_3 = (0.585, 0.415) \begin{bmatrix} 0.1 & 0.2 & 0.4 & 0.3 \\ 0.2 & 0.3 & 0.3 & 0.2 \end{bmatrix}$$

$$= (0.1415, 0.2415, 0.3585, 0.2585)$$

$$B'_4 = A'_4 R'_4 = (0.3483, 0.2433, 0.4084) \begin{bmatrix} 0.2 & 0.2 & 0.4 & 0.2 \\ 0.1 & 0.2 & 0.5 & 0.2 \\ 0.1 & 0.3 & 0.4 & 0.2 \end{bmatrix}$$

$$= (0.1348, 0.2408, 0.4744, 0.2000)$$

$$R' = \begin{bmatrix} B'_1 \\ B'_2 \\ B'_3 \\ B'_4 \end{bmatrix} = \begin{bmatrix} 0.2455 & 0.4000 & 0.3000 & 0.0545 \\ 0.2000 & 0.2527 & 0.3413 & 0.2060 \\ 0.1415 & 0.2415 & 0.3585 & 0.2585 \\ 0.1348 & 0.2408 & 0.4744 & 0.2000 \end{bmatrix}$$

根据上面的计算结果，可得

$$B' = A'R' = (0.2283, 0.2717, 0.2116, 0.2884) \begin{bmatrix} 0.2455 & 0.4000 & 0.3000 & 0.0545 \\ 0.2000 & 0.2527 & 0.3413 & 0.2060 \\ 0.1415 & 0.2415 & 0.3585 & 0.2585 \\ 0.1348 & 0.2408 & 0.4744 & 0.2000 \end{bmatrix}$$

$$= (0.1792, 0.2805, 0.3595, 0.1808)$$

根据最大隶属度原则，蓉江四路过江隧道暗挖陆域段围岩注浆预加固方案 2 的评价结果为 0.3595。

综上所述，方案 1 评价结果为 0.4583，大于方案 2 的评价结果 0.3595，故蓉江四路过江暗挖陆域段围岩注浆预加固工程方案比选结果为：方案 1 优于方案 2。

9.5　本章总结

本章通过介绍模糊数学理论和层次分析法，比较分析了两者在评价决策工程生产实践中的优点和缺点，并将两者的优点有机地结合形成了模糊层次综合评价法（FAHP）。将 FAHP 法应用于过江隧道暗挖陆域段围岩注浆预加固方案的比选实践中，构建了围岩注浆预加固方案评价指标体系，并建立了过江隧道暗挖陆域段围岩注浆预加固方案评价模型。最后，将该模型应用于蓉江四路过江隧道暗挖陆域段围岩注浆预加固方案比选的工程实践中，模型评价结果是高压旋喷注浆预加固方案优于袖阀管注浆预加固方案，为实际工程加固提供了依据。

10 过江隧道暗挖陆域段围岩高压旋喷注浆试验研究

过江隧道暗挖陆域段，也可称为洞口段，因其处于临江的特殊地理位置，一般而言，隧道埋深浅，围岩工程性质较差，但是地下水丰富。地下水作为隧道工程建设过程中最不利的不良工程条件之一，其处理原则是排堵结合，排指的是降低地下水位、降低地下水压；堵指的是降低围岩的渗透系数，减少涌水量，同时加固围岩，改善围岩的工程性质。隧道围岩预加固就是在隧道开挖前，采取一系列加固技术，如注浆、锚杆等手段，降低围岩的渗透系数，增加围岩强度等，常见的隧道围岩预加固及防水技术就是围岩注浆堵水技术。本章将从现场试验角度出发，以蓉江四路过江隧道暗挖陆域段围岩注浆预加固工程为依托，对该高压旋喷注浆预加固工程进行工艺试验，进而确定合理可靠的浆液配合比以及各种高喷参数。

10.1 试验准备

10.1.1 试验目的及内容

为了使经过高压旋喷注浆预加固后的蓉江四路过江隧道暗挖陆域段围岩的抗压强度、弹性模量等物理力学指标达到设计要求，在了解蓉江四路过江隧道暗挖陆域段围岩注浆预加固区域的土体组成及性质的前提下，对该区域进行一系列的高压旋喷注浆现场工艺试验，进而对该围岩的注浆预加固工程起指导作用。试验目的如下：

（1）通过室内浆液配合比试验和高压旋喷注浆现场工艺试验，开展浆液配合比及高压旋喷参数研究，使得经过加固处理后围岩的抗压强度等力学指标达到施工要求，为后续的隧道暗挖进洞提供安全保障。

（2）通过现场工艺试验，探求在粉质黏土、砂土以及含有砂卵石地层中，各种高压旋喷施工参数和浆液配合比组合条件下的高压旋喷桩体的有效桩径、桩体间胶结情况和加固体强度，进而确定最佳的桩孔及桩间距。

根据试验目的，现场工艺试验包含的内容有单桩旋喷注浆试验、排桩旋喷注浆试验以及注浆效果检测。其中单桩旋喷注浆试验分两组进行：浆液配合比试验、高压旋喷参数试验。排桩试验根据桩孔大小、桩间距的差异分为 A、B 两组。主要试验任务见表 10-1。

经过半年多的现场工艺试验研究，本次试验共完成单桩旋喷试验 12 孔，排桩 18 孔，主要工程量详见表 10-2。

表 10-1 高压旋喷注浆试验工程表

类型	项目	孔数/个	单孔孔深/m	工程量/m
单桩旋喷试验	浆液配合比试验	5	5	25
	旋喷参数试验	7	10	70
排桩旋喷试验	A组	9	15	135
	B组	9	15	135
合计		30		365
单桩效果检测	检查孔施工	8	5	40
	芯样物理试验	6		
	开挖检测	5	5	25
排桩效果检测	检查孔施工	8	15	120
	芯样物理试验			30组

表 10-2 试验工程量统计表

类型	项目	孔数/个	孔深/m	钻孔进尺/m	喷射延米/m
单桩旋喷试验	浆液配合比试验	5	5.00~5.50	25.50	25.00
	旋喷参数试验	7	10.00	70.00	70.00
排桩旋喷实验	A组	9	12.50~16.10	136.80	128.24
	B组	9	13.20~15.60	144.00	128.20
合计		30		376.30	351.44
质量检查	钻孔取芯	10		123.45	
	开挖检查	5	单孔开挖深度为2.00~2.80m，工程总量13.50m		

10.1.2 试验区水文地质概况

依据设计图纸和现场实际情况，高压旋喷浆现场试验区选择在蓉江四路过江隧道暗挖陆域段围岩注浆预加固区左侧的临河平地，即 N1K0+300 处线路左侧，试桩区域地质探孔纵断面如图 10-1、图 10-2 所示。该区域的工程地质及水文地质条件与设计待加固隧道围岩条件一样。现场试验能够为蓉江四路过江隧道暗挖陆域段围岩注浆预加固设计及施工提供更为真实、可靠的参考资料。

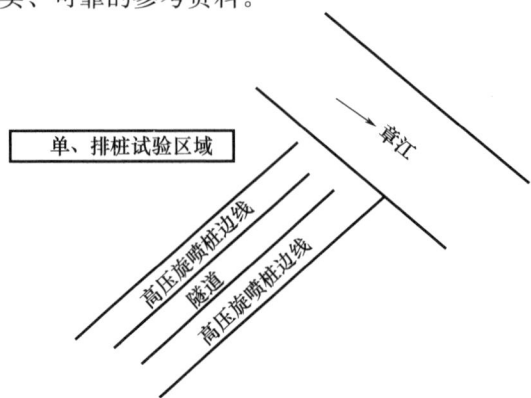

图 10-1 高压旋喷桩工艺试验区域示意图

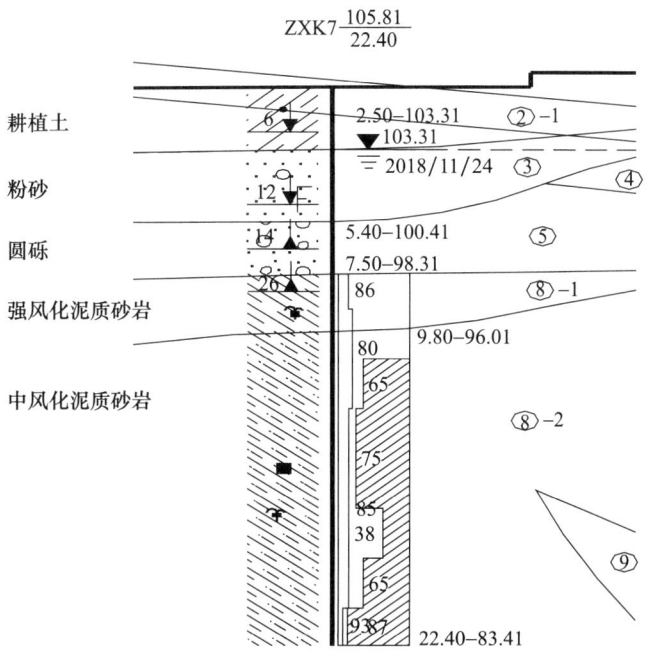

图 10-2 工艺试验区域工程地质纵断面图

10.1.3 工程地质概况

场地属对称的丘陵岗地和河谷堆积地貌，两岸地形基本对称。西北至东南方向，地貌依次为：

左岸基岩山坡，山顶高程为 120～147m，山坡坡度 10°～30°，山坡上裸露基岩岩性为泥质粉砂岩夹薄层粉砂质及细砂岩，易风化剥落，地表大部分被风化岩屑覆盖，植被发育较差。

左岸Ⅰ级堆积阶地，阶面较平坦开阔，宽度约 1000m，阶面高程一般为 105～108m。

章江河床，河流由西往东方向流过工程区，河道较顺直，宽 250～380m，河床高程一般为 97.21～101.61m。

右岸Ⅰ级堆积阶地，宽度约 640m，阶面高程一般为 106～109m。

右岸基岩山坡，山顶高程为 157～159m，山坡坡度 20°～40°，山坡上裸露基岩岩性为泥质粉砂岩夹薄层粉砂质及细砂岩，易风化剥落，地表大部分为残坡积含砾粉质黏土，植被发育较好。

工程区的不良物理地质现象不发育，仅局部地段存在小规模的岸坡崩塌现象。在工程施工勘探深度内，地层分别为人工填土、素填土、粉质黏土、砂土等，现将勘探岩层性质分述如下：

人工堆积层：

①-1 杂填土：杂色，呈松散状，其成分主要为碎砖、碎石及少量黏性土，主要为硬化田间便道而填筑。分布于场地表层，一般厚约 0.5m 左右，局部为勘察后期堆填拆迁建筑垃圾，厚度达 2.6m，分布在场地表层，层底高程 105.36～118.88m。

①-2 素填土：填土以紫红色为主，湿，其填筑成分主要为碎石、砾石、砂及黏性土，其中碎石及砾石约占60%左右，碎石岩性为强至中风化泥质粉砂岩，黏性土约占40%，充填于块石之间，呈可塑状至硬塑状，填筑较松散。一般厚度为0.8~1.7m，零星分布在两岸Ⅰ级阶地上的菜地与荒地表层，北岸江边防洪堤处填土厚度达3.5m，层底高程101.04~125.92m。

①-3 素填土：填土呈棕黄色，湿，呈可塑状，其填筑成分主要为黏性土，含少量碎石，填筑较密实。分布在南岸Ⅰ级阶后缘，主要分布在S2匝道桩号0+220~0+290之间及E线隧道尾端，厚度为3.2~7.0m，层底高程105.03~111.29m。

第四系全新统冲积层：

②-1 粉质黏土：黄褐色，湿，可塑状，具黏性。分布在两岸Ⅰ级阶地上部，层厚0.80~8.60m，层底高程98.75~106.25m。

②-2 粉质黏土：黄褐色，湿，可塑状，具黏性。分布在两岸Ⅰ级阶地上部，层厚0.50~4.00m，层底高程99.57~102.75m。

③ 粉砂：灰黄至浅黄色，湿至饱和，结构较松散，局部呈稍密状，成分以石英、砂岩、砾岩为主，部分区域细颗粒含量较高，接近细砂状，含有少量砾石，越往下部含量越高，主要分布在Ⅰ级阶地上部，一般伏于人工填土或粉质黏土之下，一般厚0.4~6.8m，层底高程97.08~105.21m。

④ 细砂：灰黄色，饱和，稍密状为主，成分以石英、砂岩、砾岩为主，含有少量砾石，越往下部含量越高，主要分布在两岸Ⅰ级阶地上部，伏于粉质黏土或粉砂之下，一般厚0.6~5.2m，层底高程96.60~102.50m。

⑤ 圆砾：呈灰黄、褐灰等杂色，饱和，稍密至中密状，粒径2~5mm含量4.7%~11.4%，粒径5~20mm含量11.4%~36.0%，粒径20~60mm含量10.3%~51.9%，卵石含量0~22.9%，磨圆度较好，母岩为石英砂岩、砂岩，中粗砂充填，越往下卵砾石含量越高，连续分布在河床及阶地下部，一般厚0.5~5.9m，层底高程94.48~99.07m。

第四系上更新统残坡积粉质黏土：

⑥ 含砾粉质黏土：黄色，硬塑状，轻微砂感。分布于一级阶地后缘山坡表层，主要为南岸隧道后环山道路部分，层厚0.50~8.10m，层底高程101.49~129.57m。

第四系下更新统冲积中砂：

⑦ 中砂：浅黄色，湿，呈中密状，以石英、砂岩、砾岩为主，含有少量砾石，磨圆度好，泥质胶结，仅在钻孔编号DLK26有揭露，分布于南岸Ⅱ级阶地上部，出露于地表，层厚5.0m，层底高程139.83m。

白垩系上统南雄组沉积岩：紫红、褐红色，碎屑沉积结构，以泥质胶结为主，属软质岩。岩体节理裂隙不甚发育，抗风化能力差，风化较强烈。该岩层分布于整个工程区，南岸隧道出口后道路沿线及北岸一级阶地后缘有强、中风化岩体出露，河床及Ⅰ级阶地下部主要以中风化状为主。

10.1.4 水文概况

(1) 地表水

场地内地表水为章江水，由西往东流，勘察期间河面宽340m左右，水深1.4~

6.3m，水位标高为102.40～104.40m。下游约3.5km为创业大桥，约8.0km处为章江水闸。其中创业大桥设计百年防洪水位为109.84m。区间隧道穿越河流的桩号位置为K1+365～K1+785，由西北往东南穿越河床。河床高程97.0～104.47m，表层分布1.2～5.1m圆砾层，下伏中风化基岩。

（2）地下水

根据地质勘察结果，施工场地地下水类型有两种：

① 孔隙水：本场地孔隙水存在于砂卵石层，为潜水。孔隙水与地表水、章江水联系紧密，补给主要为章江江水以及雨水渗入，径流、排泄方式主要受季节影响。本次详勘阶段2018年11月至2018年12月水位埋深2.40～4.30m，高程102.90～105.02m；2019年2月至2019年3月水位埋深1.70～3.00m，高程103.12～105.06m。

② 裂隙溶隙水：本场地裂隙溶隙水存在于粉砂岩层，补给来源为孔隙水，且多具承压性。本次勘察对矿山法施工隧洞段钻孔进行了压水试验，其透水率为4.5～39.4Lu，属弱透水至中等透水层。

10.2 室内浆液性能试验

在高压旋喷注浆预加固现场工艺试验前，应先进行室内浆液配合比试验，以得到能在小颗粒、地下水丰富的临江软弱地层中形成刚性结合体的高压旋喷注浆浆液。室内浆液配合比试验进行了浆液密度、相对黏度等参数的试验，通过该试验可以得到适用于蓉江四路过江隧道暗挖陆域段围岩高压旋喷注浆工艺试验的注浆材料以及浆液配合比，为后续高压旋喷加固过江隧道暗挖陆域段围岩提供施工参数。

10.2.1 浆液试验结果及分析

经室内浆液性能试验，浆液配比、密度、析水率以及凝结时间等性能参数见表10-3。

表10-3 蓉江四路过江隧道暗挖陆域段高压旋喷注浆材料浆液性能试验数据表

编号	材料配比		密度 /kg·m^{-2}	相对黏度 /s	析水率/%		凝结时间/h：min		搅拌转速/r·min^{-1}		搅拌时间
					时间间隔		初凝	终凝	慢速	快速	
1	水：水泥	0.6：1	1744	20.9	3h	11.9	5：55	8：19	88	320	慢速搅拌1min后，快速搅拌3min
2	水：水泥	0.8：1	1602	16.3		16.8	7：09	9：23			
3	水：水泥	1：01	1508	15.6		14.9	7：16	9：56			
4	水：水泥：FDN	0.6：1：0.005	1724	19.4	4h	16.2	7：38	9：47			
5	水：水泥：NF	0.6：1：0.005	1735	18.3		15.7	9：16	12：09			
6	水：水泥：DH	0.6：1：0.005	1718	18.9		17.3	13：16	14：56			
7	水：水泥：膨润土	0.8：1：0.2	1663	32.9	1.5h	1.4	7：38	11：42			
8	水：水泥：膨润土	1：1：0.2	1650	16.8	2h	6.2	9：26	11：42			
9	水：水泥：膨润土：NF	0.8：1：0.2：0.005	1638	22.3	3h	6.8	7：53	11：19			
10	水：水泥：水玻璃	0.8：1：0.15	1598				1：29	3：23			
11	水：水泥：水玻璃	0.8：1：0.25	1675				0：39	1：37			

续表

编号	材料配比		密度 /kg·m⁻²	相对黏度 /s	析水率 /%		凝结时间 /h：min		搅拌转速 /r·min⁻¹		搅拌时间
					时间间隔		初凝	终凝	慢速	快速	
12	水：水泥：水玻璃：NF	0.8:1:0.1:0.005	1560	37.3	30min	0.3	3:07	15:23	88	320	慢速搅拌1min后，快速搅拌3min
13	水：水泥：水玻璃	1:1:0.1	1490	20.9			4:49	16:33			
14	水：水泥：水玻璃	1:1.0:0.15	1505	27.3	30min	0.5	2:17	6:31			
15	水：水泥：水玻璃	1:1:0.25	1480				1:33	3:17			
16	水：水泥：水玻璃：NF	1:1.0:0.15:0.005	1490	25.1	30min		3:07	3:17			
17	水：水泥：水玻璃：NF	1:1.0:0.2:0.005	1490	30.6			1:57	4:25			
18	水：水泥：水玻璃	0.9:1:0.08	1510	17.9	2h	2.6	3:07	3:07			
19	水：水泥：膨润土	0.8:1:0.05	1630	18.3	3h	16.3	3:07	3:07			
20	水：水泥：膨润土	0.8:1:0.1	1635	21.8	3h	14.7	3:07	3:07			
21	水：水泥：膨润土	0.8:1:0.15	1653	22.6	3h	8.9	3:07	3:07			

分析试验流程及数据，初步得到以下结论：

（1）通过试验编号1、2、3的结果对比，在水灰比为0.6～1.0的范围内，纯水泥浆液的水灰比越大，浆液的密度和相对黏度就越小，且其析水率与凝结时间越大。通过比较，水灰比为1:1的浆液密度较低，0.8:1的浆液性能指标较好。

（2）通过试验编号1与试验编号4、5、6的结果对比，可以发现在相同水灰比条件下，掺入高效减水剂后，浆液的相对黏度比纯水泥浆液小，但其析水率与凝结时间有所增加。编号4、5、6三组试验结果对比，在相同水灰比条件下，分别加入FDH、NF与DH三种高效减水剂，其中NF高效减水剂效果最好。因此，注浆时浆液相对黏度较高，可重点考虑使用NF减水剂。

（3）通过对比试验编号2与编号7、20、21的结果，发现在水灰比为0.8:1的条件下，在水泥浆液中掺入膨润土，浆液的相对黏度、凝结时间增大，而析水率减小，因此膨润土能有效提高浆液的稳定性。从试验编号7的结果看出，将20%的膨润土加入水灰比为0.8的水泥浆液中，3小时后，浆液的析水率由16.8%降至1.4%，可见膨润土的掺入量对水泥浆液的析水率影响很大。因此在高压旋喷注浆现场施工中，应综合考虑多方因素，膨润土的掺入比例应控制在5%～10%。

（4）通过对试验编号10～18的结果进行对比分析，水玻璃可以有效加快水泥浆液硬化速度。但也发现含量为15%的水玻璃会导致水灰比为0.8:1的水泥浆液产生结块，因此，现场注入水泥-水玻璃双浆液时，应先对浆液进行块筛处理，以避免堵塞高压旋喷喷嘴。

10.2.2 浆液试验设计

在进行室内浆液配合比试验时，为使浆液充分混合，浆液的搅拌采用先慢搅1min、再快搅3min的方式，最后配制完成的浆液应立即使用。

进行注浆材料的浆液性能试验时,水泥采用普通硅酸盐水泥 P.O.42.5,密度为 3.15g/cm³,水为章江水。同时为了改变浆液的流动性、稳定性以及凝结时间等参数,以及试验不同外加剂对浆液性能的影响,试验过程中采用高效减水剂（FDN、NF、DH）、膨润土和水玻璃速凝剂。

为研究水灰比对纯水泥浆液性能参数的试验,经类似工程调查以及文献调研,本次试验采用水灰比 0.6、0.8、1 进行纯水泥浆液配制；为研究高效减水剂、膨润土以及水玻璃速凝剂对水泥浆液的影响,分别进行水泥＋水＋高效减水剂、水泥＋水＋膨润土、水泥＋水＋水玻璃速凝剂、水泥＋水＋膨润土＋高效减水剂以及水泥＋水＋水玻璃＋高效减水剂等试验。试验浆液的析水率、密度、相对黏土、凝结时间等性能参数的测定可分别采用刻度量筒法、密度筒法、漏斗式黏度计法以及维卡仪法进行。

10.3 现场工艺性试验及结果分析

10.3.1 现场单桩旋喷试验

（1）试验目的

现场单桩旋喷试验通过在不同旋喷参数下对各种地层注浆预加固后的成桩范围、桩体形态以及桩体质量性能的研究,探求蓉江四路过江隧道暗挖陆域段围岩高压旋喷注浆的成桩性质及相应的施工工艺。

（2）单桩孔布置

单桩旋喷现场工艺性试验场地选择在过江隧道暗挖陆域段注浆预加固区域的左侧,桩孔布置为两排,浆液配合比试验桩和旋喷参数试验桩各一排,桩间距为 2.5m,两排间距为 6m,具体布置如图 10-3 所示。

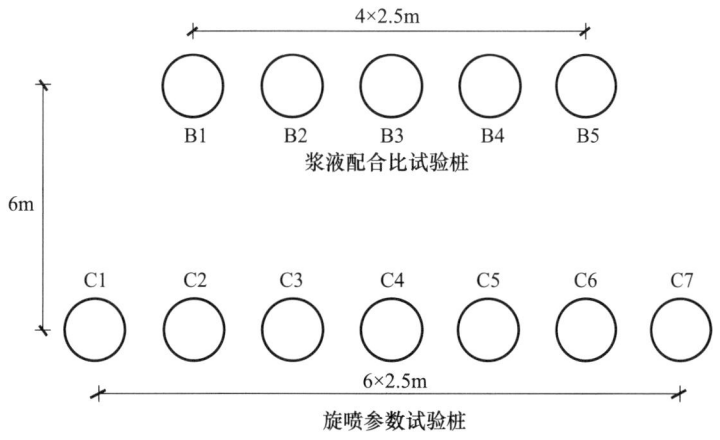

图 10-3 单桩旋喷试验平面布置图

（3）试验设备

工艺试验主要机械设备及用途见表 10-4。

表 10-4 试验主要设备及性能表

序号	设备名称	设备型号	用途
1	高喷台车	GEB-Ⅱ	高压旋喷桩用
2	高压注浆泵	90D	
3	空气压缩机	V/F-3/7	
4	灰浆搅拌机	容量 1.5m³	
5	泥浆泵		
6	顶驱跟管钻机		
7	螺旋插孔机		压密注浆
8	液压注浆泵	SYB-50/50	
9	灰浆搅拌机	容量 1.5m³	
10	挖掘机	220 型	清理现场

(4) 试验内容及技术参数

单桩旋喷现场工艺实验共分两组进行,即浆液配合比试验和旋喷参数试验,浆液配合比试验参数见表10-5,单桩旋喷工艺试验桩施工参数见表10-6。浆液所用水泥均为普通硅酸盐水泥 P.O.42.5,每批水泥按要求进行检测,符合规范要求方可使用,受潮结块的水泥不得用于灌浆,浆液所用水直接抽取章江江水使用。

表 10-5 浆液配合比试验桩施工参数

孔号	水灰比	浆压/MPa	浆量/L·min⁻¹	水压/MPa	水量/L·min⁻¹	气量/m³·min⁻¹	旋转速度/rpm	提升速度/cm·min⁻¹	孔深/m
B1	0.6:1	0.8	70	35	75	1.0	0.8	10	5.0
B2	0.7:1	0.8	70	35	75	1.0	0.8	10	5.0
B3	0.8:1	0.8	70	35	75	1.0	0.8	10	5.0
B4	0.9:1	0.8	70	35	75	1.0	0.8	10	5.0
B5	1.0:1	0.8	70	35	75	1.0	0.8	10	5.0

表 10-6 旋喷参数试验桩施工参数表

孔号	浆重比	浆压/MPa	浆量/L·min⁻¹	水压/MPa	水量/L·min⁻¹	气量/m³·min⁻¹	旋转速度/rpm	提升速度/cm·min⁻¹	孔深/m
C1	1.55~1.60	0.6	75	35	75	1.0	0.6	7	10
C2	1.60~1.65	0.6	75	35	75	1.0	0.6	10	10
C3	1.65~1.70	0.6	75	32	75	1.0	0.8	13	10
C4	1.55~1.60	0.8	70	32	75	1.0	0.8	7	10
C5	1.60~1.65	1.0	70	32	75	1.0	0.8	10	10
C6	1.65~1.70	0.8	70	35	75	1.0	1.0	13	10
C7	1.65~1.70	1.0	70	35	75	1.0	1.0	10	10

(5) 试验施工流程

本次单桩高压旋喷工艺试验流程如图 10-4 所示。

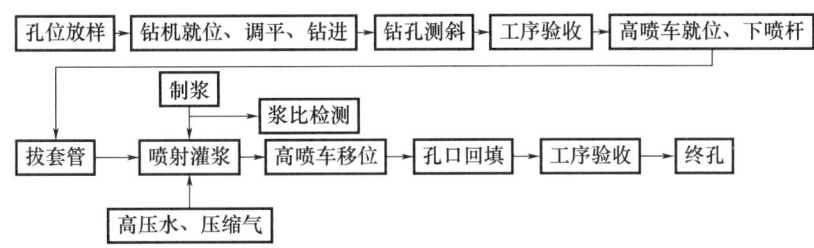

图 10-4 单桩旋喷试验桩工艺试验流程图

(6) 单桩旋喷工艺试验质量检测及结果分析

高压旋喷试验桩加固效果检查有浅层开挖、钻孔取芯以及芯样室内力学测试等方法。本次单桩高压旋喷现场工艺试验采用浅层开挖方法,开挖深度为 2.0~2.8m,现场开挖情况如图 10-5 所示。对浆液配合比试验桩和高压旋喷参数试验桩进行桩径及形态完整性检查,检查成果见表 10-7 和表 10-8。

图 10-5 单桩旋喷试验桩现场开挖情况图

表 10-7 浆液配合比试验桩开挖检查成果表　　　　　单位:m

桩号	B1	B2	B3	B4	B5
开挖深度	2.10	2.70	2.80	2.30	2.30
桩径/深度	1.126/0.00	1.225/0.00	1.196/0.00	1.225/0.00	1.256/0.00
	1.056/1.30	0.955 1.10	1.068/1.00	1.124/1.00	1.063/1.30
	0.927/1.85	0.896/1.25	1.034/1.45	1.226/1.30	0.964/1.70
	0.852/2.10	1.336/2.10	0.953/1.90	0.936/1.90	0.768/2.00
		1.024/2.35	1.424/2.15		
			1.220/2.30		

表 10-8 参数试验桩开挖检查成果表　　　　　单位:m

桩号	C1	C2	C3	C4	C5	C6	C7
开挖深度	2.10	2.10	1.90	1.75	1.95	1.80	2.00
桩径/深度	1.256/0.00	1.105/0.00	1.242/0.00	1.256/0.00	1.296/0.00	1.006/0.00	1.256/0.00
	1.096/0.50	1.020/0.800	0.926/0.61	1.164/0.46	1.326/0.96	0.926/1.12	1.226/0.80
	0.926/1.12	0.858/1.60	0.896/1.32	1.056/1.10	1.312/1.40	0.762/1.46	1.224/1.26
	0.834/1.78	0.605/2.06	0.952/1.68	0.886/1.68	1.267/1.96	0.746/1.80	1.195/1.94

由现场开挖测量结果表明：B1、C2桩出现缩颈现象，原因是桩体局部有较大块石或卵石，其他桩体的垂直度均较好，且桩体较为完整，胶结状态一般，但表面凹凸不平，有较多触角延伸。从C1与C4两桩检测数据可以看出，在地质条件、施工参数相同的条件下，喷嘴的提升、旋转速度对桩径的影响很大，即喷嘴提升、旋转速度越小，桩径越大。

此外，综合对比上表中的观测数据，C5和C7桩的桩径较大，分别为1.3m和1.23m，且竖直方向变化小。针对单桩旋喷工艺试验中的5个浆液配合比试验桩、7个高喷参数试验桩，在距地表以下1.40～1.90m范围内出现的桩体胶凝材料含量少及缩颈现象，加上试验区域地层地下水埋深较浅、地下水丰富等特点，进一步提高高压旋喷注浆预加固体的物理力学指标，获得适合排桩工艺试验的施工参数，具体参数见表10-9。

表10-9 单桩试验施工参数表

项目		技术参数
压缩空气	气压/MPa	0.7
	气量/m³·min⁻¹	0.8～1.2
水	压力/MPa	30～40
	流量/L·min⁻¹	70～80
	喷嘴直径/mm	1.7～1.9
水泥浆	压力/MPa	0.2～1
	密度	1.6～1.7
	流量/L·min⁻¹	60～80
	回浆密度	≥1.2
	水灰比	0.7～0.9
提升速度	砂土层	10～15
	卵（碎）石层	5～10
	旋转速度/r·min⁻¹	0.8～1

10.3.2 现场排桩旋喷试验

（1）试验目的

采用单桩试验获得的注浆参数进行排桩试验，排桩试验的目的是获得适用于蓉江四路过江隧道暗挖陆域段注浆的桩径及桩间距。

（2）排桩旋喷注浆孔布置

现场排桩旋喷试验分A、B两组进行，试验区域位于蓉江四路过江隧道暗挖陆域段注浆预加固地段的左侧。A组排桩桩径800mm，孔距和排距均为600mm，梅花形布置；B组排桩桩径1000mm，孔距和排距均为800mm，梅花形布置。A、B两组孔位的排向与章江河流方向基本一致，孔位布置如图10-6所示。

（3）技术指标

根据加固设计要求，过江隧道暗挖陆域段围岩经高压旋喷注浆预加固后形成的泥土结合体的物理力学指标为：单轴无侧限抗压强度≥3MPa。

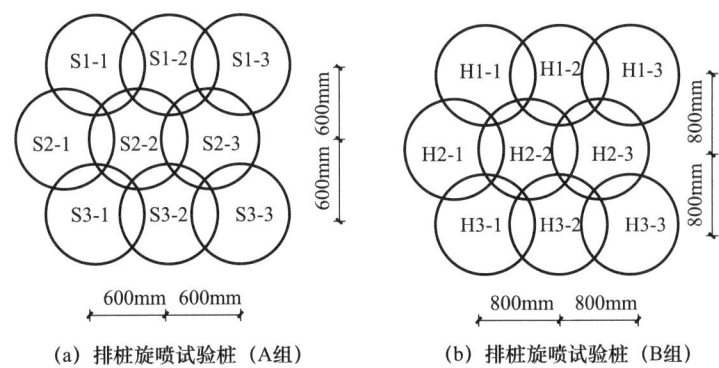

(a) 排桩旋喷试验桩（A组）　　(b) 排桩旋喷试验桩（B组）

图 10-6　排桩孔位平面布置图

(4) 排桩旋喷工艺试验施工

① 施工顺序

排桩旋喷试验桩的喷注孔为三排，每排三个，呈梅花形布置。在进行钻孔注浆施工过程中，应先施工边排孔，再施工中间孔。

② 施工方法

A、B两组排桩试验的施工流程与单桩试验相同，均采用三重管法施工。

③ 排桩高压旋喷注浆试验参数

在上文中通过对比分析单桩旋喷试验成果，从中获得一组适用于本地层的高喷参数。且针对需注浆预加固的不同性质地层、不同地下水位情况，在现场工艺试验施工过程中，由现场工程师做局部调整。具体排桩高压旋喷参数见表10-10、表10-11。

表 10-10　A组排桩试验桩高喷参数

孔号	浆压/MPa	浆量/L·min^{-1}	水压/MPa	水量/L·min^{-1}	气压/MPa	气量/m^3·min^{-1}	提升速度/cm·min^{-1}	旋转速度/rpm	水灰比/w:c
S1-1	0.8	70	35	75	0.7	1.2	7~13	1	0.8:1
S1-2	0.8	70	35	75	0.7	1.2	7~13	1	0.8:1
S1-3	0.8	70	30	75	0.7	1.2	7~13	1	0.8:1
S2-1	0.8	70	35	75	0.7	1.2	7~13	1	0.8:1
S2-2	0.8	70	35	75	0.7	0.8~1.0	7~13	1	0.8:1
S2-3	0.8	70	35	75	0.7	0.8~1.0	7~13	1	0.8:1
S3-1	0.8	70	35	75	0.7	0.8~1.0	7~13	1	0.8:1
S3-2	0.8	70	35	75	0.7	1	7~13	1	0.8:1
S3-3	0.8	70	35	75	0.7	1	7~13	1	0.8:1

注：表中气量、提升速度因地层不同而发生变化。

表 10-11　B组排桩试验桩高喷参数

孔号	浆压/MPa	浆量/L·min^{-1}	水压/MPa	水量/L·min^{-1}	气压/MPa	气量/m^3·min^{-1}	提升速度/cm·min^{-1}	旋转速度/rpm	水灰比/w:c
H1-1	0.8	70	35	75	0.7	1.2	7~13	1	0.8:1

续表

孔号	浆压/MPa	浆量/L·min⁻¹	水压/MPa	水量/L·min⁻¹	气压/MPa	气量/m³·min⁻¹	提升速度/cm·min⁻¹	旋转速度/rpm	水灰比/w:c
H1-2	0.8	70	35	75	0.7	1.2	7～13	1	0.8:1
H1-3	0.8	70	30	75	0.7	1.2	7～13	1	0.8:1
H2-1	0.8	70	35	75	0.7	1.2	7～13	1	0.8:1
H2-2	0.8	70	35	75	0.7	0.8～1.0	7～13	1	0.8:1
H2-3	0.8	70	35	75	0.7	0.8～1.0	7～13	1	0.8:1
H3-1	0.8	70	35	75	0.7	0.8～1.0	7～13	1	0.8:1
H3-2	0.8	70	35	75	0.7	1	7～13	1	0.8:1
H3-3	0.8	70	35	75	0.7	1	7～13	1	0.8:1

注：表中气量、提升速度因地层不同而发生变化。

(5) 排桩旋喷工艺试验质量检测及结果分析

本次排桩高压旋喷现场工艺试验质量检查采用钻孔取芯室内物理力学特性试验。A、B两组排桩旋喷工艺试验完成1个月后，在桩体上进行钻孔取芯工作，通过对芯样的检查及物理力学试验，检查旋喷桩体的胶结情况、抗压强度以及桩间的结合状况。其中，A、B两组排桩旋喷工艺试验桩试验部位各布置了5个取芯孔，如图10-7所示。

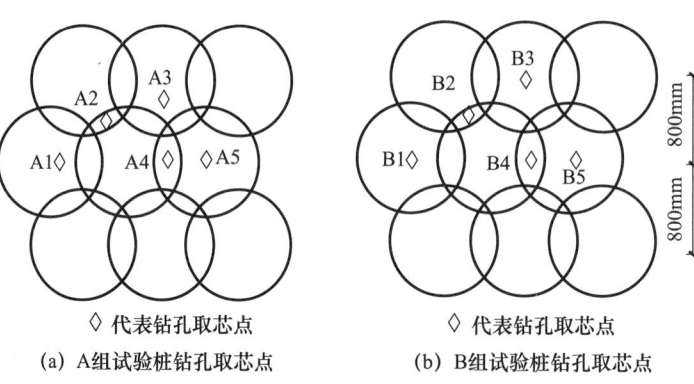

(a) A组试验桩钻孔取芯点　　(b) B组试验桩钻孔取芯点

图10-7　排桩钻孔取芯点示意图

① 钻孔取芯

钻孔采用单管清水钻进方式，孔径180mm。通过对图10-8所取芯样的观测，发现砂土层及砂卵石层芯样的完整度较好，且胶结较紧密，而碎石层的芯样多呈充填凝结状态，块石芯样表面凹凸不平，完整性较差。从整体来看，A组试验桩的芯样完整性好于B组试验桩。

② 芯样室内无侧限抗压强度试验

对A、B两组高喷试验排桩进行钻芯取

图10-8　钻孔取芯图

样,每组排桩试验布置5个取样点,每个取样点在桩体两个不同深度处进行钻孔取样,然后进行室内无侧限抗压强度试验,试验过程如图10-9所示,试验结果见表10-12。

图10-9 芯样无侧限抗压强度试验图

表10-12 高喷体芯样无侧限抗压强度试验结果表

试样编号	取样深度 /m	工程部位	强度等级	样品尺寸 /mm			龄期 /d	个别强度 /MPa	强度检测值 /MPa
				直径	高度	高径比		5.9	
A1-1				83	83	1.00		6.0	
A2-1				83	84	0.99		5.7	
A3-1	2.8~3.8			84	84	1.00		5.8	5.86
A4-1				84	84	1.00		5.9	
A5-1		A组排桩试验桩	无侧限抗压强度≥3MPa	83	83	1.00	≥28	6.1	
A1-2				83	83	1.00		5.5	
A2-2				84	84	1.00		5.3	5.72
A3-2	5.0~6.3			83	84	0.99		6.0	
A4-2				84	83	1.01		5.7	
A5-2				83	83	1.00		5.3	
B1-1				84	83	1.01		3.6	
B2-1		B组排桩试验桩	无侧限抗压强度≥3MPa	84	84	1.00	≥28	5.6	4.64
B3-1	2.5~3.5			84	84	1.00		3.4	
B4-1				83	83	1.00		5.3	
B5-1				83	83	1.00		5.6	
B1-2				84	84	1.00		3.3	
B2-2		B组排桩试验桩	无侧限抗压强度≥3MPa	84	83	1.01	≥28	5.2	4.66
B3-2	4.8~6.7			83	83	1.00		3.6	
B4-2				83	84	0.99		5.6	
B5-2				83	84	0.99			

在表 10-10 和表 10-11 高压旋喷参数施工条件下,对于 A 组(桩径为 800mm,桩间距为 600mm)以及 B 组(桩径为 1000mm,桩间距为 800mm)的钻芯取样进行室内无侧限抗压强度检测,平均值见表 10-13 所示。

表 10-13 排桩芯样无侧限抗压强度平均值

检测部位	检测深度	无侧限抗压强度检测平均值/MPa
A 组	较浅	5.86
	较深	5.72
B 组	较浅	4.64
	较深	4.66

表 10-13 表明,A、B 两组的无侧限抗压强度检测平均值均大于设计文件所要求的 3MPa。但 B 组的无侧限抗压强度检测平均值要小于 A 组的,分析可得,B 组的无侧限抗压强度检测值相对较小的原因是位于桩间芯样的强度检测值较小,主要由于在相同高压旋喷注浆参数条件下,B 组的桩径及桩间距较大,导致其桩间胶结不够紧密,进而导致桩间加固体强度有所下降。因此,虽然 A、B 两组的抗压强度检测值都符合设计要求,但出于安全考虑,A 组桩径与桩间距更适用于蓉江四路过江隧道暗挖陆域段围岩注浆预加固工程中。

10.3.3 试验结果

通过上述的单桩旋喷及排桩旋喷工艺试验结果,针对砂土层以及砂卵石层的高压旋喷注浆预加固工程,获得了一套适用于蓉江四路过江隧道的高压旋喷注浆施工工艺参数,高喷桩径 800mm,桩间距 600mm,其他参数见表 10-14。

表 10-14 蓉江四路过江隧道暗挖陆域段高喷参数表

项目		技术参数
压缩空气	气压/MPa	0.7
	气量/m³·min⁻¹	0.8~1.2
水	压力/MPa	30~40
	流量/L·min⁻¹	70~80
	喷嘴直径/mm	1.7~1.9
水泥浆	压力/MPa	0.2~1
	密度	1.6~1.7
	流量/L·min⁻¹	60~80
	回浆密度	≥1.2
	水灰比	0.6~0.8
提升速度	砂土层	10~15
	卵(碎)石层	5~10
	旋转速度/r·min⁻¹	0.8~1

10.4　本章总结

本章对蓉江四路过江隧道暗挖陆域段围岩注浆预加固工程的注浆浆液配合比及高压旋喷参数分别进行了室内试验和现场工艺试验。室内浆液配合比试验探求了不同水灰比、有无外加剂以及外加剂掺合量对水泥浆液的密度、析水率、凝结时间等指标的影响，最后厘定了适用于注浆的水泥浆液配合比。最后通过单桩及排桩旋喷现场工艺试验，获得了适用于蓉江四路过江隧道暗挖陆域段围岩高压旋喷注浆浆液压力、旋转速度、提升速度、桩径以及桩间距等注浆参数。结果表明：

（1）在水灰比为 0.6~1.0 的范围内，纯水泥浆液的水灰比越大，浆液的密度和相对黏度就越小，且其析水率与凝结时间越大。通过比较，水灰比为 1∶1 的浆液密度较低，0.8∶1 的浆液性能指标较好。

（2）在相同水灰比条件下，分别加入 FDH、NF 与 DH 三种高效减水剂，其中 NF 高效减水剂效果最好。因此，注浆时浆液相对黏度较高可重点考虑使用 NF 减水剂。

（3）在水灰比为 0.8∶1 的条件下，在水泥浆液中掺入膨润土，浆液的相对黏度、凝结时间增大，而析水率却减小，因此膨润土能有效提高浆液的稳定性。且膨润土的掺入比例应控制在 5%~10%。

（4）水玻璃可以有效加快水泥浆液硬化速度。但也发现含量为 15% 的水玻璃会导致水灰比为 0.8∶1 的水泥浆液产生结块，因此，现场注入水泥-水玻璃双浆液时，应先对浆液进行块筛处理，以避免堵塞高压旋喷喷嘴。

（5）通过单桩旋喷及排桩旋喷工艺试验结果，针对砂土层以及砂卵石层的高压旋喷注浆预加固工程，获得了一套适用于蓉江四路过江隧道的高压旋喷注浆施工工艺参数，高喷桩径 800mm，桩间距 600mm。

11 高压旋喷注浆预加固质量效果检测

经过前文的研究，蓉江四路过江隧道暗挖陆域段预加固工程采用高压旋喷注浆技术，具体注浆参数（旋喷压力、浆液配合比等）如表 10-14 所示。待注浆预加固区域全部完成注浆并凝结后，本章采用无损瑞雷波检测技术对注浆预加固地层进行质量检查，并基于现场实测数据，对三重管高压旋喷桩的施工效果进行评价。

11.1 无损瑞雷波检测技术研究

11.1.1 无损瑞雷波检测技术原理

瑞雷波是一种逆时钟转动，轨迹为椭圆的在垂直传播方向平面内传播，速度略小于横波速度的次生波。瑞雷波的振幅随深度的增加而减小，即竖直方向的地层特征依靠不同波长的瑞雷波检测；水平方向地层特征依靠相同波长的瑞雷波检测。该方法是通过查看探测目标体的面波波速与周围背景的波速是否具有明显差异，来判断注浆加固区效果的好坏。根据《工程物探手册》得到部分沉积岩的纵、横波波速，见表 11-1。可以知道砂砾石的波速与砂岩、混凝土的波速有明显差异。因此，如果注浆加固效果好，加固区的波速将更接近混凝土的波速，如果加固效果差，则其波速将更接近砂砾石的波速。

表 11-1 部分沉积岩纵、横波波速

岩石	纵波速度 Vp /m·s^{-1}	横波波速 Vs /m·s^{-1}	岩石	纵波速度 Vp /m·s^{-1}	横波波速 Vs /m·s^{-1}
干砂砾石	100~600	50~300	岩盐	4500~6500	1800~2500
湿砂砾石	200~2000	100~1100	黏土	1200~1800	600~1000
灰岩	2000~6250	1100~3500	白垩	1800~3500	700~1400
砾岩	1600~4200	900~2200	煤	1600~1900	700~800
砂岩	1500~4300	900~2400	泥	500~1900	200~800
页岩	1300~4000	700~2300	冰	3100~4200	—
白云岩	2000~6250	1100~3500	水	1430~1500	
泥质灰岩	2000~4400	1200~2400	石油	1300~1400	
泥质页岩	2700~4800	1400~2700	空气	310~360	
硬石膏	4500~6500	1800~2500	混凝土	2000~4500	1100~2700

11.1.2 瑞雷波检测工作方法及技术

（1）勘察仪器设备：本次勘察工作拟使用的是 GS201 高精度分布式陆地中小型地震勘探仪器，该仪器采用主控站、交叉站、采集站的拓扑结构，如图 11-1 和图 11-2 所示，配合滚动方式布线测量，作业效率高，采用了国际领先的 31bit 高精度仪器，检波器到采集电路的距离很小且固定，道数增加性能指标没有损失，谐波畸变小于 －106dB，仪器噪声小于 1.2uV。

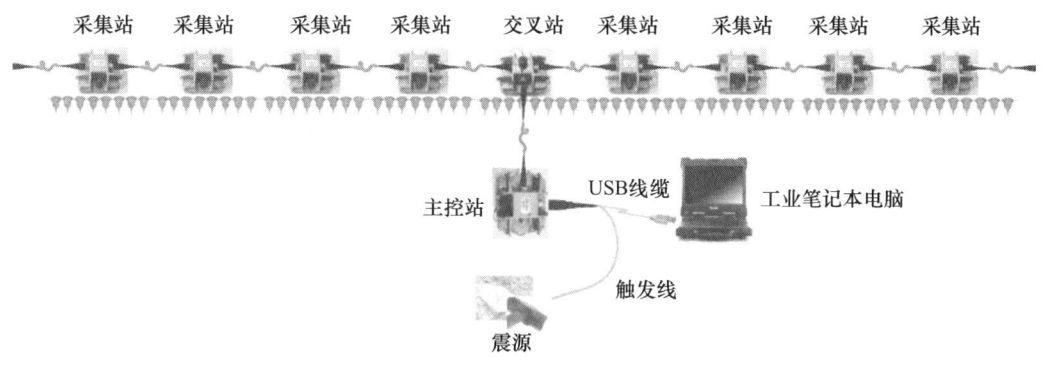

图 11-1　仪器拓扑结构图

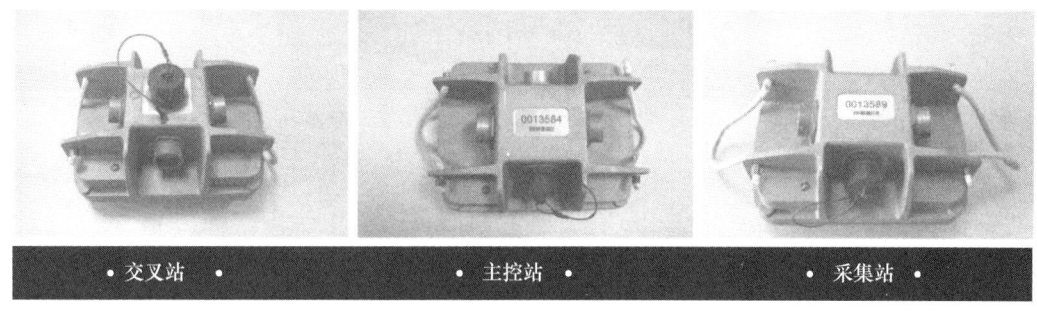

图 11-2　采集仪器样图

（2）数据处理与解释：包括数据预处理、参数检查、特征分析、频散曲线解释、绘制成果图件。

① 资料预处理，对勘测资料及数据进行整理核对、分类；

② 对仪器采集参数进行检查，检查记录中瑞雷波多振形的发育情况，分析体波与瑞雷波以及基、高阶瑞雷波的时间域—空间域分布特征，尤其观察基阶波组和干扰波的发育情况，检查采集记录的质量；

③ 基于傅里叶变换原理，生成面波频率—振幅等值线图，并计算频散曲线；

④ 根据频散曲线的形态特征，进行岩土分层，并计算波速与层厚。

（3）瑞雷面波探测法技术要求：瑞雷面波法的检波器应与地面紧密耦合，在岩石或其他硬质材料上可采用石膏耦合。检测过程环境应保持安静，周边无振动、噪声等的影响，观测时应注意以下几点：

① 瑞雷波激发前，应检查仪器的通道情况和工作状态；

② 击打震源进行多次激发时,应检查瑞雷波的同相轴是否一致;
③ 现场检测数据应仔细核验,若不符合要求,应查明原因并补测。

11.2 现场工艺试验研究

现场工艺试验是为正式检测提前确定检测参数,包括:瑞雷波激发器激发需要频率的信号;检波器与混凝土或岩石的耦合方式;偏移距、检波距的大小;以及时间采样率的大小等。总而言之,就是针对正式区域检测做的参数工艺试验,来确定合适的检测参数。

11.2.1 激发源

常见的检测激发源有三种:锤击震源、落重震源和炸药震源。结合工区实际地质情况与勘探深度要求,最终选择锤击震源来实现30m勘察深度要求。

同时现场触发条件对震源勘查深度也有明显影响,高频震源勘查深度较浅,低频震源勘查深度相对较深,本次探测工作正式开展之前应在场地内进行锤击试验,根据以往经验,分别以14磅、16磅、20磅铁锤激发同一勘查点,频散曲线如图11-3所示,从曲线来看,20磅敲击曲线受干扰小,曲线细节多,故此次工作定为人工锤击,锤重20磅。

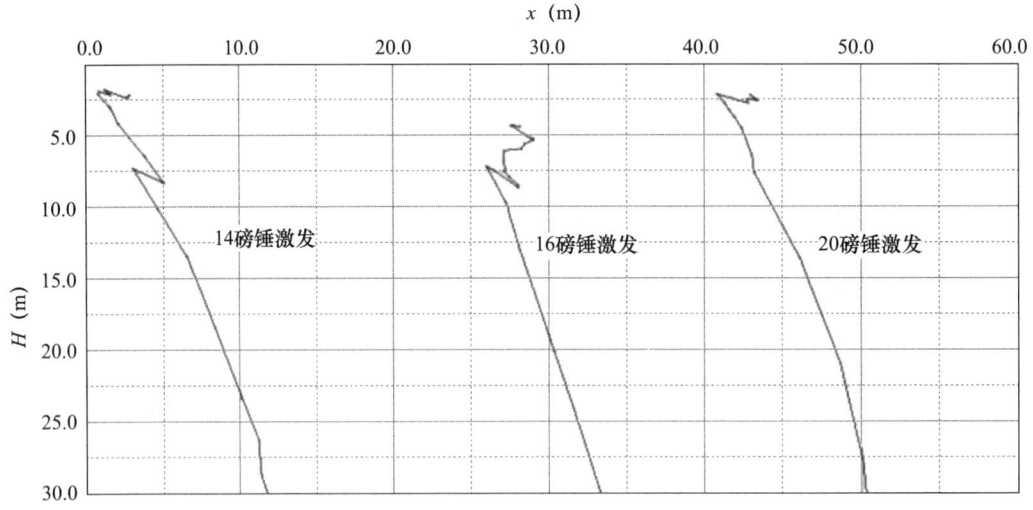

图 11-3 14磅、16磅、20磅锤重敲击频散曲线

11.2.2 排列长度与通道间距选取

进行多道瞬态瑞雷波的激发接收时,需确定接收排列与排列长度,排列中间位置等效为瑞雷波勘探点。

为满足工程检测需要,提高工作效率,根据现场多次试验,选定16道检波器为一个排列,探测深度30m时,道间距为2m。

11.2.3 偏移距的选取

激发点位置应选择在地表含土量较大的硬地层上面,若激发点位置较软,应把地层处理密实再进行激发;若激发点位置较硬,应在地表垫一层薄土后再进行激发。

在探测深度30m时,偏移距为4～8m,偏移距也要根据震源能量确定,图11-4为同一勘查点,分别以4m、6m、8m偏移距激发得到的频散曲线,从频散曲线来看,6m曲线形态细节丰富,畸变少,故此次工作以6m偏移距为主。

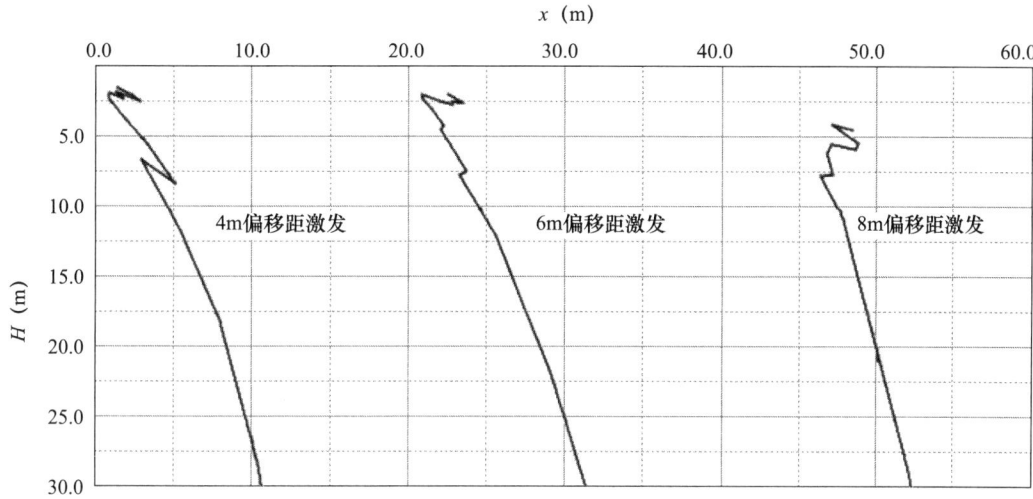

图11-4 4m、6m、8m偏移距频散曲线

11.2.4 质量评述

(1) 现场质量检查

生产作业前进行仪器性能检测,本次作业采用分布式地震仪,测试结果如下:

① 噪声性能测试:其所有采集通道在1ksps采样率下噪声平均在1.5uV左右(满量程是±2.5V);

② 道间一致性测试:各道起震时间相差在1μs以内,各道波形振动方向一致;

③ 谐波失真测试:输入正弦信号采集,得到的谐波失真小于-95dB;

④ 振动台测试:在振动测试台上连续振动5分钟后,继续以上测试依然无问题。

现场试验资料以1线某一测点野外现场实际采集记录为例,如图11-5所示,在没有严重环境噪声干扰下的12道记录,从地震记录中可以清晰地看到直达波自记录初至清晰可见、信噪比高、有效波无溢出、相邻道能量无明显差异时止,此类物探采集数据多为此类地震数据,由此可保证野外数据质量。

(2) 检测数据质量检查

面波数据采集后,检查质量用总体均方相对误差来衡量,相对误差按式(11-1)计算,即

$$\sigma = \sqrt{\frac{1}{2n}\sum_{i=1}^{n}\left(\frac{A_i - A'_i}{\overline{A}_i}\right)^2} \qquad (11\text{-}1)$$

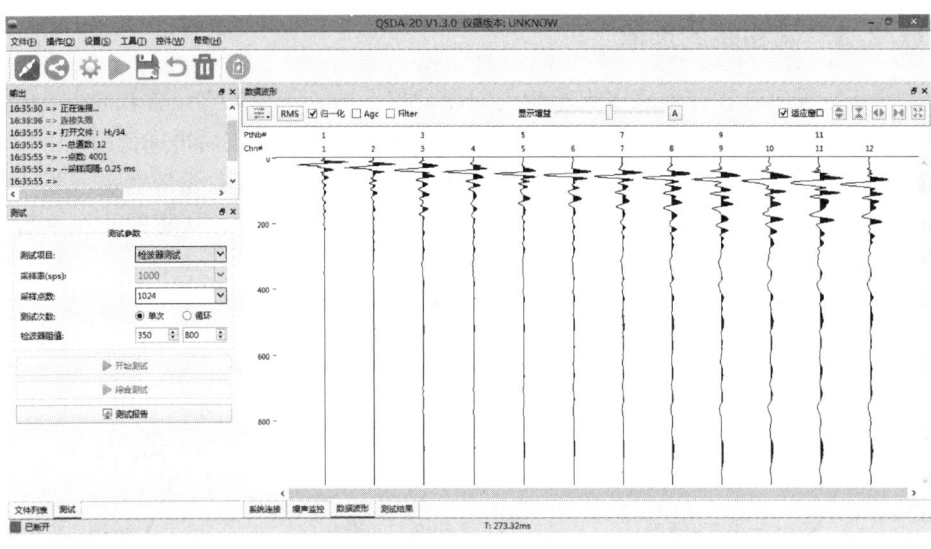

图 11-5 人工源面波采集软件界面样图

式中 σ——均方相对误差，单位为%；

n——参与计算的点数；

A_i——基本观测第 i 个被测仪器观测的数据；

A'_i——为检查观测第 i 个"标准"仪器观测的数据；

$\overline{A_i}$——A_i 和 A'_i 的平均值。

检查工作量占总工作量约 2.97%，经统计：Vs 波速度均方相对误差为 2.76%，若数据误差满足规范要求，则表明观测数据的质量是可靠的。

11.3 蓉江四路过江隧道高压旋喷注浆预加固质量检测及结果分析

11.3.1 过江隧道暗挖陆域段高压旋喷注浆预加固工程概况

过江隧道暗挖陆域段洞顶加固采用三重管高压旋喷桩施工，注浆预加固区域为隧道开挖边线外扩 8m，满堂加固，桩径 Φ800mm，桩间距 600mm，桩长穿越透水砂层至中风化泥质粉砂岩顶面，每延米桩水泥掺量 550kg/m³。

11.3.2 无损瑞雷波检测方案

（1）检测目的

检测高压旋喷注浆预加固区域旋喷桩施工质量，用以验证加固洞顶效果，为下一步进入暗洞施工提供可靠依据。

（2）检测任务

① 收集工区附近的区域地质资料，以了解本区域土层的物理特性；

② 在地面沿三重管高压旋喷桩施工区纵向布置面波探测线；

③ 根据现场实测物探数据，在室内对数据进行处理解释，并对三重管高压旋喷桩的施工效果进行评价。

(3) 检测点布置

本次无损检测采用瑞雷面波检测法，分别对过江隧道南北两侧的暗挖陆域段注浆预加固区域进行加固质量检测，检测工作量见表 11-2。本研究检测数据及结果分析只进行北侧区域加固效果分析，其中检测方位布置如图 11-6 所示。

表 11-2 检测工作量表

序号	方法	单位	工作量	备注
1	人工瑞雷面波法	点	68	北侧，点距 20m，线距 10m
2	人工瑞雷面波法	点	31	南侧，点距 20m，线距 10m

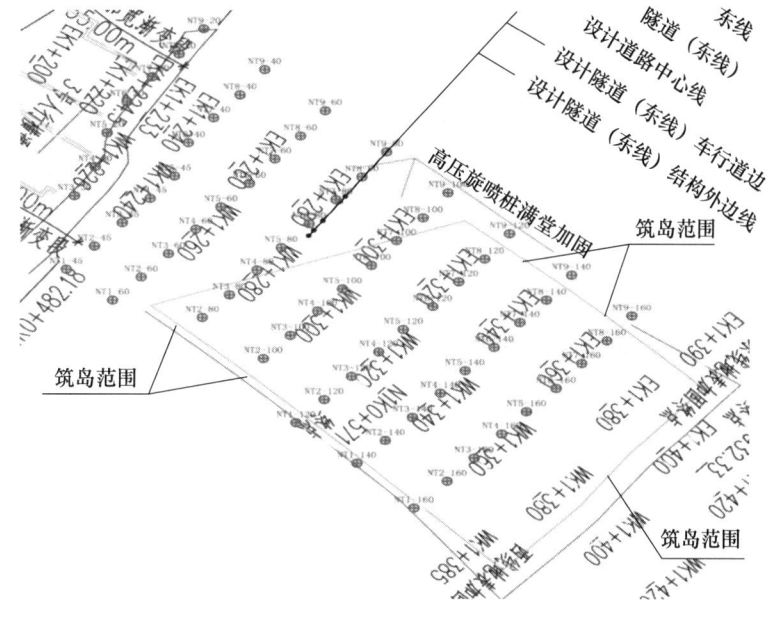

图 11-6 北侧工作点位图

11.3.3 过江隧道北侧检测数据及结果分析

(1) 频散曲线形态分析

频散曲线是进行无损瑞雷波检测法得到的直接数据，通过分析频散曲线的形态及变化，可以评估检测区域的注浆加固效果。其原理是瑞雷面波具有频散特性，即不同频率的波在不同介质中，有不同的传播速度。

对于松散、密实度低的地层，瑞雷波的频散曲线稀少、杂乱，面波传播速度低、深度也较小。填土、沙土层内波速为 100～300m/s，砂岩内波速为 500m/s 以上。

注浆后松散砂砾层，空隙被充填，频散曲线变光滑，之字型拐曲减少，波速值明显提升，在 800～2500m/s，承载力随之提高。而完整性较好的岩层，其空隙较小、密实度高，故其频散曲线平直圆滑。

(2) 瑞雷波波速分析

由于砂土层、砂砾层、砂岩在注浆前后的矿物成分、结构及孔隙率有明显差别,因此波速大小相差甚大。

注浆加固后,松散地层的裂隙减少,其面波速度提高,因此采集到的频散点相对较为密集,整体上频散曲线光滑,频散点基本在一条线上,"之"字形拐曲减少。

(3) 检测数据及结果分析

此次工作场地为北端(NT),根据检测点位布置图11-6,北侧的面波检测线一共有9根,分别为NT1~NT9。根据检测采集到的面波数据计算得到频散曲线图及成果图,通过分析频散曲线的形态变化和介质层波速大小,可以定性评价注浆质量。

① NT1线:面波测线位于注浆区域外,测点范围20~160号点(80、100号点为变压器站及水域),综合图11-7 Vr-D频散曲线与图11-8 Vs剖面图分析如下:

整个断面的层位清晰,横波速度在300~700m/s。该线上部为土层,中深部为岩层,无注浆灌入,断面整体纵向波速表现从低至高的变化趋势,在波速上差异较小,频散曲线形态完整,未见明显变化,说明剖面区域地层完整。

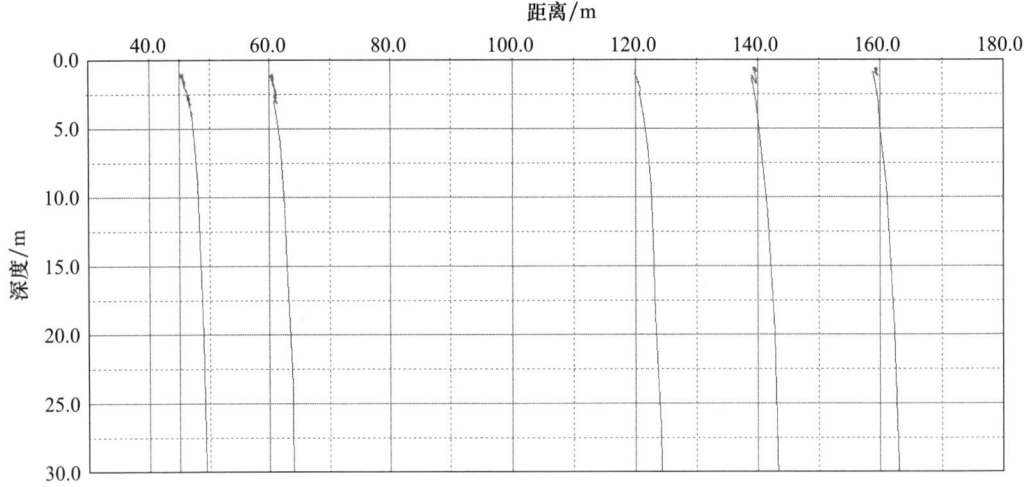

图11-7 NT1线 Vr-D频散曲线图

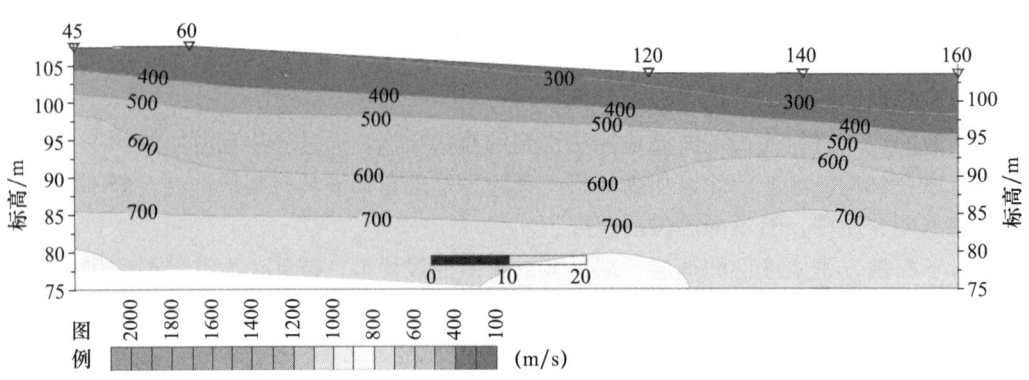

图11-8 NT1线 Vs剖面图

② NT2 线：面波测线位于注浆区域内，测点范围 45~160 号点，由图 11-9NT2 线 Vr-D 频散曲线图可知，在 0~1.5m 没有采集到频散点，为已知浅部层，"之"字形曲线变化明显，且呈低值反映。在剖面埋深 4~6m 范围的 Vr 频散曲线存在明显的"之"字形曲线，说明高低速界面梯度上存在软弱层，为注浆层顶板界面；在中下部为覆注浆层，整体上频散曲线光滑，频散点基本在一条线上，"之"字形拐曲减少。

从图 11-10Vs 剖面图来看，断面整体纵向波速表现从低至高的变化趋势，在 60~90 号点浅部存在一低速凹槽区域，横波速度在 600~700m/s 间，推测为填土层或注浆效果欠佳区域，该区标高范围为 97~104m。2 线位于注浆和未注浆的界面上，波速为地层综合反应，从而可能表现出相对低速异常。剖面整体在标高 95m 以下部分横波速度 800~2000m/s 间，进入注浆层位，层位明显，平向分布较均匀，无明显低速区点，说明注浆加固后松散岩土层得到了固结加固，密实度提高，介质特性得到改良，承载能力增强。

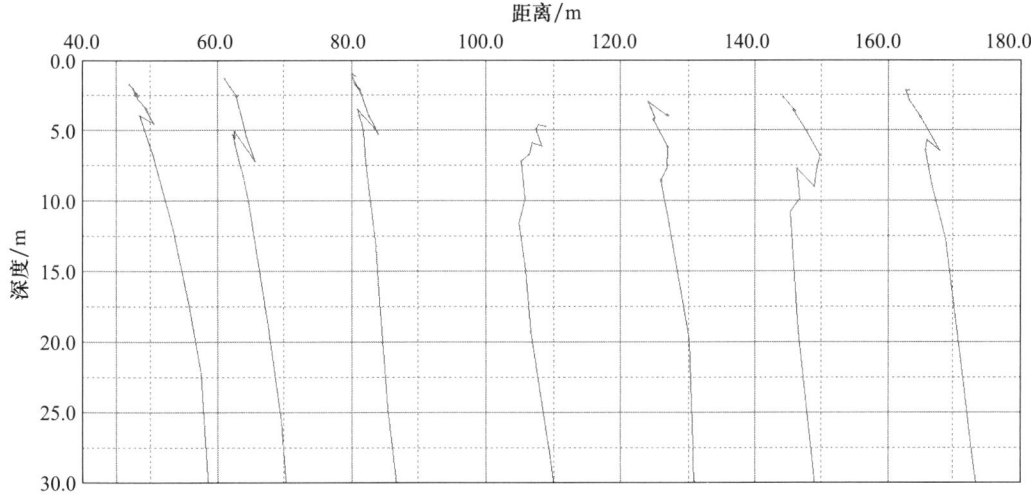

图 11-9　NT2 线 Vr-D 频散曲线图

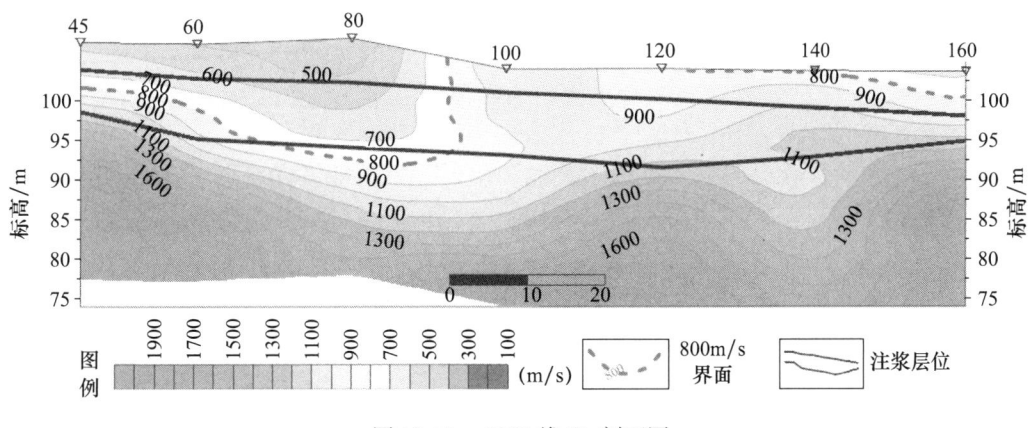

图 11-10　NT2 线 Vs 剖面图

③ NT3 线：面波测线位于注浆区域内，测点范围 30~160 号点，由图 11-11NT3

线 Vr-D 频散曲线图可知，在 0~1.7m 没有采集到频散点，为已知浅部层，"之"字形曲线变化明显，且呈低值反映。在剖面埋深 5m 范围的 Vr 频散曲线存在明显的"之"字形曲线，说明高低速界面梯度上存在软弱层，为注浆层顶板界面。在中下部为覆注浆层，整体上频散曲线光滑，频散点基本在一条线上，"之"字形拐曲减少。

从图 11-12Vs 剖面图来看，断面整体纵向波速表现从低至高的变化趋势，在 30~80 号点浅部横波速度在 400~700m/s 间，为填土层；在 80~160 号点浅部横波速度在 600~700m/s 间，为砂土、填土层；剖面整体在标高 100~101m 以下部分横波速度在 800~2000m/s 间，进入注浆层位，层位明显。在 35~50 号点浅部存在一低速凹槽区域，横波速度在 600~700m/s 间，推测为填土层或注浆效果欠佳区域，该区标高范围为 99~102m。其他段平向分布较为均匀，无明显低速区点，说明注浆加固后松散岩土层得到了固结加固，密实度提高，介质特性得到改良，承载能力增强。

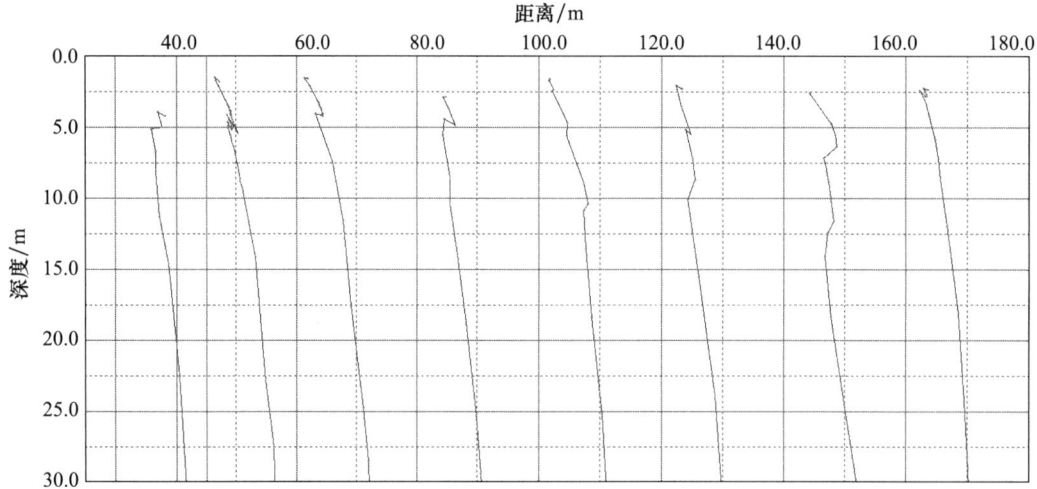

图 11-11 NT3 线 Vr-D 频散曲线图

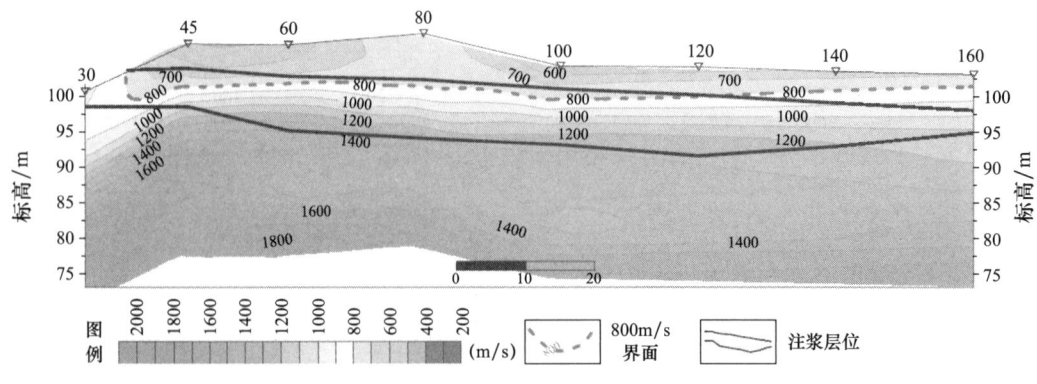

图 11-12 NT3 线瞬态面波 Vs 剖面图

④ NT4 线：面波测线位于注浆区域内，测点范围 30~160 号点，由图 11-13NT4 线 Vr-D 频散曲线图可知，在 0~1.7m 没有采集到频散点，为已知浅部层，"之"字形曲线变化明显，且呈低值反映。在剖面埋深 5m 范围的 Vr 频散曲线存在明显的"之"字形曲线，说明高

低速界面梯度上存在软弱层，为注浆层顶板界面。在中下部为覆注浆层，整体上频散曲线光滑，频散点基本在一条线上，"之"字形拐曲减少。

从图11-14Vs剖面图来看，断面整体纵向波速表现从低至高的变化趋势，在30～80号点浅部横波速度在400～700m/s间，为填土层；在80～160号点浅部横波速度在600～700m/s间，为砂土、填土层；剖面整体在标高100～101m以下部分横波速度在800～1800m/s间，进入注浆层位，层位明显。在40～70号点浅部存在一低速凹槽区域，横波速度在600～700m/s间，推测为填土层或注浆效果欠佳区域，该区标高范围为99～103m，其他段平向分布较为均匀，无明显低速区点，说明注浆加固后松散岩土层得到了固结加固，密实度提高，介质特性得到改良，承载能力增强。

⑤ NT5线：面波测线位于注浆区域内，测点范围20～160号点，由图11-15NT5线Vr-D频散曲线图可知，"之"字形曲线变化较为明显，呈低值反映。在剖面埋深6m范围的Vr频散曲线存在明显的"之"字形曲线，说明高低速界面梯度上存在软弱层，为注浆层顶板界面。在中下部为覆注浆层，整体上频散曲线光滑，频散点基本在一条线上，"之"字形拐曲减少。

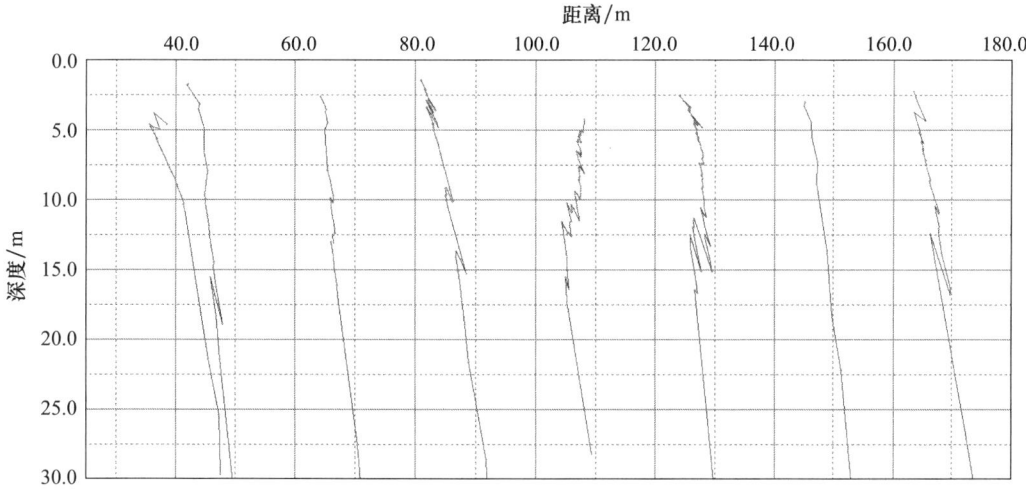

图11-13　NT4线Vr-D频散曲线图

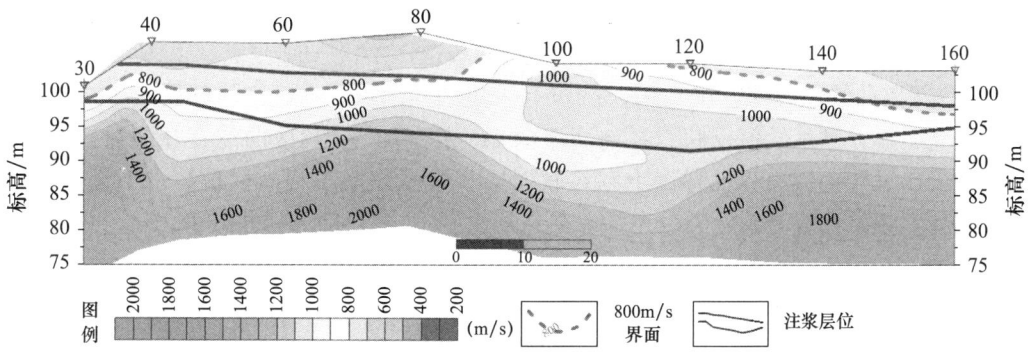

图11-14　NT4线瞬态面波Vs剖面图

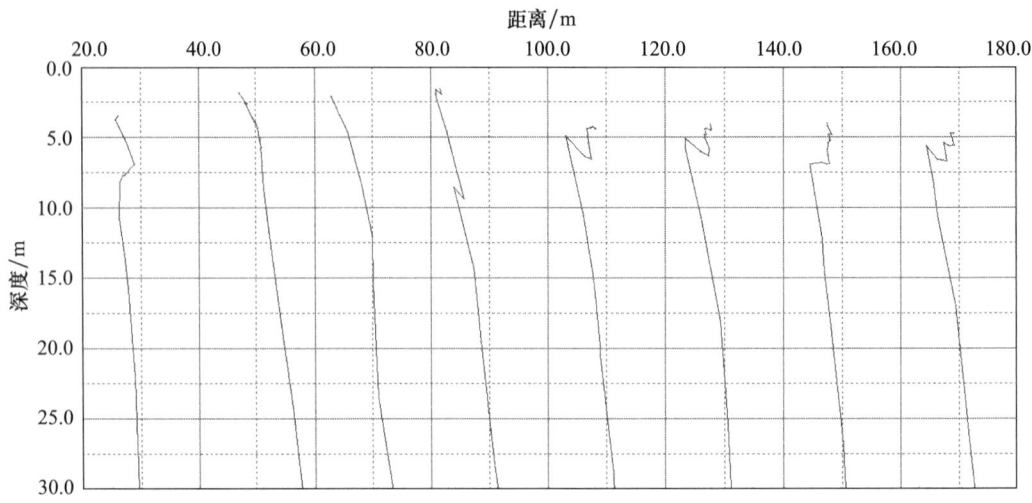

图 11-15 NT5 线 Vr-D 频散曲线图

从图 11-16Vs 剖面图来看，断面整体纵向波速表现从低至高的变化趋势，在 20～80 号点浅部横波速度在 400～700m/s 间，为填土及堆土层；在 80～160 号点浅部横波速度在 600～700m/s 间，为砂土、填土层；剖面整体在标高 101m 以下部分横波速度在 700～800m/s 间，进入注浆层位，层位明显，平向分布较为均匀，无明显低速区段，说明注浆加固后松散岩土层得到了固结加固，密实度提高，介质特性得到改良，承载能力增强。

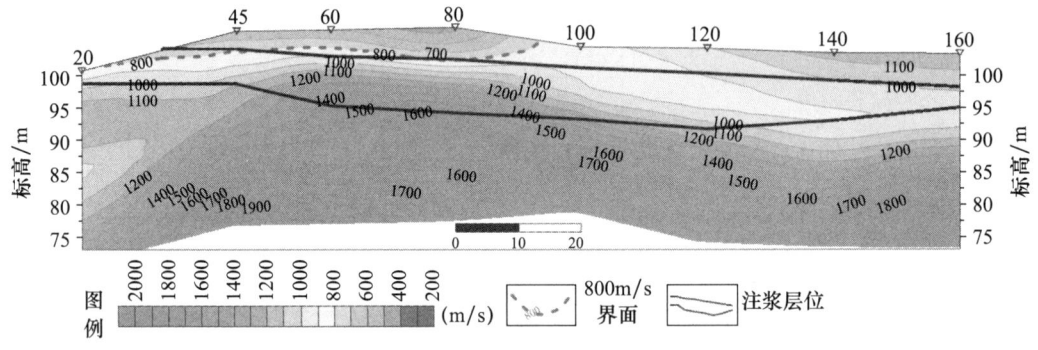

图 11-16 NT5 线瞬态面波 Vs 剖面图

⑥ NT6 线：面波测线位于注浆区域内，测点范围 20～160 号点，由图 11-17 NT6 线 Vr-D 频散曲线图可知，在 0～1.5m 没有采集到频散点，为已知浅部层，"之"字形曲线变化明显，且呈低值反映。在剖面埋深 6m 范围的 Vr 频散曲线存在明显的"之"字形曲线，说明高低速界面梯度上存在软弱层，为注浆层顶板界面位置。下部为注浆层，整体上频散曲线光滑，频散点基本在一条线上，"之"字形拐曲减少。

从图 11-18Vs 剖面图来看，断面整体纵向波速表现从低至高的变化趋势，在 20～80 号点浅部横波速度在 300～700m/s 间，为填土层；在 80～160 号点浅部横波速度在 600～700m/s 间，为砂土、填土层；剖面整体在标高 100m 以下部分横波速度在 800～2000m/s 间，进入注浆层位，层位明显。在 40～80 号点浅部存在一低速凹槽区，横波速度在 600～700m/s 间，推测为填土层或注浆效果欠佳区域，该区标高范围为 99～

102m，其他段平向分布较为均匀，无明显低速突变区域，说明注浆加固后松散岩土层得到了加固，密实度提高，介质特性得到改良，承载能力增强。

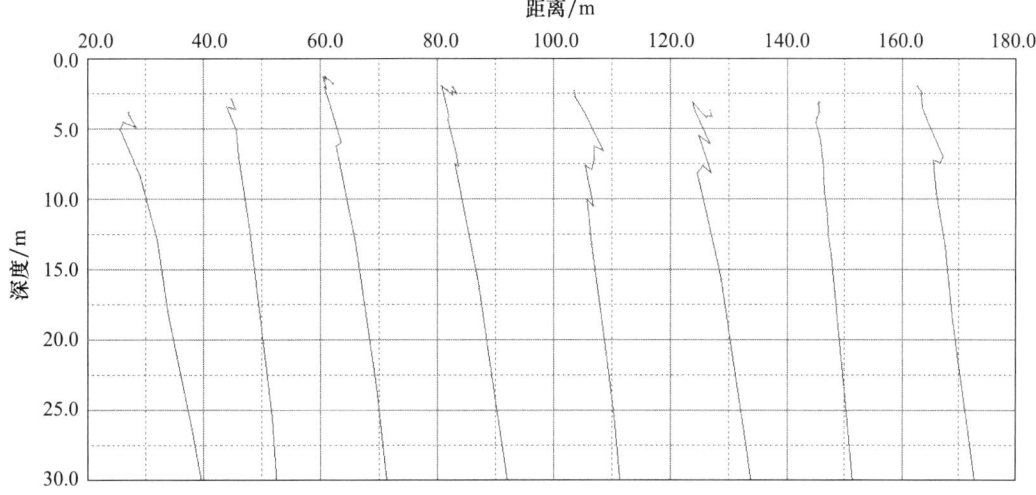

图 11-17　NT6 线 Vr-D 频散曲线图

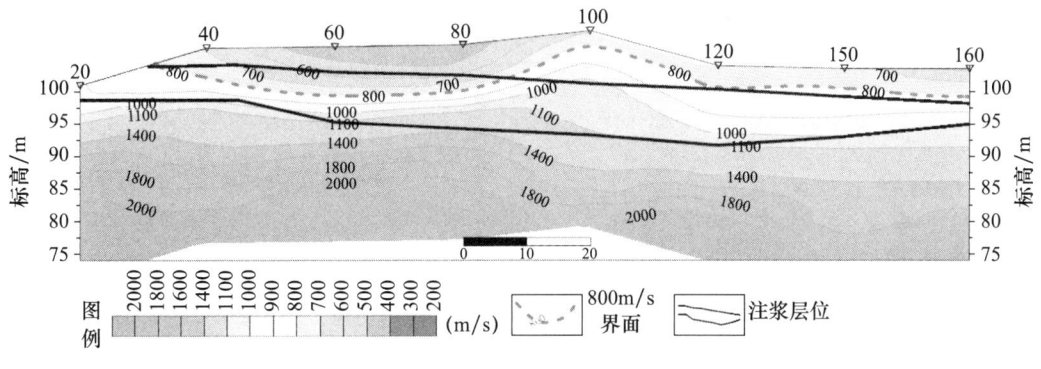

图 11-18　NT6 线瞬态面波 Vs 剖面图

⑦ NT7 线：面波测线位于注浆区域内，测点范围 20～160 号点，由图 11-19 NT7 线 Vr-D 频散曲线图可知，"之"字形曲线变化明显，且呈低值反映。在剖面埋深 6～7m 范围的 Vr 频散曲线存在明显的"之"字形曲线，说明高低速界面梯度上存在软弱层，为注浆层顶板界面位置。在中下部为覆注浆层，整体上频散曲线光滑，频散点基本在一条线上，"之"字形拐曲减少，波速呈线性增大，密实度较强。总的说来，介质密实度越高，完整性越好，传播能力就越强，波速值也就越高。

从图 11-20 Vs 剖面图来看，断面整体纵向波速表现从低至高的变化趋势，在 20～60 号点浅部横波速度在 700～900m/s 间，为硬土及碎石层；在 60～160 号点浅部横波速度在 500～700m/s 间，为砂土、填土层；剖面整体在标高 99～100m 以下部分横波速度在 800～2000m/s 间，进入注浆层位，层位明显。在 130～160 号点浅部存在一低速凹槽区域，横波速度在 600～700m/s 间，推测为填土层或注浆效果欠佳区域，该区标高范围为 95～98m，其他段平向分布较为均匀，无明显低速区点，说明注浆加固后松散岩土层得到了固结加固，密实度提高，介质特性得到改良，承载能力增强。

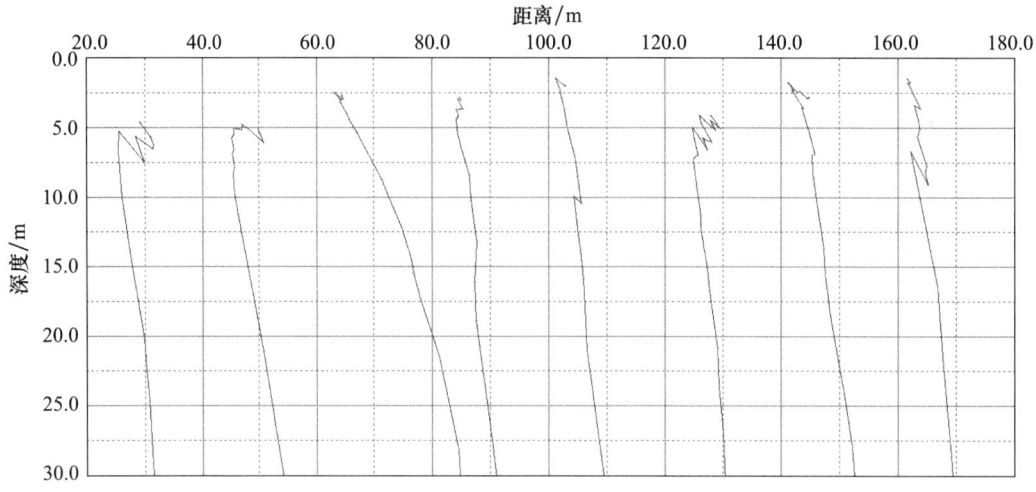

图 11-19 NT7 线 Vr-D 频散曲线图

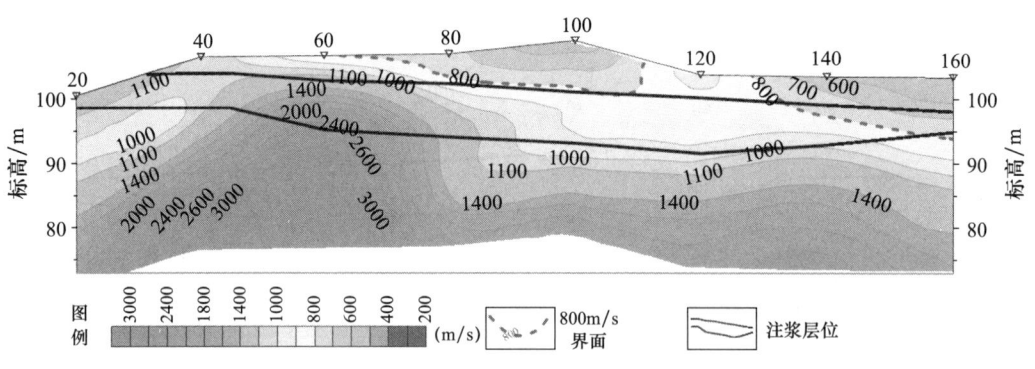

图 11-20 NT7 线瞬态面波 Vs 剖面图

⑧ NT8 线：面波测线位于注浆区域内，测点范围 20～160 号点，由图 11-21NT8 线 Vr-D 频散曲线图可知，"之"字形曲线变化明显，且呈低值反映。在剖面埋深 5m 范围的 Vr 频散曲线存在明显的"之"字形曲线，说明高低速界面梯度上存在软弱层，为注浆层顶板界面位置。在中下部为注浆层，整体上频散曲线光滑，频散点基本在一条线上，"之"字形拐曲减少，波速呈线性增大，密实度较强。总的说来，介质密实度越高，完整性越好，传播速度就越强，波速值也就越高。

从图 11-22Vs 剖面图来看，断面整体纵向波速表现从低至高的变化趋势，在 20～160 号点浅部横波速度在 400～700m/s 间，为填土层；剖面整体在标高 99～100m 以下部分横波速度在 800～2000m/s 间，进入注浆层位，层位明显，平向分布较为均匀，无明显低速区点，说明注浆加固后松散岩土层得到了固结加固，密实度提高，介质特性得到改良，承载能力增强。

⑨ NT9 线：面波测线位于注浆区域外，测点范围 20～160 号点，综合图 11-23NT9 线 Vr-D 频散曲线图与图 11-24Vs 剖面图分析如下：整个断面的层位清晰，横波速度在 300～700m/s。该线上部为土层，中深部为岩层，无注浆灌入，断面整体纵向波速表现从低至高的变化趋势，在波速上差异较小，频散曲线形态完整，未见明显变化，说明剖

面区域地层较完整。

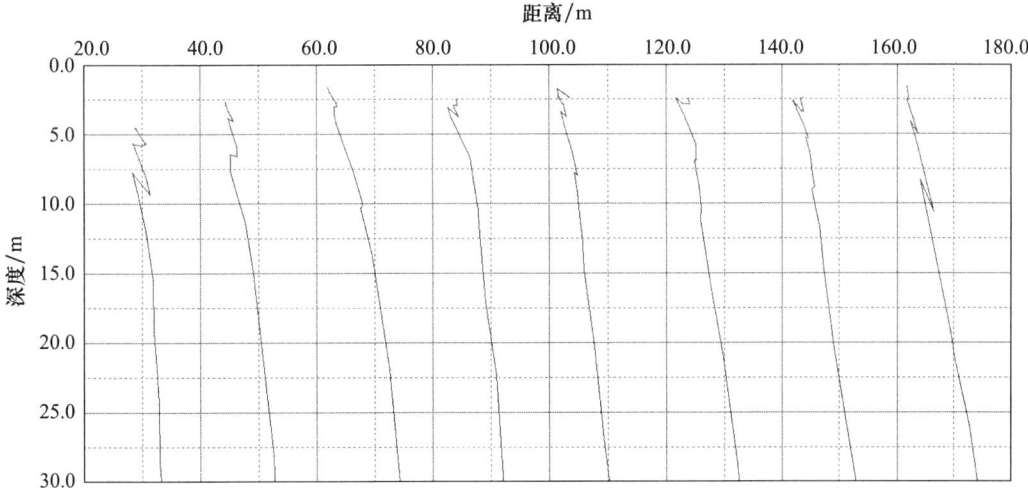

图 11-21　NT8 线 Vr-D 频散曲线图

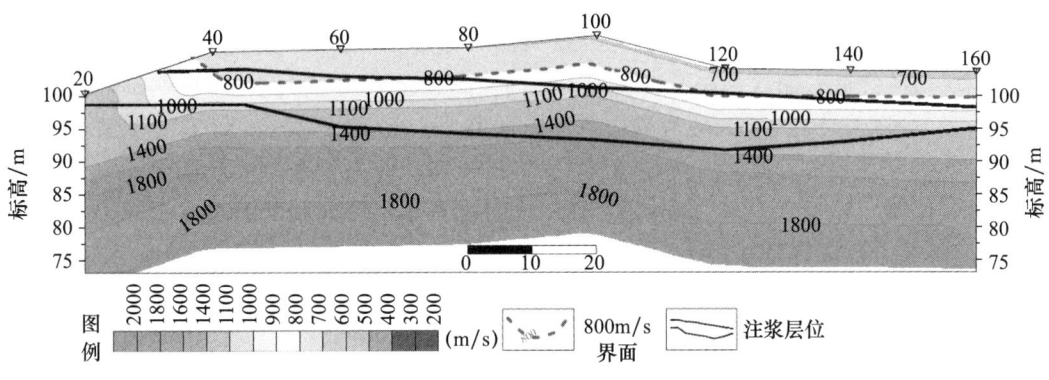

图 11-22　NT8 线瞬态面波 Vs 剖面图

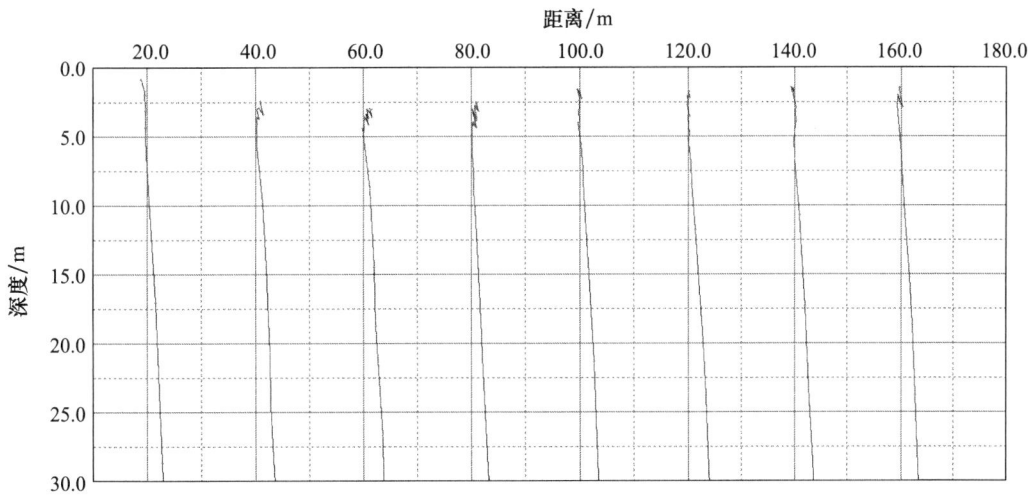

图 11-23　NT9 线 Vr-D 频散曲线图

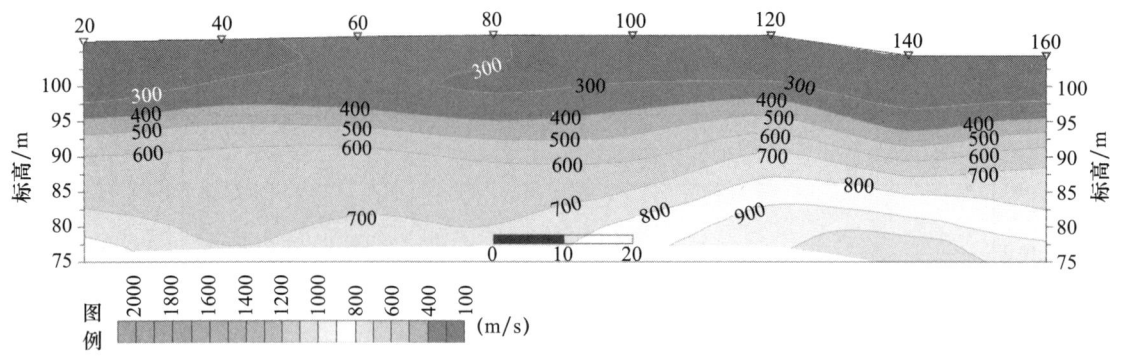

图 11-24　NT9 线瞬态面波 Vs 剖面图

(4) 注浆加固层三维分析评价

因二维剖面存在一定的局限性，为更好地对探测区三维空间的低速异常进行评述，我们绘制了波速 800m/s 的三维等值面图（图 11-26），并且对 NT1～NT9 线瞬态面波 Vs 成果图进行三维切片（图 11-25）处理即沿 224°～244°方向切片，分别对应剖面线每个剖面 40m、60m、80m、100m、120m、140m、160m 的位置，得到对应切片图。在 NT1～NT9 线区域内，NT1 和 NT9 线纵向横波速度由浅至深逐渐提升，数值总体在 300～700m/s 之间，明显为未注浆表现，相同标高波速未见明显变化，说明剖面区域地层较完整。NT2～NT8 线区域范围内，地表深度 4～6m 范围往下，纵向波速整体表现从低至高的变化趋势，横波速度在 800～2000m/s 间，波速较未注浆区域明显升高。从综合曲线来看，注浆区域波速较未注浆区域明显升高，分布较为均匀，其中在 NT2、NT3、NT4、NT6、NT7 线相应区域浅部存在 4 个低速凹槽。其他剖面无明显低速区，说明注浆加固后，注浆区加固效果良好，密实度提高，介质特性得到改良，承载能力增强，总体上达到了注浆效果。

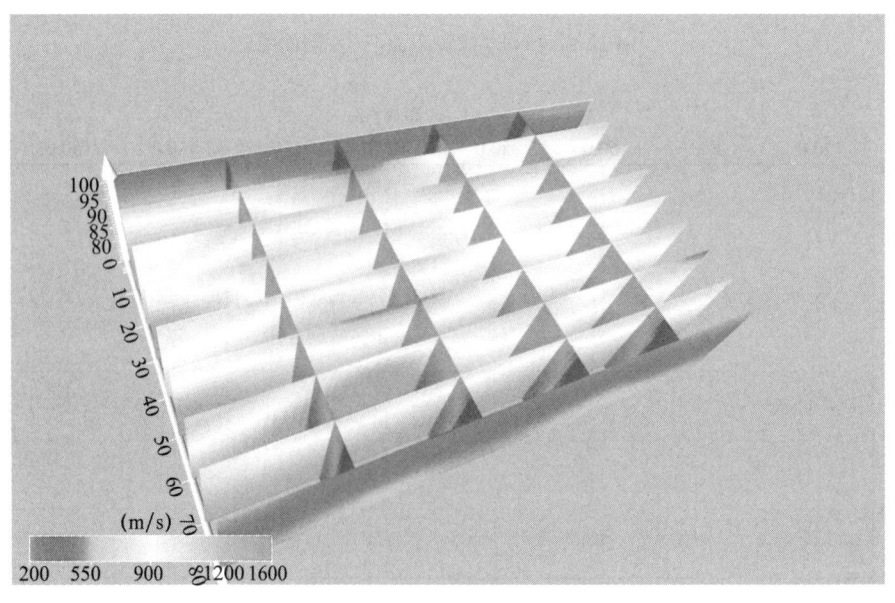

图 11-25　三维立体切片图

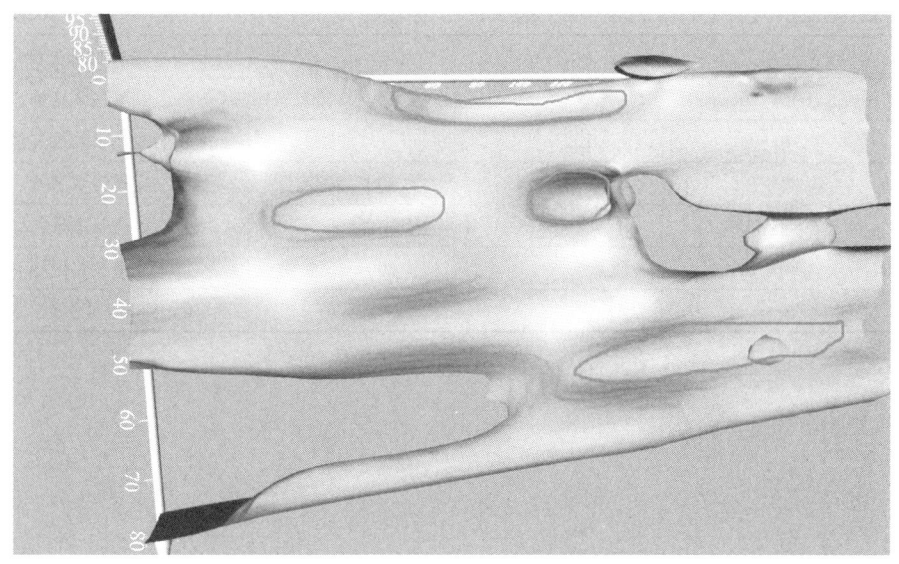

图 11-26 波速 800m/s 的三维等值面

11.3.4 检测结论

通过大量实地测试、室内资料整理及数值处理,得到以下三点结论:

(1) 对比注浆加固区内与注浆区外各测线探测结果,表明本区整体加固效果明显。

(2) 通过实地测试及数据分析,以波速是否大于 800m/s 作为评价注浆效果好坏的标准。此次探测结果未达 800m/s 的区域主要为:NT2 线 60~90m、NT3 线 35~60m、NT4 线 40~70m、NT6 线 40~80m、NT7 线 130~160m 测量段的加固体上部区域。据此判断 NT2 线 60~90m、NT3 线 35~60m、NT4 线 40~70m、NT6 线 40~80m、NT7 线 130~160m 测量段的加固体上部区域注浆效果欠佳,其具体位置及标高见表 11-3,其他区域未发现较明显的低速异常。

(3) 依据探测结果可评判经过注浆处理的基底层波速提升明显,密实度提高,承载能力增强,达到了预期灌浆施工的效果。

表 11-3 瞬态面波探测成果表

线号	里程位置/m	标高/m	波速/m·s^{-1}	注浆加固效果
NT1	45~160		<800	未注浆区域
NT2	45~50、90~160		800~1800	完整注浆区域
	50~90	104~97	<800	填土层或注浆效果欠佳区域
NT3	30~35、50~160		800~1800	完整注浆区域
	35~50	102~99	<800	填土层或注浆效果欠佳区域
NT4	30~40、70~160		800~2000	完整注浆区域
	40~70	103~99	<800	填土层或注浆效果欠佳区域
NT5	20~160		800~1900	完整注浆区域

续表

线号	里程位置/m	标高/m	波速/m·s^{-1}	注浆加固效果
NT6	30～40、80～160		800～2000	完整注浆区域
	40～80	102～99	<800	填土层或注浆效果欠佳区域
NT7	20～130		800～3000	完整注浆区域
	130～160	98～95	<800	填土层或注浆效果欠佳区域
NT8	20～160		800～1800	完整注浆区域
NT9	20～160		<800	未注浆区域

12 泥质粉砂岩过江隧道防排水关键技术研究及应用

12.1 水下隧道工程案例

目前，国内外使用矿山暗挖法施作水底隧道也有了许多成功经验。如我国厦门、青岛、长沙等城市已有多条使用矿山暗挖法施作水底隧道的成功实践。具体的工程实例有湘江大道浏阳河隧道、武广客运专线浏阳河铁路隧道和营盘路湘江隧道。

湘江大道浏阳河隧道位于长沙市城区北部新河三角洲浏阳河入湘江口处，为单层双洞双向四车道，开挖宽度11.5m，隧道全长1910m，南起湘江大道北段与三角洲横二路交接处，北抵湘江大道北段与金泰路交接处，下穿浏阳河。隧道采用钻爆法施工，围岩为强至中风化砾岩，双隧道线间距最小为18m，该隧道顶板最小覆盖层厚度为14m，覆跨比1:1.22。为当前采用钻爆法施工、顶板覆盖层厚度很小的城市水底隧道。

营盘路湘江隧道隧址位于本项目下游4.7km左右，为单层双洞双向四车道，北线长约3km，南线长约2.7km，两岸大跨段分别位于湘江大堤及河床之下，断面形式多，变化快，最大开挖断面净宽25m，开挖面积370m^2，隧道洞身地层穿越强风化板岩，隧道拱部最不利位置距强透水的圆砾层仅1m左右，同时大跨段隧道最小净距仅0.28D，建设条件极其恶劣。该隧道顶板最小覆盖层厚度为11.5m，最小覆跨比0.46。为了避免对断层带造成大的扰动，施工采取全部帷幕注浆和减震控制爆破技术，严格控制每一次的开挖长度，用现代技术进行经典钻爆法施工。每循环为0.5~0.8m长，采用弱爆破技术防止岩层坍塌。

武广客运专线浏阳河隧道位于湖南省长沙市东部，隧道起于潇湘路南侧，下穿越京珠高速与长永高速立交的牛角冲互通、厂区密集群、民房区、张公岭高阶地、浏阳河及机场高速路后接入新长沙车站，隧道建筑全长10115m。其中隧道长9935m，采用单孔双线方案，开挖断面面积150~160m^2。隧址河段相对稳定且较顺直，两岸修筑有河堤，河床较开阔，无塌岸。河道与线路夹角约50°，宽约300m，河底绝对高程为22.8~26.0m，隧道洞顶高程为4.0~8.7m，隧道洞顶覆盖厚度为19.1~22.8m，开挖宽度最大超过16m，最小覆跨比为1.19。河段属冲刷沉积基本平衡型河流，河床由沙石、卵石组成。过河段区域地质构造属黄花向斜核部，根据钻探岩芯以及地下电阻率值分布较均匀的特点分析岩层接近水平。隧道穿越地层主要为泥质粉砂岩、泥质砂岩。局部地段岩芯节理裂隙发育，倾角为38°~39°，围岩分级为Ⅴ级。隧道过河段岩体相对较为完整，透水性差，渗透系数为0.00087~0.0164m/d，属不透水至弱透水岩组。局部存在的裂隙一般属非贯通性或导水裂隙，透水性较差。

12.1.1 厦门翔安海底隧道

12.1.1.1 洞口防排水设计

厦门东通道推荐线（E线方案）起讫桩号为EZK5+908.939～K14+647.42，路线全长8.695km（设断链一处，短42.83m），其中，整体式路基段长0.722km，分离式路基段长7.973km（左线，右线长7.964km）。本次初测和初步设计内容含厦门东通道厦门岸接线及五通立交、跨海隧道主体工程和翔安岸接线及西滨立交三部分。

厦门岸接线及五通立交（EZK5+908.939～EZK6+540）。厦门岸接线路线长0.631km（左线，右线长0.629km），特殊路基处理长150m（以左线计），地下通道1处，长94.45m。五通立交位于东通道与仙岳路与环岛路的接点处，设计共提出了两个方案，其中第一方案为交路环岛路长0.8km（设三个平交口），匝道总长5.513km，涵洞8道，长135m。

由于隧道纵坡为倒人字坡，洞口两端都有较长的引道段路堑，为避免洞外雨水流入洞内，路基设计时应根据地形情况尽量将边坡水或路面水截流出洞外，其余的水通过在隧道两端洞口设置截水沟，截流进洞口处集水池，并设泵站将雨水排出隧道，如图12-1所示。

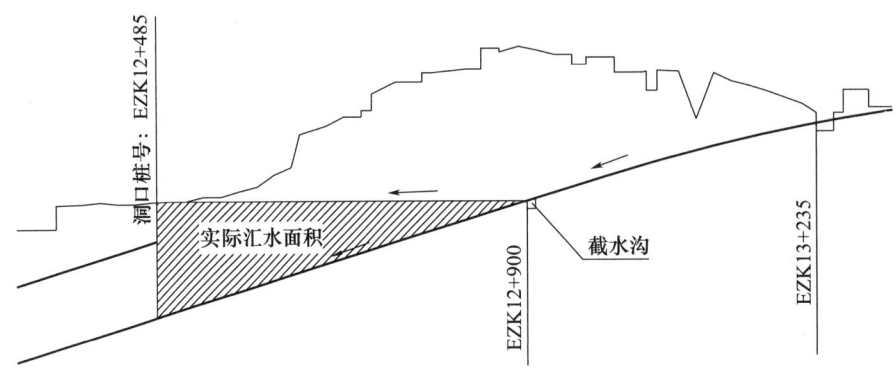

图 12-1 洞口防排水设计图

其中厦门岸EZK6+400～EZK6+540引道段路堑长约140m，其汇水面积约为1.5ha。翔安岸EZK12+485～EZK13+235引道段路堑长约750m，由于接线路堑开挖段较长，汇水面积较大，设计时充分利用地形，采用分级截流、分段排放措施，在约EZK12+900处路面设置截流沟，通过变化第一级边坡高度，可将EZK12+900～EZK13+235处水截流出洞外，尽量减小洞口排水泵站的排水负荷。经计算，翔安端汇水面积为4.5ha。

隧道洞外集水池容积按50年一遇暴雨强度，一次暴雨历时15min考虑，同时满足水泵运转5min水量要求，暴雨强度采用厦门地区暴雨强度公式为

$$q=\frac{850(1+0.745\lg P)}{t^{0.514}} \tag{12-1}$$

$$t=t_1+m\times t_2 \text{（min）}$$

式中 q——$P=50$ 年；

t——降雨历时；

t_1——地面集流时间；

m——折减系数；

t_2——管道内雨水流行时间。

汇水面积厦门端洞口为 1.5ha、翔安端洞口为 4.5ha，经过计算厦门端洞口集水池处暴雨强度为 1233L/s，设计暴雨强度采用 1479L/s，翔安端集水池处暴雨强度为 3160L/s，设计暴雨强度采用 3792L/s，厦门端集水池设计容积按 1265m³ 考虑，翔安端洞口集水池容积按 3432m³ 考虑。

隧道洞口集水池与雨水泵站建于地下，不占用地面空间，便于洞口的景观美化。集水池结构体积较大，在地下水水位下的埋深较大，结构承受的浮力也较大，因此采用钢筋混凝土框架结构，底部设置抗浮锚杆。

此外运营期间的消防废水、冲洗废水、结构渗入水以及可能的服务隧道内市政给水管检修放水或爆裂时泄漏的自来水均将顺纵坡汇集到服务隧道最底部设置的废水池中，经泵站排入厦门端洞口集水池，再排入地面污水管道系统。

12.1.1.2 主洞、服务隧道防排水

本隧道结构防排水采用全封闭防水衬砌，建设过程中采取"以堵为主"的原则进行治理，主要考虑以下内容：

（1）首先通过超前地质预报系统分析前方地质破碎带情况。主要以 TSP 超前地质预报系统结合超前地质钻孔等，综合了解前方开挖掌子面的地质情况，及涌水量情况，以保证工程方案的准确性。

（2）采用三重注浆方式，将隧道开挖断面周围的涌水或渗水封堵于结构外。在局部破碎地段，通过超前小导管注浆（或全断面帷幕注浆），在隧道洞室四周形成注浆堵水圈，封闭基岩中输水裂隙和涌水空间。

根据超前注浆后地下水渗透量的大小，调整衬砌初期支护中的环向系统注浆锚杆对地层进行注浆堵水，进一步封闭地下水流径通道，减少地下水的渗入量。

在施做防水板前对初期支护渗漏处进行补充注浆处理，施工期间尤其要重视该项工程措施。

（3）加强结构的自防水功能，封闭少量渗水在初期支护和二次衬砌的流动。初期支护和二次衬砌之间（仰拱除外）铺设隧道防水层，选用带注浆管及抗老化能力较强、拉伸强度和断裂拉伸率较高的防水卷材，防水板的搭接采用双缝焊接工艺，防水板铺挂采用 PVC 垫片焊接固定以保证防水板的施工质量。

二次衬砌混凝土中添加防水剂，防水混凝土抗渗标号要求达到 S12 级。

施工缝、沉降缝防水处理：由于海底隧道所处特殊环境，为保证衬砌结构的防水能力，隧道沉降缝采用外贴带注浆管背贴式止水带，中间设置带注浆管膨胀橡胶止水条，内壁加设钢板遇水膨胀橡胶止水带的三层防水方式；隧道施工缝采用外贴带注浆管背贴式止水带，中间设置企口，企口两侧安放带注浆管膨胀腻子止水条的二层防水方式。由于采用了带注浆管背贴式止水带，可实现分区防水，便于后期检修和处理。

为保证初期支护和二次衬砌之间的密贴，解决初期支护和二次衬砌之间空隙的问

题，要求采用刚度较大的模板台车，通过提高泵送混凝土压力以保证拱顶回填密实，提高结构的抗水压能力。

（4）排水设计主要考虑以下内容：

① 施工期间排水：施工期间隧道内产生的水主要为围岩渗水和施工用水，要求根据实际施工情况设置集水坑，并进行逐级抽水。

② 运营期间排水：运营期间隧道内的主要水来源为清洗用水和消防用水，通过路面两侧的排水边沟汇入洞内最底处设置的废水池。该集水池的容积按长2000mΦ1000mm供水管破裂时的水量考虑注浆处理。二次衬砌采用全封闭C30现浇防水混凝土，混凝土中添加防水剂，防水混凝土抗渗标号要求达到S12级。由于竖井所穿越地层较多，为保证衬砌结构的防水能力，竖井变形缝采用背贴式止水带，中间设置中埋式止水带。竖井施工缝采用中间设置企口，企口一侧安放带注浆管膨胀腻子止水条的防水方式。

（5）排水措施主要考虑以下内容：

① 竖井衬砌采用全封闭方案，运营期间隧道内的主要水来源为清洗用水，可直接流入竖井底座内的集水池，由服务隧道排出洞外。通过水泵抽入厦门端集水池，最后汇入城市污水系统。在仰拱施工缝或沉降缝处路面下设置排水盲沟，将可能的渗水排入路面边沟。

② φ1000mm供水管保护方案

根据厦门市市政要求，本隧道需布设φ1000mm供水管道一根，该管道将成为厦门市重要的供水来源。但由于隧道最深处达70余米，再加上供水管自身的输水压力，估计最不利处压力可达100余米水头，对管道本身的保护及隧道的安全运营都提出了较高的要求。因此在隧道中对该管道实施必要的技术保护措施是相当重要的。合理选用管材及管道接口形式，以满足管道在高压工况下的工作要求。在隧道进口及隧道内每隔2000m设置一自动阀门，每500m设置一手动阀门，并实施远程监视控制，保证突发意外时，能立时知晓并切断水源。加强养护管理、日常维修，将隐患的发生控制在最小范围内。

（6）竖井防排水措施

① 防水设计：初期支护和二次衬砌之间全断面铺设带注浆管的抗老化能力较强、拉伸强度和断裂拉伸率较高的低密度聚乙烯防水卷材。防水板的搭接采用双缝焊接工艺，防水板铺挂采用PVC垫片焊接固定以保证防水板的施工质量。要求在施做防水板前对竖井初期支护渗漏处进行补充注浆处理。

二次衬砌采用全封闭C30现浇防水混凝土，混凝土中添加防水剂，防水混凝土抗渗标号要求达到S12级。

由于竖井所穿越地层较多，为保证衬砌结构的防水能力，竖井变形缝采用背贴式止水带，中间设置中埋式止水带。竖井施工缝采用中间设置企口，企口一侧安放带注浆管膨胀腻子止水条的防水方式。

② 排水措施：竖井衬砌采用全封闭方案，运营期间隧道内的主要水来源为清洗用水，可直接流入竖井底座内的集水池，由服务隧道排出洞外。

12.1.2 衢州荷一路越江隧道

12.1.2.1 工程概况

浙江衢州荷一路过江通道工程（K0+000～K2+163），位于衢州市中心城区，东连双岭南路，由西北方向至东南方向，下穿常山港支汊、严家淤岛、衢江后，西接荷一路，线路全长 2.163km，过常山港支汊采用围堰明挖隧道，过衢江采用矿山暗挖隧道，两端连接采用地面道路形式，通道中间采用地下匝道与严家淤岛地下停车场连接。

衢州荷一路过江通道工程初步设计范围为 SK0+000～SK2+172.389（NK0+000～NK2+154.957）段，其中隧道段范围为 SK0+135～SK2+035（NK0+135～NK2+017.62）段，隧道主线工程为双向四车道。线路全长（平均）约 2163.7m，其中道路全长 272.4m，隧道全长 1891.3m（其中路缘石段 70m，明挖敞口段 219.7m，暗埋矿山段 383m，明挖暗埋段 1118.3m，围堰明挖段 100.3m）。明挖段隧道设置为两孔一管廊形式，主线矿山暗挖法段隧道为双洞隧道，明挖段隧道与主线矿山暗挖法段隧道的断面布置均为单向双车道，车道宽 3.5m，建筑限界净宽 8.5m，净高 4.5m。严家淤岛段设置出、入隧道匝道各两条，匝道共四条，匝道为单向单车道。

全线设置车行横通道 2 处、人行横通道 4 处、雨水和废水泵房各 2 处、变电所 2 座、管理用房 1 座（总建筑面积 1767m²）。配套给排水及消防工程、监控工程、动力照明工程、通风工程、防灾救援与疏散工程、交通与沿线设施工程等安全和服务设施。

过江隧道起于双岭南路与九华中大道交叉口东侧 150m 处，下穿常山港支汊、严家淤岛、衢江，在距新元路与荷一路交叉口 120m 处接地，平面布置如图 12-2 所示。

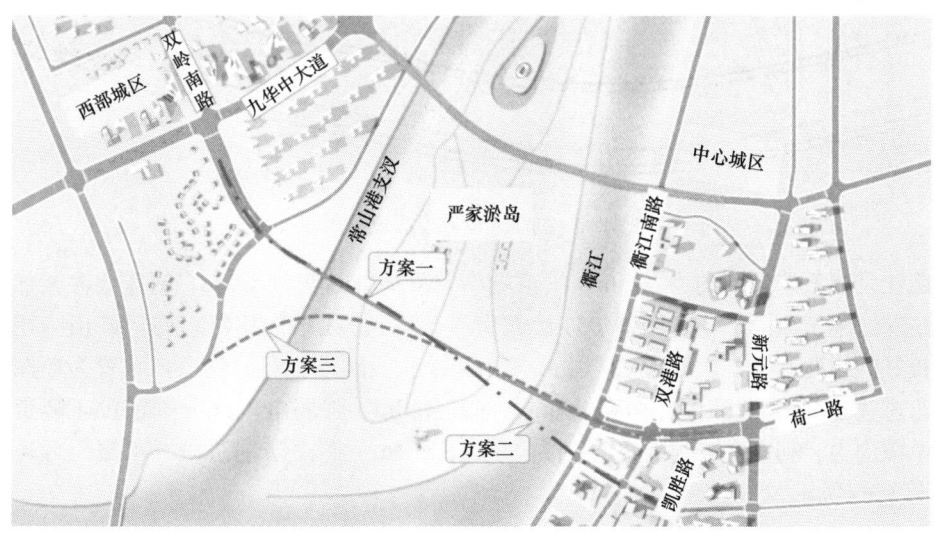

图 12-2 过江通道可选线位方案平面图

结合类似的工程经验以及通过计算分析，中风化砂岩最小覆盖厚度 8m 时满足要求，开挖时可采用一定的安全措施有效保障隧道在施工和运营阶段的安全。

隧道纵断面设计（图 12-3、图 12-4）的控制因素如下：

（1）覆土深度：下穿常山港支汊最小覆土深度按 6m 考虑，衢江段的最小覆土深度按 9.3m 考虑，严家淤岛明挖段最小覆土控制在 6～8m 之间；

(2) 起点设计高程：起点高程与双岭南路路面顺接；

(3) 主线最大纵坡：5.95%；

(4) 终点设计高程：设计终点高程与荷一路路面顺接。

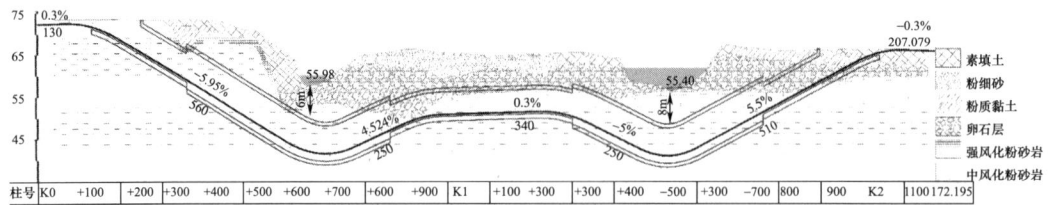

图 12-3 过江通道地质纵断面图

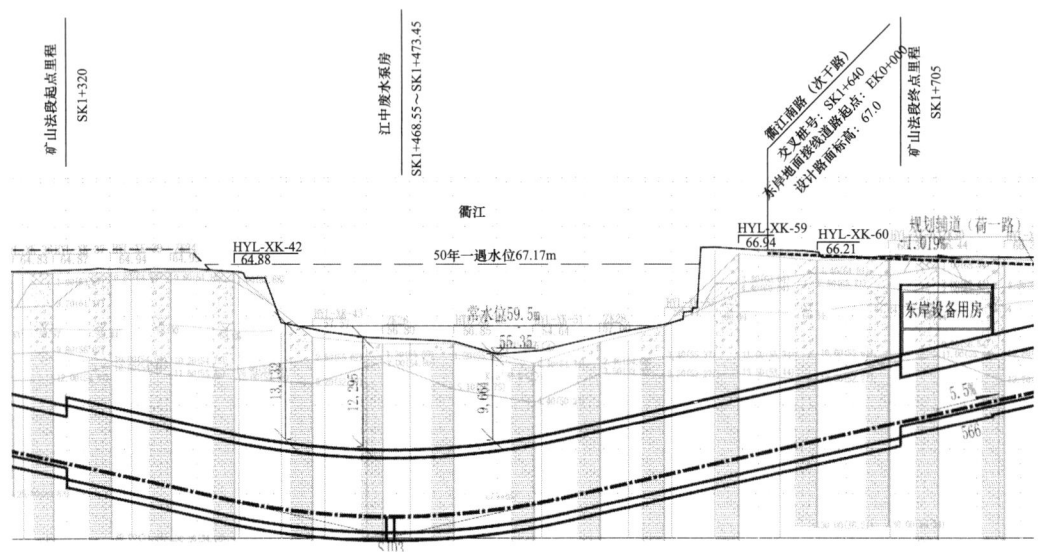

图 12-4 过江通道矿山法段纵断面

衢江段卵石层较薄约为 0.8m，拱顶最小上覆基岩厚度为 8.5m，河床底注浆加固后矿山暗挖法施工风险较小。路线纵坡最大为 5.5%，接线条件相对较好，矿山暗挖法适应性较好，因此推荐矿山暗挖法。主线矿山暗挖法段隧道为双洞隧道，布置为单向双车道，车道宽 3.5m，建筑限界净宽 8.5m、净高 4.5m，强弱电电缆分别铺设于隧道底部两侧电缆沟内，初支和二衬厚度分别为 30cm、60cm。矿山暗挖法段（水域）隧道横断面如图 12-5 所示。

12.1.2.2 矿山暗挖法段防排水设计

1) 矿山暗挖法段防排水设计原则

(1) 隧道结构设计水位：最高水位按历史最高水位加 2m 设计，并按三百年一遇水位校核。

(2) 矿山暗挖法段采用全封闭不排水的复合式抗水压支护衬砌结构，初期支护、注浆加固圈和二次衬砌均是主体结构的重要组成部分。

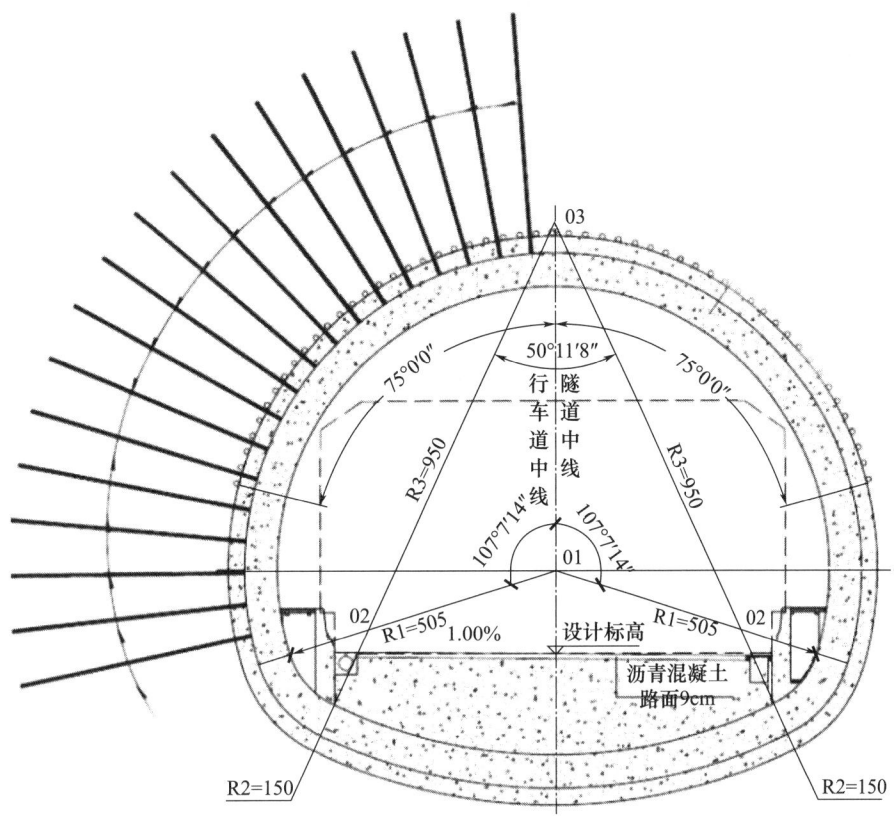

图 12-5 矿山暗挖法段（水域）隧道横断面

（3）设计以新奥法原理为基础，各级围岩采用复合式衬砌。复合式衬砌由初期支护和二次衬砌组成，在初期支护和二次衬砌之间设置防水层。隧道开挖期间，考虑初期支护和注浆加固圈承担全部基本荷载，满足施工安全和控制地表沉降的要求。隧道营运期间，二次衬砌承担全部水土荷载。

（4）隧道支护衬砌参数按工程类比，并结合有限元分析确定。

（5）隧道施工工法应根据工程地质和水文地质条件、开挖断面大小、隧道埋深、工法转换的难易、机械设备配置及环境制约等因素综合研究确定。对地质条件变化较大的隧道，选用的施工工法应有较大的适应性，当需要变更施工工法时，以工序倒换简单和较少影响施工进度为原则，一般不宜选用多种施工工法。

（6）信息化动态设计，根据施工监控量测数据，及时调整设计参数，确保施工安全，工程经济。

防水等级标准隧道防水等级为二级，即不允许漏水，结构表面可有少量湿渍，总湿渍面积不应大于总防水面积的 2‰～6‰，任意 100m² 防水面积上的湿渍不超过 3 处，单个湿渍的最大面积不大于 0.2m²。隧道要求平均渗水量不大于 0.05L/m²·d，任意 100m² 防水面积上的渗水量不大于 0.15L/（m²·d）。

主线及匝道防水设计隧道结构防排水采用全封闭防水衬砌，建设过程中采取"以堵为主"的原则进行治理，主要考虑以下内容：首先通过超前地质预报系统分析前方地质破碎带情况。主要以 TSP 超前地质预报系统结合超前地质钻孔等，综合了解前方开挖掌子面的地质情况及涌水量情况，以保证工程方案的准确性。采用注浆方式，将隧道开挖断面周围的涌水或渗水封堵于结构外。加强结构的自防水功能，封闭少量渗水在初期支护和二次衬砌的流动。

2）横通道防水设计

（1）横通道防水设计同暗挖正洞。

（2）在主洞隧道与通道接口预埋遇水膨胀腻子条与注浆管复合型防水条，达到先防后堵双重止水效果。

（3）遇水膨胀腻子条能起到工程初期的止水作用，待隧道沉降稳定后，如果发生接缝渗漏，则可通过预埋注浆管进行注浆止水。

3）隧道排水设计洞内排水

在隧道内道路最低点处人行横道内设置废水泵房，将洞内水引入废水泵房后通过排水管抽排进入城市排水系统。在隧道两侧边墙脚处防水层外侧设置两条纵向通长的Φ110/96打孔波纹管，波纹管沿最低点处仰拱外侧在距接入最低点处人行横道 5m 时换成 Φ121mm、壁厚 5mm 的钢管，钢管引入废水泵房，在泵房内的钢管末端设置压力阀，当水压较大时，开启压力阀进行卸压。

4）反坡排水

（1）首先必须加强抽排水设备，其次对富水破碎带等地段进行注浆堵水处理。

（2）做好防灾救援预案，相关的救生设备应保证到位，并对施工人员进行指导和演练。

5）明挖段防排水设计

（1）衬砌自防水设计。衬砌采用防水混凝土，埋深 10～20m 混凝土抗渗等级为 P8，埋深 20～30m 混凝土抗渗等级为 P10，埋深不小于 30m 混凝土抗渗等级为 P12。为提高内衬结构混凝土自防水功能，结构采用 C35 防水钢筋混凝土，并采取措施提高混凝土的抗渗能力和减少裂缝。限制裂缝开展宽度不大于 0.2mm。为减少裂缝的产生，考虑采用如下措施：

① 采用低水化热水泥，添加优质磨细粉煤灰（不低于二级灰的技术性能指标）与其他活性粉料（不大于 25％水泥用量）。

② 施工中采取基坑内降水和局部地基加固土体，严格控制基坑开挖过程中的地下围护结构变形和沉降，减少对底板下卧层土体扰动，从而尽可能减少因变形和不均匀沉降对结构产生的影响。

③ 通过设置后浇带，每隔 30～60m 设置一道变形缝，以控制纵向不均匀沉降对结构的影响。

④ 添加有补偿收缩功能的膨胀防水剂，添加高效减水剂，限制水泥的用量（不大于 320kg/m³），控制水胶比（不大于 0.48）和入模塌落度（12～16cm）。加强养护：顶板蓄水养护，侧墙前期喷水、后期挂湿土工布或涂养护剂，延长养护期以控制混凝土初期开裂和收缩裂缝。同时隧道结构外侧采用 1.2mm 厚高分子自黏胶膜型防水卷材，进行全包防水。

(2) 施工缝处理

纵、环向施工缝防水均采用镀锌钢板止水带加一道遇水膨胀橡胶止水条，在各接缝位置附加一道双面自黏型防水卷材，此外，在新、老混凝土界面上均涂刷混凝土界面剂。

6) 变形缝防水重点考虑变形缝防水。变形缝防水设二道防线：

(1) 外防水，即侧墙、底板外设自粘型防水卷材，内侧背贴式橡胶止水带，顶板外设置两道自粘型防水卷材，内侧设置双组份聚硫密封胶。

(2) 中间防水，采用预埋钢边橡胶止水带。

(3) 内侧预留嵌缝槽，采用聚硫密封胶嵌缝。为减少变形缝处差异沉降，底板设置凸凹榫槽，其余构件设置钢筋剪力杆，增加变形缝处抗剪能力。同时在顶板和侧墙设置不锈钢接水槽。

(4) 后浇带防水设置三层防线：外防水，外侧设置高分子自黏胶膜型防水卷材；中间防水，采用止水钢板；内防水，采用密封胶嵌缝。后浇带采用 UEA 补偿收缩混凝土浇筑。

7) 隧道排水设计

(1) 施工期排水：施工期的明洞段需设置足够的排水设备，确保明洞段地下水位低于结构底面的 0.5m，尤其要防止暴雨情况下，基坑积水浸泡而使结构发生上浮开裂，排水一直持续至明洞结构两侧和顶部回填完成为止。

(2) 运营期排水：洞外防排水设计在隧道进、出口地段设置反坡，避免洞外水流入隧道内。洞内排水隧道进、出口明挖暗埋段靠近洞口附近设置横向截水沟和雨水泵房，将水抽排至洞外市政雨水管网中。在隧道内道路最低点处路面下方的通道内设置废水泵房，用于排隧道内清洗水、消防水及结构渗漏水，通过潜水泵房将废水排至洞外城市污水管网系统中。

12.1.3 长沙浏阳河隧道

武广全线采用全包型防排水系统的隧道主要为穿越市区的浏阳河隧道、金沙洲隧道等。根据设计，穿越市区的隧道当地下水位高差小于或等于 50m 时，采用全包防水型衬砌结构；当地下水位高差大于 50m 时，采用全包排水型衬砌结构。

隧道防排水系统主要由两部分组成，即洞外防排水系统及洞内防排水系统。其中洞外防排水系统主要由截水天沟、洞外排水沟、洞口截水横沟、边坡排水系统组成；洞内防排水系统主要由纵横向盲沟、防水板、施工缝及变形缝处设置的止水带、排水明暗沟组成。隧道工程施工防水应重视初期支护的防水，并辅以注浆防水和防水层加强防水，满足结构设计和使用要求。

1) 排水型防排水系统

(1) 采用普通 EVA、ECB、HDPE 等防水材料，仅拱墙部分铺设。

(2) 初期支护与防水板之间设置 50mm 环向盲沟，纵向施工缝处设置纵向盲沟。

(3) 环向施工缝：拱墙环向施工缝处设置中埋式止水带，紧靠止水带位置布设 50mm 环向排水波纹管（外包土工布），仰拱环向施工缝设置中埋式止水带，拱墙及仰拱为钢筋混凝土时中埋式止水带采用遇水膨胀橡胶止水带，为素混凝土时采用钢板腻子止水带。

（4）纵向施工缝处混凝土接触面涂以混凝土界面剂。

（5）变形缝处设置环向中埋式遇水膨胀橡胶止水带，并在仰拱部位环向设置双层抗剪钢筋，以减小变形缝两边的不均匀沉降。拱墙变形缝处衬砌内缘设置钢板接水盒，内缘3cm范围内以聚硫密封胶封堵，其余空隙采用填缝料填塞密实。

（6）对地下水丰富隧道及长大隧道仰拱部位设置中心排水管，环纵向排水盲管、盲沟内排水引排至隧道侧沟，侧沟水再通过100mm的横向PVC泄水孔引排至中心排水管。

（7）拱顶纵向及拱墙环向设置可维护注浆管以加强防水。

2）全包型防排水系统

（1）采用自黏型防水板新型防水材料，其由EVA或ECB或HDPE材质胎基、高分子聚合物黏胶层及保护膜三层组成。高分子聚合物黏胶层能与后浇混凝土牢固黏结，与普通防水板相比其最大优点在于防止地下水窜流，隧道全环铺设。

（2）由于以预防为主，不允许排放或少量排放，故不设中心排水管。

（3）环向施工缝：全环设置遇水膨胀止水胶条、中埋式钢边橡胶止水带双道防水，拱墙设置可维护注浆止水管加强防水。

（4）纵向施工缝：采用刷涂混凝土界面剂、止水钢板和遇水膨胀橡胶止水条防水。

（5）变形缝：变形缝部位全环设置外贴式橡胶止水带、20mm打孔PVC波纹管（外包土工布）、中埋式钢边橡胶止水带、沥青木丝板塞缝、聚硫密封胶等，并在仰拱部位环向设置双层抗剪钢筋，以减小变形缝两边的不均匀沉降。

（6）纵向排水盲管：全包防水型隧道两侧的纵向施工缝处防水板内侧设置HDPE110/96双壁打孔波纹管，沿纵向每10m分段并直接与隧道侧沟连通。全包排水型隧道两侧纵向施工缝处防水板外侧设置HDPE110/96双壁打孔波纹管，沿纵向每10m分段并直接与隧道侧沟连通。

（7）全包防水型隧道拱墙防水板与二次衬砌之间环向施工缝处设置HDPE50打孔波纹管，平均每10m一环（可根据台车长度调整），并直接与隧道侧沟连通。全包排水型隧道拱墙初期支护与防水板之间环向施工缝处设置HDPE50打孔波纹管，平均每10m一环，并直接与隧道侧沟连通。

3）纵向排水盲管施工

（1）全包排水型：隧道两侧纵向排水盲管布设于防水板与初期支护之间，防水板铺设前安装。安设前应按照隧道设计纵坡先浇筑纵向盲管基础混凝土，以保证纵向盲管纵向位置的准确及总体平顺。纵向盲管上部施作无砂混凝土反滤层，坡度按照1∶1.5控制，碎石粒径10～30mm，反滤层高度30～50cm。纵向盲管开孔侧向上，每段盲管两端设135°弯头至侧沟，每15m一段。纵向盲管及反滤层施工结束后，采用防水板及土工布包裹，包裹防水板同拱墙防水板沿纵向焊接成整体。

（2）全包防水型：隧道两侧纵向施工缝处防水板与衬砌之间设置HDPE110/96双壁打孔波纹管，纵向每30m分段并直接与隧道侧沟连通。为避免浇筑二次衬砌混凝土时堵塞排水盲管，在排水盲管位置靠二次衬砌侧附加设置幅宽60cm的双面自粘防水板保护，其上侧20cm与正洞自黏防水板之间通过刷涂一层橡化沥青非固化防水涂料（宽

20cm、厚2mm）黏结，下侧40cm包绕盲管并固定，用土工布及防水板包裹。

4）环向排水盲管

全包排水型环向排水盲管设置于初期支护与防水板间，与普通排水型隧道施工方法一致。全包防水型隧道拱墙防水板与二次衬砌之间环向施工缝处设置HDPE50打孔波纹管，平均每10m一环（可根据台车长度调整），并直接与隧道侧沟连通。为避免浇筑二次衬砌混凝土时堵塞排水盲管，盲管应在施工缝一侧混凝土浇筑完成后再安装，在另一侧混凝土浇筑前，盲管采用幅宽40cm的双面自黏防水板保护。双面自粘防水板一侧与后浇混凝土侧防水板之间通过涂一层橡化沥青非固化防水涂料（宽20cm、厚2mm）黏结，另一侧20cm包绕盲管并固定。

纵向排水盲管与环向排水盲管均用泄水管与电缆沟槽的排水沟连接而排水。

5）施工缝、变形缝防水

施工缝及变形缝是隧道防排水的薄弱环节，隧道内主要存在施工缝及沉降缝。施工缝分为环向及纵向两种。环向施工缝中埋式钢边橡胶止水带全环设置于衬砌中间（B/2），纵向施工缝止水钢板设置于离衬砌外表面约1/3衬砌厚度处，遇水膨胀橡胶止水条设置于离衬砌内表面约1/3衬砌厚度处。

变形缝处全环设置中埋式钢边橡胶止水带、外贴式橡胶止水带与20mm打孔PVC管，背水侧3cm内空隙采用聚硫密封胶填塞密实，其余空隙采用填缝料沥青木丝板填塞，20mm打孔PVC管设置三通与隧道侧沟连通。

全包型防水在铁路隧道施工中属于新技术，其"皮肤式防水理念"能有效地防止地下水窜流这一普通防水板所面临的突出问题，但全包型防排水系统设计、施工尚未成熟，其中仰拱部位防水是薄弱环节。拱墙部位在施工过程中可采用注浆堵水等综合措施确保初期支护表面无明水，施工期仰拱因开挖积水而无法判明渗漏水状况，失去注浆堵水机会。同时仰拱二次衬砌钢筋施工时很难避免防水板损伤，衬砌施工完成后，地下水在仰拱部位形成承压水，极易沿施工缝薄弱处渗出而对道床板造成危害。为确保万无一失，应借鉴排水型防排水系统成熟技术，完善中心排水管等防排水措施。

根据本工程的水深、工程地质、水文地质、开挖断面等特点，从安全和经济角度出发，在采取一定安全措施的前提下，洞顶覆盖厚度拟按大于10m考虑，最小覆跨比为0.68。

12.2 蓉江四路过江隧道防排水体系设计与施工技术

以我国采用钻爆法建成的浏阳河水下隧道、厦门翔安海底隧道、青岛胶州湾海底隧道和营盘路湘江水下隧道为工程背景。

对于采用钻爆法修建的水下隧道，施工防排水与结构防排水系统的合理性和可靠性尤其关键，因为隧道处在一个恒定无限补给的水环境中。水下隧道由于水压高，水头稳定，水源补给充足，纵断面为"V"字形，不具备自然排水的条件，必须使用抽水设备将渗水排出，这是一项巨大的运营成本。

因此，水下隧道的施工防排水与结构防排水系统是隧道成功的关键，也是控制运营费用的主要部分。水下隧道独有的特点使得隧道防排水与结构防排水系统的设计和施工面临诸多难题，为做到方案合理、方法可行、措施可靠、风险可控，保证施工、运营的安全和经济，针对浅埋钻爆法施工的水下隧道防排水技术进行立项研究和攻关是十分必要的。

水下隧道设计和施工中需要解决的关键问题，一是最小岩石覆盖层厚度的确定，覆盖层厚度的确定不单是一个防患突涌水的安全问题，也是一个经济问题，覆盖层过薄将会使结构防水不安全，过厚将会增加隧道的长度；二是水压力设计值的确定，水压力设计值是确定衬砌结构的关键，水压力设计值不但与水头大小有关，也与防排水方式和防水采用的辅助工法选择有关；三是衬砌断面的优化和防排水技术，地下水处理应该是"以堵为主，限量排放"，考虑注浆圈时应重点考虑其渗透系数和稳定性；四是穿越不良地质段的施工方法，可采用注浆法、降水法、注浆与冷冻结合法、高压旋喷加固和其他辅助工法。

目前，公路隧道防排水仍沿用常规的技术措施，除了在洞内外进行防排水设置外，对衬砌自防水、二次衬砌铺设复合式防水层、注浆堵水和施工缝、沉降缝、伸缩缝的止防水等方面也日益重视，大量采用复合式防水层、软式透水管、弹簧引水管、HDPE波纹网管和PVC、EVA、LDPE、PE等各种防排水板材与卷材，复合式衬砌的防水层设于一次支护（初衬）与二次模注（二衬）之间，表面光滑，除了防水还能减少喷射混凝土与二次衬砌模注混凝土之间约束应力，防止二次模注混凝土产生裂缝，隧道复合式衬砌防水层常采用EVA（乙烯-醋酸乙烯共聚物）、ECB（乙烯-醋酸乙烯与沥青共聚物）、PVC（聚氯乙烯）、LDEP（低密度聚乙烯）及HDPE（高密度聚乙烯）等材料，为了使防水板不受损伤，保证防水的可靠性，在防水板与初期支护加设泡沫塑料衬垫或无纺布做缓冲层。当前，我国隧道常用的防排水体系主要由地表处理、注浆层、防水层、衬砌结构自防水、环向排水管、盲沟等部分根据需要组合构成。

12.2.1 地表处理

隧道防水设计时，应重视防止地表水的下渗。当隧道浅埋段存在洼地时，在条件适宜时可采用开沟疏导、填平积水洼地，促使地表径流畅通，必要时可结合地形地质条件及水量等，设置泄水洞引排至影响隧道区域外。地表有废弃的坑穴、钻孔等，结合截、排水条件，对其回填不透水材料，并分层夯实封闭。洞顶有流水的沟槽，宜根据沟槽的状况予以整治，确保水流畅通，必要时可对沟床铺砌。洞顶设有高水位水池或有河流、水塘、水库等时，宜有防渗漏措施，对溢水应有疏导设施，岩层风化严重、岩体松散破碎，地下水位较高或有涌水风险时，经技术经济比较，宜采用地表注浆方式进行加固处理。

蓉江四路过江隧道主体段距章江江底10m，两条大断面隧道（北线、南线）在江底位置开挖施工将显著地改变河床下的水文地质边界条件，尤其还有一条断层横切隧道前进方向，这条断层在隧道施工期间可能成为章江水体向隧道渗流补给的通道。另外，隧道地区地质条件复杂，地层中存在松散、破碎岩体，隧道底板高程远低于章江水位，隧道掘进施工过程中洞内的抽排水可能导致章江水体由河床底部破碎岩体形成的导水通道向洞内无限补给，因此需考虑在隧道与河床岩体之间形成隔水层。

隧道暗挖段拱顶覆岩厚度小于8m段进行洞顶地表加固，加固深度（拱顶中风化岩层＋加固厚度）不小于8m，拱顶覆盖层厚度小于8m段加固至地表。加固范围均为开挖边线外扩8m，两洞中间也全部加固。加固采用高压旋喷桩满堂，桩径Φ800mm，桩间距@600mm，桩长2～14m，加固范围为东线EK1＋224.5～EK1＋390，长度

165.5m，EK1+709～EK2+020，长度311m；西线 WK1+226～WK1+385，长度159m，WK1+701～WK2+012，长度311m，如图12-6所示。

图12-6　蓉江隧道地表加固图

12.2.2　注浆处理

围岩注浆技术通常是在软弱围岩中为加固围岩而常采用的一种手段。它能够增强围岩自身的强度、承载能力、自稳能力，同时还能提高围岩的密实性，一定程度上可改变地下水的渗流路径，减少地下水的渗透量。尤其在直接阻止地下水进入隧道方面的贡献，不仅有利于防止运营期隧道出现渗漏问题，也可使隧道在施工期改善工作环境，实现"干施工"，提高施工作业安全。

对于围岩破碎软弱地段、地下水发育且存在突水突泥可能的特殊地质地段或环境敏感地段，应对隧道围岩注浆防（堵）水，注浆方案应根据地质情况、施工方法、支护预期的变形量、相邻隧道的相互影响及其他构筑物的位移、沉降、水资源保护的要求等进行选择。隧道施工注浆类型包括超前帷幕注浆或超前周边注浆、超前局部注浆、径向注浆、回填注浆等。

在隧道施工期间，可在隧道掌子面设置止浆墙或止浆岩盘，用于隔阻前方水流、保证注浆效果、维持掌子面稳定，如图12-7所示。

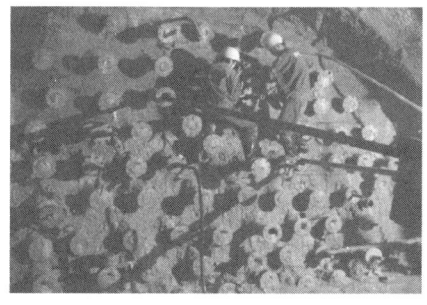

图12-7　蓉江隧道地表加固图

在本工程富水软土地层中，注浆处理主要包括：先以较低的注浆压力使土体发生径向位移，从而让土体被挤压密实，孔隙水压力逐渐减小，增大其有效压力；再提升注浆压力，使钻孔孔壁被浆液劈裂；最后在较高注浆压力作用下，浆液沿裂缝向周围地层扩散，通过反复劈裂和填充，使周围地层被完全压密，最终达到降低地层渗透系数、提高承载力的目的。

结合蓉江四路隧道项目地勘资料，注浆所选用的材料必须具备良好的可注性、环保、耐久性和抗分散性，并同时具有早强、抗腐蚀（隧址区地质总体呈现微腐蚀性）、高强、凝结时间可控等性能。建议在风化裂隙较发育且地下水储量较少、补给不足的地段采用普通水泥浆或水泥-水玻璃浆，而在地下水充足的区域，上述浆液由于凝结时间较长，易被水稀释，无法形成密实的注浆圈，影响其强度和堵水性能，可考虑采用HSC（分散型硫铝酸盐超细水泥）、GRM（超早强自流平水泥基灌浆材料）等。

结合超前探水钻孔，查明掌子面前方及地下水分布状况及水量后，根据不同的情况，分别采用全断面帷幕预注浆、局部断面预注浆等注浆方式，将地下水尽可能封堵在围岩内，以确保施工及结构的安全。

1) 全断面周边预注浆

根据地勘资料，东线隧道在EK1+485～EK1+525处通过F1断层破碎带，设计要求采用全断面周边预注浆。除设计要求外，超前地质预报探明隧道穿越断层破碎带会发生突水涌水的地段，且当探水孔有2/3孔满水且总水量大于$15m^3/h$时，采用全断面帷幕注浆堵水。

2) 局部断面预注浆

(1) 当超前探水孔中总出水量小于$15m^3/h$但个别探水孔出水量大于$3m^3/h$时，采用局部断面堵水。注浆范围为：在出水通道范围内，隧道开挖外轮廓线以外5～6m，单孔注浆有效扩散半径R=3.6m，注浆结束最终压力为净水压力的2～3倍。数量表中工程数量按每延米4个注浆孔计算，施工时可根据探水钻孔探明的出水点位置、水量和预注段岩层节理、裂隙发育情况，布置注浆孔个数和位置，注浆孔孔径为108mm，开孔孔径150mm。注浆后，总出水量小于$2m^3/h$且一处出水量小于$0.6m^3/h$，即可结束注浆。注浆材料主要采用单液浆，困难时采用水泥-水玻璃双液浆，初拟为水泥：水玻璃（体积比）=1：（0.6～1.0），水泥浆水灰比0.8：1～1：1，水玻璃浓度模数2.6～2.8，水玻璃浓度为35Be'。注浆压力初拟0.5～1.5MPa。凝胶时间根据现场情况确定。局部预注浆堵水段落根据地质详勘报告确定，实施时严格按照动态设计程序执行，如图12-8～图12-10所示。

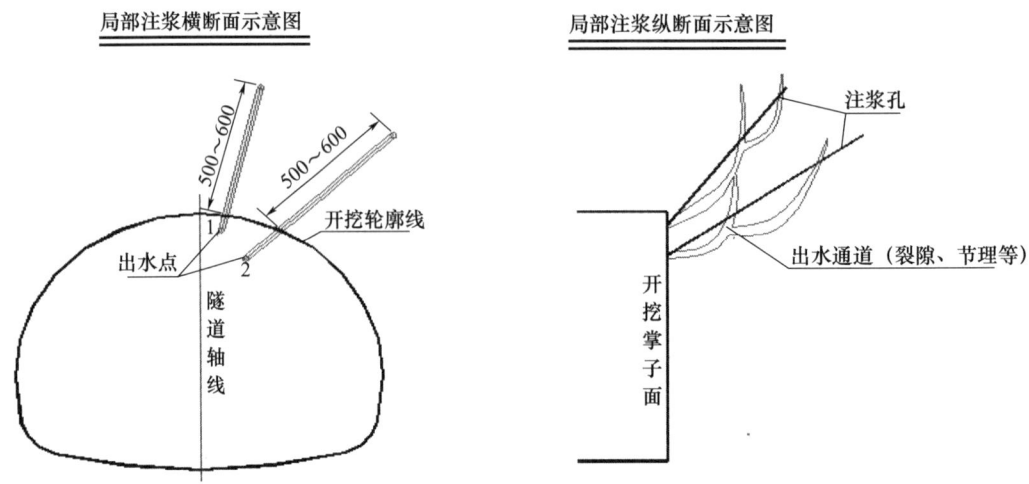

图 12-8 局部注浆示意图

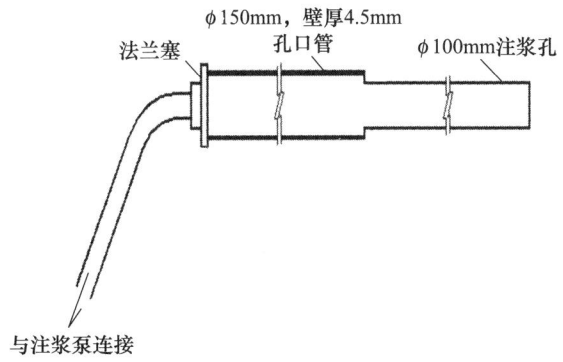

图 12-9 注浆孔大样图

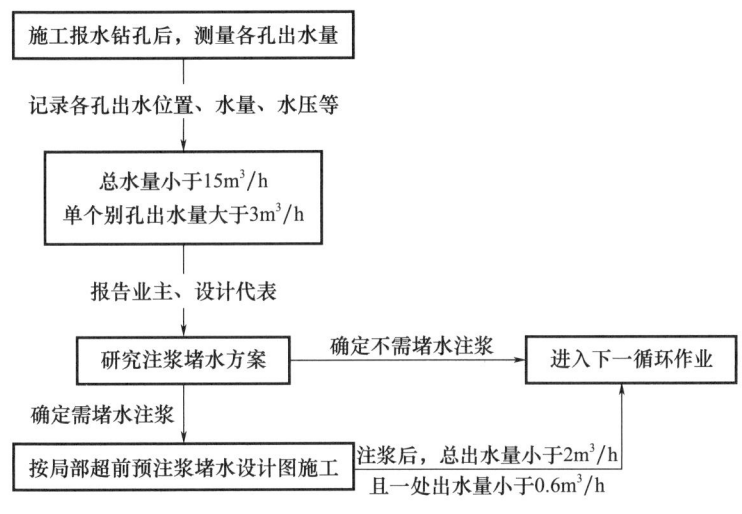

图 12-10 局部预注浆堵水动态工序图

（2）局部预注浆结束标准

单孔注浆压力达到设计终压并继续注浆 10min 以上，可结束本孔注浆，单孔注浆量与设计注浆量基本相同，结束时的进浆量在 20L/min 以下时可结束本孔注浆。

（3）堵水注浆效果检查

一个注浆段的全部注浆孔注浆完成后，在主要出水点附近设置至少 5 个检查孔，测孔内涌水量，要求全断面小于 $1m^3/(d·m^2)$，或进行压水试验，在 0.75MPa 的压力下，吸水量小于 2L/min，否则应补孔注浆。

3）排水措施

断面打设的超前探水孔作为排水孔，减少水压对围岩的破坏。由于隧道出口属于反坡施工，最大坡度为 5‰。施工期间，若发生涌水突水会使掌子面积水，因此洞内排水采用分级接力抽水排放。根据地勘涌水量，采取 200m 在左侧设置一个 $2m×2m×5m$ 的集水钢箱，每个集水钢箱配置 1 台 15kW 水泵，一根 $\phi100$ 排水钢管将水抽放至洞口排出，以保证洞内不积水和施工安全。

12.2.3 喷射混凝土防水

喷射混凝土是山岭隧道初期支护的基本组成部分，基本作用是加固和支护围岩，其防水作用往往得不到重视。但是实际情况下，一般的喷射混凝土密实度较差，强度低，在围岩的变形过程中容易产生大量裂缝，因而其抗渗性也较差，工程经验显示湿喷混凝土的抗渗性相对较好。为保证其防渗效果，喷射混凝土选用强度、配合比满足防水要求的混凝土且喷层有足够厚度，保证喷层与围岩以及喷层之间的黏结密度，可添加合适的外加剂，并注重混凝土的养护。

影响喷射混凝土层防水质量的因素通常有以下几点：

（1）在围岩开挖施工过程中，由于开挖面通常不规则，导致混凝土喷射层与围岩不能达到密贴的效果。

（2）在混凝土层喷射过程中，由于丰富地下水的渗入，影响喷射层混凝土的性质。另外，在混凝土硬化过程中，地下水的渗入会影响混凝土的硬化，导致混凝土不密实，不能与围岩密贴。

（3）在一些复杂特殊地段，如采用钢筋网或锚杆等构造形式，通常也会影响喷射混凝土层的防水效果。如采用锚杆构造，其本身就容易形成水流通路，围岩渗漏水很容易沿锚杆渗漏出来，影响喷射混凝土层的防水质量。

（4）喷射混凝土本身的配合比、掺加的外加剂影响其抗渗效果。

目前，一些工程尝试在喷射混凝土中添加抗渗剂以提高其抗渗能力，建议本工程在喷混过程中，针对围岩表面有少量渗水位置，可添加防水剂，渗量为水泥质量的3%～4%；对于渗水量较大位置，可先用导水管对水点进行排水，再喷射混凝土，当喷混达到强度的70%时，用防水剂堵水。

12.2.4 防水层防水

隧道复合式衬砌是新奥法施工隧道的基本形式，随着新奥法的兴起，它被应用于国内外大量的隧道工程，具有先进合理、防水可靠的优点。这种复合衬砌由一次支护、二次模注混凝土以及防水层组成。复合式衬砌的防水层设于一次支护与二次模注之间，表面光滑，除了防水还能减少喷射混凝土与二次衬砌模注混凝土之间约束应力，防止二次模注混凝土产生裂缝。

复合式衬砌初期支护与二次衬砌之间设置防水板防水层时，应符合下列规定：防水层由防水板（种类较多）与缓冲层组成，宜采用分离式。防水板厚度不小于1.5mm，缓冲层材料一般采用土工布，其单位面积质量不得小于300g/m，如图12-11所示。

防水板防水层应固定牢靠，其固定点的间距拱部宜为0.5～0.8m，边墙宜为0.8～1.0m，隧底宜为1.0～1.5m。局部凹凸较大时，应在凹处加密固定点，使缓冲层与基面密贴。缓冲层接缝搭接宽度不应小于5cm。防水板的固定应松紧适度并留有余量，以保证混凝土浇筑后与初期支护表面密贴，如图12-12所示。

在施工中，防水板防水层铺设应满足下列要求：围岩或喷射混凝土基面应平整、无空鼓，其平整度应符合 $D/L \leqslant 1/10$ 的要求，否则应进行喷射混凝土或抹水泥砂浆找平处理（D 为基面相邻两凸面凹进去的深度；L 为基面相邻两凸面间的距离，且 $L \leqslant 1\text{m}$），如图12-13所示。

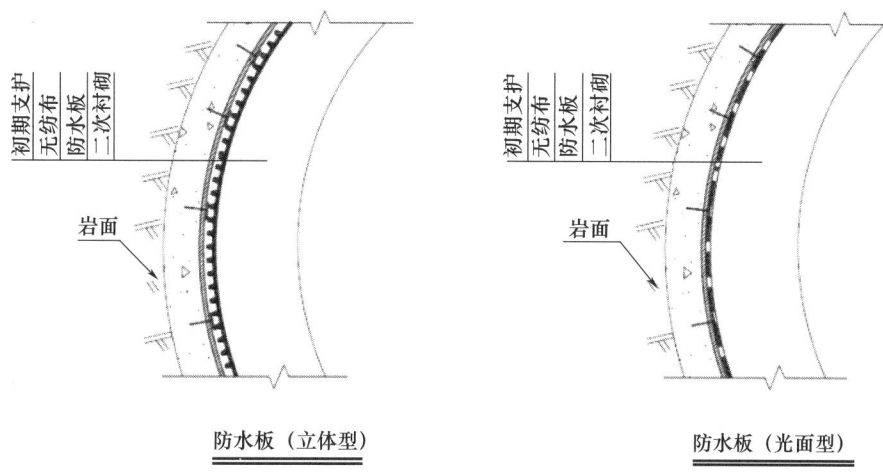

图12-11　防水系统局部示意图

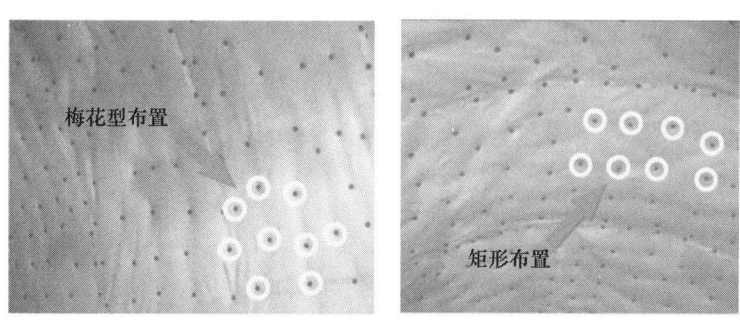

图12-12　常见防水板布置形式

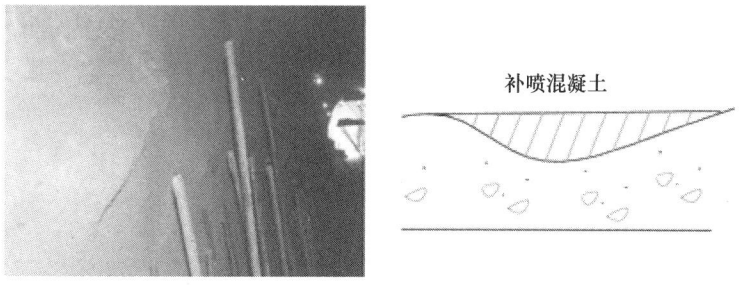

图12-13　铺设防水板时的围岩处理措施

锚杆、钢筋、管道等凸出部分，先切断后锤平，如图12-14所示。

防水板的焊接应采用双焊缝，单条焊缝的有效焊接宽度不应小于15mm，两幅防水板的搭接宽度不应小于15cm，分段铺设的防水板的边缘部位应预留至少20cm的搭接余量，防水板搭接缝应与衬砌施工缝错开不小于50cm，如图12-15所示。

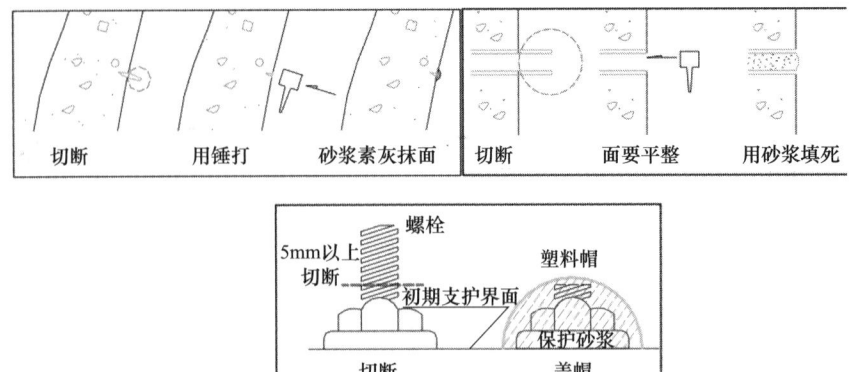

图 12-14 铺设防水板时的钢筋处理措施

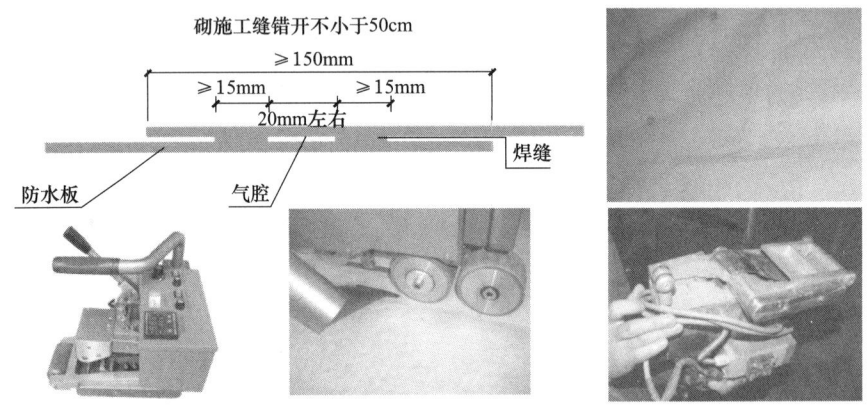

图 12-15 防水板搭接处理措施

12.2.5 隧道排水设施

大量实践及科学研究表明，单纯的防水很难满足地下结构的防水要求，尤其是处于地下水位较高，且地面水较丰富的富水区地下工程，通常都采用防排结合的形式进行设防。另外，为了保证施工过程的顺利进行，排水措施已经越来越受工程界所关注。

隧道、明洞、辅助坑道应采用自流排水系统，如图 12-16 所示；无自流排水条件的隧道应按照其采用的防水等级，在优化其防水措施后，根据洞内地下水排放量，采用机械（强制）排水系统。

图 12-16 自流排水系统

盲沟：铺设于隧道衬砌与围岩（或初期支护）之间，用于截、引、排地下水的透水管路系统。盲沟包括沿隧道线路的纵向盲沟以及垂直于隧道线路方向的环向盲沟。设置盲沟作为排水设施，可大大降低隧道结构周边的地下水压，进而减轻地下水对隧道结构的影响，如图 12-17、图 12-18 所示。

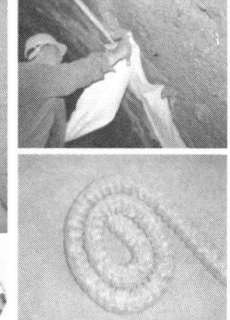

图 12-17　隧道盲沟及其材料

12.2.6　二衬防水

隧道复合式衬砌中二衬通常采用模筑混凝土，其应具有一定承载能力及足够的强度，作为结构防水的关键，还应具有相应的防水能力，所以二衬也是结构自防水的主体。结构自防水即利用混凝土结构本身的抗渗性来达到防水的目的。混凝土结构的抗渗等级需根据结构所处位置的地质水文条件来确定，同时需满足抗压、抗冻和抗侵蚀性等耐久性要求。防水混凝土的抗渗等级通常是通过调整混凝土的配合比，或掺加外加剂、掺合料等措施而配制得到。

模筑混凝土衬砌一般应符合下列规定：结构最小厚度不应小于 30cm；裂缝宽度不得大于 0.2mm，并不得贯通；钢筋保护层厚度应根据结构耐久性和工程环境选用，迎水面钢筋保护层厚度不应小于 50mm；钢筋混凝土的配筋，结合施工条件，在满足结构配筋要求的条件下，为控制裂缝，宜采用较细的钢筋和较小的钢筋间距。

地下工程防水标准依据允许渗漏水量、工程重要性、人口活动频率等因素分为四个等级：

一级：不允许渗水，结构表面无湿渍。

二级：不允许漏水，结构表面可有少量湿渍。工业与民用建筑：总湿面积不应大于总防水面积（包括顶板、面、地面）的 1/1000；任意 $100m^2$ 防水面积上的渍不超过 2 处，单个湿渍的最大面积不大于 $0.1 m^2$。其他地下工程：总湿面积不应大于总防水面积的 2/1000；任意 $100m^2$ 防水面积上的湿渍不超过 3 处，单个湿渍的最大面积不大于 0.2 m^2；其中，隧道工程还要求平均水量不大于 0.05 L/（m^2·d），任意 $100 m^2$ 防水面积上的渍水量不大于 0.15 L/（m^2·d）。

三级：有少量漏水点，不得有线流和漏泥砂。任意 $100m^2$ 防水面积上的渍水或湿渍点数不超过 7 处，单个水点的最大漏水量不大于 2.5L/d，单个湿渍的最大面积不大于 $0.3m^2$。

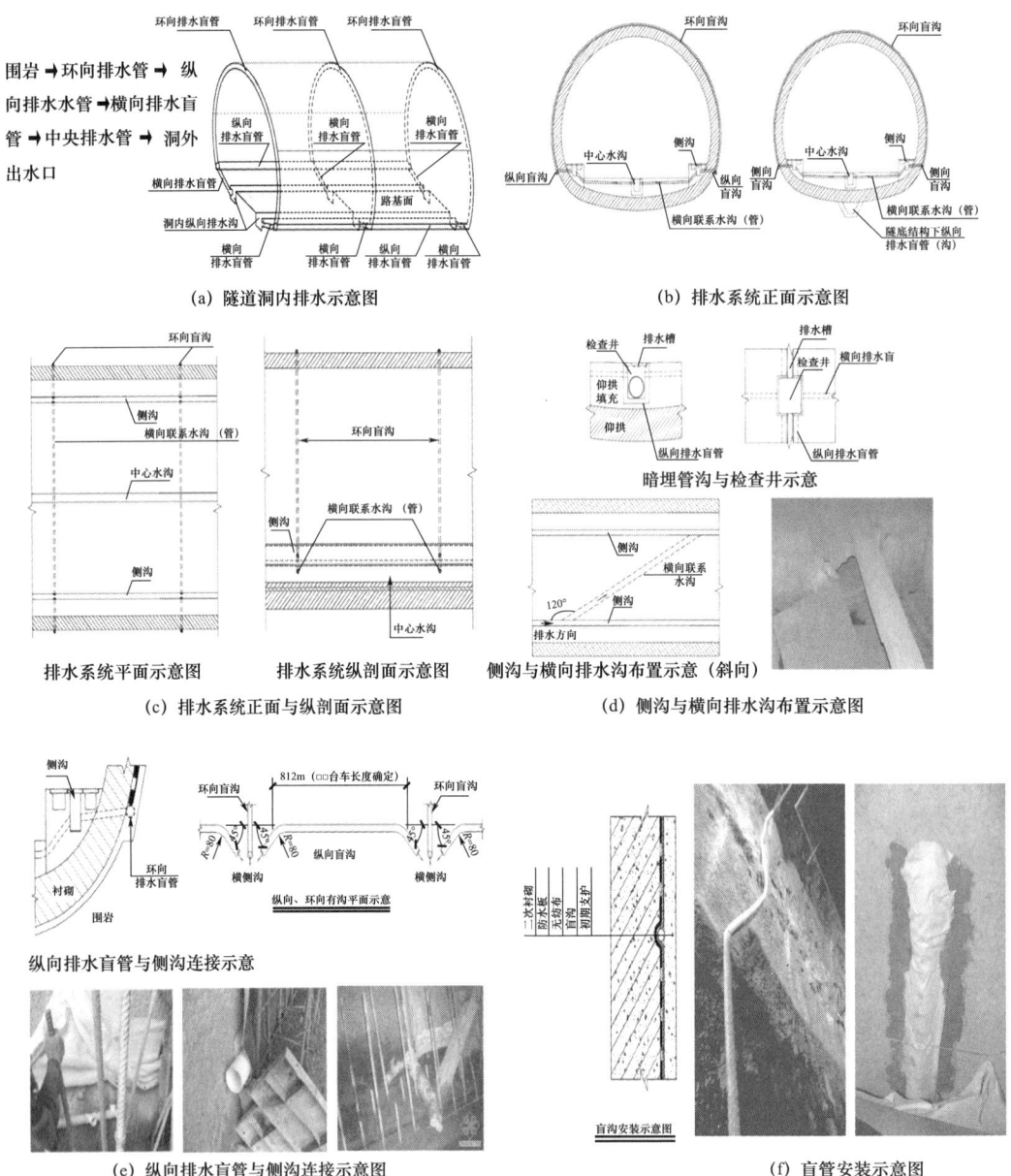

图 12-18 隧道防排水设施

四级：有漏水点，不得有线流和漏泥砂。整个工程平均漏水量不大于2L/（m²·d），任意100m²防水面积上的平均渗水量不大于4L/（m²·d）。

与防水标准相对应，隧道工程二衬防水混凝土设计可遵循下列规定：

（1）防水等级为一级的隧道工程：模筑防水混凝土衬砌结构最小厚度不小于30cm，在自然通风条件下混凝土抗渗等级不应低于P12，在机械通风条件下混凝土抗渗等级不应低于P8；

（2）二级防水的隧道工程，模筑防水混凝土衬砌结构最小厚度不小于30cm，混凝土抗渗等级不应低于P8；

(3) 三、四级防水的洞室、辅助坑道，当采用模筑混凝土衬砌时，衬砌结构最小厚度不得小于 25cm。

由于受施工条件、施工技术等因素的影响，单纯的结构自防水通常很难满足结构的抗渗要求，因此通常需要辅助防水层进行防水。另外，二衬背后还应回填注浆堵水，注浆堵水一般在二衬完成一个月之后进行。

12.2.7 施工缝、变形缝防水

隧道衬砌施工缝和变形缝的防水处理是隧道施工的技术关键，施工缝是施工工艺不可避免的，变形缝则正是为了消除反复受力而设的。但是两者均产生了负面效应，也就是接缝的渗漏水问题。隧道衬砌混凝土应尽量减少施工缝，拱、墙宜避免出现纵向施工缝，隧底结构宜整幅灌注；当不可避免时，应加强结构及防水措施。施工缝也可采用混凝土界面剂加强新老混凝土界面的连接，以增强施工缝的防水性能。施工缝处防水构造通常由止水带（条）、膨胀止水条等材料组成。根据止水带（条）安放的位置不同，施工缝防水构造通常有外贴式和中埋式两种。在具体工程中，为确保结构的防水效果，通常使用多道防水相结合的方式进行施工，如外贴式止水带和遇水膨胀橡胶止水条复合使用，克服遇水膨胀橡胶止水条不易固定、遇水后反复伸缩进而失效的缺点。各种止水材料相互配合既能克服各自的弱点，同时又能提高结构的防水效果。

施工缝、变形缝防水构造措施应根据工程的防水等级要求确定，并宜优先选用可修复的防水构造。考虑到过江隧道工程的重要性，防水要求严格，隧址区大部分按照一级防水标准考虑。一级防水隧道的施工缝常见防水构造形式如图 12-19 所示。

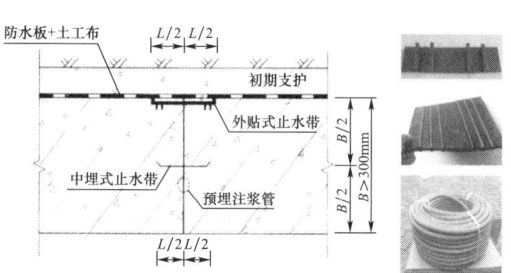

(a) 中埋式止水带、预埋注浆管、外贴式止水带防水构造形式

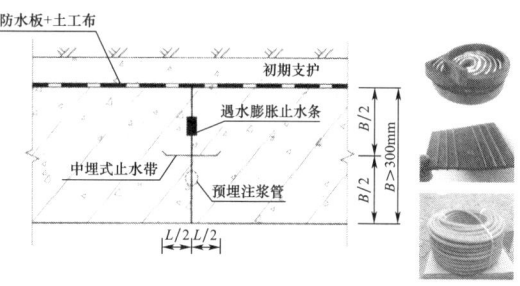

(b) 中埋式止水带、预埋注浆管、遇水膨胀橡胶止水条防水构造形式

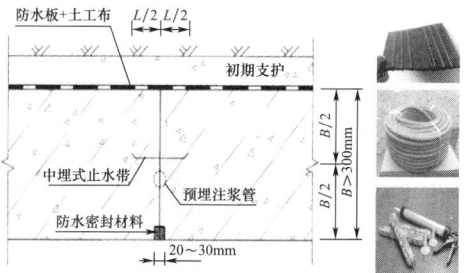

(c) 中埋式止水带、预埋注浆管、防水密封材料防水构造形式

图 12-19　一级防水隧道的施工缝常见防水构造形式

二级防水隧道的施工缝常见防水构造形式如图 12-20 所示，当需要提高防水措施的可靠度时，可增设预埋注浆管，参照一级防水隧道构造形式。

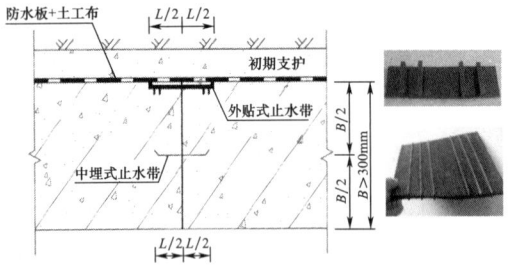

(a) 中埋式止水带外贴式止水带防水构造形式

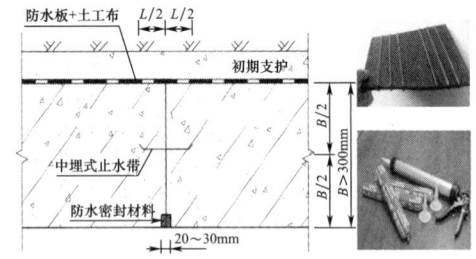

(b) 中埋式止水带防水密封材料防水构造形式

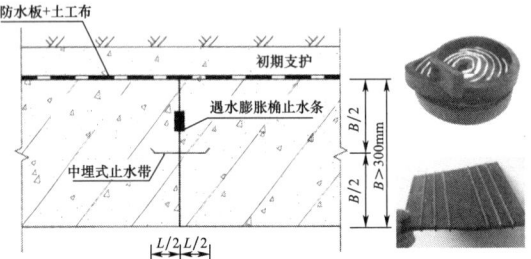

(c) 中埋式止水带和遇水膨胀橡胶止水条防水构造形式

图 12-20　二级防水隧道的施工缝常见防水构造形式

三级防水隧道的施工缝可选用一种防水措施，其常见防水构造形式如图 12-21 所示，也可选用"L"形或企口式施工缝，以达到防水要求。

隧道衬砌设置变形缝主要是为了满足限制隧道纵向发生不均匀变形的要求，在衬砌上每隔一段距离设置的缝隙。另外，隧道衬砌在受温度和应力调整的影响后，往往也会发生变形，这种变形沿隧道纵向是不均匀的，为适应隧道衬砌这种不均匀变形，常在隧道衬砌上间隔一定距离设置变形缝。

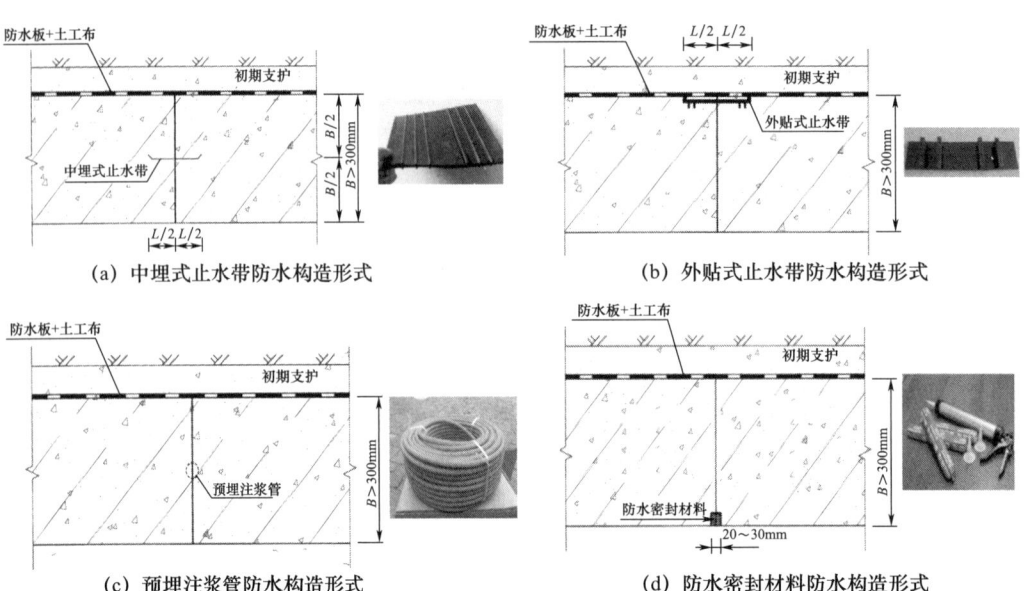

(a) 中埋式止水带防水构造形式　　　　　　(b) 外贴式止水带防水构造形式

(c) 预埋注浆管防水构造形式　　　　　　　(d) 防水密封材料防水构造形式

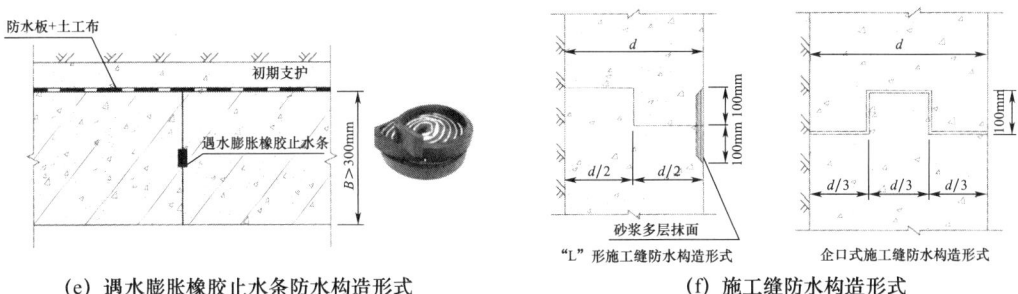

(e) 遇水膨胀橡胶止水条防水构造形式　　(f) 施工缝防水构造形式

图 12-21　三级防水隧道的施工缝常见防水构造形式

变形缝所采取的防水措施应能满足接缝两端结构产生不均匀沉降及纵向伸缩时的防水密封要求。从防水构造上看，变形缝的设置需满足以下几个基本条件：①能承受一定的水压力；②能适应衬砌结构的变形和沉降，在一定的外力作用下不致破坏；③能与主体结构防水层的四面相互衔接密实牢固，形成一个整体；④具有足够的耐久性。

变形缝防水构造通常由止水带、填缝板和密封材料三部分组成。止水带的埋置方式有外贴式和中埋式两种，变形缝处的止水带不仅应具有一定的止水能力，同时还应该能适应衬砌结构变形的需求。填缝板也应具有一定的适应变形缝变形的能力，用于填充变形缝并起到对止水带及密封材料的支撑作用，密封材料应对变形缝起到止水密封的作用，同时能适应变形缝的变形要求。

变形缝防水措施常见的有中埋式止水带、外贴式止水带、防水密封材料、遇水膨胀橡胶止水条等，应根据防水等级的要求组合使用。一级防水隧道的变形缝常见防水构造形式如图 12-22 所示，结合地下水发育情况，也可采用带截水盒的防水构造形式。

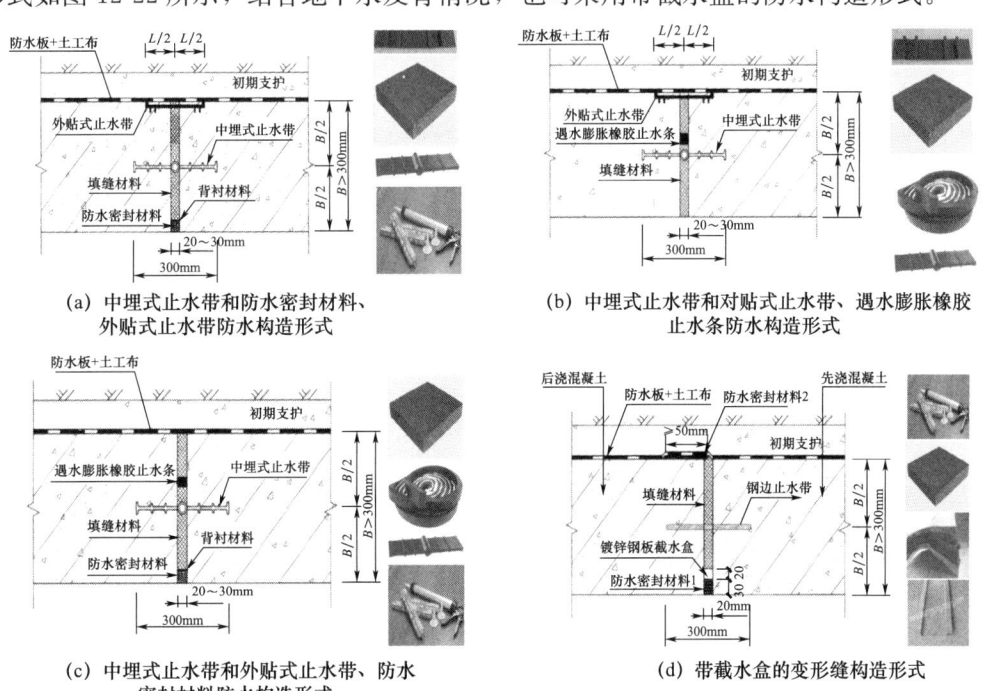

(a) 中埋式止水带和防水密封材料、外贴式止水带防水构造形式

(b) 中埋式止水带和对贴式止水带、遇水膨胀橡胶止水条防水构造形式

(c) 中埋式止水带和外贴式止水带、防水密封材料防水构造形式

(d) 带截水盒的变形缝构造形式

图 12-22　一级防水隧道的变形缝常见防水构造形式

二级防水隧道的变形缝常见防水构造形式如图 12-23 所示，地下水发育地段或有特殊要求地段可采用由三种防水措施组成的构造形式，参照一级隧道防水。

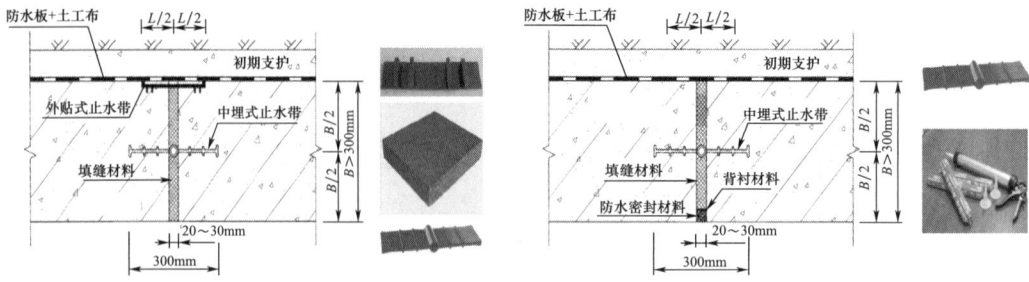

(a) 中埋式止水带和外贴式止水带防水构造形式　　(b) 中埋式止水带和防水密封材料防水构造形式

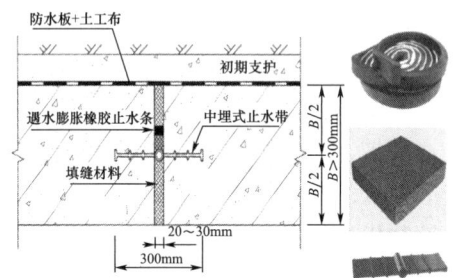

(c) 中埋式止水带和遇水膨胀橡胶止水条防水构造形式

图 12-23　二级防水隧道的变形缝常见防水构造形式

三级防水隧道的变形缝可采用中埋式止水带防水措施，如图 12-24 所示。当地下水发育且有特殊要求时，宜增设一道其他防水措施以组成复合防水构造，参照二级防水隧道构造形式。

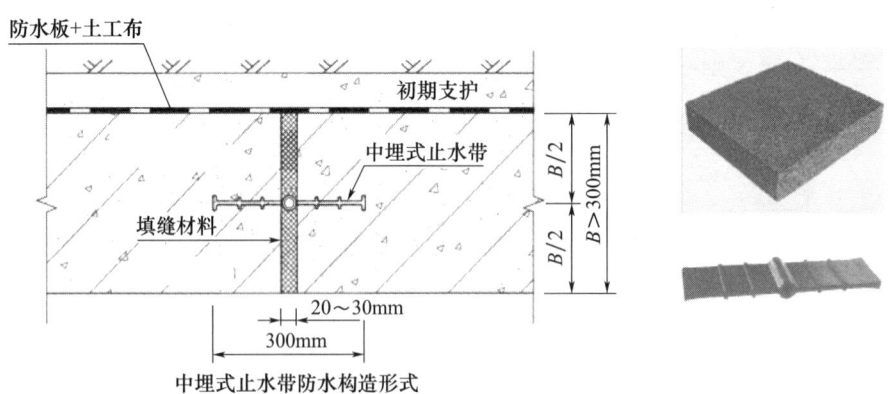

中埋式止水带防水构造形式

图 12-24　三级防水隧道的变形缝常见防水构造形式

施工缝和变形缝的施工流程主要有以下几步：挡头模板钻钢筋孔、穿钢筋卡、放置止水带、下一环节止水带定位、灌注混凝土、拆挡头板、下一环止水带定位，如图 12-25 所示。

 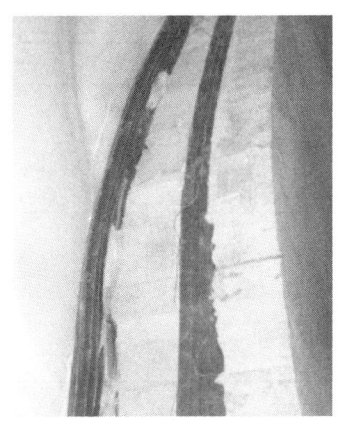

图 12-25　施工缝和变形缝图

12.3　蓉江四路过江隧道防排水工艺研究

12.3.1　高分子防水材料特点

建筑工程防水材料通常分为六大类：高聚物改性沥青基防水卷材、合成高分子防水卷材、防水涂料、密封材料、刚性防水及堵漏止水材料和特种防水材料。就目前我国新型防水材料结构比例来看，沥青基防水卷材在我国防水材料市场中占比最大，约为70%；高分子防水卷材占10%左右，防水涂料和其他类型防水材料占比约20%。随着我国科学技术的发展以及人民环保意识的增强，建筑、交通、农业、水利等领域均对防水材料提出了多种类、高品质的要求。我国防水卷材的发展经历了从沥青纸胎油毡到改性沥青防水卷材、再到高分子防水卷材，从单一到多样、从污染到环保、从低质量到高品质的历程。其中高分子防水卷材作为具有优异物理性能和良好经济效益的新型建筑材料，在社会生产中得到越来越多的重视。

1）高分子防水卷材的特点

（1）种类多。高分子防水卷材按原料性质分为橡胶类和树脂类，按是否含有附加层又可分为均质类、复合类、自粘类。常见的高分子防水卷材有：三元乙丙橡胶（EPDM）防水卷材、聚氯乙烯（PVC）防水卷材、氯化聚乙烯（CPE）防水卷材、乙烯醋酸乙烯共聚物（EVA）防水卷材、乙烯醋酸乙烯改性沥青共混（ECB）防水卷材、高密度聚乙烯（HDPE）防水卷材、热塑性聚烯烃类（TPO）防水卷材等。

（2）拉伸强度高、延伸率大，低温弯折性好。高分子防水卷材由高聚合物组成，这些聚合物的延度较高，增强了高分子防水卷材的抗拉性能。对于不同气候条件下结构层的伸缩、变形等具有较强的适应性，解决了传统防水材料易产生开裂的问题，从而确保了工程的防水质量。以下是几种常见的高分子防水卷材物理性能指标，见表12-1。

表 12-1 高分子防水卷材物理性能指标

项目	PVC (JS1)	EVA (JS2)	ECB (JS3)	EPDM (JS4)	CPE (JS5)	TPO (JS6)
抗拉强度/MPa	10	16	14	7.5	6.0	12.0
抗断伸长率/%	200	550	500	450	300	500
撕裂强度/kN·m^{-1}	40	60	60	25	23	60
不透水性/30min	0.3MPa 无渗漏	0.3MPa 无渗漏	0.3MPa 无渗漏	0.3MPa 无渗漏	0.3MPa 无渗漏	0.3MPa 无渗漏
低温弯折性	−20℃ 无裂纹	−35℃ 无裂纹	−35℃ 无裂纹	−40℃ 无裂纹	−30℃ 无裂纹	−40℃ 无裂纹

(3) 耐腐蚀、耐老化、使用寿命长。一般合成高分子防水卷材的耐用年限在 10 年以上，而 EPDM 防水卷材的使用年限在 30 年以上。随着技术的进步，一些材料的使用寿命较大幅度提升，如新型防老化剂和增塑剂的成功开发使 PVC 防水卷材的耐老化性能得到提升，迅速大规模投入市场。

(4) 施工方法更加环保。出于对工地防火及城市环境卫生的要求，很多城市已明令禁止明火施工和熬热沥青，而高分子防水卷材的冷粘法、自粘法和热风焊接法等施工方法均为冷作业，不仅改善了工人的施工条件和施工现场的管理，也减少了环境污染。

(5) 应用范围广。除了用于建筑防水外，亦大量用于交通、市政、水利、园林等工程。由于一些高分子材料具有极佳的长期耐水性，用于地下、水中或其他潮湿环境，高分子防水卷材的基本性能不变，能有效耐腐蚀和霉烂。

2) 高分子防水卷材施工技术与问题

高分子防水卷材除了在隧道、地铁、综合管廊中得到应用，还应用于屋面、地下通道、人防工程、地下车库等领域。不同种类的防水卷材施工技术不同，建设者会根据施工的地质环境或节点部位的不同进行判断选择。高分子防水卷材施工应用技术逐渐形成了松铺压顶、机械固定、热焊接及黏结几种方法，如 EPDM 防水卷材采用冷粘法施工，PVC 防水卷材和 TPO 防水卷材采用机械固定法施工，高分子自粘胶膜防水卷材采用预铺反粘法施工，其中机械固定法最常见。

高分子防水卷材在实际应用中会存在一些问题：首先，地下工程施工时，往往空间狭小，钢筋绑扎与焊接、脚手板支护、混凝土浇筑等工序往往进行交叉作业，卷材铺设完成后没有保护层，难免会对防水层造成一定的损伤。此外，由于地基不均匀沉降、结构变形等因素，也会对防水卷材造成拉伸破坏，从而引起渗漏。其次，常见的机械固定法不能使防水卷材与混凝土结构形成满粘，一旦卷材出现破损，地下水将会在结构与防水层之间形成窜流，且很难找到漏水点，对后期维修造成困难。因此，防水工程是要求一次性做好的重点工程，建设者必须以保守的心态对防水卷材进行选择、设计、施工和维护。

3) 高分子自粘胶膜防水卷材原理及优势

我国自上世纪 90 年代从美国引进预铺反粘技术，通过多年的技术积累和实践应用，高分子自粘胶膜防水卷材的生产及施工技术都已经非常成熟。高分子自粘胶膜防水卷材表面覆有自粘胶膜层，该胶层不仅有渗透和卯榫作用，还能在混凝土固化过程中通过化学键作用形成强大的黏结力,通过物理卯榫和化学交联两种作用协同进行,让黏结更为牢靠。高分子自粘胶膜防水卷材与混凝土表面形成满粘效果,达到"皮肤式"的防水,防止水在结构和防水层间形成窜流。高分子自粘胶膜防水卷材对施工基面要求较低,在无水的环境下即可施工。单层铺设,无需加强层就可以达到很好的防水效果;无需底涂和预处理,节约工期;预铺后可直接在卷材上绑扎钢筋,抗穿刺能力强;施工过程不使用溶剂,无明火,更加环保。基于以上优点,未来高分子自粘胶膜防水卷材将会在更多的地下工程中得到应用。

12.3.2 隧道工程预铺丁基TPO防水卷材应用技术研究

矿山法隧道是暗挖法隧道的一种,根据隧道开挖成型后对围岩不同的支护方式,又有"传统矿山法"和"新奥法"之分。新奥法主要采用喷锚初期支护,再施作内层衬砌的复合式衬砌隧道结构形式,具有灵活、密贴、柔韧等优点。

矿山法隧道的复合式衬砌防水主要是在初支上铺设的一层防水层,通常防水层采用PVC、EVA、ECB、LDPE等防水板。这些传统的防水板,因材料自身具有两面均较光滑的特性,无法与二衬混凝土形成有效咬合。一旦防水卷材破损,或焊接不密,防水层和二衬混凝土之间就会出现"窜水(即渗漏水)"现象,进而透过混凝土裂纹、裂缝进入隧道内部。一旦出现"窜水",一般也很难锁定实际发生破损的漏点位置,使得后续查漏、修补等工作十分困难。因此解决"窜水"问题,便于查漏及维修是预铺反粘技术在隧道防水中得以推广应用的基础和优势。

(1) 高分子自粘胶膜防水卷材及预铺反粘施工技术

《地下工程防水技术规范》(GB 50108—2008)中对高分子自粘胶膜防水卷材有明确的定义:该材料是在一定厚度的高密度聚乙烯膜上涂覆高分子胶料,复合制成的自粘性防水卷材,用于预铺反粘法施工。高分子自粘胶膜防水卷材的基本构造为HDPE主防水层、高分子自粘胶层、弹性薄涂保护层、隔离膜等,如图12-26所示。

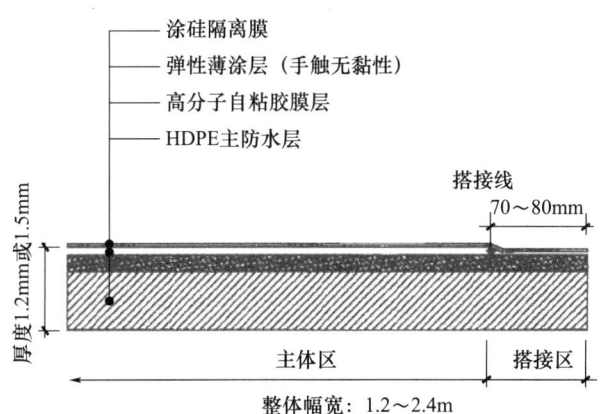

图12-26 高分子自粘胶膜防水卷材的基本构造图

(2) 焊接式防水板应用于矿山法隧道施工工艺

该施工工艺流程如图12-27所示。

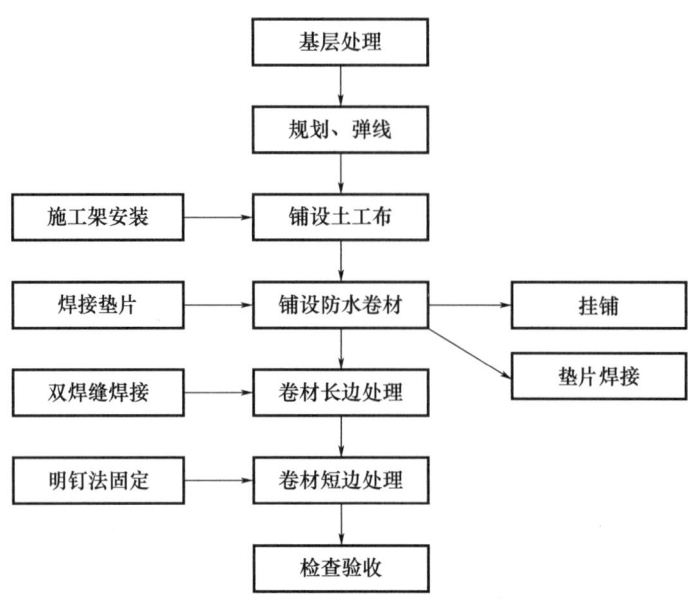

图 12-27 预铺反粘法应用于矿山法隧道施工工艺流程图

（3）高分子自粘胶膜防水卷材在施工中的优点

预铺反粘施工工艺对基层要求不高。对基层含水率无严格要求，只要求无明水，要求基层平整或平缓、无突起尖锐物，承台或基坑转角部位需平直，一般当混凝土基层达到可上人的强度后就可施工防水层。

卷材的高密度聚乙烯主防水层通过塑性的高分子自粘胶层、反粘结层与混凝土结构附着在一起。当防水层受到外界力作用时，因高分子自粘胶层的塑性特征，主防水层可在凝胶层内发生相对位移变形，从而发挥出主防水层的高强度、耐爆破、耐撕裂等优异性能。当混凝土结构内部发生温度裂缝、应力裂缝、结构变形等裂缝形变时，自粘胶层能够产生塑性位移变形，以消除结构裂缝的反射损伤，提高防水系统整体安全性能。

预铺反粘施工工艺使卷材自粘层与结构层永久性地黏结为一体，无"窜水"隐患。当主体卷材破损后，塑性高分子自粘胶层能够抵抗外界水的浸润作用，并把水限制在破损区域，使混凝土接触外界水的面积尽可能小，减小水渗入结构的可能性，提高防水层的可靠性，便于寻找渗漏点进行维修。

高分子自粘胶膜防水卷材主防水层采用的高密度聚乙烯，赋予卷材优异的物理力学性能及高强的材质特性，更具抗穿刺、抗烯破的性能特征，因此卷材施工后无需做保护层，可直接绑扎钢筋，浇筑混凝土，提高了防水工程的整体工效。

12.3.3 预铺 TPO 防水卷材在蓉江水下隧道的应用

蓉江水下隧道矿山法段排水系统设计如图 12-28～图 12-30 所示，其防水层施作工艺研究包括：

（1）基面处理：铺设防水层前必须对初期支护进行找平，对外露的钢管头、钢筋头等切除，用水泥砂浆抹平，确保喷射混凝土表面平整圆顺。

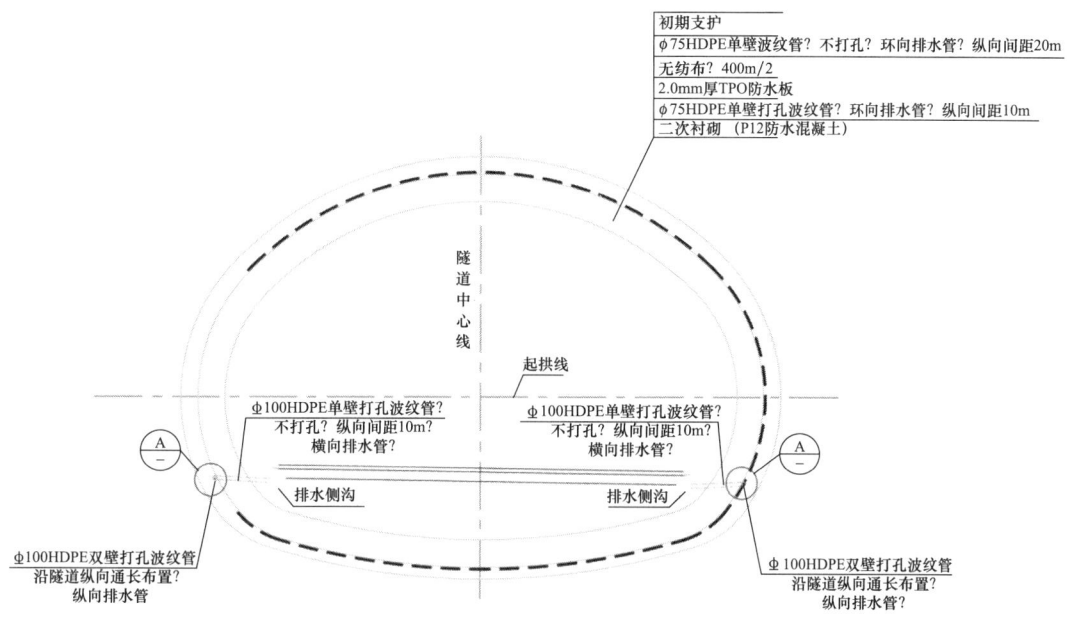

图 12-28 隧道暗洞全包防水设计图

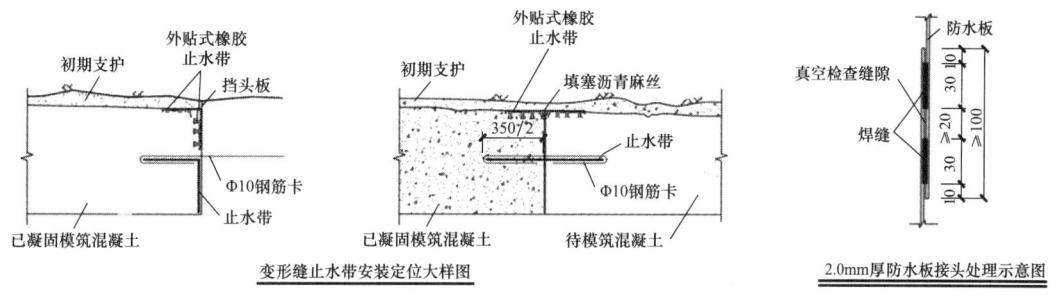

图 12-29 隧道暗洞全包防水板构造图

(2) 防水板铺设：用直径 80mm 塑料垫圈和射钉将无纺布固定于初期支护上，钉距拱部 500mm×500mm，边墙 1000mm×1000mm，梅花型布置，然后将防水板固定于垫圈上。防水板的焊接是防水施工的关键性工艺，防水板焊接好后，必须进行充气检查。防水层施作完成后，应进行认真检查，发现破损应及时修补。施作钢筋混凝土二衬的过程中，应注意对防水层的保护工作，施工中注意防水层的预留，防水层施作时，必须保证初期支护基面无积水，无渗漏。

(3) 变形缝的设置：应设置于明暗交界处、隧道衬砌形式变化处、岩层变化处，其余地段应少设或不设。变形缝应垂直于隧道轴线，变形缝可兼作施工缝。

(4) 各设备预留洞室均应在泄水孔位置以上满铺防水层，防水要求同主体隧道。

(5) 环向排水管正常段按每 5m 一道设计，局部水量大时可酌情增加。隧道开挖后有股状渗水部位，沿岩面铺设 1～3 根 75HDPE 单壁打孔波纹管或 ϕ75 弹簧软管进行引排，为使其与岩面密贴，隧道开挖后先喷 2～5cm 厚混凝土再铺设透水盲管。对股状渗

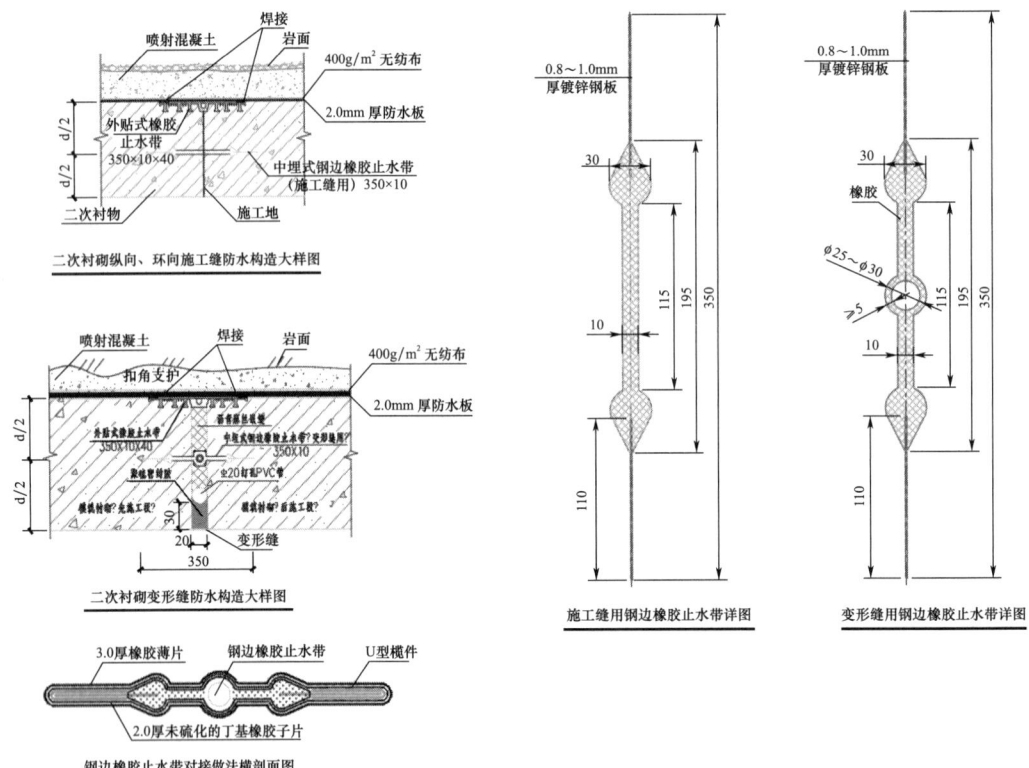

图 12-30 隧道暗洞全包防水构造大样图

水特别严重部位，可采用 50HDPE 单壁无孔波纹管直接引排至排水侧沟。纵向排水管全隧道埋设，纵向坡度与隧道相同；横向排水管的坡度不小于 2%，横向排水管接入排水侧沟时，其管底应高于边沟底不小于 22cm。主洞纵、环向排水盲管以及纵、横向排水盲管均采用 HDPE 三通连接，环、纵、横向盲管外均缠绕无纺土工布，以防止水泥或泥土堵塞管道，确保排水畅通。

（6）施工要点：高分子自粘胶膜卷材在隧道内铺贴设计采用下纵上环方式。卷材施工流程：喷锚混凝土基层验收→基层处理，清除尖锐突出物→规划弹线→铺设土工布（垫片固定）→安装支撑垫片→预铺防水卷材→防水卷材固定→压合环向搭接带搭接处理→黏合短边搭接带→揭防水卷材隔离膜→绑扎钢筋→支设台车模板→浇注混凝土。卷材搭接：卷材长边采用自粘搭接，覆专用盖口条，搭接宽度 80mm，盖口条宽度不小于 120mm；短边采用专用双面搭接胶带黏结，覆专用盖口条，搭接宽度 80mm，盖口条宽度不小 80mm。二衬变形缝、沉降缝、抗震缝等处理。对于二衬上永久性缝隙，采用背贴式塑料止水带。背贴式塑料止水带的拼接采用焊接对接的方式拼装，如图 12-31 所示。

蓉江水下隧道矿山法段防水层施作效果如图 12-32 所示。

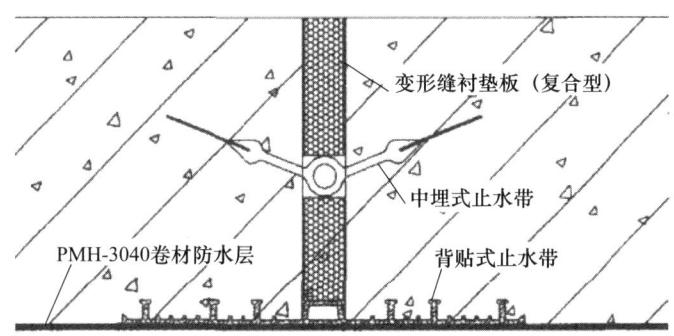

图 12-31 背贴式塑料止水带的拼接采用焊接对接的方式拼装示意图

(a) 土工布铺设　　　　(b) 防水板铺设　　　　(c) 防水层施作完成效果

图 12-32 蓉江水下隧道矿山法段防水层安装图

12.3.4 蓉江水下隧道混凝土结构自防水技术研究

在建或已建地下工程在运营和使用期间会经常发生结构漏水等问题，结构的防水设计对蓉江水下隧道建设而言，不仅关系到蓉江水下隧道建设质量，更是保证施工质量与安全的关键因素。文章针对蓉江水下隧道在结构自防水方面做一些研究和探讨，对蓉江水下隧道项目自防水工程具有借鉴意义。

1）本工程防水等级

蓉江水下隧道防水等级应为二级，隧道顶部结构禁止出现滴漏，其他部分禁止漏水。结构表面可出现少量湿渍，但单个湿渍最大面积应小于 $0.2m^2$，总湿渍面积应小于总防水面积的 2‰。

2）地铁混凝土自防水结构研究

蓉江水下隧道结构防水是一个系统性的工程，涵盖主体结构自防水以及底板顶板侧墙防水等多个项目，每个分项目防水效果的优劣会直接影响地铁整体结构的防水质量。隧道结构自防水应当遵循"以预防为主、多层结构设防、因地制宜"的设计准则。

针对蓉江水下隧道的实际情况，应以混凝土结构自防水为地铁结构防水设计的根本出发点。本工程结构防水设计中需要重点解决的问题为混凝土结构自防水。为了提高混凝土自防水性能，需要研究混凝土的密实性、抗渗性、抗裂性、防腐性和耐久性等因素对混凝土自防水性能的影响规律。

（1）防水混凝土的材料影响

本工程选用高性能防水混凝土，混凝土防水抗渗等级不得小于 P8，防水混凝土的最大碱含量为 3.0kg/m³，氯离子含量不应超过胶凝材料总量的 0.06%。如果水化快，相应的水化热也高，收缩也大，对混凝土的抗裂、防渗也越不利，故采用低水化热水泥，强度等级不低于 42.5 的硅酸盐水泥或者普通硅酸盐水泥，水泥用量不低于 260kg/m³，胶凝材料用量不宜小于 300kg/m³。用作矿物掺合料的粉煤灰应选用游离氧化钙不超过 10%，粉煤灰在混凝土中具有火山灰效应、滚珠效应、增密效应，能改善混凝土和易性，减少水化热，增加混凝土的密实度。选用坚固耐久、级配合格、粒形良好的洁净骨料，严格控制砂石质量。

(2) 防水混凝土坍落度影响

通过施工现场分析与调查，同等条件下，混凝土的坍落度越小对于其主体结构的裂缝就越少。对于本工程防水混凝土材料，入泵坍落度控制在 120～160mm 之间。两种坍落度下混凝土不同龄期收缩值见表 12-2。

表 12-2　两种坍落度下混凝土不同龄期收缩值

序号	两种坍落度/mm	不同龄期收缩值/($\times 10^{-4}$)				
		2d	3d	7d	14d	28d
1	200	1.25	1.36	1.51	2.05	2.91
2	180	0.94	1.12	1.37	1.94	2.87

蓉江水下隧道衬砌结构施工时，当混凝土坍落度在 200mm 以内，隧道衬砌结构内墙出现明显裂缝。而在同等条件下，混凝土坍落度控制在 120～160mm 以内时，隧道衬砌结构内墙裂缝减少 50%。因此明确混凝土坍落度的最高限值应控制在 120～140 mm，坍落度每小时损失量值和坍落度总损失量规定分别小于 20mm 和 40mm 以内。

(3) 探讨地下水中侵蚀性介质对防水混凝土耐久性影响

地下工程往往要受到多种破坏因素的交互作用，地下工程耐久性影响因素涵盖混凝土材料内部结构缺陷、外部结构受力变化、土壤环境和地下水内侵蚀性介质等。防水混凝土耐久性影响因素如图 12-33 所示。

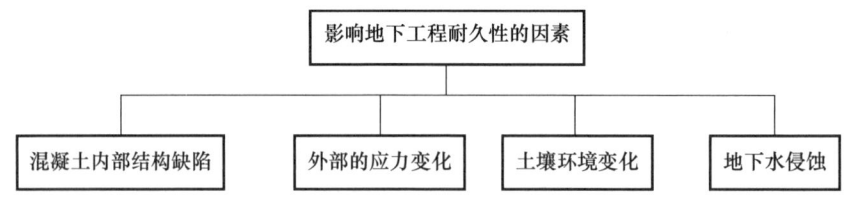

图 12-33　防水混凝土耐久性影响因素

蓉江水下隧道对地下工程高性能混凝土水胶比要求小于 0.35，忽略碳化因素影响，由于地下工程的温差变化小，混凝土结构受冻融破坏概率小。因此考虑地下环境中 Cl^{-1} 侵蚀引发钢筋锈蚀是影响地下工程高性能混凝土耐久性的主要因素，该因素属于地下水中侵蚀性介质影响。Cl^{-1} 和 SO_4^{2-} 地下积聚锈蚀如图 12-34 所示。

由图 12-34 可知，一方面 Cl^{-1} 借助地下水流动扩散，渗入混凝土内部，另一方面地下水中有害物质渗透到混凝土结构中引起材料内 Cl^{-1} 反应，造成腐蚀。蓉江水下隧道采取增大混凝土密实度和保护层厚度的技术措施，隔绝结构外部的 Cl^{-1} 渗透到钢筋表面，极大程度地提高了钢筋混凝土的耐久性。

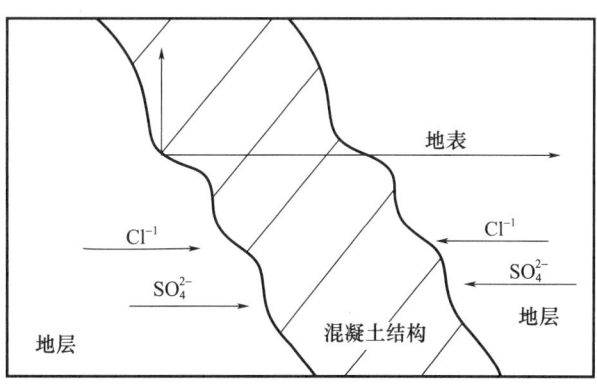

图 12-34　Cl^{-1} 和 SO_4^{2-} 地下积聚锈蚀

12.3.4 节分析了防水混凝土质量的影响因素，蓉江水下隧道施工技术表明上述技术措施可以提高混凝土结构的自防水能力，并可为类似地铁结构提供借鉴和指导。严格规范选取防水混凝土材料以及防水混凝土的施工和养护等重要环节，极大程度地提高防水混凝土结构质量以及自防水能力。此外，必须保证结构防水混凝土施工过程中无水作业，确保混凝土的施工质量，采用高效优质的混凝土输送泵，严格控制混凝土的坍落度，采取增大混凝土密实度和混凝土保护层厚度技术的措施，极大程度地提高钢筋混凝土的耐久性。

12.4　过江隧道防排水形式合理性研究

12.4.1　隧址区地下水渗流预测

赣州市蓉江四路过江隧道工程位于赣州市，下穿章江。

赣州市地处中亚热带南缘，属亚热带季风气候区，具有冬夏季风盛行、春夏降水集中、四季分明、气候温和、热量丰富、雨量充沛、酷暑和严寒时间短、无霜期长等气候特征。赣州市 2022 年总降水量平均为 1318.9mm，比历年同期少 1.8 成，属偏少年份（其中上犹、大余、兴国为正常年份，全南为特少年份，其他县市为偏少年份），如图 12-35 所示。以大余 1554.9mm 为最多，龙南 1152.2mm 最少。赣州市年平均气温为 19.8℃，比历年同期高 0.9℃，各县市年平均气温在 19.1～20.8℃之间。赣州市年平均气温以于都 20.8℃为最高，石城 19.1℃为最低，章贡区为 20.2℃。

拟建隧道工程场地所在位置属章江流域，场地内地表水为章江水，由西往东流向，勘察期间河面宽 340m 左右，水深 1.4～6.3m，水位标高 102.40～104.40m。下游约 3.5km 为创业大桥，约 8.0km 处为章江水闸。其中创业大桥设计百年防洪水位为 109.84m。

区间隧道穿越河流的桩号位置约为 K1+365～1+785，由西北往东南穿越河床。河床高程 97.0～104.47m，表层分布 1.2～5.1m 圆砾层，下伏中风化基岩。

本场地第四系松散岩类孔隙水为潜水，主要赋存于全新统冲洪积（Q4al）砂，砂卵石层中，地表水与地下水水力联系紧密，勘察场地地下水补给主要为章江地表水体的侧

图 12-35 赣州年降水量曲线图

向补给,次为入渗补给,径流、排泄方式主要受季节影响。水位随季节变化,枯水期水位及平水季节水位下降,地下水向章江排泄,丰水期地下水位上升,接受章江地表水体的侧向补给,水位年变幅 3~5m。本次详勘阶段 2018 年 11 月至 2018 年 12 月水位埋深 2.40~4.30m,高程 102.90~105.02m,2019 年 2 月至 2019 年 3 月水位埋深 1.70~3.00m,高程 103.12~105.06m。

本场地红色碎屑岩类裂隙溶隙水主要赋存于白垩系泥质粉砂岩与粉砂岩层段,该含水层富水性不均一,影响因素主要有风化网状裂隙与构造节理控制的发育程度,岩性差异(主要是泥质含量的变化),一般富水性极差,该层地下水通过基岩裂隙发育段,可接受第四系松散岩类孔隙水补给,且多具承压性。本次勘察对矿山法施工隧洞段钻孔进行了压水试验,其透水率为 4.5~39.4Lu,属弱透水至中等透水层。

本阶段对矿山法开挖隧道区共 31 个钻孔岩芯(中风化)进行岩体压水试验,其透水率为 4.5~39.4Lu,平均透水率值为 15.2Lu,断层破碎带透水率值为 29.8Lu,为中等透水性。本次隧道最大涌水量计算采用朱大力公式法、古德曼经验公式法及佐腾邦明非稳定流式法进行,计算后分析比较,确定最终隧道最大涌水量值,见表 12-3~表 12-5。

(1) 朱大力公式法,见式 (12-2)、式 (12-3)

$$q_0 = 0.0255 + 1.9224 KH \tag{12-2}$$

$$Q_0 = L \times \frac{2\pi \times K \times H}{\ln \frac{4H}{d}} \tag{12-3}$$

表 12-3 朱大力公式计算表

	桩号	$K/\text{m} \cdot \text{d}^{-1}$	H/m	$q_0/\text{m}^3 \cdot \text{d}^{-1}$	l/m	$Q_0/\text{m}^3 \cdot \text{d}^{-1}$
东线隧道	1+343~1+419	0.096	29.62	5.49	76	417.2
	1+419~1+495	0.093	31.77	5.71	76	434.0
	1+495~1+525	0.257	31.80	15.74	30	472.2
	1+525~1+688	0.086	31.80	5.28	163	860.6
	1+688~1+793	0.083	30.37	4.87	105	511.4

续表

	桩号	$K/\text{m} \cdot \text{d}^{-1}$	H/m	$q_0/\text{m}^3 \cdot \text{d}^{-1}$	l/m	$Q_0/\text{m}^3 \cdot \text{d}^{-1}$
西线隧道	1+334~1+416	0.111	29.45	6.31	82	517.4
	1+416~1+666	0.121	31.69	7.40	250	1849.2
	1+666~1+792	0.090	30.69	5.34	126	672.8

注：静止水位采用现防洪堤高程减 0.5m，采用 108.00m。

（2）古德曼经验公式法：

表 12-4 古德曼经验公式计算表

	桩号	$K/\text{m} \cdot \text{d}^{-1}$	H/m	d/m	L/m	$Q_s/\text{m}^3 \cdot \text{d}^{-1}$
东线隧道	1+343~1+419	0.096	25.02	9.2	76	480.3
	1+419~1+495	0.093	27.17	9.2	76	488.4
	1+495~1+525	0.257	27.20	9.2	30	533.1
	1+525~1+688	0.086	27.20	9.2	163	969.3
	1+688~1+793	0.083	25.77	9.2	105	583.7
西线隧道	1+334~1+416	0.111	24.85	9.2	82	596.8
	1+416~1+666	0.121	27.09	9.2	250	2086.7
	1+666~1+792	0.090	26.09	9.2	126	765.0

注：静止水位采用现防洪堤高程减 0.5m，采用 108.00m。

（3）佐腾邦明非稳定流式法：

表 12-5 佐腾邦明非稳定流式计算表

	桩号	$K/\text{m} \cdot \text{d}^{-1}$	H/m	r_o/m	h_c/m	$q_0/\text{m}^3 \cdot \text{d}^{-1}$	L/m	$Q_0/\text{m}^3 \cdot \text{d}^{-1}$
东线隧道	1+343~1+419	0.096	25.02	4.6	34.62	26.1	76	1983.6
	1+419~1+495	0.093	27.17	4.6	41.77	26.4	76	2006.4
	1+495~1+525	0.257	27.20	4.6	41.80	72.9	30	2187.0
	1+525~1+688	0.086	27.20	4.6	41.80	24.4	163	3977.2
	1+688~1+793	0.083	25.77	4.6	35.37	22.9	105	2404.5
西线隧道	1+334~1+416	0.111	24.85	4.6	39.45	30.0	82	2460.0
	1+416~1+666	0.121	27.09	4.6	41.69	34.3	250	8575.0
	1+666~1+792	0.090	26.09	4.6	40.69	25.0	126	3150.0

上述 3 种方法计算结果显示：朱大力公式法与古德曼经验公式法计算结果相近，而佐腾邦明非稳定流式法计算结果比前两种方法计算结果大了 3 倍，计算过程中佐腾邦明非稳定流式法对基岩含水层过多地考虑了含水层的厚度，计算结果明显偏大，真实性不高。因此在隧道设计过程中，建议采用古德曼经验公式法计算结果作为隧道涌水量的设计依据。

12.4.2 隧道防排水数值模拟

采用 FLAC 3D 有限差分软件建立防排水数值模型，本次计算依据赣州蓉江四路过江隧道工程中实际地质条件，结合地勘资料和初步设计方案，选取了一个典型断面，进行流固耦合计算，研究不同地质环境段隧道防排水结构（防水板全包-堵水模型、防水板半包-排水模型、防水板全包-排水模型）对围岩-支护体系的影响以及地下水位、水压变化情况。本研究中数值计算部分作如下假设：

(1) 假设隧道围岩为均质、连续、各向同性介质；
(2) 渗流属于恒定流且满足 Darcy 定律；
(3) 地下水位恒定，不因隧道开挖排水、排水管排水而改变。

1) 工程地质条件

东线隧道中间穿越 F1 断层通过，场地地层由人工填土（Q4ml）、第四系全新统冲积层（Q4al）、上更新统残坡积层（Q3edl）、下更新统冲积层（Q1al）及白垩系南雄组（K2n）基岩组成。按其岩性及其工程特性，自上而下依次划分为杂填土①-1、素填土①-2、粉质黏土②-1、粉砂③、细砂④、圆砾⑤、含砾粉质黏土⑥、中砂⑦、强风化泥质粉砂岩⑧-1、中风化泥质粉砂岩⑧-2、中风化粉砂岩⑨、中风细砂岩⑩，隧道所处地层设计围岩等级为 V 级。强、中风化岩层具有一定富水性，透水性弱至中等，地下水埋藏浅，洞身超浅埋，埋深约为 11.095m，地下水水头高度约为 24.61m（按百年水位计算）。为便于计算，将地层条件进行合并和简化，隧址区地层从上到下主要分为砂卵石、强风化砂岩、中风化砂岩。参考岩土体物理力学性能现场试验结果以及本工程地勘报告，并结合《公路隧道设计规范》中相关围岩-支护参数的取值，计算中所涉及主要参数见表 12-6。

表 12-6 地层及支护计算参数

地层	弹模/GPa	泊松比	内摩擦角 φ	黏聚力 C/kPa	渗透系数/m·d^{-1}	孔隙率	密度/kN·m^{-3}
5	3.50E-03	0.4	8	15	12	0.45	1700
8-2	1.80E-01	0.36	28	25	1	0.45	2100
9	1.3	0.35	33	300	0.2	0.35	2600
注浆圈	1.80E-01	0.36	33.6	30	0.83	0.375	2520
初期衬砌	22	0.3	—	—	8.64E-03	0.2	2200
二次衬砌	30	0.2	—	—	8.64E-04	0.05	2500
防水板	—	—	—	—	8.64E-08	0.05	—
排水管	—	—	—	—	8.64E01	0.5	—

依据上述计算参数，同时考虑隧址区边界效应，计算模型在隧洞左右取 4～5 倍洞径长度，隧洞下侧取约 5 倍洞径，隧洞上侧土层取至地表，章江水位按地面超载加压。隧道纵向考虑排水管的布置情况，取两倍环向排水间距长度，建立三维有限差分模型。取隧道轴线方向为 y 轴，水平面内平行于地表方向为 x 轴，垂直于地表方向为 z 轴。据此模型范围取 120m×81.36m×16.12m，模型单元均采用实体单元。该里程处隧道断面设计为单向双车道，排水管和防水板铺设方式均参照初步设计选取，环向排水管间距取 8m，根据初步设计资料选取隧道断面如图 12-36 所示。

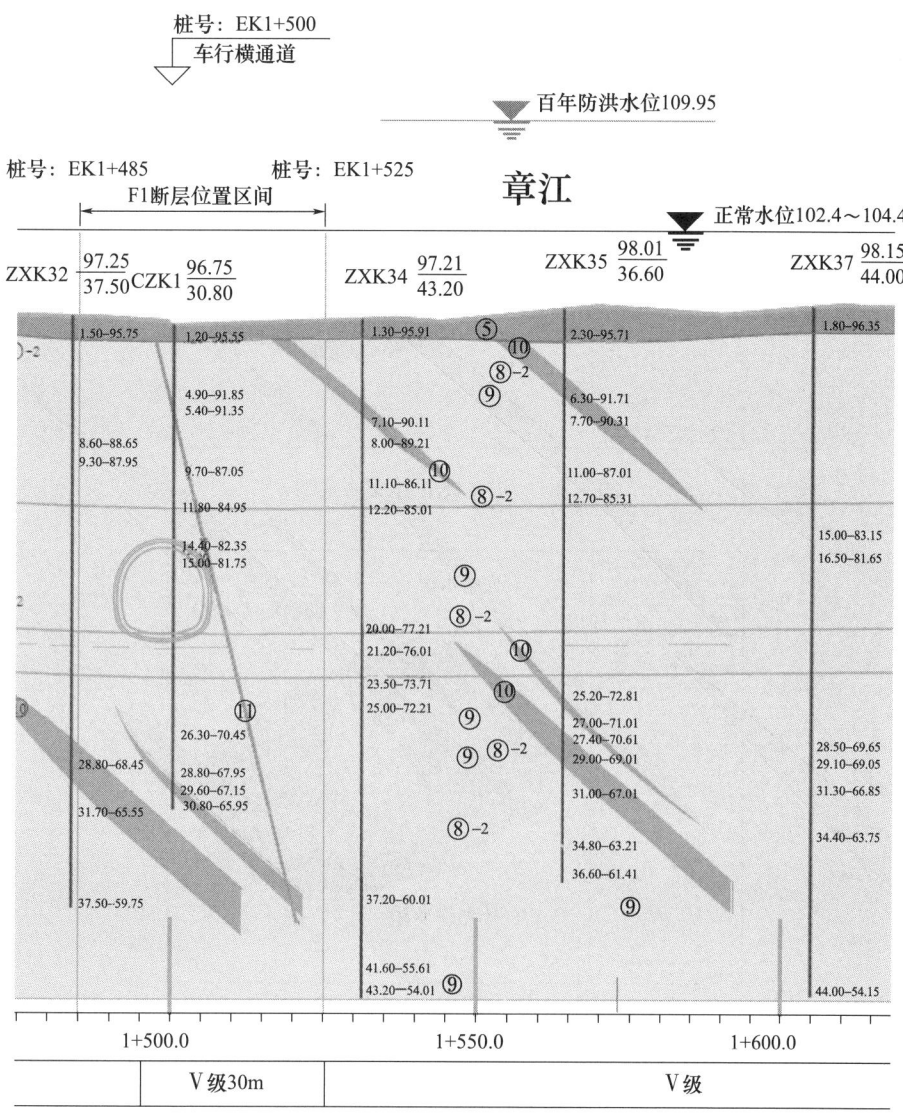

图 12-36 计算选取隧道断面

2) 模型建立

计算中,模型侧面与底面为位移边界,模型上面取为自由边界。两侧与底部边界取为不透水边界,上边界取为透水边界,水位线在计算过程中保持不变。岩土体选择 Mohr-Coulomb 本构模型,初次衬砌和二次衬砌取为 Elastic 弹性本构模型,流体模型按照是否透水,选为 fl-iso 各向同性模型与 fl-null 流体空单元模型。防排水系统全包与半包通过改变防水层是否透水实现,模型是否排水通过改变排水管的模型材料(不排水时排水管为初衬材料,排水时设置排水管孔隙水压力为0)实现,为了保证隧道模型自由渗水,将二衬内表面压力设为0。

综合以上数据和资料,拟建立防水板全包-堵水模型、防水板半包-排水模型和防水板全包-排水模型三种工况进行对比分析,建立的模型如图 12-37~图 12-39 所示。

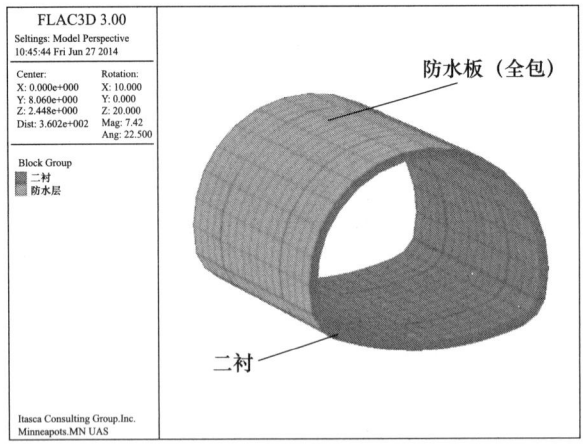

图 12-37 防水板全包-堵水模型

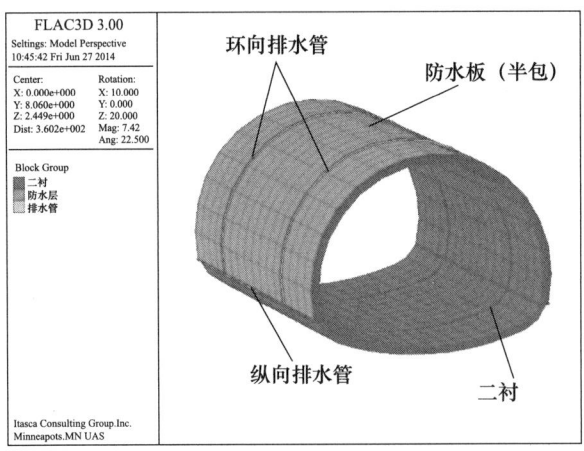

图 12-38 防水板半包-排水模型

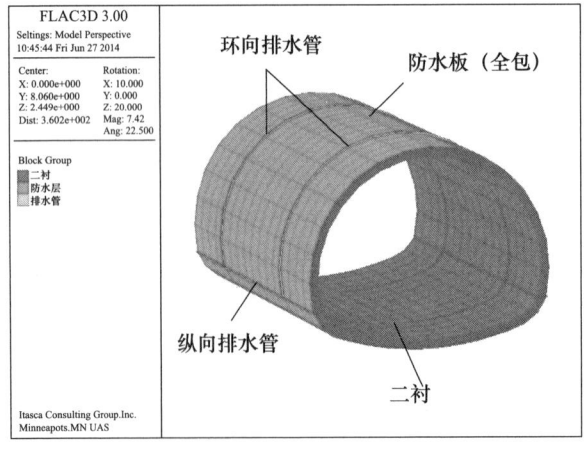

图 12-39 防水板全包-排水模型

3）计算结果分析

（1）初始平衡状态围岩孔隙水压分布规律

岩土体的渗流场在未经施工扰动前处于平衡状态，在经历了隧道开挖、支护等生产活动后，场体原有平衡状态被打破，而隧道在长期运营状态下，渗流场逐渐达到新的动态平衡。不同防排水形式的隧道，由于具有不同的防排水体系，对渗流场的分布有着不同的影响。

① 隧道开挖前岩土体中最小主应力如图 12-40 所示，由于没有开挖影响，在同一水平面（X-Y 面）上，地应力 S_{min} 大致为水平直线，并沿竖向呈梯度变化。地表 S_{min} 为 0，模型底部 S_{min} 绝对值最大，为 1.986MPa。

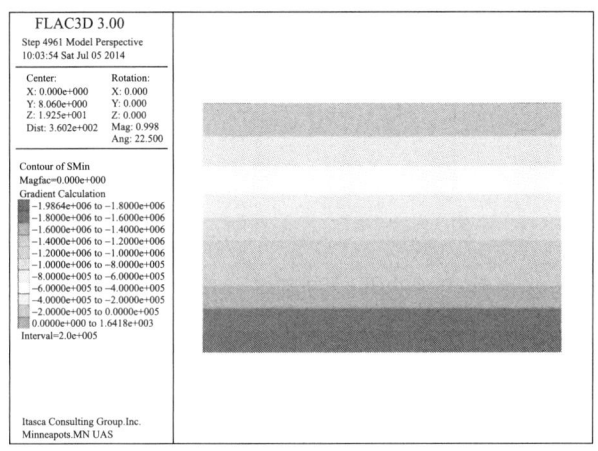

图 12-40　围岩初始最小主应力云图

② 隧道开挖前岩土体中最大主应力如图 12-41 所示，由于没有开挖影响，在同一水平面（X-Y 面）上，地应力 S_{max} 大致为水平直线，并沿竖向呈梯度变化。地表 S_{max} 为 0，模型底部 S_{max} 绝对值最大，为 1.444MPa。

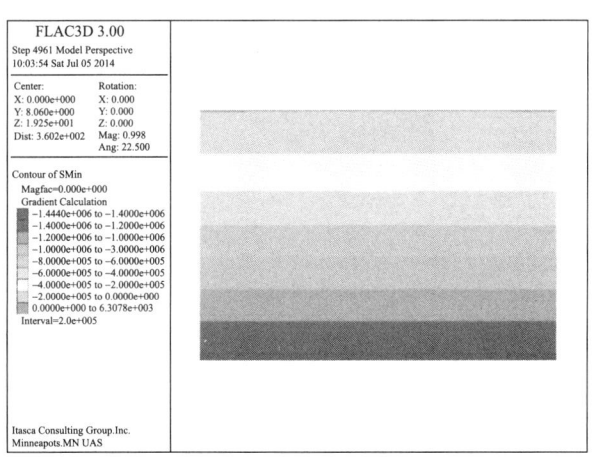

图 12-41　围岩初始最大主应力云图

③ 隧道开挖前岩土体中初始渗流场下孔隙水压力分布规律如图 12-42 所示。水压力

P 在围岩中的分布为静水压力场分布，岩土体中一点的孔隙水压力值沿竖向呈梯度变化。地表孔隙水压力为 0，模型底部的最大孔隙水压力为 0.773MPa。在同一水平面（X-Y 面）上，初始渗流场下的孔隙水压力等值线大致为水平直线。

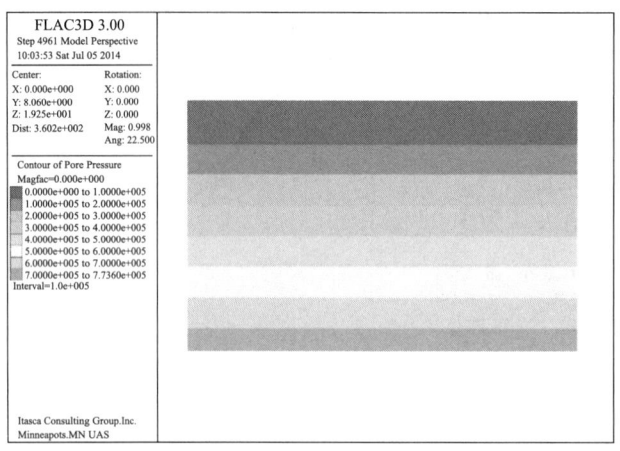

图 12-42　围岩初始孔隙水压云图

(2) 开挖后不同防排水型式下的围岩渗流场分布规律

① 防水板全包-堵水型。开挖后岩土体中孔隙水压如图 12-43 所示，由图可知，孔隙水压力呈静水压力场分布，岩土体中一点的孔隙水压力值沿竖向呈梯度变化。隧道周围的水压力等值线为水平直线，与模型的初始渗流场一致。究其原因，是由于防水板全包-堵水型洞室外未设置任何排水系统，地下水无法排出。且由于防水板的存在，洞室周围的地下水无法渗流进入洞室内部。因此防水板全包-堵水型不会改变围岩渗流场的分布。在长期运营状态、防水层完好的情况下，防水板全包-堵水型对地下水环境的影响很小。

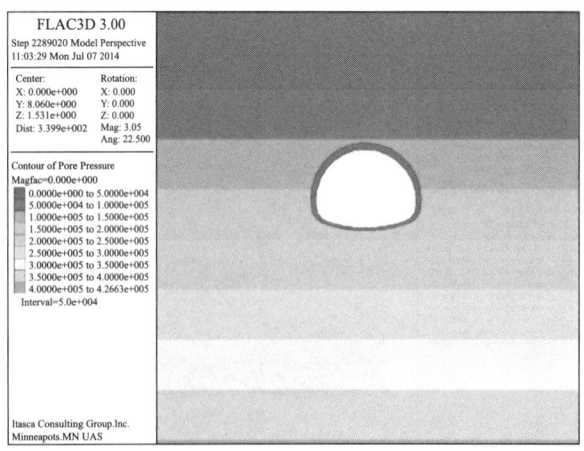

图 12-43　防水板全包-堵水型孔隙水压云图

② 防水板半包-排水型。开挖后岩土体中孔隙水压如图 12-44 所示，由图可知，在防水板半包-排水型中，隧道周围围岩的渗流场较初始渗流场发生了变化，孔隙水压等

值线有向下方凹陷的趋势，掌子面附近呈现"漏斗状"分布。在隧道仰拱处由于没有铺设防水层，衬砌外水压力明显下降，等值线值约为0.05MPa，附近围岩水压力为0.15～0.2MPa。

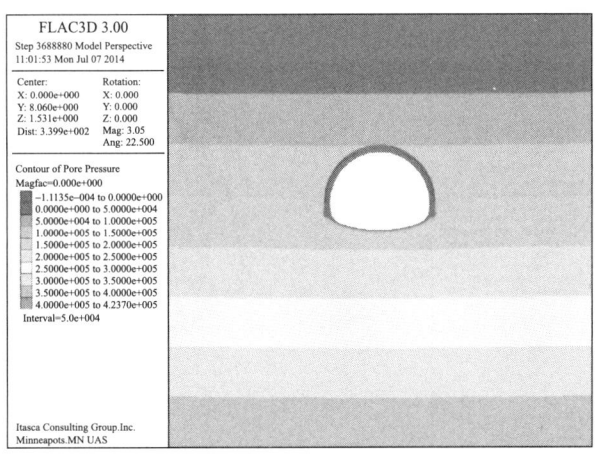

图12-44　防水板半包-排水型孔隙水压云图

③ 防水板全包-排水型。开挖后岩土体中孔隙水压如图12-45所示，由图可知，在防水板全包-排水型中，隧道周围围岩的渗流场较初始渗流场发生了变化，孔隙水压等值线分布规律与防水板半包-排水型类似。在隧道拱脚处由于设有排水系统，水压明显减小，等值线值约为0.05MPa，附近围岩水压力为0.15～0.2MPa。

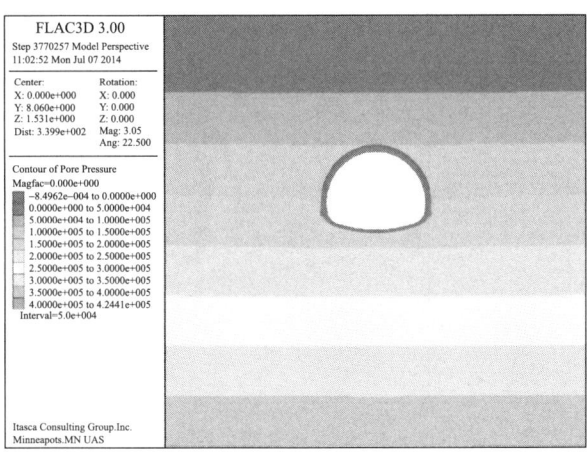

图12-45　防水板全包-排水型孔隙水压云图

综合上述结果分析可知，由于未设排水系统，防水板全包-堵水型围岩的孔隙压力较初始孔隙压力基本没有变化；防水板半包-排水型和防水板全包-排水型由于存在畅通的排水通道，隧道附近孔隙压力明显减小，但二者规律基本一致。

(3) 开挖后不同防排水型式下的二衬背后孔隙水压分布规律

① 防水板全包-堵水型开挖后二衬背后孔隙水压如图12-46所示，由图可知，二衬背后孔隙水压分布均匀，在同一水平线上，基本保持直线，并在竖向呈梯度变化，这一

结果同围岩的孔隙水压分布情况基本保持一致，说明防水板全包-堵水型由于没有设置排水通道，在营运期地下水渗流稳定后，作用在二衬上的孔隙水压也逐渐恢复成初始状态的孔隙水压，最大值位于仰拱处，约为 0.192MPa。

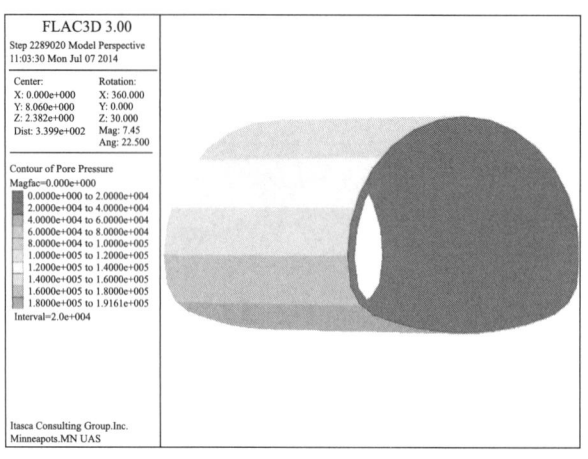

图 12-46　防水板全包-堵水型二衬孔隙水压云图

② 防水板半包-排水型开挖后二衬背后孔隙水压如图 12-47 所示，由图可知，二衬背后孔隙水压分布有较强规律性，在排水管周围孔隙水压急剧下降而接近于 0。除排水管外，二衬外水压力至拱顶向下逐渐增大，最大量值位于仰拱，约为 0.172MPa。

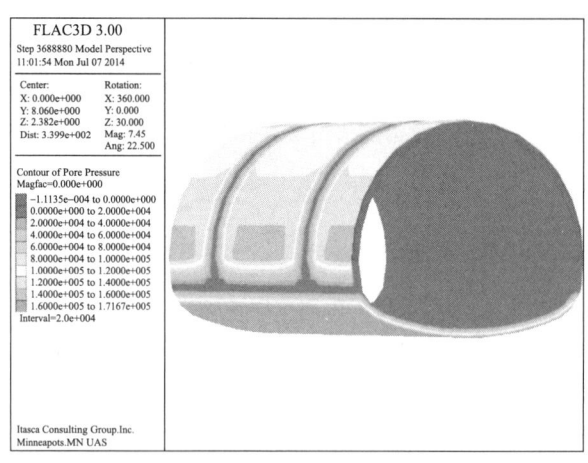

图 12-47　防水板半包-排水型二衬孔隙水压云图

③ 防水板全包-排水型开挖后二衬背后孔隙水压如图 12-48 所示，由图可知，二衬背后孔隙水压分布有较强规律性，在排水管周围孔隙水压急剧下降而接近于 0，纵向盲沟以下部位外水压力最大，约为 0.186MPa。

综合上述结果分析可知，防水板全包-堵水型由于没有排水通道，营运期经过补给和渗流稳定后，二衬背后的孔隙压力基本呈水平分布，但所承担外水压力值也最大。而防水板半包-排水型和防水板全包-排水型由于有排水通道，在排水管周围孔隙水压明显下降，但防水板半包-排水型由于排水通道更多，排水后孔隙水压下降更为明显，其二

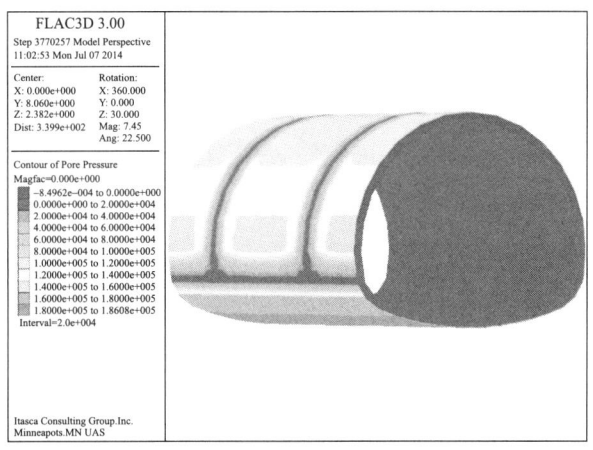

图 12-48　防水板全包-排水型二衬孔隙水压云图

衬背后孔隙水压较防水板全包-堵水型要小约 10.4%，而防水板全包-排水型较防水板全包-堵水型仅小 3.1%左右。

（4）开挖后不同防排水型式下的二衬应力分布规律

① 防水板全包-堵水型开挖后二衬主应力如图 12-49、图 12-50 所示，由图可知，最小主应力最大值位于拱脚处，最大绝对值约为－14.770MPa；最大主应力最大值位于拱底处，值约为 2.998MPa。

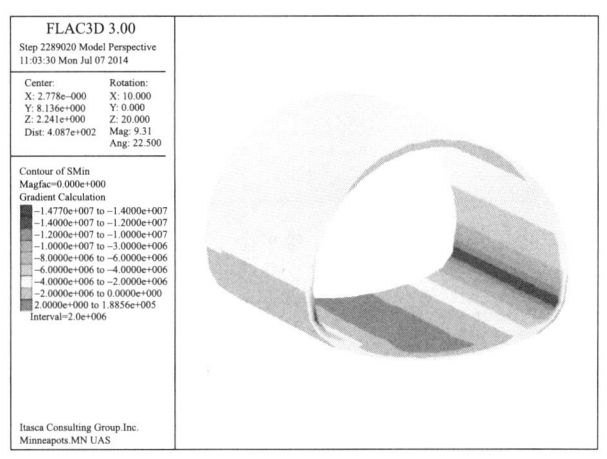

图 12-49　防水板全包-堵水型二衬最小主应力

② 防水板半包-排水型开挖后二衬主应力如图 12-51、图 12-52 所示，由图可知，最小主应力最大值位于拱脚处，最大绝对值约为－14.828MPa；最大主应力最大值位于拱底处，值约为 3.219MPa。

③ 防水板全包-排水型开挖后二衬主应力如图 12-53、图 12-54 所示，由图可知，最小主应力最大值位于拱脚处，最大绝对值约为－14.822MPa；最大主应力最大值位于拱底处，值约为 3.193MPa。

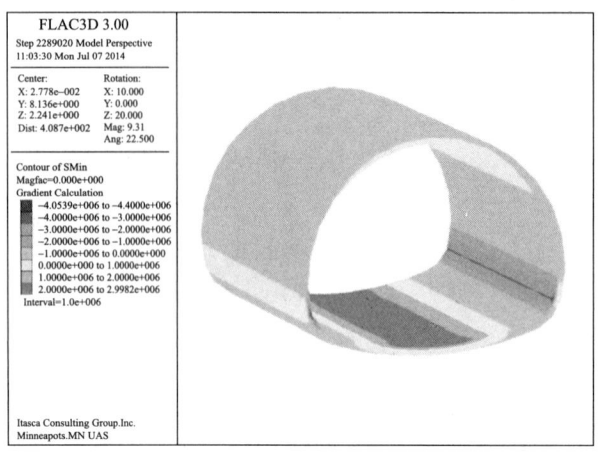

图 12-50　防水板全包-堵水型二衬最大主应力

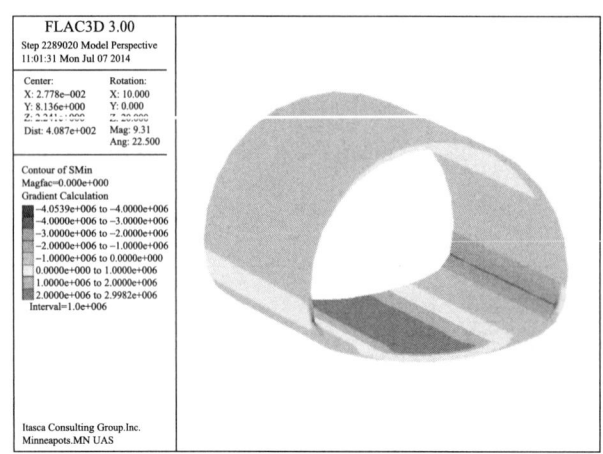

图 12-51　防水板半包-排水型二衬最小主应力

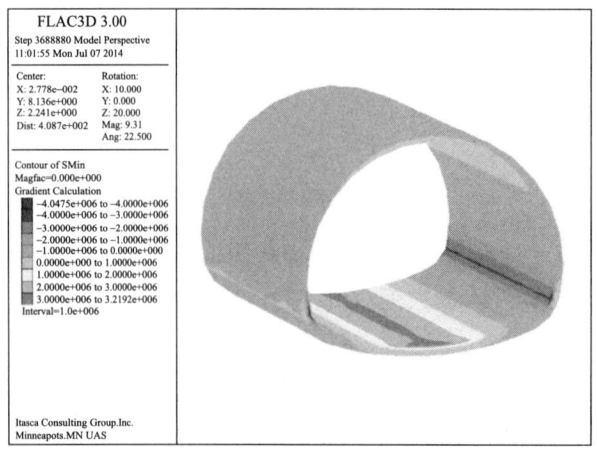

图 13-52　防水板半包-排水型二衬最大主应力

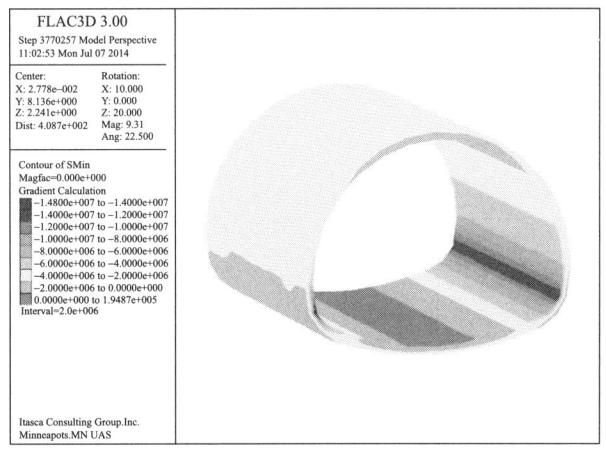

图 13-53　防水板全包-排水型二衬最小主应力

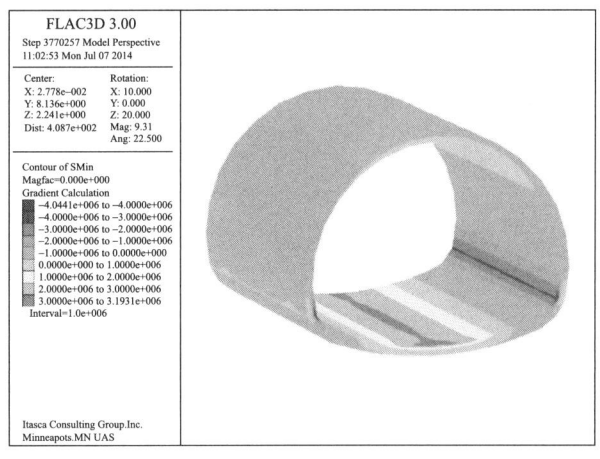

图 13-54　防水板全包-排水型二衬最大主应力

综合上述结果分析可知，尽管防排水型式不同，但是二衬上的主应力分布规律基本一致，最小主应力均位于拱脚处，而最大主应力均位于拱底处，三者中最小主应力大小关系为，防水板半包-排水型最大，防水板全包-排水型次之，但二者极为接近，而防水板全包-堵水型最小，其中最小主应力防水板全包-堵水型比防水板半包-排水型小0.4%左右。而最大主应力防水板半包-排水型最大，防水板全包-排水型次之，但二者极为接近，而防水板全包-堵水型最小，其中最大主应力防水板全包-堵水型比防水板半包-排水型小0.8%左右。由于计算时未考虑二衬配筋对拉应力的影响，故结构偏于安全，见表12-7。

表 12-7　隧道二次衬砌的最大主应力和最小主应力极值　　　　单位：MPa

工况类型	防水板全包-堵水型	防水板半包-排水型	防水板全包-排水型
最小主应力	14.770	14.828	14.822
最大主应力	2.998	3.219	3.193

(5) 开挖后不同防排水型式下的二衬位移分布规律

① 防水板全包-堵水型开挖后二衬位移如图 12-55、图 12-56 所示。

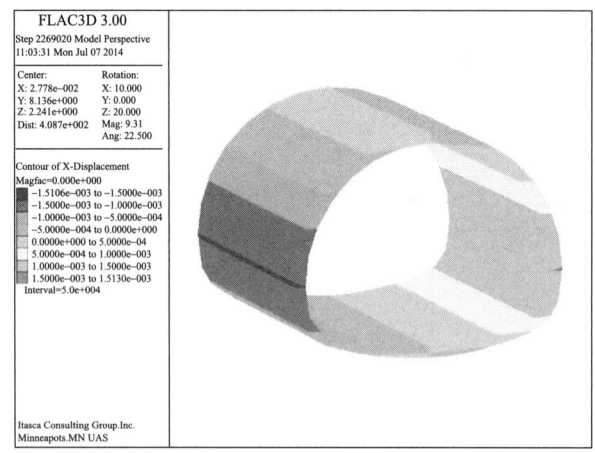

图 12-55　防水板全包-堵水型二衬 X 方向位移

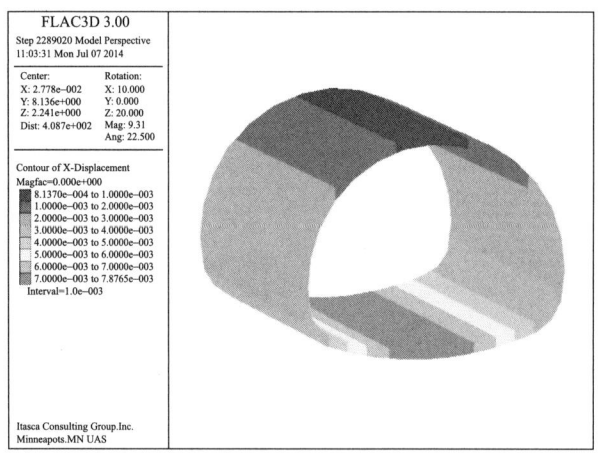

图 12-56　防水板全包-堵水型二衬 Z 方向位移

② 防水板半包-排水型开挖后二衬位移如图 12-57、图 12-58 所示。

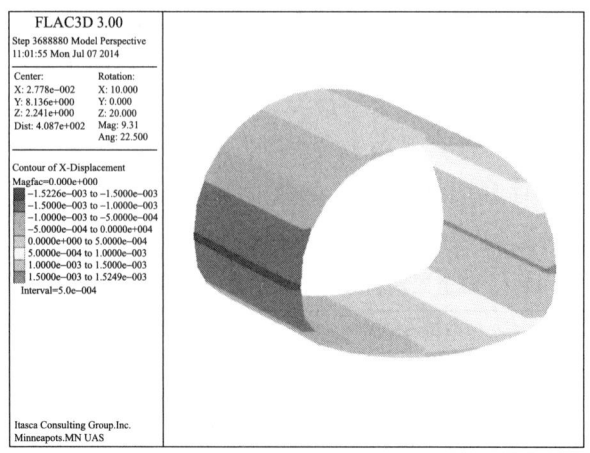

图 12-57　防水板半包-排水型二衬 X 方向位移

③ 防水板全包-排水型开挖后二衬位移如图 12-59、图 12-60 所示。

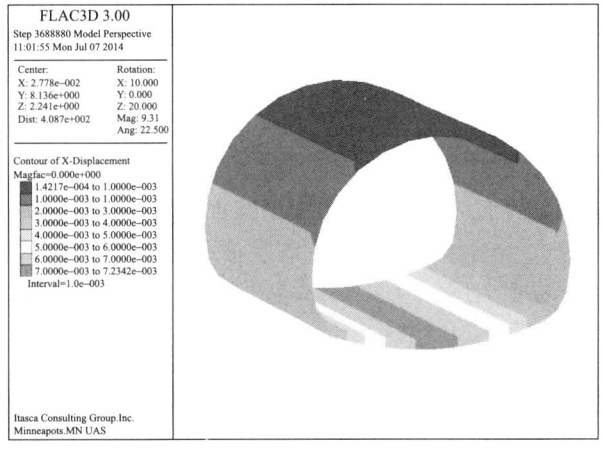

图 12-58　防水板半包-排水型二衬 Z 方向位移

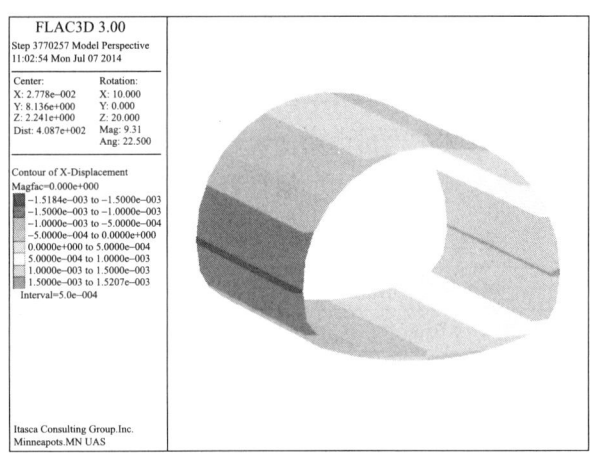

图 12-59　防水板全包-排水型二衬 X 方向位移

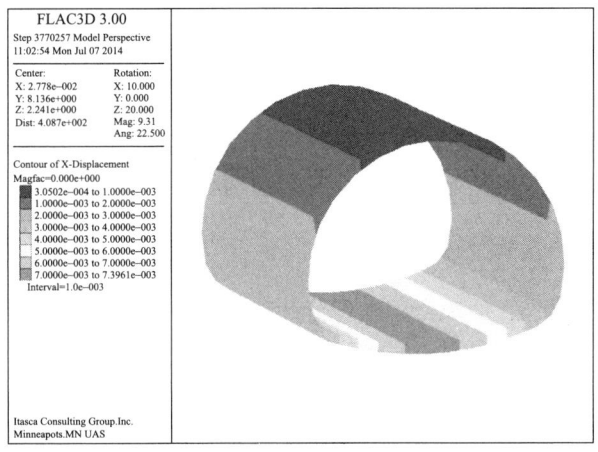

图 12-60　防水板全包-排水型二衬 Z 方向位移

综合上述结果分析可知，隧道二衬的位移规律基本一致，并未随防排水型式的变化而变化，从量值上来看，X方向的位移三种防排水型式分别为1.513mm、1.525mm、1.521mm，可以认为三者基本一致，大小关系为防水板半包-排水型最大，防水板全包-排水型次之，防水板全包-堵水型最小。Z方向的位移表现为拱顶和拱底均产生了向上的位移，说明在浅埋的情况下，开挖隧道导致隧道下方岩土体的卸荷作用以及地下水的浮力作用使隧道产生了整体向上的位移，而拱底的位移要大于拱顶的位移，说明仰拱产生了不同程度的隆起。由于防水板半包-排水型排水量大，因此受浮力较小，隧道整体上浮小，约比防水板全包-堵水型小8.2%，防水板全包-排水型位移也小于防水板全包-堵水型，约为6.1%，见表12-8。

表12-8 隧道二次衬砌最大位移值　　　　　　　　　　　单位：mm

工况类型	位置	防水板全包-堵水型	防水板半包-排水型	防水板全包-排水型
X方向	右拱腰 左拱腰	1.513 −1.511	1.525 −1.523	1.521 −1.518
Z方向	拱顶 拱底	0.814 7.877	0.142 7.234	0.305 7.396

（6）开挖后不同防排水形式下二衬内的涌水量

隧道开挖后不同防排水形式下二衬内的涌水量见表12-9。

表12-9 工况一隧道二衬每延米涌水量　　　　　　　　　单位：m³/d

工况类型	防水板全包-堵水型	防水板半包-排水型	防水板全包-排水型
涌水量	0.0099	0.4162	0.0099

（7）总结

根据东线断层断面处的计算结果分析可知：①受力方面，在三种不同的防排水型式下，结构二衬受力基本一致，其中防水板半包-排水型的二衬孔隙水压最小，而防水板半包-排水型其二衬的最小主应力和最大主应力最大，但是与另外两种工况相差不大，不存在明显劣势。②位移方面，防水板半包-排水型位移最小，而防水板全包-堵水型位移最大。

考虑到经济和安全等综合因素，在东线断层处的类似浅埋地段且围岩渗漏系数较小时，可以考虑采用防水板全包-排水型。而如果对涌水量控制和外部环境保护要求严格，考虑到章江补给来源无限的特殊性，建议考虑防水板全包-堵水型。

12.4.3 水压力折减系数研究

根据隧道工程的背景、地勘资料和理论计算成果，结合国内外对水压力折减系数的研究，本报告拟考虑以下四个因素对水压力折减系数进行分析。

（1）地下水在隧道上覆岩土体渗流过程中，会因为围岩不同的渗透性而产生水力损失，围岩渗漏性能相差越大，外水压力变化范围越广。本工程地质条件复杂，岩体种类繁多，岩性差别大，且由于隧顶为章江，地下水补给丰富，场区岩土体渗透系数离散性大，包含有砂质粉质黏土、中风化砂岩等（渗透系数 0.01m/d）不透水岩体，也有含卵石砾砂（渗透系数 12m/d）等透水性较强的地层，故计算水压力折减系数时应考虑岩体渗透折减系数 β_1，见表 12-10。

（2）本工程隧道埋深最浅处离地表仅 10m，浅埋段所占比例较高，水位线距隧道的高度在 10～20m 范围对隧道结构的安全性和稳定性造成较大影响。采用合适的防排水系统是工程顺利实施的关键，而不同防排水系统下，隧道开挖后的水体流失可能造成地下水位线的变化，对衬砌外水压力产生一定的影响，故需对水位变化折减系数 β_2 进行研究。

（3）若对围岩采取注浆加固措施，周围岩土体抗渗性有所增加，衬砌外水压力需再次进行折减，根据注浆圈厚度和注浆材料不同，水压变化也不相同，故需研究注浆加固折减系数 β_3。

（4）隧道排水系统可将进入隧道内的地下水引出隧道，从而减小外水压力，根据排水管位置、直径、材料等不同，减小水压力的程度也有所区别。排水型隧道中作用在衬砌上的水压力可看作渗透力，是一种体积力。考虑排水措施折减系数 β_4 也是有必要的。

表 12-10　隧道岩土体渗透系数

地层名称及序号	渗透系数 $k/m \cdot d^{-1}$
人工填土（Q^{ml}）：1	0.2
粉质黏土（Q_4^{al+pl}）：2-1	0.05
细砂（Q_4^{al+pl}）：2-4	3
含卵石砾砂：5	12
粉质黏土（Q_3^{al+pl}）：3-1	0.05
粉细砂（Q_3^{al+pl}）：3-2	3
强风化泥质砂岩（C1）：8-2	1.5
中风化泥质砂岩（C1）：9	1.0

除上述几点外，初衬的渗透系数也对水压力折减系数有一定的影响，但考虑到喷射混凝土渗透系数更多受施工工艺、施工质量等因素的影响，其施工后离散性较大，本研究并未将其考虑在内。同样，注浆材料对围岩渗透系数的提高也和施工质量有关联，还与围岩本身有较大关联，β_3 仅对注浆圈厚度进行研究。通过已有研究资料分析，相对于排水管直径、材料等因素，环向排水管间距对隧道排水能力的帮助更大，故 β_4 的研究仅限于环向排水管的间距。据此，作用在衬砌上的水压力可用式（12-4）估算，即

$$P_e = \beta \gamma_w H_e = \beta_1 \beta_2 \beta_3 \beta_4 \gamma_w H_e \tag{12-4}$$

式中　P_e——作用于衬砌上的计算外水压力；

　　　β——总水压力折减系数；

　　　β_1——考虑岩体渗透系数的折减系数；

　　　β_2——考虑水位的折减系数；

　　　β_3——考虑注浆圈厚度的折减系数；

β_4——考虑环向排水管间距的折减系数,当不考虑排水时取 1;

γ_w——水的密度;

H_e——地下水自由面到隧道顶部的水柱高。

为了研究以上系数,建立代表蓉江四路过江隧道地区隧道典型埋深的计算模型,采用单一均质地层,本构模型为摩尔-库伦模型,模型横向总长度为 120m,竖向总长度为 130m,隧道埋深为 10m,模型纵向总长度根据环向排水管间距的不同分别为 13.15m、16.15m、20.15m 和 23.15m。

根据研究目的,计算中考虑某个参数对水压力的影响时,通过保持其他参数不变,改变该参数取值的方式来实现,据此来探寻该参数对水压力的影响规律,表 12-11 为各参数在改变时的取值。

表 12-11 各参数取值

参数类型	参数取值				
渗透系数/m·d^{-1}	0.01	0.1	1	10	—
水位距隧道顶面高度/m	10	30	60	—	—
注浆圈厚度/m	0	1	2	3	4
环向排水管间距/m	5	8	12	15	—

是否设置纵环向排水管,对水压力的折减有很大影响,图 12-61~图 12-65 为设置/不设置纵环向排水管时,保持其他参数不变,分别改变渗透系数、水位及注浆圈厚度,计算得到的总水压力折减系数 β 的取值变化,由于一般隧道底面受到水压力最大,取总水压力折减系数 β=开挖前隧道底面水压力/开挖后隧道底面水压力。

由图 12-61~图 12-65 可知,当不排水时,水压力并不随渗透系数的改变而折减,此时 $\beta_1=1$。当设置排水管时,水体产生流动,水压力有明显折减,并随着渗透系数的减小而减小。这是因为当渗透系数减小时,水压力在流动过程中的沿程水头损失增大,水压力大部分由围岩承担。

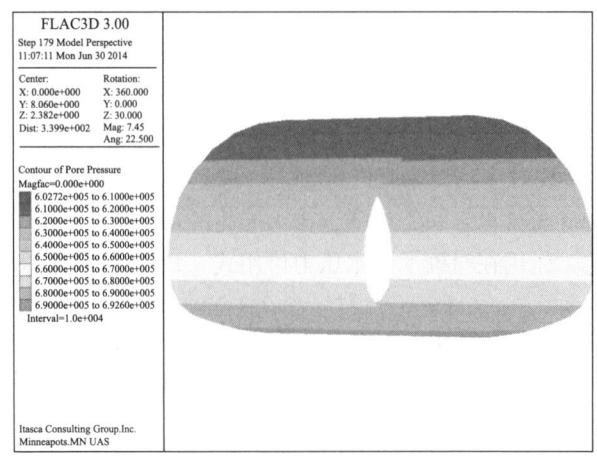

图 12-61 开挖前二衬处静止水压力

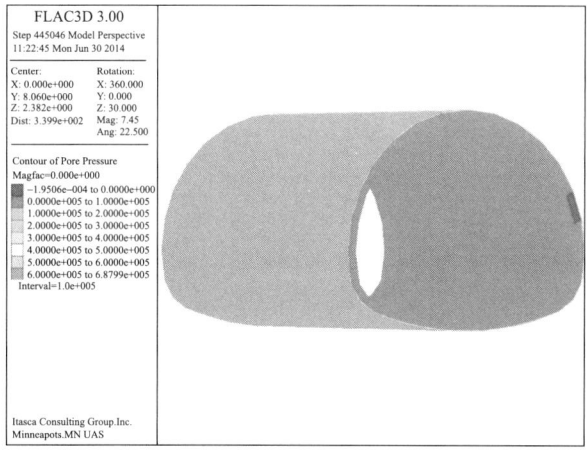

图 12-62　透系数 0.1m/d 下不排水二衬水压力

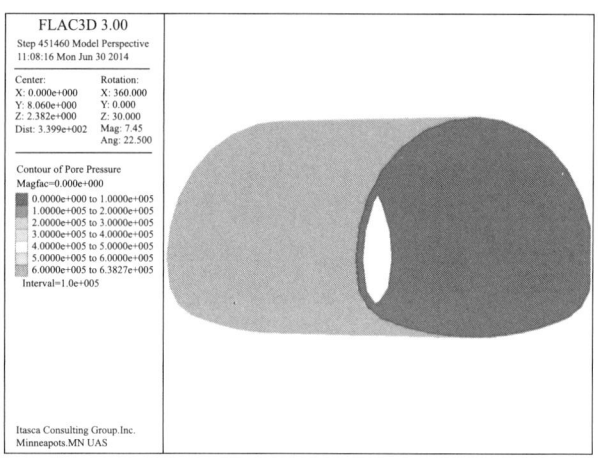

图 11-63　渗透系数 10m/d 下不排水二衬水压力

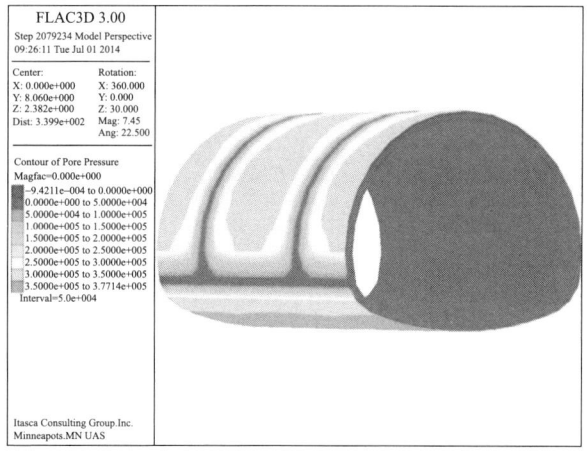

图 12-64　渗透系数 0.1m/d 下排水二衬水压力

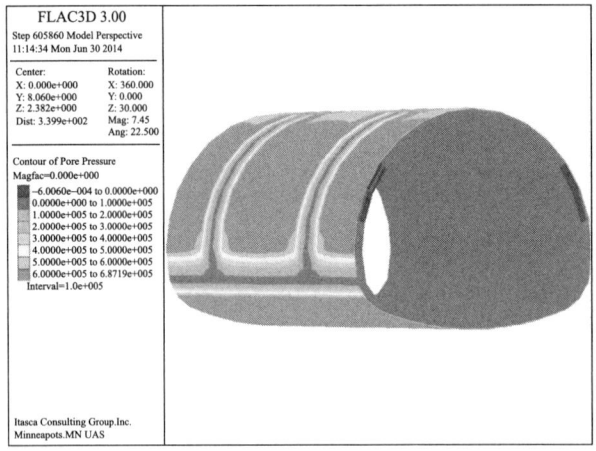

图 12-65 渗透系数 10m/d 下排水二衬水压力

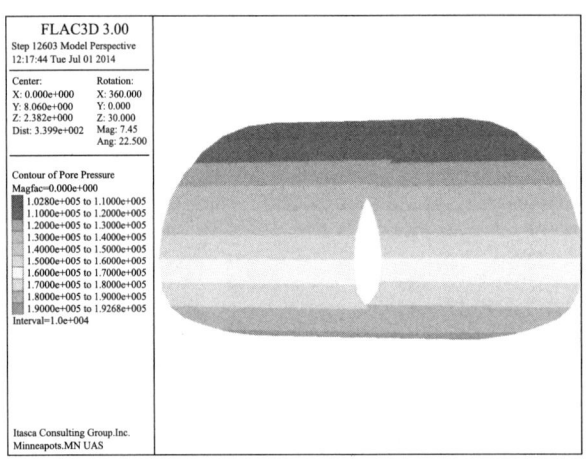

图 12-66 水位距隧道顶面 10m 不排水二衬水压力

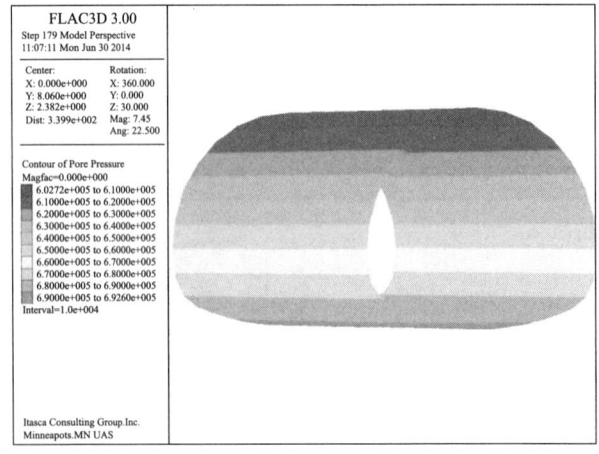

图 12-67 水位距隧道顶面 20m 不排水二衬水压力

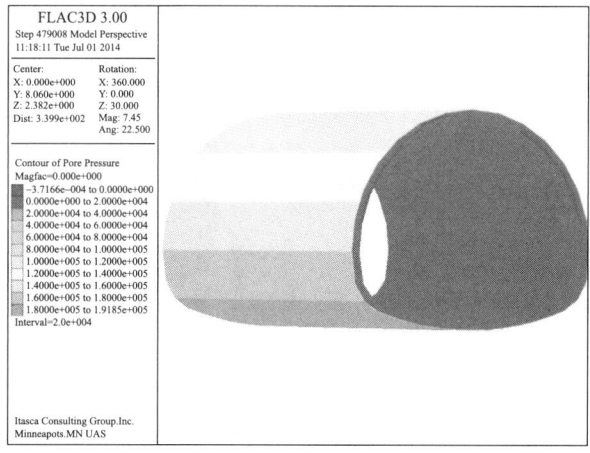

图 12-68　防水板半包-排水型二衬 X 方向位移

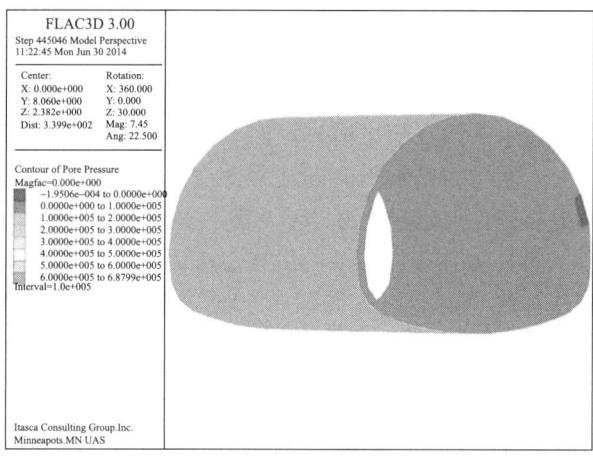

图 12-69　防水板半包-排水型二衬 Z 方向位移

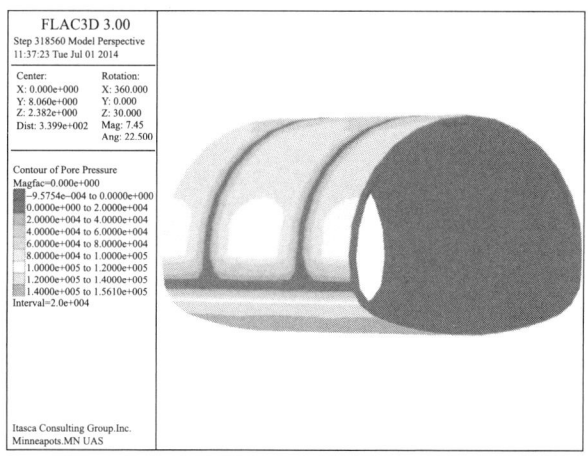

图 12-70　防水板全包-排水型二衬 X 方向位移

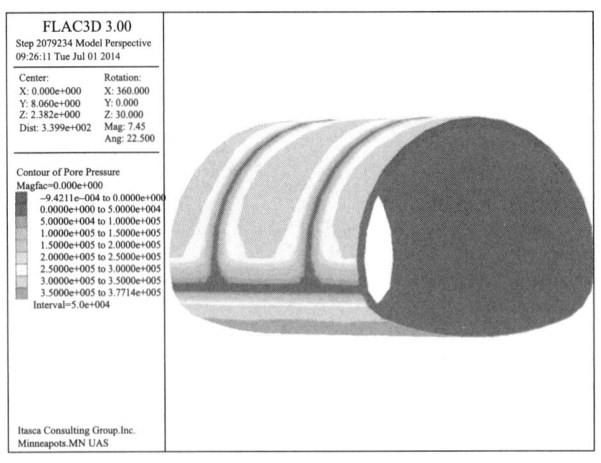

图 12-71　防水板全包-排水型二衬 Z 方向位移

同样地，当不设置排水管时，水压力并不随水位高度的改变而折减，此时 $\beta_2=1$。而设置排水管时，水压力有明显折减，并随着水位高度的增大而减小。这是因为水位的增高延长了渗流路径，总水头损失随之增大，如图 12-66～图 12-71 所示。

当不设置排水管时，水压力基本不会随注浆圈变化而减小，此时 $\beta_3=1$。当设置排水管时，水压力有明显折减，但水压力减小程度随注浆圈变化而变化的范围很小，如图 12-72～图 12-76 所示。其原因在于注浆圈厚度在总渗流场内所占范围很小，并且在非裂隙岩体中，对围岩渗透系数的减小并不明显，考虑注浆圈厚度的折减系数 β_3 建议值可按表 12-12 线性内插取值。

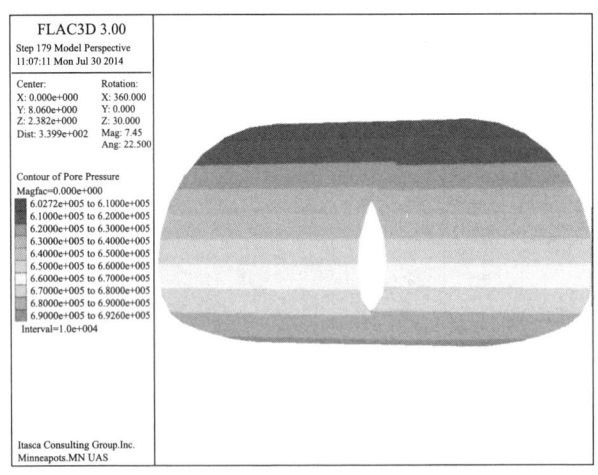

图 12-72　开挖前二衬处静止水压力

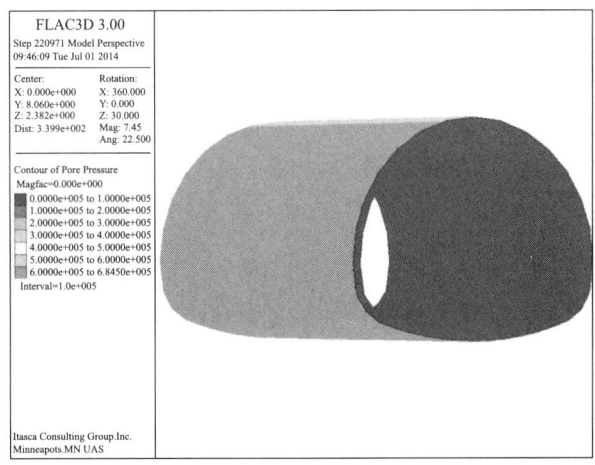

图 12-73　注浆厚度 0m 时不排水二衬水压力

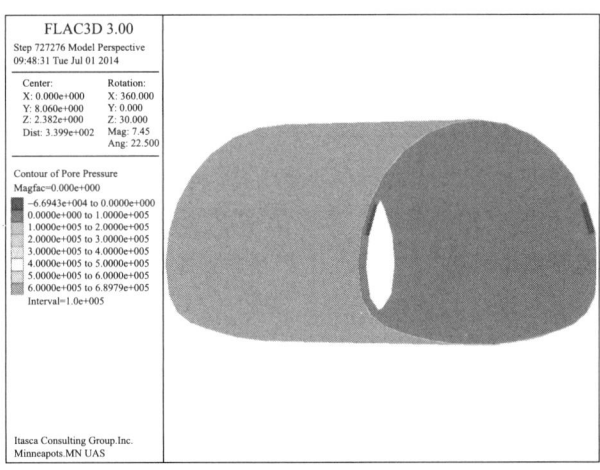

图 12-74　注浆厚度 4m 时不排水二衬水压力

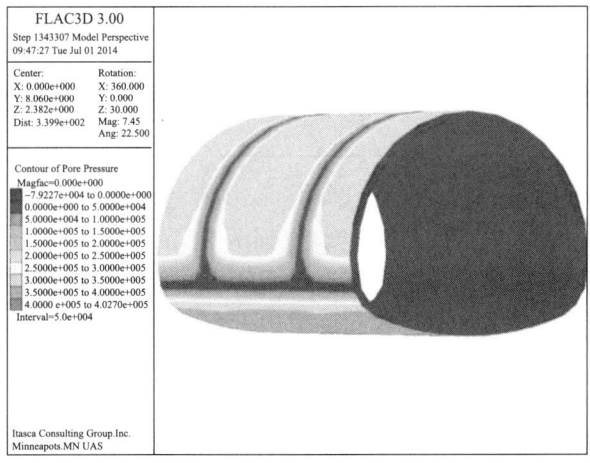

图 12-75　注浆厚度 0m 时排水二衬水压力

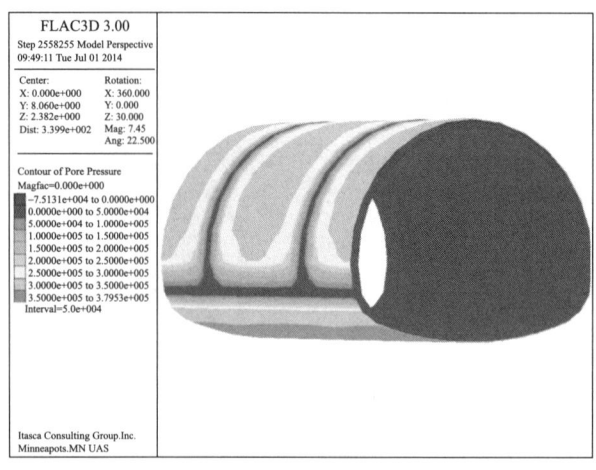

图 12-76 注浆厚度 4m 时排水二衬水压力

表 12-12 考虑注浆圈厚度的折减系数 β_3

注浆厚度/m	0	1	2	3	4
β_3	1	0.990	0.987	0.977	0.942

渗透系数与水位高度对总水压力折减系数的影响是耦合的,即当渗透系数变化时,水位的折减系数 β_2 会相应变化。同理,当水位高度变化时,渗透系数的折减系数 β_1 会相应变化,二者不能分离单独取值。因此,取 $\beta_5=\beta_1\beta_2$,为考虑渗透系数和水位高度耦合的折减系数,作用于衬砌上的计算外水压力按式(12-5)计算。

$$P_e=\beta\gamma_w H_e=\beta_1\beta_2\beta_3\beta_4\gamma_w H_e=\beta_5\beta_3\beta_4\gamma_w H_e \tag{12-5}$$

经过计算,β_5 建议值可按表 12-13 线性内插取值。

表 12-13 考虑渗透系数与水位耦合的水压力折减系数 β_5

水位距隧道顶面距离/m	渗透系数/m·d^{-1} 以 10 为底的对数			
	−2	−1	0	1
10	0.36	0.71	0.93	0.97
15	0.21	0.57	0.90	0.96
20	0.15	0.43	0.86	0.95

最后考虑环向排水间距对水压力的影响。保持其他参数不变,建立环向排水管间距分别为 5m、8m、12m、15m 的模型,计算得到图 12-77～图 12-79。

环向排水管间距的变化对隧道底面水压力的影响很小,对隧道顶面水压力有一定影响,这是因为环向排水管一般设置在隧道中上部,其对隧道下部水压力的影响不如距离更近的纵向排水管大。而隧道下部一般为水压力极值点,水压力的折减应以下部水压力折减为准,考虑环向排水管间距的折减系数 β_4,建议可按表 12-14 线性内插取值。

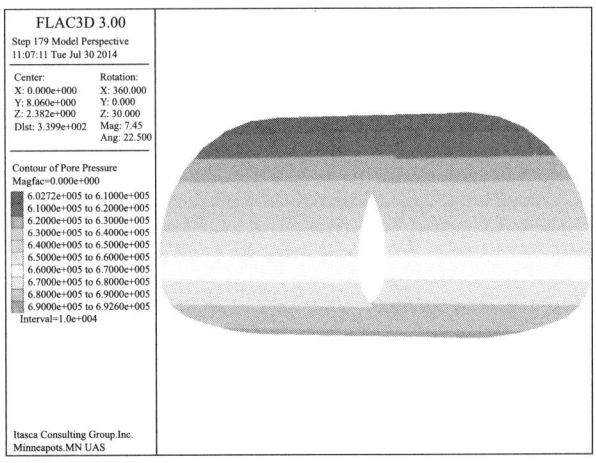

图 12-77　开挖前二衬处静止水压力

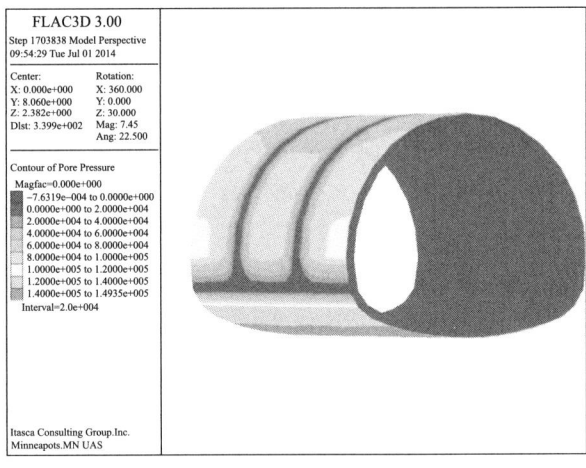

图 12-78　环向排水管间距 5m 时排水二衬水压力

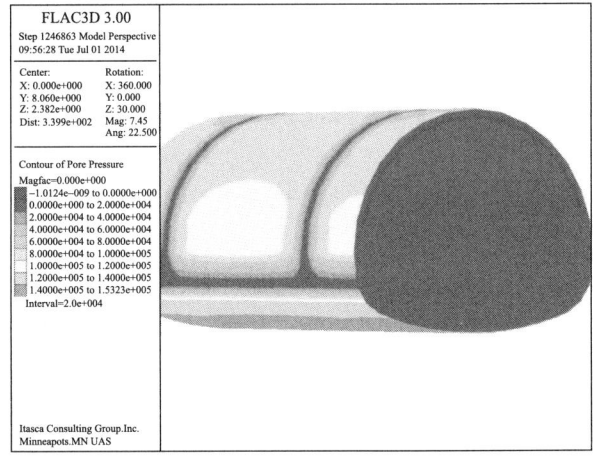

图 12-79　环向排水管间距 12m 时排水二衬水压力

表 12-14　考虑环向排水管间距的折减系数 β_4

环向排水管间距/m	5	8	12	15
β_4	0.967	0.982	0.992	1

在赣州地区，隧道埋深在 10～20m 范围内变化，水位距隧道顶面距离在 10～20m 范围内变化，隧道所处岩层的渗透系数随着埋深的增加而变小，在 12m/d～0.01m/d 范围内变化。当注浆圈厚度为 4m，环向排水管间距为 5m 时，将以上参数带入表 12-12～表 12-14，可得地区总水压力折减系数 β 的大致取值范围，并结合理论分析结果，具体见表 12-15。

表 12-15　总水压力折减系数 β

隧道埋深/m	10～15（围岩条件较差）	15～20（围岩条件较好）
围岩渗透系数/m·d^{-1}	10～1	1～0.1
总水压力折减系数 β	0.80～0.65（建议 0.7）	0.65～0.45（建议 0.5）

应注意的是，以上折减系数的取值前提是排水系统畅通，排水能力可靠。在实际运营过程中，排水系统可能随着土渣的淤积而堵塞，此时衬砌受到的水压力将逐渐增大并趋近于静水头下的水压力，在设计中应考虑这一情况并做一定的安全储备。另外，设计采用防水堵水层防水设计，所以总水压力折减仅为一定的安全储备，结构设计按照不折减进行设计。

12.5　GIS＋BIM 在防水工程质量管理中的应用技术

12.5.1　技术产生背景

城市隧道防水工程，由于其所处的环境条件复杂，施工材料多样、施工工艺复杂、接口节点多等原因，防水质量一直是施工中的薄弱环节，各种质量缺陷时有发生，渗漏水给后期运营维护造成很大影响。随着 GIS 技术、BIM 技术等信息化技术手段的发展，对设备、材料、设施和工艺进行全生命周期精细化管理，协同不同专业之间的工艺衔接，信息数据在不同阶段的无缝传递及数据共享、大数据分析和预测等成为可能。研究基于 GIS＋BIM 的城市隧道地下防水工程质量控制系统，以提高地下防水工程的质量。

12.5.2　技术内容

（1）通过分析隧道防水工程施工过程中的薄弱环节，抓重点关键部位，将设计方案与工程施工现场实际情况相结合，对成品进行保护，施工过程中的资料留存，避免工点防水施工过程中质量问题的发生，达到对轨道交通防水工程施工质量有效控制。

利用 GIS 数据可对各隧道工程地理位置分布，进行直观、可视化展示，方便了解各工程周边地形地貌，以及不同类型防水卷材在不同地理位置的分布情况，如图 12-80 所示。

（2）利用 GIS 技术对防水工程施工质量、隐患等进行空间定位，在 BIM 模型上即可直观标识出质量隐患点,实现模型与防水工程施工质量问题的绑定,形成防水工程质量地理图,如图 12-81 所示。

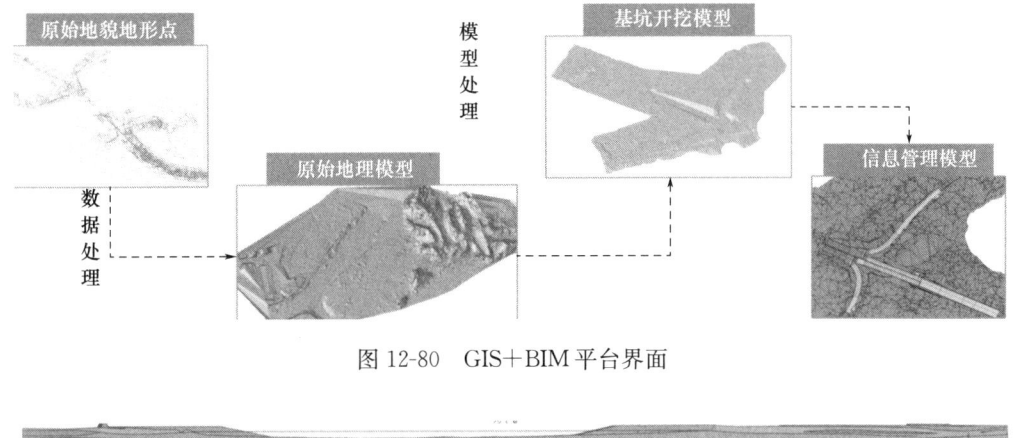

图 12-80 GIS+BIM 平台界面

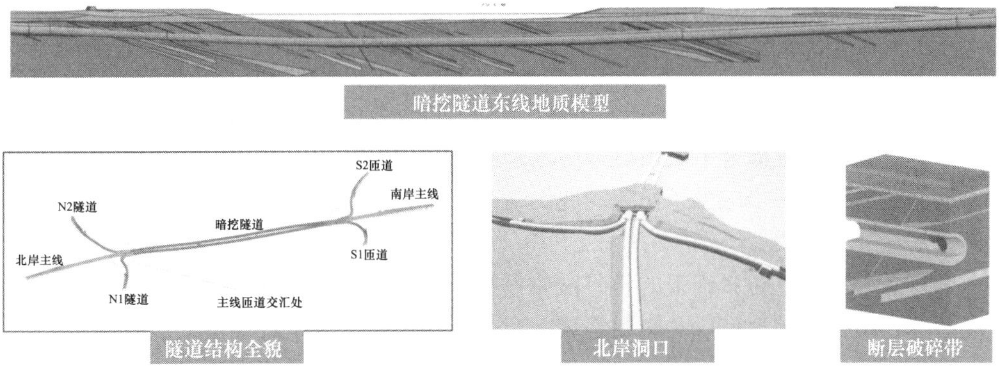

图 12-81 GIS+BIM 平台界面

（3）利用虚拟现实、BIM 技术和多媒体等技术实现三维可视化培训和技术交底,通过模拟仿真施工过程,直观形象地指导施工人员认识、熟悉施工工艺标准、流程、技术要求、协作方式、质量隐患和工程完成后的成果等。

（4）根据材料进场情况建立进场台账及验收台账,同时将材料的进场及验收情况与 BIM 模型中的各流水段施工部位相关联,对材料质量进行跟踪管理,对首件验收、分部分项工程验收、隐蔽工程验收等各施工步序进行记录,对防水施工各阶段的资料进行数字化管理,并与 BIM 模型关联。

（5）利用三维激光扫描技术进行施工现场结构扫描,获得防水工程施工结构点云数据。及时发现超欠挖、渗漏水情况、断面收敛情况、裂缝部位、平整度、砌衬厚度等施工质量问题,使得施工质量有据可查,促进各工序质量控制工作精准到位。

（6）通过对施工过程中质量问题与 BIM 模型相关联,将发生部位、处理方法以及处理结果进行闭环追踪管理,全过程监督,如图 12-82 所示。

12.5.3 主要技术性能和技术特点

（1）将 GIS 和 BIM 技术应用到城市隧道防水工程的质量控制中,一方面将施工现场质量信息准确、高效地体现到防水工程施工 BIM 模型上,达到可视化控制施工质量

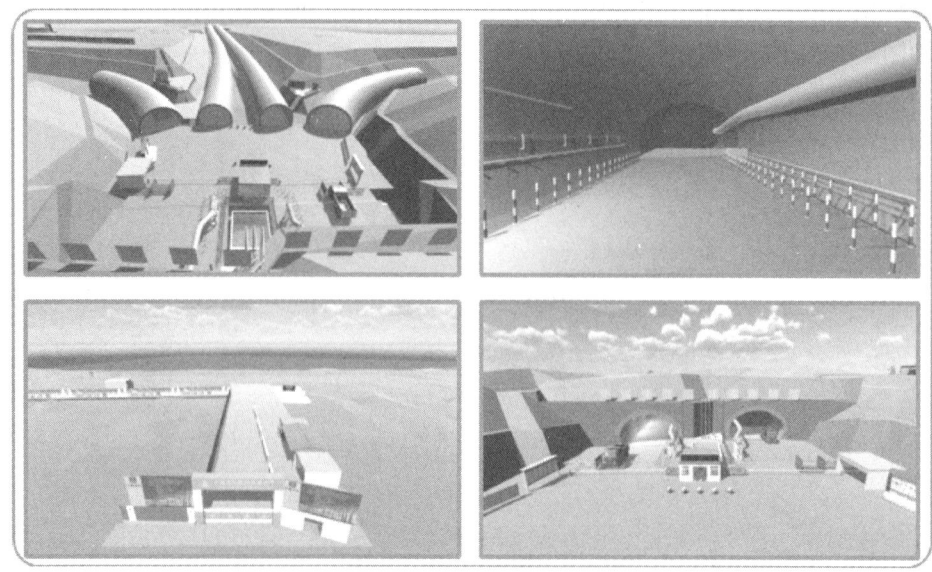

图 12-82 质量问题空间定位

效果;另一方面,也提升了城市隧道防水工程施工的精细化,增强了项目之间质量信息的沟通、交流,进一步减少了质量问题的发生,强化了施工质量,也提高了项目的管理能力。

(2) 系统囊括了防水施工的各阶段质量控制,从技术交底、材料的进场验收到施工进度管理、质量问题追踪以及资料管理,全方位把控防水施工过程中的质量问题。

本技术适用于城市隧道明挖法施工地下工程外包防水层和细部防水施工质量的控制与管理,需要现场配备相应的计算机设备、系统软件和专业操作人员,且已应用于赣州蓉江四路过江隧道工程。形成了针对于高分子防水卷材施工的可视化培训教材,对关键节点进行可视化技术交底,隐蔽工程三维激光扫描,应用效果良好。

12.6 本章总结

本章对国内过江隧道工程防排水技术进行了总结,针对泥质粉砂岩过江隧道提出相应的防排水措施,并通过数值模拟和理论计算验证其合理性,同时将 GIS 和 BIM 结合技术应用于防排水工程质量管理。结论如下:

(1) 蓉江隧道暗挖段拱顶覆岩厚度小于 8m 段进行洞顶地表加固,加固采用高压旋喷桩注浆,加固深度不小于 8m,拱顶覆盖层厚度小于 8m 段加固至地表。

(2) 蓉江水下隧道矿山段采用全包式防水,防水材料为预铺 TPO 防水卷材,并铺设至初期支护。

(3) 选用高性能防水混凝土增强结构自防水能力,混凝土防水抗渗等级不得小于 P8,防水混凝土的最大碱含量为 $3.0 kg/m^3$,氯离子含量不应超过胶凝材料总量的 0.06%。

(4) 通过数值模拟建立防水板全包-堵水模型、防水板半包-排水模型和防水板全包-

排水模型三种工况进行对比分析，其中防水板半包-排水型的二衬孔隙水压最小，而防水板半包-排水型其二衬的最小主应力和最大主应力最大。防水板半包-排水型位移最小，而防水板全包-堵水型位移最大。考虑到章江补给来源无限的特殊性，建议考虑防水板全包-堵水型。

（5）考虑岩体渗透性、水位变化、注浆加固和排水措施四个因素对水压力折减系数进行分析，计算隧道衬砌水压力折减系数，从而厘定作用在支护上的水压力，为结构衬砌强度设计提供参考。

（6）将 GIS 和 BIM 技术应用到城市隧道防水工程的质量控制中，将施工现场质量信息准确、高效地体现到防水工程施工 BIM 模型上，达到可视化控制施工质量效果。

13 软弱互层超浅埋小净距大断面穿江隧道监控量测分析

13.1 隧道施工监测目的

13.1.1 监测的必要性

隧道施工监测是新奥法的重要组成部分，是信息化施工的重要一环，其目的可概括为预报、控制、检验、改进四个方面。

(1) 通过量测发现异常现象，及时预测未来围岩形态和发展趋势，防止灾害的发生，根据量测结果适时调整支护参数以控制结构内力、位移、沉降，使支护结构发挥最佳工程效益；

(2) 根据量测资料可反馈和验证设计的正确性，修正、完善和创新设计方法；

(3) 通过量测结果评价采用施工技术的适用性、优越性，同时确定改进的途径。

(4) 在隧道施工中，通过对隧道围岩动态的监控量测，掌握围岩动态和支护结构的工作状态，利用量测结果和超前地质预报调整设计支护参数，指导施工并预见不良地质条件和险情，以便及时采取措施防止事故发生，并积累资料为以后的设计提供工程经验和类比依据，达到保障隧道施工安全、节约工程投资的目的。

12.1.2 自动化在线监测的意义

结构健康监测是一项新兴技术。与传统的无损检测技术不同，它是根据结构在同一位置上不同时间测量结果的变化来识别结构的状态，因此历史数据至关重要。作为新近发展起来的仿生智能系统，它能对结构进行实时监测，及时发现结构内部损伤的位置和程度，预测结构的性能变化和剩余寿命并作出维护决定。

近年来，结构健康监测系统由于广泛的应用潜力引发了极大的关注，已经成为一个专门的研究课题。在国际结构控制协会和美国土木工程学会工程力学分会动力学委员会的联合推动下，每年都举行几次会议进行交流并总结国际结构健康监测领域的研究成果，提出需要进一步研究和亟待解决的问题，极大地推动了结构健康监测技术的发展。

隧道自动监测及分析系统在设计阶段就需要考虑。韩国首尔的地铁隧道在施工阶段就安装了用于地铁运营阶段的结构自动监测系统，该系统于 2001 年投入使用。系统内置的压力传感器能够测量土压力、孔隙水压力、混凝土和钢筋应变、隧道衬砌应变等结构力学参数，开发的二维隧道收敛测量系统能够自动测量隧道衬砌的收敛位移。这些监测数据通过网络进行传输并实时存储到中央监控中心，再通过系统中集成的隧道稳定性分析子程序，可以快速、准确地完成衬砌稳定性分析。

目前，个别盾构隧道的问题区域也安装了隧道结构健康监测系统，对衬砌结构的受力、变形及地下水位等问题进行实时或周期性监测，以向工程技术人员提供隧道维修保养的重要信息。

蓉江四路过江隧道与一般隧道不同，它是江西省内第一条矿山法水下隧道，是我国第七条矿山法水下隧道。隧道通过一些风化层及岩性接触带，暗挖段隧道江中设置通风孔，结构受力复杂，这些地段不但是施工阶段施工安全性评价重点，也是将来水下隧道维修养护的重点。

蓉江四路过江隧道建成运营后，为保证其结构具有良好的功能状态，必须采取先进的监测手段，对其结构进行长期的健康监测，以便及时地掌握隧道结构状态，从而判断隧道结构的可靠性，进而采取相应的控制措施，使隧道结构始终处于良好的和可控制的状态。

由于水底隧道的特殊环境，有必要加强对隧道维修养护的专项研究，主要内容包括维修养护组织管理体系、土建结构维修养护、机电设施维修养护、其他工程设施维修养护等，其中最主要的是土建结构维修养护，可通过主动监测技术和被动检查技术结合完成。

主动监测技术：是通过监测水底隧道特殊地段隧道结构的变形或受力变化，来预测隧道结构未来的受力状态，从而判断隧道结构在设计基准期内的安全性，如果预测隧道结构在设计基准期内不安全，可以根据监测资料分析，提前主动采取有效的工程措施，从而保证结构在设计基准期内的安全。如隧道在穿越强风化地段，其结构受力和变形情况应该进行必要的监测；隧道结构在软硬交界面处可能受力较大，因此应该在该区段进行必要的监测。

隧道位于 6 度地震区，隧道与通风竖井、工作井连接部位将是薄弱部位，隧道浅埋部位也是薄弱部位，应该进行必要的监测。隧道的渗水量反映隧道总体稳定性情况，因此应该进行渗水量监测等。

蓉江四路过江隧道健康监测系统通过现场埋设的传感器（如压力传感器、钢筋应变计、混凝土应变计、水压计、位移计、地震仪等）来监测水下隧道特殊地段隧道结构的变形或受力变化，并在隧道竣工后长期进行，通过光纤通信网络把传感器数据传至中心控制系统，通过计算和分析来确定隧道受力特点和安全性能。

13.2 自动化监测方法

13.2.1 初期支护水压力监测

1) 监测点布设

采用渗压计测量主隧道初期支护水压力，传感器埋设如图 13-1 所示。

共计布设 3 个监测断面，布设在隧道东线 EK1+505 断面、隧道西线 WK1+520 断面、隧道西线 WK1+410 断面，每个断面布设 4 个渗压计，共计 12 个。

2) 监测点安装

监测点安装如图 13-2 所示。

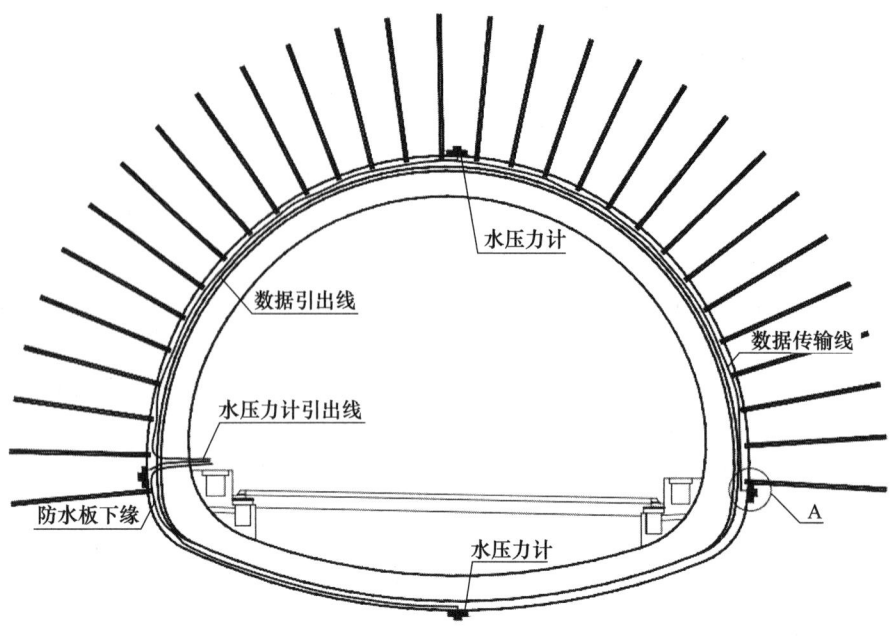

图 13-1 初期支护水压力监测点示意图

(1) 进行初期支护前,对渗压计进行测量定位;
(2) 在安放渗压计的隧道壁上挖一沟槽,渗压计埋设于围岩与初期支护的接触面上,数据线用 PVC 管固定于初期支护上,置于防水板背后,于拱脚处从防水板下侧引出。所有的数据线都由一侧引出;
(3) 在渗压计四周回填细砂,并对渗压计进行防护;
(4) 将渗压计外接线用 PVC 管保护;
(5) 将渗压计外接线引至集中线盒,读取初读数。

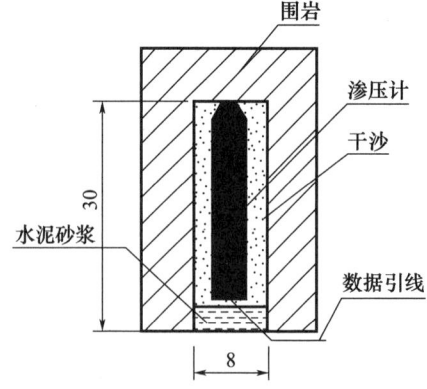

图 13-2 渗压计安装示意图

13.2.2 围岩-初期支护接触压力监测

1) 监测点布设

采用压力传感器测量围岩与初期支护接触压力,传感器埋设如图 13-3 所示。

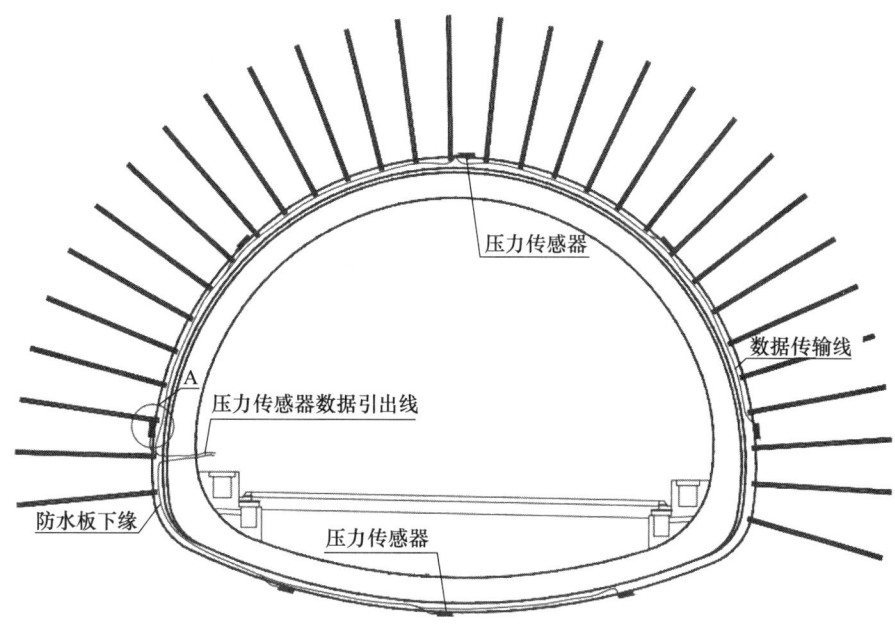

图 13-3　围岩-初期支护接触压力监测点示意图

共布设 3 个监测断面，布设在隧道东线 EK1+375 断面、隧道东线 EK1+780 断面、隧道西线 WK1+730 断面处，每个断面布设 8 个压力传感器，共计 24 个。

2) 监测点安装

监测点的安装如图 13-4 所示。

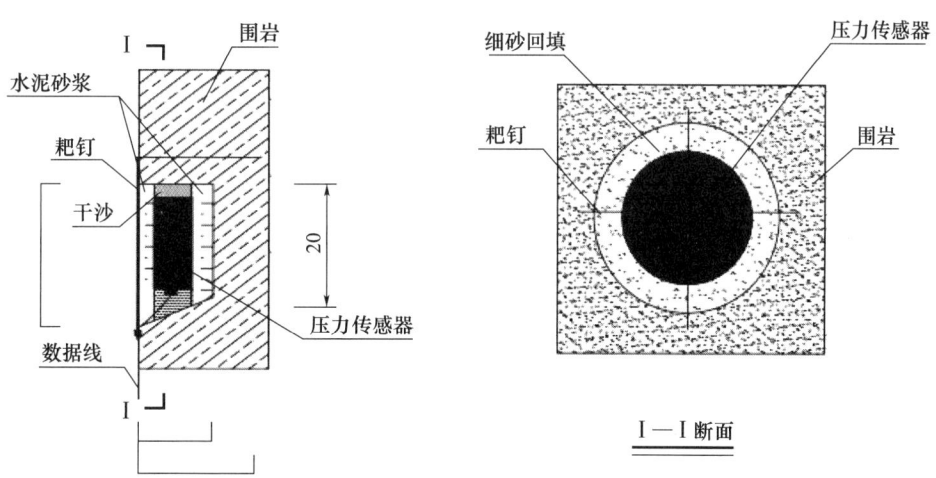

图 13-4　压力传感器安装示意图

(1) 测量标出压力传感器位置；
(2) 在压力传感器的相应位置凿深 4cm、直径 13cm 的圆孔；
(3) 在孔底铺设一层砂浆找平；
(4) 安放压力传感器；
(5) 在压力传感器四周回填细砂；

(6) 在压力传感器表面覆一层水泥砂浆;
(7) 将压力传感器数据线穿入PVC管加以保护;
(8) 将数据线沿初期支护内层钢筋网敷设至集中线盒;
(9) 读取初始读数。

13.2.3 锚杆内力监测

1) 监测点布设

采用表面应变计测量锚杆内力,传感器埋设如图13-5所示。

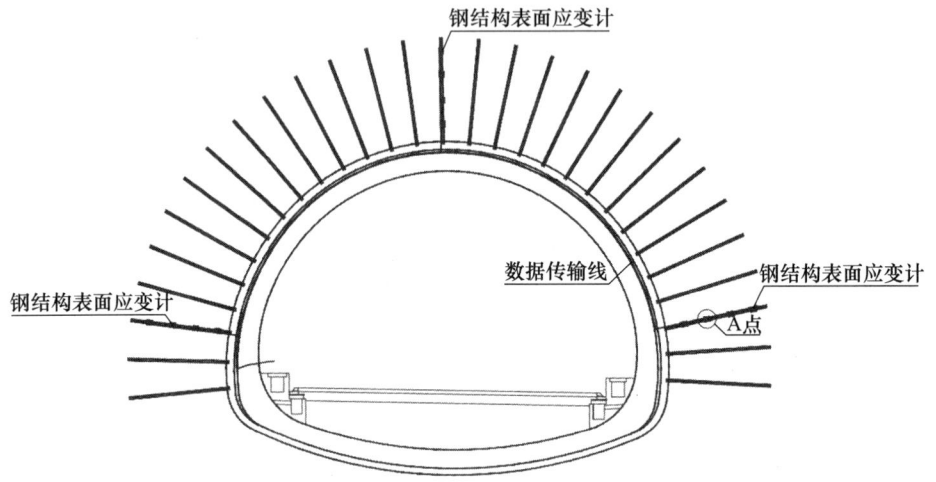

图13-5 锚杆内力监测点示意图

共布设3个监测断面,布设在隧道东线EK1+780断面、隧道西线WK1+730断面、隧道东线EK1+375断面,每个断面布设12个表面应变计,共计36个。

2) 监测点安装

监测点的安装如图13-6所示。

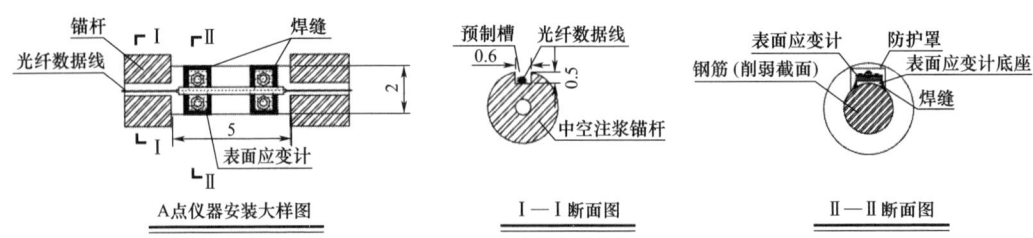

图13-6 表面应变计安装示意图

(1) 先将选定的锚杆进行加工,将需要焊接仪器的地方打磨平整使仪器安装后不扩大锚杆的断面积,以此来保证仪器在安装过程中的安全性;
(2) 仪器底座与锚杆的连接面上用氩弧焊焊接;
(3) 锚杆上留有凹槽,仪器安装后将数据线置于凹槽内使数据线得到保护;
(4) 数据线用PVC管固定于初期支护上,置于防水板背后,于拱脚处从防水板下侧引出，所有的数据线均由一侧引出。

13.2.4 钢支撑内力监测

1）监测点布设

采用表面应变计测量钢支撑内力，传感器埋设如图13-7所示。

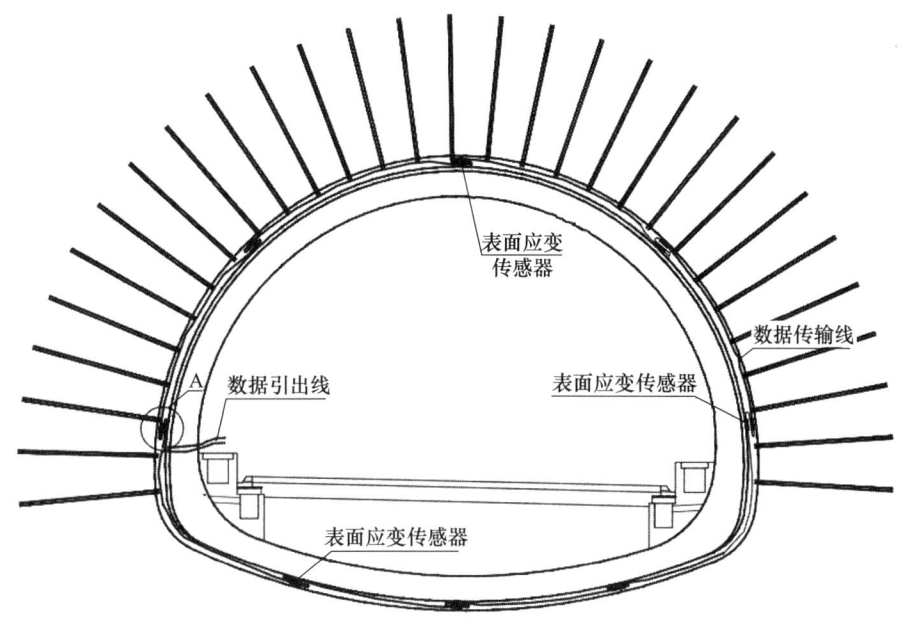

图13-7 钢支撑内力监测点示意图

共布设3个监测断面，布设在隧道东线EK1+505断面、隧道西线WK1+520断面、隧道西线WK1+410断面，每个断面布设16个表面应变计，共计48个。

2）监测点安装

监测点的安装如图13-8所示。

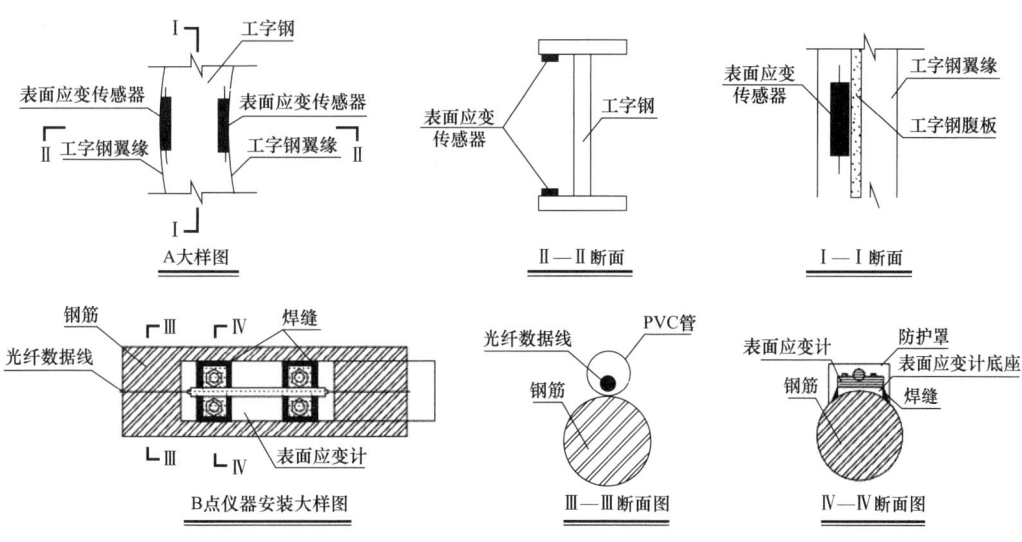

图13-8 表面应变计安装示意图

(1) 焊接前准备；
(2) 焊接保护罩基座和安装底座；
(3) 补刷防锈漆；
(4) 安装钢结构表面应变传感器；
(5) 安装保护罩；
(6) 连接传感器，走线及固定；
(7) 测试后读取初读数。

13.2.5 二次衬砌水压力监测

1) 监测点布设

采用渗压计测量二次衬砌水压力，传感器埋设如图13-9所示。

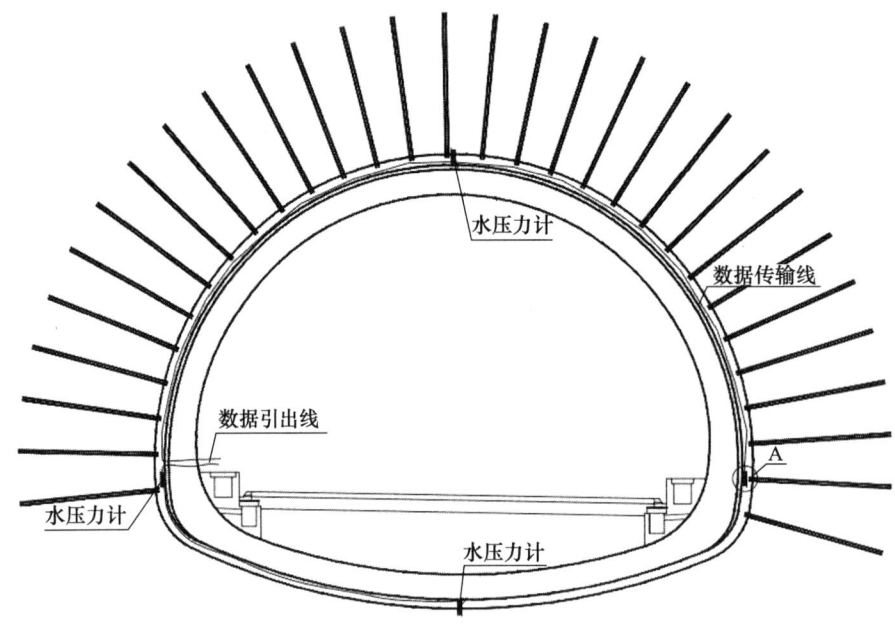

图13-9 二次衬砌水压力监测点示意图

共计布设3个监测断面，布设在隧道东线EK1+505断面、隧道西线WK1+520断面处、隧道东线EK1+375断面，每个断面布设4个渗压计，共计12个。

2) 监测点安装

监测点的安装如图13-10所示。

(1) 进行初期支护前，对渗压计进行测量定位；
(2) 在安放渗压计的初期支护上挖一沟槽；
(3) 把渗压计放入沟槽并固定；
(4) 在渗压计四周回填细砂，并对渗压计进行防护；
(5) 将渗压计外接线用PVC管保护；
(6) 将渗压计外接线引至集中线盒，读取初读数。

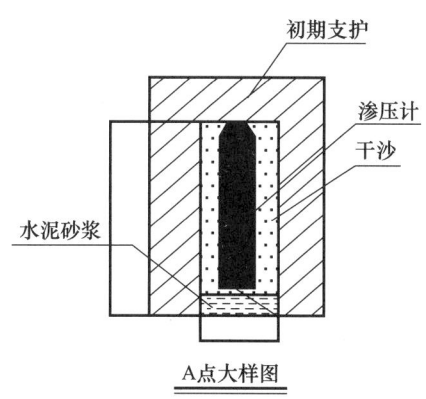

图 13-10 渗压计安装示意图

13.2.6 初期支护-二次衬砌接触压力监测

1) 监测点布设

采用压力传感器测量初期支护与二次衬砌接触压力,传感器埋设如图 13-11 所示。

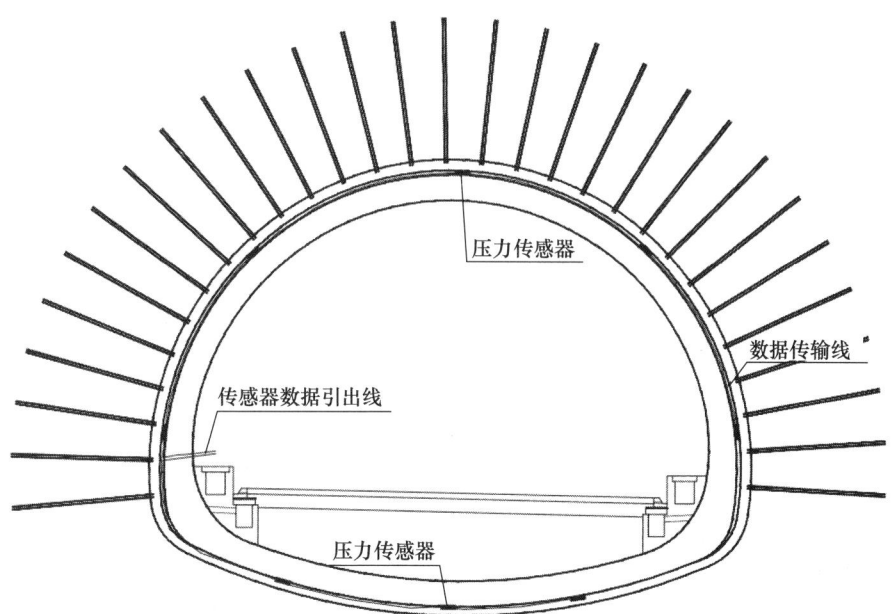

图 13-11 初期支护-二次衬砌接触压力监测点示意图

共布设 3 个监测断面,布设在隧道东线 EK1+505、隧道西线 WK1+410、隧道西线 WK1+520 断面处,每个断面布设 8 个压力传感器,共计 24 个。

2) 监测点安装

监测点的安装如图 13-12 所示。

(1) 测量标出压力传感器位置;

(2) 在测点相应部位靠衬砌侧,用一块直径 13cm 左右的防水板,在防水板上做一个口袋;

(3) 把压力传感器放入口袋内;
(4) 将压力传感器数据线穿入 PVC 管加以保护;
(5) 将塑料管固定在防水板上,沿隧道壁面向下铺设;
(6) 将数据线沿初期支护内层钢筋网敷设至集中线盒;
(7) 读取初读数。

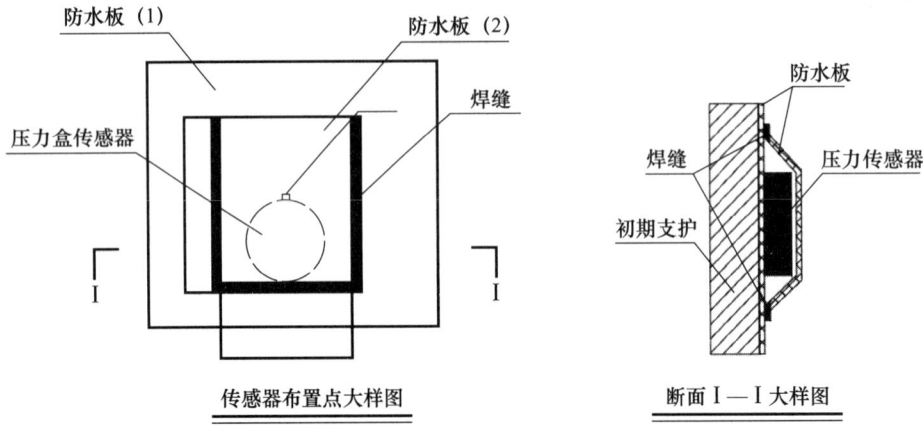

图 13-12　压力传感器安装示意图

13.2.7　二次衬砌内力监测

1) 监测点布设

采用混凝土应变计测量二次衬砌内力,传感器埋设如图 13-13 所示。

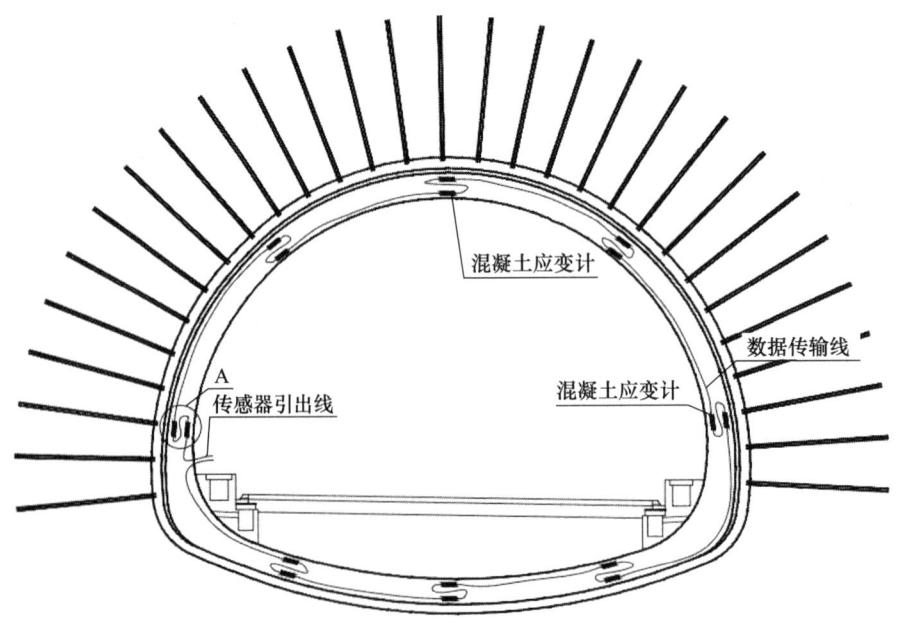

图 13-13　二次衬砌内力监测点示意图

共布设3个监测断面，布设在隧道东线EK1+780断面、隧道西线WK1+410断面、隧道西线WK1+730断面处，每个断面布设16个混凝土应变计，共计48个。

2）监测点安装

监测点的安装如图13-14所示。

（1）测量标出混凝土应变计的位置；

（2）将混凝土应变计安装在预定方向；

（3）将混凝土应变计用扎丝绑扎固定；

（4）将混凝土应变计外接线用PVC管保护；

（5）将混凝土应变计外接线接引至集中接线盒；

（6）读取初读数后，浇注二次衬砌混凝土。

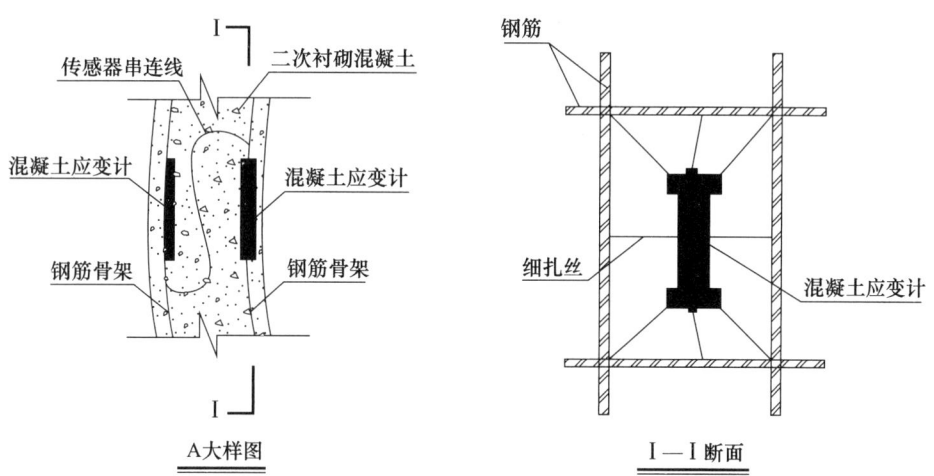

图13-14 混凝土应变计安装示意图

13.2.8 数据采集、传输与处理

1）数据采集

现场主要有数字信号和模拟信号两种信号模式，通过相应的方式进行信号采集。采集频率可根据人工设置时间段进行采集。常规条件下每30min采集一次。当发生意外情况或者数据超过一定限值时，可适当提高采集频率，例如10min采集一次或者5min采集一次。

2）数据传输方式

现场传感器所有数据通过有线方式进行传输，所有传感器数据最终通过光缆传输至隧道监控机房中。

3）数据处理

信号在采集前与采集后均可进行数据处理，数据处理有滤波、分析等以下功能：

（1）信号实时显示；

（2）数据采集：随机采样、触发采样，多次触发采样，采样时间和采样数据长度自由设定，采样时实时观察波形变化，定时采样；

（3）数字滤波：低通，高通，带通，带阻滤波；

(4) 幅域统计：描述信号的幅域特征参数有最大值、最小值、平均值、有效值、均方值、方差、标准差等值；

(5) 时域、频域分析：可对动态信号进行时域、频域范围的不同类型分析，可进行不同点数的FFT分析；

(6) 相关分析：可对各系统间信号的相关性进行分析。

13.3 隧道监测实施

13.3.1 监测项目及测点布设

隧道监测必测项目为隧道暗挖段洞内、外观察，周边位移，拱顶下沉，地表下沉，仰拱隆起，选测项目为自动化在线监测围岩内部位移、初期支护水压力、二次衬砌水压力、锚杆轴力、钢支撑内力、围岩与初期支护接触压力、初期支护与二衬接触压力、二次衬砌内应力，如表13-1所示。隧道监测东线起讫桩号为EK1+220~EK2+020，西线起讫桩号为WK1+218~WK2+012。

表13-1 监控量测参数表

	序号	项目名称	单位/个	测点布设频率
人工手段监测项目	1	洞内、外观察	断面	每开挖循环布设一个断面
	2	周边位移	断面	每5m布设一个断面
	3	拱顶下沉	断面	每5m布设一个断面
	4	地表下沉	断面	隧道陆地段每5~10m布设一个断面
	5	仰拱隆起	断面	每20m布设一个断面
在线自动化监测项目	1	围岩内部位移	断面	根据现场情况，每代表性地段设1个断面，共3个断面
	2	初期支护水压力	断面	根据现场情况，每代表性地段设1个断面，共3个断面
	3	二次衬砌水压力	断面	根据现场情况，每代表性地段设1个断面，共3个断面
	4	锚杆轴力	断面	根据现场情况，每代表性地段设1个断面，共3个断面
	5	钢支撑内力	断面	根据现场情况，每代表性地段设1个断面，共3个断面
	6	围岩与初期支护接触压力	断面	根据现场情况，每代表性地段设1个断面，共3个断面
	7	初期支护与二衬接触压力	断面	根据现场情况，每代表性地段设1个断面，共3个断面
	8	二次衬砌内应力	断面	根据现场情况，每代表性地段设1个断面，共3个断面

隧道断面测点布置如图 13-15 所示。

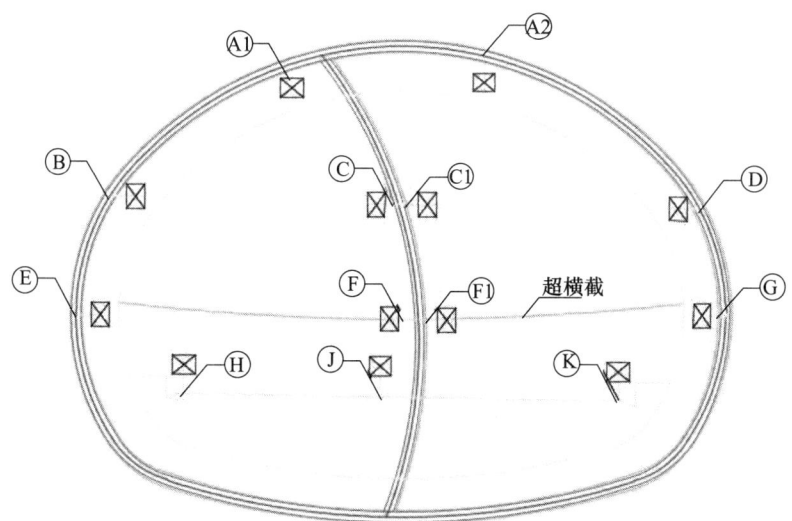

图 13-15 隧道断面测点布置图

13.2.2 监测数据分析

提取隧道部分断面的位移监测数据，并绘制位移随时间变化的曲线图，采用回归分析法得出隧道断面位移收敛趋势，如图 13-16、图 13-17 所示。

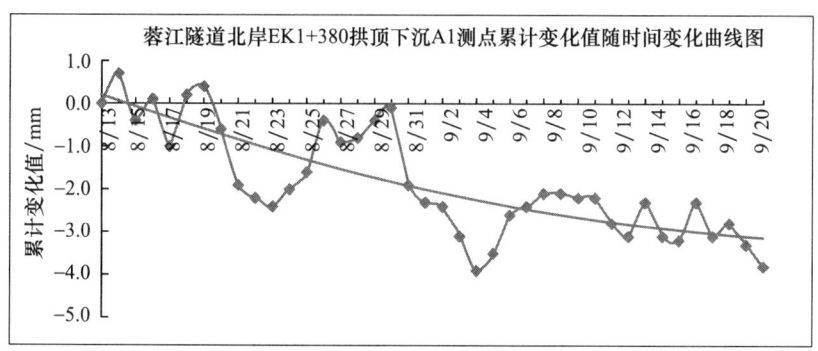

(a) 北岸EK1+380拱顶下沉A1测点曲线图

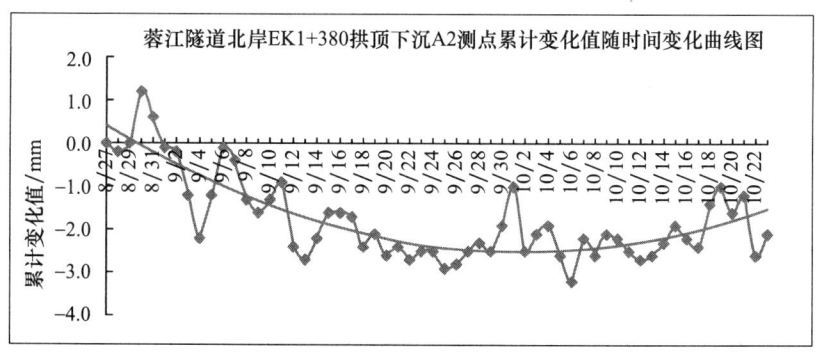

(b) 北岸EK1+380拱顶下沉A2测点曲线图

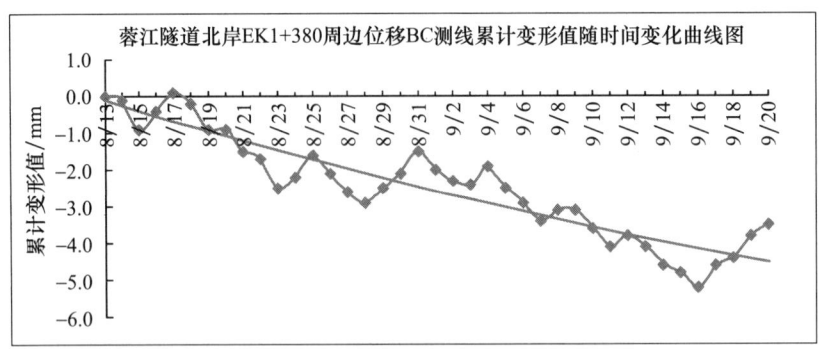

(c) 北岸EK1+380周边位移BC测线曲线图

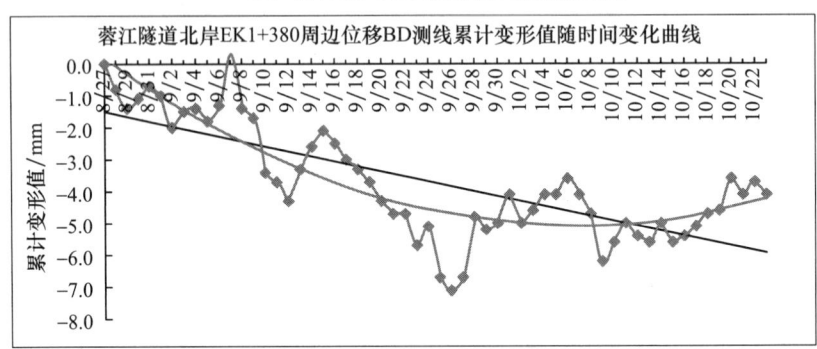

(d) 北岸EK1+380周边位移BD测线曲线图

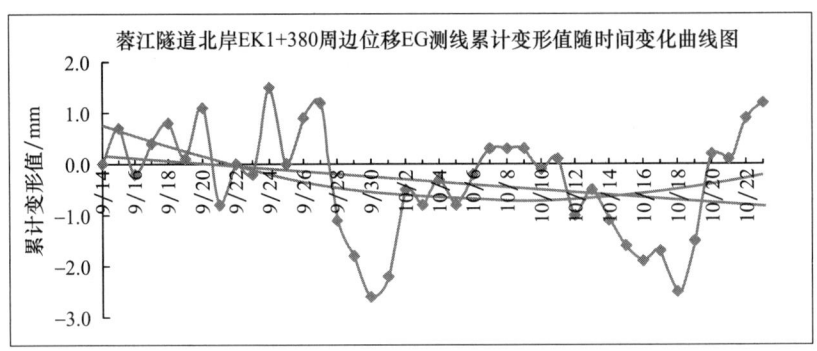

(e) 北岸EK1+380周边位移EG测线曲线图

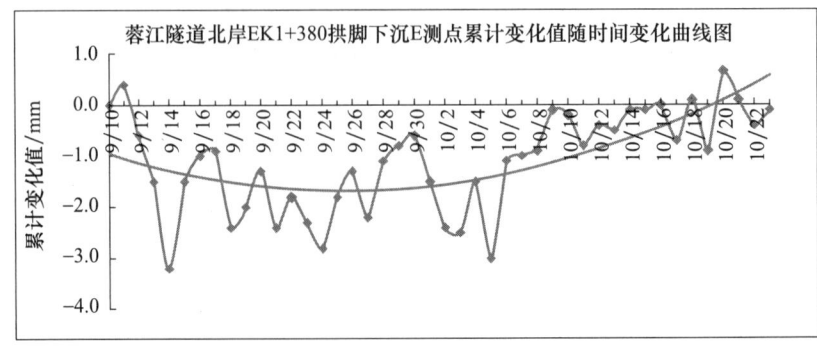

(f) 北岸EK1+380拱脚下沉E测点曲线图

13 软弱互层超浅埋小净距大断面穿江隧道监控量测分析

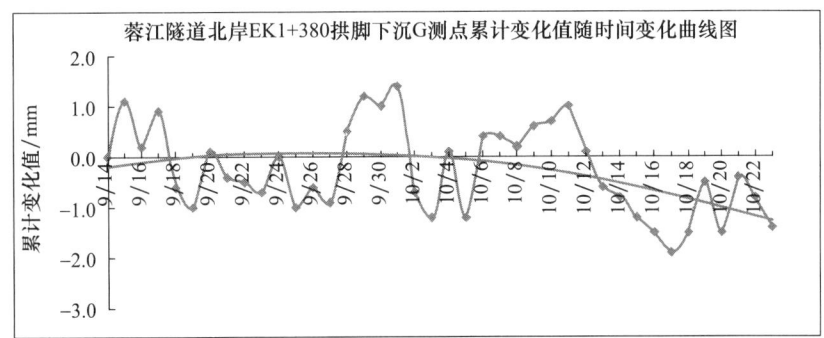

(g) 北岸EK1+380拱脚下沉G测点曲线图

图 13-16 北岸东洞位移监测图

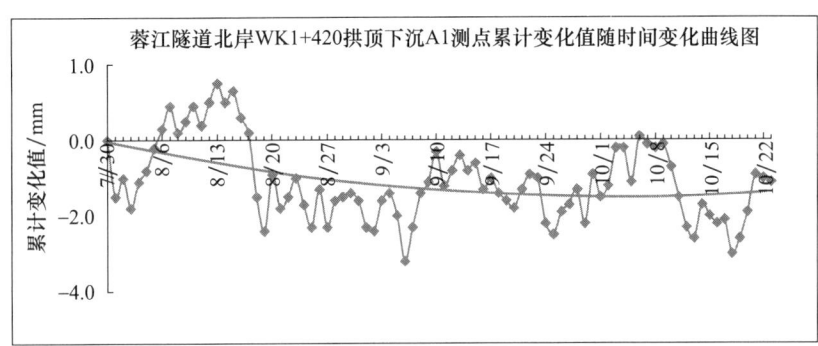

(a) 北岸WK1+420拱顶下沉A1测点曲线图

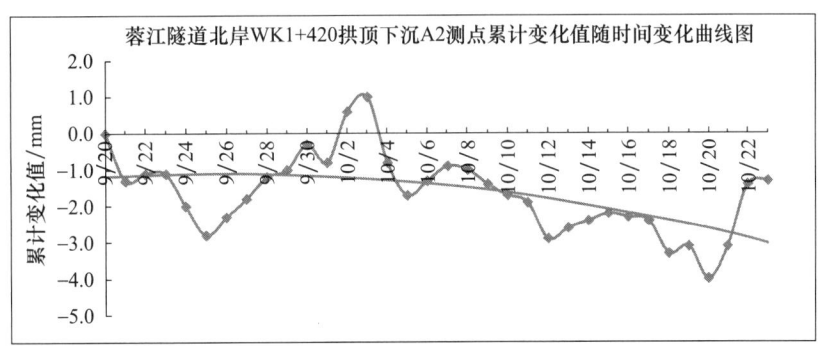

(b) 北岸WK1+420拱顶下沉A2测点曲线图

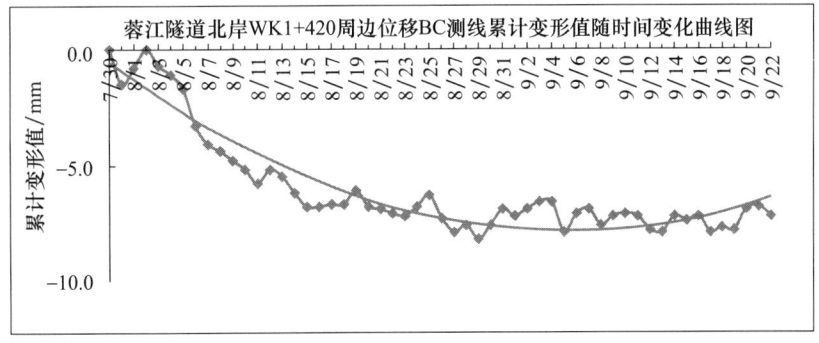

(c) 北岸WK1+420周边位移BC测线曲线图

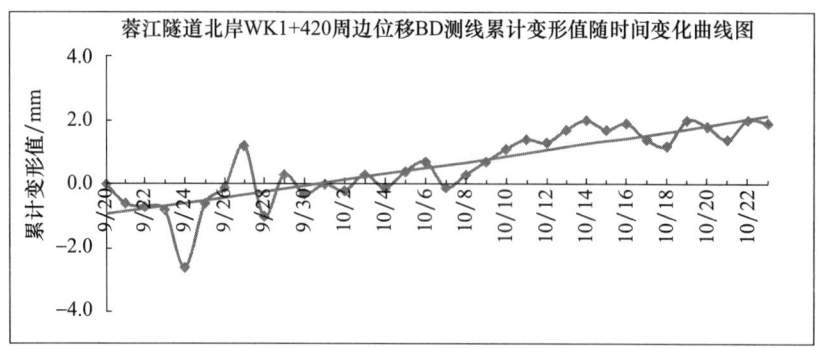

(d) 北岸WK1+420周边位移BD测线曲线图

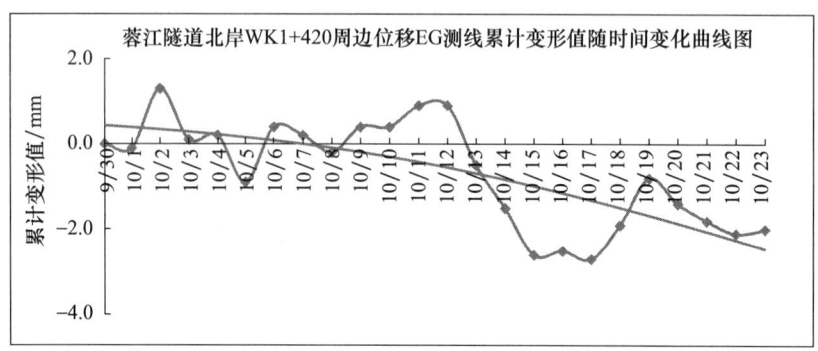

(e) 北岸WK1+420周边位移EG测线曲线图

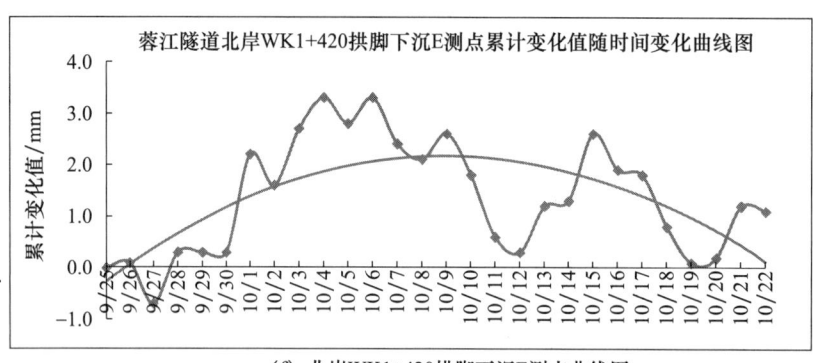

(f) 北岸WK1+420拱脚下沉E测点曲线图

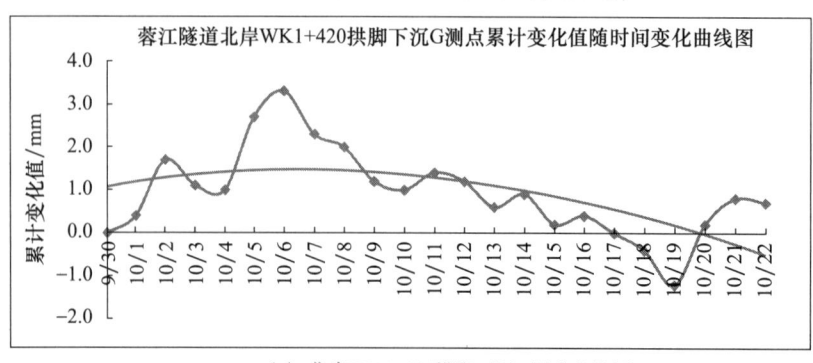

(g) 北岸WK1+420拱脚下沉G测点曲线图

图13-17 北岸西洞位移监测图

根据上述数据回归分析可得，隧道内各参数基本稳定，变形趋势主要集中于开挖前期及右导开挖影响，后续的仰拱及下导施工跨度过长时表现最为明显。随着隧道的掘进，各段面均逐渐趋于稳定。隧道掘进时应合理安排掘进工序及进尺，避免初支长期暴露及悬空。

根据上述选测参数数据及施工时间节点，在隧道临时支撑拆除时，围岩有轻微的变化，但不足以影响初支的稳定。随之隧道开挖下导及仰拱时拱顶压力计有明显变化，说明隧道在开挖下导及仰拱时，工字钢处于局部悬空状态，工字钢局部应力加强，围岩压力随之也加大。根据断面数据分析，隧道在大面积开挖且悬空面较大时，围岩存在细微缓慢的内部位移变化。结合隧道内监测点形变分析，该阶段隧道处于基本稳定状态，工字钢暂时能承受围岩的应力及压力作用。

隧道初期支护呈圆弧形，拱脚及仰拱开挖时整体处于悬空状态，开挖时应严格控制进尺，避免拱脚悬空时间过长，必要时可采取半壁仰拱施工法避免整体悬空。隧道目前围岩情况较为稳定，主要受后行洞（右导洞）开挖影响及宽张裂隙处渗水影响较大，主要体现为开挖时围岩受扰动及顶部裂隙处渗水影响较大。通过各监测项目数据分析，隧道初期支护受力主要发生在下台阶开挖及仰拱大幅开挖影响下。待仰拱封闭成环后拱顶压力会明显减轻。应严格控制开挖节奏及进尺，避免长时间拱脚悬空。隧道内渗水极为严重，上台阶及仰拱衔接处积水尤为严重，建议及时抽排且对未开挖下导进行提前保护，避免初支及岩体受积水浸泡软化，导致不均匀沉降。

综合监测数据分析先行洞（左导洞）受开挖影响较大，主要存在于拱顶 A1 变化较多，周边收敛受后行洞（右导洞）开挖影响，BC 测线变形较大。局部 A2 及 BD 测线变化较大区域，因受围岩地质情况影响及仰拱超期开挖影响较大。近期隧道开挖洞身已进入河道以下，综合前面开挖揭露出围岩情况对比，岩质整体较完整，局部宽张裂隙较多且渗漏区域变多，但岩层基本较为稳定，通过监测数据分析比对暂未发现明显异常（除个别被施工破坏断面以外）。

通过对南北岸选测数据监测分析，未发现明显应力及压力异常数值，综合判断分析，初期支护目前较为稳定。

13.4 基于 BIM 的过江隧道施工过程智能监控预警技术

以北斗定位系统为基础，结合数据采集系统、数据处理系统、监测警报系统等，将北斗监测站安装于钻入江底基岩内的钢管上，通过监测钢管顶的变形情况推测江底基岩的变形情况，摒弃传统的通过智能无人船对江底地形进行测量的方法，开发了北斗高精度定位技术的江底变形监测系统，如图 13-18、图 13-19 所示。

协议接入：感知设备通过开发不同协议接入，与前端感知设备建立通信。

适配解析：对感知设备采集数据进行数据解析与基础判断。

数据清洗：通过判断设备量程、数据格式等校验方式，去除噪声数据和异常数据。

数据分析：通过传感器数据合并、数据抽稀等算法处理，对相对时间段数据进行分析，得到分析结果。

异常预警：对分析结果数据进行异常阈值判断，得到预警结果，判断当前监测点状态是否正常，感知结构安全态势，并将预警结果告知相关负责人。

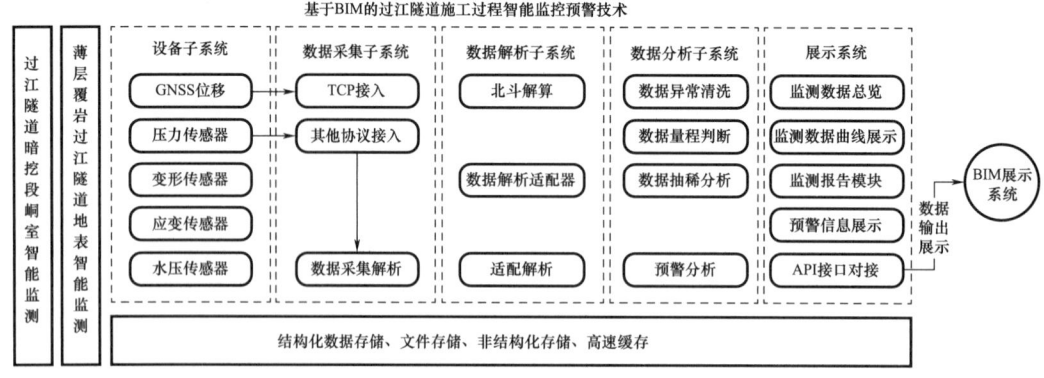

图 13-18 智能监控预警技术

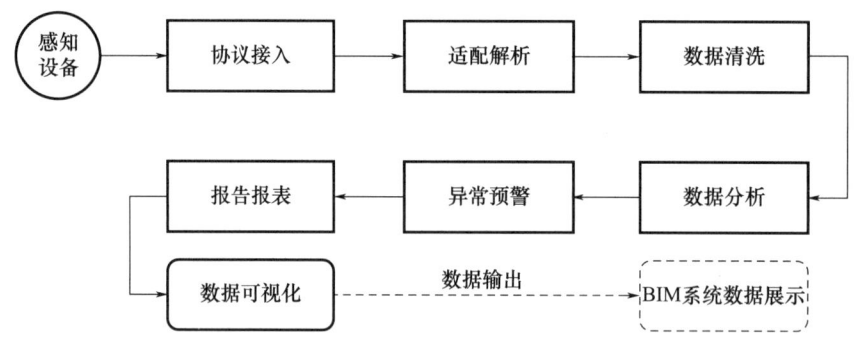

图 13-19 数据处理流程方案

报告报表：系统自动生成相关报表，同时支持手动报表上传，掌握隧道实时状态。

数据可视化：通过 GIS、图表、图片等方式展示系统监测数据，直观展示所有监测实时数据和历史数据。

BIM 平台接入：将监测点位、设备、数据与 BIM 系统对接，将监测数据展示到 BIM 平台中，通过 BIM 平台可查看当前监测点位状态，形成直观的可视化操作。

13.4.1 过江隧道峒室 BIM 可视化地质预报监测技术开发

预先采用 BIM 技术平台，根据地质、地形情况，在明洞及洞口处建立满足要求的明洞洞门及明洞衬砌混凝土结构模型，建立洞口防护和防排水简化模型，不需要针对防护类型建立防护详细模型。在暗洞区段，分段建立超前支护一般所需的构件，包含超前支护长度、超前支护间距、超前支护类型等信息；建立满足要求的初期支护锚杆、钢拱架等模型，包含锚杆长度、钢架间距、钢架类型、锚杆类型等信息，二次衬砌的钢筋网、钢筋间距、钢筋类型，及仰拱、路面、排水沟及电缆沟等构件信息。在现场拍摄的隧道掌子面照片中可以描述分辨岩体，分析岩体裂隙、节理、层理，研究围岩体的微细结构分布。而利用隧道掌子面地质信息数字编录识别技术可以采用现代计算机的数字采样、图形图像处理技术量化对围岩的结构描述。将岩体结构线的密度、长度等进行定量的围岩纹理分析处理，对隧道岩层断裂带、破碎带，夹水岩层进行提前预报，形成隧道峒室可视化地质预报监测系统，如图 13-20 所示。

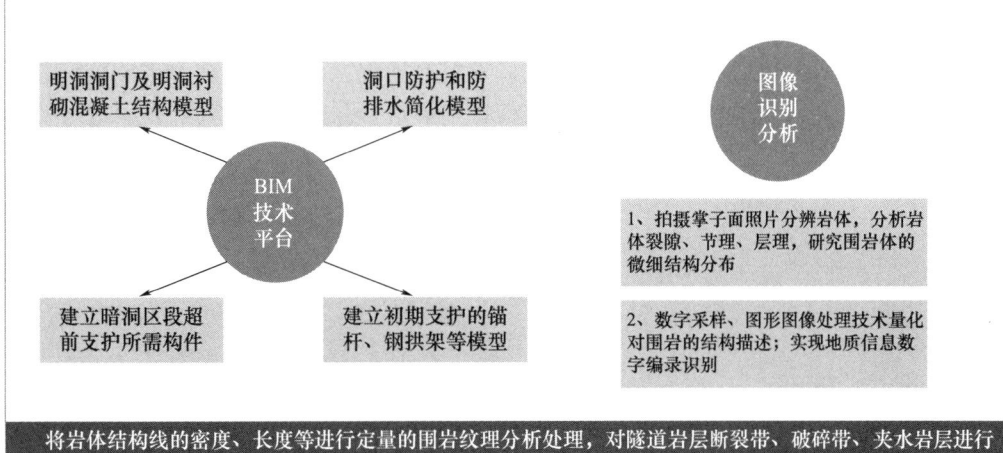

图 13-20　峒室 BIM 可视化地质预报监测系统示意图

13.4.2　过江隧道暗挖段峒室智能监测系统开发

暗挖隧道掘进过程中，地表沉降、拱顶下沉与地层地质条件、覆盖层的厚度、上部荷载情况及掌子面的形状、降水情况、施工方法、支护措施及支护时间有着密切的关系。通过现场埋设的传感器（如压力传感器、钢筋应变计、混凝土应变计、水压计、位移计等）来监测水下隧道特殊地段隧道结构的变形或受力变化，传感器通过光纤通信网络把传感器数据传至中心控制系统，通过计算和分析来确定隧道受力特点和安全性能。组建由数据采集系统、数据传输系统、数据处理与控制系统、安全评价和预警系统、客户端系统等组成的各个层相互协调的隧道暗挖段峒室智能监测系统，如图 13-21 所示。

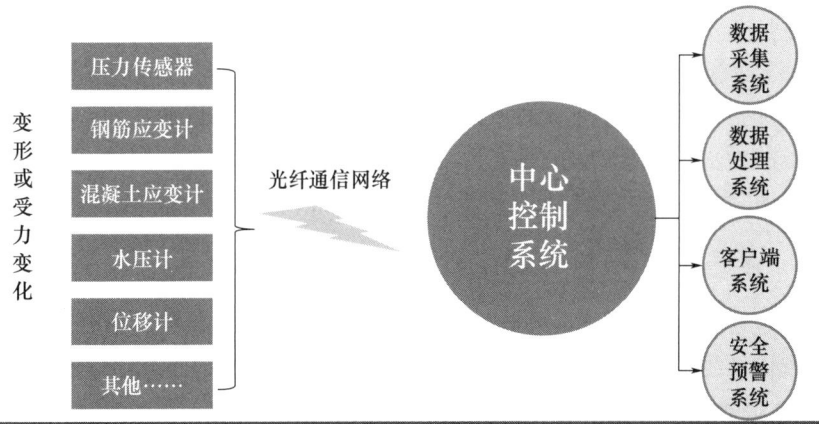

图 13-21　暗挖段峒室智能监测系统示意图

13.4.3 薄层覆岩过江隧道地表智能监测技术开发

以北斗定位系统为基础,结合数据采集系统、数据处理系统、监测警报系统等,将北斗监测站安装于钻入江底基岩内的钢管上,通过监测钢管顶的变形情况推测江底基岩的变形情况,摒弃传统的通过智能无人船对江底地形进行测量的方法,开发了北斗高精度定位技术的江底变形监测系统,如图13-22所示。

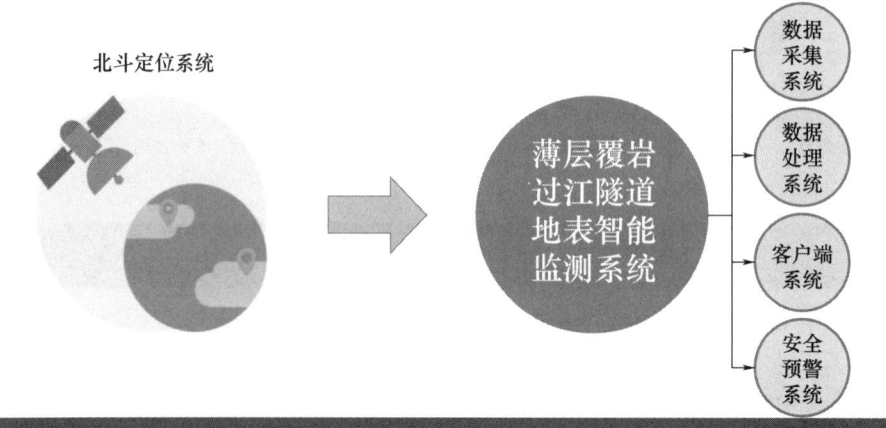

图 13-22 薄层覆岩过江隧道地表智能监测系统示意图

13.4.4 隧道富水岩层涌水监测技术开发

现有岩溶隧道突涌水评价指标,主要基于超前地质预报结果确定地质情况及不良地质特征,或考虑水质、水压或水量的变化、支护及围岩力学响应等。但现阶段超前地质预报结果更倾向于判定隧道前方是否存在突涌水致灾因素,若能与施工中突涌水状态等因素结合则能加强预警体系的准确性。基于水的监测结果及支护、围岩力学响应的监测结果建立的预警体系有一定的预警作用,但如果能结合岩盘厚度及溶洞与隧道相对位置等因素,则能加强预警体系的准确性和及时性。针对隧道涌水量的特殊性,设计结构先进、功能完备的涌水量管理软件,能实现对隧道涌水量的连续自动监测,及时对测量数据进行统计分析。为此,研制了隧道富水岩层涌水监测系统,如图13-23所示。

13.4.5 隧道监测 BIM 可视化智能分级预警技术

通过相对定位得到各监测点不同时期的各项相关指标信息,将各监测点的信息实时传入信息化软件系统中。平台自动对各项信息进行区域归类和异常类别分级,并在可视化 BIM 平台中显示出来,形成隧道围岩、水环境、空气环境等信息的相关技术参数,供技术人员和管理人员实时查询和参考。开发了可以自主应急预警,提供处理建议的智能分级预警系统,如图13-24所示。

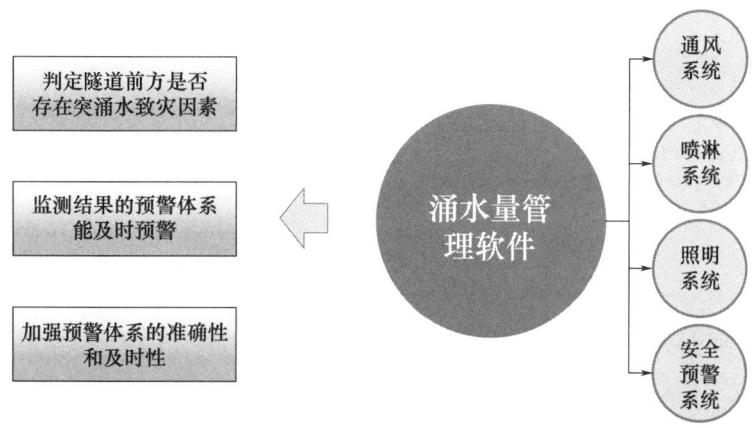

图 13-23　隧道富水岩层涌水监测系统示意图

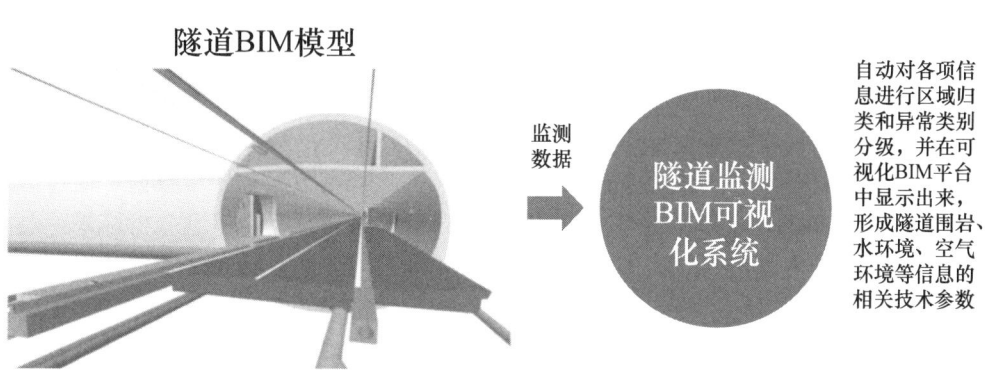

图 13-24　隧道监测 BIM 可视化智能分级预警系统示意图

13.4.6　基于现场环境信息的智能化处置技术

隧道的固有环境因素在于其自身封闭的建筑结构。隧道内地质水文复杂，通风排水设备不完善，这种地铁隧道内环境对铺设在其中的钢轨及配件的影响是长期的。现有研究表明，隧道内的主要气体有氮气 78%、氧气 15%、二氧化碳 1.5%、可燃气体 0.28%，隧道内的有害气体浓度与车辆在隧道内的通过率呈正相关。通过分析隧道洞内各不利影响源，研制包含通风系统、喷淋系统、照明系统等的分区段环境净化系统。基于智慧工地预警平台布设的传感器数据，分析现场粉尘浓度、有毒气体浓度、环境可见度、围岩变形情况，结合现场环境净化系统，研制了隧道环境超风险自动预处置系统，如图 13-25 所示。

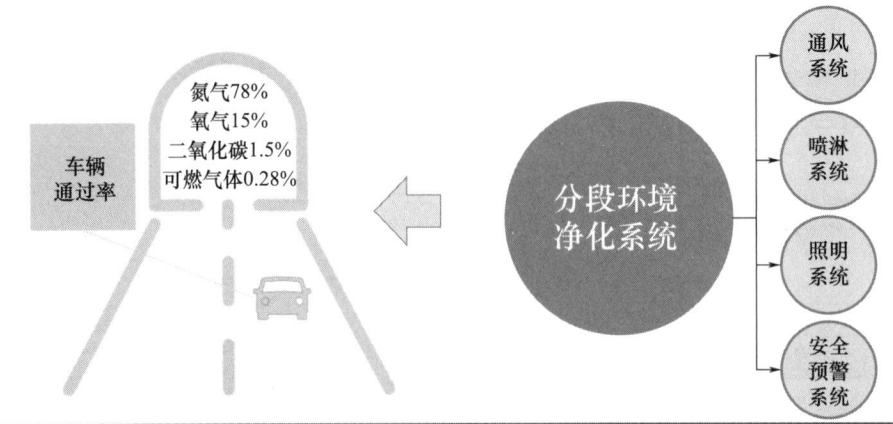

图 13-25 基于现场环境信息的智能化处置系统示意图

13.4.7 隧道 BIM 智能监测平台

通过研发系列化智能传感器、智能采集单元和物联网感知平台，感知设备通过开发不同协议接入，与前端感知设备建立通信，对感知设备采集的数据进行数据解析与基础判断。通过判断设备量程、数据格式等校验方式，去除噪声数据和异常数据，通过传感器数据合并、数据抽稀等算法处理，对相对时间段数据进行分析，得到分析结果。对分析结果数据进行异常阈值判断，得到预警结果，判断当前监测点状态是否正常，感知结构安全态势，并将预警结果告知相关负责人。系统自动生成相关报表，同时支持手动报表上传，掌握隧道实时状态。通过 GIS、图表、图片等方式展示系统监测数据，直观展示所有监测实时数据和历史数据。将监测点位、设备、数据与 BIM 系统对接，将监测数据展示到 BIM 平台中，通过 BIM 平台可查看当前监测点位状态，形成直观的可视化操作，如图 13-26 所示。

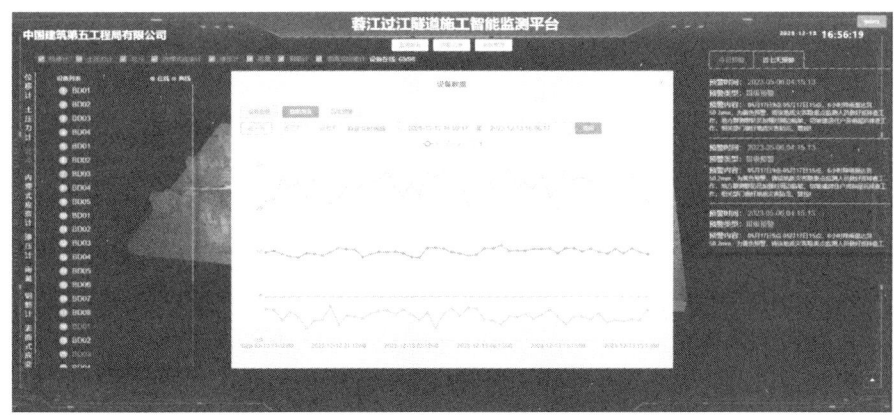

图 13-26 蓉江隧道施工智能监测平台

13.5 本章总结

本章总结了隧道监测目的和内容，通过隧道拱顶下沉、周边位移等随时间的变化趋势，结合隧道开挖步序分析隧道变化特征和支护应力分布特征，并提出相应改进建议。具体结论如下：

（1）蓉江四路过江隧道健康监测系统通过现场埋设的传感器来监测隧道结构的变形或受力变化。渗压计用于监测初支和二衬水压力，压力传感器用于监测围岩-初支和二衬-初支接触压力，表面应变计用于监测锚杆和钢支撑变形，混凝土应变计用于监测二衬内力。现场主要为数字信号和模拟信号两种信号模式，通过相应的模式进行信号采集。通过光纤通信网络把传感器数据传至中心控制系统，通过计算和分析来确定隧道受力特点和安全性能。

（2）隧道内各参数基本稳定，变形主要集中在开挖前期及右导开挖影响，在后续的仰拱及下导施工跨度过长时表现最为明显。随着隧道的掘进，各段面均逐渐趋于稳定。隧道掘进时应合理安排掘进工序及进尺，避免初支长期暴露及悬空。未发现明显应力及压力异常数值，综合判断分析，初期支护目前较为稳定。隧道内渗水极为严重，上台阶及仰拱衔接处积水尤为严重，建议及时抽排且对未开挖下导进行提前保护，避免初支及岩体受积水浸泡软化，导致不均匀沉降。

（3）以北斗定位系统为基础，结合数据采集系统、数据处理系统、监测警报系统等，将北斗监测站安装于钻入江底基岩内的钢管上，通过监测钢管顶的变形情况推测江底基岩的变形情况，摒弃传统的通过智能无人船对江底地形进行测量的方法，开发了基于 BIM 北斗高精度定位技术的江底变形监测系统。

14　小净距隧道钻爆法与铣挖法施工比选研究

蓉江隧道围岩条件较差，全线均为Ⅴ级围岩，双线隧道净距为1.5B～2.3B，远小于JTG D70—2004《公路隧道设计规范》要求的最小净距3.5B，若采用钻爆法开挖隧道，炸药短时间内释放大量能量，有小部分能量会扩散到开挖范围外，对围岩和相邻隧道结构产生扰动，因此，掌握小净距隧道爆破扰动的特点和规律对隧道施工安全意义重大。

本章研究主要针对Ⅴ级围岩水下隧道段，埋深约为11m。隧道左、右洞间距约35m，右洞作为先行隧道超前左洞开挖36m。利用数值模拟软件ABAQUS对隧道爆破开挖进行模拟，结合相关文献和模拟结果，分析爆破过程中的先行隧道结构振动、损伤特点。

14.1　钻爆法数值模型建立

近年来，在岩石隧道开挖中，由于爆破施工具有操作简便、施工快速、适应性强、成本可控等优点而被广泛采用，炸药在岩体中爆炸引起周围岩土体振动是其在邻近既有构筑物时被限制采用的重要因素。因此，爆破振动是相关研究者们关注的重点课题之一。隧道开挖爆破进尺作为隧道开挖的重要环节，其确定方法通常是以围岩条件、隧道断面尺寸、爆破振速控制为基准。为抑制强烈的夹制作用，循环进尺和炸药的抵抗线越来越大，导致掏槽孔单段装药量较大，爆破产生的振动效应必然会增强，对邻近建构筑物的安全造成严重威胁。

蓉江新区过江隧道全长约2412m，暗埋段1391.73m，其中暗埋段矿山法长度786m。隧道左、右洞间距约35m，约为2.3倍隧道宽度。目前我国对于小净距隧道的分类，依照JGJ D70—2004《公路隧道设计规范》定义如表所示，根据不同围岩等级进行判断，围岩等级越高，所要求的最小净距越小，见表14-1。

表14-1　我国小净距隧道分类标准

围岩等级	Ⅰ	Ⅱ	Ⅲ	Ⅳ	Ⅴ	Ⅵ
最小净距/m	1.0B	1.5B	2.0B	2.5B	3.0B	3.5B

由于隧道净距小于规范要求的最小净距，因此研究爆破振动的影响对于隧道施工及运营期安全具有重要意义。本章采用大型有限元软件ABAQUS建立三维数值模型，模拟蓉江隧道施工阶段爆破开挖对相邻隧道的振动影响。

模拟建立隧道和岩体模型，双线隧道右洞开挖40m，由于此隧道段围岩条件差，左洞采用CD台阶法爆破开挖，左洞单次开挖进尺设为稍大于实际开挖的3m。

在三维有限元模型中，y轴负向表示隧道开挖方向。隧道宽度为15.5m，高度为

10.7m，隧道埋深为10.2m。考虑到隧道开挖的扰动范围约为隧道最大宽度的3～5倍，由此可确定模型尺寸为140m×60m×70m。在计算过程中，除了将地表及隧道已开挖区周边设为自由边界，其他边界均为无反射边界，模型后端应力波反射对模拟结果的影响忽略不计。隧道有限元模型如图14-1所示。

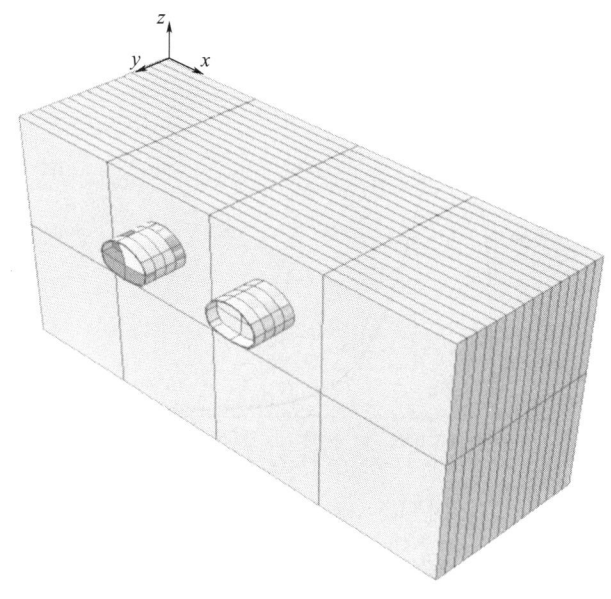

图14-1 隧道爆破开挖模型

实际隧道爆破过程中，需要在掌子面上布设多段别炮孔进行施爆，因此在隧道围岩内壁任一质点处的爆破荷载是所有炮孔爆破所产生荷载的叠加结果，目前尚未有理论公式能准确地计算多孔起爆。由于周边眼装药量最大，本研究只对周边眼进行等效爆破荷载计算，荷载作用方向与隧道周壁垂直向外。实际工程中多采用不耦合装药结构，在不耦合装药情况下，爆孔岩石壁受到的冲击波压力为

$$P_\mathrm{r}=\frac{1}{8}\rho_0 D^2 \left(\frac{d_\mathrm{b}}{d_\mathrm{c}}\right)^6 \left(\frac{l_\mathrm{b}}{l_\mathrm{c}}\right)^3 n \tag{14-1}$$

粉碎区边界压力为

$$P_0=\frac{P_\mathrm{r}}{d^3} \tag{14-2}$$

式中 l_c——炮孔长度；

l_b——装药长度；

d_c——炮孔直径；

d_b——装药直径；

n——爆轰产物撞击内壁时的压力增大倍数，取值多为8～11，这里取10。

爆破荷载时程函数为

$$P_\mathrm{t}=4P_0 \left(e^{-\beta t/\sqrt{2}}-e^{-\sqrt{2}\beta t}\right) \tag{14-3}$$

式中 P_t——爆破荷载；

β——阻尼系数；

t——作用时间;

P_0——粉碎区边界冲击波峰值压力。

荷载峰值出现在时间 $t_r=-2ln(1/2)/\beta$ 处。本章中，t_r 取值为 10ms，单次爆破时间取为 100ms，总时间取 1s，即 10 个周期，频率 $f=10$Hz，爆破荷载时程曲线如图 14-2 所示。

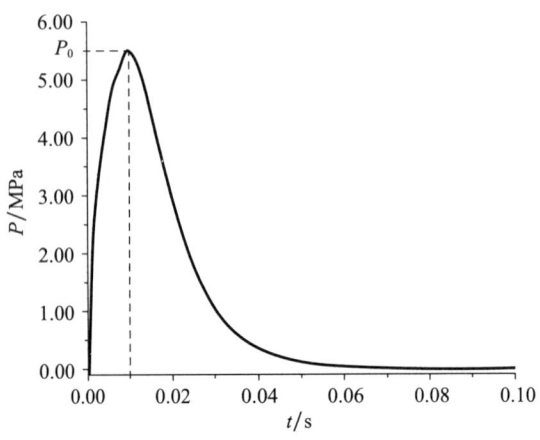

图 14-2 爆破荷载时程曲线

爆破振动冲击荷载在介质中传递，并在极短时间内引起应力脉冲的产生与衰减，因此冲击荷载下围岩和衬砌的力学性质与静荷载条件下有所差异，需要换算模拟中围岩与衬砌的材料参数。目前已有大量学者在该方面进行了研究，关于围岩的材料参数转换，本研究采取基于砂石、泥石采用静力学与声波测速方法厘定的岩体力学参数转化公式，分别为

$$E_d=0.903E_s+1.713 \tag{14-4}$$

$$\mu_d=0.4212\mu_s+0.1314 \tag{14-5}$$

式中 E_d——材料动弹性模量;

E_s——材料的静弹性模量;

μ_d——材料动泊松比;

μ_s——材料静泊松比。

关于衬砌的材料参数转换，既有高铁隧道的二衬为钢筋混凝土结构，采用 C30 混凝土，其静荷载力学参数根据国家现行标准 GB/T 50010—2010《混凝土结构设计标准》进行取值，而其动弹性模量采用动弹模转化公式进行计算，动泊松比采用经验转化式进行计算，转化公式分别为

$$E_d=8.7577E_s^{0.5882} \tag{14-6}$$

$$\mu_d=0.8\mu_s \tag{14-7}$$

式中 E_d——材料动弹性模量;

E_s——材料的静弹性模量;

μ_d——材料动泊松比;

μ_s——材料静泊松比。

经计算模型中材料参数见表 14-2。

表 14-2 材料属性表

材料	E_s /10^3MPa	μ_s	E_d /10^3MPa	μ_d	黏聚力 /MPa	内摩擦角 /°	密度 /kN·m^{-3}
中风化泥质粉砂岩	3.5	0.23	4.87	0.23	31.5	29	26.9
C30 混凝土	30.0	0.20	64.75	0.16	1.88	60.6	26.1

计算步骤为：

（1）地应力平衡分析计算。采用 model change 功能"杀死"支护单元，仅保留土体单元，施加重力加速度 9.8m/s^2，计算土体地应力平衡。

（2）隐式动力学分析计算。由于本节主要研究右洞初支受左洞爆破的影响，因此简化右洞开挖，即右洞开挖 40m，施作衬砌，采用 model change 功能"杀死"开挖土体单元，并"激活"相应初支单元。

（3）隐式动力学分析计算。左洞采用 CD 台阶法分步开挖，按实际工况首先开挖左上部围岩，并施加爆破荷载于洞周围岩，采用 model change 功能"杀死"左上部土体单元，并按爆破荷载时程曲线施加爆破荷载，共 10 个周期，计算时间为 1s。

14.2　钻爆法模拟结果分析

左右洞开挖步距取 40m，本节计算工况为：右洞开挖 40m，并施作初支，随后左洞采用 CD 台阶法开挖，通过分析围岩塑性区和右洞初支振速，厘清钻爆法施工的扰动范围和扰动程度。

14.2.1　钻爆法振速分析

地应力平衡位移云图如图 14-3 所示，位移小于 1×15^{-5} 则模型达到地应力平衡。

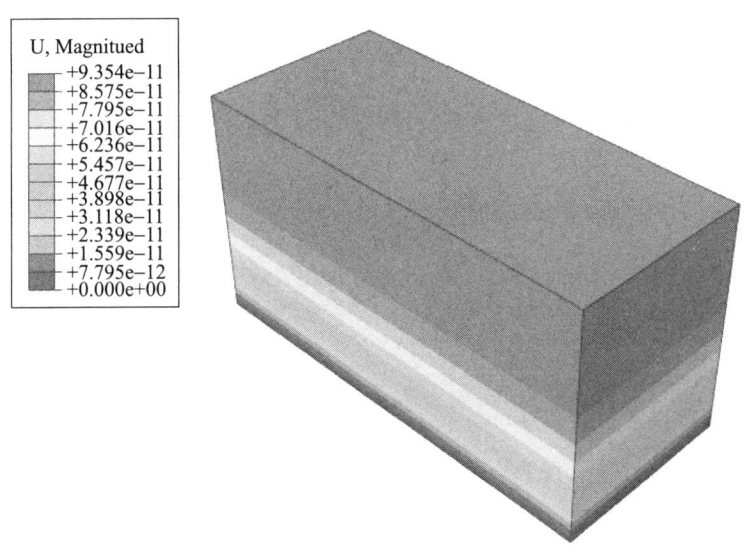

图 14-3　地应力平衡云图

右洞开挖 40m，并施作初支，初支厚度取 0.3m，采用 shell 单元，计算云图如图 14-4～图 14-9 所示。其中拱顶最大沉降位移为 4.856mm，洞底最大隆起位移为 4.312mm，其最大应力主要集中于拱腰处，最大 Mises 应力为 4.012MPa，其余部分无应力集中现象。

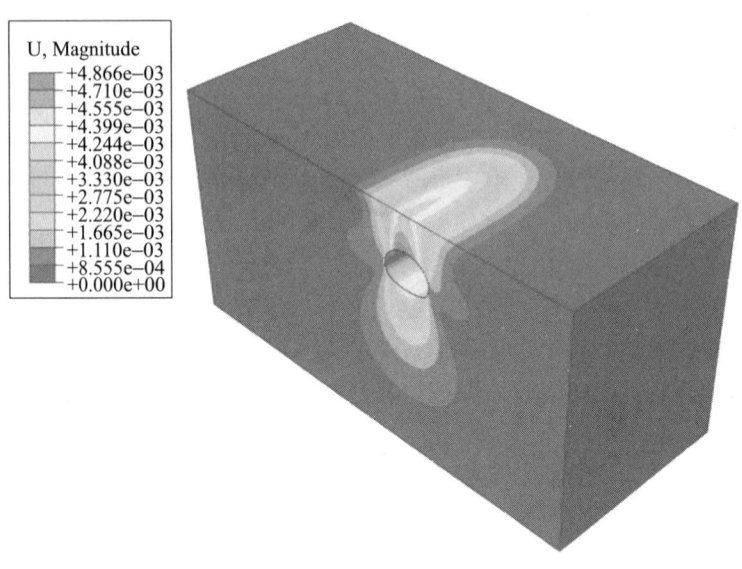

图 14-4 右洞开挖土体总位移云图

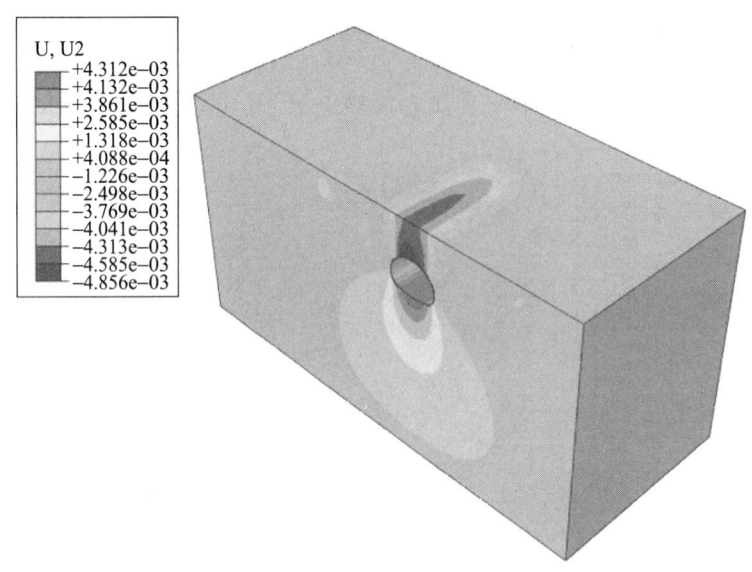

图 14-5 右洞开挖土体竖向位移云图

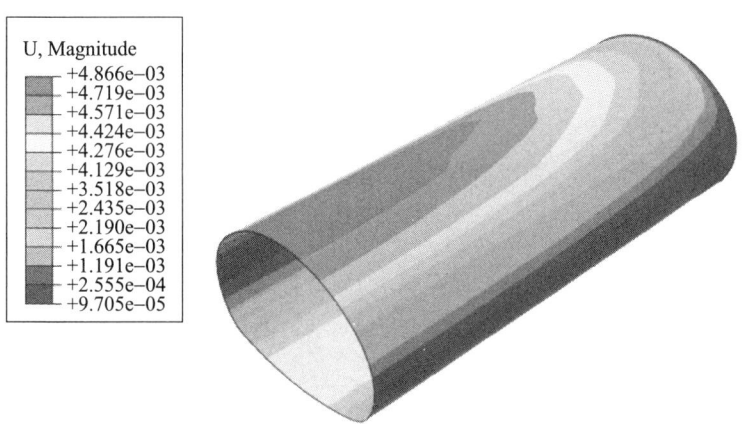

图 14-6　右洞开挖初支总位移云图

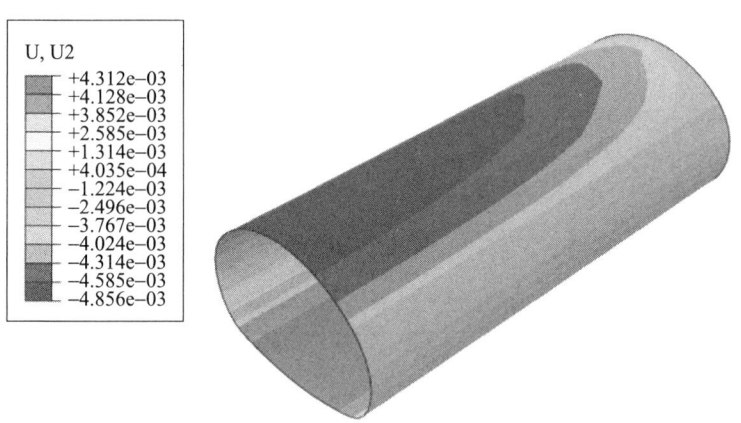

图 14-7　右洞开挖初支竖向位移云图

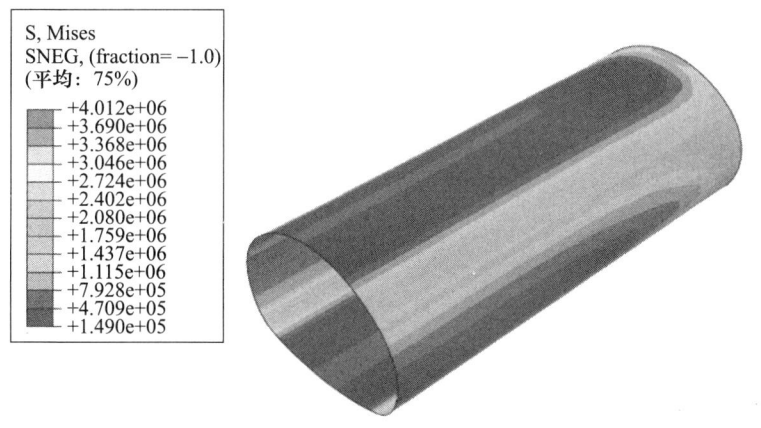

图 14-8　右洞开挖初支 Mises 应力云图

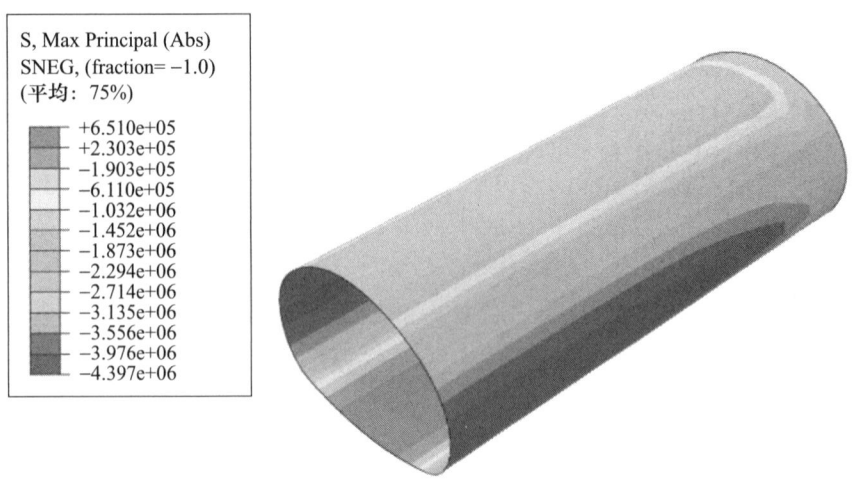

图 14-9　右洞开挖初支总应力云图

左洞采用 CD 台阶法开挖，如图 14-10 所示，开挖左上部岩体，并施加爆破荷载共 10 个周期，共计 0.1s。

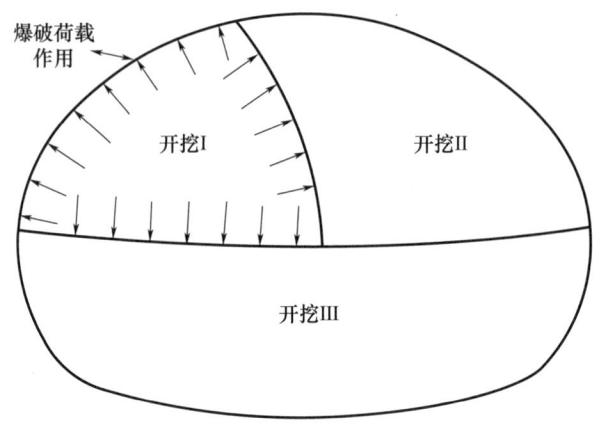

图 14-10　左洞分部开挖示意图

模拟左上部岩体钻爆法开挖，计算结果如图 14-11～图 14-13 所示。右洞初支最大沉降位移为 7.907mm，洞底最大隆起位移为 7.412mm。左洞爆破时，右洞初支的左侧所受振动影响程度最大，且最大振速为 44.8cm/s，主要集中于左侧拱腰至拱顶之间，且初支主要振动区域振速基本处于 18.9～44.8cm/s，而根据 GB 6722—2014《爆破安全规程》的安全允许振速见表 14-3。由于蓉江隧道属于水工隧道，爆破荷载频率为 10Hz，因此其安全允许振速 v_s 为 8cm/s。若采用钻爆法，蓉江隧道右洞初支最大振速为 44.8cm/s，是安全允许振速 v_s 的 5.6 倍，且其主要振动区域振速是安全允许振速 v_s 的 2.4 倍以上，不符合隧道规范要求。因此蓉江隧道若采用钻爆法施工，由于其超小净距，则爆破会对相邻隧洞产生较大振动影响，具有较大施工风险，甚至会造成安全事故。

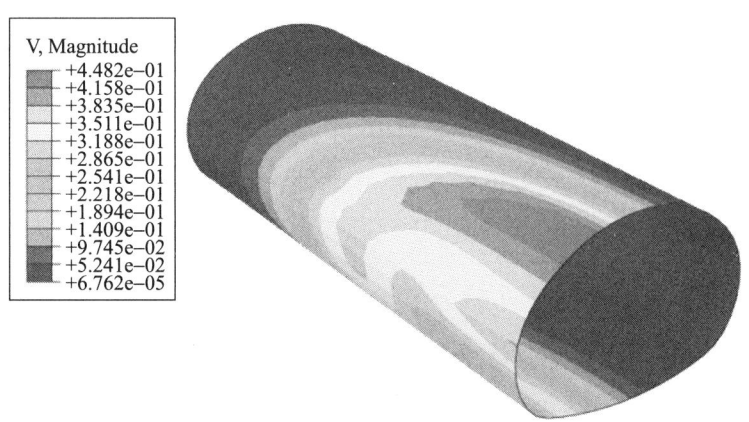

图 14-11 左洞初支振速云图

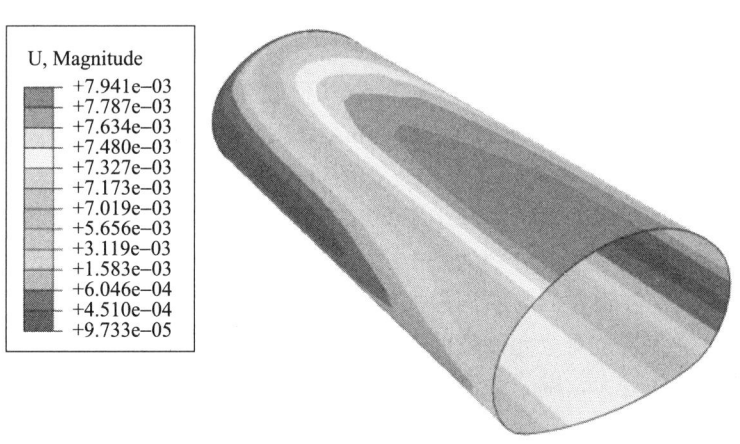

图 14-12 左洞初支总位移云图

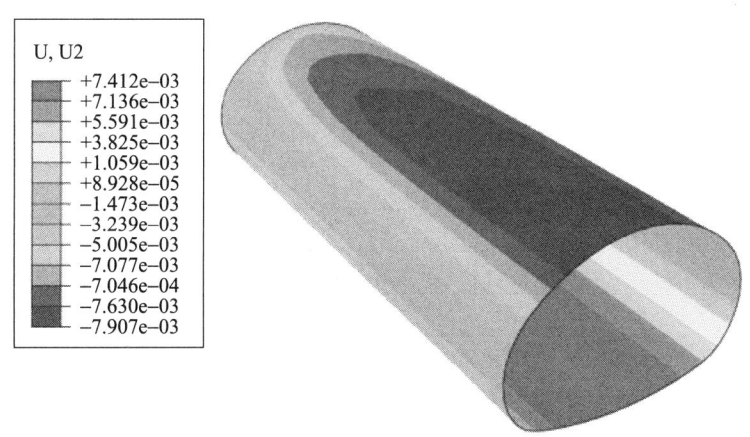

图 14-13 左洞初支竖向位移云图

表 14-3 爆破振动安全允许标准

保护对象类别	安全允许质点振动速度 $v/\text{cm}\cdot\text{s}^{-1}$		
	$f\leqslant 10\text{Hz}$	$10\text{Hz}<f\leqslant 50\text{Hz}$	$f>50\text{Hz}$
水工隧道	7~8	8~10	10~15
交通隧道	10~12	12~15	15~20
矿山巷道	15~18	18~25	20~30
永久性岩石高边坡	5~9	8~12	10~15
新浇大体积混凝土 龄期：初凝 3d 龄期：3~7d 龄期：7~28d	1.5~2.0 3.0~4.0 7.0~8.0	2.0~2.5 4.0~5.0 8.0~10.0	2.5~3.0 5.0~7.0 10.0~12.0

14.2.2 钻爆法位移分析

钻爆法开挖会加剧对围岩的扰动损伤，因此考虑通过折减围岩强度模拟钻爆法开挖。模拟左洞开挖直至隧道贯通，计算结果如图 14-14～图 14-22 所示。左洞与右洞初支最大沉降位移分别为 12.4mm、22.3mm，洞底最大隆起位移分别为 27.2mm、32.1mm，最大拱脚水平位移分别为 15.7mm、16.9mm，而根据 JTG/T 3660—2020《公路隧道施工技术规范》中规定，初期支护的极限相对位移必须满足表 14-4 规定。由于蓉江隧道全线均为 V 级围岩，埋深小于 50m，因此规范允许的最大拱顶相对下沉以及最大拱脚水平相对净空变化值分别为 0.16%、0.5%，即分别为 16.3mm、51mm。若采用钻爆法开挖，蓉江隧道左洞与右洞最大拱脚水平位移在规范安全允许值以内，而右洞初支拱顶最大沉降为规范安全允许值的 1.4 倍，因此不满足隧道规范要求。这是由于钻爆法对围岩扰动损伤较大，围岩强度降低和围岩松动荷载增强，致使初支变形增大，不满足规范安全要求。

表 14-4 跨度为 7~12m 时（含）隧道初期支护极限相对位移

围岩级别	隧道埋深 h/m		
	$h\leqslant 50$	$50<h\leqslant 300$	$300<h\leqslant 500$
拱脚水平相对净空变化/%			
Ⅱ	—	0.01~0.03	0.01~0.08
Ⅲ	0.03~0.10	0.08~0.40	0.30~0.60
Ⅳ	0.10~0.30	0.20~0.80	0.70~1.20
Ⅴ	0.20~0.50	0.40~2.00	1.80~3.00
拱顶相对下沉/%			
Ⅱ	—	0.03~0.06	0.05~0.12
Ⅲ	0.03~0.06	0.04~0.15	0.12~0.30
Ⅳ	0.06~0.10	0.08~0.40	0.30~0.80
Ⅴ	0.08~0.16	0.14~1.10	0.80~1.40

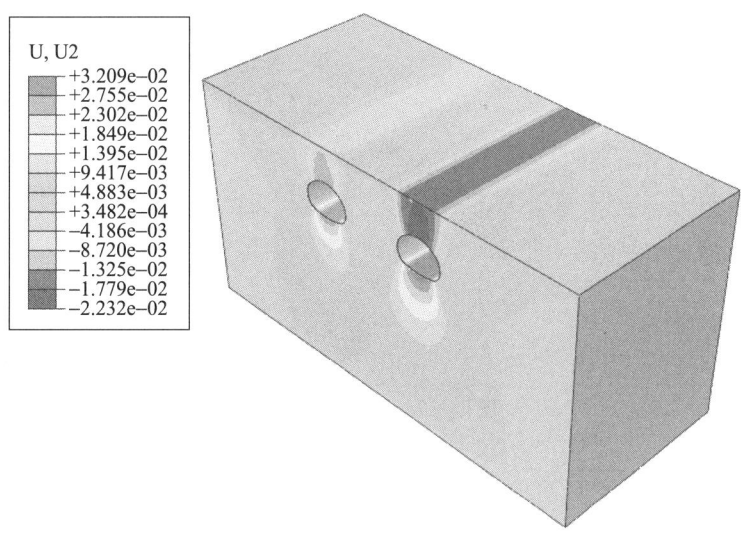

图 14-14　土体竖向位移云图

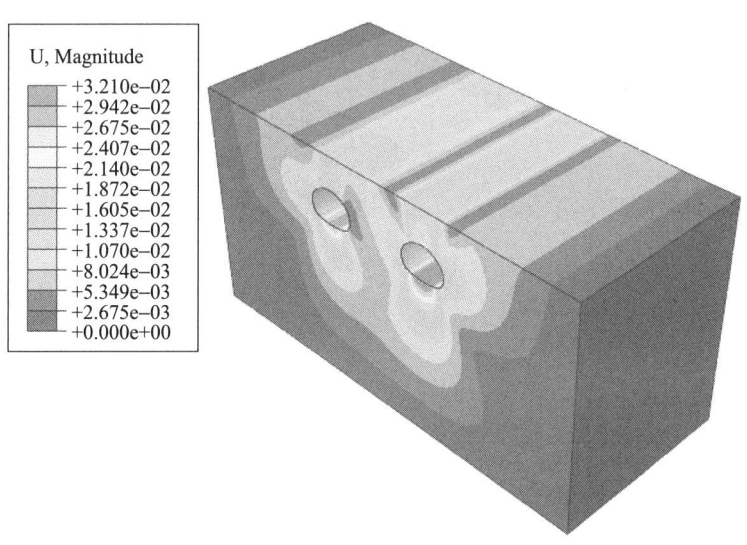

图 14-15　土体总位移云图

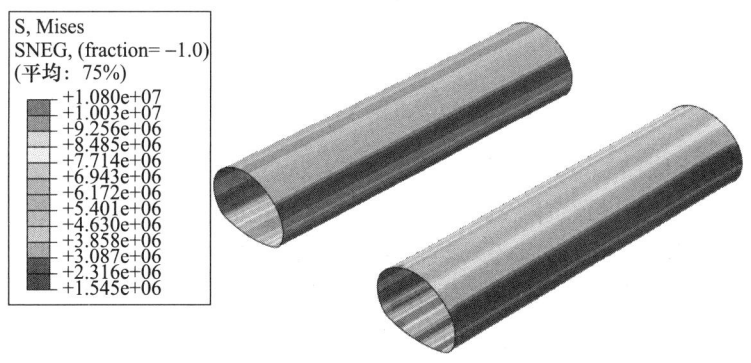

图 14-16　初支应力云图

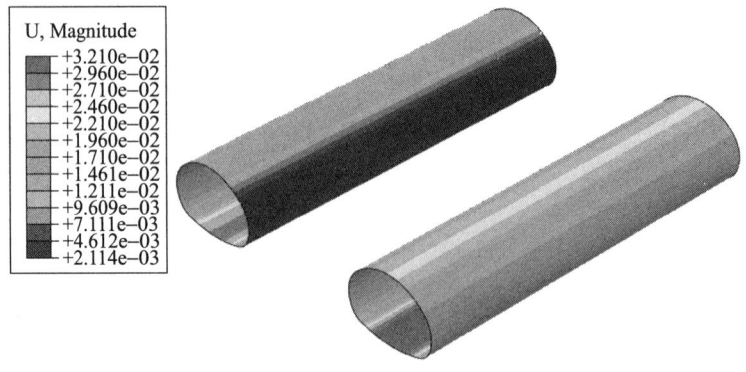

图 14-17 初总位移云图

图 14-18 初支竖向位移云图

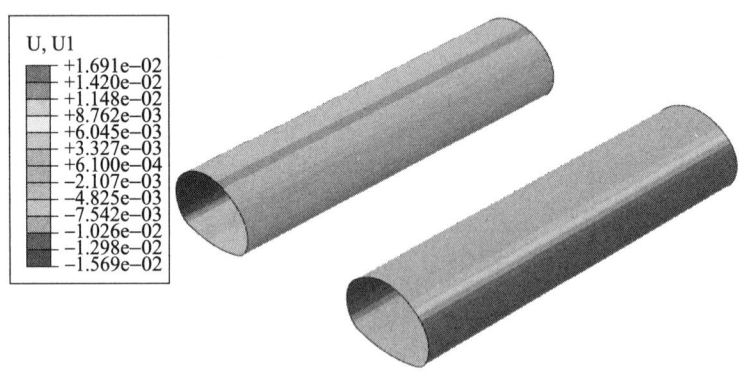

图 14-19 初支水平位移云图

左、右洞初支位移矢量图如图 14-20～图 14-22 所示，其中右洞初支拱底隆起位移最大为 32.1mm，大于拱顶沉降 22.3mm，因此在施工时应尽早封闭仰拱，减少拱底隆起量。左洞为后行洞，水平位移不均匀，左拱腰水平位移 15.7mm，右拱腰水平位移仅 2.5mm，且均指向洞外，这是由于右洞开挖造成的围岩应力场偏压，抑制了左洞右拱腰水平位移。左洞初支拱底隆起位移最大为 27.2mm，大于拱顶沉降 12.4mm，但整体位移小于右洞，因为左洞施工进尺落后于右洞，在施工时会对右洞产生扰动，加剧右洞变形，因此左洞在开挖时应尽早封闭仰拱。

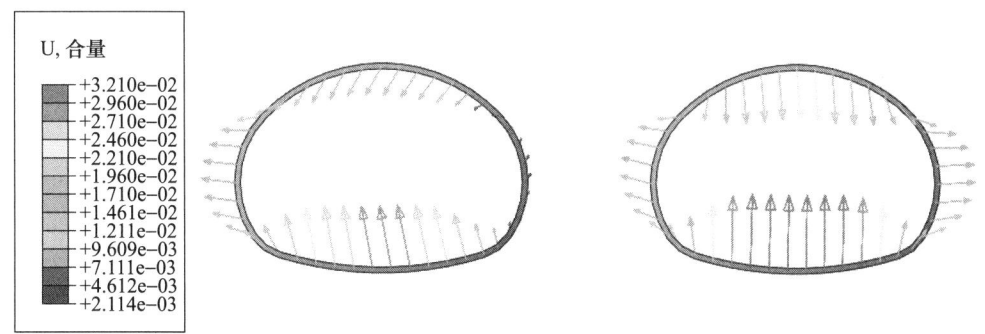

图 14-20　初支总位移矢量图

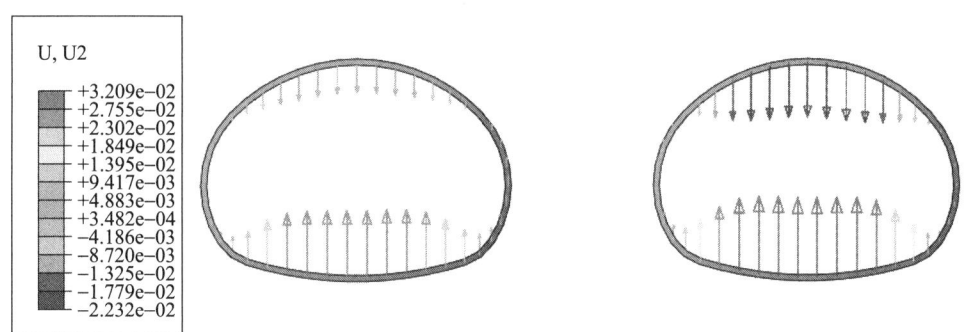

图 14-21　初支竖向位移矢量图

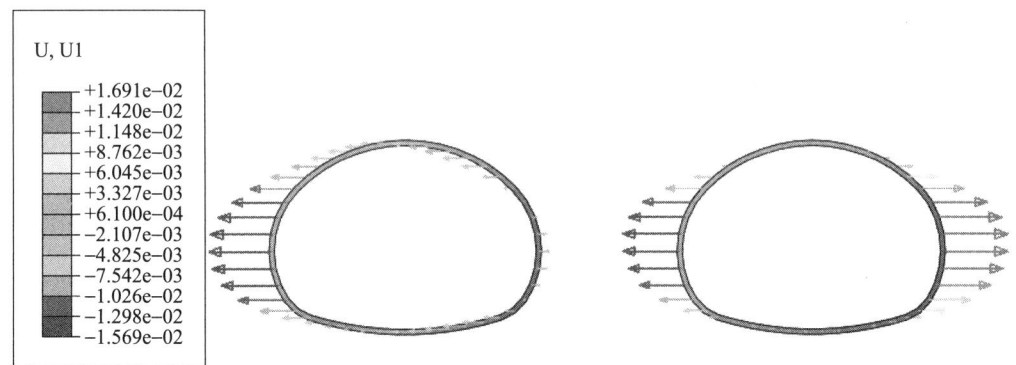

图 14-22　初支水平位移矢量图

14.3　铣挖法扰动监测分析

由于钻爆法无法满足规范要求的安全振速和位移限值要求，故拟采用以悬臂式隧道掘进机为核心的"铣挖法"施工，其原理是由悬臂式隧道掘进机、破碎锤等机械开挖代替爆破开挖施工。对于围岩强度较高、完整性较好的地段先用破碎锤将掌子面开挖成抛物面状，直至破碎锤钎杆滑移无法吃力为止，再用悬臂式隧道掘进机进行整平和修边；

对于围岩强度较低或岩层破碎区段，则可采用悬臂式隧道掘进机直接进行铣挖掘进。

蓉江隧道现场采用STR318H型悬臂式掘进机进行开挖，如图14-23所示。而掘进机开挖也会对隧道结构产生扰动，如悬臂式掘进机掘进对新浇混凝土产生的振动、炮机修边产生的振动均会对隧道结构产生影响，为检测铣挖法对隧道结构的扰动程度，隧道现场采用爆破测振仪，监测铣挖机掘进、炮机修边对隧道结构产生的振动速度及振幅，并结合国家现行标准 GB 6722—2014《爆破安全规程》验证其振速是否满足规范要求。

图 14-23 STR318H 型悬臂式掘进机

隧道振动监测传感器布置如图 14-24 所示，采用爆破测振仪，监测铣挖机掘进、炮机修边对隧道结构产生的振动速度及振幅。

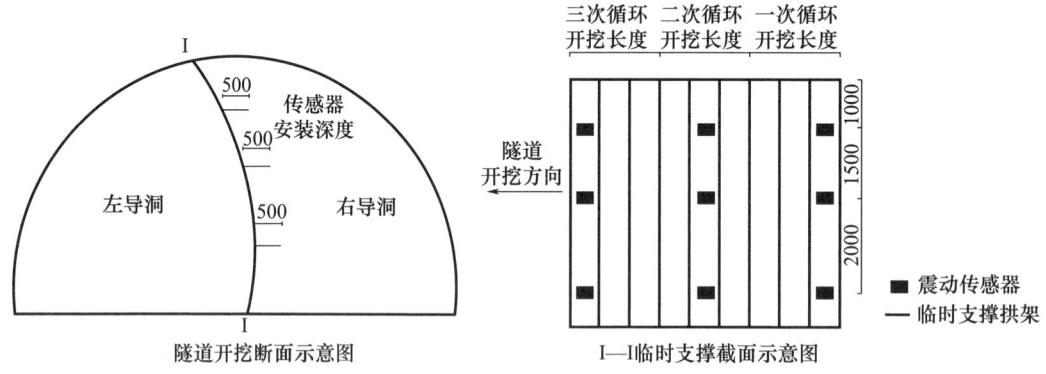

图 14-24 隧道振动监测点布置图

14.3.1 悬臂式掘进机施工振动监测

监测里程 EK1+486 断面的振速及频率，首先监测悬臂式掘进机施工产生的振速及频率，见表 14-5。根据国家现行标准 GB 6722—2014《爆破安全规程》，新浇混凝土振速控制值为 2.5cm/s，由表中数据可知，悬臂式掘进机凿岩时产生的振动影响均在规范安全允许范围内。

表 14-5　掘进机凿岩振动监测

监测数据						
序号	测点	测振方向	峰值振速 /cm·s^{-1}	主频 /Hz	控制值 /cm·s^{-1}	备注
1	EK1+486	X 向	0.1129	155.2	2.5	未超标
		Y 向	0.1839	108.9		
		Z 向	0.1559	165.2		
2	EK1+486	X 向	0.4941	320.0	2.5	未超标
		Y 向	0.3060	393.8		
		Z 向	0.5181	301.2		
3	EK1+486	X 向	0.5548	301.2	2.5	未超标
		Y 向	0.3719	365.7		
		Z 向	0.6427	365.7		

各时域监测波形图如图 14-25 所示。

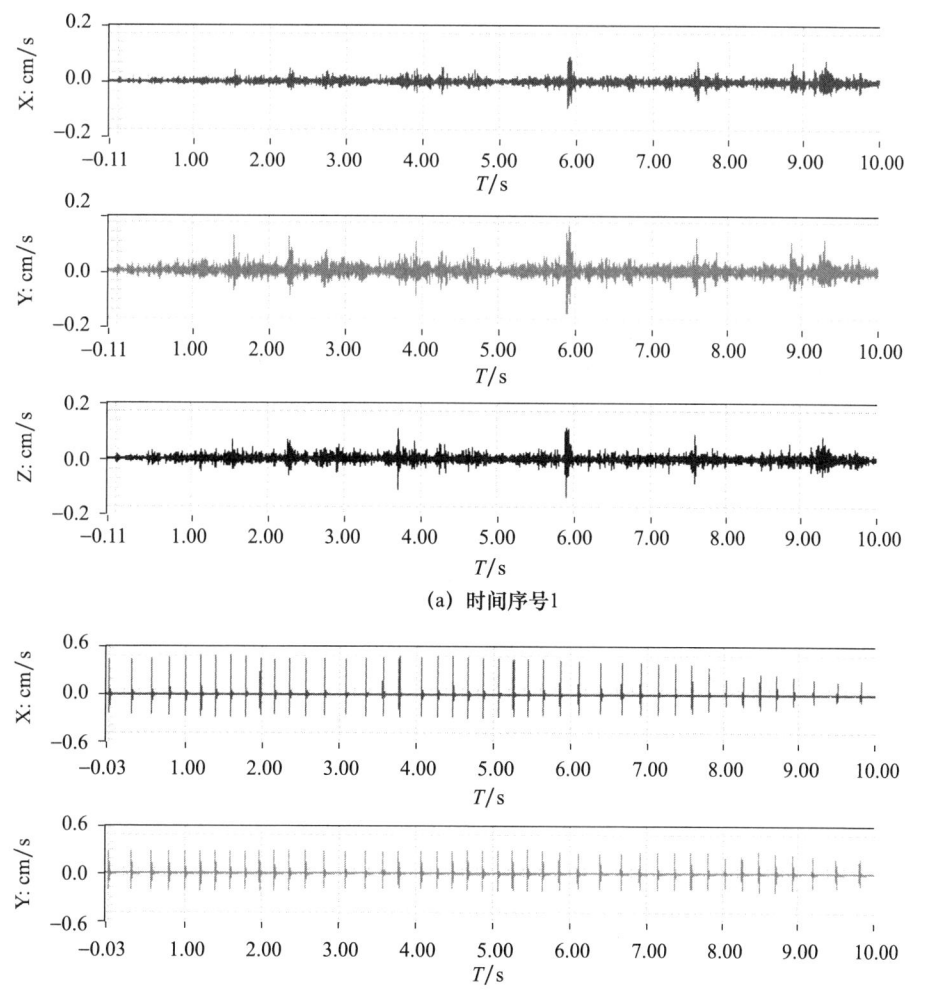

(a) 时间序号 1

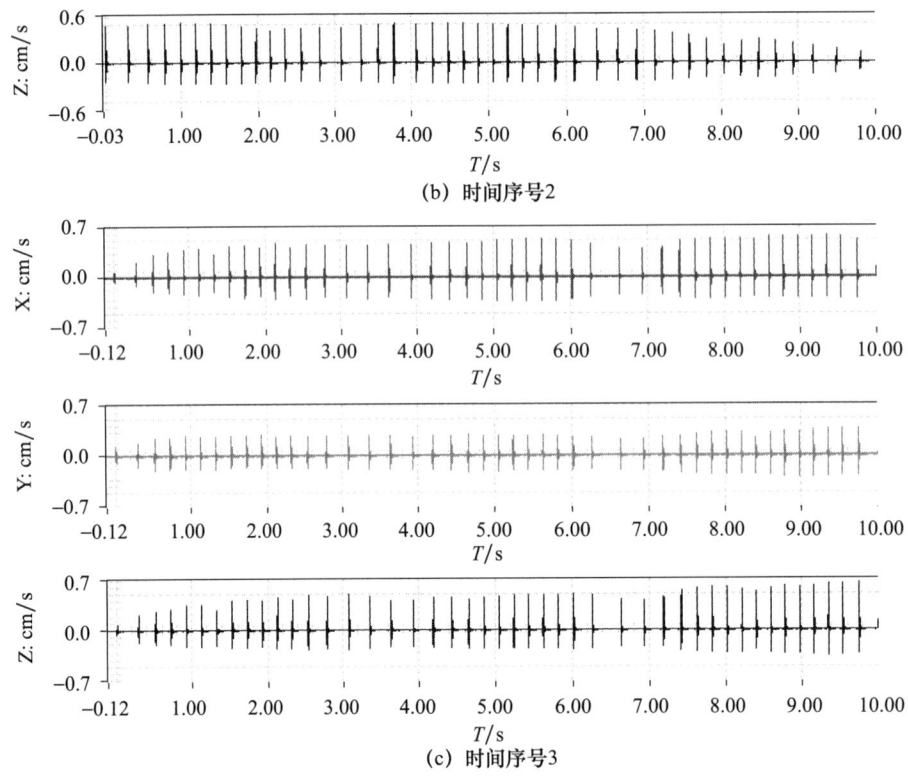

(c) 时间序号3

图 14-25 悬臂式掘进机凿岩时域波形图

14.3.2 炮机凿岩振动监测

监测炮机凿岩产生的振速及频率,见表 14-6。根据国家现行标准 GB 6722—2014《爆破安全规程》,新浇混凝土振速控制值为 2.5cm/s,由表中数据可知,炮机凿岩时产生的振动影响均在规范安全允许范围内。

表 14-6 炮机凿岩振动监测

监测数据						
序号	测点	测振方向	峰值振速 /cm·s^{-1}	主频 /Hz	控制值 /cm·s^{-1}	备注
1	EK1+486	X 向	0.5467	568.9	2.5	未超标
		Y 向	0.8468	512.0		
		Z 向	1.2757	465.5		
2	EK1+486	X 向	0.5405	731.4	2.5	未超标
		Y 向	1.1080	731.4		
		Z 向	0.7736	341.3		
3	EK1+486	X 向	0.5256	222.6	2.5	未超标
		Y 向	0.8412	341.3		
		Z 向	0.5158	341.3		

续表

监测数据						
序号	测点	测振方向	峰值振速 /cm·s^{-1}	主频 /Hz	控制值 /cm·s^{-1}	备注
4	EK1+486	X向	0.6345	341.3	2.5	未超标
		Y向	0.7810	731.4		
		Z向	0.5585	465.5		
5	EK1+486	X向	0.5202	222.6	2.5	未超标
		Y向	0.5609	341.3		
		Z向	0.4590	393.8		
6	EK1+486	X向	0.5246	284.4	2.5	未超标
		Y向	0.5560	640.0		
		Z向	0.4572	341.3		
7	EK1+486	X向	0.4793	269.5	2.5	未超标
		Y向	0.4744	640.0		
		Z向	0.4315	341.3		
8	EK1+486	X向	0.6326	320.0	2.5	未超标
		Y向	0.3432	393.8		
		Z向	0.7397	393.8		
9	EK1+486	X向	0.5920	320.0	2.5	未超标
		Y向	0.3388	393.8		
		Z向	0.7209	365.7		
10	EK1+486	X向	0.4531	320.0	2.5	未超标
		Y向	0.3496	301.2		
		Z向	0.4823	320.0		
11	EK1+486	X向	0.4941	320.0	2.5	未超标
		Y向	0.3060	393.8		
		Z向	0.5181	301.2		
12	EK1+486	X向	0.5548	301.2	2.5	未超标
		Y向	0.3719	365.7		
		Z向	0.6427	365.7		
13	EK1+486	X向	0.5823	320.0	2.5	未超标
		Y向	0.4292	393.8		
		Z向	0.7587	393.8		
14	EK1+486	X向	0.5223	320.0	2.5	未超标
		Y向	0.3701	393.8		
		Z向	0.6417	393.8		

续表

序号	测点	测振方向	峰值振速 /cm·s^{-1}	主频 /Hz	控制值 /cm·s^{-1}	备注
15	EK1+486	X向	0.6317	301.2	2.5	未超标
		Y向	0.3567	393.8		
		Z向	0.6937	365.7		
16	EK1+486	X向	0.6659	341.3	2.5	未超标
		Y向	0.4186	393.8		
		Z向	0.8398	365.7		
17	EK1+486	X向	0.5642	341.3	2.5	未超标
		Y向	0.4330	393.8		
		Z向	0.8267	393.8		
18	EK1+486	X向	0.4526	341.3	2.5	未超标
		Y向	0.3602	365.7		
		Z向	0.5372	284.4		
19	EK1+486	X向	0.5103	341.3	2.5	未超标
		Y向	0.3506	365.7		
		Z向	0.5835	341.3		
20	EK1+486	X向	0.5621	301.2	2.5	未超标
		Y向	0.4137	365.7		
		Z向	0.6885	393.8		
21	EK1+486	X向	0.5610	284.4	2.5	未超标
		Y向	0.4098	365.7		
		Z向	0.6890	365.7		
22	EK1+486	X向	0.5140	301.2	2.5	未超标
		Y向	0.4091	341.3		
		Z向	0.7001	365.7		
23	EK1+486	X向	0.5745	320.0	2.5	未超标
		Y向	0.4508	341.3		
		Z向	0.6963	365.7		
24	EK1+486	X向	0.5623	284.4	2.5	未超标
		Y向	0.4371	365.7		
		Z向	0.6703	365.7		
25	EK1+486	X向	2.1504	243.8	2.5	未超标
		Y向	1.2738	91.4		
		Z向	2.1026	393.8		

续表

			监测数据			
序号	测点	测振方向	峰值振速 /cm·s^{-1}	主频 /Hz	控制值 /cm·s^{-1}	备注
26	EK1+486	X向	1.5642	256.0	2.5	未超标
		Y向	2.2776	165.2		
		Z向	1.1026	18.5		
27	EK1+486	X向	2.2645	138.4	2.5	未超标
		Y向	1.2776	20.2		
		Z向	2.3392	42.0		
28	EK1+486	X向	0.4708	6.8	2.5	未超标
		Y向	1.9208	7.3		
		Z向	2.4254	12.7		
29	EK1+486	X向	1.3956	5.3	2.5	未超标
		Y向	2.3838	13.6		
		Z向	1.1977	60.2		

各时域监测波形图如图 14-26 所示。

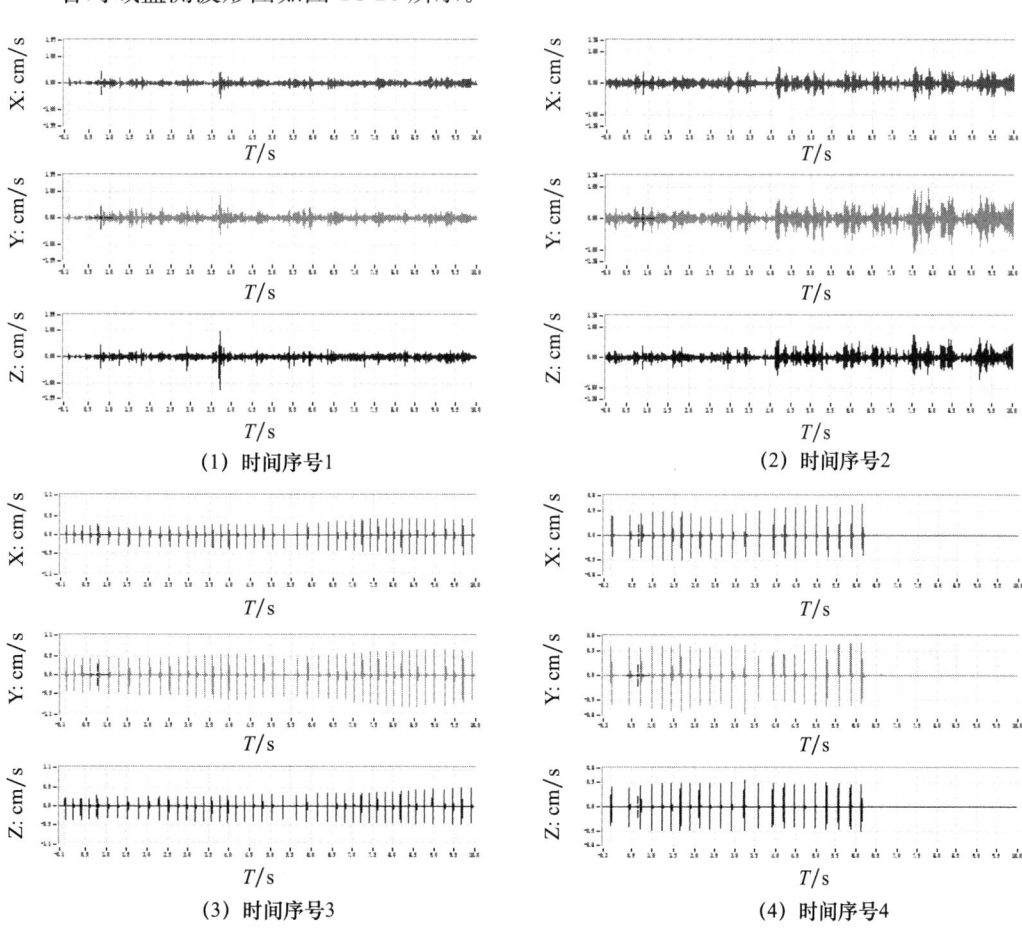

(1) 时间序号1　　(2) 时间序号2

(3) 时间序号3　　(4) 时间序号4

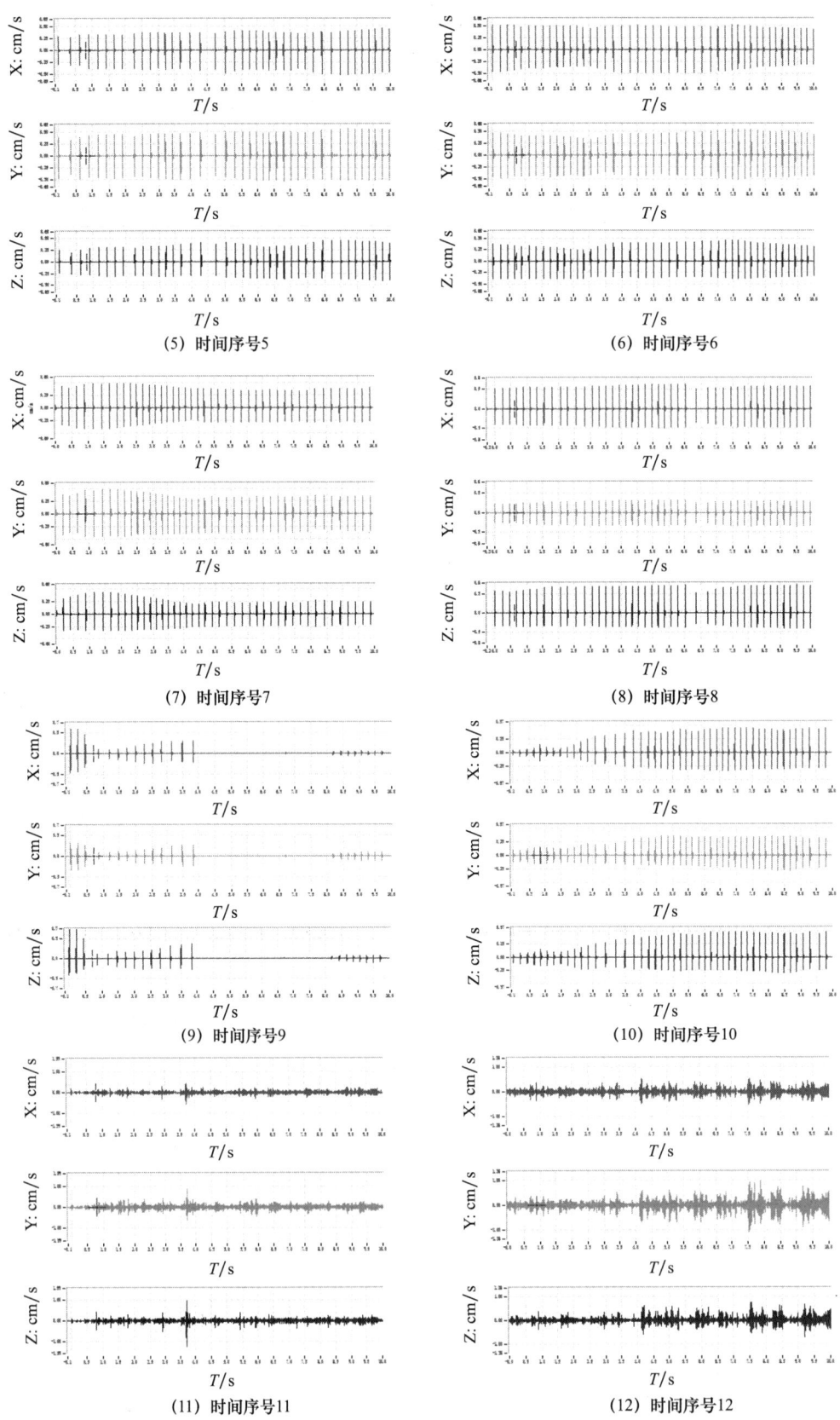

(5) 时间序号5　　　　　　　　(6) 时间序号6

(7) 时间序号7　　　　　　　　(8) 时间序号8

(9) 时间序号9　　　　　　　　(10) 时间序号10

(11) 时间序号11　　　　　　　(12) 时间序号12

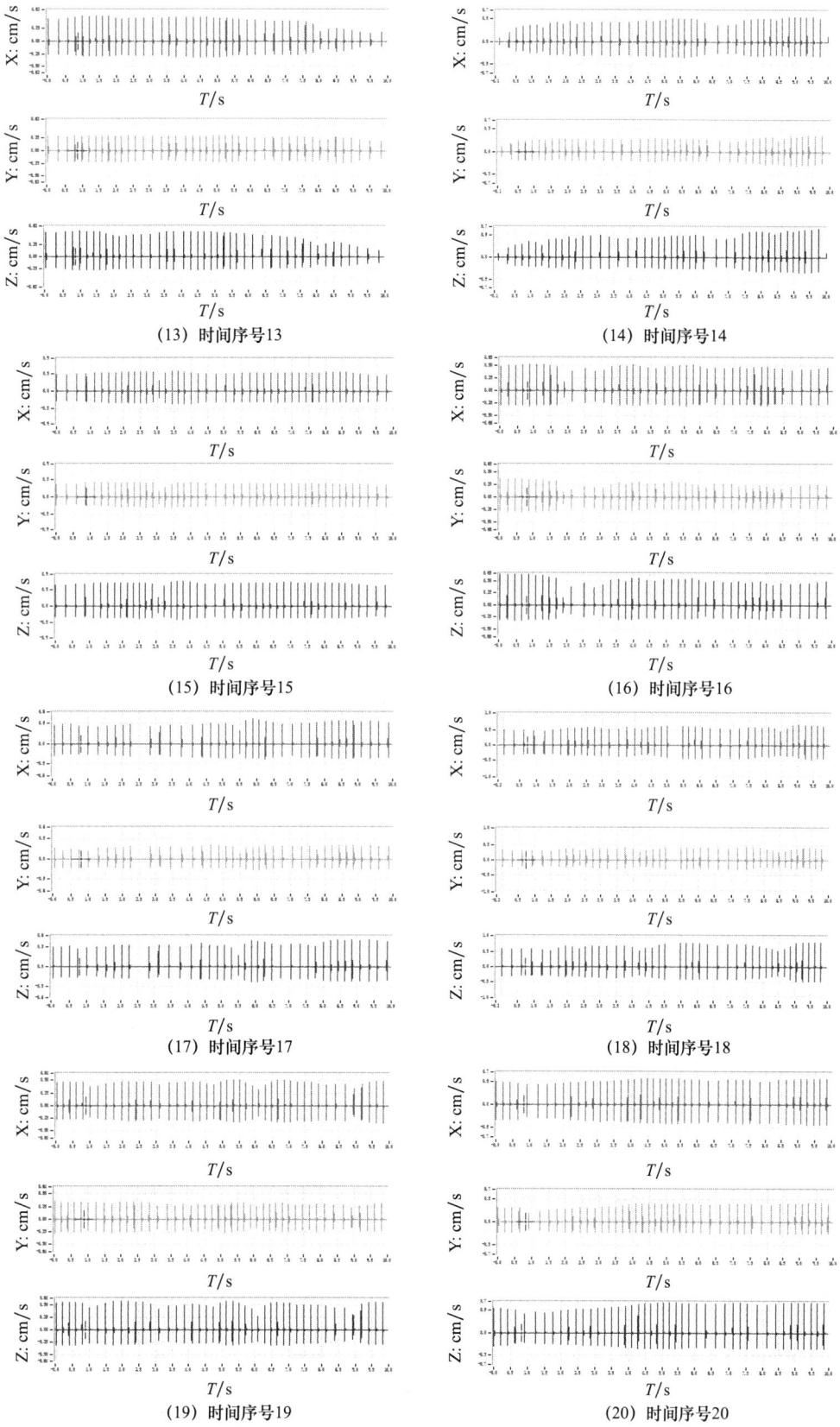

(13) 时间序号13　　　　　　　(14) 时间序号14

(15) 时间序号15　　　　　　　(16) 时间序号16

(17) 时间序号17　　　　　　　(18) 时间序号18

(19) 时间序号19　　　　　　　(20) 时间序号20

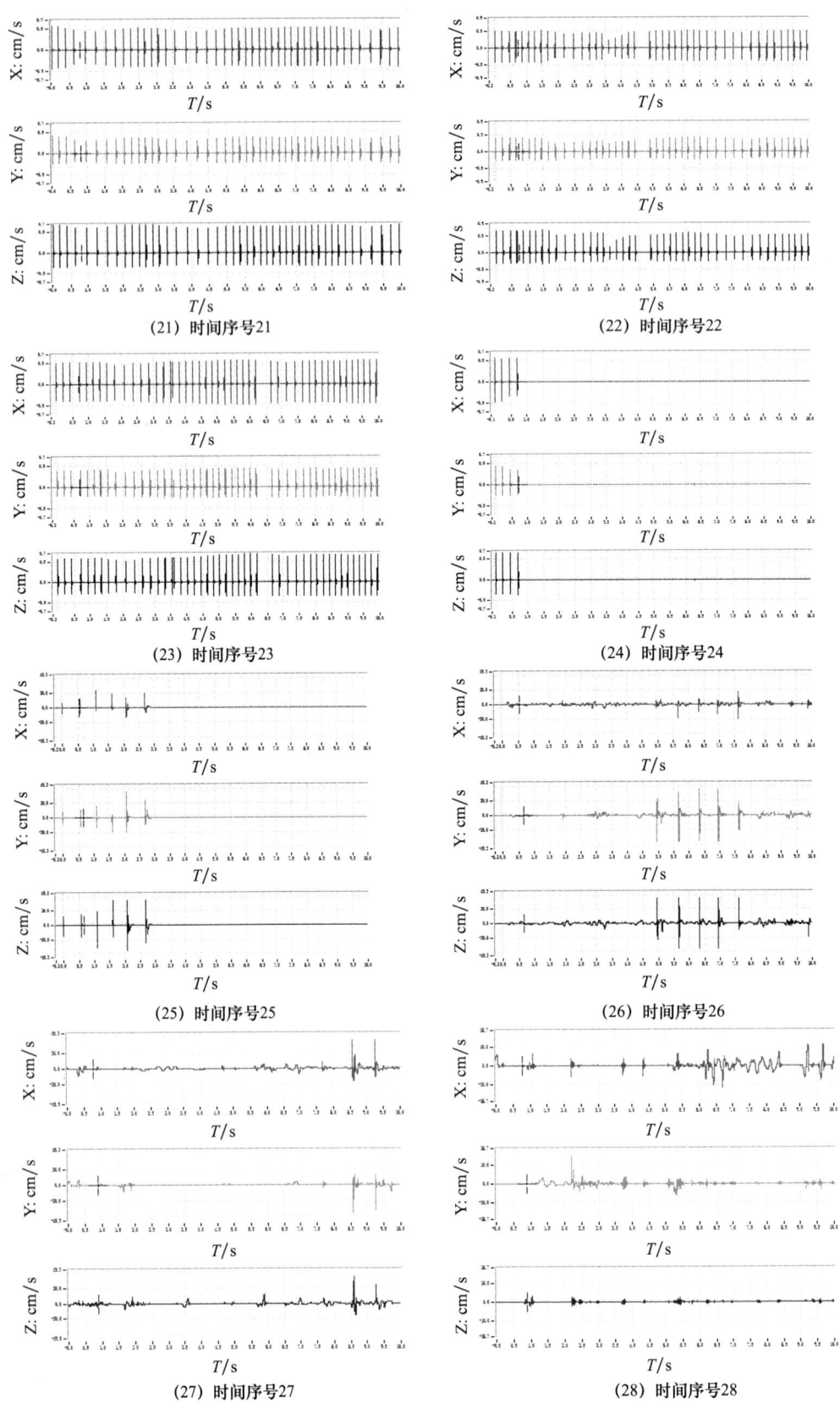

(21) 时间序号21　　　　　　　　　(22) 时间序号22

(23) 时间序号23　　　　　　　　　(24) 时间序号24

(25) 时间序号25　　　　　　　　　(26) 时间序号26

(27) 时间序号27　　　　　　　　　(28) 时间序号28

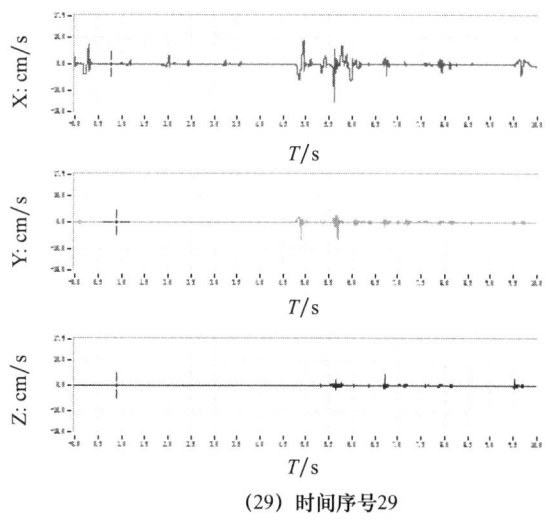

(29) 时间序号29

图 14-26　炮机凿岩时域波形图

14.4　铣挖法与钻爆法技术经济比较

本节以蓉江为例，就隧洞采用传统钻爆法开挖、铣挖机机械开挖从技术经济角度进行比较。

铣挖机铣挖法以铣挖机为关键，可配合其他机械设备，以操纵工程爆破、基桩粉碎等方法开展隧洞开挖的非工程爆破开挖方式。铣挖机主要由铣挖刀片、铣挖头、铣挖机身、传输带构成。铣挖机头可以安装在所有种类的液压挖掘机上，广泛运用于隧洞开挖、方式铣掘、沥青混合料地面路面铣刨、岩层冻土层铣挖等众多行业。铣挖机的运用为隧道施工开挖提供了一种新的装修施工方式，尤其适用低中抗压强度的岩层。

铣挖法工程施工主要特点为：

(1) 施工效率高：铣挖机集开掘、开挖、排渣一体化作用，可持续工作，工程施工效率高。

(2) 开挖精度高：引洮二期软岩隧洞选用三心圆断面，开挖规格操纵非常艰难。铣挖机可精准依照设计方案断面开挖，严控挖深，减少作业流程中"宁超勿欠"所造成的原料消耗，保证二衬混凝土薄厚，节约成本。

(3) 对围岩振荡小：铣挖机运用铣挖刀片，轻缓开挖断面，岩石受振荡小，不造成围岩及已基坑支护断面驱动力回应。

(4) 空气污染小：铣挖机工程施工流程中造成少许尘土，采取有效的排风系统对策，降低对身体的伤害。

(5) 安全施工：隧洞开挖基坑支护选用"短进尺，强基坑支护，勤量测"管理。铣挖机手臂可持续进尺2～3m，铣挖机实际操作工作人员可在已喷锚支护断面下开展，降低隧洞开挖全过程中掉块、坍塌等导致的伤亡事故。

(6) 机械自动化水平高：隧洞开挖断面一般只需用一个铣挖机操作工，随后运用中小型柴油三轮车在运输带后边将洞渣运到洞外，机械自动化水平高。

(7) 节约成本：铣挖机开挖较钻爆法工程施工成本约低 680 元/m。

(8) 应用领域受到限制：对抗压强度不大于 15MPa 软岩，开挖效率高；但对 15～30MPa 软岩，效率稍低，开挖迟缓。开挖全过程中碰到部分围岩抗压强度为 30MPa 上下，开挖 1.5m 进尺，开挖时长约 15h，且铣挖机刀头损坏比较严重的情况。

钻爆法施工主要特点：

(1) 应用领域广：钻爆法适用硬岩、软岩，对不同抗压强度的岩层均可应用。

(2) 对围岩振荡扰动大：据有关科学研究，爆炸能以不同的方式释放出来，一部分以机械能的方式引起围岩振动，期间岩石应变力能也会在开挖面根据近区和远区互相做功的方式引起振动，即围岩振动是由发生爆炸能和岩体应变力能一同造成的。钻爆法对围岩及已基坑支护断面振荡大。

(3) 工程施工效率低：光面爆破法工程施工，岩巷各岗位工作人员多，执行繁杂。

(4) 工程爆破、开挖工程施工流程中危险因素较多。

(5) 环境污染大：工程爆破全过程中造成烟雾比较多，排烟系统运行时长较长。

(6) 断面规格较难操纵：引洮二期软岩隧洞选用三心圆断面，尤其是软岩隧洞，岩层黏结力差，稳定能力较差，轮廓断面较难操纵，选用钻爆法易导致围岩松脱，造成隧洞掉块、坍塌现象。

14.4.1 钻爆开挖、装车直接成本核算

(1) 月完成量计算

隧道暗埋段全长 1391.73m，中风化泥质粉砂岩设计判定为 V 类围岩，开挖断面 135.02m^2，测算一天进尺为 0.67m，月进尺为 20m，每月完成开挖工程量 2700.4m^3。

(2) 人工费用计算

每个工作面配置人员为 10 人（4 把手风钻、4 个钻工、2 个炮工、2 个扒渣机司机、2 个普工）。根据现在钻工、炮工、扒渣司机工资水平，平均日工资为 260 元，普工平均日工资为 140 元，则 5 人的月工资水平为：$8 \times 260 \times 30 + 2 \times 140 \times 30 = 70800$ 元。单方人工费为：$70800 \div 2700 = 26.2$（元/m^3）。

(3) 钻头、钻杆消耗性材料费用计算

石方开挖 100m^3 钻头消耗量为 4.34 个，钻杆消耗量为 2.22kg，单方钻头和钻杆费用为：$(4.34 \times 45 + 2.22 \times 5.98) \div 100 = 2.09$（元/m^3）。

(4) 设备及设备维修、替换费用计算

工作面配置 4 把手风钻，手风钻台时费为 45.78 元/h，每开挖 1m，工作 9.85h，完成方量 135.02m^3，单方手风钻费用为：$45.78 \times 4 \times 9.85 \div 135.02 = 13.35$（元/m^3）。

工作面配置扒渣机 2 台，扒渣机台时费为 32.89 元/h，每循环出渣时间为 2.5h，出渣方量为 15.54m^3，单方扒渣机费用为：$2 \times 32.89 \times 10 \div 135.02 = 4.87$（元/m^3）。

洞口配置 37kW 轴流风机 1 台，轴流风机台时费为 42.86 元/h，每循环爆破散烟、出渣通风排烟时间为 24h，单方轴流风机费用为：$42.86 \times 24 \div 135.02 = 7.62$（元/m^3）。

(5) 炸药及爆破材料消耗量计算

根据爆破设计，爆破炸药平均消耗量为 1.8kg/m^3。

根据爆破设计，每茬炮钻孔数为 172 个。除周边孔外，使用非电雷管的孔数为 108

个，即使用非电雷管 108 发，周边孔导爆索引线使用 4 发非电雷管，每循环共计使用非电雷管 112 发。每循环按进尺 1.5（m）计算，完成 100m³ 需 0.5 个循环，需要非电雷管为：112×0.5＝56（发）。

开挖外边线长度为 46.04m，连接的导爆索按外边线 46.04×1.1＋0.5＝51.14（m）计算；每孔长度按 1.7m 计算，周边孔共 96 个，计算周边孔的导爆索长度＝（1.7＋0.2）×96＋10.09＝192.5（m）。每循环需导爆索长度 192.5m，完成 100m³ 需 0.5 个循环，导爆索用量为：192.5×0.5＝96.3（m）。

采用电雷管起爆，每茬炮需两发电雷管。完成 100m³ 需电雷管数量为：4×0.5＝2（发）。

综上所述，每洞挖 1m³ 火工材料消耗为：炸药消耗量 1.8kg，非电雷管 0.56 发，导爆索 0.96m，电雷管 0.02 发。火工材料单价：炸药 13.85 元/kg，非电雷管 6.18 元/发，导爆索 3.09 元/m，电雷管 4.12 元/发。

每洞挖 1m³ 火工材料费合计：1.8×13.85＋0.56×6.18＋2.6×0.96＋0.02×4.12＝30.97（元/m³）。

综上所述，传统钻孔爆破开挖、装车直接成本为：26.2＋2.09＋13.35＋4.87＋7.62＋30.97＝85.1（元/m³）。

14.4.2 铣挖法开挖、装车直接成本核算

（1）月完成量计算

隧道暗埋段全长 1391.73m，中风化泥质粉砂岩设计判定为Ⅴ类围岩，开挖断面 135.02m²，采用 STR318H 型悬臂式掘进机进行开挖，在隧道开挖时，分别记录每段里程中悬臂式掘进机净切割时间和切割土方量，平均开挖速率为 13.7m³/h。每月完成开挖量为 2835.42m³。

测算一天进尺 0.67m，月进尺 20m，计算每月完成开挖工程量为 2700.4m³。

（2）人工费用计算

工作面配置人员为 2 人（1 个铣挖机司机、2 个普工）。根据目前工资水平，铣挖机司机平均日工资为 400 元，普工平均日工资为 140 元，计算 2 人的月工资水平为：1×12000＋2×4200＝20400（元）。

单方人工费＝20400÷2700.4＝7.55（元/m³）。

（3）铣挖机材料费

铣挖机截齿每开挖 1m³ 消耗 0.15 个，47 元/个，单方消耗截齿材料费为：0.15×47＝7.05（元）。

（4）设备及设备维修、替换费用计算

工作面配置 STR318H 型悬臂式掘进机 1 台，据测算，铣挖机台时费为 245.3 元/h，单方消耗铣挖机费用为：245.3÷13.7＝17.9（元/m³）。

洞口配置 37kW 轴流风机 1 台，轴流风机台时费为 42.86 元/h。每循环爆破散烟、出渣通风排烟时间为 24h，单方轴流风机费用为：42.86×24÷135.02＝7.62（元/m³）。

综上，铣挖机开挖、装车直接成本为：7.55＋7.05＋17.9＋7.36＝39.86（元/m³）。

14.4.3 技术经济对比

暗挖段施工需开挖、装车土方共 $2\times135.02\times1391.73=375822$（$m^3$），传统钻爆施工开挖、装车施工总成本为：$375822\times85.18=32012518$（元）；铣挖机施工开挖、装车施工总成本为：$375822\times39.86=14980265$（元）。经比较蓉江隧道铣挖机比传统钻爆施工在开挖、装车工序节约成本 17032253 元。

铣挖机施工可有效控制开挖断面尺寸，防止超挖，减少因超挖造成的装运成本，并在后续喷混凝土、立钢拱架、铺设钢筋网等工序中节约了人工及材料成本。与传统钻爆开挖适应各种围岩岩性相比，铣挖机开挖仅适用于开挖中等硬度以下的均质岩石，如黏土岩、泥质粉砂岩、构造碎屑岩、千枚状片岩等。

铣挖法也适用于软弱互层的围岩，如蓉江隧道砂岩、砾岩互层段，软岩易切割，且铣挖速率较高，机械磨损率较低。

对于软弱围岩小净距隧道，采用铣挖机开挖相较传统钻爆开挖，在进度、质量、成本方面具有明显的优势，安全方面更有保障。本工程取得的经验值得类似工程借鉴。

14.5 本章总结

本章结合隧道钻爆法、铣挖法施工特点，考虑两种工法施工时产生的振动影响，结合数值模拟、现场监测厘清两种工法施工的振动影响规律，并对比其经济效益，获得如下结论：

（1）通过 ABAQUS 软件模拟小净距隧道爆破施工，当左洞爆破时，右洞初支的左侧所受振动影响程度最大，最大振速为 44.8cm/s，主要集中于左侧拱腰至拱顶之间，是安全允许振速 8cm/s 的 5.6 倍，且初支主要振动区域振速基本处于 18.9~44.8cm/s，是安全允许振速的 2.4 倍以上。因此蓉江隧道若采用钻爆法施工，由于其超小净距，爆破会对相邻隧洞产生较大振动影响，具有较大施工风险，甚至会造成安全事故。

（2）钻爆法开挖会加剧对围岩的扰动损伤，因此考虑通过折减围岩强度模拟钻爆法开挖直至隧道贯通。左洞与右洞初支最大沉降位移分别为 12.4mm、22.3mm，洞底最大隆起位移分别为 27.2mm、32.1mm，最大拱脚水平位移分别为 15.7mm、16.9mm，其中右洞初支拱顶最大沉降为规范安全允许值的 1.4 倍，不满足隧道规范要求。左、右洞初支拱底隆起位移均大于拱顶沉降，因此在施工时应尽早封闭仰拱，减少拱底隆起量。

（3）隧道现场采用爆破测振仪，监测铣挖机掘进、炮机修边于隧道结构产生的振动速度及振幅，新浇混凝土振速均在安全允许振速 2.5cm/s 内，满足规范安全要求。

（4）通过技术经济对比，暗挖段施工需开挖、装车土方约 $375822m^3$，传统钻爆施工开挖、装车施工总成本约为 32012518 元，铣挖机施工开挖、装车施工总成本约为 14980265 元。经比较蓉江隧道铣挖机比传统钻爆施工在开挖、装车工序上可节约成本 17032253 元。

15 主要研究结论及创新点

15.1 主要研究结论

（1）水力作用下节理化泥质粉砂岩渗透特性及力学特性研究主要针对软弱互层、围岩性质进行分析，具体分析软化原因及性质变化，主要使用了试验方法，对蓉江隧道的围岩进行原位取样制备，对洞身主要穿越的中风化泥质粉砂岩的物理性能进行分析，包括密度、孔隙率、崩解性、膨胀性等方面，开展了单轴和三轴下的岩石压缩力学性能和蠕变分析试验，并对渗透作用下的力学特性进行了试验研究。

（2）基于岩石物理力学试验，分析软弱互层超浅埋超小净距过江隧道微扰动开挖支护技术，首先分析蓉江隧道的最小覆盖层厚度，解决隧道水下段超浅覆土层坍塌风险大的难点。综合考虑多种理论方法，如日本海底隧道经验公式、挪威经验法、国内顶水采煤经验法、隔水岩柱经验法等，并结合数值模拟综合分析。模拟考虑了4种不同参数地层和8种不同覆盖层组合共32种工况。综合比选，建议隧道最小覆盖层厚度控制在11m。

（3）基于隧道的最小覆盖层厚度，开展软弱互层超浅埋超小净距过江隧道微扰动开挖支护技术的研究，解决蓉江隧道全线均为小净距、超小覆跨比、先后行隧道相互影响大的难点。主要使用数值模拟方法，采用FLAC3D有限差分软件，对比分析三台阶法、CD法和CRD法三种主要的开挖方法，开展开挖方法的比选以及先后行隧道安全步距研究。对隧道变形及地表沉降变形控制效果由好到差排序为：CRD法≈CD法＞三台阶法。但综合从各工序转换及施工功效看，采用CD法开挖步距更为合理，效率更高。因此，工程中推荐采用CD法开挖，先、后行隧道步距控制为40m。并结合BIM技术具象还原蓉江隧道开挖过程，形成了一套软弱覆层浅埋大断面隧道铣挖开挖工艺。

（4）超薄覆岩过江隧道铣挖法隧道的防水技术应用性研究，针对的是围岩性质差，易发生渗透变形破坏的难点，通过层次分析法和模糊数学评价法，构建过江隧道暗挖陆域段围岩注浆预加固方案比选模型，得出的结论是高压旋喷注浆预加固效果及可行性优于袖阀管注浆预加固方案。

（5）通过对围岩注浆预加固工程的注浆浆液配合比及高压旋喷参数分别进行的室内试验和现场工艺试验，获得了适用于注浆的水泥浆液配合比。最后通过单桩及排桩旋喷现场工艺试验，厘定了适用于蓉江四路过江隧道暗挖陆域段的最佳围岩高压旋喷注浆参数。并通过无损瑞雷面波法对蓉江四路过江隧道暗挖陆域段注浆预加固区域进行了质量检测，据此提出了完整的注浆室内和现场试验——无损瑞雷波检测方案。

（6）提出适用于泥质粉砂岩过江隧道的防排水措施：采用全包式防水，铺设TPO防水卷材至初期支护，选用高性能防水混凝土增强结构自防水能力，并通过数值模拟和理论计算验证其合理性。考虑岩体渗透性、水位变化、注浆加固和排水措施四个因素，对水压力折减系数进行分析，计算隧道衬砌水压力折减系数，从而厘定作用在支护上的水压力，为结构衬砌强度设计提供参考。

（7）应用 BIM 和 GIS 结合技术对城市隧道防水工程进行质量控制，将施工现场质量信息准确、高效地体现到防水工程施工 BIM 模型上，达到可视化控制施工质量效果。

（8）结合隧道钻爆法、铣挖法施工特点，考虑两种工法施工时产生的振动影响，从施工安全角度出发，结合数值模拟、现场监测，厘清两种工法施工的振动影响规律，并对比其经济效益，优选出更适用于蓉江隧道的工法——铣挖法。

（9）考虑流固耦合与时空效应的超薄覆岩铣挖法施工，对过江隧道施工力学行为进行预测，解决隧道禁止爆破开挖、掘进难度大和围岩渗透性强的难点，采用铣挖法开挖工艺。对确定的铣挖法工艺进行有限元网格模拟和人工岩体铣挖试验，考虑关于围岩稳定性和机械设备的八个影响因素，优化铣挖施工方案。

（10）针对水下隧道富水地层，考虑应力场与渗流场的相互耦合作用，即流固耦合下的隧道施工力学行为，建立改进后的 CD 法开挖数值模型，厘清不同注浆范围下的隧道施工力学行为特征。确定了注浆范围为 5m 的帷幕注浆方案，控制隧道渗漏水并且防止大变形的出现。

15.2　创新点

（1）开发了适合于软弱互层水下软岩隧道的施工机械配套施工工艺及配套技术，形成了开挖效率高、费用低的互层大断面水下隧道安全建造技术。

（2）基于泥质粉砂岩围岩流变和渗透力学试验，揭示高水压下泥质粉砂岩的水理性状与强围岩的流变及力学渗透特征，综合多种方法确定了高水压下超薄软弱互层覆岩厚度，优化了道路线形。

（3）基于注浆试验和数值模拟，揭示高水压下超小净距段相邻隧道开挖过程中受力的相互影响机理，提出超小净距大断面隧道左右洞开挖安全步距，优化了微扰动的铣挖作业开挖工序。

（4）构建超浅埋超小覆跨比水下隧道矿山法施工监测系统与力学模型，并提出相应的预警值和控制标准，为软弱互层水下软岩隧道的配套施工提供了安全保障。

16 经济及社会效益证明

本研究依托赣州蓉江四路过江隧道工程，开展软弱互层超浅埋小净距大断面穿江隧道的设计施工关键技术研究，取得了较好的研究成果，并推广应用，产生了良好的社会经济和环境效益。

16.1 经济效益

（1）通过高压旋喷注浆试验和无损瑞雷波检测技术共同组成隧道注浆预加固工程安全评价技术，实现了隧道预注浆从试验到实施再到效果检验的完整技术体系，对围岩预加固和避免隧道涌水进行了科学、有效的实施和评价，避免隧道涌水灾害，减少抢险救灾费用200万元，更重要的是保证了施工人员安全。同时，提出的围岩预注浆试验-实施-评价体系可以有效避免隧道涌水，保证围岩预加固质量，并且可以为类似工程提供相应的参考和指导，具有长期经济效益。

（2）结合隧道钻爆法、铣挖法施工特点，考虑两种工法施工时产生的振动影响，结合数值模拟、现场监测厘清两种工法施工的振动影响规律，并对比其经济效益，优选适用于蓉江隧道的工法——铣挖法。其中钻爆法施工总成本约32012518元，铣挖法施工总成本约14980265元，经比较蓉江隧道铣挖法比传统钻爆施工在开挖、装车工序节约成本17032253元，且具有微扰动、高安全性的特点。

（3）结合悬臂式掘进机隧道铣挖施工条件与特点，全面考虑隧道稳定性与机械设备工作条件，确定了可能的悬臂式掘进机隧道铣挖施工顺序方案，并据此建立了悬臂式掘进机隧道铣挖施工顺序方案优化分析模型及该模型参数确定方法。结合该优化模型，采用数值分析和灰色关联分析方法，获得了合理的悬臂式掘进机隧道铣挖施工顺序方案，完善了悬臂式掘进机隧道铣挖施工技术，从围岩稳定性、机械设备条件、铣挖施工顺序对隧道施工效率与经济性的影响等多方面反馈铣挖方案的实用性和经济性，采用该模型优选铣挖方案，共节约隧道施工成本约150万元。

（4）根据现场铣挖机施工反馈，由于隧道内光线条件和部分突水，造成铣挖超欠挖现象，据此提出了一种基于激光制导指向仪的机械开挖隧道超欠挖控制方法。根据现场反馈，基于此控制方法，隧道环向、纵向超欠挖显著减小，不仅提高了铣挖施工效率，而且降低了对围岩的扰动，因此采用该方法提高了施工效率，减少部分支护成本。

（5）采用数值分析优选出最佳开挖工法，厘定隧道开挖安全步距，并结合前述铣挖方案，改进CD法，提出一种能快速封闭成环、降低开挖扰动并适用于掘进机开挖的施工工法，并在此开挖工法基础上建立流固耦合有限元模型，确定最安全、经济的注浆范围，以及该注浆条件下渗流场与位移场的分布规律，以此指导现场施工。采用该开挖和注浆方案，不仅保障了隧道施工的安全性，更提高了开挖和支护效率，节省施工成本约

100万元。

（6）蓉江四路越江隧道健康监测系统通过现场埋设的传感器（如压力传感器、钢筋应变计、混凝土应变计、水压计、位移计、地震仪等）来监测水下隧道特殊地段隧道结构的变形或受力变化。在隧道竣工后长时间内，通过光纤通信网络把传感器数据传至中心控制系统，再对数据进行计算和分析来确定隧道受力特点和安全性能。采用自动监控平台不仅减少后期人力成本，更保证隧道运营时的动态监测，节约人力成本约25万元。

（7）隧道明挖段边坡开挖完成后，先做两侧回填，回填部分可充当台车外模板，因此可降低台车外模板设计高度，减少台车模板制造费用，且台车模板可重复利用，大大降低成本，具有经济性。台车在回填的平台上操作，放坡开挖时无需预留台车操作空间，因此可减少基坑开挖的宽度和土方开挖量，节省开挖成本。隧道明挖段采用该工法施工，节约施工成本约50万元。

综上所述，运用上述提到的技术，在本研究中累计产生的经济效益达2428万元。

16.2　社会、环境效益

（1）蓉江隧道工程环境复杂，是软弱互层超浅埋小净距大断面穿江隧道，本研究根据现场的实际情况结合图纸和地质条件，建立了流固耦合的隧道施工数值模型，优选了最佳开挖工法，并结合铣挖方案改进了CD法开挖，在保证隧道施工安全的前提下，提高施工效率、节约施工成本，为今后类似隧道工程提供了有效参考，且蓉江隧道贯通可极大缩短隧道两岸居民的出行时间，具有良好的社会经济效益。

（2）通过自动化监测平台来监测水下隧道特殊地段隧道结构的变形或受力变化，并在隧道竣工后长时间内进行监测。在施工阶段能根据监测数据调整施工和支护形式，在运营阶段可根据监测数据进行隧道安全预警，保障隧道的运营安全，使用该平台不仅节省人力成本，更极大程度地提高了监测效率。

（3）研究放坡法明挖隧道混凝土衬砌模板台车施工技术，形成系统的明挖隧道拱形结构绿色建造技术。原方案采取箱型截面，后为减少碳排放量，改为拱形截面，减少碳排放量约24.6%。改变传统的满堂支架施工工艺，采用内外定型钢模板台车施工，支架和模板可以自动安装、拆卸和移动。该技术可以减少台车模板制造费用、劳动力的投入和基坑开挖的宽度，提高机械化效率，减少工程造价，缩短施工工期。

该研究不仅为赣州隧道的建设提供了技术保障，也培养了一批高水平的设计、科研、施工、管理人才，对于我国水下隧道建设核心竞争力的提升、超浅埋小净距隧道施工建设及发展具有极其深远的影响。

17 研究成果及合同完成情况

表 17-1 研究成果统计表

研究成果	合同签约数量	实际完成数量	完成情况
发明专利	2	11	已完成（超额）
实用新型专利	4	8	已完成（超额）
论文	9	19	已完成（超额）
报告	5	6	已完成（超额）
工法	4	4	已完成
软著	2	2	已完成

17.1 完成专利、工法情况

实际完成 11 份发明专利、7 份实用新型专利、4 个工法。

17.1.1 发明专利

发明专利具体情况如下：
(1) 软弱覆层浅埋大断面隧道铣挖开挖方法（已授权）；
(2) 一种基于分区注浆加固的水下隧道矿山法开挖方法（已受理）；
(3) 一种机械开挖隧道超欠挖控制施工方法（已受理）；
(4) 预应力充气锚杆套装（已受理）；
(5) 一种可自动调节喷水量的隧道降尘车（已受理）；
(6) 隧道横通道应急防护门（已授权）；
(7) 一种临江砂卵石地层明挖拱形隧道逆作快速安全施工方法（已受理）；
(8) 一种隧道仰拱端头模板外露钢筋固定装置（已受理）；
(9) 一种水下隧道应急救生舱（已受理）；
(10) 应急防火防淹门（已授权）；
(11) 隧道断面变形监测系统（正在申请）。

17.1.2 实用新型专利

实用新型专利情况如下：
(1) 充气锚杆、充气密封装置、及预应力施加装置（已授权）；
(2) 一种新型复合式室内隧道开挖模拟装置（已授权）；
(3) 隧道横通道防火防淹门（已授权）；
(4) 非饱和渗透系数的现场测试方法及现场测试装置（实质审查）；

(5)一种便携式起吊装置（已授权）；
(6)一种可调节式边坡监测支架及边坡监测装置（正在申请）；
(7)一种隧道结构裂缝错动变化监测装置（正在申请）。

17.1.3 工法

工法情况如下：
(1)《基于放坡法明挖隧道混凝土衬砌模板台车施工工法》（省部级工法，已授权）；
(2)《隧道微扰动七步开挖施工工法》（局级工法，已授权）；
(3)《软弱薄层小净距大断面过江隧道洞顶加固施工工法》（局级工法，已授权）；
(4)《江底软弱薄层隧道施工智能监测工法》（省部级工法，申请中）。

17.2 完成研究报告情况

完成研究报告情况如下：
(1)超浅埋暗挖越江隧道最小覆盖层厚度及开挖安全控制研究；
(2)洞内悬臂掘进机选型比较研究；
(3)过江小净距隧道暗挖陆域段注浆预加固及安全步距研究；
(4)超浅埋段过江隧道筑岛预加固技术的应用研究报告；
(5)高压水条件下粉质泥砂岩渗透特性和力学性能试验报告；
(6)软弱互层超浅埋小净距大断面穿江隧道安全建造关键技术研究报告。

17.3 发表论文情况

共计19篇论文，均已发表：
(1) PENG KEYUN, FU HELIN, HOU WEIZHI, et al. A Study on Parameters of HSS Constitutive Model of Soil from Ganzhou. International Journal of Advances in Engineering and Management（IJAEM）Volume 3, Issue 6 June 2021, pp: 784-793 www.ijaem.net ISSN: 2395-5252.

(2) GUO HONGYU, FU HELIN, HOU WEIZHI, et al. Calculation theory of surrounding rock pressure of unsymmetric tunnel with short net distance. International Journal of Advances in Engineering and Management（IJAEM）Volume 3, Issue 6 June 2021, pp: 794-803 www.ijaem.net ISSN: 2395-5252.

(3) LIU XIN, FU HELIN, GUO HONGYU, et al. Basic Theory of Seepage Consolidation and Analysis of Soil Settlement after Application of Water-proof Layer. International Journal of Advances in Engineering and Management（IJAEM）Volume 3, Issue 6 June 2021, pp: 1484-1492 www. ijaem. net ISSN: 2395-5252.

(4) GUO HONGYU, FU HELIN, LUO GUIJUN, et al. Comparative analysis of tunnel structures with different sections in open excavation and buried section of urban river passage, 2022年绿色建筑、土木工程与智慧城市国际会议.

（5）ZHANG HONGWEI, FU HELIN, GUO HONGYU, et al. Study on comparison and selection of grouting pre reinforcement schemes for underground excavation land section of river crossing tunnel——Taking Rongjiang Fourth Road River Crossing Tunnel as an example，2022年绿色建筑、土木工程与智慧城市国际会议.

（6）郭弘宇，张承富. 超浅埋过江隧道机械微扰动开挖工法研究［J］. 施工技术，2022，51（7）：19-23.

（7）罗桂军，傅鹤林，郭弘宇，等. 过江小净隧道暗挖陆域段开挖方法及安全步距研究［J］. 现代桥隧，2022：1591-1560.

（8）傅鹤林，董子龙，张红卫，等. 过江小净隧道暗挖陆域段开挖方法及安全步距研究［J］. 现代隧道技术，2021（增刊）：199-206.

（9）LUO GUIJUN, FU HELIN, HOU WEIZHI, et al. Study on selection of excavation methods for ultra-shallow-buried short net distance tunnel under unsymmetrical pressure. International Journal of Advances in Engineering and Management（IJAEM）Volume 3，Issue 6 June 2021，pp：1484-1492 www. ijaem. net ISSN：2395-5252.

（10）谢铁军，傅鹤林，李鲭，等. 过江隧道暗挖陆域段注浆预加固方案比选研究——以蓉江四路过江隧道为例.

（11）刘歆，傅鹤林，郭弘宇，等. 基于最小渗流法并考虑注浆影响的水下隧道最小覆盖层厚度研究.

（12）郭弘宇，张承富，超浅埋过江隧道机械微扰动开挖工法研究［J］. 施工技术，2022，第51卷第7期：19-23.

（13）ZHIQUN GONG, HONGYU GUO, HELIN FU, et al. Study on Selection of Excavation Methods and Spacing Distance for Ultra-shallow-buried and River-crossing Tunnel with Small Clearance［J］. The 10th International Conference on Civil Engineering.

（14）ZHIQUN GONG, HONGYU GUO, HELIN FU, et al. Research on the Influence of Tunnel Invert Excavation on the Rheological Deformation of Different Levels of Surrounding Rock［J］. The 10th International Conference on Civil Engineering.

（15）XIN LIU, TENG ZHANG, HONGYU GUO, et al. Measuring the Unsaturated Permeability Coefficient of Rock and Soil Masses with Self-developed Devices［J］. International Journal of Advance Research and Innovation.

（16）SHUNTAO G, SHUJIE W, HONGYU G, et al. The Creep Test Study and Macro-Detail Analysis of Argillaceous Red Sandstone in Different Water-Containing States［J］. Advances in Civil Engineering, 2022.

（17）尹亮洲，彭云涌，于向东等. 基于FLAC3D的高压旋喷桩承载性能的影响研究［C］.//中冶建筑研究总院有限公司. 2022年工业建筑学术交流会论文集. 中国建筑第五工程局有限公司；中南大学土木工程学院，2022：6.

（18）郭弘宇，欧阳霞辉，肖彬等. 矿山法水下暗挖隧道结构变形分析及北斗智能监测平台研发应用［J］. 现代隧道技术，2023.

（19）豆世康，彭可云，刘艺等. 蓉江四路越江隧道工程设计关键技术［J］. 城市道桥与防洪，2023.

参考文献

[1] 胡勇，诸裕良，罗敬思．斜坡堤稳定性分析及地基处理方案比选［J］．水运工程，2019（11）151-155＋169．

[2] 李林芳．湿陷性黄土地区地基处理方案优选研究［J］．交通世界，2019（13）86-87＋103．

[3] 邵国霞，曹政国．基于三角模糊数-TOPSIS的既有高铁近接地基加固方案优选［J］．铁道标准设计，2019，63（02）：40-44．

[4] 杨志华．基于熵权的TOPSIS法地基处理方案优选研究［J］．价值工程，2017，36（8）：24-25．

[5] 张进，马斌，王可娜．基于模糊综合评价法的地基处理与优化选择［J］．嘉应学院学报，2016，34（5）：72-75．

[6] 张明，蒋瑞波，樊金，等．大规模填海造地工程试验段地基处理方案优选［J］．河南工程学院学报（自然科学版），2015，27（4）：30-34．

[7] 王新民，康虔，秦健春，等．层次分析法-可拓学模型在岩质边坡稳定性安全评价中的应用［J］．中南大学学报（自然科学版），2013，44（6）：2455-2462．

[8] 彭小云，宫治国，折学森，等．地基处理方案优选的可拓层次分析法［J］．长安大学学报（自然科学版），2006（6）6-11．

[9] 马海骋．湿陷性黄土地基处理方案优选的研究［D］．西安建筑科技大学，2011．

[10] 周建标．深圳后海湾填海区软土地基处理技术研究［D］．中南大学，2009．

[11] 张小军．某高速公路路基岩溶特征与处置方法研究［D］．中南大学，2012．

[12] 罗杰．萧山机场飞行区地基工程施工组织设计编制及优化研究［D］．西南交通大学，2014．

[13] 罗怡．西安地区高层建筑地基处理设计方案的优选［D］．长安大学，2005．

[14] 闫志芳．湿陷性黄土地区建筑物地基处理方案优选研究［D］．西安建筑科技大学，2014．

[15] 李岩磊，孙晓红，师秀钦．湿陷性黄土地基处理方案优选［J］．武汉大学学报（工学版），2018，51（S1）：205-208．

[16] 李青，叶朝良，赵任龙．开兰特大桥临时支架复合地基优化设计［J］．铁道建筑，2015（5）47-49．

[17] 张建峰，薛韬，管维亚，等．沿海深厚软土地区变电站地基处理选型方法［J］．电力勘测设计，2020（9）47-53．

[18] 陈宏权，黎明月，赵冬梅．基于直觉模糊集合的地基处理方案优选［J］．工程管理学报，2011，25（5）：553-558．

[19] 黄瑞章．道路工程软土地基处理方案选择研究［D］．福建农林大学，2013．

[20] 蒲传金，苏华友，肖正学，等．模糊层次分析法在地基处理方案优选中的应用［J］．西南科技大学学报（自然科学版），2005（1）15-19．

[21] 盛崇文．地基加固方案优选和地基设计新途径［J］．水利水运科学研究，1991（2）171-178．

[22] 张士励，张亦飞，袁航新，等．考虑指标不确定性的软基处理方案优选模型［J］．铁道工程学报，2010，27（3）：19-23＋48．

[23] 刘国．用模糊数学方法选择软土地基加固方案［J］．水文地质工程地质，2000（4）17-19．

[24] 杨锐，阮广雄，李佰承. 用建筑垃圾桩处理软弱地基及模糊对比分析[J]. 河南理工大学学报（自然科学版），2010，29（4）：522-526.

[25] 袁晓峰，程剑星，李峰，等. 模糊数学的优选理论在岩土工程中的应用[J]. 中国新技术新产品，2009（9）94-95.

[26] 刘伟，靳晓光，陈少华. 高速公路小净距隧道合理净距的探讨[J]. 地下空间，2004（3）380-385+425.

[27] 李建林，吴金刚，毕强. 大跨度小净距公路隧道设计与施工方法研究[J]. 现代隧道技术，2019，56（5）：157-162+227.

[28] 王茜. 穿越断层破碎带小净距隧道浅埋入口段施工方法优化研究[D]. 长沙理工大学，2019.

[29] 李玉楼，张林，陶张志，等. 西南山区软弱围岩小净距隧道施工关键技术[J]. 公路，2018，63（10）：190-194.

[30] 蒋坤，夏才初，卞跃威. 节理岩体中双向八车道小净距隧道施工方案优化分析[J]. 岩土力学，2012，33（3）：841-847.

[31] 孙闯，敖云鹤，张家鸣. 弱节理小净距隧道合理净距及围岩稳定性研究[J]. 公路交通科技，2020，37（5）：108-115.

[32] 唐维. 优势节理控制下小净距地铁车站暗挖施工力学效应研究[D]. 重庆交通大学，2019.

[33] 彭琦. 浅埋偏压小净距隧道围岩压力及施工力学研究[D]. 中南大学，2008.

[34] 胡新朋，王登锋，肖本利. 分岔隧道安全高效施工方法优化研究[J]. 隧道建设（中英文），2020，40（S2）：210-215.

[35] 唐明明，王芝银，李云鹏. 穿越公路偏压小净距隧道施工方法探讨[J]. 岩土力学，2011，32（4）：1163-1168.

[36] 刘明高. 小净距隧道合理净距及其施工方法研究[D]. 北京工业大学，2007.

[37] 张富鹏，雷胜友，杨瑞，等. 超小净距分岔式隧道施工方法数值模拟研究[J]. 中国科技论文，2019，14（2）：157-163+209.

[38] 郑广顺，崔帅帅，陈鲁川. 浅埋大跨小净距公路隧道施工方法比选及变形控制研究[J]. 水利与建筑工程学报，2019，17（1）：227-232.

[39] 李文华，陈旭东，周世生，等. 超小净距双线地铁隧道暗挖法对中岩墙稳定性影响分析[J]. 施工技术，2015，44（23）：70-71+97.

[40] 石宇. 大断面超小净距地铁暗挖隧道施工技术研究[D]. 中南大学，2013.

[41] 李文华. 大断面超小横净距双线地铁隧道施工控制技术研究[D]. 吉林大学，2013.

[42] 蒋彪，肖岩，李凌宜. 大跨度超小净距暗挖地铁隧道施工方法模拟优化分析[J]. 铁道科学与工程学报，2011，8（5）：46-50.

[43] 林从谋，张在晨，郑强，等. 小净距隧道原位二扩四CD工法软弱围岩稳定性及支护参数研究[J]. 土木工程学报，2013，46（7）：124-132.

[44] 黄志波. 特大断面小净距隧道2扩4支护优化及可靠性分析[D]. 华侨大学，2013.

[45] 郑强. 软弱围岩中特大断面超小净距隧道2扩4施工方法研究[D]. 华侨大学，2011.

[46] 葛玉芹. 六潜高速小净距隧道施工方法及合理净距的数值模拟研究[D]. 合肥工业大学，2008.

[47] 郑光辉. 公路连拱隧道与小净距隧道施工力学特征对比研究[D]. 西南交通大学，2007.

[48] 张其来，金立丰. 大偏压小净距隧道施工方法分析[J]. 公路工程，2016，41（4）：166-170.

[49] KIM S. Model testing and analysis of interactions between tunnels in clay [D]；[dissertation]. Oxford：University of Oxford，1996.

[50] KIM S H. Interaction behaviors between parallel tunnels in soft ground [J]. Tunneling & Un-

derground Space Technology, 2004, 19 (4-5): 448.

[51] OSMAN A S. Stability of unlined twin tunnels in undrained clay [J]. Tunneling and Underground Space Technology, 2010, 25 (3): 290-296.

[52] SOLIMAN E, DUDDEK H, AHRENS H. Two-and three-dimensional analysis of closely spaced double-tube tunnels [J]. Tunneling and Underground Space Technology, 1993, 8 (1): 13-18.

[53] SAITOH A, GOMI K, SHIRAISHI T. Influence forecast and field measurement of a tunnel excavation crossing right above existing tunnels [J]. International Journal of Rock Mechanics and Mining Science & Geomechanics Abstracts, 1995, 32 (3): 142A-142A.

[54] LO K W, CHONG L K, LEUNG L F. Field instrumentation of a multiple tunnel interaction problem [J]. Tunnels and Tunneling, 1996 (6): 124-128.

[55] CHEN S L, LI G W, GUI M W. Effects of overburden rock strength and pillar width on the safety of a three-parallel-hole tunnel [J]. Journal of ZheJiang University-Science, 2009, 10 (11): 1581-1588.

[56] 侯瑞彬, 申玉生, 陈明奎. 大跨小净距偏压隧道施工方案优化分析 [J]. 公路, 2014, 59 (4): 225-230.

[57] 王明均, 崔文辉, 赵向忠, 等. 小净距隧道下穿既有地铁车站施工方法研究 [J]. 地下空间与工程学报, 2018, 14 (S1): 200-204.

[58] 李松涛, 谭忠盛, 杜文涛. 特大断面小净距公路隧道力学效应分析 [J]. 土木工程学报, 2017, 50 (S2): 292-296.

[59] 李伟平, 邓学斌, 王薇, 等. 陡坡偏压小净距隧道合理施工方法研究 [J]. 铁道科学与工程学报, 2016, 13 (6): 1135-1142.

[60] 于春红. 基于数值模拟分析的小净距黄土隧道施工优化研究 [J]. 施工技术, 2018, 47 (17): 60-64.

[61] 闫虎, 侯月琴. 软弱围岩非爆破开挖小净距隧道施工步距合理性分析 [J]. 工程建设与设计, 2020 (5) 137-139.

[62] 杨琨, 李伟, 张蕉, 等. 浅埋并行大断面隧道群合理净距研究 [J]. 四川建筑, 2021, 41 (2): 152-154+158.

[63] 孙志岗. 地铁区间交叠小净距隧道施工力学效应研究 [D]. 重庆大学, 2017.

[64] 周笔剑, 王磊, 金维翔. 超大断面小净距浅埋黄土隧道施工技术措施 [J]. 建筑技术开发, 2016, 43 (1): 101-103.

[65] 张国华, 陈礼彪, 钱师雄, 等. 大断面小净距大帽山隧道现场监控量测及分析 [J]. 岩土力学, 2010, 31 (2): 489-496.

[66] 林从谋, 陈礼彪, 蒋丽丽, 等. 高速公路扩建大断面特小净距隧道爆破稳定控制技术研究 [J]. 岩石力学与工程学报, 2010, 29 (7): 1371-1378.

[67] 陈皓, 鲁聪, 李小青. 小净距隧道中夹岩柱应力、应变特性及合理净距数值模拟分析 [J]. 交通科技, 2021 (2) 114-119.

[68] 姚勇, 晏启祥, 周俐俐. 小净距隧道在不同开挖方式下的力学效应分析 [J]. 西南科技大学学报 (自然科学版), 2005 (2) 53-56+74.

[69] 晏启祥, 何川, 姚勇, 等. 小净距隧道施工小导管注浆效果的数值模拟分析 [J]. 岩土力学, 2004 (S2): 239-242.

[70] 刘宁, 黄义雄, 蔡炜, 等. 品字形隧道安全间距与开挖长度地表沉降分析 [J]. 华中科技大学学报 (自然科学版), 2021, 49 (5): 98-103.

[71] 孔祥兴，夏才初，仇玉良，等．平行小净距盾构与CRD法黄土地铁隧道施工力学研究［J］．岩土力学，2011，32（2）：516-524.

[72] 赵阳，徐东强．不同掌子面间距下浅埋偏压小净距隧道稳定性研究［J］．河北工业大学学报，2021，50（1）：81-91.

[73] 张明聚，赵明，王鹏程，等．小净距平行盾构隧道施工先行隧道管片附加应力监测研究［J］．岩土工程学报，2012，34（11）：2121-2126.

[74] ADDENBROOKE T I. Numerical analysis of tunneling in stiff clay［D］．London University，1996.

[75] KIM S, BURD H, MILLIGAN G. Model Testing of closely spaced tunnels in clay［J］．Geotechnique，1998，48（3）：375-388.

[76] PERRI G. Analysis of effects of the new twin tunnels excavation very close to a big diameter tunnel of caracas［J］．International Journal of Rock Mechanics and Mining sciences and geomechanics，1995，32（3）：25-30.

[77] HEFNY A M, CHUA H C, ZHAO J. Parametric studies on the interaction between existing and new bored tunnels［J］．Tunneling and Underground Space Technology，2004，19（4）：471-472.

[78] NG C W W, LEE K M, TANG D K W. Three-dimensional numerical investigation of new Austrian tunneling method（NATM）twin tunnel investigations［J］．Canadian Geotechnical Journal．2004，41（3）：523-539.

[79] 刘艳青，钟世航，卢汝绥，等．小净距并行隧道力学状态的试验研究［J］．岩石力学与工程学报，2000（5）590-594.

[80] 胡元芳．小线间距城市双线隧道围岩稳定性分析［J］．岩石力学与工程学报，2002（9）1335-1338.

[81] 胡建明，张永兴．小净距公路隧道施工相互作用的有限元分析［J］．重庆建筑大学学报，2006（6）68-71+134.

[82] 郭勇．软弱围岩非爆破开挖小净距隧道施工步距合理性分析［J］．交通世界，2020（33）96-97.

[83] 郑海乐．浅埋小净距湿陷性黄土隧道质量控制措施［J］．科技资讯，2017，15（10）：61-63.

[84] 高杰．FLAC3D数值模拟实例分析大跨小净距双洞隧道的开挖步序影响［J］．西安文理学院学报（自然科学版），2016，19（6）：92-96.

[85] 苏鹏．城市硬岩重叠隧道施工关键技术研究［D］．西南交通大学，2013.

[86] 豆曙杰．悬臂式掘进机研究现状与发展趋势［J］．工程技术，2016（5）236-239.

[87] 俞琚．我国隧道掘进机产业现状与发展展望［J］．建设机械技术与管理，2015（1）55-57.

[88] 权乾龙．悬臂式掘进机在地铁隧道施工中的适用性研究［J］．工程技术，2016（3）136-139.

[89] 项志敏，苟彪，罗田郎，等．浏阳河隧道铣挖法工艺试验研究［J］．铁道标准设计，2007（z1）74-78.

[90] 肖杨．隧道铣挖法铣挖参数及施工振动数值模拟研究［D］．成都：西南交通大学，2016.

[91] 方华，顾鑫杰．浅埋暗挖隧道铣挖开挖方法研究［J］．工程建设，2017，49（3）：67-71.

[92] 项志敏，袁仁爱，罗田郎．浏阳河隧道悬臂式掘进机铣挖工艺研究［J］．铁道标准设计，2008（4）81-83.

[93] 楼周锋，徐海文．铣挖机在水下石方开挖工程中的应用［J］．地方水利技术的应用与实践，2005（1）170-174.

[94] 雷向峰．隧道铣挖法施工试验研究［J］．隧道建设，2007（03）10-12+46.

[95] 董辉，侯俊敏，陈家博，等．堤下隧道开挖施工瞬态卸荷分析［J］．水电能源科学，2011，

29（9）：119-122.

[96] 关则廉．悬臂式掘进机在地铁工程暗挖隧道施工中的应用［J］．现代隧道技术，2009，46（5）：73-75+81.

[97] 漆泰岳，李斌悬臂式掘进机在复杂断面地铁隧道中的应用研究［J］．现代隧道技术，2011，48（4）：32-38.

[98] 谢达文．城市浅埋及超浅埋隧道非爆技术设备选型与配套研究［J］．现代隧道技术，2013，50（1）：40-45.

[99] 李红卫，陈发达．隧道下穿南明河施工方案比选研究［J］．公路交通科技（应用技术版），2017，13（9）：166-168.

[100] 毛佳兴．铣挖法在软弱围岩短小隧道群中的应用［J］．国防交通工程与技术，2017（5）：61-63.

[101] 赵慧君，李永．铣挖施工技术在大断面软岩隧道施工中的应用［J］．公路，2016，61（8）：263-266.

[102] BREITRICK M E. 1998. Using a roadheader for underground gold mining [J]. Mining Engineering（March）：43-46.

[103] OCAK I，BILGIN N. Comparative studies on the performance of a roadheader，impact hammer and drilling and blasting method in the excavation of metro station tunnels in Istanbul [J]. Tunnelling & Underground Space Technology，2010，25（2）：181-187.

[104] THURO K，PLININGER R J. Roadheader Excavation Performance-Geological and Geotechnical Influences ［C］. 9th ISRM Congress. International Society for Rock Mechanics，Paris，1999.

[105] BILGIN N，DINCER T，COPUR H，et al. Some geological and geotechnical factors affecting the performance of a roadheader in an inclined tunnel [J]. Tunnelling and Underground Space Technology，2004，19（6）：629-636.

[106] 李睿哲．大华山隧道涌水原因分析及处治措施［J］．公路，2019，64（1）：290-294.

[107] 张雄文．襄渝铁路新大巴山隧道涌水量预测研究［J］．铁道工程学报，2018，35（6）：54-58.

[108] 张金夫，汶文钊．大瑞铁路大柱山隧道高压富水断层处理技术［J］．现代隧道技术，2018，55（3）：160-166.

[109] 陈胜博，杜澎涛，卢勤淳．地质断裂带区域隧道涌水原因分析及处置措施探讨［J］．公路，2020，65（9）：323-327.

[110] 包德勇．高压富水隧道断层破碎带突涌水分析与工程对策［J］．现代隧道技术，2012，49（5）：123-127+131.

[111] 浦海．保水采煤的隔水关键层模型及力学分析［D］．徐州：中国矿业大学博士学位论文，2007.

[112] Zienklewicz O C，Valliappan S，KingI P. Stress analysis of rock as a "no-tension" maternial [J]. Geotechnique，1968，18（1）：55-66.

[113] Zi enklewicz O C，Humpheson C，Lewis R W. Associated and non associated visco -plasticity and plasticity in soil mechanics [J]. Geotechnique，1975，25（4）671-689.

[114] 潘以恒，罗其奇，周斌，等．半无限平面含注浆圈深埋隧道渗流场解析研究［J］．浙江大学学报（工学版），2018，52（6）：1114-1122.

[115] 应宏伟，朱成伟，龚晓南．考虑注浆圈作用水下隧道渗流场解析解［J］．浙江大学学报（工学版），2016，50（6）：1018-1023.

参考文献

[116]　POST V, KOOI H, SIMMONS C. Using hydraulic head measurements invariable density ground water flow analyses [J]. Ground Water, 2007, 45 (6): 664-671.

[117]　TERZAGHI K. Theoretical soil mechanics [M]. New York: Wiley, 1943.

[118]　BARTON N, BANDIS S, BAKHTARAN K. Strength deformation and conductivity coupling of rock joints [J]. Int J Rock Min Sci & Geomech Abstr, 1985, 22 (3): 121-140.

[119]　WALSH J B. Effect of pore pressure and confining pressure on fracture permeability [J]. Int JRock Mech Min Sci & Geomech Abstr, 1981. 18 (5): 429-435.

[120]　杨会军, 王梦恕. 深埋长大隧道渗流数值模拟 [J]. 岩石力学与工程学, 2006 (3): 511-519.

[121]　刘志春, 高新强, 朱永全. 裂隙岩体隧道非均质、各向异性等效渗流模型及应用 [J]. 石家庄铁道大学学报 (自然科学版), 2011, 24 (1): 1-5.

[122]　吴祖松, 刘新荣, 梁波, 等. 水下隧道渗流特征及计算流域界限研究 [J]. 岩石力学与工程学报, 2014, 33 (12): 2402-2408.

[123]　高新强, 艾旭峰, 孔超. 高水压富水区裂隙岩体隧道渗流场的特征 [J] 中国铁道科学, 2016, 37 (6): 42-49.

[124]　JIANG X, WANL, YEHT J, et al. Steady-state discharge into tunnels in formations with random decaying trend of hydraulic conductivity [J]. Journal of Hydrology, 2010, 387 (3-4): 320-327.

[125]　ARJNOI P, JEONG J H, KIM C Y, et al. Effect of drainage conditions on pore water pressur distributions and lining stresses in drained tunnels [J]. Tumnelling and Underground Space Technology, 2009, 24 (4): 376-389.

[126]　耿萍, 丁梯, 何悦, 等. 节理岩体中隧道开挖后渗流场重分布影响因素研究 [J]. 铁道标准设计, 2016, 60 (1): 111-113+127.

[127]　NAM S W, BOBET A. Liner stresses in deep tunnels below the water table [J]. Tunnelling and Underground Space Technology, 2006 (21): 626-635.

[128]　CHAPUIS R P. Predicting the saturated hydraulic conductivity of soils: a review [J]. Bulletin of engineering geology and the environment, 2012, 71.

[129]　高新强, 仇文革, 孔超. 高水压隧道修建过程中渗流场变化规律试验研究 [J]. 中国铁道科学, 2013, 34 (1): 50-58.

[130]　刘强, 谭忠盛, 王秀英. 水下隧道渗流场分布规律的模型试验研究 [J]. 土木工程学报, 2015, 48 (S1): 388-392.

[131]　GOODMAN RE, MOYE D G, VAN SCHALKWYK A et al. Groundwater inflows during tunnel driving [J]. Engineering Geology. 1965, 2 (1): 39-56.

[132]　HARR, Martin E Groundwater and seepage [M]. New York: Mc Graw-Hill, 1962.

[133]　RAT M. Ecoulement et repartition despressions interstelles autour destunnels [J]. Bull Liaison Lab Ponts Chauss, 1973.

[134]　JOO EJ, SHIN J H. Relationship between water pressure and inflow rate in underwater tunnels and buried pipes [J]. Geotechnique, 2014, 64 (3): 226-231.

[135]　王建宇. 再谈隧道衬砌水压力 [J]. 现代隧道技术, 2003 (3): 5-10.

[136]　王秀英, 王梦恕, 张弥. 计算隧道排水量及衬砌外水压力的一种简化方法 [J]. 北方交通大学学报.

[137]　应宏伟, 朱成伟, 龚晓南. 考虑注浆圈作用水下隧道渗流场解析解 [J]. 浙江大学学报 (工学版), 2016, 50 (6): 1018-1023.

[138] 潘以恒,罗其奇,周斌,等.半无限平面含注浆圈深埋隧道渗流场解析研究[J]浙江大学学报(工学版),2018,52(6):1114-1122.

[139] 李林毅,阳军生,张峥,等.深埋式中心水沟排水隧道渗流场解析研究[J].浙江大学学报(工学版),2018,52(11):2050-2057.

[140] 朱成伟,应宏伟,龚晓南,等.任意埋深水下隧道渗流场解析解[J].岩土工程学报,2017,39(11):1984-1991.

[141] 朱成伟,应宏伟,龚晓南,等.水下双线平行隧道渗流场解析研究[J].岩土工程学报,2019,41(2):355-360.

[142] 张丙强,王启云,卢晓颖.软土地层浅埋圆形隧道非达西渗流场解析研究[J].岩土力学,2018,39(12).4377-4384.

[143] 郭玉峰,王华宁,蒋明镜.水下浅埋双孔平行隧道渗流场的解析研究[J/OL].岩土工程学报:1-9[2021-04-25].

[144] 傅鹤林,李鲒,成国文,等.基于保角映射的断层影响区内隧道涌水量预测[J].华中科技大学学报(自然科学版),2021,49(1):86-92.

[145] 潘以恒.风化花岗岩隧道矿山法施工对地下水环境影响研究[D].中国地质大学,2018.

[146] 高新强.高水压山岭隧道衬砌水压力分布规律研究[D].西南交通大学,2005.

[147] 李术才,王凯,李利平,等.海底隧道新型可拓展突水模型试验系统的研制及应用[J].岩石力学与工程学报,2014,33(12):2409-2418.

[148] 李术才,宋曙光,李利平,等.海底隧道流固耦合模型试验系统的研制及应用[J].岩石力学与工程学报,2013,32(5):883-890.

[149] 吴静.深埋引水隧洞穿越断层涌水量预测与注浆效果研究[D].中国地质大学,2017.

[150] 郝勇.深埋隧洞穿越风化花岗岩断层带涌水突泥机理研究[D].中国地质大学,2017.

[151] PERROCHET P.Confined flow into a tunnel during progressive drilling an analytical solution [J].Ground Water,2005,43(6):943-946.

[152] CHIU Y C,CHIA Y.The impact of groundwater discharge to the Hsueh-Shan tunnel on the water resources in northern Taiwan[J].Hydrogeology Journal,2012,20(8):1599-1611.

[153] 梁明贵.大瑶山隧道涌水量的控制[J].世界隧道,1998(6):50-52.

[154] 简扬昌.非接触式测量法中国专利[P].CN1892178,2007.

[155] 赵文轲,秦峰,卫轶科.全站仪非接触隧道变形量测方法在老营庄隧道湿陷性黄土地质段的应用[J].公路隧道,2016(3)16-18.

[156] 徐桂林,彭学先非接触监控量测技术在岩溶隧道施工中的应用[J].湖南交通科技,2018,44(4):160-164.

[157] 王利晨.非接触性量测在公路隧道监控量测中的探索应用[J].矿山测量,2017,45(3):66-68+87.

[158] 汪春桃,于百勇,徐春明,等.运营期地铁隧道变形自动化远程测控系统开发及其应用研究[Z].国家科技成果,2016.